光緒延慶州志
延慶州鄉土志要略

（上册）

温廷軍　郗志群　點校

圖書在版編目（CIP）數據

光緒延慶州志．延慶州鄉土志要略．上册 / 温廷軍，郗志群點校．— 北京 ：北京出版社，2023.9
ISBN 978-7-200-16989-8

Ⅰ．①光… Ⅱ．①温… ②郗… Ⅲ．①延慶區—地方志—清代
Ⅳ．①K291.3

中國版本圖書館CIP數據核字（2022）第018519號

項目策劃：安　東　高立志　　特約編輯：白　帆
責任編輯：喬天一　　責任營銷：猫　娘
責任印製：陳冬梅　　裝幀設計：郭　宇

光緒延慶州志　延慶州鄉土志要略（上册）
温廷軍　郗志群　點校

出　版　北京出版集團
　　　　北　京　出　版　社
地　址　北京北三環中路六號
郵　編　一〇〇一二〇
網　址　www.bph.com.cn
總發行　北京出版集團
經　銷　新華書店
印　刷　北京虎彩文化傳播有限公司
開　本　八八〇毫米×一二三〇毫米　三十二
印　張　一五點二五
字　數　二七五千字
版　次　二〇二三年九月第一版
印　次　二〇二三年九月第一次印刷

書號　ISBN 978-7-200-16989-8
定價：158.00 圓　（全二册）
如有印裝質量問題，由本社負責調換
質量監督電話　010-58572393

整理前言

京北延慶，地處塞外。雖屬彈丸之地，却在明朝歷史上佔有重要的地位。正如明代延慶知州宋雲霄在《萬曆延慶州志·自序》中所説：「延彈丸耳，南護陵寢，北控敵穴。」同時，延慶又是「關北首郡，神京屏藩，屹然一重鎮也」。但延慶的歷史，在明以前却多有空白，只是零星地在史書中一帶而過，很難藉由史書記載一窺她的全貌。延慶可考的歷史始於明代，這實在是地方志書的功勞。

自明代提倡編纂方志、清代大行其道以來，延慶共産生了十部舊志，即：明《成化隆慶志》、明《嘉靖隆慶志》、明《萬曆延慶州志》、明《萬曆永寧縣志》、清《順治延慶州志》、清《康熙延慶州志》、清《乾隆延慶州志》、清《乾隆延慶衛志略》、清《光緒延慶州志》、清《延慶州鄉土志要略》。此外，另有明王士翹《西關志》，記述居庸關（明代隸屬延慶）地區在明嘉靖時的軍事、經濟及風土人情；民國《察哈爾通志·延慶卷》，由當時的延慶政府負責組織編纂，記有抗日戰争以前的延慶情況。日僞統治延慶期間，僞縣長程臣芳還曾於民國二十七年（1938）翻印《乾隆延慶州志》，較之舊本，衹新增了二十幅黑白風景照片和一幅延慶地圖而已。上述這些志書，爲延慶留下了大量的歷史資料。其中，《成化隆慶志》《順治延慶州志》和《萬曆延慶州志》三部舊志今已不存，《萬曆永寧縣志》[二] 僅存殘本，《康熙延慶州志》爲康熙十六年（1677）翻刻並補充《順治延慶州志》的重版本，原本亦已不存。

總而言之，自明代以來，延慶地方官紳曾不斷修志，大約每隔七八十年就有一次修志活動。延慶保留至今的第一部方志《嘉靖隆慶志》，乃嘉靖年間知州王尚友聘請鄉紳蘇乾在《成化隆慶志》基礎上編纂而成；而科學價值最高的一部志書，是清同治十年（1871）初創、光緒五年（1879）續修、光緒七年（1881）刊刻出版，由延慶知州何道增聘請河北名儒張惇德主撰的《光緒延慶州志》。

張惇德（1834—1888），又名豫塏，字濂石，號重齋，欒城縣城内東街人。清咸豐十一年（1861）拔貢生，入國子監，候補直隸州州判。同治十年（1871），時任北洋大臣、直隸總督的李鴻章邀請張惇德襄纂《畿輔通志》。此外，他還受聘爲一些州縣主纂了地方志，如《唐縣志》十三卷、《保定府志》八十卷。張惇德將一生心血用於地方志的纂修，他一生纂修了十餘部志乘，在清末直隸省堪稱纂修方志第一人。

張惇德在編寫《延慶州志》過程中，下了一番考證功夫，對舊志中的一些附會或錯誤進行了訂正，對一些地名進行了考證。如張氏在志中撰有《嬀川考》，對嬀水河名稱變遷作了考證；又如他對舊志所記的《孟浩然碑》予以辨正……凡此種種，貢獻頗多。故有「網羅舊聞，搜討載籍，訂訛辨疑，補闕增新」之説，全書正文十二卷，加上卷首、卷末，共成十四卷。

盡管《光緒延慶州志》體例比較合理，記述相對全面，但不可否認的是，《光緒延慶州志》在編寫和刊刻過程中仍存在大量的錯誤。據點校者統計：書中或缺、或衍、或誤、或複，約達八百處之多。本次校注，共出校勘記和注釋一千三百餘條，其中校改六百三十餘處，校補二百一十餘處，補充三百餘字，删除衍文近四十處，這爲後人的研究學習提供了可資利用的新版本。

現將本次校注整理《光緒延慶州志》的工作原則介紹如下：

第一，本次點校以光緒七年（1881）刻本《光緒延慶州志》爲底本，底本偶見漫漶不清之處，則以臺灣成文出版社有限公司印行的《（察哈爾）延慶州志》（1968 年 3 月臺一版）和《中國地方志集成・光緒延慶州志》[二] 證之。

第二，原書正文用小四號宋體字，原書注文、附録用五號楷體字，整理者所作校勘記和注釋用五號宋體字，以求眉目清晰。

第三，點校時爲了控制出注數量，凡是年號、干支同時出現的不予出注。只出現干支的，爲了讓讀者清楚事件的具體時間，則盡量給出注解。

第四，對人名、地名、官職等，只進行重點注解。

第五，《光緒延慶州志》中配有多幅插圖。本次整理時，將插圖單獨整理成册，作爲本書附録。爲方便讀者對照使用，圖册中的每幅插圖分別標注了圖名、圖號，並在本書正文相應部分也作了標注。

第六，《光緒延慶州志》卷二《村鎮表》，甲村至乙村的距離和乙村至甲村的距離，前後有許多不一致的地方，除明顯錯誤外，一般不予糾正。

另外需要説明的是，因《光緒延慶州志》刻書時，並非出自一人之手，因此存在異體字層出的現象，又因本書初刻於清代，因此書中也出現了不少避諱字。爲方便讀者閲讀，本次整理作了一定處理，如整部《光緒延慶州志》中，「寧」字原均作「甯」，爲與「永寧」（《尚書》「其寧惟永」）的「寧」字統一，全書「甯」字均改爲「寧」。此外，「海陀山」「海沱山」「海坨山」統一爲「海陀山」，「美」與「媺」統一爲「美」，「觔」直接寫爲「斤」，

「常裏營」與「長裏營」統一爲「常裏營」，「歲」與「歲」則統一爲「歲」，如此等等。書中的避諱字如「邱（丘）」「宏（弘）」「歷（曆）」等，則分別情況，酌予回改。

《延慶州鄉土志要略》作爲清末新政時期北京地區唯一一部遵照部頒標準編寫的地方教材，盡管簡略，但還是有其獨到之處和史料價值的。第一，《要略》補充了光緒七年（1881）至三十三年（1907）的歷史（即補充了光緒中後期的延慶歷史），特別是間接保留了一些義和團運動時期延慶人民反抗外來侵略的珍貴史料。第二，該書詳細記述了晚清最後幾位知州在任期間大力植樹之事，爲了解延慶的生態建設提供了比較詳實的文獻資料。第三，該書將延慶州分成中區、東區、西區和南區四個區域，按古蹟、祠廟、坊表、學堂等類別分別記述，並附各區村莊，後人可以從中瞭解晚清時期延慶地區的風土人情。第四，該書記述了清末新政時期，延慶地區工商業的發展變化。可以說，《延慶州鄉土志要略》是《光緒延慶州志》的姊妹篇，加之其篇幅短小，不宜單行，故而將這兩部地方志合併出版。《延慶州鄉土志要略》之圖，亦與《光緒延慶州志》之圖合册刊行。

古人云：「校書如掃塵，一面掃，一面生，故有一書每三四校，猶有脱謬。」[三]以「掃塵」喻校書，言其難得乾净也。因此之故，本書不妥之處一定很多，懇請專家學者批評指正。

點校者

【注　釋】

［一］《萬曆永寧縣志》：凡六卷，今只存一至四卷（疑不全），缺五、六卷。

［二］《（察哈爾）延慶州志》和《中國地方志集成·光緒延慶州志》均據光緒七年（1881）刻本刊印，由於底本印刷和保存狀況存在差異，在内容細節方面略有不同。

［三］見北宋彭乘《續墨客揮犀》卷七《校書如掃塵》。

目録

光緒延慶州志

右《延慶志》爲卷十四，爲目五十三。戊寅嘉平月，稿成。欒城張惇德敘之於後。曰：延慶於漢爲居庸縣，北齊併地入懷戎。唐天寶時又析懷戎分置嬀川縣，實今州境。而唐之嬀州、嬀川郡，金之嬀川縣，皆今懷來縣地。其有志也，創於明成化乙未，修於嘉靖戊申，續於萬曆戊午。迄乎國朝順治十年，州牧遲君修之。乾隆七年，州牧李君復修之。舊志俱無存，得見者李《志》本也，紀述亦備，舛錯實多。蓋建置、沿革爲全書之綱領，乃不載漢之居庸，而載潘縣、廣寧與唐之嬀州、金之嬀川。按：廣寧，今萬全地；潘縣，今保安地。公孫鳳家上谷，非土著也，而並列隱逸。賈士璋爲宜君令，禦敵殉節，一事忽判爲兩人，是不考陝西屬縣，誤爲山西也。魏酈范封永寧侯，晋陽塞北，兩邑竟合爲一地，是不考今之永寧置於明初也。職官不係年分，遂與《府志》異，後先人物不標世代，致同雜記無次第。其餘紕謬，統見《訂訛》。甚矣，創志難，修志亦不易也。蓋嘗論志者，識也。識其大，識其小。古本《論語》「識」作「志」，是也。然必立限斷、嚴體例、詳考核、審去取，乃足以備採擇，示勸懲焉。延慶刺史何君瀛珊開局修志，浼惇纂輯，緣辭不獲已，爲之一一考正，詮次排編，而晷度以驗氣候，事略以搜往事，守隘扼塞，居庸最要，興利除弊，村鎮宜詳，均爲《舊志》所無，採訪未及薈萃補入。惟是識解有限，遺蹟無窮，昔日之謌與缺，今增訂之，而今之攟摭抉擇，或當與否，尚俟諸講方志者。

延慶州鄉土志要略

光緒延慶州志

重修延慶州志序

延之爲州，置自唐末。州之有志，創於前明。今志之存，實國朝乾隆七年重修本也。凡星野、疆域、山川、關隘，以及學校、倉儲、風俗、物産，諸大端亦云具矣。第自壬戌，迄今己卯，百三十八年。星霜剥蝕，兵燹凋殘，志板漫滅，缺略不備。況夫歷時愈久，積事愈繁。政治沿革，歲異而月不同者固夥。如延慶衛舊置居庸關，與州接壤，州之故界僅至八達嶺而止。乾隆二十六年裁衛，以其所領村莊改歸州轄，復改州學司訓移關上爲鄉學，而州境遂南拓六十餘里。又如永寧舊縣，雍正時設巡司管理，道光十九年缺裁，而簿書盡統於州。其餘營制之變更、武弁之裁設、田賦之陞除、户口之息耗、人物之振興、官政之勤慎，一切可述可傳之事，不有裒集，後將莫稽。

丙子冬，增來承乏，適大府以興修《畿輔通志》檄府縣各續志乘，以備採擇，爰集州紳，開局採訪。州紳以前牧屠君秉懿所輯底稿進披閱之，猥瑣鄙俚，殊失體裁。蓋屬未成之本，無足譏也。迺延欒城張重齋萃科秉筆，以總其成。於是網羅舊聞，搜討載籍，訂訛辨疑，補闕增新，而反覆核稽，以期乎不濫不遺。逾歲稿定，釐爲十二卷，合首編一卷、末編一卷，都十四卷。方擬付諸手民，完竣此舉，而增以病軀莫支，將請代去。爰不揣固陋，勉爲敘其原委，欲繼官斯土者踵而成之，將是邦之利必興，弊必除，壅者疏，滯者出，胥可參取乎？此則今日之續修，庶不負昔人創作之意也夫！

光緒五年歲次己卯二月初吉知延慶州事江夏何道增序

重修延慶州志序

延慶爲宣府極東地，南障居庸，北通紫塞，大翮聳峙於後，嬀水環繞於前。幅員遼闊，文物豐美。自唐末置州，屹爲雄鎮。金元代嬗，地當上都孔道，事物錯雜，遺蹟實多。

迄乎我朝，壤接故薊，密邇神京，抃舞德教，涵濡聖澤，爲諸邑先。於以恭紀雅化，考訂成規，搜羅往事，惟志乘是依。恩前權篆唐縣，奉檄開局採訪，續修舊志。數月代去，每以未及成編，歉然於懷。今承乏兹土，適前牧何君道增採輯舊聞，續訂志稿，尚待付梓。《志》分一十四卷五十三類，遠而沿革星野，近而户口田賦；巨而廣谷大川，細而郊原村落，與夫職官選舉、著述貞珉、勳臣忠憤、巾幗芳徽，舉凡徵文考獻，顯微闡幽，廢興存止之迹，更沿異同之故，靡不正訛補闕，綜核條貫，蓋視舊志加詳焉。昔韓子有言：莫爲之前，雖美弗彰；莫爲之後，雖盛弗傳。爰募乎民，任以剞劂。越歲鐫竣，例得綴言簡末。竊嘗論之，治民之道，法久弊生，弊復生法。志書，陳蹟也，亦成法也。引而伸之，變而通之，法自無窮。然則宦於斯、生於斯者，覩循良之吏治，宜嚮往而敷施；仰忠孝之典型，慕先哲而興起。今日得躬親校讎，細心參訂，夫豈徒攟摭遺文、飾觀形勝已哉！

光緒七年夏六月延慶知州榮恩序

序

夫邑之有乘也，猶國之有史。所以供輶軒之採擇，資政府之觀摩。爲司牧者因革損益，咸取鏡焉。然苟非從容展布，則補偏而未得其全，謀始而不繼於後，此亦時勢之無可如何者。

余以同治甲子初攝是邦，稔知習俗澆漓，地方凋敝，凡當革當興者甚夥，即慨然振刷，期與一律更新。如市廛行用私錢，銅砂攙雜，劣於冶鐵裁皮，商民交困，莫此爲甚。乃爲之嚴加諭禁，漸次銷除，而貨泉始返於正。又於恭謁聖廟，見夫棟宇傾頹，垣墉圮塌，愀焉慮造士之無所，念文教之當興。因急延召諸生，圖維經畫，捐資庀材，籌措既周，鳩工有自。方謂崇規疊矩，無難剋日觀成，迺不逾年而代者旋至。舊政雖曰必告，從違祇可由人，非復能與焉耳！

厥後名韁羈絆，官轍紛馳，每舉夙昔之有志未逮者，耿所爲之不釋，邇來一十有八年矣。越自戊辰、己卯，先後權正定、安肅兩篆。庚辰題補保安，今春履任。地居僻壤，藏拙最宜。而大憲重視要差，兼資熟駕，甫六閱月，遂復量移斯郡。是時也，城郭猶是，人民半非。十數年來，欲問軼事而遺老將盡，星霜彈指，變易已多。又況是志也，創於有明成化十一年乙未，重修於我朝乾隆七年壬戌，距今已一百四十年哉！其間廢興沿革之由，賦税生齒之數，山川物産、風俗人材之勝攬，學校壇壝、橋渠寺觀之遺規，與夫名宦政蹟、題詠詩文之與時遞嬗者，更不知凡幾。下車後，接縣紳耆，知續修是志，歷經數任，刷印尚未竣工。爰索稿本，參觀其增損，體裁胥歸盡善，而謄寫率多訛謬，遂加讎校，令仍依原稿改刻，俾符體例而汰虚浮，庶足繼彼先型，昭兹來許。然則余之此來也，年届知非，事益求是，敢謂偏無弗舉，終必允臧，特以是志之成若故，與余留爲有待。亦惟考其當革當興，暨前此有志未逮者，準今酌古，及都人士相與有成也。斯實生平之厚幸也夫。

光緒七年辛巳歲閏七月中澣知保安州事調署延慶州事山陰胡振書序

延慶州志稿序

志之作也，所以資考證、鑒得失、寓勸懲。凡一邑之天時地利、物産土宜、民風治術，靡不條舉詳録焉。顧有千百世相沿無異者，即有數十年變易不同者，閱歷愈久，搜輯愈難，訛謬紛乘，而真僞淆慁，續修之不容緩也審矣。

延慶拱衛神京，形勢險要，舊志已臚陳之。夫察車自輪，振衣挈領。今日之因，較易於昔日之創。雖書成於乾隆七年壬戌，時序相去湮遥，而天地、民物、利弊、安危，固開卷瞭如也。詳者略之，缺者補之，後來者增入之，無餘事矣。不佞忝牧斯土，星紀八周。莅任後，中原狂寇鴟張，戎馬飈馳，供億不遑。昕夕徵文考獻，蓋有志而未逮也。同治庚午，杜君詩首倡義舉，並約王君世昌等籌襄事之資廪焉，敘述編訂，則王君渠曾之力多。

越辛未，規模粗具。予適因公解篆去，竊謂揚清激濁，訓俗型方，司牧責也。我皇上德化覃敷，淪肌浹髓。山川所鍾毓，禮樂所薫陶，士民之砥節礪行，遺徽芳躅，足副輶軒之採，而垂簡册之光者，實大有人。闡發幽潛，即以扶持名教，是不徒博遊藝之見聞、貽官司之準則已也。杜子勉乎哉！吾知急公之志，始終不渝，深愧弗克，卒全其美，心固殷然樂與觀厥成焉。聊識弁言，以攄歉懷云。

同治十年知延慶州事前江西東鄉知縣孝感屠秉懿序

延慶州志凡例

一　「志者，記也，積記其事也。」此顔師古之語。然必體例謹嚴，去取審慎，使覽者識其典，則知所勸懲。始足以信今而傳後，不敢以一己之臆見，妄爲詳略。

一　史家傳志，多有小序，所以示限斷、明本旨也。《舊志》率多浮辭，濫列於前，而篇中旨趣究未達出。兹概從簡，庶免效顰之誚。

一　唐宋州郡之書，或名《圖經》，或名《圖志》，蓋志以載事蹟，圖以徵形狀也。舊志圖列卷首，今圖置本條後，非與《舊志》求異，便尋究也，亦聊取「左圖右史」義焉。

一　諸圖惟疆域最關緊要。開方計里，不似舊志之粗率，若關隘山嶺限於尺幅，難以道里計，亦必方向清楚，形勢瞭如指掌。

一　沿革。《舊志》轇轕混淆，如云漢爲潘縣、爲廣寧縣。按潘縣，今保安州地；廣寧，今萬全縣地。餘多紕謬，殊屬無據。兹以世代爲經，州境爲緯，作《沿革表》，凡㈠援據各史《地志》注之於下，庶足以資考鏡。

一　史家志天文，並及分野，所以察災祥、辨休咎，然即彈丸之地，與碧落上細分界限，惝恍難憑。故各史於州縣分星，不暇推求。考《熱河志》祇載晷度，準地測量，以候晝夜之永短，驗節氣之早遲，實爲信而有徵。兹志星野，並志晷度，其不標天文名目而附沿革後者，從陸清獻《靈壽志》例也。

一　城池、公署，《舊志》例入建置。兹於疆域附城池、公署，於山川附關隘、橋梁，統歸輿地，尚爲簡便。

一　村莊，《舊志》所載寥寥。兹分四路，凡村之方向、道里，條貫其中，四境景象，宛然若覩。

一　田賦，政治攸關。《舊志》所載地糧，歸併數目，横列爲表，便於觀覽，而以現行徵收起運條列於後。至存退裁併細數，有《賦役全書》在，兹不贅。

一　倉儲，《舊志》並養濟院、漏澤園，俱附《公署》後，殊爲不倫。兹别爲《卹政》以統之，眉目自清。

一　學校典制，文廟最重。兹於從祀諸儒，詳考其世代里居，使人共知。而兩廡神牌次第，照頒行祀位載入。若禮器、樂舞、儀注，不具述。

一　壇壝，《舊志》與寺觀連類而及，非所以昭慎重。兹於壇壝爲之考其顛末，詳其建置，而以載在祀典之祠宇附焉。至寺觀置諸《古蹟》，亦俾流傳弗失。

一　職官，《舊志》不詳，履任年月，遺漏亦多。茲取材《府志》，參較碑碣有年月可考者，横列爲表。其無年月者附諸後，而以官制補綴於前。一則知裁設之異同，一則見職官之缺失也。若裁缺諸職，亦列爲表附之，使來者有所考焉。

一　封建，《舊志》特標門類，然考各史所載，有關於州者衹一二條，茲附見《事略》中，以省繁瑣。

一　選舉，年經事緯，横列爲表。惟貢生次第與《府志》不合，茲依《府志》挨次載入。其《府志》缺，而《舊志》存者附諸後，亦以《府志》有世代堪稽，而《舊志》無年甲可據也。

一　封贈，《舊志》備載誥敕之文，殊失體裁。茲僅列其姓氏、官階，較爲簡潔。

一　旗籍向不以方輿限州境屯居。漢軍事蹟、科目例入《八旗通志》。《乾隆志・隱逸》有王國衡事，仍之，今不續載。若旗籍官斯土者，不在此例。

一　人物，生存者不立傳，「蓋棺論定」義也。節婦，年分應旌者，不在此例。

一　人物，《舊志》合忠孝、節烈爲一卷。茲於貞烈別自爲卷，改稱《列女》，而置仙釋於《識餘》，以昭區別。

一　列女，史家傳體俱云「某某妻某氏」。茲援爲例，其已旌與年分合例未經請旌者，均行載入。仍依舊例分別節婦、賢婦，庶苦節芳型，共傳不朽。

一　藝文，祇載州人著述篇目，循史例也，而以碑目附之。至論疏、傳序、碑記、詩賦有關事蹟者，從《吴郡志》例，附各條後，庶於事實有裨。

一　寺觀，陸清獻《靈壽志》不載，所以抑二氏也。然如州之神仙院、八仙洞等處，難以概置不録。其非古刹、名勝者，附見《村鎮》中，不備載入。

一　紀事，《舊志》寥寥數條，兹爲博採旁搜，凡有關於州境者，悉行載入。蓋州在唐末爲儒州，自石晋以十六州貽契丹，淪没者四百餘載。元時爲往來上都孔道。明之中葉，屢被兵患，固多事蹟可採也。

一　《舊志》引證經史，錯誤實多，别爲《訂訛》，附之終篇，條舉詳辨，不使稍涉疑似。惟望博雅匡所未逮，則幸甚。

【校勘記】

〔一〕凡：原作「几」。據上下文意改。

延慶州志歷修姓氏

明

成化十一年乙未創修

隆慶州知州　李鼐　陝西秦州富平縣人

舉　人　謝世芳　山西人

庠　生　倪雲　以下州人

庠　生　王容

庠　生　蘇英

嘉靖二十七年戊申續修

隆慶州知州　王尚友　陝西淳化縣人

陝西右參議　蘇乾　以下州人

主　簿　程萬里

監　生　王欽

庠　生　張世敏

庠　生　黄　麻

庠　生　楊　愈

萬曆四十六年戊午重修

延慶州知州　宋雲霄　山東淄川縣人

知　州　賈希顏　以下州人

知　縣　谷文魁

知　縣　劉九淵

知　縣　楊立程

庠　生　李芳春

庠　生　賈之驥

庠　生　宋嘉樂

國朝

順治十年癸巳續修

延慶州知州　遲日豫　奉天府人

庠　生　劉文藻　以下州人
庠　生　魏爾恭
庠　生　魏爾欽
庠　生　劉士奇

乾隆七年壬戌重修

延慶州知州　李鍾俾　福建安溪縣人
延慶州學正　穆元肇　固安縣人
延慶州訓導　方世熙　正黄旗籍桐城人
原任黟縣知縣　饒有斐　以下州人
處　士　王國衡
拔貢生候選縣丞　胡宗舜
廩　生　饒　裕

延慶州志新修姓氏 光緒五年重修

監修

前任延慶州知州 屠秉懿 湖北孝感縣人

前任延慶州知州 何道增 湖北江夏縣人

前署延慶州知州 褚　瑨 湖北江夏縣人

延慶州知州 榮　恩 滿洲鑲黄旗人

署延慶州知州 胡振書 浙江山陰縣人

纂輯

辛酉科拔貢 張惇德 欒城縣人

參閲

延慶州學正 張式芸 天津縣人

延慶鄉學訓導 姚　堃 易州人

督刊

延慶州吏目　吴繼瑞　江蘇陽湖縣人

分修

貢生　王榘曾　以下州人

總理兼採訪

保舉孝廉方正武生　杜　詩

貢生　王世昌

歲貢生　王肇麟

庠生　劉萬田

繕寫

廩生　劉思恭

庠生　于　倓

承辦

禮書吏　謝承恩

工書吏　王肇基

延慶州志卷首

詔諭

康熙二十年十二月，詔免宣府圈撥田地、城堡錢糧。

時以平定滇黔頒行恩詔，載有此條。宣府城衛得蒙恩免者十八處，永寧衛、四海冶、延慶州與焉。

康熙五十九年六月二十一日，上諭大學士：「朕聞保安、懷來等處地震，宜速遣大臣前往賑濟，若俟部中啓奏，便致遲延。着派副都御史楊桂、屠沂，令伊等作速自京城出居庸關，前往延慶州、保安州、懷來沙城等處查閲，一面奏聞施恩。」

本年十二月初十日，準户部咨開，查得直督趙奏稱：今歲宣化府屬延慶、保安、宣化、懷來、龍門五州縣，六月内地震。蒙皇上特恩，蠲免康熙五十九、六十兩年錢糧。查延慶等五州縣每歲應徵地銀止二萬有奇，米豆雜糧有三萬七千九百餘石，是本色多於銀兩，懇請概賜恩蠲，或念民力未紓，準其暫緩，分年帶完等因。奉旨：延慶五州縣米豆、穀石、雜糧，俱着蠲免。

臨　幸

康熙十一年正月，上出居庸關，奉皇太后幸赤城湯泉行宫。

康熙三十六年二月，上親征噶爾丹。初八日，次岔道。初九日，次懷來縣，駐蹕行宫。

康熙四十四年九月初八日，上自口外回鑾，入張家口。初九日，駐蹕宣化府。初十日，駐下花園。十一日，駐懷來縣。十二日，駐岔道，進居庸關還京。

康熙五十四年，賜延慶州知州宋永清「渚華初出水，隄樹亦成行。吟罷天津句，薰風拂面涼」匾額，懸之公署。

宸章

聖祖仁皇帝御製詩

《出居庸關》：

羣峰倚天半，直北峙雄關。古塞烟雲合，清時壁壘閒[一]。軍鋒趨朔漠，馬蹟度重山。漸向邊城路，旌旗疊翠間。

《彈琴峽》[二]：

琮琤流水意，仿佛似鳴琴。曲度泉歸壑，聲兼峽泛吟。空山傳逸響，終古奏清音。不御金徽久，泠泠會素心。

高宗純皇帝御製詩

《經居庸關》：

雁塞返龍旌，魚關度鳥道。芙蓉紫霧沈，瞱晲[三]清秋曉。重巖虎豹狰，萬壑琴筑繞。寄蹤儼壺中，回首驚雲表。棲崖眄埢垣，遯蹟資探討。天意實難諳〔二〕，地險安能保。

《彈琴峽》：

大地作琴聲，迦葉亦如是叶。何待柴〔三〕桑翁，掛壁始寓意。此峽曰彈琴，誰與標名字。巖谷〔四〕夐而幽，石泉清且泌。野菊小於錢，十三星點綴。動操四山響，萬籟紛丹翠。鍾期未賞識，成連應走避。一洗箏琶耳，妙契烟霞思。

謹按：居庸關彈琴峽御製詩，恭載首見之篇，餘不備録。御製居庸疊翠碑，在居庸關城南，有碑亭，今圮。

【校勘記】

〔一〕閒：原作「間」。據《日下舊聞考》改。北京古籍出版社 1983 年版，下同。

〔二〕諳：《日下舊聞考·邊障》作「諶」。

〔三〕柴：原作「紫」。據《日下舊聞考·邊障》改。按：柴桑翁，指晋陶潛。因其晚年隱居柴桑，故稱。

〔四〕谷：原闕。據《日下舊聞考·邊障三》及《乾隆延慶衛志略》補。

【注　釋】

〔一〕彈琴峽：在八達嶺南十三里，五貴（鬼）頭山間。峽谷中有温榆河，由北入峽，經過兩個曲折後向南流。谷底溪水在石隙中流淌，發出有節奏的聲響，和上空谷回音，猶如彈琴之聲，故名。因修建鐵路加寬路基，彈琴峽已失原貌。

〔二〕睥睨：城墻上鋸齒形的短墻，即女墻。（南朝梁）王筠《和衛尉新渝侯巡城口號》：「罘罳分曉色，睥睨生秋霧。」

延慶州志卷一上

輿地志　沿革表星野晷度附　疆域形勝城池公署附

沿革表

朝代	統部	州郡	州境
唐	冀州域 《地理今釋》：冀州，今山西之太原、平陽、汾州、潞安、大同五府，澤、遼、沁三州，直隸之順天、永平、保定、廣平、順德、宣化六府及真定、河間二府西北境，大名府濬縣西境，盛京之錦州府，河南之懷慶、衛輝、彰德三府。其北直抵塞外陰山下，西起東受降城〔一〕東，之北訖於大遼水。		
虞	幽州域 《虞書傳》：中古但爲九州。及舜即位，分冀東北醫無閭之地爲幽州。成氏申之曰：幽州，燕、薊、幽、涿、朔、漢等州是也。		

續表一

夏	冀州域		
商	幽州域		
周	幽州域 《爾雅疏》：《禹貢》九州有青、徐、梁，而無幽、并、營，是夏制也。《周禮》有青、并、幽，而無徐、梁、營，是周制也。此有徐、幽、營，而無青、梁、并，故疑爲殷制。		
戰國	燕 《戰國策》：西有上谷、代郡。	上谷郡地 《史記》：上谷郡於燕。 《元和志》：上谷郡故城在嬀川縣。	
秦		上谷郡地	
漢		上谷郡 《漢書・地理志》：上谷郡領縣十五。	居庸縣、夷輿縣 《漢書・地理志》注：居庸，有關；夷輿，莽曰朔調亭。 沮陽縣東境 《水經注》：大翮山在沮陽城東北（一）六十里。居庸關在城東南六十里。據此則州西境即沮陽東境也。

續表二

後漢	幽州	上谷 《續漢書·郡國志》：上谷郡，領縣八。	居庸縣 《大清一統志》：夷輿縣，後漢省。
晋	幽州	上谷郡 《晋書·地理志》：上谷郡，統縣二。	居庸縣
後魏	東燕州	上谷郡 《魏書·地形志》：上谷郡，孝昌中陷，天平中復置，領縣二。	居庸縣
北齊	北燕州		懷戎縣地東北境
北周	燕州		懷戎縣地東北境
隋		涿郡 《隋書·地理志》：涿郡，統縣九。	懷戎縣地東北境 《隋書·地理志》：懷戎，北齊置北燕州，領長寧、永豐二郡。後周去「北」字。開皇初，郡廢。大業初，廢北燕州。按《遼史》：隋廢北燕州，改懷戎，屬涿郡。

續表三

唐	嬀州 《新唐書・地理志》：本北燕州。武德七年，平高開道，以幽州之懷戎縣置，縣一：懷戎。《元和志》：縣二：懷戎、嬀川。	嬀川郡 《舊唐書・地理志》：貞觀八年，改名嬀州。天寶元年，改嬀川郡。乾元元年，復改嬀州。 儒州 《文獻通考》：儒州，唐末置，領縣一：縉山。	懷戎縣地東境 按《隋書》〔一〕：懷戎縣有大、小翮山。則沮陽、居庸併入懷戎矣。 嬀川縣 《新唐書・地理志》：析懷戎置嬀川縣，尋廢。 縉山縣州治。
後晋		儒州 《通鑑》：天福元年，以雲燕十六州〔二〕賂遼。自是淪没者四百二十二載。	縉山縣州治。
遼	西京道	奉聖府儒州 《遼史・地理志》：儒州，唐置。後唐同光二年，隸新州。太宗改奉聖州。又按《元豐九域志・化外州下》：儒州領縣一：晋山。縉作晋。 縉陽軍刺史 《遼史》：隸奉聖州武定軍節度使。	縉山縣州治。

續表四

金	西京路	德興府 鎮州防禦使 《金史》：崇慶初，陞縉山縣爲鎮州。	縉山縣 《金史》：皇統元年，廢儒州，以縉山縣屬德興府。《郡國利病書》：罷州爲縉山縣，取縣北縉山爲名。
元	大都路	奉聖州 龍慶州 《元史·地理志》：延祐三年，割縉山、懷來隸大都。陞縉山爲龍慶州，領懷來一縣。	縉山縣 《元史·地理志》：唐爲嬀川。金爲縉山。至元三年，省入懷來。五年，復置，屬宣德府奉聖州。
明	北京行部	隆慶州 《明史·地理志》〔四〕：本元龍慶州。洪武初屬永平府。三年三月，屬北平府，尋廢。永樂十二年三月，置隆慶州，屬北京行部。十八年十一月，直隸京師。隆慶元年，改曰延慶州。按《明史稿》：洪武初廢，永樂十三年復置，以縉山縣併入，領縣一：永寧。	永寧縣 《明史稿》：永樂十三年，分縉山縣地置，屬隆慶州。又《畿輔舊志》：永樂十五年，於縣置永寧衛，屬宣府鎮。

續表五

國朝	
直隸省	
宣化府	
延慶州	《畿輔舊志》：初屬宣府鎮，爲東路，領縣一：永寧。康熙三十二年，省永寧衛入州，屬宣化府。
永寧縣	《大清一統志》：順治十六年，併縣入永寧衛。康熙三十二年，又併衛入延慶州。《州册》：延慶衛在居庸關。乾隆二十六年併入州。

張惇德《延慶州沿革考》：

延慶州在居庸關外五十五里。戰國時，燕置上谷於此。秦爲上谷郡地。由兩漢歷魏晋至後魏，皆居庸縣也。按《漢書·地理志》：上谷郡，領縣十五，居庸、夷輿與焉。夷輿故城在州東北，居庸故城在州東。《水經注》：大翮山在沮陽城東北〔五〕六十里，今在州西北三十里。是州在漢時爲居庸縣，兼有夷輿全境、沮陽東境之地。《後漢書·郡國志》有居庸，無夷輿。説者謂世祖併入居庸，信矣。魏晉因之。《水經注》：「清夷水逕居庸故城南。」魏上谷郡治第於居庸，言故城是後魏時移郡治於平舒，又移縣於故城之西，即今州治。北齊置懷戎縣，爲北燕州治，併居庸、沮陽入焉。《隋書》〔六〕言「懷戎有大、小翮山」，是其證矣。懷戎故城，今保安州治，隋因之。唐初爲嬀州嬀川郡治。長安二年，徙嬀州、懷戎於清夷軍，今懷來縣。光啓中，於懷戎舊縣置新州，復置永興州治。天寶後，析懷戎縣置嬀川縣，爲今州境，尋廢，其故城在州西北。唐末置儒州，並置縉山縣爲州治，今州治也。乃《遼史》謂：「縉山，天寶中，割嬀州置。」《明一統志》謂：「儒州，遼改。」是因《唐書·地志》無儒州，遂爲此臆説，不知儒州置於唐末，《文獻通考》可按也。《乾隆志》直衍爲武宗時置，謬甚。石晉以儒州貽契丹，此地不隸中華者四百二十二年，故《元豐九域志》列之化外州。金皇統元年，廢儒州，復爲縉山縣。崇慶初，置爲鎮州，尋廢。元至元三年，省縣入懷來。五年，復置。延祐三年，陞爲龍慶州，仁宗生於此，故名，領懷來一縣。

明洪武初，州廢。永樂十二年，復置爲隆慶州，分置永寧縣屬焉。隆慶元年，改曰延慶，避年號故。今順治十六年，裁永寧縣入永寧衛。康熙三十二年，又併衛入州。此州沿革之大略也。

幽，蓋燕之分。《兩鎮三關志·天文考》

按：分野，歷代相沿，其説不一。吉凶占驗之論，大抵荒渺難憑。况疆域有沿革之殊，星次有歲差之别乎？衹以舊術相傳已久，略採史傳，存而不論云。

晷度

北極，出地四十度二十九分。

冬至，晷影二丈四寸四分强。

夏至，晷影三尺六分强。

冬、夏至，晝夜長五十九刻九分弱，短三十六刻六分强，偏西二十八分。

節氣早一分五十二秒。

按《協極辨方書》：「人居有南北，則北極出地有高下。於是日之出入早晚，隨地不同。中國在赤道北，北極出地上，南極入地下，故夏晝長，冬晝短。自京西北，北極愈高，則永短之差愈多；所居之地愈南，北極漸低，則永短之差漸少。」《明史·天文志》：「以京師子午線爲中，而較各地所偏之度。凡節氣之早晚，月食之先後，胥視此。東西相距三十度，則差一時。相距九十度，則差三時。相距一百八十度，則晝夜時刻俱反對矣。」《會典》：「凡偏東一度，節氣遲時之四分。偏西一度，節氣早時之四分。」《易通卦驗》：「冬至之日，樹八尺之表，日中視其晷。」今則加二尺，以量測。蓋極度以定南北里差，此晝夜永短，時刻之所以異也。偏度以定東西里差，節氣早晚之所以異也。秦氏蕙田曰：「寅賓之類，以測象日。宅嵎夷，宅南交，宅西，宅朔方，即後世里差之法。星鳥之類，以測象星，即後世歲差之法也。」

疆域

延慶州屬宣化府，在府治東南二百里。

東至四海冶一百一十里，接順天府懷柔縣界。東少北至承德府灤平縣界一百一十里。

西至七里橋四十里，接懷來縣界。

南至陳家堡四十里，接順天府昌平州界。南少東，至南口城外狼窩村九十里，接昌平州界。

北至靳家堡二十里，接赤城縣界。

東南至永寧南邊垣九十里，接昌平州界。

東北至營盤口外千家店一百一十里，接獨石口理事廳界。

西南至楊董莊四十五里，接懷來縣界。

西北至莊窠村五十里，接龍門縣界。

東西廣一百四十里，南北袤八十里。東南至京師一百八十里，西南至省城五百二十里。

形勝

南挹居庸之翠，北距龍門之險。《元一統志》〔九〕

地臨險要，山則歷山、大翮，水則嬀川、玉泉。《輿地摘要》

襟居庸，帶嬀水。《府志》

面臨陵寢，背負縉雲。東有火燄山爲之藩，西跨白龍灣爲之帶。深溝鉅澗，曲寨懸崖，雖三鎮之僻邑，亦四塞之勝概。《永寧縣志》

州介於山前後間，由此南瞰居庸，左撓虎北，虎北口〔一一〕在州東二百餘里。則燕山失其固矣。若乘轅北向，列灤河之戍，謂開平故衛。空漠南之庭，實咽喉所也。表裏山河，拱衛陵寢，豈非郊圻重地哉！《方輿紀要》

南拱神京，北聳冠帽，東迎熊耳，永寧爲之藩；西望螺山，懷來爲之臂〔一〇〕。《府志》引《舊志》

疆域第一圖（見附圖一　疆域第一圖）

城池

州城因元之舊。明永樂十二年，復設州治。宣德五年，陽武侯薛禄奉命補修，歲久傾圮。景泰二年，知州胡璉請命副總兵紀廣率軍修築，高二丈二尺，周四里零一百三十步，雉堞七尺，垛口三尺五寸。門三：南曰奉宣，北曰靖遠，東曰致和。天順七年，知州師宗文、守備指揮汪溶以磚石甃砌。成化三年，知州李鼐、千户劉政甃砌，俱中輟未竣。嘉靖間，巡按御史李宗樞議完，弗果。二十八年，奉文撥民夫修城，添高七尺。萬曆八年，知州師嘉言奉文展修北城，闊五十步，周四里三百四十六步。三十六年，霪雨，坍塌七處。知州楊惟相督令士民包修，開西水門，曰西成。四十四年，知州宋雲霄、吏目夏詔功添修南關並新堡。磚牆長二百二十七丈七尺、角臺一、敵臺二、關門二、水門二，操守桂逢春、把總田濟世督修。

國朝康熙間，知州祁斌、宋永清前後補葺。高三丈五尺，寬〔一一〕一丈五尺至二丈不等，周如舊式，門四。西門狹小。

明林廷舉〔三〕《延慶州城記》：

《易》曰：「王公設險，以守其國。」《禮》曰：「城池以爲固。」《春秋》尤謹地築，爲備書以示得失。亶以城乃禦暴保民之所，爲政者宜盡心也。矧邊城攘夷安夏之攸係，爲尤要哉！距居庸北有州，曰延慶。相傳建自金元，沿革湮没無徵。永樂甲午，太宗皇帝巡狩北邊，駐蹕團山。以斯地厥土曠沃，羣山環峙，遂創州治，遷民以實地，命官以莅民，幾四十餘年矣。

於是今明皇帝〔一二〕篤紹前烈，申諭將臣，嚴飭邊務。時鎮朔大將軍昌平侯楊洪，副總兵都督〔一三〕紀廣，户部左侍郎劉璉，參將〔一四〕都督同知楊能、都督僉事楊信，巡按監察御史鄭詔僉謂：「是州拱衛京師，控制朔漠，誠爲要害，城可無乎？」會知州胡璉〔四〕惟圖保障，適以狀申。諸公遂請於上，可其奏，且敕副總兵紀廣專董厥事。諸公共承明命，殫知畢慮，協力一心。紀公尤圖仰答朝廷委任，至則正方位、平版幹、稱畚〔一五〕築、議遠邇，以均勞度。有司以計工，夙夜勤勩罔懈。右參將楊公躳率甲兵往來以備不虞。於是士卒八千人樂於趨事。經始七月初二日興工，八月初五日，繚垣、深塹、巍堞、重門煥乎一新。復建麗譙以司昏曉。新門額以聳觀瞻。南曰奉宣，北曰靖遠，東曰致和，屹然金湯之固，誠北門之屏翰也。既成，求紀其事。

惟成周有玁狁之警，請王命以城朔方。東方之城，仲山甫以上卿往臨其役。故《詩》云：「天子命我，城彼朔方。」又云：「王命仲山甫，城彼東方。」今諸公以保民禦侮〔一六〕爲心，兹城是請。皇上重勞人力，賢能是任。其周人城朔方、命山甫之意歟！況紀公恪共乃事，今春嘗城雷家站，甫一月而百堵皆興，今復成此豐功，皆可書也。遂紀歲月顛末，俾後有所考徵，且昭列聖之恩、諸公之德、紀公之功於無窮焉。是爲紀。

明韓濬〔五〕《修南關新城記》：

延慶新城南關成，州牧宋君以其狀來曰：「宣鎮之有延慶也，始於永樂中文皇帝駐蹕於此。山河四望，樂而安之。因命尚書趙公玒建州於沽之東、嬀之北云。其後獨南關成，聚烟火廬井，埒於中州。自是，皇華按部使者每駐節焉。嘉隆間，塞土〔一七〕凡七中敵，獨南關無恙〔一八〕。彼時所以制敵者，土牆猶固、嬀水爲池耳。年來牆圮，而嬀流淺涸，褰裳可涉。且州城故遵嬀岸以築，坤方内縮，不無〔一九〕稍缺，先是莅州者計增修而未遑也。雲霄守茲土四載，每覩之而低徊，却顧不能已已。會觀察使績溪胡公持憲節鎮懷隆，大修邊備，乃得以士民議上請，報可，既奉規畫矣。因而簡材官經費、用物土方，計徒庸，因力於軍，因食於糧，夙宵奉行惟謹。修築磚牆二百丈有奇，包絡河西〔二〇〕一屯。爲敵臺者二、角臺者一、關門二、水門二。易土爲石，濬嬀爲池。築壩引諸流衍，灌溉溝塍，稻畦柳陰，森然彌望矣。經始於丙辰三月，告成丁巳〔二一〕之秋。不肖一守土吏，何能爲役？惟是觀察公威靈實是臨之。敢徼惠於名言，勒諸貞石，志延人之德公也。」余應之曰「唯唯」，因思宣鎮之重，尚矣。國初逐敵漠北，即元上都設開平衛以戍守，宿重兵，置八驛，東接大寧，西連獨石，屹若三受降城焉。文祖自開平出入，三犁邊庭，而黄花鎮、平遠堡間延袤千餘里，草木皆兵，王庭空幕，至南〔二二〕視北斗而還，鼓臥烽恬者垂三〔二三〕百載。雖由神武之無敵〔二四〕，亦以地利强勝而先聲足以奪人也。自大寧畀虜後，開平之守退〔二五〕移獨石，八城破而爲土木之變。雖以廟社之靈，旋幸收復，而要害之係重可知已。今延慶者，乃宣鎮三衛〔二六〕邊之一也。兩郡縣輔車相依，三衛之士持矛而操鬭戟者，環侍以争一旦之命。即以三犁迅掃之盛，赫威濯靈，尚皇皇於斯城之建。今日南關之役可少緩乎哉！夫太原城而思明遁，統萬固而拓跋遠，皆於倉皇之際以幾萬一之功，論者猶然韙〔二七〕之。矧乘款市之暇，大修守戰之備，觀察公之意念不亦遠乎？異日者奉明詔，以勒燕然、碑黑水，非異人任矣！州牧庇公宇下，手口拮據，亦既勞止，因得並書。

觀察公諱思伸，字君直，乙未科進士，南直績溪縣人。州守諱雲霄，字奎光，丁酉科舉人，山東淄川人。

明趙𤩽《隆慶州城成志喜》詩：

驅除瓦礫闢荆榛，比屋閭閻結構新。千里邦畿三輔邑〔二八〕，萬年烟火五陵人。關山鞏固風雲壯，禾黍縱横雨露勻。共説一毫皆帝力，謳歌鼓腹樂堯民。

又《隆慶城南書事》詩：

城南新構草團標〔二九〕，門掩蒼苔晝寂寥。野鹿春雲山對户，桑乾野雨水平橋。撥雲巖〔六〕

下求泉脉，嚼草坡[七]邊辨藥苗。行到水窮無去處，夕陽古道伴歸樵。

池闊二丈，深一丈餘。明景泰三年，千户劉政導沽河水環流城下。今東西城濠長一百九十二丈，南頭寬十四丈，深一丈六尺；中寬九丈，深一丈六尺；北頭寬六丈五尺，深二丈。北面城濠長二百五十二丈，東頭寬七丈六尺，深一丈六尺；中寬六丈五尺，深一丈六尺；西頭寬七丈，深一丈七尺五寸。西面、南面俱以河爲濠。

《舊志》云：嬀川河舊繞城東南角，每遇夏月霪雨，山水暴漲，城脚地臺不無坍塌，雖加修不能保固。南關、西新堡居民近水，甚屬可虞。知州宋永清集州人士議借旗圈地[三〇]，濬水南行，遠城里許。更樹堤以障衝决，至今賴之。

李育德《濬復護[三一]城河道碑》：

延慶州自設有城垣，濠池之水源出涸河。其西、南兩面以河爲濠，東、北面濬濠之深廣，俱詳載《州志·形勢》。環流氣脉凝聚，故人文薈萃、物力滋豐，民俗猶爲近古。

嗣緣霪雨衝塞，而東北偏枯，西南面之水外潰。識地理者謂「未庫冲而財不守，坤宮洩而化不淳」，非獨汲〔三二〕食不便，而居民陰守其害者，蓋已極百餘年矣。

我州牧山左王蔭堂先生以濟南名進士適莅茲土，慨然有濬復之志。因謀諸司鐸李公、城守營王公，得紳士之任重者四人，爰經始於歲十月朔。銳志鳩工，引水於南門外通濟橋西，釐清城濠、官地，開廣舊蹟，以爲分注之源。一由故道南行入水門洞，經來遠橋轉馮家灣而西，歸於南關外；一東面之水抵惠濟橋，再東由北而南，過普濟橋，匯於城之東南角。前州牧患城脚地臺不能保固，原借旗圈地畝導水南行。茲因其地基依然，略加修濬。而魁閣巍臨，天衢展步，溶溶然環灣帶東，迄承恩橋合流而西北，何如形勝乎哉！誠不數覯之盛舉也。

夫以前此之湮没歷有年，所幾幾若不可復振。一旦上有作者，下丕應。淤塞者疏之，衝潰者防之，並籌備善後事宜，以垂永久，不三月而告成焉。將見科甲由此興，財源由此裕，風化由此培。而東、北兩面數百户居民汲食之便，尤其效之可立覩者也。謂非一舉而重善皆備乎？彼世之積習，因循委靡焉。無能爲役者，其將有慚於斯。而後之聞風興起，躍躍於有志竟成者，其亦將有感於斯夫！是爲記。

道光二十七年冬月

車汝霆《環城河道碑》：

延慶爲出關第一名區，土沃俗淳，甲於宣郡。自設有州城，而周環河道，故蹟依然。先朝賢州牧取次疏通，藉以護城，即州民之汲食者，利便亦非淺鮮也。迨明隆慶間，兵亂復塞，迄今三百餘年矣。當其始，農勸耕耨，女慕貞潔，商利貿遷，工無苦窳。一時文人學士争自琢磨，以功名著者，尤難更僕數。自東北流淤，後始不振，豈運會之適然歟？抑地靈之有據歟？前署州王公蔭堂捐廉倡義，謀復濬之，並栽柳以固堤，惜未完事，匆遽而去。余適攝篆兹土，下車之始，環視城垣，慨然念之。惜其力弗便於民，非治也；有其始弗成厥終，非法也。急補捐，募工如厥初。督之深，督之廣，樹之既活者溉之，未活者補之。又恐風之過，益以沙；雨之過，益以泥。一年弗修，淺增尺；十年弗修，增丈。安知不久而復淤如前日者？爰於城内設官斗四支，歲取其租息爲濬修之資，自是其功始成。而余念亦始慰，州人士歡欣。而前日兹水之通塞關乎運會，今而後將必有應運而興者。余曰不然。余之黽勉從事，便民而已，風水之説，吾不深信。但願他日者楊柳依依，河水蕩漾，使斯篝車越陌度阡，婦子來止，浣濯休息茂樹青蔭之下、草橋流水之間，撫其樹曰：「此王君所遺之甘棠也！」余何敢邀其功云。

道光二十九年二月

碑陰：

設立官斗四隻，分派四街，按名按年，以五月初一日交租，延錢四十吊，共合錢一百六十吊，以爲歲修河工之用。有斗户姓名諭帖，案卷存工房爲證。若欠斗租，另行更换妥人。分水下邊河灘有歲修河工地七畝，北至河，路東至城濠，西至河灘，南至西大橋，坐落西門外。按年收秋租延錢拾吊，十月初一日完納。佃户北關民人雷興旺若欠租，撤地另招佃户，永不許偷典盜賣。又環城兩岸，原栽榆、楊、柳樹，共計壹千棵。每歲給河夫名工食延錢五吊，看守岸柳，禁止剪伐，仍戒毋混伐兩岸濕土，如有蒙蔽，私自斫折，經理人報官，責懲更换。分水設立壩夫一名，收取閘板，以備雨水横衝。閘邊空地，準其栽種葦根，自行收責，不給工食。如有怠玩，準行更换。分設工頭二名，尋查柳掌壩夫敝端，按年修理河道，督率小工作活，領價不給工食，如有狗縱惰玩，斥革更换。

張昭《濬復環城河道添置經費碑》：

延慶之環城河者，所以衛崇墉、資汲取、便灌溉，一舉而三善悉備者也。自前朝州牧肇始濬修，民恒因以爲利，然而山有暴漲之衝，夏有時雨之刷，一尺之水，六尺之泥，日積月盈，宜乎每見淤墊矣。雖歷經前斥者，非不取次疏通，而開挖〔三三〕之法未備。是僅爲目前計，以待後之人隨修復也。前署州王蔭堂先生，所到有循良之譽。其於道光二十七年來權斯土，適城河久塞，慨然曰：「是利也，必興之。惟廉泉一勺，奚解千萬人之渴。」遂集好義紳士，鳩工而釐清之。廣其衈而暢其流，固其隄而植其樹。至今蔥蔥蔚蔚，瀰瀰洋洋。凡游泳其間，修禊其所者，莫不頌「甘棠蔽芾，愷澤周流」焉。繼其任者車雨春先生，亦愛民求治之賢者，顧惜其力，不忍待之復淤，爰加修濬。並設官斗四隻，歲取其息以償挑挖之費。庶幾清流激湍，恒繞堞而環闉。非徒形勝之可觀，實乃汲引之常便。民俗以河之通，關乎文運。車君即以其説而策勵人才，誠善政，亦善教也！余於咸豐癸丑冬月捧檄來莅兹邦。明年冰泮，即令修河培隄。俾前人已成之功，垂之不朽。即有董事諸生請曰：「前設四斗，其利不敷歲修用，不免顧此失彼，使再增益四斗，久之可無虞復塞矣。」余察前之四斗，民所樂從。夫斗之利，亦民之利也。以民易爲之利，而還以民，其誰曰不宜？遂允所請，而勉之曰：「有始有終，勿荒勿怠，能以不欺存心，行見德行昭而科名可顯，無俟乎川瀆效靈而文運始通也。」是爲記。

咸豐四年七月

州城圖（見附圖二　州城圖）

公署

州署在州城中稍西。明永樂十二年，知州陸震權爲草舍以莅事。宣德九年，知州楊賓始易以瓦。正統十四年，敵騎犯邊，毁於火，止存儀門。成化三年，知州李鼐重建。萬曆時，知州宋雲霄修葺。計大門三間，門外坊二，内東寅館三間，今廢。土城祠三[三四]間，儀門三間，東西角門各一間，大堂三間，匾曰仁愛。正中懸欽賜知州宋永清詩額，前爲月臺，中爲甬道。堂東西庫房各二間。甬道左右班房各一間，科房各六間，再東即馬號。二堂三間。西角門西通幕齋。三堂五間，前有古槐二株，大數圍。西廂房三間。東角門外，廚房三間。乾隆元年，知州李鍾俾捐修東書房五間，前有小亭，名曰柳居，匾其室曰「退思」。今廢。内宅五間。東西廂房各三間。東廂房北有高臺，可以望遠。西院北房三間，西廂房三間。

李鍾俾《柳居記》附

維乾隆元年，歲在丙辰，聖天子以重華繼起，恩澤覃敷。時政簡刑清，四海寧謐，予以容城令來牧嬀州。州鄰邊境，土〔三五〕瘠地寒，民多彫弊。下車急請發粟賑之，漸有起色。復綜核讞牘，係累盡釋。然後城頹者築之，堤潰者培之，渠堙者濬之，數閱月而公事告竣。署左有小室數楹，傾圮不可居，乃捐俸召匠氏治之，羣工樂集。於是截柳爲椽，編荆爲籬，構茅爲亭，再旬而落成，因名之曰「柳居」。爰蒔山花，植野果，藉石爲山，因地爲景，儼然有幽致〔三六〕。時微雨和風，草木交茂，乃登亭而歌曰：「仰觀宇宙，俯察羣生，無消不長，無虛不盈。」客從而和之曰：「風雨蕭蕭，草木飄飄，公退食而逍遥。」遂不覺欣然以喜，而自謂吾之樂在此也，即人亦謂吾之樂在此也。然而問斯居則柳居也，問斯亭則草亭也。居不在花，有花而萬物皆春，甲坼之向榮覞焉；亭不在雨，有雨而百穀用成，民生之樂業係焉。是則名柳取志，編籬興思，特其樂之餘者耳。此吾之樂所以不在居也，不在亭也，而人不知也。人不知，即吾亦不自知之也。吾不能言，而吾之居，吾之亭，亦不能爲吾言之也。噫！後之君子居吾居，遊吾亭，其尚察吾之政、吾之心與居亭而俱存者乎！居不能不敝，亭不能不圮，政不能不湮，而吾之心則常存，心存而政存。後之君子其或有葺吾之居與亭者，則亦樂吾之樂。其在於居與亭也耶？其不在於居與亭也耶？

州學學正署，在文廟西，本舊訓導署，後改建。

鄉學訓導署，在居庸關城南。

州判署，在居庸關城。

吏目署，在州署西。計大門一間，二門一間，東西房五間，正廳三間，書房二間，正房三間，東西廂房六間。監在本署大門西，禁子房一間，獄神祠一間，監房七間。

把總署，在城西北武定街。雍正六年建，共房十一間。

永寧城千總署，在本堡。

柳溝城把總署，在本堡。

四海治外委署，在本堡。

周四溝外委署，在本堡。

靖安堡外委署，在本堡。

岔道守備署，在本堡。

居庸路都司署，在居庸關城。

州署圖（見附圖三　州署圖）

【校勘記】

〔一〕北：原闕。據《水經注》卷十三《㶟水一》補。按《水經注》卷十三《㶟水一》：「《魏土地記》曰：沮陽城東北六十里有大翮、小翮山。」

〔二〕《隋書》：原作《唐書》。新、舊《唐書》均無「大、小翮山」之記載。查原文見《隋書·地理志》，據改。按：本書下卷《輿地志·大翮山》即作《隋書·地理志》。

〔三〕雲燕十六州：通常作「燕雲十六州」，見《宋史·地理志》等書。

〔四〕《明史·地理志》：原作《明史·地理志志》。衍一「志」字。

〔五〕北：原闕。據《水經注》卷十三補。

〔六〕《隋書》：原作《唐書》，誤，徑改。依據見校勘記〔二〕。

〔七〕危：原作「尾」。據《漢書》改。

〔八〕《晉書·天文志》：原作「《晉書·天文訓》」，誤，徑改。

〔九〕《元一統志》：原作「《元史》」，誤。引文見《元一統志》卷一《上都路》。按：《元一統志》，元孛蘭肹等撰。

〔一〇〕臂：原作「呰」。據《嘉靖隆慶志》改。

〔一一〕寬：《乾隆延慶州志》作「厚」。

〔一二〕今明皇帝：《嘉靖隆慶志》作「今上皇帝」。

〔一三〕都督：《嘉靖隆慶志》作「右都督」。

〔一四〕參將：《嘉靖隆慶志》作「左右參將」。

〔一五〕畚：原作「圖」。據《嘉靖隆慶志》改。

〔一六〕禦侮：《嘉靖隆慶志》作「攘夷」。

〔一七〕塞土：《康熙延慶州志》作「塞上」。

〔一八〕無恙：原作「無羔」。據《乾隆延慶州志》改。

〔一九〕不無：原作「無不」。據《乾隆延慶州志》改。

〔二〇〕河西：《康熙延慶州志》作「西河」。

〔二一〕丁巳：原作「丁未」。據《乾隆延慶州志》改。按：丁巳，指公元一五五七年。

〔二二〕至南：原作「南至」。據《乾隆延慶州志》改。

〔二三〕三：似應作「二」。自永樂帝北征至築城時，不足二百年，非三百年。

〔二四〕無敵：《乾隆延慶州志》此下有「哉」字。

〔二五〕退：原作「邊」。據《乾隆延慶州志》改。

〔二六〕衛：原作「衝」。據《乾隆延慶州志》改。

〔二七〕韙：原作「偉」。據《乾隆延慶州志》改。

〔二八〕邑：原作「色」。據《嘉靖隆慶志》改。

〔二九〕草團標：原作「草團飄」。誤。

〔三〇〕地：原闕。據《乾隆延慶州志》補。

〔三一〕護：原作「獲」。誤。

〔三二〕汲：原作「吸」。誤。

〔三三〕挖：原作「挖」。誤。下同。

〔三四〕三：《乾隆延慶州志》作「一」。

〔三五〕土：原作「上」。誤。

〔三六〕致：原作「緻」。誤。

【注　釋】

［一］東受降城：唐三受降城之一，簡稱東城。唐景龍二年（七〇八）張仁願築於黄河東北岸（今内蒙古托克托南），隔河與勝州相對。駐有兵七千，馬一千七百，安史之亂後有所略減。寶曆元年（八二五），徙置綏遠烽南（今托克托城）。

［二］虎北口：春秋時稱北口，北魏時稱出峽，唐時稱虎北口。清乾隆年間改稱古北口。

［三］林廷舉（一四一七—？）：字雲鵬，廣東潮州府海陽縣人。明正統十年（一四四五）乙丑科進士，授監察御史。明景泰間，曾謫發隆慶州永寧縣。

［四］胡璉：河南湯陰人。景泰元年，出任延慶知州。

［五］韓濬：生卒年不詳，字晶宇，山東省淄博市張店區傅家鎮小田村人。明萬曆二十五年（一五九七）丁酉《書》經魁，戊戌（一五九八）進士，授嘉定知縣，擢廣西道御史。後陞右僉都御史，巡撫保定。以疾請告歸里。

［六］撥雲巖：俗名扯勾山，在州城（今延慶城區）西北二十里。

［七］嚼草坡：一名白草坡，在永寧城西北十五里。

延慶州志卷一下

輿地志 山川關隘城堡附 水利橋梁附

山川

長生山，在州城東一百一十里。《府志》

獨山，在州城東三十里，巍然獨立。明永樂時，帝駐蹕於此，顧瞻沃野，因復設州治。《乾隆志》一名團山，溪河出此。按《水經注》：「《魏土地記》曰：沮陽城東八十里，有牧牛山，在居庸縣東北三十里。耆舊云山下舊有百泉競發，有一神牛，駮身，自山而降，下飲泉竭，故名。」疑即此山。《大清一統志》

馬廠山，在州城東南三十里，山圍四面，中有小村數處，山口有虎皮棚寺。採訪

紅龍山，在州城東南三十里。馬廠山西有紅龍潭，祈雨輒應。西紅山村爲之重建祠宇，置香火地，俾主持永遠祀之。採訪

紅門山，在州城東南二十里，高三里許。有大、小紅門口，爲戍守處。相近有蟒山，形如蟒頭。《大清一統志》

馬鞍山，在州城東南十三里。《乾隆志》

柏齡山，在州城南四十里，上多柏木。《大清一統志》

玉峰山，在州城南四十里。同上

五龜山，在州城南三十五里。《宣鎮志》一名五貴山，有彈琴峽。採訪

羊頭山，在州城南二十里，形若羊頭。一在永寧北二十里。《乾隆志》

西紅山，在州城東〔一〕南二十里。紅門山西有墩臺、敵樓。相傳明將軍劉挺守此時，射地得泉，今山麓村中祇一井，即劉公泉也。採訪

筆架山，在州城南十里，三峰突起。一在永寧東北三里。《乾隆志》

水峪山，在州城西南五十里，與懷來縣接界。同上

元王惲《遊水峪山》詩：

雨沐山容曉更鮮，峪深行入洞中天。林間石碇傳經鉢，嶺崦雲封種玉田。世世〔二〕酸

醎誰自信，人生聲利古難全。道人孤潔〔三〕宜諳此，抱石歸來夜煮泉。

畫字山，在州城西南四十八里。《明一統志》

西螺山，在州城西北六十七里。又東螺山，在州城西北三十里，盤曲而上，高七里許。《大清一統志》

縉山，在州〔四〕城東北〔五〕五十里，巖中有古佛像。《明一統志》

歷山，在州城西北三十里，形如覆釜。同上

按：保安州西南亦有歷山，與此名同地異。

大翮山，在州城西北。《水經注》：「陽溝水經大翮、小翮山南，高巒截雲，層陵斷霧，雙阜共秀，競舉羣峰之上。郡人王次仲改蒼頡舊文爲隸書，始皇奇而召之，三徵不至。始皇怒，令檻車送之。次仲化爲大鳥，翻飛而去，落二翮於斯山，故其峰巒有大翮、小翮之名。《魏土地記》曰：『沮陽城東北六十里有大翮山、小翮山。其山在縣西北二十里，峰舉四〔六〕十里，上有廟，即次仲廟也。』」《隋・地志》：「懷戎縣有大、小翮山。」

《明一統志》：「大翮山在州北二十五里，相連者爲小翮山，差卑。」州有佛峪山，蓋即此山也。《大清一統志》

佛峪山，在州城西北三十里，下有温泉，蓋即大翮山也。温泉流入嬀水，又曰温泉河。山口有大石，上刻佛像三，故曰佛峪。《畿輔舊志》

郭浩《佛峪温泉》詩：

道是桑乾水，渾疑度濁涇。花如〔七〕人面素，山作佛頭青。陶穴猶從古，温泉且浴形。明朝秋履畝，郢曲那容聽〔八〕。

大海陀山，在大翮山西北，相連，高聳百仞，上有龍潭。《畿輔舊志》

明范鉷〔一〕《登大海陀峰》詩：

疊嶂層巒聳翠微，清風吹我上天梯。鵬程九萬扶摇近，沙界三千指顧低。瀑落碧潭驚霹靂，氣蒸丹石出雲蜺。太平形勝歸歌咏，欲寫蒼崖手自題。

將軍山，在州城北二十五里。《宣府鎮志》

草垛山，在州城北二十里，形如草垛。又盤道山，在州城北二十里。《乾隆志》

應夢山，在州城北十八里。相傳遼蕭后應夢建寺於其巔。《乾隆志》

香爐山，在應夢山前，突出如香爐。同上

鐘山，在應夢山西，形如覆鐘，巔有石如鈕。同上

石門山，在應夢山前，中有洞，南北通明如門。《大清一統志》

擎笏山，在州城北十八里，峭拔孤立，狀如擎笏。山腰有瀑布，飛流直下。同上

阪山，在州城北十五里。相傳軒轅與炎帝戰於此。《明一統志》

冠帽山，在州城北十五里，狀如幞頭，與大海陀山東西相望。同上

古城山，在州城東北二十五里。《乾隆志》

金剛山，在州城東北二十五里。兩山相抗，勢如金剛。《明一統志》

李鍾俾《憶遊金剛山》詩：

名山環繞路臨谿，喜我同人覽勝齊。射鴨灘前頻度馬，觀魚臺上〔九〕共浮鷖。釣魚臺，在金剛山下。崖懸百丈垂仙藥，壁削千層待手題。一自牧童歌出谷，桃花流水武陵溪。

又《邀友同登金剛山》詩：

神仙山下有神光，金剛山之東，即神仙院，夜有神燈。神仙山上〔一〇〕列金剛。金剛山在神仙院之上。駊騀千尋瞰皇閣，山左即玉皇閣。怪石硉兀壯邊方。龍湫長噴雲淰淰，山下有龍潭。劍氣空橫月茫茫。金剛山與劍山相連。我來此地訪金人，海上金人事。忽遇若士前挺身。時有老僧年七十，引上峰巔，步履如飛。引我直上山之頂，俯視崑崙如比鄰。須臾復下安樂窩，呼酒喧詩倚蔓蘿。玉室金堂餘得道，吞舟〔一一〕夢醒共相告。使君躊躇不歸去，垂鞭𩏼鞚淩虎踞。磨硯前溪還後指，記景立馬鳥飛低。雲峰爛煥滌塵襟，羣羊亂石石走徙。夕風飛發出洞巖，青山如故數回視。

又《遊金剛山歸途口占》詩：

未到觀碁頂，先遊戲水崖。山下有龍潭。龍蹄隨鳥蹟，佛手滿峰排。山峰排列如佛手形。雲斷山翁出，谿深馬足埋。山石上俱有馬蹄蹟，俗名馬蹄潭。何時當再至，夢寐向天階。

高繼允[二]《遊金剛山》詩：

僕非漱石人，愛山却成癡[一二]。有山皆欲登，有嶺皆欲陟。行役十餘年，所遊亦非一。未嘗肯負辜，頗覺情懷懌。今也客邊城，邊城饒怪石。金剛尤著名，雙峰相峙立。欲上苦無由，刺史情偏逸。招余並轡行，良朋三五集。危峰日影低，石磴雲巔出。側疑劍攢，累積類圭壁。仙膏自古凝，鬼斧何年闢。蒼玉列千尋，枯藤縈百尺。下壓蛟龍潭，寒洌色黝碧。中有空王宫，四面繯絶壁。鐘響振林皐，梵音驚蜥蜴。披襟狗所如，凉飈襲兩腋。夕陽投踈林，淡豔遥相射叶石。倏見月痕生，清光上山隙。崎嶇寧復嫌，齋心有餘適。

東巖山，在州城東北十八里，有東巖寺遺址。《明一統志》

火燄山，在永寧東九十里，多奇峰峻嶺。《永寧縣志》與海子、擦石口俱係極衝，鄰

東路大邊，山勢孤懸，爲南山第一要地。《宣鎮圖説》

明王道亨[三]《登火燄山戍樓作》：

薊門闢堯封，軒轅戰涿鹿。澄景天宇清，關嶺地險複。祇役視亭障，登高展遐矚。曠遠極垓埏，辰居列星宿。驛路透川原，共球萬國簇。炎上故得名，拱衛咸俯伏。不用鄒衍吹，黍自生暖谷。鼎湖王氣鍾，百世彌安燠。玆繫扆屏昂，雲霄蔽黄屋。回眺窮大荒，幕南咸款服。昴落天街陰，環繞薇垣轂。盤薄山勢尊，關河鎖地軸。虎旅輝威靈，羸豕鎖蹢躅。君門非萬里，重瞳有舜目。帝曰汝旬宣，何以錫祉福。明信務招携，敢云效羊叔。收保俟大創，前事師李牧。寧希衛霍勳，中外總臣僕。德威誠弗爽，千載熙玉燭。

明吴嘉禮[四]《登火燄山樓》詩：

白雲層裏插危臺，俯首窮荒亦壯哉。萬疊關山皆北向，九天靈彩自東來。風清鼓角龍沙淨，光閃旌旗海[一四]曙開。仗劍登高霜氣肅，欲憑火燄暖霞杯。

梁山，在永寧東二十里。

砲墩山，在永寧東十五里。

炮兒山，在永寧北十里。

龍爬山，在永寧東十里。一在四海冶東南八里。

羊乳山，在永寧東七里。

鰲頭山，在永寧東八里。

趙官山，在永寧東三里。

王家山，在永寧東南六里。以上見《乾隆志》

居庸山，在永寧西南〔二五〕四十里。接昌平州界。《府志》

南山，在永寧南二十里。與明皇陵近，又名〔二六〕天壽山。即古燕然山，亦名燕山。

按：《舊志》謂即古燕然山。按《漢書》注：「燕然山在逺邪烏〔二七〕。」竇憲出塞三千里，紀功當在其。然今宣化亦有燕然山，在縣東三十里。均非古地，特襲其名耳。

小南山，在永寧南三里。

無影山、暖泉山，俱在永寧西十里。

韓家山，在永寧西南八里。

孤山，在永寧西十五〔二八〕里。

石羊石虎山，在永寧西北八里。

尖峰山，在永寧西北三十五里。以上俱見《乾隆志》

神仙山，在永寧西北二十五里。徑路崎嶇，其上平衍，舊有神仙寨。《大清一統志》崖上有仙碁盤，形迹宛然。《乾隆志》

多影山，在永寧西北十里。同上

雞冠山，在永寧北三十里。同上

神峰山，在永寧東北二十里。同上

雙髻山，一名仙髻山，在永寧東北二十里。東去周四溝堡十五里。雙峰並峙，狀如髻然。《大清一統志》

縉陽山，在永寧北十里。一名縉雲山，又名龍安山，下有縉陽泉。《大清一統志》

高山，在四海冶北三里，以高聳獨峙而名。《大清一統志》

黑山，在四海冶東三十里。明嘉靖中，總督翁萬達言：「黑山頭至密雲城不五六十里，可直垣相屬。」《府志》

八達嶺，在州城南三十三里，有城，爲南北通衢。詳見《關隘》

金劉迎[五]《晚到八達嶺下達旦乃上》詩：

車馬兩山間，上下數百里。縈紆來不斷，奕奕似流水。鯨形曲腰膂，地勢長首尾。我車從其間，摇兀如病齒。推前挽復後，進寸退還咫。息心固安分，尚氣或被指。徐趨自循轍，躁進應覆軌。行行非我令，柅亦豈吾使。倦僕困號呼，疲牛華鞭箠。紞如五更鼓，相慶得戾止。歸來幸無恙，喘汗正如洗。何以慰此勞，春醅正浮蟻。

又《出八達嶺》詩：

山險略已出，彌望盡荒坡。風土此已殊，氣象微沙陀。我老倦行役，驅車此經過。時節春已夏，土寒地無禾。行路不肯留，奈此居人何？作詩無佳語，以代勞者歌。

分水嶺，在州城南四十里；一在州北三十里。《大清一統志》

橫嶺，在州城南四十七里，當居庸西北，亦要路也。明時設兵戍〔一九〕守。同上

地椒嶺，在州城西北四十里，産地椒。又榛坡，在州西北十五里，産榛實。同上

閻王嶺，在州城西三十七里；一在州西南三十五里。《宣府鎮志》

乾溝嶺，在州城西北二十里。《畿輔舊志》

驢安嶺，在永寧龍爬山東，狀如驢安。《宣府鎮志》

長城嶺，在永寧東九十里。

將軍嶺，在永寧東六十二里。

歡喜嶺，在永寧東六里。

大陡嶺，在永寧東六里。

小陡嶺，在永寧東六里。

偏頭嶺，在永寧南五里。

西灰嶺，在永寧西南十二里。

東灰嶺，在永寧南〔二〇〕十里。

苗鄉西嶺，在永寧西北十五里。按：「苗鄉」一作「苗香」。

苗鄉東嶺，在永寧東北十里。

明羅存禮[六]《苗鄉嶺》詩：

天設金湯壯帝畿，神功誰解究端倪。山形永冠崑崙北，水勢雄吞渤海西。笳管夜間吹碧月，旌旗晝静捲虹霓。將軍别有清時樂，獵罷秋原萬馬嘶。

黄土嶺，在永寧北十三里。

東黄土嶺，在永寧東北三十五里。

脱化嶺，在永寧東北十里。

大勝嶺，在永寧東北五十里。以上俱《永寧志》

澁石嶺，在永寧東北二十里。《乾隆志》元泰定時，發兵修色澤嶺道，後訛爲澁石、塞石等名。《府志》

黑漢嶺，在周四溝東十五里。《府志》

鴿子嶺，在靖安堡西南六里。《畿輔舊志》

宋王峪，在州城西北。劉武周號宋金剛爲宋王，疑以此名峪。《宣府鎮志》儒州，有宋王峪。《遼史·地志》

柳條峪，在永寧東二十里。

葦子峪，在永寧東十五里。

石城峪，在永寧東八十里。見《城堡》

大牛角峪，在永寧東二十八里。

小牛角峪，在永寧東二十七里。

黑峪，在永寧西北二十里。

燒窑峪，在永寧西〔三〕北三十里。

白草窪，在永寧西北三十里。以上見《永寧志》

白草坡，在永寧西北十五里，一名嚼草坡。《宣府鎮志》

紅土坡，在永寧西南二十五里。《鎮志》作「東北」

羅圈崖，在永寧東北八十里。

雙劍崖，在州城西北。

郭浩《雙劍崖》詩：

季子高風邈，張華博物稀。雌雄仍並峙，雲雨定雙飛〔二二〕。不藉金剛護，還憑赤帝揮。隱娘呼或出，望岫一皈依。

莊窠南頂，在永寧東北十里。以上見《乾隆志》

金真洞，在州城西北三十里。其洞有四，皆人力所爲，鑿痕俱在，各有石床石凳。《宣府鎮志》

八仙洞，在州城西北三十五里。《乾隆志》

饒有斐《遊八仙洞記》：

洞天三十六，福地七十二，相傳爲神仙之窟宅。光怪陸離，瑰偉巨麗，鬼斧神工，莫可名狀，有仙緣者或得一覩其奇。否則弱水三千，望蓬瀛若在天上。稗官野乘往往豔稱其事，如雲門之李老者近是。而有識者每鄙之弗道，謂其境屬荒唐，理涉渺茫。不過才人逞其洸漾恣肆之筆，幻成海市蜃樓之異，借子虚烏有先生，以愚誑斯人之耳目已耳。蓋壞中豈真有是哉！

若余州之八仙洞者，考《輿志》所載，洞在海陀之東北偏。海陀，一名大翮，王次仲避秦之徵，曾化鳥脱翮於此，因以爲名。延郡處萬山之中，而此獨稱最，屢欲往遊未果。丙午春杪，是日天朗氣清，惠風和暢，遊興勃勃莫可遏，乃携杖頭資，侵晨出郭門，問道遄征。至山前，仰觀山勢穹窿，冠絶一方。奇峰插天，壁立千仞。語云「蜀中峩眉天半」，殆亦不過爾爾。不登峰造極，則斯山佳致何由收入詩脾？譬食蔗者，當自稍處食起也。於是披蒙茸、尋鳥道，攀藤附葛達其巔，恍置身霄漢中，雲氣生於足下。俯視羣山皆培塿，城邑村墟，遠近歷歷在目。偶憶李太白登華山「恨不携謝朓驚人句，搔首問青天」，老子於此興復不淺。山高寒甚，凜乎其不可久留也。急還，道左一青帘飄颺樹杪，茅舍數椽在山之隈，門旁野花爛熳奪目。一老媪當壚，案上肉脯果餅充牣，余從而沽飲，雖村醪亦能醉客。微醺，復市果餅少許，將之前行，以備不時之需。前則兩山夾峙，一徑中穿，樵子指即武陵問津處。流水淙淙，遶徑赴溪而出，可溉田萬畝，平疇緑野，村旷引之灌溉者居多。自此入山數十武，有巨石蹲踞水中央，面平黝潤，上鑿大雄法王寶相，相極莊嚴，疑出名人之手，俗號佛峪口，蓋以此也。水從兩旁奮迅直下，激波濆珠，如觀瀑布。沿溪北行六七里，凡數折，渡溪登彼岸。層巖疊嶂間，浮屠巋然，玉色瑩然，凈如疋練，不知創自何年，光景猶新。再北，倚山爲屋，水從山罅中出，熱氣如沸，則温泉浴室也。泉可已疾，功埒岐黄。每當春夏之交，游人雜沓輻輳，日不暇給。有力者捐資醵金，廣興土木，爲士女車停地，以故夏屋渠渠，美輪美奂，迥非昔比。余亦曾沐浴其中，甫入，烟霧迷濛，不辨方隅。流泉衝余脊背，徜徉自在，綽有濠梁趣。浴罷着衣出屋，擊石而歌，曰：

濯彼温泉兮滌我煩襟，盤銘垂訓兮道取日新。

爲咏滄浪兮天籟自鳴，黄山之陽兮水與斯同。

一時清風徐來，披襟以當，曾氏「春風沂水」之樂，何以加兹？泉直北正當其衝，横亘一嶺。先是，余問道於途，人有言仙洞與嶺相距不遠，頃刻可至也。奈足倦於行，而又時將嚮晦入宴息，不得不聽其所止暫休焉。悦心賞目，期於明日。出所市果餅坐啖之，假寐待旦。

天方曙，隨策杖過嶺，四圍山形珠連壁合。中間松柏無慮萬株，遍植懸崖陡壁上。鬱鬱葱葱，蒼翠欲滴。於樹隙中微窺之，見有雕甍碧瓦，棟宇巍峩，丹楹刻桷在山之半者，至前始知爲玉皇寶殿也。瞻拜餘，正擬尋芳選勝，大快向子平之豪興，忽道人出而肅客，揖余入雲房内。雲房亦古石洞也。前窗後户，軒豁爽塏，冬温夏凉，四時皆宜，往來隨喜者胥於是乎駐足，故爲道人之客寮。余坐次與道人接談，皆青牛妙諦，黄庭真傳。仙風道貌，骨節珊珊，去俗下羽流遠甚。飲我以百草茶，食我以胡麻飯，山肴野蔌，雜然前陳，味殊媚舌。食畢，囑道人前導，余踵其後塵。從窗下過，仄路崎嶇，寬不盈尺，下臨深谿，驚心駭目。人皆禹步行，至一處，若蠶叢之未闢者，接以獨木小橋，匍匐過橋南。石磴代梯，拾級以登，蹬絶則仙洞在矣。洞口桃花，迎人欲笑。俯躬趨進，洞四面秀削，紋理深細。石床石枕，古色斑斕。幽邃閴静，人蹟罕到，方廣數丈餘。西南有一竇，日光射入，不若暝晦，層疊而上，數洞悉如之，玲瓏剔透，巉巖窳窔，天造地設，酷似米家袖中第三石。借非天仙化人，棲雲餐霞，朝閬苑而夕洧盤，焉能有此。名爲八仙洞，洵不誣也。斯時也，余差似泛仙槎，入斗牛，作一晌遊仙好夢。婆娑移時，無復塵世想矣。

道人促余下洞，回至院落。北壁下有一石盂，水貯滿盂，與朝陽相映，瀅瀅然不知是一是二。水從石縫中入，經神座下流至山澗，莫知其委。道人云：「水性冷冽，盛夏飲之，炎暑頓解。供廟中晨炊晚爨，從來不竭。取之瀹茗更佳。」余試之，果然。惜不逢陸子月旦，採入《茶經》。良由産於邊徼，地僻道遠，無有高人至而一臭其芳潔也。道人同余出院，坐茂樹下。草茵鋪地，聽松風謖謖〔一一三〕，響震林谷，勝似一部鼓吹。日晡方入，腹汩汩訴饑，道人爲余治具。既果腹，一覺黑甜，不知東方之既白。遽然寤，盥漱後，饌繼之。少選，投箸起，辭道人歸。道人送余自岸而返，山中泉石草樹，若有戀戀之意，余亦悵然者久之。緩步出山口，誦柳州諸遊記，竊幸千載而上不乏同調，一路看田家婦饁男耕，頗不寂寞。日未卓午，不自知其身之已入闍也。抵門，稚子牽衣入。喘息定，因自思是役也，遊不過余一人，足未嘗出百里，而山水之奇特，洞府之空靈，無不得之胸中。譜諸紙上，較之小説傳奇家所云「洞天福地」者，牛鬼蛇神，疑有疑無，純是夢中華胥、籠内書生，徒令人役其心於無何有之鄉耳，可得而聞，目不可得而見，不大相徑庭也哉？適一友自外至，叩余以遊狀，余告之故。友輾然色喜，曰：「子之遊，真得遊之三味也！我亦好遊者，子曷爲我記之，以爲後來者之嚆矢。」余曰：「即以作子之臥遊，亦無不可。」遂走筆而爲之記。

鮑魚衝，在永寧東北二十三里。

鴿子嵯洞，在永寧北二十五里。

陽山洞，即朝陽洞，在永寧西五里。

蕨菜衝，在永寧東北五十里。以上俱《永寧縣志》

威遠峰，在四海冶東北三里。舊有墩，曰威遠峰墩。《畿輔舊志》

鎮南峰，在四海冶南三十里。舊有墩，曰鎮南墩。同上

彈琴峽，在州城東南四十三里。水流石罅，聲若調琴。《獅山掌録》

元吴擴[七]《過彈琴峽》詩：

懸崖峭壁磴千盤，峽裏天光一線看。繞澗琴聲聽不盡，月明流水曲中彈。

元袁桷《彈琴峽》詩：

寒泉飛玉峽，誰彈使成聲。下有戰士骨，嗚咽水中鳴。絲石本異調，摩戛生虧成。鑿蹟匪神禹，佳兵構秦嬴。駐馬爲聽之，逝者何不平？虚牝納新雨，急促濁復清。重華初省方，百神静相迎。爲作薰風絃，散彼巖下情。

張鵬翮《題彈琴峽》詩：

月傍層巒望欲迷，諸天縹緲暮烟齊。丹峰四面雲藏屋，翠壁千重石作梯。澗水湧花泉帶雨，疎林斜日鳥歸棲。行人不盡登臨興，漫拂蒼苔續舊題。

嬀川河，在州城南半里。自州東北三十里黄龍潭發源，西北流，折而西南，《萬曆志》：發源州西北大海陀山，東逕黄龍潭。二里至龍灣村南，又西南三里至香孫營東，村西北有小河，西南來入於嬀。又南三里至北老君堂南，村距城二十里，河距村二里。又西南三里至連家營南，村南二里有小河，西入於嬀。又西南三里至曹家營南，又西南三里至臨河村南，有臨河，自北來入之。又西南六里至蓮花池村北，又西南三里至南辛堡北，村北距城一里，河距村半里，有大石橋。沽河自城西入西水門，出南水門，折而西至小石橋下，又折而南，入於嬀河。又西五里至崇阜屯東南，又西八里至王化營南，又西三里至長里營南，村距城十五里，河距村半里許。村西有蔡河，東北來會板橋河，南入於嬀。又西二里至卓家營南，村東一里，温泉河自北來入之。又西南三里至張老營北，村南二里許家營有小河，西北來入之。又西北折而西南，黑龍廟河自北來入之。六里至紙房屯北，又西南五里至解家莊北，村距城三十五里，河距村三里。又西南八里至火勺營，入懷來縣界。採訪

張惇德《嬀川河考》：

嬀川河在延慶州南半里，本古清夷水也。按《水經注》：「清夷水，亦謂之滄河。水出長亭南，西逕北城邨故城北，又西北，平鄉川水注之，水出平鄉亭西，西北流注清夷水。清夷水又西北逕陰莫亭，在居庸縣南十里。清夷水又西會牧牛山水。《魏土地記》曰：沮陽城東八十里有牧牛山，下有九十九泉，即滄河之上源也。山在縣東北三十里，今山下導九十九泉，積以成川，西南流，谷水與浮圖溝水注之，水出夷輿縣故城西南，王莽以爲朔調亭也。其水俱西南流[二四]，注於滄水。又西南，右合地裂溝，俗謂之分界水，南流入滄河。又西逕居庸縣故城南，魏上谷郡治，有粟水入焉。水出縣下，城西枕水，又屈逕其縣南，南注滄河。又西，右與陽溝水合，水出縣東北，西南流逕居庸縣城北，西逕大翮、小翮山南。《魏土地記》曰：沮陽城東北[二五]六十里有大翮、小翮山，山

上神名大翮神，山屋東有温泉水口。其山在縣西北二十里，峰舉四十里。右〔二六〕出温湯，療治萬病。泉所發之麓，俗謂之土亭山。其水東南流，左會陽溝水，亂流南注滄河。滄河又左得清夷水口，《魏土地記》曰：牧牛泉西流，與清夷水合者也。自下二水互受通稱矣。清夷水又西，靈亭水注之，水出馬蘭西澤中，衆泉瀉溜〔二七〕歸於澤，澤水所鍾，以成溝瀆。瀆水又左與馬蘭溪水會，水導源〔二八〕馬蘭城，城北負山勢，因阿仍〔二九〕谿，居民〔三〇〕所給，惟仗此水。水南流出城，東南入澤水。又南逕靈亭北，又屈逕靈亭東。又南流，注於清夷水。清夷水又西與泉溝水會，水導源川南平地，北注清夷水。清夷水西南得桓公泉，水源出沮陽縣東，而西北流入清夷水。清夷水又西逕沮陽縣故城北，秦上谷郡治此，王莽改郡曰朔調，縣曰沮陰。闞駰曰：涿鹿東北至上谷城六十里。《魏土地記》曰：城北有清夷水西流也。其水又屈逕其城西，南流注於瀔水。」

今嬀川河自州東北三十里黄龍潭發源，西南流，有龍灣河、臨河自北來入之。至州南，有溪河會沽河，自北來入之。溪河即滄河，自州西有蔡河、温泉河、黑龍廟河，自西北來入之，至解家莊西南爲懷來縣界。下逕懷來城南，又西南入桑乾河。所逕之地與清夷水道合。經所謂粟水，今州北沽河也，沽本作轂。所謂滄河，今州東北溪河也。所謂陽溝水，今州西北板橋河也。所謂馬蘭溪，今州西北黑龍廟河也。所謂桓公泉，今懷來南七里鏡泉也。所謂清夷水屈逕沮陽故城，西南流，注於㶟水，今懷來西有沮陽故城，而媯河至懷來西南五十里入桑乾河也，㶟水即桑乾。二水交流處，有村曰合河口。媯水爲古清夷水，信矣。

又《水經注》：「㶟水北逕潘縣故城，左會潘泉故瀆，瀆舊上承潘泉於潘城中。或云舜所都也。《魏土地記》曰：城西北三里有歷山，山上有虞舜廟。其泉縱廣十數步，東出城，注協陽關水。雨盛則通注，陽旱則不流，惟洴泉而已。關水又東北流，注於㶟水。」

按：潘縣故城在今保安州西南七十里，隋置懷戎縣於此。唐武德七年，置北燕州於懷戎。貞觀八年，改名媯州。《括地志》云：「媯水出媯州城中，歷山本名覆釜山，是因釜山附會以歷山，立舜廟，復因舜廟附會以潘泉爲媯水，厥後並因媯水置媯州。」長安二年，移媯州治清夷軍，遂移媯水名清夷水矣。實則清夷水西南流入桑乾，媯水東北流入桑乾，其地東西相距遠甚。然則清夷軍改置媯州，清夷水訛稱媯水。而清夷水之上源自延慶，延慶之清夷水勢必因之改稱也。唐天寶末，分懷戎東地置媯川縣，尋廢。故又稱媯水爲媯川，輾轉沿訛，久愈失其真。今州人猶有稱媯河爲清水河者，舊名亦僅存焉。若謂潘泉之潘，古作番，薄禾切。媯川之媯，俱爲切，古音「支」「歌」韻通。與清夷之夷本一音，未免穿鑿。爰核遺蹟，詳爲縷述，以告世之考河道者。

媯河故道，《萬曆志》：自州西北大海陀山前發源，爲州境。東流經一堵山、韓山河、絳家河、馬蹄潭、金剛山前，至州東北古城南數里分支。流經上花園、雙營堡西南入州，南與正流合。正流合古城南，折而東數里，伏流；又十餘里復出，至永寧西北會龍潭西南至州，南與支流合。西逕小河屯、白龍廟西南、大營、張老營、黑龍廟、平房，入懷來縣界。今媯河源出黄龍潭，西南流。自黄龍潭西北皆淤塞，支流自雙營堡南即堙，舊道猶存。《乾隆志》

按：媯川支流即滄河，西南流至州城，南會媯河。《水經注》所謂「清夷水口」也。

溪河，本名滄河，發源州東北三十里團山。西南流，至州城南，合沽河入媯河。《府志》《水經注》：「《魏土地記》曰：牧牛〔三一〕山下有九十九泉，即滄河之上源也。今山下導九十九泉，積以成川，西南流，谷水與浮圖溝水〔三二〕注之。又西南右合地裂溝，有小水，俗謂之分界水，南流入滄河。又西逕居庸縣故城南，有粟水入焉。又西與右陽溝水合。」又〔三三〕左得清夷水口，《宣鎮志》〔三四〕謂之「溪河，源出團山。自永寧西南流入

延慶〔三五〕州界。其東又有暖泉，皆南入嬀河，蓋即古九十九泉之餘流，今皆指爲嬀河上源也。」《大清一統志》

臨河，在州城東七里。源自八里店出，南入嬀河。《乾隆志》

龍灣河，在州城東、永寧西北十里。源出縉陽山下，西流入嬀河。同上

沽河，在州西城外。自米家堡前泉水發源西流，逕屈家堡、三里河南流，逕王家莊、李家場、白衣菴東折入州城西，入西水門，逕南關、南水門，復西折，逕小石橋入嬀河。同上

《萬曆志》：源自州東北雙營屯，入嬀河。景泰間，後所官劉政導之，環流城西南。

香水河，在永寧西北三十里。同上

神樹屯河，在永寧西三里，一名屠家營河。同上

閔河，在永寧西南二里。同上

澗河，在州城東南三十五里，即古濕餘水，一名榆河，自八達嶺西南山發源。《明一統志》東南流逕青龍橋，又東南逕三鋪村，又東南逕彈琴峽，又東南逕上關城，又東南逕居庸關，又東南逕飲馬泉，又東南逕腰店村，又東南逕臭泥坑，又東南逕南口城，又

東南入昌平州界。《畿輔輿地圖》

蔡河，在州城西北十五里小魯家莊發源，逕晏家堡南，西流，逕靳家堡、郎家莊、下板橋西南，至常裏營西入媯河。《乾隆志》

板橋河，在州城西北十五里，源出阪泉，西南流入媯河。《水經注》：「陽溝水出居庸縣東北，西流，逕縣城北，西逕大翮山、小翮山南，又南注滄河。」即此。同上

温泉河，在州城西北三十里，源出佛峪山，南入媯河。《乾隆志》大翮山右出温泉，療治萬病，泉所發之麓，俗謂之「土亭山」，其水東南流，左會陽溝水，亂流南注滄河。《水經注》〇按：滄河，即媯河。

馬蘭溪，在州城西。《水經注》：「靈亭（三六）水出馬蘭西澤中，衆泉瀉溜（三七）歸於澤，澤水所鍾，以成溝瀆。瀆水又左與馬蘭溪水會，水導馬蘭溪城，城（三八）北負山勢，因阿仍谿。南流出城，東南入澤水。澤水又南逕靈亭北，又屈逕靈亭東，又南注清夷水。」《州志》：有黑龍河南流，至懷來入媯河，疑即馬蘭溪也。《大清一統志》

溪水，在四海冶堡北門外，水有三源：一出堡西南昌平州黄花路界，東北流逕堡西至堡北，有數（三九）源自西北來合流焉；一出堡南，東北流，逕堡東北，與西水合，又東北流三里，出邊外入沽河。同上

按：此沽河在邊外，與州西之沽河名同地異。

白河，在州城東北一百十里。自赤城縣入州境，屈曲流逕靖安堡西、南、東三面，又東北入（四〇）東河口，仍出邊牆，又東逕千家店，又東入獨石口廳界。同上

黑龍河，在州城西南三十里。源出黑龍廟西南，流入嬀河。《乾隆志》

大柳河，在州城西南二十里。源出養鵝池，西逕劉浩營入懷來界。同上

黄龍潭，在永寧西十里。水源深濬，下有水運碾磑四座，居人每資利焉。明兵備道萬爲建黄龍廟。同上

白龍潭，在永寧南四十（四一）里。祈雨，取水有應（四二）。《永寧縣志》

青龍潭，在永寧南、西灰嶺村南，兩山對峙，中建龍神廟。崖上瀑布奔騰而下，聚而成潭。旁有石，大數圍，倘有所觸，輒摇動焉，俗名利金石。潭西崖上石刻大字，年久漫漶不能識。潭東有石，嵯路其險。同治八年，崖上匿盜滋事，知州屠秉懿捕緝之，復令民鑿石開路，以通行人。勒碑於西灰嶺廟内，記其事。又城北應夢山有一泉，亦名青龍潭。採訪

黑龍潭，在州城西北，與大海陀潭相近。採訪
紅龍潭，在州城東南馬廠山西溝。道光間，知州童恩因旱步禱輒應，建祠於州城隍廟，祀焉。詳見紅龍山條。
馬蹄潭，一名馬蹄泉，在州城東北神仙院溝内。入山數里，孤廟猶存。石上孔穴數處齊湧。而再入峽數里，寒潭清澈，石上有馬蹄痕，故名。採訪。〇《舊志》：馬蹄泉，在州北花園屯西北五里，即此。
大海陀潭，在州城西北大海陀山崖谷間，有泉，與懷來縣接界。《府志》
玉液泉，在州城西南，水清味淡，造酒極佳。
百眼泉，在州城南三里，今湮。
黑漢泉，在州城北五里。又阪泉，在州北十三里，阪山之陽。
番泉，在州城東北五里。以上見《乾隆志》
暖泉，在永寧西十里，隆冬水温。
縉陽泉，在永寧北十三里。
單家泉，在永寧西二十里百老屯側。有湧泉，人至大呼之，則泉突出。以上見《永寧縣志》

大水泉，在永寧東二十里。一在周四溝，一在劉斌堡。同上

神仙溪，在永寧西北二十里。同上

白馬泉，在州城北三里，其深莫測。明永樂時，水自地湧出數尺，有白馬夜見。《宣府鎮志》

趙家泉，在州城北三里河村，亦爲沽河上源。又村東北有一泉，水極凉，飲之可以愈疾。水多沙石，俗名「江石泉」。採訪

杜家泉，在州城北上水磨村，水極清凉，飲之愈疾。採訪

關溝，即居庸關溝。南北通衢，自南口至岔道，計長四十五里。山路崎嶇，不可名狀。澗泉盤曲，大石林立。或陡崖峭壁，一線中通；或豁然開朗，數家成村。敵臺雉堞，時隱見於雲表。採訪

關溝紀程：自南口入溝三里，臭泥坑。五里，東園。二里，南站裏。五里，居庸關。三里，義林菴。一里，三橋。一里，四橋。五里，上關。五里，三鋪。二里，石佛寺。五里，青龍橋。三里，八達嶺。五里，岔道。共計四十五里。自岔道北至州城，西北至懷來。

高繼允《過關溝》詩：

頑石岭嶙路，今來度若飛。危梯深墜壑，溼靄冷侵衣。野鳥啼初歇，巖花緑正肥。

行行看出谷，遥岫吐晴暉。

明許論〔四三〕《山谿總論》：

古神禹之敷土也，奠高山大川以爲地紀，而民居安、國用阜、萬事賴焉。上谷時爲冀州北境，其貢賦在夾石、碣石入河之列。蔡沈《傳》已可考見。然其境内山川足以安民阜用，非地紀中紛錯者耶！

余今觀之，山脉西至恒嶽發，綿亘而東者，曰石門、曰九宫、曰樊、曰縉、曰白羊口、曰傍水峪〔八〕，是鎮之前屏也。東至開平、氈帽山發，綿亘而西者，曰馬鞍、曰饅頭、曰野狐嶺，是鎮之後屏也。水源東自隆慶海陀發，折而西南至懷來東者，曰嬀。自永寧團山發，折而西南至懷來東南方者，曰溪。西北自境外發，流而經柴溝、鎮城至保安者，曰洋。西南自靈邱、莎泉發，流而經蔚、經宏至東順聖者，曰滋，是鎮之左右界也。山以居庸爲望，而前屏若肩，後屏若背，同翊乎大行，水以桑乾爲會，而左界若迎，右背若送，同趨乎滄海，則其風氣完固，信無逾於屏界之中矣。而涿鹿建都，上谷置郡，以至重鎮，今設要皆有取焉。

是故才之沈毅於是乎成〔四四〕，物之蕃盛於是乎殖，兵之屯戍〔四五〕於是乎增，官之職守於是乎備。民居安，國用阜，所利賴於山川者宏也！雖然，固國之道不以山川，聖賢〔四六〕有明訓矣。舉以告諸司境焉，可乎？

河道圖（見附圖四　河道圖）

關隘城堡

居庸關，在州城南五十五里，《州册》關口南北相距四十里，兩山夾峙，巨澗中流，懸崖峭壁，稱爲絶險，即《吕氏春秋》「九塞」之一也。《漢・地志》：「居庸縣，有關。」《水經注》：「居庸關在沮陽城東南六十里居庸界。濕餘水導源關山，南流歷故關下。谿之東岸有石室三層，其户牖扃扉悉石也，蓋古關之候臺矣。南則絶谷，累石爲關垣（四七），崇墉峻壁，山岫層深，側道褊（四八）狹，林障邃險，路纔容軌。其水歷山南，逕（四九）軍都縣界，又謂之軍都關。又南流出關，謂之下口。」《隋·地志》：「昌平，有關官。」唐《十道志》：「居庸關，亦名薊門關。」《通典》：「居庸關，北齊改爲納款。」《唐·地志》：「昌平縣西北三十五里有納款關，即居庸故關，亦謂之軍都關。」程大昌《北邊備對》：「居庸關，太行山最北之第八陘也，東西横亘五十里，而中間通行之地纔闊五步。」《元史》：「睿宗於居庸關南北口屯軍，各設千户所。」《方輿紀要》：「永樂二年，置隆慶衛，領千户所五，以爲京師北面之固。國朝設參將駐守，後改設都司僉書。」《大清一統志》

《昌平州志》：居庸關城在州西北四十里，跨水築城，夾兩山間（五〇），周不及十四里，南北二門。自居庸東至黄花鎮，凡九十一口，而灰嶺爲衝要。

《乾隆志》：居庸爲京北之咽喉，岔道又居庸之門户。八達嶺雄峙盤回，誠天設之險也。若一夫當關，萬馬辟易。金人平遼、闖賊陷明，均非險（五一）不足守，守無固心也。若當闖賊叩關之時，堅壁清野，設伏於兩山之巔，多備藺石、火器以擊之，以奇兵由青龍橋出小張家口，躡賊之背，延慶、永寧出鐵騎斷賊歸路，則賊進退受敵，足可擒（五二）也。

《四鎮三關志》：居庸路，東自門家谷口，西至糜子谷口，延袤一百五十里；南至關，北至永寧城，隘口二十。灰嶺下隘口十：門家谷口、灰嶺口、賢莊口、錐石口、雁門口、德勝口、虎谷口、雙泉口、養馬谷西山口，俱嘉靖十五年建。邊城二十六里，附牆臺七座。八達嶺下隘口七：石佛寺口、青龍橋東口、王瓜谷，俱永樂年建；八達嶺〔五三〕口，弘治年建；黑豆谷、化木梁、於家衝，俱永樂年建。邊城二十四里半，附牆臺四座，空心敵臺四十三座，石峽谷下隘口三：花家窑、石峽谷口、糜子谷口，俱永樂年建。邊城一十六里，附牆臺十座，空心敵臺二十五座。

《東田集》：居庸重鎮，時平爲上谷之襟喉，事亟真北門之鎖鑰，不惟雄臨朔漠，亦且險類崤函。關西各隘，自晏磨峪〔九〕口起至紫荆關沿河口止，共二十七處，俱係山前隘口；自火燄山〔一〇〕口起至合河口〔一一〕止，相兼懷來各隘，共九處，俱係山後隘口。前後相距，遠近不同，或七八十里，或四五十里。山川錯雜，路徑紆回，向以林密地險，敵不得騁。近年樵採，林木漸疎，往來無所阻矣。

元郝經《居庸關銘》：

居庸關在幽州之北，最爲深阻，號天下四塞之一。大山中斷，兩崖峽束，石路盤腸，縈帶隙罅。南曰南口，北曰北口。滴瀝濺漫，常爲冰霰，滑濕濡灑，側輪跐足，殆六十里石穴。及出北口，則左轉上谷之右，並長嶺而西，陰烟枯沙，遺鏃朽骨，悽風慘日，自爲一天。中原能守則爲陽國北門，中原失守則爲陰國南門。故自漢、唐、遼、金以來，嘗宿重兵以謹管鑰。中統元年，皇帝即位於開平，則駐蹕之南門；又將定都於燕都，則京師之北門。而屯壁荒圮，恐起狡焉，故作銘，畀燕京道宣慰府使勒石關上，且表請置兵以爲設險守國之戒云。銘曰：

國宅天都，高寒之區，居庸其樞兮。遼右古北，陰幽沙磧，控帶飛狐兮。山連嶺重，鍵閉深雄，巍巍帝君兮。伊昔掣鎖，金源敗破，遂爲垣途兮。函谷一夫，百萬爲魚，竟執哥舒兮。思啓封疆，備不可忘，禍生不虞兮。寇不可玩，機不可緩，實惟永圖兮。天險地險，莫如人險，兵力相須兮。刻銘巖嵎，用告僕夫（五四），當戒覆車兮。

明王士翹《居庸關論》：

居庸兩山壁立，巖險聞於今古，蓋指關而言。愚謂居庸之險不在關城，而在八達嶺。

是嶺，關山最高者。憑高以拒下，其險在我，失此不能守，是無關矣。逾嶺數百步即岔道堡，實關北藩籬〔五五〕，守岔道所以守八達嶺，守八達嶺所以守關也。由八達嶺南下關城，真所謂降若趨井者。關北門外即閱武場，登場而望，舉城中無遁情〔五六〕，況往來通衢，道路日闢，雖並車可馳，故曰：險不在關城也。關東灰嶺等諸隘口〔五七〕，外接黄花鎮，內環寢陵，更爲重地，經畫猶或未詳。關西白羊口，號稱要害。城西門外去山不十丈，而山高於城數倍，岡坡城漫，可容萬騎，敵若據山，則我師不敢登城，拓城以跨山，今之急務也。長峪、横嶺近通〔五八〕懷來，均之可慮。而横嶺尤孤懸外界，山高泉涸，軍士苦之。鎮邊城，雖云腹裹〔五九〕，亦〔六〇〕喉舌地。川原平曠，無險阻之固，雨霪溪漲，淹〔六一〕没頻仍，越此而南，即長驅莫遏矣。是故鎮邊之當守，其形難察也。此固一關險夷，然去京師咸僅百餘里耳，門户之險甚於潼、劍，設大將，屯重兵，未雨徹桑之謀，其可一日不講哉！

唐高適《奉使入居庸作》〔六二〕：

匹馬行將夕〔六三〕，征途去轉難。不知邊地别，祇訝客衣單。溪冷泉聲苦，山空木葉乾。莫言關塞極，雨雪尚漫漫。

金宇文虚中《過居庸關》詩：

奔峭從天坼[六四]，懸流赴壑清。路回穿石細，崖裂與藤[六五]争。花已從南發，人今又北行。節旄都落盡，奔走愧平生。

金蔡珪《出居庸作》：

亂石妨車轂，深沙困馬蹄。天分斗南北，人間日東西。側脚柴荆短，平頭土舍低。山花兩三樹，笑殺武陵溪。

元郝經《居庸行》：

驚風吹沙暮天黄，死燄燎日横天狼。巉巉鐵穴六十里，塞口一噴來冰霜。導騎局脊衔尾前，氈車轣轆半側箱。彈箏峽[一二]道水復凍，居庸關頭是羊腸。横拉恒岱西太行，倒捲渤海東扶桑。幽都却在南口南，截斷北陸萬古强。當時金源帝中華，建瓴形勢臨八方。誰知末年亂紀綱，不使崇慶如明昌。陰山火起飛蟄龍，背負斗極開洪荒。且將尺箠定天下，四馬到處皆吾疆。百年一債老虎走，室怒市色還倡狂。遽令逆血灑玉殿，六宫飲泣無天王。清夷門[一三]折黑風吼，賊臣一夜掣鎖降。北王淀裏骨成山，官軍城上不敢望。更獻監牧四十萬，舉國南渡尤倉皇。中原無人不足取，高歌曳落歸帝鄉。但留一旅時往來，不過數歲終滅亡。潼關不守國無民，便作龜兹能久長。汴梁無用築子城，試看昌州[一四]三道牆。

元馬祖常《度居庸關》詩：

飛鞚陟雲巘，决眥盡圖畫。天氣吹高寒，山雨灑長夏。冥冥白鳥去，寂寂松子下。陸行石當塗，水舂泉繞舍。高與蜀道齊，深乃盤谷亞。筍輿約重來，羸馬苦常跨。朋從詠連疊，酬應給閒暇。得見王子喬，吾將驂鶴駕。

元陳孚《居庸關》詩：

車稜稜，石确确。車聲彭彭鬥石角，馬蹄蹴石石欲落。不知何年鬼斧鑿，僅與青天通一握。上有藤束萬仞之崖，下有泉噴千丈之壑。太行羊腸蜀劍閣，身熱頭痛縣度索。一夫當關萬夫却，未必有此奇巉崿。吾皇神聖混地給，烽火不紅停夜柝。但有地險今猶昨，我扶瘦筇立倦脚。欲叩往事雲漠漠，平沙風起鳴凍雀。

元元明善《過居庸》詩：

一山萬里限中原，神鑿居庸百二川。峰勢陡回愁障日，地形高出欲捫天。風沙漠漠龍庭遠，雲物沈沈鳥道穿。眼底興亡誰解寫，石琴秋水學冰絃。

元貢奎《居庸關》詩：

居庸關高五十里，壁立兩崖雄對峙。回風作勢遮欲斷，百曲盤旋如磨蟻。陰風白晝吹颼颼，亂石當溪泉嚙齒。道狹纔通車一輛，貫尾鉤連行不止。我從北來識此險，巫峽鑱天差可擬。但願平生足遊覽，何用藏書巖穴裏。馬鳴關度日未斜，黄鵠遠趁征雲起。安得有酒令我歌，如城之愁今已矣。

元揭傒斯《居庸行》：

昔望居庸南，今出居庸北。巖巒争吞吐，風水清且激。逶迤數千里（六六），曲折殊未息。關門南向當天開（六七），馬如流水車如雷。荒雞一鳴關吏起，列宿慘淡雲徘徊。山盤盤，石圍圍，狀如龍，勢如虎（六八）。龍怒欲騰虎欲舞（六九），太行劍戟猶如許（七〇）。昔不容單車，今馬列十五。聖人有道關門開，關門開，千萬古（七一）。

元薩都拉《至順癸酉過居庸關》詩：

居庸關，山蒼蒼（七二）。關南暑多關北凉。天門曉開虎豹臥，石鼓晝擊雲雷張。關門鑄鐵[一五]半空倚，古來幾度壯士死。草根白骨棄不收，冷雨陰風泣山鬼。道旁老翁八十餘，短衣白髮扶犁鉏。路人立馬問前事，猶能歷歷言丘墟。夜來鋤豆得戈鐵，雨蝕風吹失顔色。鐵腥惟帶土花青〔七三〕，猶是將軍戰時血。前年人復鐵作門〔七四〕，貔貅萬竈如雲屯。生存有功掛玉印〔七五〕，死者誰復招孤魂？居庸關，何峥嶸〔七六〕！上天何不呼六丁，驅之海外休甲兵。男耕女織天下平，千古萬古無戰争。

元黄溍《居庸關》詩：

連山東北趨，中斷忽如鑿。萬古争一門，天險不可薄。聖人大無外，善閉非鍵鑰。車行已方軌，關吏徒擊柝〔七七〕。居民動成市，廬井互聯絡。幽龕白雲聚，石蹬清泉落。地雖臨衝要〔七八〕，俗乃近淳樸。政須記桃源，不必銘劍閣。僕夫毋謂我，無爲久淹泊。山川豈不好，但恐風雨惡。

元柳貫《度居庸關作》：

居庸朔方塞，始入兩崖張。行行轉石角，細路縈澗岡。層巒倒天影，半林漏晨光。

崎嶔里四十，所歷萬羊腸。千轅絡前後，兩軌通中央。谷開稍夷曠，在險獲康莊。豈惟遂生聚？列廛參雁行。微流或磯磕，架廣亦僧坊。我生山水窟，愛此不能忘。是日新雨歇，浮嵐亂沾裳。水聲與石鬥，風飄韻清商。跼蹐不知高，浮雲翼超驤。考牒曩有聞，經途今始詳。緬惟古塞北，八州猶漢疆。控扼識形勢，會同知樂康。屬茲景運開，六服連綏荒。兩京備巡幸，離宮岌相望。守岳特考制，如初匪求詳。式瞻龍德中，足徵王業昌。請繼王會圖，勿賡祈招章。

元周伯琦《入居庸關作》：

出關復入關，五見月上弦。草木雖未霜，寒風已淒然〔八〇〕。崖路何縈紆，疊嶂橫中天。上有太古石，下有無底泉。幽致良足嘉，萬雷奈喧闐。馴象寶轡鳴〔一六〕，紫駝錦蒙鮮。鐵騎簇雲隊，黄屋循星躔。時巡謐風俗，執法恭後先。達官國同體，拔〔八一〕舍如昇仙。細民終歲勞，輸轉日憂煎。苦樂殊雲泥，使我中心悁。偶經巖谷勝，復憶江湖壖。憑高望白雲，楚天浩無邊。王師未休息，敢賦歸來篇。

元吴師道《居庸關》詩：

神京望西北，連山鬱崔嵬。百里達官下，兩崖忽中開。林扉遞掩映，磴道隨縈回。豈知古燕塞，祇似越與台。夙聞彈琴峽，澗響逾清哀。行行未及遠，秋風漲黄埃。翠華届榆林，丞相前驅來。疾還憚迫險，顧瞻復徘徊。惟天設限蔽，萬古何雄哉！撫迹思往代，鍵鑰每自摧〔八二〕。皇衢坦蕩蕩，來往無驚猜。氊車正聯絡，怒轍奔春雷。前趨見行殿〔一七〕，遥峙積雪堆。騰凌萬馬騎，暮繞龍虎臺。愚生一何幸，獲忝儒臣陪。憑高未成賦，瑣瑣嗟微才。

元王世熙〔一八〕《竹枝詞》：

居庸山前澗水多，白榆林下石坡陁。後來纔度槍桿嶺〔一九〕，前車昨日到灤河。

宮裝腰裊錦障泥，百輛氊車一字齊。夜宿巖前覓泉水，林中還有子規啼。

元薛元卿《大駕度居庸關作》：

居庸雄據萬重山，南北門分作漢關。鼓角動時森虎衛，旌旗行處識龍顔。禪宫[二〇]路轉風烟合，御苑春深草樹間。待得長楊圍獵罷，又隨車騎此中還。

元釋梵琦《居庸關》詩：

天畔浮雲雲外峰，北遊奇險見居庸。力排劍戟三千士，門掩山河百二重。渠答自今收戰馬，兜鈴無復置邊烽。上都避暑頻來往，魚鳥猶能識衮龍。

元袁桷《居庸關》詩：

太行領羣山，萬馬高下拜。平巒轉城隍，隱隱南北界。危坡互交牙，寒溜瀉泙湃。陰風湧元虯，巨石忽崩壞。周遭青松根，下有古木砦。石皮散青銅，云是舊戰鎧。天險不足憑，歷劫有成敗。驅車上林杪，出日浴光怪。肅肅空巖秋，天風迅行邁。

又《次韻王繼學途中竹支詞》：

居庸夾山僧屋多，鑿石化作金彌陀。但看行車度流水，不見舉拂談懸河。

元果囉洛納延[二二]《居庸關》詩：

疊嶂緣青冥，峭絶兩崖束。盤盤龍虎踞，岑巘互回伏。重關設天險，王氣奠坤軸。皇靈廣覆被，四海同軌躅。至今豪俠人，危眺屢驚蹜。崎嶇棧閣峻，縈紆岡澗曲。環村列墟市，鑿翠構廬屋。溪春激巖溜，山田雜稔菽。絶頂得幽勝，人烟稍連屬。浮圖壓廣路，臺殿出層麓。白雲隱疎鐘，落日帶喬木。豈須嘆蜀道？政可誇函谷。居人遠念我，叩馬苦留宿。恐辜殷勤情，解鞍看山瀑。

元王惲《居庸懷古·木蘭花慢》詞：

壯巉巖鐵峽，誰設險，劈蒼岑。擁萬里風烟，一拴横鎖，形勝雄沈。闕憶當年叱馭，走騣騣，半夜郵亭索酒，平明燕市長吟。追思往事不堪尋，山色古猶今。甚三十年來，青雲垂翅，素髮鬅鬙。投閒（八三）却教應聘，笑委身從事老難任。立遍西風殘照，山光翠滿疎林。

元（八四）劉秉忠《過居庸關》詩：

車箱來往若流泉，絶壁嶄嵓倚翠烟。限破中州四十里，鑿開大路幾千年。函關不謂平如地，蜀道無如險似天。萬里揮鞭猶咫尺，誰能掌上保幽燕（八五）？

元（八六）周伯琦《過居庸關二首》：

崇關天險控幽燕（八七），萬疊青山百道泉。絶壁雲霞龕佛像，連廛雞黍聚人烟。炎凉頃刻成殊候，華夏於今共一天。我欲登臨窮勝概，西風五月倍淒然。

關南關北四十里，玉壘珠閡限兩京。列隊龍旗明輦路，重屯虎衛肅天兵。桑麻旆旆村無警，榆柳青青塞有程。却笑燕然空勒石，萬方今日盡昇平。

元（八八）朱德潤［一二二］《居庸雪中》詩：

山前［一二三］龍虎構成臺，山後［一二四］神州斗極開。雪意似憐天設險，高卑鋪作白皚皚。

明李繼本［一二五］《過居庸作》：

歲暮候，風淒淒。車中行客胡不歸？一車南，一車北，南來北去何時息？車行欲近關上頭，鞭牛不前吁可愁。須臾推挽在平地，車中兒女歡且謳。短褐蕭蕭風雪裏，山徑荒寒多虎兕。呼兒取火供曉炊，瓦鐺黍米和沙煮。黄昏露宿官道旁（八九），茅店雞鳴載行李。殷勤起謝車中人，萬嶺千山多苦辛。嚴風吹雪皮欲裂，一身祇有筋骨存。安得筋骨化爲山下土，填却千山（九〇）萬山無險阻，長使行人免愁苦。

明胡儼《望居庸》詞：

望京都兮穹窿，雄關峙兮居庸。蒼翠兮蒙茸，紛冉冉兮淩風。城巍巍兮兩山，臨玉塞兮高寒。車轔轔兮結駟，風蕭蕭兮木葉般。淙懸巖兮珊珊，悦鳴琴兮清彈。聞仙人兮昔降，遺玉枕兮不刊。皇風暢兮八極，見堠火兮滅熄，歌四海兮寧一。

明王英《居庸關》詩：

千峰高處起層城，空裏岧嶢積翠明。雲静芙蓉開霽色，天晴鼓角散秋聲(九一)。北連紫塞烽烟斷，南接金臺驛路平。此地由來稱設險，萬年形勢壯神京。

明鄭珞《居庸關徐將軍[二六]席上作》：

關入居庸險，城臨北斗懸。龍琴調宴樂，虎帳集羣賢。爽氣來山雨，秋聲漱峽泉。醉餘望雙闕，遥倚五雲邊。

明袁忠徹《出居庸關作》：

居庸之關何壯哉！懸崖峭壁高崔嵬。乃知造化鍾神秀，翠削芙蓉天際開。是時鑾輿北巡狩，百萬貔貅度關口。旌旗翻風曉日寒，千官扈蹕森前後。此關自昔能摧車，十步九折羊腸紆。登危歷險足躑躅，以手撫膺長嘆吁。回首羣峰列其下，怪石嶄嵓如立馬。蒼虯偃蹇老松盤，銀漢砯砰飛瀑瀉。凛然霜氣侵骨毛，五月堅冰猶未消。星辰咫尺疑可摘，耳邊靈籟聞嘈嘈。漫傳天設分南北，四海當今同轍迹。草木均霑雨露恩，環護黄圖永無極。

明張寧《居庸感事》詩：

羽書昨夜報居庸，百萬雄師下九重。天子垂衣臨大漠，羣臣端笏扈元戎。禁中已乏回天策，閫外誰成闢地功。千古澶淵扶日馭，今人常憶寇萊公〔九二〕。

明許天錫《居庸關》詩：

天設居庸險，乾坤此北門。山川通上郡，形勢冠中原。鐵騎連三戍，金城迫九閽。萬方資阨塞，永荷太平恩。

明邊貢《居庸二首》：

塞口重關愜素聞，壑烟嵐雨鎮絪緼。雄吞巨海山形斷，秀壓中原地脈分。鎖鑰還思寇丞相，長城不用李將軍。倚窻時送東南目，雙闕蓬萊五色雲。

山雲冉冉石垂垂，公暇焚香晚對宜。窺牖亂峰青似戟，古城孤澗白於絲。人家高下緣蹊見，風氣寒暄入塞知。憑語抱關休偃仰，雲中日夜羽書馳。

明李夢陽詩：

天設居庸百二關，祁連更隔萬重山。不知誰放呼延入，昨日楊河大戰還。

明熊卓[二七]《居庸館中作》：

隘地關門擁，山樓鼓角傳。長風吹不歇，塞草自年年。

又《出居庸關作》：

沙上望行人，日暮愁心絶。江南四時春，邊地五月雪。

明王謳[二八]《登居庸關詩》[九三]：

盤石仍高處，微茫鳥道分。花齊春暉日，山遠谷[九四]吞雲。草宿除猶蔓，鶯遷去更聞。不能離世事，直欲醉朝曛。

明李默《居庸關》詩：

山堂石塹轉嵯岈，鉄障稜稜勢欲叉。細柳半屯三輔甲，材官盡出五侯家。重城月閉邊聲黯，間道林歸獵騎譁。多少雄圖總湮滅，戰場空倚夕陽斜。

明周金[二九]《居庸關和陳剛中韻》[三〇]：

亂石懸崖色如鐵，西風吹裳裳欲裂。側身北望涕沾襟，回首蕭騷鬢成雪。駑駘伏櫪何足道，李廣馮唐一時老。山空木落不見人，惟有中庭月輪小。

明王慎中《望居庸關》詩：

設險真誇六郡雄，天山九塞有居庸。陘連白馬懸邊月，塞壓黃花起朔風。未有捷書傳大内，尚聞獵火照雲中。北平飛將今誰是，已見東南杼柚空。

明李宗樞[三一]《度居庸關》詩：

峻壁含雲迴，飛湍接澗回。虛聞三峽險，疑是五丁開。荒樹分天宇，驚沙暗戍臺。

祇慚持節使，不是棄繻來。

明蘇祐[三二]《過居庸關》詩：

北門天險設居庸，嫋嫋千旌疊翠中。口轉雙泉[三三]猶望闕，嶺盤八達已臨戎。霜清戍逼黄花鎮[三四]，日近雲浮紫極宫。聖代車書真混一，寄言諸將漫論功。

明劉侃[三五]《居庸晚眺》詩：

别館岧嶢一注顔，天空木葉繞重關。千峰嵐氣青霄上，九折泉聲翠壁間。瀚海旌旗無日罷，玉門車馬幾人還。皇州咫尺浮雲隔，明發崢嶸何處攀。

明應雲鷟[三六]《入居庸》詩：

百二真天府，乾坤别一家。雙泉縈鳳闕，疊翠枕龍沙。戍鼓遥空出，人烟雨岸斜。

請纓誰氏子，搔首惜年華。

明徐渭《居庸關》詩：

少年曾負請纓雄，轉眼青袍萬事空。今日獨餘霜鬢在，一肩輿坐度居庸。

明公鼐《居庸關》詩：

太行來萬里，天險冷陘西。銀海圍弓劍，金城列鼓鼙。近關烟火盛，絶幕塞塵低。想像犁庭日，憂時意轉迷。

明馮琦詩：

五年不出居庸道，今日重來感舊遊。紫氣遥瞻龍虎地，青山近接鳳凰樓。平臨星斗三千丈，下瞰燕雲十六州。但使此關長[九五]鎮静，不煩仗策取封侯。

明陳子龍詩：

險到居庸地脈分，何須長戍羽林軍！關門夜抱千峰月，陵墓春生五色雲。

明皇甫汸《居庸關》詩：

山城落日照居庸，抗嶺回巒紫翠重。十月邊陲塵不起，萬年陵寢霧常封。

明馬中錫《居庸關二首》：

野色微茫日下春，長陵西去是居庸。貔貅萬竈關門戍，龍虎千年王氣鍾。地險不須勞北顧，時平端可笑東封。我來總爲宣威德，令尹毋嗔著述慵。

清時鼙鼓暗邊聲，馬首西來第一程。漢障曉雲連朔漠，蒲津春樹望咸京。兵陳畫戟野人避，隊奏清笳山鳥驚。不是當時關吏在，有誰能識棄繻生。

明孫緒[三七]《居庸關公署晚眺》詩：

一徑崎嶇萬嶺横，居民無地問農耕。霜催落葉晚山緑，雨溜荒苔秋水清。沙鳥遠從天外度，寒蛩愛向夜中鳴。峰巒徙依休回首，何處孤雲是故城？

明李中樞[九六]《過居庸關》詩：

峭壁含雪迴，巖牆接澗隈。虚聞三戍險，疑是五丁開。温語承天室，經邦乏世才。祇慚持節度，二月出關來。

明黄紀[三八]《居庸關》詩：

居庸絶險誇天塹，八達嶺高表地雄。山擁重圍環冀北，氣運荒朔入雲中。戍邊漫倚秦城北，出塞終歸漢將功。當宁幾年勞北顧，太元何日啓元戎。○以上二詩刻石州判署壁。

朱彝尊《出居庸關》詩：

居庸關上子規啼，飲馬流泉[三九]落日低。雨雪自飛千嶂外，榆林祇隔數峰西。

南口，在州城東南七十里，北至居庸關十五里。今設外委駐守。《州册》關之南，有南口城，魏人謂之「下口」，南北二門。自南口而上，兩山之間(九七)，一水流焉，道出其上。十(九八)五里爲關城。又八里爲(九九)上關，有小城，南北二門。又七里爲彈琴峽。又七里爲青龍橋，道東有小堡。又三里至八達嶺。《大清一統志》

《四鎮三關志》：南口堡城、上關城，俱永樂二年建。

《昌平山水記》：居庸關南口，有城，南北二門。《魏書》謂之下口。《常景傳》：「都督元譚據居庸下口」是也。《北齊書》謂之夏口。《文宣紀》「天保六年，築長城，自幽州北夏口至恒州九百餘里」是也。《元史》謂之南口，亦謂之西關。《三國志》「田疇乃上西關，出塞傍北山直趨(一〇〇)朔方」是也。亦謂之軍都關。漢立軍都縣於山之南，今昌平東有軍都村，後漢盧植隱居昌平軍都山中，昭烈修弟子禮事之。晋段匹磾欲擁其衆，徙保上谷，阻軍都之險以拒未波。魏道武伐燕，遣將軍封真等從東道出軍都襲幽州是也。亦謂之渾都。《史記·絳侯周勃世家》「屠渾都」是也。亦謂之納款關。《通典》：「古居庸關在昌平縣西，北齊謂之納款」是也。自南口而上，兩山之間，一水流焉，而道出其上。十五里爲關城，跨水築之。有南北二門。以參將一人、通判一人、掌印指揮一人守之。又設巡關御史一人。往來居庸、紫荆二關按視焉。又八里爲〔一〇一〕上關，有小城，南北二門。

《偵宣鎮記》〔四〇〕：居庸南口關，夾澗而偵，左右可三四十步，行十五里，峰回路轉，有城翼然而立者，實爲居庸，地勢較廣而險倍之。又十里則居庸北關。再上二十五里至八達嶺。蓋由南口至是凡五十里，巖巒複合，兩崖如削，足下石如馬、如象，軌不可方，轡不可合，而八達嶺之城既險且堅。北至驢兒坨、杪陵寢而接灰嶺口，南至靖邊城。歷沿河諸口而接紫荆，所謂「一夫當關，萬夫莫前」者也。

金劉迎《南口作》：

危峰張屏幛，峻壁開户牖。崩騰來陣馬，翔舞下靈鷲。秀色分後前，晴嵐迷左右。

重陰忽障翳，虛籟〔二〇二〕驚呼吼。深紆〔二〇三〕愛風日，高抗捫星斗。帝居望北闕，村落當南口。軍都漢時懸，遺蹟奄存否。中郎讀書處，亭構想摧朽。誰云用武地，經訓乃淵藪。我家膠東湄，樸學嘆白首。居鄰通德里，况此見師友。慚無書帶草，采采爲盈手。何以醉先生，清溪緑如酒。

元袁桷《雨中度南口》詩：

山寒絶禽鳥，獨聞子規啼。石壁飛雨驟，衆木摇淒淒。瘦馬蹴亂石，高下嚙其蹄。陟巘沮洳〔二〇四〕深，漸覺所歷低。暝色起亭午，土屋流寒泥。須臾過雷聲，倏忽生晴霓。水清亦可渡〔二〇五〕，戒僕逾前谿。

又《重午日宿南口小店作》：

寒雨鳴在峽，蕭蕭五月秋。道逢採藥人，不識葵與榴。氣清諧令節，暑溽想南州。凉颸木末來，動色思重裘。猶持一樽酒，慰彼相纍愁。

八達嶺城，在州城東南二十七里，南至居庸關二十七里，北至岔道口五里南北二門，今設把總駐守。《州册》東南去居庸上關十七里，爲往來之要衝。元時以此爲居庸北口，上有城，設兵戍守。《大清一統志》

《四鎮三關志》：八達嶺城一座，弘治十八年建。昌鎮疆宇幅員不逾五百里，而居庸關突據其中，蓋未有郡邑之先，已設險於外户矣。然八達嶺去關北三十里，墉埴漸崇。驅馬而南，勢若建瓴，故先年經略大臣創城置守於此〔二〇六〕，誠得扼險之要哉。○按：居庸關，舊屬昌平鎮，故《志》言「昌鎮」。

《昌平山水記》：上關七里至彈琴峽……上有佛閣。又七里爲青龍橋，道東有小堡。又三里至八達嶺，有城，南北二門，元人所謂北口者是〔二〇七〕也，以守備一人守之。自八達嶺下視居庸關〔二〇八〕，若建瓴，若窺井。故昔人謂居庸之險不在關城，而在八達嶺。而岔道又八達嶺之藩籬。元人於北口設兵，洵得地形之便者。

元王惲《迎鑾〔四一〕北口和寅甫學士韻》：

翠華南下拂雲霓，駐蹕軍都漢苑西。龍虎臺〔四二〕高鶩峻絶，蓬瀛人老許扶攜。九天日月瞻〔二〇九〕元近，萬國風烟入望低。佳節迎鑾得〔二一〇〕清賞，牛山初不羡東齊。

岔道口，在州城東南二十二里。《乾隆志》自八達嶺而北，地稍平。五里至岔道，有二路：一至懷來衛，歷榆林、土木、雞鳴三驛至宣府，爲西路；一至延慶州、永寧衛、四海冶，爲北路。八達嶺爲居庸之襟喉，岔道又八達之藩籬也。《輿程記》：岔道口北行二十二里至州，西行六十里至懷來衛之榆林驛，與南山聯爲一體，其地逼臨山險，爲居庸之外衛。《方輿紀要》

《四鎮三關志》：隆慶五年，建城。《宣鎮圖説》：舊無城。嘉靖三十年，以寇警議築，隨甃以磚。周二里百十一丈，高三丈〔二一一〕，西、南、北三門。《乾隆志》：東至八達嶺四里，至居庸關三十里，西至榆林堡二十五里懷來縣界，南至山五里，北至州。爲居庸門户，地當極衝。

明楊士奇《岔道觀獵》詩：

已度重關險，初臨廣野平。嵐兼遠水白，山擁半空青。扈蹕同三事，蒐原合五兵。

農閒陪閱武，亦得暢余情。

明顧存仁《岔道》詩：

目極長安嶺[四三]，春生岔道屯。看花頻掩淚，聞雁亦銷魂。朧霧侵衣濕，風沙隔面昏。據鞍悲髀肉，徒切壯心存。

明徐渭《岔道城北高臺值雪》詩：

迢迢岔道枕重邊，高閣登臨倍黯然。百竈營烟明可數，雙譙堞粉繞能圓。偶逢飛雪關山杳，漸近浮雲帝里連。莫訝金湯堅若甕，昆陽城小古來堅。

清釋一靈《岔道》詩：

軍都下視居庸險，北口高懸太乙軍。一自中官迎白馬，至今新鬼哭黄雲。山連陰嶽當關合，水抱榆河入塞分。城外風沙横二路，雲州西去恨無羣。

永寧城，在州城東四十里。明永樂十一年置縣，屬隆慶州。十五年，又於縣置永寧衛，屬宣府鎮。國朝順治八年，設都司駐守。十六年，併縣入衛。康熙三十二年，又併衛入州。《一統志》乾隆初，設巡檢司，道光間裁。今設千總駐守。《州册》

《永寧縣志》：唐宋皆爲縉山縣地。元陞縉山爲龍慶州，復爲龍慶州地。明初州廢。永樂十二年，置州，又分置永寧縣，屬隆慶州。《舊志》：團山下無城，即州之神峰鄉，編户五里。十五年，設永寧衛。宣德五年，移縣及衛於舊治東南十五里，又徙居庸關、隆慶左衛附焉。陽武侯薛禄統兵至，築城。周六里十三步，高三〔一一三〕丈五尺，門四：東曰迎暉，西曰鎮寧，南曰宣恩，北曰威遠。正統間，以磚石甃砌。嘉靖二十二年，雨圮。四十二年，參將方振重修，增高四尺有奇。萬曆二十七年，四門傾圮，參將張國柱重修。《乾隆志》：東至火燄山九十里，西至州四十里，南至昌平州界三十里，北至靖安堡三十里，爲州之左臂，柳溝、岔道之後勁，居中肆應，亦重鎮也。

明張士科[四四]《重修永寧城樓記》附：

永寧舊治團山下，原無城池。自我文皇帝龍飛，甲午大巡狩北邊，駐蹕獨山。鑒茲地東南十五里，土壤曠沃，羣山環峙，命陽武侯〔一一三〕薛公建城。周圍六里，高三丈五尺，池稱之。嘉靖中，圮於霪雨。楊公大節修增四尺，創建麗譙及角樓各四，以謹堠望，而城始備。比來邊塵久静，覆隍漸弛。又兼滂沱浸損，風沙壅積，城垣頽仆，而乾方尤甚。且四樓丹堊，悉成〔一一四〕晝墁，飛翼羽林之遺藐如也。歲上章，參府張將軍來駐永寧，慨然以城池爲軍民保障，且四樓毁卑，非所以壯國威也。乃鳩工聚徒，於西城牆之壓仆者，極力修葺之。所費工不下三千，咸區處軍餘，人人争趨。城樓及角樓，輪奂更新，飛欃蔽堞，錡光映池，軒翔纈目，所費毫不請於官帑。各塑神像，以爲樓重，左文則清河叟，右武則壽亭侯。而北極居坎位，以南向焉，視昔之陁陊虧尯者，即什伯不啻矣。工始告竣，走介匄不佞以紀。余惟《易》有之，「王公設險以守國」，《禮》曰「城池以爲固」，况邊城所係尤急哉！至城樓視睥睨隍塹，雖若無與干城者，然兵法「百樓不攻」，又墨子云：「城三十步，堠樓百步，木樓二百步立樓，夫〔一一五〕言城守至九，却極矣。」其制如此，則樓之不可已也。將軍之爲是舉，其得《易》《禮》之旨，而知當務之急哉！

然將軍之所以爲永寧慮者，不惟是一城與樓也。夫春秋齊侵蔡而蔡潰，晉伐沈而沈潰，楚伐莒而莒潰。當是時，三國彼其城非不高且堅者，顧民保於城，城亦保於民也。將軍之守永寧也，修武場，繕犀利，撫皸瘃，懷酋馘，則無形之險，自有爲萬里長城者在兹。但爲紀修城歲月，不多贅云。將軍諱柱國，號磐石，宣鎮人。

柳溝城，在州城東南十五里。嘉靖中，築南山一帶土城。東起永寧東火燄山，西抵（二一六）保安州合河口，置城於此，設兵駐守。其東北沿邊一帶，曰：謊砲兒、韓家口、海子口、柳溝口，皆防禦處。又東南爲大、小紅門口，而閻家莊爲緩急守禦之要地。《方輿紀要》

《宣鎮圖說》：隆慶元年建城，周三百十八丈，高三丈五尺，門四。萬曆二十四年，復增北關，周一百八十五步，高二丈五尺。四十三年，磚甃。《宣府鎮志》：西南沙河，東北平坦，乃南山適中之地。其護口墩與塔兒峪極衝，西灰嶺次衝。《乾隆志》：東至二司二里，西至榆林堡五十里懷來縣界，南至碓臼石二十里，北至大廟汛十里，西北接州城，西南連岔道，東北帶永寧，邊汛遼闊，叢山深僻。又南通德勝、賢莊、灰嶺三口，地屬扼要，駐防綦重。

四海冶，在州城東一百一十里。舊嘗冶鑄於此，以有四水合流，名四合冶。元時往來上都恒取道於此。後訛爲四海冶。明天順八年築堡。弘治七年，徙永寧左（二一七）千户所屯守，今設守備駐防。《一統志》後改設外委。《州册》此與靖安堡爲宣府東路之衝。有大勝嶺、新興嶺、將軍嶺、長生口諸要口（二一八）。嘉靖中，督臣翁萬達言：「四海冶有鎮南墩，與薊州邊所屬火燄山墩接界，僅三里餘，築牆於此，可爲防禦。」《紀要》

《宣府鎮志》：弘治十二年，參將黄鎮包甃，高二丈八（二一九）尺，方一里二百六十四步，城鋪十一，門二，北曰迎恩，南曰迎勳。《宣鎮圖説》（二二〇）：天順八年築，嘉靖四十四年復磚甃，萬曆三十二年重修，周三里。《州志》：東至火燄山三十里，山之東與昌平州接界，西由天門關至大勝嶺，通周四溝。南至海子口八里，通京路。北至四海口三里，出口即大邊。東北至永安堡八里。西北至大勝嶺七里，外即邊界，爲極東扼要。北環沙漠，形勢孤懸，邊外寶山寺、天仡力等處防禦惟嚴，實州之屏翰也。

明張佳允《四海冶山行》詩：

邊草初芳四月天，東來朔氣尚依然。千峰立馬争如削，萬壑長松不記年。柝響遥傳亭障夕，雲空寒捲雁鴻烟。冥心便欲歌招隱，行役應忘出塞篇。

明鄭材[四五]《四海冶和張中丞韻》：

于役襜帷漠外天，山花春色盡悠然[一二一]。行軒北塞臨千里，回首南山祝萬年。版築更煩桑土計，風雲常静敵樓烟。壯心翻竟憑高極，作賦還成白雪篇。

靖安堡[四六]，在州城東北九十里黑峪後。初設守備。雍正十年，改設都司，州治。今設外委。《州册》北面阻山，東、西、南三面臨河，稱爲險要。其東河溝無邊牆可據，爲極衝；而馬路、南樓、東水峪墩[一二二]次焉。宣府東路參將駐永寧，分邊自四海冶至靖安堡長百八十里。《紀要》

《萬曆志》：嘉靖二十九年，署守備劉偕築土城。《宣鎮圖説》：本奚地。嘉靖時，展入内地。隆慶元年，參將羅甃以磚石，高三丈五尺，周二里十三步，門二。《州志》：東至東河口五里。西至接官廳三里，接滴水崖界。南至黑峪嶺汛十里。北至東路界樓七里。與周四溝、四海冶首尾相望，聲息相通，宿以精兵，嚴其烽候，則東北可無煩顧慮。

明汪道亨[四七]《巡靖安堡閱東河口新築城臺》詩：

燕然山外有高樓，大漠荒烟萬里浮。坐嘯可揮白羽扇，嚴寒不待紫貂裘。洗兵沾水濤聲合，飲馬長城霧氣收。刁斗月明沙塞静，將軍無事更防秋。

周四溝堡，在州城東九十里。設守備駐此，屬永寧路。《州志》參《統志》。後改設外委。《州册》其西北有黄土嶺、西石河鎮口[一二三]、外山口諸衝。邊外則亂泉寺、孤山鹹場、虎喇嶺諸處，皆外境也。而三岔、馬道、廟兒梁亦爲沿邊拒守處。《方輿紀要》

《宣鎮圖説》：嘉靖十九年建。隆慶三年磚甃。高三丈五尺，周二里[一二四]九十四步，南一門。《州志》：東至大勝嶺，接四海冶界，通黄花路。西至大鵶口汛，通永寧路，接劉斌堡界。南至三頂盔，通千石河路，由昌平至京一百一十里。北至營盤口邊牆，通千家店路，與四海冶、千家店爲犄角之勢，可以彼此應援。劉斌堡、黑漢嶺、天門關又俱可設伏之區也。城連關廂圍牆，共圍四百五十一丈。

黑漢嶺堡，在州城東八十里、周四溝東南十五里，有倉房二口，兵衡。南距天壽山，後有鶯窩梁，山險林密，突犯不易。邊外曰白塔兒、牛心山，皆屬部駐牧（一二五），而堡東寧川墩爲拒守處。《紀要》

《宣鎮圖説》：嘉靖三十一年築。隆慶四年磚包。周二里十丈六尺，高三丈五尺，南一門。《州志》：東至四海冶接界墩起，西至周四溝蕨菜衡邊界九里。明嘉靖中，設防守，爲四海冶應援。北據關北口僅五里許，極衝之地，且乏井泉。

劉斌堡，在州城東北六十里、周四溝西南十八里，爲灰嶺等處之咽吭，有擦獨口、鮑峪口等衝。而防敵墩、大鴉口爲鎖鑰處。《紀要》

《宣鎮圖説》：萬曆二十二年築土城，高三丈五尺，周二百四十六丈，東一門。《州志》：東自周四溝擦獨墩起，西至靖安堡鮑峪衝新墩邊界一十三里六步。明萬曆時設防守，距邊僅數里，頗衝。明時設軍哨夜，共二百九十一名。

天門關，在四海冶西五里。層崖壁立，險隘可恃。《宣鎮圖説》

按：保安州亦有天門關，在東南一百里，與房山縣接界。

蟒山寨，在州城東南，蟒山寨據其巔。又招帖砦在州城北將軍山，皆昔人據險避兵處。《畿輔舊志》

王忠營，在州城南張家口[四八]迤北一里。所謂「一夫守險，千軍莫過」者。又東紅山極衝，與柳溝祇隔一梁，可以應援。其護口與西紅山並稱次衝焉。《宣鎮圖説》

石城峪堡，在永寧東八十里。《永寧縣志》

《宣鎮圖説》：萬曆四十一年築，尋甃磚。周一百二十丈，高三丈五尺。

黑峪口，在永寧西北二十里。口西爲白草窪等處，要衝也。《方輿紀要》

東灰嶺口，在永寧南十里。地勢平坦，易於馳騁。内韓家口極衝，門樓溝次衝，俱山險可恃。二鋪極衝，然地勢險峻，不通零騎。水泉口地雖漫平，距永寧甚近，可恃以爲北障。《宣鎮圖説》

明鄭芸[四九]《議處隘口以重屏蔽疏略》：

竊惟關隘之設，大則關城，小則堡口，守以官軍，聯以墩臺，遇有警報，各守其險，遠近内外勢實相倚。臣奉命前往該關巡視，自八達嶺出岔道堡，經由懷來地方至火石嶺而入，閲視横嶺等口。由外以觀内，歷覽其要害，則見八達、岔道勢相連屬，八達則軍人全備，營房、城垣無不可守。岔道則城坍軍少，全不足恃。至於火石嶺等口，軍止三四名，器械無一件。隨據[一二六]居庸關分守官稱：關外堡口不但岔道、火石嶺等處坍壞如是，白羊口山外懷來衛地方，原有端雲觀、棒樵峪[五〇]、東棒樵峪、西羊兒嶺、大山、小山及火石嶺凡七口，居庸關東路山外永寧衛地方，原有大紅門、小紅門、柳溝、塔兒峪、西灰嶺、東灰嶺、火燒嶺、井泉、韓家莊、謊袍溝、張家口凡十一口，俱各大壞盡坍。先年白羊等處失事，根因實在於彼。臣不勝驚駭。但地方非臣該管，廢弛又經年久，難更查究。爲今之計，宜照巡視居庸等關事例，專給敕一道付彼處巡按御史，或暫另差一員，嚴督各該衙門，將關外各隘口通行修理，撥軍守把。及照懷寧地方以南，紫荊、倒馬關之西一帶，直至故關等處。關外各隘口不係臣巡視地方者，俱合〔一二七〕查處，專敕彼處巡按御史兼管巡視。庶責成專而綜理周密，外隘固而關足恃矣。

明曾佩〔五一〕《請築堡以固關隘疏略》：

臣巡視居庸等關，頃以宣大傳報聲息。臣會同巡撫都御史孫應奎駐劄居庸關，以便調度策應。臣復自該關出八達嶺外，前去巡訪敵騎由來之路。第見八達嶺外不一里許有岔道堡者，乃該關軍民雜居貿易，久而成聚，大約千有餘家。生聚頗繁，畜産頗盛。四周雖羅〔一二八〕以土牆，卑〔一二九〕矮可逾，敵若登坡臨下，雖賁育莫禦。臣切憂之。蓋岔道此堡適當八達嶺之口、居庸關之樊籬。如欲敵之絶意於居庸，必先使之無垂涎於岔道。未有岔道危而八達無事、居庸不震驚者也，若居庸震驚，則京師、畿輔不卜可知。故臣深計岔道之地，不可少忽。

明譚綸《請建空心臺疏略》：

議照禦戎之策，惟在戰守二端。故必以戰則必勝，以守則必固。除戰勝之事別有成議外，臣等謹以薊昌之守言之。東起山海關，西止鎮邊城，地方綿亘，擺守單薄。故臣等以謂必設二面受敵之險，將塞垣稍爲加厚，二面皆設垛口，計七八十垛，之間下穿小門，曲突而上，而又於緩者則計百步，衝者五十步或三十步即築一墩，如民間看家樓，高可一倍〔一三〇〕，高三尺，四方共廣一十二丈，上可容五十人。無事則宿於臺，更番瞭望；有警則守牆者附牆，守臺者固臺。而臺之位置，又〔一三一〕視其山之形勢，參錯委曲，務處臺於牆之突，收牆於臺之曲。突者受敵而戰，曲者〔一三二〕退步而守，所謂以守則無不固也。以臺數計之〔一三三〕，率每路該增墩臺三百座。薊昌二鎮今分爲十二路，其增築墩三千座，每一臺酌給官銀五十兩，通計費銀一十五萬。合無乞敕户、兵二部，每歲銀動支五萬兩，解送臣應節處分發興工。大約每歲務完築墩臺一千座，三年限以通完。其加厚邊牆，添設内垜，則聽臣等便宜而行。每歲仍聽臣等與巡關御史將完過工程備查，有無堅固堪備守禦，及各文武大小當事諸臣勤惰之狀，分別奏請加賞罰，以示勸懲。如此則邊有磐石之固，陛下無北邊之憂矣。

明王士翹《固藩籬疏略》：

臣同兵備副使艾希淳[五二]徧詣〔一三四〕居庸關隘，閲視八達嶺城。四望郊原〔一三五〕，人烟稀少，半里内有地名岔道堡，係隸隆慶州，民居輳集，大約千有餘家〔一三六〕，路通宣大。往年雖建有土城而卑矮可逾，傾圮過半，雖設巡檢而弓兵不過二十餘名，雖協守以壯夫而往來不常，緩急莫倚。臣愚以爲：居庸，京師之門户；岔道，居庸之藩籬，委岔道〔一三七〕而不守，是棄藩籬。然欲守此，非城不可，非兵不可〔一三八〕。又查得永寧縣城相去岔道四十餘里，往年因其近邊，特於本城建立兩衛，又於居庸關内隆慶衛所輪〔一三九〕撥指揮一員〔一四〇〕，千、百户五員，統率軍士二百五十名，以〔一四一〕備禦永寧。夫永寧既有兩衛官軍，又有參將、守備等駐劄，而猶必藉於居庸區區數卒耶！蓋因先年黑峪有警，權調防守。其後年久，遂以爲常。夫永寧、岔道均重，今若掣改備禦永寧官軍備禦岔道，亦豈待加兵而後足乎？在岔道免荼毒〔一四二〕之害，在居庸護藩籬之固，在京師有磐石之安；財不甚費，兵不加增，一舉而三利存矣。

明許論《防守要害論》：

宣府山川糾紛，地險而狹，分屯建將，倍於他鎮，是以氣勢完固，號稱易守。然去京師不四百里，鎖鑰所寄，要害可知。北路獨石、馬營一帶，地雖懸遠，然長阻長安嶺，敵雖徑下中路之葛峪、大白羊、青邊諸堡，西路之柴溝、洗馬林、萬全諸城，南路之東西順聖皆稱敵衝，警屢至焉。東路永寧、四海冶及龍門所，則三衛窺伺之地，而四海冶上通開平，下連横嶺，又要地矣。《易》曰：「王公設險，以守其國。」今考塞垣所據，險亦幾盡，第時易[一四三]勢殊，有不可不爲之經畫者，若曰補長裕城、鎮邊城之募軍；重浮圖峪[一四四]、插箭嶺之防守；留茂山衛京操之士，以益紫荆、李信屯交界之堡，以固兩鎮，此豈容已乎。

明房柟[五三]《申飭種樹疏略》：

查得先該巡撫順天劉應節，又該巡撫保定温如璋[五四]題前事，復將樹栽奏準補價，將銀二千餘兩解貯遵化縣庫。祇緣他務相妨，遂致遷延未舉。臣今至邊，即相其地形，詢諸輿論，大都有七利。何爲七利？三載成林，敵入犯不能齊驅，一利也。俟其半入，或以短兵相接，以火器交攻，二利也。遇敵不逃，撼之不動，即添數萬甲兵，三利也。內有敵臺，外有多樹，敵逾重險，必延時日〔一四五〕，而我策應之兵至矣，四利也。葉落可以供爨，果實足以充饑，五利也。且一旦窮塞，變而樂土，孰肯逃去？六利也。邊樹邊牆交相爲守，而主兵若復練焉〔一四六〕，其勢似可支持，入衛之兵料可議減，七利也。巡撫劉、都御史方在舉行，而臣復冒昧塵瀆，期於必行邊方，幸甚。

明孫世芳〔五五〕《東路志總論》：

按本路之邊，自火燄山至靖安堡一隅耳。未款時，軍門總三鎮之兵，撫鎮道傾全鎮之力以計安東路，顧有甚於鎮城與各路者，豈非以距京陵爲近？若謂東路安則南山之南舉安也哉，曾不思敵何由而至東路也，是必沿邊不守，縱之深入也。不預守沿邊與〔一四七〕各路使無深入，乃俟縱之入，而後併力一路焉，計亦舛矣。況參將援兵按經制所載二千二百有奇，馬騾一千四百五十匹頭。各城堡之官兵六千四百四十餘員名，馬騾一千七百餘匹，内除塘撥走遞四百九十餘匹外，尚有一千二百餘匹頭。加以本路遊兵二千二百名，馬騾一千四百五十匹頭，時揀而歲練之，尚不足以支一路之應援乎？惟是承〔一四八〕平日久，軍士稍覺萎惰，近又苦於援遼挑選，不易召補。居常無事則烏合，卒遇有事則獸駭。是合之而來，虚糜常餉；駭之而去，空飽邊粟。有衆若此，將安用之？近雖稽查揀汰，務期實濟，然文告虚聲，不過稍比於各路已耳，此固懷隆兵備雖三經議裁而必三議復之，誠念重地終不可缺者也。至於市井多亡命之徒，衙門滋黨結之利，墟落潛流徒之奸，部伍多耗削之弊，每見殊於他鎮，所最當設法整飭〔一四九〕之者也。若謂疏合河口以輓蘆溝之運，聯黑山頭以續薊鎮之邊，應俟後來，今固未可輕議焉。

明杜齊名[五六]《南山志總論》：

南山者，東路之南也。東路之南則腹裏矣。乃亦〔一五〇〕聯城列成以爲邊者，以其一帶之邊爲防護山陵耳。夫各路不守而後急東路，東路失據而後急南山，南山急則〔一五一〕本城何爲哉？據邊東〔一五二〕起四海冶之火燄山，西抵懷來南之合河口，無論斷崖削壁幾二百餘里，即本地爲牆者亦百〔一五三〕二十餘里矣，又南北適與昌平相對待而共表裏，故所謂大小紅門、東西灰嶺，則皆蔽山陵之前以名之者也。爲營城二十四、爲寨九、爲樓百有八十、爲臺又百八十八，腹背相依守者，不患無險矣。參將所轄守操、千把總，以及坐營官兵各備焉，首尾聯絡，守者不患無將矣。顧額軍前不具論，就今〔一二五四〕經制所載六千五百有奇，馬騾駝總之不下九百九十三匹頭，中間除塘撥走遞外，尚有六百四十餘匹頭。近雖迫於援遼軍馬挑選之苦，所存者倘無虛冒，一牆之外，别無分土，專力乘障，邀擊非所事也耶！沿邊如海子口、謊炮兒、韓家口、灰嶺、柳溝、大小紅門等處，最稱衝要，防禦尤宜加意焉。火焰山之旁，所不接薊鎮之邊者，桃樹庵、百丈牆耳。往時三鎮推諉，經數十年無肯任者，非難於牆，爲難於守也。近倚宣鎮完局矣，然臨事必三鎮共力同心。庶幾無失。萬一可虞，詎可獨責宣鎮乎？

明秦霖〔五七〕《宣鎮東路輿圖説》：

謹按：宣鎮爲燕京右輔重地，載有《全志》諸路圖蹟，儼〔一二五五〕然犁然。而兹《輿圖》之刻也，合南山東路而一之，眎〔一二五六〕舊志加詳焉。霖生維楚，職屬蟻臣，曷容置喙，唯是濫叨一命，參軍嬀水，猥承院、道、府加意籌邊，慮先桑土，日相擘畫以底於成，謬謂霖有直腸盡公之念，於是四載間四奉檄委，凡我東路之邊垣工程必覈焉，戍卒餉糈必稽焉，至若勤惰若良楛注之尺籍，每歲一開報焉。且以東路之界言之，其壤東接昌薊，自火燄山起南分，而西南竟合河口，中若四河、灰嶺、柳溝、岔道、大山口，垣長二百二十餘里，隸之南山參戎焉。其北分，而西北竟靖安堡，中若石城峪、黑漢嶺、周四溝、黄土嶺、劉斌堡，邊牆一百八里餘。又自永寧城起西分，而西南竟桃花，中若延慶、懷來、土木、沙城、新舊保安之屬，迂回又數百餘里，俱隸之東路參戎焉。夫懷來實四顧要地也，途則有坦易、有險峻。坦易者猶可控轡，而至其險峻者則鳥道崎嶇，躡屩爲艱，非可藉資於徒隸肘掖者也。乃不憚喘汗而陟其巔，静定而挹其概。一登火燄山，望之而神京在前，宫闕在目，是京師以火燄爲後屏也。東顧而薊鎮在左，西顧而昌鎮環右，南山崔巍嵂崒，拱抱陵寢，龍之蟠、虎之踞，美哉！山河之固，天之所以界限華彝，抑何雄也！旋而極目莽蒼之埜，毳帳毡裘，聚落之居，係昔燕昭、趙武、秦皇、漢帝出塞擒敵。長城萬里，噫嚱！真伯王之偉略乎？緬維我文皇帝宏謨天授，曠然馳觀域外，乘三駕之餘威，定鼎燕都，又開闢來一大肇造也。此豈螻蟻小臣所敢仰讚涓埃哉！夫古今談建都，最勝者莫若秦晋帝王之墟。至宋雖天中而偏安貽患，故儒者披往牒，侈言二都山川盛而風水奇，然終如孫綽賦天台，特仿佛之耳。彼何曾親履其地而一寓矚也，惟勝國劉秉忠得形家秘密，謂萬山一脉，起自崑崙，嶓山孤宗，分行八極。乾、坤、坎、離及兑歸絶域而西通瀚海；艮、震與巽三條入中國而五嶽分支，悉哉！其言之矣。再考遼、金史，謂會州之北有木葉山[五八]，南北千里，東西七八百里，委折而南，則萬馬奔騰。澶漫而抵開平，爲上都；迤邐至大都，則今之燕京，即元大都也〔一五七〕。自是隱嶙磅礴，背荒裔而犇中夏，歷獨石、馬營、龍門；紓徐起伏爲黄花、古北、火燄、灰嶺、柳溝、紅門、居庸諸山以擁護天壽。逖矣哉！文皇都燕，以此爲右輔地，其開創規模，夐出漢唐之上，而陋宋世不足道，真億萬年不拔之洪基也。以是論之，宣鎮東路爲陵京最要害區也，審矣！當其未款以前，時則文武大臣更番禦敵，懷來則制院主之，移鎮駐節，宿重兵其間。延慶則撫院爲政，永寧、岔道則總戎、副府分閫。礪山帶河，扼要争奇，隱然天塹，屹矣金湯。邇時恃款貢而唅㘆，乘積玩愒，因循而鱗介動，此院、道、府之所爲圖於未形，惕於伏莽，遂戒嚴武夫弁士，而城郭樓櫓之理，屹屹無寧歲也。霖每奉檄而往，爰工則覩其補敝者、增飭者、特創者，崇墉櫛次，雉堞森如。械跳梁之手足，勿或内嬰而外訌，刮狺噬之肺腸，從此消萌而杜釁，維屏維翰，險而加巖，俾神京享磐石之安，萬邦允爲憲矣。顧霖四載涉歷，無地不到，無地不周匝指點，竭蹶辛勤，用以副委任之德意。其中任怨任勞，不無叢訾，總期無負乎院、道、府，爲國如家之心，可質諸鬼神天地。即諸執事亦奉行惟勤，若亞旅疆以之於茅索，綯而編棧，固禦之必周也。間有一二集詬闒茸之儔，義不急公，心惟營窟，得倖逋於明憲，終不能逃於陰譴，而可盡付之天道無知也耶！夫邊塞之患，亘古爲然，由臨洮而至遼陽，延袤廣遠，與敵裂地而居，何地無險？何險不可守？顧山川之險，我與敵共之。垣墉之險，繄惟我專之。專者我不使分，共者惟我所據，亦何外侮之足虞哉！《易》曰「王公設險，以守其國」，正此之謂矣。守者何？積米菜、繕器械、儲輜輼、謹烽燧、稽冒濫、實士馬、精簡練、明賞罰，數者一或不足，是即以人之國僥倖也。但就數事而酌之，今諸邊之急務，則莫急於足兵。迺今之兵政則何如矣？籍姓名則有兵，徵發則鮮應也；支資糧則有兵，警報則鮮備也。督撫按議增屯，議招集犒賞則有兵，敵突出抄鹵，求以爭先馳驟、堵截禦却之則鮮赴也。邊鎮所轄，耀武揚威則有兵，對壘而委大將於原野，求以伏奇制勝則無前也。其所虛喝夸張者，選騎耳，家丁耳。居常既無生聚之術，臨急而即欲多方招募，皆市兒遊棍，不可用也。

吁，豈直宣鎮爲然哉！今九邊之弊，得無類是乎？遼左之難，非前車與？至若全鎮諸路，其褎衣博帶，操文墨而遊宦者，可屈指數。其飭兜鍪而跗注者，盡土著也。嘗延奕世，與國同休，聚廬托處，長子孫於此，則築城濬池，非直爲公。蓋爲爾私計，果其一乃心，竭乃力幹濟國家，而勿貪一時之染濡，致遺身後之孽冤。覩遼左之覆，獨不可鑒殷而早計之乎？是惟在長人者，勞以成愛，威以濟寬，重懲貪冒，勿縱詭隨，凜凜馭朽，莫或因循姑息以益其敝，庶邊方其有豸乎？若猶未也。方今恃款忘備，武事寢弛，將驕卒惰，聞敵而神悸魂摇。近若援遼之役，一軍甫行，妻號子啼，所在恐懼。目擊此景，有能執干戈以衛社稷者乎？有能賈餘勇而赴難者乎？脱有中行説、劉守光之徒，攘臂一呼，而我能禦之者乎？使如穆廟之世，乘敵人之内變，計使諸敵縛趙全諸逆黨，令其贖罪求款，又絶無而僅有者也。詎可恃耶？至若土木之猝覆，賈鑒之走敵，往事也。而滴水闖邊，車敵叛去，非近事之炯戒乎？草澤之間，英雄埋没，焉知失志之徒，如張元、吴昊輩不走死地如鶩乎？抑霖更有進焉：昔武侯陰平之誡，毖矣，而蜀人忽焉，竟致纆兵之入；梁方平黎陽師潰，而斡離不輩遂渡河而薄汴，此所爲有險而不守，與無險同者也。曩者英廟蒙塵，獨石、馬營不守，而六師罹慘，紫荆、白羊一破，而九門嬰鋒。世廟臨御四十五年，而宣鎮之受蹂躪虔劉者，何歲無之。往年前撫院汪建鉞宣鎮，輶軒所到，曾指滴水崖石爲填星之精，而源源本本，似乎開混沌之竅，洩扶輿之藴。至於請餉疏奏，寢脱巾之變，非所爲卓絶者乎？按部而審張家市口，特築來遠城［五九］，真所謂扼敵之吭而拊其背矣。若上西北路之獨石、雲州、葛峪、青邊、大小白羊諸堡，下西南路之繕房、柴溝、左右衛、洗馬林、懷安、東西順聖諸城，皆交錯敵窟，素稱衝隘。倘盡能以徹桑之心爲心，聿修邊備，加意隄防，使邊氓有生之樂，士卒無死之憂，可不謂功德之鴻鉅者乎？霖所爲深抱杞憂，而附於宋人之子，慮及牆壞也。客有嗛愚者曰：「爾且僭矣。爾么鱗小吏，而議論喋出。倘指摘爾者，而加罪譴焉，其將何辭以謝！」霖曰：「不然。昔唐代之時，郇模辮髮裹席以獻納於君，魯嫠婦不卹其緯而憂宗周。夫食土之毛，誰非王臣？利病所在，諸人例得直言。況霖廁籍衛幕，歲糜官家，受主者特達之知，不思罄此一得之愚，以杼憂盛危明之念，曾一男子、一嫠婦之不如，寧不愧此鬚眉哉！語曰：『小人言而君子擇焉。』是在有封疆之責者，謀野詢芻，取斯《圖説》而盼睞之，『如彼飛蟲，時亦弋（一五八）獲』。寺人巷伯，君子聽焉。」客曰：「若然則此圖之刻也，信而有徵矣。」是敢爲之瑣言。

附輿圖（見附圖五　城堡圖）

水利

嬀川河，舊自州東北古城南數里分，支流灌上花園、雙營堡田若干頃，南歸正流。

至永寧西有水硙、水碾四座。

蔡河，自小魯家莊南泉水發源，西流靳家堡、前吳家莊、田宋營、郎家莊、下板橋後小橋前西南流，繞獅子營[六〇]，至常裏營西合嬀川正流。澆灌稻田若干頃，州之水利賴此。

沽水，自米家堡前泉水發源，西流經屈家堡、三里河，澆灌稻田數十畝。上水磨南流，經王家莊、李家場、白衣菴東折入州城西水門。經南關出南水門，復西折。經小石橋入嬀川幹流〔二五九〕，園圃賴此澆灌。

佛峪口水，自口北眾溪匯流，上有水磨數座。分支東南行，入張山營渠，灌園地十餘頃。幹流過東安家莊歸黑龍廟渠，西灌園地若干頃，至卓家營東入嬀川河。

古城渠，挑修沙石，延長三千四百二十丈，深二尺五寸，闊一丈一尺，並河壩口一道，買用民地共九畝三分〔二六〇〕，照紅契給價銀九兩二錢六分。

東〔二六一〕羊房渠，由張山營〔二六二〕北山下田宋營、郎家莊、西羊房堡，延長四百九十五丈，深二尺五寸，闊七尺。買用民地五畝五分，給價銀七兩六錢五分。

下板橋渠，自西小河起至西壩口張家泉，延長三百零六丈，深二尺五寸，闊五尺，壩口一道。

張山營渠，自佛峪口起至本營東南稻地止，延長一千二百四十丈，闊不等，奉文委官率軍夫挑修。

常裏營渠，自張山營分水流向東南，延長四里。

黑龍廟渠，自佛峪口西分水流向東南王家堡東，延長五里。奉懷隆兵備道胡思仲、管州事保定府同知宋雲霄、吏目夏詔功勘踏，令居民買地，用價一兩，以圖永久。以上見《乾隆志》

寒水泉，在州西北上蘆房營北一里，灌溉附近稻田，流入下蘆房營河。

汪泉，在州東北汪家園村北，灌溉田園稻畦，民多便之。以上採訪

明胡思仲[六二]《新墾水田碑記》：

今宇内嗷嗷，閭閻貧瘠極矣，而邊方爲甚。故籌邊者首以開墾爲急圖，誠謂廣儲裕國所必資也。不佞受事嬀川，竊謬有意舉行之。三令五申而民堅不願，拂衆難行，已無措手矣。無何，直指見陶吴公狩上谷，按延慶，問俗觀風，相度地宜，喟然嘆曰：「此地土潤水夷，曷不通渠墾田，興利以佐公家乎？」諭不佞成其議。不佞謝如命，則又曰：

「水利所以未盡興者，以當事者重科峻法，承行無狀，因是病民，故弗永也。」不佞唯唯。復又曰：「小民不可與慮始，而可與圖成。當官必除害，乃能興利。」不佞復唯唯聽命，蓋深慶主持有人、邊疆之福也已。即詳會制、撫兩臺，俱報可。乃命署州事衛幕魏三顧董其役，州、縣、衛俱如議以行。

延慶一州尤爲泉流之匯，稱邊之澤國焉。議甫下，而小民畏苦如昨，逡巡不敢前。私計小民趨利如水，茲水即利也，民何苦而不趨？是必有所以病民者，細廉其故。時三老子弟跽（一六三）而進曰：「吾儕小人（一六四）亦知上意諄諄以利民也。第往年奉上命，間亦（一六五）改旱地爲水田，陞税輸將矣。而遺害迄今，田仍旱也，而税重如故。民奈何復甘蹈之，以爲後憂？」不佞惻然念焉，請命於直指公。公（一六六）爲慨然出示，遠近諭曉：諸前所苦重税，許即釐革之。自今伊始，新闢沃土，歲即穰穰，概從地徵。立石豎碑，永垂定則，以藏富閭閻，神氣自壯，即固圉至計也。下民於是踴躍思奮，畚（一六七）插争先。乃率鄉約劉視遠、屈尚仁等徧閲屯堡，察地分渠（一六八），遡原水道。一因海陀泉澗，引至古城，濬渠由雙營抵州城一十里，墾田五千餘畝，水遶（一六九）郭壕，大培地脈。一因佛峪泉，濬渠數里抵張山營，遠至集賢屯，墾田一千餘畝。一引北山下蔡泉等水，東自中羊房，西接張山營南，沿田宋營、上下板橋及吴家營、郎家莊、小河屯，墾田一萬四千餘畝。與州接壤，懷、延二衛地方，刁家營墾田四千餘畝。通渠之費皆藉資軍夫萬餘工，掘侵民地爲渠，即給官銀償（二七〇）之。匝月間，成畦者徧相望也，幾及三萬餘畝。至於地褎曠迂，尚未盡闢，有待而舉。會新任宋守諱雲霄偕管糧杜倅諱齊名，各鋭意民事，留心水利，併力督率，鼓舞開墾，前地所未成者，又畝逾三萬。復及東紅寺、黑龍廟、集賢屯、花園屯、保安新城所轄礬山堡等處，皆引水灌溉，計田又三萬餘畝。沙磧萑葦之奥，悉化爲膏腴，即小民且争相開濬，行成錯繡。如曹官等堡，匪可數計。總之皆上心民力，有以普成之也。

頃歲獲稻糧數十萬石。往時米價湧沸，自稻田開而斗斛平，家給户足，人心安堵。遥望東路畦疆，不遜江南。即遇旱魃，有恃無恐。其於禦敵尤善，敵故利騎不利步，今盡地而溝洫之，敵不得長驅。是閭井之界皆爲金湯，公私兩利，莫此爲甚。州民始擊壤興歌，知上所以利我也。於是欲壽諸石以志不朽，而乞言於不佞，思頌盛美。余謂此直指公之德意，兩臺之協成，軍民之同心，而邊方之厚幸也（二七一）。汪汪千頃，樂利無窮，予何能仰贊萬一哉！姑綴其言若此，使後之覽斯碑者，洞曙其巔末，毋深法，毋重科，以有負於上人愛民足國之意，及不佞與諸司拮據之勞也。於是乎書。

萬曆四十四年丙辰仲秋月欽差整飭懷隆兵備道山東提刑按察司按察使新安胡思伸書。

橋梁

來遠橋，在州城南門外。

承恩橋，在州城南關外，一名溪河橋，明永樂中重建。《明一統志》

廣濟橋，在州城南。夏月水漲，橋木推蕩，壞民園圃。知州李鼒命工架木覆土，頗爲完固，尋復衝壞。嘉靖八年，義官楊琛捐資百餘兩爲之倡修，州民競以車牛、米粟助之，爲石橋十空。僧德徐（一七二）亦募眾樂輸，規模大備。歲久傾圮。國朝同治十三年，知州李葆貞重建爲空。又於西南百眼泉建小石橋，往來便之。採訪

清李葆貞《重修延慶州廣濟橋碑記》：

延慶爲居庸關外第一郡，重巒疊嶂，拱衛神京。而其中之原隰沃衍者，廣袤約數十里，則州城在焉。相其形勢，亦隩區也。出南郭外，山谿繚繞，一水護城，由東北而來，眾流畢匯。每春夏際則漲溢，不便行旅。自前明嘉靖八年州牧楊首先倡率，因土橋之舊

而易以石，號曰廣濟，民咸利之。時代既久，頹廢日甚，而興復愈難。曩歲南大寺瑞來僧將有募修之舉，而需費甚鉅，屢格於行。癸酉冬，余奉調權篆斯都，道經於此，心怦然者久之。下車後，因勸諭紳商，共勷義舉。不數月，醵金購石，衆志僉從，爰集於民，攻葺完繕，甚盛事也。

抑余有感焉：興廢之由，在人不在地。彼夫通都大邑，孔道要衢，凡有興作，非羨租即帑藏也。延慶處邊徼，沐休養之澤垂二百餘年，耕鑿貿遷，幾於闤城溢郭，而又毗隣諸邑，車者、徙者，絡繹於兹。脱令往來病涉，揆諸除道成梁之政，不有歉乎！獨力既有難支，而公項復無所出。兹幸同寮共濟，紳庶樂輸，而瑞來僧亦無俟乞諸大檀越普渡津梁，遂拭目而結此善果，豈獨守土之榮，抑亦諸君子之力也。不然，溱洧承輿，惠不知政，識者譏之，又何論過境者之歎道阻耶！途故樂觀其成，鐫工勒石，非好行其德，博去思也。亦冀官此者，緜緜補葺，俾勿傾圮，是則余之所厚期也夫。因書其起訖而爲之記。

普濟橋，在州城東門外。

遺愛橋，在州城北門内。舊有遺愛坊。

惠濟橋，在州城北門外。

三里河橋，在州城北三里。

田宋營橋，在州城北十五里。

王家莊橋，在州城西三里。

常裏營橋，在州城西十六里。

通濟橋，在州城西北半里許，跨沽河。舊架木覆土，嘉靖間知州馮宗龍甃以石。

獅子營橋，在州城西北十五里。

下板橋，即板橋，在州城西北十二里。

善人橋，在州城西北十五里，地在小河屯下流，爲懷、永北路通衢。近嬀河，泥陷難行，舊有小橋，張若仙創建，後州民焦允中募工重修。

岔道橋，在州城南二十里。以上見《乾隆志》

屠家營橋，在永寧城西三里，跨龍灣河。又孤山橋，在永寧西十里。《大清一統志》

青龍橋，在州城東南三十餘里，跨澗河。同上

按：《舊志》有龍騰橋，在終食屯龍王廟前。碧霞橋，在終食屯泰山行宮前。昇仙橋，在州城三清宮。均非津梁，不具載。

【校勘記】

〔一〕東：原闕。據實況及「紅門山」條補。

〔二〕世世：《乾隆延慶州志》作「世味」。

〔三〕潔：《乾隆延慶州志》作「歸」。

〔四〕州：後原衍「西」字。删除。

〔五〕東北：原作「西北」，據實況改。

〔六〕四：原作「西」。筆誤。據《水經注》改。

〔七〕如：《乾隆延慶州志》作「呈」。

〔八〕明朝秋履畝，郢曲那容聽：《乾隆延慶州志》作「竭來塵鞅迫，他日待留銘」。

〔九〕上：原作「土」。據《乾隆延慶州志》改。

〔一〇〕上：原作「下」。據注文及《乾隆延慶州志》改。

〔一一〕舟：原作「丹」。據《乾隆延慶州志》改。

〔一二〕癡：《乾隆延慶州志》作「癖」。

〔一三〕非：《乾隆延慶州志》作「匪」。

〔一四〕海：《乾隆延慶州志》闕，程芳辰本《延慶縣志》作「展」。

〔一五〕西南：原作「東南」。據實況改。

〔一六〕名：原闕。據《乾隆延慶州志》補。

〔一七〕速邪烏：原作「速邢烏」。據《漢書·匈奴傳》改。

〔一八〕十五：原作「四十」。《乾隆延慶州志》同。據實況及《嘉靖隆慶志》改。

〔一九〕戍：原作「戎」。筆誤，徑改。

〔二〇〕南：原作「西」。據實況改。

〔二一〕西：原闕。《永寧縣志》同，據實補。

〔二二〕季子高風邈，張華博物稀。雌雄仍並峙，雲雨定雙飛：《乾隆延慶州志》作「神物必有合，龍潛識者希。雌雄原並峙，風雨自雙飛。」

〔二三〕謖謖：原作「稷稷」，筆誤。

〔二四〕流：原闕。據《水經注》補。

〔二五〕北：原闕。據《水經注》補。

〔二六〕右：原作「又」。據《水經注》改。

〔二七〕溜：原作「流」。據《水經注》改。

〔二八〕源：原闕。據《水經注》補。

〔二九〕仍：原作「成」。據《水經注》改。

〔三〇〕居民：原作「民居」。據《水經注》改。

〔三一〕牛：原作「羊」。據《水經注》改。

〔三二〕浮圖溝水：《嘉慶重修一統志》作「浮屠溝水」。

〔三三〕又：原闕。據《嘉慶重修一統志》補。

〔三四〕《宣鎮志》：原作《宣鎮》，據《嘉慶重修一統志》補「志」字。

〔三五〕延慶：原闕。據《嘉慶重修一統志》補。

〔三六〕靈亭：《嘉慶重修一統志》作「靈亭城」，誤。

〔三七〕溜：原作「流」。據《水經注》《嘉慶重修一統志》改。

〔三八〕城：原闕。據《水經注》補。按，《嘉慶重修一統志》亦闕。

〔三九〕數：《嘉慶重修一統志》作「別」。

〔四〇〕入：原闕。據前後文補。

〔四一〕四十：原作「二十」。據《嘉靖宣府鎮志》改。按：《嘉靖宣府鎮志》：「白龍潭，在永寧東南四十里，水深莫測，祈雨有應。」

〔四二〕取水有應：《乾隆延慶州志》作「潭水有應」。

〔四三〕許論：原作「許綸」，誤。按：許論，字廷議，嘉靖五年進士，三十三年以兵部右侍郎出督宣大山西軍務。著有《九邊圖論》。

〔四四〕成：《乾隆延慶州志》作「生」。

〔四五〕屯成：原作「屯成」。據《乾隆延慶州志》改。

〔四六〕聖賢：《乾隆延慶州志》作「賢聖」。

〔四七〕垣：原作「趾」。據《水經注》改。

〔四八〕徧：原作「偏」。據《水經注》改。

〔四九〕逕：原作「經」。據《水經注》改。

〔五〇〕間：原作「閒」。誤。

〔五一〕險：原作「陷」。據《乾隆延慶州志》改。

〔五二〕擒：《乾隆延慶州志》作「禽」。

〔五三〕八達嶺：原作「八嶺」。誤。

〔五四〕夫：原闕。據《日下舊聞考》補。

〔五五〕籬：原闕。據《嘉靖西關志》補。

〔五六〕舉城中無遁情：《嘉靖西關志》作「舉城中無遁物，虛實易覘」。

〔五七〕口：原闕。據《嘉靖西關志》補。

〔五八〕近通：原作「通近」。據《嘉靖西關志》改。

〔五九〕裏：原闕。據《嘉靖西關志》補。

（六〇）亦：原作「而」。據《嘉靖西關志》改。
（六一）淹：原作「潦」。據《嘉靖西關志》改。
（六二）奉使入居庸作：《全唐詩》載其詩名爲「使青夷軍入居庸」。
（六三）匹馬行將夕：《全唐詩》作「匹馬行將久」。《日下舊聞考·邊障》亦作「匹馬行將夕」。
（六四）天坼：《日下舊聞考》同。《乾隆延慶衛志略》作「天折」，筆誤。
（六五）藤：原作「勝」，筆誤。據《日下舊聞考》改。
（六六）透迤數千里：《日下舊聞考》同。《乾隆延慶衛志略》作「透迤數十里」。筆誤。
（六七）關門南向當天開：原作「關門西向當天開」，《日下舊聞考》同，據《乾隆延慶衛志略》改。
（六八）狀如龍，勢如虎：《日下舊聞考》同，《乾隆延慶衛志略》作「山如龍，石如虎」。
（六九）龍怒欲騰虎欲舞：《日下舊聞考》同，《乾隆延慶衛志略》作「龍怒欲騰虎怒舞」。
（七〇）太行劍戟猶如許：《日下舊聞考》同，《乾隆延慶衛志略》作「太行餘勢猶如許」。
（七一）關門開，千萬古：《日下舊聞考》同，《乾隆延慶衛志略》作「關門開處千萬古」。
（七二）居庸關，山蒼蒼：《日下舊聞考》同，《乾隆延慶衛志略》作「居庸關山色蒼蒼」。
（七三）鐵腥惟帶土花青：《日下舊聞考》同，《乾隆延慶衛志略》作「鐵腥惟帶土花班」。
（七四）前年人復鐵作門：《日下舊聞考》同，《乾隆延慶衛志略》作「前年又復鐵作門」。
（七五）生存有功掛玉印：《日下舊聞考》同，《乾隆延慶衛志略》作「生存有功掛金印」。

〔七六〕居庸關，何峥嶸：《日下舊聞考》同，《乾隆延慶衛志略》作「居庸關山何峥嶸」。

〔七七〕柝：原作「析」。據《日下舊聞考・邊障》改。

〔七八〕衝要：《日下舊聞考》同。《乾隆延慶衛志略》作「要衝」。

〔七九〕淹：原作「潦」。據《日下舊聞考》改。

〔八〇〕草木雖未霜，寒風已淒然：原作「草木雖未寒，霜風已淒然」，筆誤。據《日下舊聞考》改。

〔八一〕拔：原作「援」，據《日下舊聞考》改。

〔八二〕摧：原作「催」。據《日下舊聞考》改。

〔八三〕閒：原作「間」。據《日下舊聞考》改。

〔八四〕元：原作「明」。筆誤。

〔八五〕幽燕：原作「幽然」。據《日下舊聞考》改。

〔八六〕元：原作「明」。筆誤。

〔八七〕幽燕：原作「幽然」。據《日下舊聞考》改。

〔八八〕元：原作「明」。筆誤。

〔八九〕旁：原作「傍」。據《日下舊聞考》改。

〔九〇〕山：原闕。據《日下舊聞考》補。

〔九一〕天晴鼓角散秋聲：《日下舊聞考》同，《乾隆延慶衛志略》作「天清鼓角散秋聲」。

〔九二〕今人常憶寇萊公：《日下舊聞考》作「令人常憶寇萊公」。

（九三）登居庸關詩：《日下舊聞考》題「登居庸上關」。
（九四）谷：原作「答」。筆誤。據《日下舊聞考》改。
（九五）長：原作「能」。據《日下舊聞考》改。
（九六）李中樞：疑是「李宗樞」之誤。按：李宗樞《度居庸關詩》：峻壁含雲迴，飛湍接澗回。虛聞三峽險，疑是五丁開。荒樹分天宇，驚沙暗戍臺。祇慚持節使，不是棄繻來。（見《日下舊聞考》第2484頁）
（九七）間：原闕。據《昌平山水記》補。
（九八）十：原作「下」。據《昌平山水記》改。
（九九）爲：後原衍一「有」字。據《昌平山水記》删。
（一〇〇）趨：《三國志》作「趣」。
（一〇一）爲：原作「至」。據《昌平山水記》改。
（一〇二）籟：原作「歓」。據《日下舊聞考》改。
（一〇三）紆：原作「去」。據《日下舊聞考》改。
（一〇四）洳：原作「茹」。據《日下舊聞考》改。
（一〇五）渡：《日下舊聞考》作「度」。
（一〇六）於此：原作「此於」。筆誤。
（一〇七）者是：原闕。據《昌平山水記》補。

（一〇八）闕：原闕。據《昌平山水記》補。
（一〇九）瞻：原作「膽」。據《日下舊聞考》改。
（一一〇）得：原作「侍」。據《日下舊聞考》改。
（一一一）丈：原作「尺」。據《宣大山西三鎮圖說》改。
（一一二）三：原作「二」。據下文《重修永寧城記》改。
（一一三）陽武侯：原作「武陽侯」。筆誤。
（一一四）成：原作「城」。據《乾隆延慶州志》改。
（一一五）夫：原作「失」。筆誤。據《乾隆延慶州志》改。
（一一六）抵：原作「低」。據《讀史方輿紀要》改。
（一一七）左：原闕。據《讀史方輿紀要》補。
（一一八）要口：原作「要地」。據《讀史方輿紀要》改。
（一一九）丈八：原闕。據《嘉靖宣府鎮志》補。
（一二〇）《宣鎮圖說》：原作「《宣府圖說》」，據前後文改。
（一二一）山花春色盡悠然：《乾隆延慶州志》作「山花春盡色悠然」。
（一二二）墩：原闕。據《讀史方輿紀要》補。
（一二三）口：原闕。據《讀史方輿紀要》補。

〔一二四〕里：原作「百」。據《宣大山西三鎮圖説》改。

〔一二五〕「有鶯窩梁，山險林密，突犯不易。邊外曰白塔兒、牛心山，皆屬部駐牧」，凡二十六字，原闕。據《讀史方輿紀要》補。

〔一二六〕據：原作「掾」。據《乾隆延慶州志》改。

〔一二七〕合：原作「各」。據《嘉靖西關志》改。

〔一二八〕羅：原作「難」。據《乾隆延慶州志》改。

〔一二九〕卑：原作「畢」。據《嘉靖西關志》改。

〔一三〇〕倍：原作「培」。據《乾隆延慶州志》改。

〔一三一〕又：原作「人」。據《乾隆延慶州志》改。

〔一三二〕者：原作「而」。據《乾隆延慶州志》改。

〔一三三〕以臺數計之：原作「以臺計數之」。據《乾隆延慶州志》改。

〔一三四〕詣：原作「請」。據《嘉靖西關志》改。

〔一三五〕原：原作「外」。據《嘉靖西關志》改。

〔一三六〕家：「家」前原衍一「人」字。據《嘉靖西關志》删。

〔一三七〕岔道：原衍一「口」字。據《嘉靖西關志》删。

〔一三八〕可：原作「能」。據《嘉靖西關志》改。

〔一三九〕輪：原闕。據《嘉靖西關志》補。

〔一四〇〕員：原作「名」。據《嘉靖西關志》改。

〔一四一〕以：原闕。據《嘉靖西關志》補。

〔一四二〕荼毒：原作「荼蘗」。據《嘉靖西關志》改。

〔一四三〕易：《乾隆延慶州志》作「異」。

〔一四四〕峪：原闕。據《乾隆延慶州志》補。

〔一四五〕時日：《乾隆延慶州志》作「日時」。

〔一四六〕焉：原闕。據《西水峪修城碑》《乾隆延慶州志》補。

〔一四七〕與：原作「無」。據《乾隆延慶州志》改。

〔一四八〕承：原作「永」。據《乾隆延慶州志》改。

〔一四九〕飭：原作「敕」。據《乾隆延慶州志》改。

〔一五〇〕亦：原作「以」。據《乾隆延慶州志》改。

〔一五一〕則：原作「而」。據《乾隆延慶州志》改。

〔一五二〕東：原作「城」。據《乾隆延慶州志》改。

〔一五三〕百：原作「里」。據《乾隆延慶州志》改。

〔一五四〕今：原作「近」。據《乾隆延慶州志》改。

〔一五五〕儼：原作「〇」。原闕。據《乾隆延慶州志》補。按：《宣化府志》也收録此文，但文字較《乾隆延慶州志》少很多。

〔一五六〕晾：原作「時」。據《宣化府志》《乾隆延慶州志》改。

〔一五七〕即元大都也：原作「乃元之上都也。」誤。據《乾隆宣化府志》改。

〔一五八〕弋：原作「戈」。筆誤。據《詩經》改。按《詩經·大雅·桑柔》：「如彼飛蟲，時亦弋獲。」

〔一五九〕幹流：原作「一帶」。據《乾隆延慶州志》改。

〔一六〇〕九畝三分：原作「畝九分」。筆誤。據《康熙延慶州志》改。

〔一六一〕東：原作「西」。筆誤。據《康熙延慶州志》改。

〔一六二〕張山營：原作「張家營」。筆誤。據《康熙延慶州志》改，下同。

〔一六三〕跽：原作「跪」。據《康熙延慶州志》改。

〔一六四〕小人：原闕。據《乾隆延慶州志》補。

〔一六五〕亦：原作「以」。據《乾隆延慶州志》改。

〔一六六〕公：原闕。據《乾隆延慶州志》補。

〔一六七〕畚：原作「圖」。據《乾隆延慶州志》改。

〔一六八〕渠：原作「屈」。據《乾隆延慶州志》改。

〔一六九〕遶：《乾隆延慶州志》作「遠」。

〔一七〇〕償：原作「賞」。據《乾隆延慶州志》改。
〔一七一〕也：原闕。據《乾隆延慶州志》補。
〔一七二〕徐：原作「綜」。據《乾隆延慶州志》改。

【注　釋】

[一] 范鉷：字惟幾。明朝人，曾任懷來衛指揮僉事。
[二] 高繼允：乾隆時人，延慶知州李鍾俾的幕僚。
[三] 王道亨：宣府都司左衛（今河北宣化）人，官錦衣衛帶俸指揮使，明神宗孝靖皇后王氏之兄。
[四] 吴嘉禮：浙江鄞縣人。萬曆十九年（1591），任巡按宣大御史。
[五] 劉迎（？—1180）：字無黨，號無諍居士，金代詩人、詞人。東萊（今山東萊州）人。曾爲唐州幕官。世宗大定十三年（1173）以薦書對策爲當時第一，次年登進士第，授豳王府記室，改任太子司經，頗受親重。大定二十年從駕凉陘，因病去世。
[六] 羅存禮：上高（今江西瑞州）人。曾任刑部司務，謫永寧。
[七] 吴擴：字子充，明代昆山人，《光緒延慶州志》誤以爲元人。嘉靖中，避倭亂居金陵。工詩，以布衣遊於南北縉紳間，至老不衰，與嚴嵩往來甚密，有「相府山人」之稱。
[八] 傍水峪：即棒槌峪，見《嘉靖隆慶志・山川》。

［九］晏磨峪：即昌平區南口鎮燕磨峪村。明代成村，又稱燕麻峪、雁門口、雁門谷等，該村背山，偏暖，每年大雁都要在該地停留一段時間，故稱燕磨峪。

［一〇］火燄山：又名火藥山，位於延慶縣四海鎮石窑村東南二里處。傳説樊梨花在此做過火藥。延慶、懷柔交界的九眼樓是明萬里長城上建築規模和形制最大的一座敵樓，是明宣府長城與薊鎮長城的交匯點。四海治口，亦稱北口子。關口南五里爲四海冶堡，此堡居四山之間，地勢孤危，上可通獨石口，下連横嶺，爲宣府鎮東路咽喉要衝。

［一一］合河口：在今河北省懷來縣，即官廳（原址在官廳水庫攔河壩左側），因地處桑乾河、嬀水河匯流後往下的峽谷窄口處而得名。爲進京要道。

［一二］彈箏峽：即彈琴峽。

［一三］清夷門：金中都北城門名，即通玄門，北城西數第二門。

［一四］昌州：據《嘉靖宣府鎮志》，昌州城在今河北萬全西北蕁麻林堡南（即洗馬林堡），金代置州，元城之。又據《讀史方輿紀要》，宣德十年（1435），築城戍守，隆慶五年增修，周四里有奇。

［一五］關門鑄鐵：金國爲防禦蒙古入侵，在居庸關「治鐵鑄關門」。天曆元年（1328），大都與上都諸王争奪皇位大戰於居庸關南北，又用了此關門，結果上都兵敗。

［一六］馴象寶轡鳴：元帝巡幸上都，爲了表示帝王尊嚴，於至元十七年（1280）造象輿，以象駄轎而行。《元史》卷二〇二《釋老傳》：「元貞間，……成宗北巡，命膽巴以象輿前導。過雲州，語諸

弟子曰：『此地有靈怪，恐驚乘輿，當密持神咒以厭之。』未幾，風雨大至，眾咸震懼，惟幄殿無虞，復賜碧鈿杯一。」

[一七] 行殿：指八達嶺西棒槌峪行宫，據今人考證，其址約在今北京市延慶區八達嶺鎮裏外炮村。

[一八] 王世熙（約1265—1343）：字繼學，東平（今屬山東）人。元英宗至治初任翰林待制，至治三年（1323），授右司員外郎，泰定四年（1327）任中書參政。致和元年（1328）八月，大臣燕鐵木兒等發動宫廷政變，爲燕鐵木兒所囚，流於遠州。免罪後，官至御史中丞，卒於任上，追封趙國公（一作魯國公），謚文獻。

[一九] 槍桿嶺：一名桑乾嶺，明永樂中，改爲長安嶺。位於今河北省懷來縣王家樓鄉，距離沙城約五十里，北距赤城約八十里，建有防守城池，至今保存完好。

[二〇] 禪宫：指居庸關永明寺。

[二一] 果囉洛納延：即迺賢（1309—1368），一作納新。西突厥葛邏禄氏，漢姓馬，字易之，别號河朔外史，能詩文，有《金臺集》。元至正間，以薦爲翰林院編修官，出參桑哥失里軍事，卒於軍。

[二二] 朱德潤（1294—1365）：字澤民，號睢陽山人，河南睢陽（今河南商丘睢陽區）人，後遷昆山（今江蘇蘇州昆山）。受趙孟頫推薦，授翰林應舉，兼國史院編修，尋授鎮東行省儒學提舉，以疾歸。德潤善詩文，工書法，格調遒麗，擅山水，有《存復齋集》。《光緒延慶州志》誤以爲明人。

[二三] 山前：指今昌平區，南口東有龍虎臺。

［二四］山後：泛指居庸關外到草原邊緣的廣闊地帶及河北省西北部山地。

［二五］李繼本：即李延興，字繼本，以字行於世。元至正十七年（1357）進士，授太常奉禮兼翰林檢討。有《一山集》九卷存世。

［二六］徐將軍：無考。

［二七］熊卓（1463—1509）：豐城（今屬江西）人，字士選，號東溪。弘治九年（1496）進士，知平湖縣，遷監察御史。工詩，有《熊士選集》存世。

［二八］王韶（1485—1520）：字舜夫，陝西西安右護衛人。正德進士，官口北道分巡僉事。見《嘉靖隆慶志》。

［二九］周金（1473—1546）：字子庚，號約庵，武進（今江蘇常州）人。正德三年（1508）進士，授工科給事中，累遷户科都給事中。嘉靖元年（1522），由太僕寺少卿遷右僉都御史，巡撫延綏，改撫宣府，進右副都御史，再改巡保定，官至南京户部尚書兼都御史。著有《上谷稿》《榆陽稿》。

［三〇］居庸關和陳剛中韻：元人陳孚，字剛中，此詩爲作者和陳孚《居庸疊翠》韻而作。

［三一］李宗樞（1497—1544）：字子西，號石疊，詩人、書法家，陝西省富平縣人。嘉靖二年（1523）癸未科進士，授山東諸城知縣，歷任御史、河南潁州守備僉事、河南布政司參政、都察院右僉都御史、河南巡撫等職。著有《石疊文集》。

［三二］蘇祐（1493—1573）：字允吉，一字舜澤，別號穀原，明代東昌府濮州（今河南省范縣）人。嘉靖五年（1526）丙戌科進士，嘉靖十二年奉詔巡按宣大。嘉靖二十九年，蘇祐以兵部左侍郎署大同總督，抵禦俺答汗進攻，因功實授大同總督，進兵部尚書。著有《孫子集解》《三關紀要》《穀原詩文集》等。

［三三］雙泉：居庸關有雙泉口，見明王士翹《西關志》。

［三四］黄花鎮：在今懷柔區九渡河鎮境内，距北京市區一百三十里。

［三五］劉侃：字正言，京山（今屬湖北）人。嘉靖三十二年（1553）進士，官户部，廉政有聲，出知成都府。嘉靖四十四年（1565）平定四川土司薛兆乾之叛，陞洮岷道副使。萬曆元年（1573），調任福建左布政使。人稱其「居官惠而不茹，治家嚴而有法」。著有《新陽詩草》《新陽館集》。

［三六］應雲鸞：字瑞伯，象山（今屬浙江）人。嘉靖二十七（1541）進士，知江西臨川縣，官至兵部武庫司郎中。著有《臨川集》《象川雜稿》等。

［三七］孫緒（1474—1547）：河間府故城（今屬河北）人，字誠甫，號沙溪，弘治十二年（1499）進士，官至吏部郎中，因遭中傷革職。嘉靖初，起授太僕寺卿。有《沙溪集》。

［三八］黄紀：字子成，臨川（今江西撫州）人。嘉靖二十三年進士。嘉靖三十九年（1560），除巡按西關御史。

[三九] 飲馬流泉：居庸關城南有泉名飲馬泉。

[四〇]《偵宣鎮記》：明人張道濬著。凡一卷，收録於《張司隸初集》。本書有田同旭、趙建斌、馬艷點校本（上海古籍出版社 2018 年版），另首都圖書館有藏本。

[四一] 迎鑾：元帝每年春季巡幸上都，秋季回歸大都，除在龍虎臺舉行大慶典，還要派出大臣到嬀川、八達嶺迎駕。北口即今八達嶺。

[四二] 龍虎臺：在南口東南，是一個長三里，寬二里的條形高土臺。元帝北巡、明帝北征，出居庸關北去或返回，都駐蹕於此，紮下大帳，宴會羣臣。此臺地勢高，有虎踞龍盤之勢，故名。

[四三] 長安嶺：位於河北省懷來縣王家樓鄉，距沙城北五十二里。古稱槍桿嶺，唐代設廣邊軍，元代置槍桿嶺驛。明永樂中，改名。建有防守城池，至今保存完好。

[四四] 張士科：明萬曆年間任延慶州教諭，編纂《永寧縣志》。該書有明萬曆三十六年（1608）刻本，共六卷，分别記述輿地、建置、食貨、秩官、人物和藝文，今存一至四卷。

[四五] 鄭材：北直隸安肅（今河北徐水）人，字思成，號誠軒，明代萬曆朝名臣鄭洛之子。進士及第，官山東布政使司參議，詳見《安肅縣志》。

[四六] 靖安堡：即今延慶區白河堡，距延慶城區六十里，明代建靖安堡扼守白河峽谷，故又稱白河堡。

[四七] 汪道亨（？-1618）：字汝立，懷寧（今安徽省懷寧縣）人。萬曆十一年（1583）進士，歷官巡撫宣府兵部右侍郎兼僉都御史。卒贈兵部尚書。

[四八] 張家口：指今延慶區大榆樹鎮南部小張家口村，南與八達嶺鎮接壤。明以前爲北出塞外、南進京城的重要通道，曾長期屯兵於此。

[四九] 鄭芸：福建莆田人，嘉靖十四年（1535）韓應龍榜進士，官至巡按直隸監察御史。

[五〇] 棒樵峪：即棒槌峪。下同。

[五一] 曾佩：字元山，臨川人。嘉靖辛丑（1541）進士，官至監察御史。

[五二] 艾希淳（1514—?）：字西麓，米脂縣官莊人，明嘉靖十年（1531）辛卯科舉人，十四年（1535）乙未科進士。歷任南京户部廣西清吏司主事、户部廣西清吏司署員外郎主事、户部署郎中主事、浙江按察使司僉事、河南布政使司左參議、山西按察使司副使、山西布政使司右參政、保定等府巡撫兼紫荆等關提督、都察院右副都御史等職。嘉靖三十六年（1557），任戶部右侍郎，加授通議大夫。

〔五三] 房柟：字國柱，益都（今山東青州）人，萬曆二十九年（1601）進士，累官貴州按察使，受中傷降職。因楊漣舉薦，復擢户部郎中。後陞陝西參議，以不附權貴再被黜。

[五四] 温如璋：洛陽人，隆慶時任保定巡撫。按：明初，明朝對降服的蒙古、女真、回回，甚至降服元朝的漢人統稱爲「達官軍」。隆慶二年（1568），時任巡撫保定都御史温如璋奏請：「降夷隸定州、保定、河間等衛者，已經授職給賞，而姓名猶仍達官之舊，非便，請改爲忠順官軍。」得到批準。这一政策促進了明朝的民族融合。

[五五] 孫世芳：字克承，宣化人，嘉靖二十六年（1547）進士。歷任翰林院庶吉士、檢討、國子

監司業。著有《嘉靖宣府鎮志》。

［五六］杜齊名：河南南召人，以貢生入仕，官至宣鎮東路管糧運副使。

［五七］秦霖：據本書卷四《新建懷延二衛儒學學田碑記》，秦霖應爲明萬曆年間懷隆兵備道胡思伸的幕僚，生平未詳。

［五八］木葉山：在今内蒙古自治區西拉木倫河與老哈河合流處，海拉蘇他拉的西端。是契丹族的先世居地。遼時山上建有始祖廟，每行軍及春秋時，祭於此。

［五九］來遠城：即來遠堡，俗稱「上堡」「市圈」，於明萬曆四十一年（1613）由時任宣府鎮巡撫的汪道亨主持修造。明末，在來遠堡北設市，通商，清代爲與蒙古各部和俄羅斯通商貿易之重地。至今已有四百年的歷史。

［六〇］獅子營：村名。1954年因修官廳水庫而整村遷居，村民一部分移居永寧東北，距延慶城區四十五里；一部分移至懷來。

［六一］胡思伸（1552—1624）：字君直，號充寰，安徽績溪人。萬曆二十三年（1595）進士，歷任上虞知縣，兵部主事、郎中，山東按察司副使分巡懷隆兵備道、按察使。任職懷隆兵備道期間，胡思伸在四海、柳溝、土木、花園等地築城堡四十餘所，修南北邊垣，迂回六百餘里，造戍樓，墩臺二百二十座，建營房鋪七千二百餘間；所轄延慶、保安、永寧等州縣都增城濬池、加强防務；又在隆慶各地修渠引水，開墾水田；還捐俸在懷來、延慶購置學田，興辦教育。在任加陞山東左布政

使。泰昌元年八月，進都察院右僉都御史巡撫保定，後任應天巡撫。天啓二年（1622）去職，四年卒於家。著有《邊垣圖記》《督撫奏議》。胡思伸在懷隆道任上，主持修成《懷延二衛志》，是當地最早的志書。

延慶州志卷二

輿地志　里社　街市　里屯　村鎮　綽楔　風俗

里社

東南里，東北里，西南里，西北里，紅門里，黄柏里，白廟里，榆林里，雙營里，桑園里，泥河里，岔道里，辛莊里，東園里。

忠實屯〔二〕，團山屯，順風屯，米糧屯，花園屯。

永寧衛，延慶東衛，延慶西衛。

按：延慶舊編户十四里，永寧縣編户五里。自裁永寧歸併州後，添編永寧一衛。自併延慶衛及延慶左衛入州後，添延慶東、西二衛，以領所屬村莊。又按《糧册》無延慶二衛，編九字號以徵賦。可見生齒蕃衍，户口日增，富之教之，皆牧守責也。

街市

州城周五里，共二十六街巷，户五百九十九，口三千三百五十二。

和睦街，通致和門。

宣化街，抵延壽寺。

阜成街，通奉宣門。

雍順街，通靖遠門。

澄清街，東通察院。

儒林街，南通儒學。今俗名小十字街，口南名下灣。

昌平街，在和睦街前。

育秀街，在昌平街前。俗名城隍廟胡同。

永安街，在阜成〔二〕街前。俗名觀音堂後。

澄清街，在永安街前。俗名蘇家街。

成賢街，在澄清街前。俗名豆腐巷。

咸寧街，北通崇文街。俗名小十字街，口北三義廟胡同。

里仁街，在和睦街後。俗名殷家街。

純化街，在里仁街後。俗名孟家街。

延壽街，在純化街後。俗名藥王廟胡同。

懷仁街，在和睦街後。俗名東嶽廟胡同。

景仰街，在懷仁街後。俗名小井。

小隱街，在景仰街後。俗名狗屎胡同。

崇文街，西通遺愛橋。俗名楊家胡同。

承化街，在阜成街前。俗名西溝。

武定街，在宣化街後。俗名草廠胡同。

禮讓街，在雍順街後。俗名風水牆〔三〕。

樂善街，在禮讓街後。今俗名三清觀。

中實街，在樂善街中。俗名康家胡同。

正義街，在成賢街後。俗名南大寺門口。

守誠街，南通文廟前，北通崇文街。

待理街，南通宣化街，北通樂善街。

《舊志》云：州之街乃尚書趙公所畫居軍民者，内分陰陽，意亦微矣。其中和睦街、宣化街乃東西，阜成街、雍順街乃南北，稱十字大街。居民稠密，市肆叢積，儼然富庶之鄉。雍順後街，乃近修新街也。

集期附

每月逢雙日，州城集。每月逢單日，永寧城集。

《舊志》云：逢十日，集昌平街。逢四日，集南關廂〔四〕。逢六日，集澄清街。逢二日，集宣化街。逢八日，集和睦街。分五街貿易，有老人以平物價低昂。今諸集俱廢，惟雙日，集於城之適中鼓樓下四街。

里屯

紅門屯，在州東南十五里。

黄柏屯，在州北十五里。

白廟屯，在州西七里。以上謂之前七里。

榆林屯，在州西南三十里。

雙營屯，在州東北十里。

西桑園屯，在州西南十二里。

泥河屯，在州東南十里。

岔道屯，在州南二十里。

新莊屯，在州東十三里。

東園屯，在州北八里。以上謂之後七里，見《乾隆志》。

按：里社編户以徵賦，里屯儲糧以養軍。《舊志》有《里屯》而無《里社》，今備載入。其列《里屯》於《里社》後者，以今之里屯均歸編户也。

村鎮表

東路共領八十七村，户五千三百一十，口二萬八千六百二十五。

村名	四至	八到	街道	户口	田賦	井泉	山川	廟宇
東關 屬東南里。	東至小營村一里，南至嬀水河一里，西至州城牆，北至磚瓦窑。	東南至蓮花池村三里，西南至環城河，東北至二里墩二里，西北至環城河。	東西街一，南北街一。	户六十六，口三百六十七。	共地十八頃。	街内井一，街外南頭一。	護城河在關西，自北來南下。	天然寺在關東北，關帝廟在街内。

續表一

小營村 屬東南里，距城二里。	東至石河營村一里，南至嬀川河半里，西至東關一里，北至二里墩一里。	東南至蓮花池二里，西南至南辛堡二里，東北至五里墩三里，西北至天然寺一里。	東西街二，南北街一。	户四十八，口二百六十五。	共地三頃六十五畝。	村内井三，村外井十。	嬀水河在村南一里，自東來西下。	八蜡廟在村北，五道廟在村内。
石河營 屬延慶東衛，距城三里。	東至王全營村三里，南至蓮花池村二里，西至小營村一里，北至大道一里。	東南至嬀水河一里，西南至南辛堡三里，東北至廣積屯四里，西北至二里墩二里。	東西街二。	户七十六，口四百一十三。	共地二十五頃餘。	村内井三，村外井八。	嬀水河在村南一里，自東來西下。	關帝廟、龍王廟俱在村中，財神廟在村北，土地廟在村東。
蓮花池 屬延慶東衛，距城四里。	東至陳家營三里，南至大榆樹五里，西至南辛堡二里半，北至石河營二里半。	東南至姜家臺一里半，西南至司家營三里，東北至王全營三里，西北至小營村三里。	東西街一。	户三十二，口一百七十四。	共地二十一頃五十畝。	村内井二。	嬀水河在村北半里，自東來西下。	關帝廟、觀音廟、龍王廟、土地廟俱在村内。

續表二

東辛莊[一] 屬紅門里，距城十二里。	東至興隆莊一里，南至高廟山二里，西至陳家營三里，北至楊户莊二里。	東南至王卓營[二]三里，西南至高廟屯二里，東北至奚官營三里，西北至前林河五里。	東西街一。	户六十一，口三百三十一。	共地十五頃。	村内井二。		關帝廟在村西，龍王廟、土地廟、地藏菴俱在村内。
前吕莊 屬延慶東衛，距城二十二里，有土城。	東至馬匹營三里，南至魏家營三里，西至後八里店十里，北至後吕莊一里。	東南至香孫營五里，西南至沈家營三里，東北至小百老四里，西北至孫家莊五里。	東西街二。	户八十三，口四百四十五。	共地十頃。	村内井二，村外井一。		泰山廟、關帝廟在村内。
姜家臺 屬延慶東衛，距城七里。	東至陳家營二里半，南至大榆樹三里半，西至司家營五里，北至王全營二里半。	東南至高廟屯四里，西南至大泥河六里，東北至前林河二里半，西北至蓮花池二里。	東西街一。	户四十三，口二百三十五。	共地十二頃。	村内井二。		龍王廟、土地廟村内。
王全營[三] 屬延慶東衛，距城六里。	東至林河村二[五]里，南至姜家臺二[六]里半，西至石河營三里，北至廣積屯四里。	東南至陳家營三里半，西南至蓮花池二里，東北至八里店二里半，西北至五里墩二里。	東西街一。	户五十二，口二百二十二。	共地十八頃。	村内井二。	嬀水河在村南半里，自東來西下。	關帝廟在村南，龍王廟、土地廟在村内。

續表三

前八里店屬延慶東衛，距城九里。	東至沈家營五里，南至後林河二里，西至州城東關〔七〕九里，北至花園屯三里。	東南至曹官營五里，西南至王全營三里，東北至前呂莊八里，西北至廣積屯二里半。	東西街一，南北街一。	户六十四，口三百五十三。	共地十九頃四十餘畝。	村内井二。		真武廟、關帝廟、龍王廟、觀音堂在村内。
後八里店屬延慶東衛，距城九里。	東至沈家營五里，南至前〔八〕八里店半里，西至州城東關九里，北至花園屯三里。	東南至曹官營五里，西南至王全營三里，東北至前呂莊十〔九〕里，西北至廣積屯二里。	東西街一。	户三十五，口一百八十八。	共地十七頃二十餘畝。	村内井一。		龍王廟、五道廟在村内。
前林河屬辛莊里，距城十里。	東至曹官營三里，南至陳家營三里，西至王全營二里，北至前八里店三里。	東南至楊户莊三里，西南至蓮花池六里，東北至沈家營五里，西北至廣積屯五里。	東西街一，南北街一。	户四十一，口二百一十三。	共地十八頃七十餘畝。	村内井二。	媯水河在村南一里，自東北來西下。	真武廟、龍王廟在村内。

續表四

後林河屬辛莊里，距城十里。	東至曹官營三里，南至前林河半里，西至王全營二里，北至前八里店二里半。	東南至楊户莊三里，西南至蓮花池六里，東北至沈家營四里半，西北至廣積屯四里半。	東西街一。	户二十五，口一百三十七。	共地三頃七十餘畝。	村内井一。	媯水河在村南二里，自東北來西下。	龍王廟、佛爺廟、五道廟在村内。
興隆莊[四]屬辛莊里，距城十三里。	東至烏龍山二里，南至王仲營二里，西至東辛莊一里，北至奚官營一里。	東南至山溝一里，西南至高廟屯三里，東北至山溝一里，西北至楊户莊三里。	東西街一。	户三十一，口一百七十五。	共地五頃五十餘畝。	村内井一。		龍王廟、土地廟在村内。
陳家營屬延慶東衛，距城八里。	東至東辛莊三里，南至大榆樹二里，西至蓮花池四里，北至媯水河三里。	東南至高廟屯三里，西南至姜家臺三里，東北至前林河三里，西北至王全營三里。	東西街一。	户二十一，口一百一十四。	共地七頃五十餘畝。	村内井一。		龍王廟、土地廟在村内。

續表五

奚官營屬延慶東衛，距城十五里。	東至玉皇山一里，南至東辛莊一里，西至楊户莊一里，北至阜高營一里。	東南至柳溝城三里，西南至小河溝半里，東北至老君堂三里，西北至曹官營三里。	東西街一。	户四十一，口二百二十五。	共地四頃五十餘畝。	村内井二。	玉皇山在村南一里。	關帝廟、土地廟在村内。
阜高營屬延慶東衛，距城十五里。	東至烏龍山半里，南至奚(二〇)官營半里，西至曹官營一里，北至連家營三里。	東南至達子溝半里，西南至小河溝半里，東北至烏龍山半里，西北至大河一里。	東西街一。	户五十七，口二百九十二。	共地七頃八十餘畝。	村内井二。	烏龍山在村東半里。村西南有水溝，流至西北伏地。	龍王廟、五道廟在村内。
艾官營屬延慶東衛，距城二十三里。	東至房老營一里，南至井家莊三里，西至老君堂三里，北至香孫營三里。	東南至石河村四里，西南至小山半里，東北至寶林寺一里，西北至老君堂三里。	東西街一。	户四十七，口二百五十七。	共地十頃二十餘畝。	村内井二。		佛爺廟、土地廟在村内。

續表六

南老君堂屬延慶東衛，距城二十里。	東至艾官營一〔一一〕里，南至柳溝城六里，西至曹官營五里，北至北老君堂二里。	東南至井家莊三里，西南至阜高營四里半，東北至香孫營五里，西北至連家營三里。	東西街二，南北街二。	户二十二，口三百三十〔一二〕。	共地三十六頃五十餘畝。	村内井三。	黄龍潭在村西一里，自東來西下。	關帝廟、老君廟、普薩〔五〕廟、三聖祠在村内。
房老營屬延慶東衛，距城二十五里。	東至石盤梁七里，南至石河村三里，西至艾官營三里，北至小莊科三里。	東南至三司村五里，西南至井家莊三里，東北至王木營一里，西北至寶林寺一里。	東西街二，南北街二。	户五十八，口三百二十五。	共地十頃。	村内井一。	石盤梁在村東七里。	關帝廟、龍王廟、泰山廟、真武廟在村内。
北老君堂屬延慶東衛，距城二十里。	東至香孫營三里，南至南老君堂二里，西至魏家營一里，北至前呂莊四里。	東南至艾官營四里，西南至連家營三里，東北至馬匹營五里，西北至沈家營三里。	南北街一。	户四十九，口二百六十三。	共地八頃六十餘畝。	村内井二。	嬀水河在村南二里，自東來西下。	龍王廟、普薩廟在村内。

續表七

王木營 屬延慶東衛，距城三十五里。	東至石盤梁六里，南至三司村五里，西至寶林寺二里，北至小水屯二里。	東南至石盤溝三里，西南至房老營一里，東北至孔化營八里，西北至小莊科二里。	東西街二。	户七十四，口三百九十九。	共地三十頃十餘畝。	村内井二，村外井一。		關帝廟、龍王廟在村内。
盛史營 屬延慶東衛，距城四十里。	東至永寧城南關一〔二三〕里，南至小沙河半里，西至屠家營三〔二四〕里，北至小南園半里。	東南至魯家園半里，西南至魏家園半里，東北至永寧城半里，西北至永寧城西關半里。	東西街一。	户四十七，口二百五十六。	共地三頃五十餘畝。	村内井一。		觀音廟在村内。
馬匹營 屬延慶東衛，距城二十五里。	東至西龍灣三里，南至北老君堂四里，西至呂莊三里，北至大百老五里。	東南至香孫營三里，西南至魏家營六里，東北至小百老三里，西北至常家營六里。	東西街一。	户三十二，口一百七十五。	共地八頃。	村内井一。		龍王廟、觀音廟、土地廟在村内。

續表八

東石河屬延慶東衛，距城二十五里。	東至三司三里，南至二司二里，西至井家莊一里，北至房老營三里。	東南至南石嶺二里，西南至柳溝城三里，東北至王木營四里，西北至艾官營三里。	東西街一。	户五十三，口二百八十七。	共地十頃二十餘畝。	村内井二。		龍王廟、土地廟在村内。
大百老屬延慶東衛，距城二十五里，有土城，止設東西二門。	東至團山二里，南至馬匹營五〔二五〕里，西至常家營三里，北至米糧屯五里。	東南至小百老一里，西南至吕莊五里，東北至東羊坊三里，西北至花園屯八里。	東西街二。	户一百二十九，口六百九十三。	共地八頃三十餘畝。	村東井一，村西井二。	村東有小河，自北來南下入嬀川河。	佛廟、龍王廟、狐突廟在村西。
小百老屬延慶東衛，距城二十五里。	東至團山三里，南至馬匹營三里，西至吕莊五里，北至大百老二里。	東南至東龍灣四里，西南至北老君堂七里，東北至舊縣五里，西北至白草窪七里。	東西街二。	户三十五，口一百九十四。	共地九頃五十餘畝。	村内井一。	村北一里有小河，東南流入嬀川河。	龍王廟、土地廟在村内。

續表九

後呂莊屬延慶東衛，距城二十里。	東至馬匹營三里，南至前呂莊一里，西至孫家莊三里，北至大百老五里。	東南至香孫營五里，西南至沈家營三里，東北至小百老五里，西北至常家營五里。	東西街一。	户二十八，口一百五十六。	共地七頃。	村内井二。		佛廟、關帝廟、真武廟在村内。
香村營[六]屬延慶東衛，距城二十五里。	東至小莊科半里，南至艾官營二里，西至前呂莊一里半，北至西龍灣半里。	東南至媯川河半里，西南至北老君堂一里，東北至媯川河半里，西北至馬匹營三[一六]里。	東西街一。	户六十五，口三百五十三。	共地十九頃九十餘畝。	村内井一。	村西北有小河，西南流入媯水河。	龍王廟在村内。
魏家營屬延慶東衛，距城二十里。	東至北老君堂一里，南至連家營一里，西至八里店八里，北至前呂莊三里。	東南至媯川河一里，西南至曹官營三里，東北至馬匹營六里，西北至沈家營二里。	東西街一。	户五十四，口二百九十四。	共地十頃。	村内井一。	村東南一里有小河，西流。	佛廟、關帝廟在村内。

續表十

連家營屬延慶東衛，距城十五里。	東至北老君堂三里，南至玉皇廟山四里，西至後林河五里，北至魏家營一里。	東南至南老君堂三里，西南至曹官營三里，東北至馬匹營七里，西北至沈家營三里。	東西街一。	户七十八，口四百一十四。	共地十頃。	村内井二。	村南二里有小河，西流入媯水河。	龍王廟、五道廟在村内。
沈家營屬延慶東衛，距城十五里。	東至魏家營三里，南至曹官營五里，西至八里店五里，北至十五里墩三里。	東南至連家營二里，西南至後林河五里，東北至前吕莊三里，西北至下花園八里。	東西街一。	户七十二，口三百八十二。	共地五頃。	村内井二。		龍王廟、觀音廟、土地廟在村内。
曹官營屬延慶東衛，距城十五里。	東至北老君堂五里，南至楊户莊一里，西至前林河三里，北至沈家營五里。	東南至阜高營二里，西南至陳家營五里，東北至連家營三里，西北至前八里店五里。	南北街二。	户六十六，口三百五十三。	共地十五頃二十餘畝。	村内井二。	村東有小河，西南流。	關帝廟、龍王廟、三聖祠在村内。

續表十一

吳房營屬延慶東衛，距城三十二里。	東至屠家營四里，南至小水屯二里，西至大廟二里，北至黄龍潭一里。	東南至東白廟二里，西南至金牛山一里，東北至九龍背半里，西北至蜘蛛山半里。	東西街一。	户七十一，口三百八十六。	共地十八頃二十餘畝。	村內井二。		龍王廟、觀音廟、土地廟在村中。
常家營屬延慶東衛，距城二十里。	東至大百老三里，南至後呂莊五里，西至寨山嘴七里，北至米糧屯五里。	東南至馬匹營七里，西南至蘇家莊七里，東北至東羊坊六里，西北至花園屯三里。	南北街一。	户六十三，口三百二十六。	共地十四頃二十餘畝。		村西北有河，自西來東下。	關帝廟、龍王廟、土地廟在村內。
寶林寺屬延慶東衛，距城二十五里。	東至王木營二里，南至房老營一里，西至北〔二七〕老君堂五里，北至小莊科一里。	東南至石河村三里，西南至艾官營一里，東北至小營村二里，西北至香孫營一里。	東西街一。	户三十九，口二百一十三。	共地九頃。	村中井一。	村北二里有小河，下入嬀水河。	龍王廟、佛廟、五道廟在村內。

里仁堡 屬延慶東衛，距城四十里。	東至炮兒灣五里，南至永寧城七里，西至孟官屯五里，北至後所屯一里。	東南至東山坡二里，西南至碌碡廟二里，東北至龍門山三里，西北至小堡子三里。	東西街一。	户五十八，口三百一十九。	共地七頃五十餘畝。	村中井三。		龍王廟、真武廟、土地廟在村内。
小莊科 屬延慶東衛，距城三十里。	東至東小營村(一八)二里，南至寶林寺一里，西至香孫營一里，北至大廟二里。	東南至王木營三里，西南至南老君堂五里，東北至吴房營五里，西北至西龍灣二里。	東西街一。	户四十九，口一百六十六。	共地九頃。	村中井三。	村外半里有小河，下入媯水河。	龍王廟在村内。
團山村 屬延慶東衛，距城三十里(一九)。	東至黄土坡三里，南至龍灣村三里，西至馬官河一里，北至瓦盆窑一里。	東南至上磨村一里，西南至馬官河一里，東北至泰山頂半里，西北至馬官河一里。	東西街二。	户八十一，口四百三十四。	共地九頃二十餘畝。	村中井二，村東北有雙月泉。	村外半里有小河，南入媯水河。	龍王廟、關帝廟、土地廟在村内。

續表十三

屠家營 屬延慶東衛，距城四十里。	東至永寧城四里，南至孔化營三里，西至吴房營二里，北至龍鳳山半里。	東南至盛史營三里，西南至東小營村(二〇)二里，東北至吴家墳四里，西北至上磨村二里。	東西街三。	户七十六，口四百一十。	共地十八頃。	村中井二。	朝陽石洞在村西北二里，東有小河，自盛史營流入，正西下。	佛廟、關帝廟、龍王廟在村內。
車房屯 屬延慶東衛，距城三十里。	東至孟官屯三里，南至泰山頂山二里，西至舊縣村一里，北至閻家莊(二一)二里。	東南至碌碡廟三里，西南至泰山頂山三里，東北至東白廟五里，西北至三里莊七里。	南北街一。	户五十二，口二百七十七。	共地八頃五十餘畝。	村中井二。	泰山頂在村南二里。	龍王廟、土地廟在村內。
廣積屯 屬延慶東衛，距城七里。	東至前呂莊十四里，南至王全營三里，西至州城東關七里，北至雙營二里。	東南至後八里店二里，西南至石河營五里，東北至花園屯三里，西北至蔣家堡三里。	東西街一。	户二十八，口一百四十二。	共地二十一頃四十餘畝。	村中井二。		關帝廟、龍王廟、五道廟在村內。

續表十四

東龍灣 屬延慶東衛，距城三十里。	東至屠家營五里，南至小莊科三里，西至馬匹營三里，北至團山屯四里。	東南至小水屯三里，西南至西龍灣一里，東北至黃龍潭一里，西北至小百老三里。	東西街一	户三十五，口一百九十七。	共地七頃三十餘畝。		黃龍潭在村西一里，自北來南下。	三官廟、龍王廟、土地廟在村內。
東白廟 屬順風屯，距城四十里，有土城，東西二門。	東至後所屯五里，南至孟官屯二里，西至閻家莊三里，北至水泉溝二里。	東南至永寧城十里，西南至舊縣村七里，東北至小堡子二里，西北至黑峪口五里。	東西街一	户七十五，口四百一十二。	共地十頃。	村中井三，村外井二。		龍王廟、真武廟、土地廟在村內。
永寧城 舊永寧縣，屬忠實屯，距城四十里，有磚城四門。	東至張家廟、河灣八里，南至東灰嶺八里，西至屠家營四〔二三〕里，北至吴家墳二里。	東南至王家山四里，西南至盛史營一里，東北至炮兒灣十里，西北至孟官屯十里。	大街四	東北角户二百二十，口一千三百二十六。東南角户	共地十八頃二十畝。	村中井十四。	縉雲山，城北十二里。永泉山，城西北二里，有古寺。	文廟、文昌廟、關帝廟、城隍廟、火神廟、龍王廟、東嶽廟、

續表十五

				二百零八，口五百八十二。西南角户一百四十二，口七百八十四(二三)。				馬神廟、呂祖廟、上帝廟、泰山廟、雙鐘寺俱在城内。
永寧南關屬忠實屯，距城四十里。	東至王家山八里，南至東灰嶺八里，西至盛史營一里，北至永寧城半里。	東南至二鋪十里，西南至孔化營三里，東北至姚官嶺八里，西北至西關一里。	南北街一。	户六十五，口三百六十二。	共地八頃。	村中井一，村外井四。		真武廟、龍王廟、山神廟在村内。
永寧西關屬忠實屯，距城四十里。	東至小岡五里，南至盛史營三里，西至屠家營三(二四)里，北至吴家墳二里。	東南至南關一里，西南至劉金營一里，東北至石牌坊二里，西北至劉家廟二里半。	東西街一。	户八十六，口四百七十三。	共地二十頃五十畝。	村中井二。		三官廟、安安廟、狐神廟、八蜡廟俱在村内。

二道河屬永寧衛，距城二十里。	東至東坡半里，南至乾沙河套半里，西至虎皮寨口一里，北至始皇土邊一里。	東南至窑兒灣一里半，西南至鷹窩嶺山半里，東北至火石山一里半，西北至西山口一里。	東西街一，南北街一。	户六十七，口三百三十五。	共地二十二頃三十畝。	村中井三。	虎皮寨山口、村西半里有小河，下流至虎皮寨口伏地。	高山寺在村西北五里。
小水屯屬永寧衛，距城二十八里。	東至永寧城十二里，南至房老營五里，西至香孫營四里，北至吴房營五里。	東南至孔化營八里，西南至寶林寺二里，東北至屠家營五里，西北至小莊科二里。	東西街一。	户五十五，口二百八十五。	共地十六頃。	村中井二。		龍王廟在村中。
太平莊屬永寧衛，距城四十里。	東至河灘半里，南至青龍潭二里，西至山坡半里，北至邊牆半里。	東南至山坡三里，西南至燕尾山十里，東北至東溝一里，西北至大馬蘭溝一里。	東西街一。	户四十三，口一百一十二。	共地七十五頃。	村中井一。		龍王廟在村中。

續表十七

四司屬永寧衛，距城四十里。	東至頭司一里，南至太平莊一里，西至山坡二里，北至石盤梁二里。	東南至東梁頭一里，西南至西坡一里，東北至山坡一里，西北至山坡一里。	東西街一。	户三十五，口一百九十二。	共地六頃。	村中井二。		龍王廟在村中。
三司屬永寧衛，距城三十里。	東至山坡一里，南至山坡二里，西至石河二里，北至山坡二里。	東南至山坡一里，西南至柳溝一里半，東北至王木營一里半，西北至二司三里。	東西街一。	户六十五，口三百五十三。	共地十頃。			關帝廟、龍王廟、觀音廟在村中。
二司屬永寧衛，距城二十四里。	東至東山坡一里半，南至南山後一里，西至柳溝一里半，北至邊牆半里。	東南至沙嶺一里，西南至漫墳灘一里，東北至魏家地三里，西北至井家莊三里。	東西街一。	户四十三，口二百三十二。	共地四頃。	村中井二。		龍王廟在村中。

續表十八

頭司 屬永寧衛，距城四十里。	東至彭家窑三里，南至南山坡半里，西至四司一里，北至西灰嶺三里。	東南至小山三里，西南至青龍潭四里，東北至張家莊三里，西北至石片梁二里。	東西街一。	户二十六，口一百三十二。	共地二頃五十畝。	村中井一。		關帝廟、龍王廟在村中。
閻家莊 屬順風屯，距城三十里，有土城，東西二門。	東至白廟三里，南至舊縣三里，西至米糧屯八里，北至黑峪口七里。	東南至孟官屯三里，西南至羊房五里，東北至佛峪頂七里，西北至張家莊七里。	東西街一。	户六十三，口三百四十二。	共地九頃五十餘畝。	村中井三。		真武廟、龍王廟在村中。
後所屯 屬永寧衛，距城四十里。	東至炮兒灣五里，南至里仁堡一里，西至孟官屯五里，北至香營半里。	東南至阜民山半里，西南至水波河灘二里，東北至山坡五里，西北至小堡子二里。	東西街二，南北街一。	户四十二，口二百二十七。	共地十八頃。	村中井三。		土地廟在村中。

續表十九

左所屯 屬永寧衛，距城四十里。	東至姚家嶺十里，南至永寧北關一里，西至一里墩一里，北至一里墩一里。	東南至永寧北關一里，西南至西關一里，東北至五里墩五里，西北至屈家營三里。	東西街一。	户三十六，口一百九十二。	共地十頃。	村中井三。		觀音廟在村東。
小堡子 屬永寧衛，距城四十里。	東至香營二里，南至官馬廠二里，西至東白廟一里，北至縉陽寺一里。	東南至里仁堡二里，西南至孟官屯二里，東北至井家口梁二里，西北至郭家窑一里。	東西街一。	户三十五，口一百九十二。	共地十二頃。	村中井二。		觀音廟、龍王廟在村中。
北張家莊 屬順風屯，距城四十里。	東至黄峪口五里，南至舊縣十里，西至燒窑峪三里，北至五里外赤城縣交界。	東南至閻家莊七里，西南至三里莊五里，東北至山坡半里，西北至山坡半里。	東西街一。	户二十五，口一百三十四。	共地十四頃四十畝。	村西泉水一。		龍王廟在村中。

續表二十

南張家莊屬順風屯，距城四十里。	東至東灰嶺三里，南至彭家窑二里，西至西灰嶺三里，北至山坡半里。	東南至河灣半里，西南至山坡一里，東北至河灣半里，西北至山坡半里。	東西街一。	户五十一，口二百八十。	共地一頃二十畝。	村西井一。		觀音廟在村中。
三里莊屬順風屯，距城三十里。	東至閻家莊八里，南至東羊房五里，西至白草窪（二五）五里，北至盤道山十里。	東南至東白廟十六里，西南至花園屯八里，東北至張家莊五里，西北至孫家溝四里。	南北街一。	户五十六，口三百零二。	共地十五頃。	村中井二。		龍王廟在街北頭。
孟官屯屬順風屯，距城三十五里。	東至里仁堡五里，南至泰山頂山五里，西至車房屯三里，北至東白廟二里。	東南至永寧城十里，西南至泰山頂山五里，東北至小堡子五里，西北至閻家莊三里。	東西街一。	户五十三，口二百九十二。	共地十六頃。	村中井二。		石佛寺、龍王廟在村中。

續表二十一

靖安堡 距城六十里，有磚城，止設南門、西門。	東至小水口五里獨石口交界，南至金雞口梁十里，西至營盤溝十里，北至交界碑五里赤城縣交界。	東南至慈兒溝五里獨石口交界，西南至黑峪口梁十里，東北至石灰溝五里獨石口交界，西北至魏家溝五里赤城縣交界。	東西街一。	户一百零九，口六百九十九。	共地七頃五十畝。	村東井一。	村外有小河，自西北來東南下。	關帝廟、泰山廟、三官廟、東大寺、城隍廟在村中。
東灰嶺 屬永寧衛，距城五十里。	東至山坡一里，南至山坡一里，西至乾河套半里，北至永寧城八里。	東南至山坡一里，西南至山坡半里，東北至二鋪一里，西北至山坡半里。	東西街一，南北街一。	户二十九，口一百五十九。	共地十一頃。	東街井三，南街井一，西街井一，北街井一。		真武廟、廣生廟在村中。
西灰嶺 屬永寧衛，距城三十五里。	東至張家莊三里，南至頭司二里，西至石盤梁二里，北至偏嶺七里。	東南至彭家窑五里，西南至四司三里，東北至魯家園三里，西北至山坡一里。	東西街一。	户五十六，口二百九十四。	共地十四頃。	村中井三。		龍王廟在村中。

溝兒堡[七]屬永寧衛，距城五十里。	東至乾水河四里，南至南山一里，西至永寧城十里，北至影壁山一里。	東南至羅家臺五里，西南至山坡一里，東北至管頭八里，西北至張家廟三里。	南北街一。	户三十五，口二百八十五。	共地七頃。	村東井一。		普薩廟、真武廟在村中。
韓家川[八]屬永寧衛，距城七十里。	東至二十里外昌平州交界，南至三間房五里昌平州界，西至東二道河五里，北至山坡四里。	東南至場房溝九里，西南至白龍潭八里，東北至黄土梁十里，西北至五座山十三里。	南北街一。	户三十七，口二百九十七。	共地三頃。	村中井一。	村外一里有小河，自西來東南下。	龍王廟在村南頭。
彭家窑屬永寧衛，距城四十里。	東至鴉口山一里，南至山坡半里，西至西灰嶺三里，北至南張家莊一里〔二六〕。	東南至山坡一里，西南至山坡一里，東北至河套一里，西北至河套一里。	東西街一。	户二十五，口一百五十三。	共地三頃。	村中井三。		龍王廟在村西。

續表二十三

乾石河屬永寧衛，距城六十五里。	羅家臺屬永寧衛，距城五十五里。	二鋪屬永寧衛，距城五十里。
東至雞冠子石十里，南至邊墻五里，西至水連衛二里，北至土口子五里。	東至山坡一里，南至韓家口三里，西至西梁二里，北至梁頭二里。	東至蔴地灣八里，南至邊墻二里，西至二鋪梁一里，北至溝兒鋪梁三里。
東南至十八盤梁五里，西南至麻地灣五里，東北至邊墻二里，西北至邊墻樓子二里。	東南至邊墻四里，西南至二鋪六里，東北至白家口三里，西北至溝兒鋪五里。	東南至韓家口四里，西南至西南梁二里，東北至韓家泉四里，西北至西北梁一里。
南北街一。	十字街二。	東西街一。
户四十四，口二百三十四。	户三十五，口一百七十六。	户四十七，口二百五十三。
共地一頃七十畝。	共地一頃。	共地三頃。
村中泉水一。	村中井一。	井無，從羅家臺取水，距村六里。
村外二里有小河，流至王家堡伏地。		
山神廟、龍王廟在村中。	真武廟在西街，關帝廟在東街。	山神廟在村東。

馬道梁 屬永寧衛，距城七十里。	東至營盤口三里，南至大南山坡二里，西至山神廟三里，北至邊牆一里。	東南至虎窖七里，西南至梁頭一里，東北至邊牆五里，西北至山坡一里。	南北街一。	户五十五，口二百九十七。	共地六頃。	村中井一。		龍王廟在村南。
炮兒灣[九] 屬永寧衛，距城四十五里。	東至大谷山三里，南至永寧城十里，西至香營五里，北至平臺山五里。	東南至鴉口三里，西南至後所屯五里，東北至三道牆三里，西北至懶龍溝二里。	東西街一。	户五十二，口二百八十二。	共地二十二頃。	村中井二。		龍王廟在村中。
劉斌堡 屬永寧衛，距城五十五里，有土城，止設東門。	東至管頭五里，南至溝兒鋪十里，西至炮兒灣七里，北至白河三十里。	東南至管頭八里，西南至永寧城十五里，東北至馬道梁八里，西北至白廟子十八里。	東西街一。	户九十六，口五百二十九。	共地七頃。	村中井二。		關帝廟、火神廟、城隍廟在村中。

續表二十五

周四溝屬永寧衛，距城七十五里。有磚城，止設南門。	東至黑漢嶺十五里，南至硬查梁三里昌平州交界，西至永寧城三十五里，北至邊牆十五里獨石口交界。	東南至漫嶺六里，西南至三頂盆十五里，東北至邊牆十五里，西北至邊牆十里。	南北街一。	户五十，口二百八十九。	共地十二頃。	村中井一。		上帝廟、關帝廟在村中。
四海冶屬永寧衛，距城一百里，有磚城，設東、南、北三門。	東至邊牆十五里懷柔縣交界，南至橫嶺山十三里昌平州交界，西至黑漢嶺十五里，北至北口子三里獨石口交界。	東南至盆石口八里昌平州交界，西南至西溝子十里，東北至段木溝三里獨石口交界，西北至花樓子十一里獨石口交界。	南北街一，東西街一。	户二百三十，口一千二百七十九。	共地四十頃。		村外半里有小河，自正南來北下。	關帝廟、城隍廟、真武廟、娘娘廟、佛爺廟、玉皇廟在村中。

黑漢嶺屬永寧衛，距城九十里，有磚城，設南門。	東至大勝嶺六里，南至四海西溝六里，西至分水梁二里，北至上花樓接獨石口交界。	東南至沙帽山八里，西南至漫嶺南山十里，東北至下花樓獨石口交界，西北至大西溝二里。	南北街一。	户五十四，口二百九十四。	共地八頃二十餘畝。	村中井一。		關帝廟、泰山廟在村中。
順風屯五屯之一，距城三十里。	東至車房一里，南至團山三里，西至米糧屯五里，北至黄峪口十里。	東南至孟官屯五里，西南至大百老五里，東北至閻家莊三里，西北至李家窑七里。	東西街二。	户一百四十四，口三百九十五。	共地三十頃。	東街井三，西街井二。		觀音廟在西街、龍王廟在東街。
團山屯五屯之一，距城三十里。	東至車房一里，南至團山三里，西至米糧屯五里，北至黄峪口十里。	東南至孟官屯五里，西南至大百老五里，東北至閻家莊三里，西北至李家窑七里。	南北街一。	户二百五十八，口一千三百九十二。	共地三十頃。	村中井五。		老龍廟、真武廟在村中。

續表二十七

香營堡屬永寧衛，距城四十里，有土城，設南門。	東至炮兒灣五里，南至後所屯一里，西至小堡子二里，北至荆家口三里。	東南至馬家灣三里，西南至孟官屯五里，東北至大小泉三里，西北至縉陽寺三里。	南北街一，東西街一。	户三十五，口一百九十三。	共地十頃二十畝。	東街井二，南街井一。		真武廟、狐神廟、龍王廟在村中。
胡家墳屬永寧衛，距城四十里。	東至張家莊三里，南至頭司一里，西至小梁一里，北至胡家墳院半里。	東南至河套一里，西南至四司二里，東北至北坡一里，西北至小梁一里。		户三十一，口一百六十二。	共地五十畝。	村中井一。		山神廟在村北。
管頭［一〇］屬忠實屯，距城六十三里，有土城，設南門。	東至五里鋪五里，南至天龍峪一里，西至西山角半里，北至椅子山灣一里。	東南至拖盤嶺一里半，西南至楊户莊三里，東北至大石堂一里，西北至胡家墳二里。	南北街一。	户六十四，口三百五十七。	共地五頃。		村外三里有小河，自東來西下。	五龍廟、山神廟在村中。

續表二十八

麻地灣屬永寧衛，距城七十里。	東至寶石子十里，南至二道河十五里，西至二鋪八里，北至羅家臺八里。	東南至寶石子十里，西南至河溝二里，東北至小梁四里，西北至小山坡六里。	東西街一。	户三十四，口一百八十五。	共地三頃。	村中井一。	村外半里有小沙河，自東來至村西半里伏地。	山神廟在村東。

南路共領五十村，户二千二百七十，口一萬二千二百二十七。

村名	四至	八到	街道	户口	田賦	井泉	山川	廟宇
南關屬東南里，與城接連。	東至護城河，南至廣濟橋，西至南辛堡，北至奉宣門。	東南至南辛堡一里，西南至西河沿，東北至護城河〔二七〕，西北至護城河。	南北街一。	户二十七，口一百四十四。	共地一頃三十畝。		嬀川河在村南，自東來西下，護城河在村北頭，自西來東下。	關帝廟在街南頭，真武樓在街北頭，河神廟在南門外。
西辛堡屬東南里，距城半里。	東至南關，南至西河沿，西至小河，北至護城河。	東南至河神廟，西南至小河，東北至城，西北至城。	十字街一。	户二十五，口一百三十二。	共地五頃。		護城河在村北，自西來東下。	真武樓在街西頭，龍王廟在街北頭。

續表一

西河沿屬東南里，距城半里。	東至河神廟，南至嬀川河，西至嬀川河，北至西辛堡。	東南至嬀川河，西南至嬀川河，東北至南關，西北至護城河〔二八〕。		户一十，口五十三。	菜園地共一頃二十畝。	村中井一。	村北有小河一道，自〔二九〕東來西下，入嬀川河。	龍王廟。
南辛堡屬東南里，距城一里。	東至蓮花池四里，南至百眼泉二里，西至李四官莊三里，北至嬀川大橋。	東南至司家營三里，西南至聞家營六里，東北至嬀川河，西北至嬀川河。	東西街二。	户四十七，口二百五十五。	共地十五頃。	村中井二。	嬀川河在村北，自東來西下。	真武廟、菩薩廟、五道廟在村北。
百眼泉屬延慶西衛，距城三里。	東至司家營三里，南至西杏園二里，西至聞家營四里，北至南辛堡三里。	東南至小豐家營六里，西南至東杏園二里，東北至蓮花池四里，西北至李四官莊三里。	東西街一，中通大路，南赴岔道城。	户五十四，口二百九十七。	共地二十頃	村東井一，村中井一		關帝廟、龍王廟在村中。

續表二

舊簸箕營 屬延慶西衛，距城八里。	東至東杏園二里，南至南寨〔三〇〕坡一里，西至軍營村三里，北至岳家營一里。	東南至饅頭山二里，西南至斷絶溝一里，東北至魏家園一里，西北至沙河套一里。	東西街一。	户一十一，口三百三十五〔三一〕。	共地十五頃八十畝。	村東井一，村西井一。		關帝廟在村中。
岳家營 屬延慶西衛，距城七里。	東至西杏園一里，南至舊簸箕營一里，西至閆家營三里，北至百眼泉三里。	東南至桑園村三里，西南至軍營村五里，東北至東杏園二里，西北至李四官莊四里。	東西街一。		共地九頃。	村中井一。		關帝廟在村西。
新寶莊 屬延慶西衛，距城十里。	東至饅首山〔三二〕一里，南至南山一里，西至郭家堡五里，北至舊簸箕營二里。	東南至岔道城大道一里，西南至大瀘沱三里，東北至朝陽寺山一里，西北至軍營村三里。	東西街一。		共地十七頃。	村中井一。		龍王廟、觀音廟在村中。

續表三

大榆樹 屬紅門里，距城十里。	東至高廟屯二里，南至張家口〔二三〕八里，西至東杏園八里，北至姜家臺二里。	東南至紅門屯三里，西南至大泥河五里，東北至陳家營三里，西北至司家營五里。	東西街二。	戶三十六，口一百九十三。	共地十二頃五十畝。	村中井二。		龍王廟、佛爺廟、山神廟在村中。
高廟屯 屬辛莊里，距城十里。	東至上辛莊三里，南至北紅門二里，西至大榆樹二里，北至陳家營三里。	東南至王仲營二里，西南至大泥河八里，東北至下辛莊二里，西北至姜家臺三里。	東西街二。	戶六十四，口三百四十一。	共地十六頃七十畝。	村中井一。		龍王廟、財神廟。
大泥河 屬泥河里，距城十里。	東至紅門村五里，南至岔道十里，西至南〔三二〕桑園二里，北至司家營七里。	東南至張家口七里，西南至小濼沱七里，東北至大榆樹五里，西北至東杏園五里。	南北街一。	戶一百七十七，口九百六十。	共地六十頃。	村中井三。		關帝廟、南大寺在村南，真武廟在村北，泰山廟在村東南一里。

續表四

南紅門屬紅門里，距城十二里。	東至西紅山三里，南至官山窪五里，西至大泥河五里，北至北紅門半里。	東南至官山三里，西南至張家口五里，東北至王仲營五里，西北至大榆樹三里。	南北街一。	户二十七，口一百四十三。	共地五頃十二畝。	村中井一。		佛爺廟、龍王廟在村中。
聞家營屬岔道里，距城七里。	東至西杏園三里，南至軍營村三里，西至小豐家營三里，北至李四官莊三里。	東南至岳家營三里，西南至西紅寺七里，東北至百眼泉三里，西北至谷家營三里。	東西街一，南北街一。	户四十一，口二百二十八。	共地三十頃。	村中井三，村東南二里有泉一。	村南半里有小河，自東來西下	關帝廟、龍王廟。
東杏園屬西南里，距城五里。	東至大榆樹八里，南至南桑園二里，北至嬀川城，西至舊鈹箕營二里〔三三〕。	東南至大泥河五里，西南至岳家營三里，東北至司家營三里，西北至百眼泉二里。	東西街二。		共地十九頃。	村中井三。		關帝廟、真武廟、子孫廟、龍王廟、菩薩廟、五道廟在村中。

續表五

郭家堡屬岔道里，距城十二里。	西杏園一名新盛營，屬西南里，距城五里。	司家營屬西南里，距城四里。
東至軍營村二里，南至沙河套一里，西至西紅寺二里，北至小豐家營五里。	東至東杏園一里，南至岳家營二里，西至閆家營三里，北至百眼泉二里。	東至姜家臺四里，南至大泥河六里，西至百眼泉三里，北至小營四里。
東南至大滹沱五里，西南至泡兒上十里，東北至東紅寺二里，西北至太平莊八里。	東南至南桑園三里，西南至軍營村五里，東北至司家營三里，西北至李四官莊二里。	東南至大榆樹五里，西南至東杏園三里，東北至蓮花池二里，西北至南辛堡三里。
南北街一。	南北街一，大路在村東南，赴岔道城。	東西街一，東西巷一，在街南。
户四十二，口二百三十二。		户三十二，口一百七十三。
共地十五頃。	共地十三頃。	共地二十頃。
村中井二。	村中井一。	村中井三。
		媯川河在村北一里，自東來西下。
龍王廟	龍王廟、菩薩廟在村中，土地廟在村北。	龍王廟、菩薩廟、財神廟在村中。

續表六

李四官莊 屬延慶西衛，距城四里。	東至百眼泉三里，南至閆家營三里，西至官房子五里，北至嬀川河一里。	東南至西杏園四里，西南至小豐家營五里，東北至南辛堡三里，西北至谷家營一里。	東西街一。	户四十二，口二百二十四。	共地十四頃。	村中井二，村東有泉一。	村東有小河，自東來西北下。	關帝廟、龍王廟在村東，土地廟在村西。
南桑園 屬桑園里，距城七里。	東至紅門村九里，南至泡兒山一里，西至簸箕營三里，北至東杏園二里。	東南至大泥河三里，西南至南寨坡二里，東北至司家營五里，西北至岳家營二里。	南北街一。	户二十一，口一百零三。	共地十三頃。	村中井一。		菩薩廟、龍王廟在村北。
北紅門 屬紅門里，距城十二里。	東至西紅山三里，南至南紅門半里，西至大泥河五里，北至高廟屯二里。	東南至東南山三里，西南至張家口五里，東北至王仲營[二三]五里，西北至大榆樹五里。	東西街一。	户三十六，口一百九十五。	共地三頃五十畝。	村中井一。		關帝廟在村東，龍王廟在村西。

續表七

裏張家口[一四]屬紅門里，距城十五里。	東至西紅山五里，南至南土梁八里，西至小泥河五里，北至大榆樹八里。	東南至山坡一里，西南至山坡一里，東北至山坡一里，西北至山坡一里。	南北街一。	户二十四，口一百二十五。	共地一頃三十畝。	村中井一。	有土山。	龍王廟在村南，土地廟在村北。
外張家口[一五]屬紅門里，距城十五里。	東至西紅山五里，南至黄土梁八里，西至小泥河五里，北至大榆樹八里。	東南至山坡一里，西南至山坡一里，東北至山坡一里，西北至山坡一里。	南北街一。	户三十二，口一百六十八。	共地三頃九十二畝。	村中井二。		關帝廟，觀王廟。
軍營屬泥河里，距城七里。	東至南桑園七里，南至大滹沱五里，西至郭家堡二里，北至閘家營三里。	東南至新寶莊三里，西南至沙河灣一里，東北至籛箕營三里，西北至東紅寺一里。	東西街一。	户三十七，口一百九十二。	共地十二頃。	村中井一。	沙河套在村西南一里。	關帝廟、龍王廟、佛爺廟、土地廟在村中。

續表八

程家窑屬岔道里，距城二十三里。	東至梁頭一里，南至岔道二里，西至岔道大道一里，北至小泥河六里。	東南至山坡一里，西南至山溝一里，東北至山坡一里，西北至山坡一里。	東西街一。	户二十一，口一百一十三。	共地八頃。	村中井二。		龍王廟
東紅寺一名謝家堡，屬岔道里，距城十里。	東至軍營一里，南至大滹沱五里，西至西紅寺三里，北至隔嬀川河北白廟村七里。	東南至簸箕營三里，西南至郭家堡二里，東北至閆家營三里，西北至小豐家營三里。	東西街一。		共地八頃。	村中井三。		關帝廟、真武廟、泰山廟、土地廟、龍王廟、菩薩廟在村中。
西紅寺屬岔道里，距城十五里。	東至東紅寺二里，南至外泡村八里，西至西桑園二里，北至大豐家營八里。	東南至大滹沱八里，西南至刁千户營八里，東北至閆家營八里，西北至太平莊八里。	南北街一。	户七十五，口四百一十四。	共地十三頃。	村中井二。		龍王廟、財神廟

續表九

大滹沱屬岔道里，距城二十里。	東至小滹沱一里，南至營城子四里，西至康家莊十里，北至軍營四里。	東南至岔道五里，西南至泡兒上四里，東北至新寶莊二里，西北至小郭家堡四里。	東西街一。	户四十七，口二百五十二。	共地十三頃。	村中井三。		龍王廟
小滹沱屬岔道里，距城二十里。	東至老瓜山一里，南至岔道五里，西至大滹沱二里，北至新寶莊三里。	東南至程家窑〔三四〕二里，西南至王家窪一里，東北至南寨坡四里，西北至玉皇廟半里。	東西街一。	户三十三，口一百七十二。	共地十五頃五十畝。	村中井七。		玉皇廟、龍王廟、關帝廟
岔道城屬岔道里，距州二十五里。有磚城，東西二門，此係關溝西北口，北赴州城，西北赴宣府，故名。	東至大泥河十二里，南至南園五里，西至泡兒上十五里，北至小滹沱五里。	東南至兔兒灣三里，西南至懷來營城子八里，東北至陳家窑一里，西北至大滹沱七里。	東西街一。關溝大路西北赴懷來縣，東南赴居庸關。	户九十四，口五百二十二。	共地四十八頃。	村中井三。	有邊牆。	關帝廟、龍王廟、觀音廟、三官廟、玉皇廟。

青龍橋 屬延慶西衛，距城三十二里。	東至東溝半里，南至石佛寺五里，西至湯峪溝十五里，北至八達嶺三里。	東南至邊牆三里，西南至刺峪溝三里，東北至邊牆三里，西北至邊牆三里。	南北街一，關溝大路南赴居庸關。		共地七十畝。		村北有小河，自西北來東南下。	石佛寺、關帝廟在村南。
三鋪 屬延慶西衛，距城四十里。	東至東溝半里，南至影壁石邊，西至西溝半里，北至五貴山半里。	東南至東南溝四里，西南至西南溝一里，東北至和勝溝一里，西北至西北溝一里。	南北街一，關溝大路南赴居庸關。	户二十三，口一百二十五。	共地一頃。	村西有泉一。	五貴山在村北，有關帝廟。彈琴峽在村北。東山頂有魁星閣，南有影壁石。	石佛寺在村南。
居庸關 屬延慶西衛，距城五十五里，有磚城，南北二門。稅司在焉。州判、鄉學、訓導、鎮邊都司均駐此。	東至山坡半里，南至臭泥坑十里，西至山坡半里，北至上關十里。	東南至疊翠山五里，西南至灰嶺子五里，東北至陳有亮寨五里，西北至岩溝峪五里。	南北街一。	户八十三，口四百六十一。	共地一頃五十畝。			鄉學、文廟在村南，關帝廟、城隍廟、火神廟在村中，過街塔橫跨街中，大路經其下，門洞刻四大天王像，又刻石佛像，共計二千二百一十五尊。經咒番書、篆、隸、楷、行，各體石刻，鐫法備極工整。

續表十一

南口城屬延慶西衛，距州七十里，有磚城。稅司在焉，此係居庸關溝南口，故名。	東至西臺坡根半里接昌平州界，南至大閘家營四里(三五)，西至西人墳半里接昌平州界，北至朝陽坡三里。	東南至狼窩三里接昌平州界，西南至三里坡三里，東北至(三六)龍王廟後山半里，西北至關山半里。	南北街一，大路南赴沙河鎮北路廳。	户三百九十九，口一千一百二十三。	共地十九頃四十畝，銀糧交納昌平州。		文峰山	關帝廟、天仙廟、東大寺、觀音廟、龍王廟。
北沙澗屬延慶西衛，距城一百一十里。	東至張村五里，南至前沙澗二里，西至抬頭五里，北至西灌石五里。	東南至長老八里，西南至後白虎澗五里，東北至東灌石五里，西北至道一里。	南北東西街各一，中有樓。	户一百一十八，口六百四十二。	共地六頃。	村中井二。		關帝廟，觀音廟。
泡兒上屬桑園里，距城三十五里。	東至小紅山五里、至岔道十五里，南至外幫水峪一里半，西至東舊榆(三七)林十里，北至西紅寺十里。	東南至營城子五里，西南至窑兒嶺七里，東北至大滹沱八里，西北至康家莊五里、至榆林驛十里。	東西街一，大路西北赴懷來縣。	户一十三，口六十九。	共地五頃。	村中井一。		關帝廟龍王廟

續表十二

裏外幫水峪[一六] 屬桑園里，距城三十五里。	東至山半里，南至山半里，西至石峽峪五里，北至泡兒上七里。	東南至山坡半里，西南至陳家堡溝五里，東北至山坡半里，西北至山坡半里。	南北街一。	户三十五，口一百七十六。	共地十三頃。	村中井二。		永安寺、龍王廟。
董家莊 屬西北里，距城四十里。	東至榆木林梁村四里，南至楊家莊二里，西至西梁一里，北至羊兒嶺五里。	東南至陳家堡八里，西南至張老虎溝八里，東北至甘莊子二里，西北至廟兒嶺一里。	東西街一。	户一十五，口七十二。	共地五頃。			龍王廟，山神廟。
陳家堡 屬桑園里，距城四十里。	東至邊牆一里，南至[三八]邊牆六里，西至山坡二里，北至幫水峪五里。	東南至正東溝二里，西南至黃家臺溝三里，東北至半邊溝三里，西北至廟兒梁六里。	靠山坡，南北街一。	户一十七，口八十九。	共地五頃。	村中井一。	村北半里有泉，北流成小河。	龍王廟，山神廟。

續表十三

楊家莊 屬桑園里，距城四十二里。	東至陳家堡八里，南至大梁六里，西至流河灣八里，北至董家莊二里。	東南至教家梁五里，西南至董家泉五里，東北至馬家溝二里，西北至西溝二里。	東西街一。	户一十三，口八十九。	共地五頃。	有三泉水。曰：大泉、小泉、董家泉。		龍王廟，山神廟。
山峪窪 屬延慶西衛，距城五十五里。	東至山窪一里，南至肖家溝二里，西至羊臺子一里，北至紅石頂二里。	東南至香峪一里，西南至桃峪溝一里，東北至馬家莊五里，西北至佛岩寺一里。	南北街一。	户一十六，口八十五。	共地五十畝。		村外有小河，自北來正南下。	菩薩廟，佛岩寺。
馬家莊 屬延慶西衛，距城五十里。	東至山梁五里，南至石城二里，西至高崖七里，北至五里梁十二里。	東南至張家溝四里，西南至窨花峪四里，東北至東鰲峪八里，西北至漕子嶺十里。	南北街一，東西街一。	户八，口三十五。	共地一頃。		村外有小河，自北來南下。	龍王廟。
碓臼石 屬延慶西衛，距城三十三里。	東至椿樹菴五里，南至清水河二里，西至三道嶺二里，北至蓮花嶺三里。	東南至山坡一里，西南至山坡一里，東北至山坡一里，西北至山坡一里。	東西街一。	户一十五，口七十四。	共地一頃一十畝。		村東南有小河。	龍王廟。

續表十四

柳溝城 屬□□，距城二十里。有磚城，設四門。	東至山坡二里，南至邊牆三里，西至西山山梁二里，北至井家莊二里。	東南至山坡三里，西南至山坡二里，東北至石河三里，西北至烏龍山三里。	南北街一，東西街一。	户九十三，口五百三十四。	共地二十頃二十畝。	村中井八。		關帝廟，城隍廟，泰山廟。
南二道河 屬東南里，距城二十里。	東至山坡一里，南至乾河灘二里，西至大廟口半里，北至土邊二里。	東南至黃土梁八里，西南至乾河灘二里，東北至邊牆三里，西北至山坡二里。	南北街一。	户八十一，口四百三十五。	共地十九頃五十畝。	村中井六		高山寺。
張五堡 屬紅門里，距城十五里。	東至東窖村一里，南至虎坡寨一里，西至西紅山一里，北至王仲營一里。	東南至桃木崇一里，西南至西岡一里，東北至柳溝梁三里，西北至高廟山一里。	南北街一。	户七十七，口四百二十六。	共地一頃一十畝。	村中井一		龍王廟。
馮家廟 屬東北里，距城二十七里。	東至山一里，南至山一里，西至山一里，北至二道河七里。	東南至山一里，西南至山二里，東北至山一里，西北至山一里。	東西街一。	户八十二，口四百二十三。	共地六頃。			龍王廟。

西路共領六十九村，户二千九百九十，口一萬六千零三十五。

村名	四至	八到	街道	户口	田賦	井泉	山川	廟宇
西河屯，屬辛莊里，距城一里。	東至城一里，南至媯川河半里，西至東小店屯半里，北至大道半里。	東南至城半里，西南至媯川水半里，東北至東〔三九〕五里營五里，西北至窑頭半里。	東西街一。	户二十五，口二百四十二。	共地六頃五十畝。	村中井一，村南井一。	媯川河在村南半里，自東來南下。	觀音廟在村南，龍王廟在村中，關帝廟在村西。
東小店屯，屬辛莊里，距城三里。	東至西關半里，南至媯川河一里，西至中小店屯半里，北至赴懷來大道一里。	東南至媯川河一里，西南至白廟屯四里，東北至赴懷來大道半里，西北至東五里營三里。	東西街一。	户二十七，口一百四十六。	共地六頃零四畝。		媯川河在村南一里，自東北來西南下。	龍王廟在村中，真武廟在村西。
中小店屯，屬辛莊里，距城三里。	東至東小店屯半里，南至媯川河一里，西至崇阜屯半里，北至赴懷來大道一里。	東南至媯川河一里，西南至白廟屯三里，東北至王家莊三里，西北至東五里營三里。	東西街一，南北街一。	户八十六，口四百五十九。	共地十一頃三十畝。	村中井一。	媯川河在村南半里，自東來西南下。	關帝廟、龍王廟在村中。

續表一

崇皇屯 屬辛莊里，距城三里。	東至中小店屯半里，南至嬀川河一里，西至王化營八里，北至赴懷來大道半里。	東南至嬀川河一里，西南至白廟屯三里，東北至王家莊四里，西北至張家莊〔四〇〕三里。	東西街一。	户五十五，口二百九十三。	共地二十三頃九十餘畝。	村中井一	嬀川河在村東南一里，自東來西下。	龍王廟在村西。
王家場 屬延慶西衛，距城五里。				户八，口四十一。				
東五里營 屬黄柏里，距城五里。	東至王家莊四里，南至赴懷來大道二里，西至西辛莊三里，北至郎家莊七里。	東南至州城五里，西南至懷來大道三里，東北至魯家莊二里，西北至下板橋五里。	東西街一。	户八十五，口四百六十一。	共地二十頃五十畝。	村中井三。		龍王廟在村中。
谷家營 屬延慶西衛，距城五里。	東至南辛堡五里，南至大豐家營五里，西至閆家營三里，北至嬀川河半里。	東南至隔河西屯三里，西南至小豐家營五里，東北至李四官莊一里，西北至隔河白廟三里。	東西街一。	户二十七，口一百四十五。	共地十頃。	村中井一		龍王廟、菩薩廟在村中。

續表二

白廟屯 屬白廟里，距城七里。	東至崇阜屯三里，南至小豐家營四里，西至大營三里，北至西辛莊六里。	東南至媯川河三里，西南至豐家營二里，東北至州城七里，西北至王化營五里。	東西街二。	户五十二，口一百八十七。	共地十八頃五畝。	村東井一，村西井二。	媯川河在村東南三里，自東來西南下。	真武廟二，俱在村内。
大豐家營 屬西南里，距城十里。	東至谷家營五里，南至小豐家營三里，西至大營一里，北至媯河半里。	東南至聞家營七里，西南至火盛營四里懷來縣界，東北至白廟三里、中隔媯水，西北至王化營四里、中隔媯水。	東西街一。	户四十五，口二百三十七。	共地十二頃。	村北井一。	媯河在村北半里，自東來西北下。	真武廟在村東、龍王廟在村南，水母廟在村西。
小豐家營 屬西南里，距城十里。	東至聞家營四里，南至郭家堡五里，西至馬營十里，北至大豐家營三里。	東南至東紅寺五里，西南至西紅寺五里，東北至谷家營五里，西北至太平莊八里懷來縣界。	東西街一。	户三十三，口一百七十二。	共地二十頃。	村中井二，村北一里有玉液泉。		龍王廟、五聖廟在村中。

續表三

大營屬白廟里，距城十里。	東至白廟屯三里，南至西桑園八里，西至張老營八里，北至王化營三里。	東南至大豐家營一里，西南至許家營八里，東北至赴懷來大道五里，西北至宋家營三里。	東西街三，南北街一。	户三十六，口一百九十八。	共地二十二頃十畝。	村中井四。	村北有河，自東北來西南下。	泰山廟、地藏寺、關帝廟、龍王廟、菩薩廟、真武廟在村中，三官廟在村北，觀音廟在村南。
王化營屬榆林里，距城十二里。	東至崇阜屯八里，南至大營三里，西至常裏營三里，北至傅餘（四一）屯三里。	東南至西白廟五里，西南至程家營一里，東北至西辛莊五里，西北至獅子營三里。	東西街一。	户八十八，口四百九十二。	共地二十八頃五十畝。	村中井一，村東井一。	嬀川河在村南，自北來南下。	關帝廟、龍王廟在村東，三官廟在村中。
宋家營屬桑園里，距城十二里。	東至白廟屯三里，南至赴懷來道二里，西至程家營一里，北至蘆房營四里。	東南至大營三里，西南至許家營一里，東北至王化營一里，西北至常裏營二里。	東西街一。	户四十九，口二百六十八。	共地五頃三十畝。	村中井一	嬀州河在村北，自西北來南下。	關帝廟，龍王廟在村中。

續表四

西程家營屬延慶西衛，距城十二里。	東至宋家營一里，南至太平莊六里，西至張老營八里，北至常裏營二里。	東南至大營三里，西南至許家營六里，東北至王化營一里，西北至卓家營一里。	東西街一。	户二十二，口一百六十五。	共地七頃五十畝。	村中井一。	嬀川河村北，自東北來西北下。	龍王廟在村中。
傅餘屯屬雙營里，距城十三里。	東至大道通州城，南至王化營二里，西至獅子營三里，北至小河屯二里。	東南至白廟六里，西南至常裏營三里，東北至辛堡三里，西北至東胡家營二里。	東西街二。	户六十五，口三百五十九。	共地十三頃十五畝。	村中井二。	蔡河在村北里許，自東北來西南下。	關帝廟在村西，龍王廟在村中。
常裏營屬榆林里，距城十五里。	東至王化營三里，南至程家營一里，西至卓家營三里，北至蘆房營一里。	東南至宋家營一里，西南至張老營五里，東北至傅餘屯三里，西北至佛峪口十二里。	東西街一。	户三十七，口一百九十五。	共地十五頃。	村中井一	嬀州河在村南，正西下。	關帝廟、泰山廟在村中。
小河屯屬東園里，距城十五里。	東至西辛莊五里，南至傅餘屯二里，西至東胡家營一里，北至上板橋三里。	東南至州大道十五里，西南至獅子營二里，東北至下板橋三里，西北至張山營〔四二〕七里。	東西街四。	户二百二十四，口一千二百四十八。	共地五十三頃七十七畝。	村中井二。	嬀川河村外半里，西南下。	佛廟、靈祝寺、三官廟、關帝廟、閻君廟在村中。

續表五

東胡家營屬延慶西衛，距城十六里。	東至小河屯二里，南至王化營三里、中隔蔡河，西至蘆房營二里，北至通佛峪口東西大道。	東南至傅餘屯二里，西南至獅子營一里，東北至上板橋四里，西北至張山營七里。	東西街一。	户四十六，口二百五十八。	共地三頃十畝。	村中井一。	蔡河在村南里許，自東南來西南下。	
上蘆房營屬雙營里，距城十七里。	東至獅子營一里，南至下蘆房營二里，西至黑龍廟四里，北至張山營四里。	東南至王化營五里，西南至卓家營一里，東北至上板橋五里，西北至佛峪口十里。	東西街三。		共地九頃十畝，內有稻田(四三)。	村東北二里有泉(四四)。		龍王廟在村中。
下蘆房營屬雙營里，距城十七里。	東至獅子營一里，南至常裏營四里，西至黑龍廟四里，北至上蘆房營二里。	東南至王化營三里，西南至卓家營一里，東北至下板橋十二里，西北至佛峪口十二里。	東西街二。		共地十一頃九十畝。	村中井一。	村東北五里有石橋，水西來南流。	真武廟在村東。

續表六

獅子營屬延慶西衛，距城十六里。	東至傅餘屯二里，南至赴懷來大道二里，西至下蘆房營一里，北至通佛峪口大道二里。	東南至王化營三里，西南至蔡河接連常裏營三里，東北至小河屯二里，西北至張山營七里。	東西街一。	户二十一，口一百一十四。	共地十三頃十五畝。	村中井一。	蔡河在村北半里，自東北來西南下。村東有石橋跨蔡河。	龍王廟在村東。
卓家營屬延慶西衛，距城十七里。	東至常裏營二里、中隔佛峪河，南至太平莊八里懷來縣界，西至後黑龍廟三里，北至張山營八里。	東南至程家營三里、隔媯河，西南至張老營三里，東北至上蘆房營三里，西北至懷來堡三里。	東西街三，中街有東西堡門。	户三十五，口一百四十五。	共地十二頃八十畝。	村中井二	佛峪河在村東一里，自北來南下入媯川河。又媯川河在村南半里，自東來西南下。	關帝廟在村西，龍王廟、觀音廟在村東。
張山營屬東園里，距城二十里。	東至上板橋五里，南至上蘆房營四里，西至安家莊四里，北至山坡一里。	東南至馬家莊四里，西南至西五里營八里，東北至蕨菜溝一里，西北至興福寺三里。	東西街三，南北街一。	户一百二十四，口六百七十五。	共地二十七頃。	村中井四。		玉皇廟、真武廟、關帝廟、龍王廟在村中。

續表七

張老營屬桑園里，距城二十里。	東至程家營三里，南至許家營三里，西至小王家莊一里，北至前黑龍廟三里。	東南至太平莊五里，西南至劉浩營五里，東北至卓家營三里，西北至集賢屯五里。	東西街一。	户四十六，口二百五十四。	共地二十頃十畝。	村中井一。	村南三里有河，南下。	關帝廟在村中。
小王家莊一名西王家莊，屬延慶西衛，距城二十里。	東至葫蘆溝半里，南至張珍地半里，西至大圈地半里，北至黑龍廟一里。	東南至許家營三里，西南至小疙瘩營四里，東北至卓家營四里，西北至集賢屯六里。	東西街一。		共地四頃五十畝。	村中井二		龍王廟、關帝廟在村。
耿家營屬榆林里，距城二十里。				户四十七，口二百五十五。				
馬房堡屬延慶西衛，距城二十里。	東至桑園一里，南至刁千户營四里，西至劉浩營十二里，北至大營八里。	東南至河套二里，西南至屯軍營三里，東北至小豐家營八里，西北至馬營三里。	東西街一。	户三十八，口一百九十八。	共地十二頃。	村中井一。		關帝廟在村中，龍王廟在村西。

續表八

西桑園屬延慶西衛，距城二十里。	東至西紅寺二里，南至刁千户營三里，西至馬房營一里，北至太平莊五里懷來縣界。	東南至河套一里，西南至河套一里，東北至小豐家營七里，西北至馬營五里。	東西街一。	户一十四，口七十三。	共地十頃。	村中井二		龍王廟在村北。
苗家堡屬延慶西衛，距城二十里。				户三十一，口一百七十三。				
大兵馬營屬延慶西衛，有土城，東西二門，距城二十里。	東至太平莊二里，南至蔣溝二里，西至苗家堡一里，北至官房一里。	東南至西桑園三里，西南至懷來大道一里，東北至北蔣溝一里，西北至下河灣一里。	東西街一。	户三十，口二百九十四。	共地二十五頃。	村中井一。	村西有小河，發源村西北里許，東南下。	龍王廟在東城樓，真武廟在西城樓。
許家營屬延慶西衛，距城二十里。	東至大營八里，南至官房一里，西至劉浩營五里，北至張老營二里。	東南至太平莊二里，西南至苗家堡二里，東北至宗營七里，西北至劉家堡三里。	東西街一。	户四十二，口二百二十一。	共地十五頃。	村中井一	村外有小河，西北流，與嬀水合。	觀音廟在村中，龍王廟在村東，土地廟在村西。

續表九

刁千户營 屬延慶西衛，距城二十三里。			户三十一，口一百六十五。					
屯軍營 屬延慶西衛，距城二十五里。	東至小河屯一里，南至榆林城三里，西至曹家營三里，北至小河一里。	東南至姬家莊一里，西南至大王家莊一里，東北至小河一里，西北至小曹家營三里。	東西街一。	户三十五，口二百零六。	共地二十頃。	村中井二。	村東南五里有泉水，西北下。	龍王廟、上帝廟在村外。
劉家堡 屬延慶西衛，距城二十五里。	東至小王家莊一里，南至劉浩營三里，西至耿家營半里，北至黑龍廟四里。	東南至馬營七里，西南至小紙房屯一里，東北至卓家營八里，西北至平房五里。	東西街一，南北街一。	户二十八，口一百四十三。	共地六頃七十畝。	村中井三		酒仙宫、真武廟、龍王廟在村中。
康家莊 屬延慶西衛，距城二十六里。	東至大濘沱十二里，南至幫水峪十二里，西至新舊榆林五里，北至馬房堡[四五]五里。	東南至炮兒五里，西南至羊兒嶺七里，東北至養鵝池二里半，西北至紅寺七里。	東西街一。	户三十五，口一百三十五。	共地十餘頃。	村中井三。	養鵝池在村東北二里半，西北下。	龍王廟、財神廟在村中。

續表十

前劉浩營屬延慶西衛，距城三十里。	東至苗家堡四里，南至大曹家營二里，西至大柳樹二里，北至後劉浩營半里。	東南至馬房八里，西南至土墩二里半，東北至小張疙瘩營二里，西北至大紙房屯三里。	東西街一。	户四十三，口一百七十九。	共地十一頃五十畝。	村中井一。		龍王廟在村中。
後劉浩營屬延慶西衛，距城三十里。	東至苗家堡四里半，南至墩臺一里，西至大柳樹二里，北至小紙房屯二里。	東南至馬房八里，西南至石柱五里，東北至張家營二里，西北至紙房屯三里。	東西街一。	户三十四，口一百七十九。	共地三頃。	村中井一。		龍王廟在村中。
延慶堡屬延慶西衛，距城三十里。	東至瓦窑半里，南至懷來大道半里，西至沙台一里，北至小河半里。	東南至屯軍營三里，西南至曹家營一里，東北至苗家堡三里，西北至劉浩營二里。	東西街一。	户一十二，口六十二。	共地三頃。		村外三里有小河，下入媯河。	龍王廟在村西。
郭家窑屬東園里，距城三十里。	東至山坡半里，南至天齊廟二里，西至白塔寺一里，北至山坡一里。	東南至張山營五里，西南至小塔一里，東北至山坡半里，西北至大河一里。	東西街一。	户三十五，口一百八十五。	共地八十五畝。		村外四里有小河，自西北來正南下。	佛廟在村中，龍王廟在村西。

續表十一

水峪山居，屬延慶西衛，距城三十里。	東至小塔一里，南至大佛寺一里，西至郭家窑半里，北至翩山坡。	東南至天齊廟一里，西南至胡家營二里，東北至山坡半里，西北至山坡半里。	南北街一。	户二十一，口一百二十二。	共地二頃十畝。	村南有泉。	大翩山在村北。	真武廟在村西南，龍王廟在村。
高家堡屬延慶西衛，距城三十里。	東至黑龍廟五里，南至小紙房屯二里，西至陳家岡三里，北至五里營三里。	東南至耿家營二里，西南至紙房屯二里，東北至懷家堡五里，西北至姚家營八里。	東西街一。	户二十三，口一百三十九。	共地五頃三十畝。		村外二里有小河，正西流。	泰山廟、龍王廟在村中。
韓家堡屬延慶西衛，距城三十里。	東至高家堡一里，南至甘梓堡八里，西至小紙房屯二里，北至西〔四六〕五里營二里。	東南至耿家營二里，西南至紙房屯二里，東北至懷家堡五里，西北至姚家營八里。	東西街一。	户二十五，口一百四十四。	共地三頃五十畝。			龍王廟、泰山廟在村中。
前黑龍廟屬雙營里，距城三十里。				户八十二，口四百五十。				

續表十二

後黑龍廟 屬雙營里， 距城三十里。				户六十三，口三百四十三。				
前集賢屯 屬榆林里， 距城三十里。	東至黑龍廟五里，南至小紙房屯二里，西至陳家岡三里，北至西〔四七〕五里營二里。	東南至耿家營〔四八〕二里，西南至大紙房〔四九〕屯二里，東北至懷家堡五里，西北至姚家營八里。	東西街一。		共地三頃。	村中井一。	媯川河在村南二里，自東南來西南下。	關帝廟在村東，泰山廟、龍王廟在村西。
後集賢屯 屬榆林里， 距城三十里。	東至黑龍廟五里，南至韓家堡一里，西至甘枝堡八里，北至西五里營五里。	東南至耿家營三里，西南至陳家岡五里，東北至李家堡五里，西北至姚家營八里。	東西街二。		共地十八頃。	村中井二。	媯水在村南一里半，自西北來東南下。	關帝廟在村北，真武廟、龍王廟在村東。
王家堡 屬延慶西衛， 距城三十里。				户二十一，口五十三。				

續表十三

大紙房屯屬榆林里，距城三十里。	東至小紙房屯一里，南至大柳樹二里，西至於家堡三里，北至前集賢屯三里。〔五〇〕	東南至劉浩營三里，西南至張家堡五里，東北至耿家營三里，西〔五一〕北至陳家岡三里。	東西街三。	户四十一，口二百二十四。	共地二十頃。	村中井二。	嬀水在村北二里，自東北來西北下。	真武廟在村東北，關帝廟在村中，龍王廟在村西南。
姚家營屬延慶西衛，距城三十里。	東至西五里營五里，南至後集賢屯八里，西至山麓三里懷來縣界，北至山一里。	東南至前黑龍廟八里，西南至東門營二里，東北至西胡家營一里，西北至通家溝四里懷來縣界。	東西街一。	户五十六，口三百零二。	共地十七頃。	村中井一，村東南一里有泉一。	大翩山在村北一里。	佛寺在村西北，龍王廟在村東北。
西五里營屬延慶西衛，距城三十里。	東至懷家堡五里，南至平房五里，西至東門營五里，北至佛峪口八里。	東南至黑龍廟五里，西南至陳家岡八里，東北至安家莊五里，西北至胡家營三里。	東西街二。	户六十二，口三百三十四。	共地二十九頃二十畝。	村中井四。		關帝廟、真武廟在村東，龍王廟在村西。

續表十四

大柳樹 屬延慶西衛，距城三十里。	東至劉浩營二里，南至小王家莊三里，西至詹家堡三里，北至大紙房屯二里。	東南至大曹家營四里，西南至石柱三里懷來縣界，東北至小紙房屯二里，西北至于家堡四里。	東西街一。	户二十五，口一百三十一。	共地十一頃。		養鵝池在村北一里，自東北來西北下。	關帝廟在村北，龍王廟在村南。
東舊榆林 屬延慶西衛，距城三十里。	東至炮兒十里，南至董家莊八里，西至舊榆林三里，北至榆林驛三里。	東南至羊兒嶺五里，西南至高臺子五里，東北至姬家莊三里，西北至北鋪五里。	東西街一。	户三十二，口一百七十四。	共地九頃七十畝。	村中井二。		真武廟、龍王廟在村東。
東門營 屬延慶西衛，距城三十里，有土城，東西二門。	東至姚家營二里，南至謝官屯一里，接懷來界，西至大[五二]沙河二里半，接懷來界，北至馬鞍山二里半。	東南至西五里營五里[五三]，西南至甘枝堡五里接懷來縣界[五四]，東北至姚家營二里[五五]，西北至大沙河二里。	東西街一。	户六十三，口三百五十六。	共地二十頃。	村中井三。	馬鞍山在村北二里，村東有小河，南入媯川河。	關帝廟、佛寺、三官廟在村中。

續表十五

小紙房屯屬延慶西衛，距城三十里。	東至耿家營二里，南至劉浩營三里，西至大紙房屯半里，北至大河半里。	東南至許家營六里，西南至大柳樹四里，東北至大柳樹[五六]半里，西北至大河半里。	東西街二。	户二十三，口一百二十五。	共地二十頃。	村中井四。	嬀水河在村北半里，自東北來西北下。	龍王廟在村中。
西胡家營屬延慶西衛，距城三十里。	東至水園三里，南至陳家岡八里，西至東門營三里，北至山一里。	東南至五里營二里，西南至下營三里，東北至佛峪口五里，西北至山二里。	東西街二。	户二十，口一百一十。	共地二十二頃。	村中井一。	村南有小河。	龍王廟在村中。
姬家莊屬延慶西衛，距城三十二里。				户十八，口八十五。				
解家莊屬桑園里，距城三十五里。	東至石柱三里，南至祁家莊五里，西至火灼營[一七]六里，北至大河三里。	東南至卞家堡二里，西南至胡家莊七里，東北至于家堡二里，西北至吴家場二里。	東西街一。	户四十五，口二百三十六。	共地十五頃。	村中井一。	嬀川河在村北三里，自東北來西北下。	泰山廟在村東北。

續表十六

大莊科 屬白廟里，距城三十五里。				户二十三，口一百二十五。				
西舊榆林 屬延慶西衛，距城三十五里。	東至東舊榆林二里，南至高臺子三里，西至花園八里，北至西鋪五里。	東南至尖山七里，西南至水泉十五里，東北至榆林驛五里接懷來縣界，西北至太師莊五里。	東西街一。	户三十一，口一百九十五。	共地十頃零二畝八分。	村東南井一。		關帝廟在村東北，泰山廟在村西南，龍王廟在村東南。
賈家堡 屬桑園里，距城三十五里。	東至劉鐵橋半里，南至大河二里，西至吴家場一里，北至杆子堡〔一八〕八里懷來縣界。	東南至于家堡一里，西南至高樓莊四里懷來縣界，東北至下營八里，西北至田家莊五里懷來縣界。	東西街一。	户二十三，口一百三十六。	共地二十五頃。	村中井二。		龍王廟在村中。

詹家堡屬延慶西衛，距城三十五里。	東至大柳樹四里，南至馬圈子五里懷來縣界，西至席家莊二里懷來縣界，北至吴家場二里。	東南至石柱二里懷來縣界，西南至解家莊一里，東北至小沙河二里，西北至媯河一里。	東西街一。	户二十六，口一百一十五。	共地四頃。	村中井二。		龍王廟在村北。
西南辛堡屬延慶西衛，距城四十里。	東至東舊榆林五里，南至東灣七里，西至花園八里，北至西舊榆林三里。	東南至狼尖山四里，西南至大山口三里，東北至懷來大道三里，西北至太師莊八里。	東西街一。	户五十三，口二百九十九。	共地十頃。	村東井二，村西北井一。		菩薩廟、真武廟、龍王廟在村中。
西花園屬延慶西衛，距城四十里。	東至西舊榆林八里，南至懷來縣界四里，(五七)西至懷來界一里，北至懷邑界一里。	東南至高臺子八里，西南至懷邑界一里，東北至懷來界一里，西北至懷來界一里。	東西街一。	户二十二，口一百一十二。	共地十二頃。	村中井一。		龍王廟在村中。
卞家鋪屬延慶西衛，距城四十里。	東至懷來東十五里墩一里，南至懷來太師莊半里，西至懷來交界碑一里，北至懷來馬圈子一里。	東南至東舊榆林八里，西南至花園五里，東北至小王家莊五里，西北至火燒營五里。	東西街一。	户二十六，口二百一十一。	共地三頃三十畝。	村東井一，村西南井一。	村外二里有小河，東南入懷來大河。	關帝廟在村東北。

續表十八

南七里橋 屬延慶西衛，距城四十三里。				户三十二，口一百七十六。				
于家堡 屬延慶西衛，距城四十五里。								
西石河 屬延慶西衛，距城八十五里。	東至八寶山大道二里半，南至大土木十里，西至長安嶺大道七里，北至山一里。	東南至小土木十五里，西南至沙城十里，東北至八寶山三里，西北至長安嶺七里。	東西街一。	户二十八，口一百四十六。	共地三十二頃。	村中井一。	村南二里有小河。	土地廟在村中，龍王廟在村東北。
施家寨 山居，屬延慶西衛，距城九十五里。	東至山底，南至山底，西至桑乾河二里，北至清水河二里。	東南至山一里，西南至猪窠河三里，東北至溝一里，西北至三甘河〔五八〕二里。	東西街一	户三十四，口一百六十。	共地二十四頃。	村西南井一。	四面皆山，三甘河在村西。	龍王廟在村東北。
顔家溝 屬延慶西衛，距城一百里。				户四十六，口二百四十三。				

北路共領三十五村，戶一千二百八十，口六千九百二十。

村名	四至	八到	街道	戶口	田賦	井泉	山川	廟宇
北關 屬西北里，距城半里許。	東至八里店八里，南至州城半里，西至下水磨半里，北至李家場半里。	東南至東關一里，西南至西關一里，東北至米家堡八里，西北至東〔五九〕五里營五里。	東西街一。	戶三十七，口二百零九。	共地二頃五十畝。		護城河在村南，自西來東下。	龍王廟在村中。
李家場 屬西北里〔六〇〕，距城一里。	東至廣積屯八里，南至北關半里，西至下水磨半里，北至王家莊一里。	東南至東關一里，西南至窑頭一里，東北至上水磨半里，西北至河半里。	東西街一	戶二十七，口一百四十二。	共地一頃四十畝。		村西有小河，自北來南下。	五道廟在村東頭。
下水磨 屬西北里，距城一里。	東至北關半里，南至西關半里，西至窑頭半里，北至王家莊一里。	東南至州城半里，西南至小店屯二里，東北至李家場半里，西北至天壇半里。	南北街一	戶三十五，口一百三十二。	共地一頃。		村東有小河，自北來南歸護城河。	

續表一

上水磨 屬西北里，距城二里。	東至三里河一里，南至李家場一里，西至東〔六一〕五里營四里，北至八里莊四里。	東南至汪家園一里，西南至王家莊半里，東北至老人莊四里，西北至陶家莊四里。	東西街一。	户一十九，口八十五。	共地五頃。		村南有小河，自東來西南歸護城河。	土地廟在村中，五道廟在村東南。
三里河 屬西北里，距城三里。	東至廣積屯八里，南至州城三里，西至上水磨一里，北至孟家莊三里。	東南至小營三里，西南至李家場二里，東北至米家堡五里，西北至八里莊五里。	東西街一	户五十一，口二百七十四。	共地二頃。	村西南有清水泉一。	村東有小河，自〔六二〕	龍王廟在村中，土地廟在村外。
王家莊 屬西北里〔六三〕，距城三里。	東至上水磨半里，南至下水磨一里，西至五里營五里，北至八里莊五里。	東南至李家場半里，西南至小店屯三里，東北至孟家莊五里，西北至陶家莊五里。	東西街一	户一十三，口七十二。	共地一頃五十畝。	村中井一	村東有小河，自北來南下。	關帝廟在村中，土地廟在村西。

續表二

孟家莊屬黃柏里，距城六里。	東至老人莊一里，南至三里河三里，西至八里莊一里，北至荒灘二里。	東南至廣積屯十一里，西南至上水磨四里，東北至中羊房六里，西北至田宋營六里。	東西街一。	戶五十，口二百七十二。	共地十八頃六十畝。	村中井一，村西井一。	冠帽山在村北十里。	龍王、伏魔、狐神合祀一廟，在村西。
老人莊屬黃柏里，距城七里。	東至屈家堡一里，南至三里河四里，西至孟家莊一里，北至中羊房五里。	東南至石河營八里，西南至上水磨五里，東北至王家莊二里，西北至吳家莊八里。	東西街一。	戶二十三，口一百二十一。	共地十五頃。	村西井一，村中井一。	村南一里有小河，自東北來西南下。	龍王廟在村中，土地廟在村西。
屈家堡[一九]屬黃柏里，距城八里。	東至米家堡一里，南至石河營六里，西至老人莊一里，北至中羊房五里。	東南至廣積屯六里，西南至本城八里，東北至蘇家莊七里，西北至魯家莊七里。	東西街一。	戶一十三，口十二[六四]。	共地四頃。	村中井二	蔡河在村南一里，西南流入護城河。	佛爺廟、三官廟、龍王廟在村中。

續表三

八里莊屬西南里，距城八里。	東至孟家莊一里，南至王家莊五里，西至趙家莊一里，北至靳家堡五里。	東南至三里河五里，西南至五里營五里，東北至中羊房五里，西北至田家營五里。	東西街二。	户六十七，口三百六十二。	共地三十頃。	村東井一，村中井一，村西井一。		龍王廟在村中，娘娘廟在村西。
米家堡屬黄柏里，距城八里。	東至唐家堡一里，南至石河營八里，西至屈家堡一里，北至黄覺寺一里。	東南至廣積屯五里，西南至三里河五里，東北至蘇家莊五里，西北至中羊房五里。	東西街一。	户三十四，口一百八十三。	共地十頃。	村中井一。		龍王廟在村中。
趙家莊屬西南里，距城八里。	東至八里莊一里，南至王家莊五里，西至魯家莊一里，北至吴家莊五里。	東南至三里河四里，西南至五里營三里，東北至中羊房六里，西北至田家營五里。	東西街一。	户五十二，口二百九十。	共地五十頃。	村東井一，村西井一。		龍王廟在村東。

續表四

陶家莊屬西南里，距城八里。	東至魯家莊一里，南至五里營二里，西至小河屯石界三里，北至田宋營五里。	東南至三里河五里，西南至西辛莊五里，東北至吴家莊四里，西北至郎家莊五里。	東西街一。	户二十八，口一百五十一。	共地六頃三十畝。	村中井一，村西井一。		龍王廟在村中。
魯家莊屬黄柏里，距城八里。	東至趙家莊一里，南至王家莊五里，西至陶家莊一里，北至田宋營五里。	東南至三里河六里，西南至五里營三里，東北至吴家莊三里，西北至郎家莊五里。	東西街一。	户三十六，口一百九十一。	共地四頃五十畝。	村中井一。		龍王廟在村東，土地廟在村西。
蔣家莊山居，屬桑園里，距城八里。	東至雙營半里，南至石河營六里，西至唐家堡一里，北至黄覺寺十里。	東南至廣積屯三里，西南至州城八里，東北至上花園三里，西北至中羊房五里。	東西街一。	户三十一，口一百六十五。	共地九頃五十畝。	村南井一，村中井一。		佛爺廟在村中，觀音廟在村南。

續表五

唐家堡 屬桑園里，距城八里。	東至蔣家莊一里，南至石河營六里，西至米家堡一里，北至黄覺寺八里。	東南至廣積屯四里，西南至州城八里，東北至蘇家莊七里，西北至東羊房五里。	東西街一。	户一十九，口一百零五。	共地四頃三十畝。	村東井一，村西井一。		龍王廟，在村中，觀音廟在村南。
雙營 屬雙營里，有土城，距城十里。	東至下花園二里，南至廣積屯二里，西至蔣家堡一里，北至黄覺寺八里。	東南至八里店三里，西南至石河營七里，東北至蘇家莊五里，西北至中羊房七里。	東西街一，南北街二。	户六十三，口三百四十八。	共地十五頃。	村東井一，村西井一。		關帝廟在村東，三官廟在村中，觀音廟、龍王廟在村西。
田宋營 屬黄柏里，距城十三里。	東至吴家莊一里，南至魯家莊五里，西至郎家莊二里，北至青松頂五里。	東南至八里莊五里，西南至五里營六里，東北至靳家堡二里，西北至西羊房二里。	東西街一。	户六十一，口三百二十四。	共地十九頃。		村北有小河，自東來西下。	財神廟、觀音廟、佛爺廟在村中，真武廟、龍王廟、三義廟在村東。

續表六

中羊房屬黃柏里，距城十三里。	東至蘇家莊八里，南至老人莊五里，西至吳家莊五里，北至冠帽山二里。	東南至雙營八里，西南至八里莊八里，東北至黃覺寺三里，西北至小魯家莊三里。	東西街一。	户四十三，口二百三十一。	共地二十頃。	村中井二，村西井一。	冠帽山在村北三里。	關帝廟在村中，龍王廟在村西。
吴家莊屬□□□，距城十三里。	東至中羊房五里，南至趙家莊五里，西至田家營二里，北至香爐山二里。	東南至八里莊五里，西南至魯家莊二里，東北至靳家堡五里，西北至丁家堡五里。	東西街一。	户二十七，口一百四十三。	共地四頃六十餘畝。		香爐山在村北五里，村東北一里有小河。	龍王廟在村中。
郎家莊屬西南里，距城十二里。	東至田宋營二里，南至陶家莊六里，西至上板泉五里，北至西羊房二里。	東南至魯家莊六里，西南至西辛莊六里，東北至辛家堡三里，西北至玉皇廟四里。	東西街一。	户三十四，口一百七十三。	共地十二頃。	村中井一。	村北半里有小河，自東來西下。	龍王廟在村中。

續表七

下花園屬辛莊里，距城十二里。	東至吕莊八里，南至八里店三里，西至雙營二里，北至上花園一里。	東南至沈家營六里，西南至廣積屯三里，東北至孫家莊五里，西北至蘇家莊三里。	東西街一。	户二十二，口一百三十四。	共地二十頃。	村中井一。		關帝廟、龍王廟在村中。
上花園屬辛莊里，距城十三里。	東至孫家莊三里，南至下花園一里，西至米家堡六里，北至古城八里。	東南至沈家營七里，西南至雙營三里，東北至常家營七里，西北至蘇家莊一里。	南北街一。	户三十三，口一百七十二。	共地六頃。	村中井一。	村北五里有小河。	土地廟在村南。
下板橋屬黄柏里，距城十二里。	東至郎家莊二里，南至西辛莊四里，西至張山營十里，北至西羊房四里。	東南至陶家莊五里，西南至小河屯三里，東北至田宋營四里，西北至上板橋三里。	東西街一，南北街一。	户六十九，口三百七十五。	共地四十頃。	村東井一，村西井一。	蔡河在村西北半里，自東北來西南下。	佛爺廟、泰山廟、關帝廟、龍王廟在村内。

上板橋 屬黃柏里，距城十五里。	東至西羊房五里，南至小河屯四里，西至張山營五里，北至西岩寺三里。	東南至下板橋三里，西南至馬家莊五里，東北至西〔六五〕羊房口四里，西北至金溝寺一里。	東西街一。	户九十五，口五百三十七。	共地三十頃。	村中井六，村北板泉一。	海陀山在村西北七里，村南有小河，東南流入嬀川河。	真武廟、觀音廟、泰山廟在村中，老龍廟在村北半里。
辛家堡 屬黃柏里，距城十五里。	東至丁家堡一里，南至田宋營一里，西至西羊房一里，北至青松頂八里。	東南至鮎魚溝八里，西南至郎家莊一里，東北至鳳凰山一里，西北至鸚鵡寺一里。	東西街一。	户二十七，口一百三十二。	共地三頃。		村西一里有小河。	玉皇廟在村北半里。
丁家堡 屬黃柏里，距城十五里。	東至靳家堡一里，南至田宋營一里，西至辛家莊一里，北至黃冠山一里。	東南至吴家莊二里，西南至郎家莊四里，東北至五龍山一里，西北至小口山一里。	東西街一。	户二十八，口一百四十四。	共地七頃。	村南半里有泉水一。	村東一里有小河。	龍王廟在村中，山神廟在村西半里。

續表九

黃覺寺 一名黃柏寺，屬黃柏里，距城十六里。	東至韓山嘴三里，南至米家堡八里，西至小魯家莊五里，北至冠帽山一里。	東南至蘇家莊七里，西南至中羊房三里，東北至磨石山三里，西北至千峪山三里。	東西街一，西南街一。	户二十四，口一百二十五。	共地十頃。	村東半里有泉水一。	冠帽山在村西北一里。	佛爺廟在村中，龍王廟在村西。
靳家堡 屬黃柏里，距城十五里。	東至晏家堡一里，南至八里莊七里，西至丁家堡一里，北至應夢山二(六六)里。	東南至老人莊八里，西南至田宋營三里，東北至茨茸溝一里，西北至五龍溝一里。	東西街一。	户三十五，口一百八十三。	共地十二頃。	村中井二。	應夢山在村北二里，村東二里有小河。	泰山廟在村西。
西羊房 屬西南里，距城十六里。	東至辛家堡一里，南至郎家莊一里，西至上板橋四里，北至朝陽寺一里。	東南至田家營二里，西南至下板橋三里，東北至大道一里，西北至玉皇廟一里。	東西街一，南北街一。	户五十四，口二百九十五。	共地十五頃。	村中井一。	村西南十五里有小河。	泰山廟、龍王廟在村中。

續表十

晏家堡 屬黄柏里，距城十六里。	東至小魯家莊一里，南至八里莊八里，西至靳家堡一里，北至流水山一里。	東南至孟家莊八里，西南至吴家莊三里，東北至小口山一里，西北至黑溝山一里。	東西街一。	户二十五，口一百三十八。	共地五頃。	村中井一。	黑溝山在村西北一里，村東一里有小河。	龍王廟在村中。
玉皇廟 屬東南里，距城二十里。	東至西羊房三里，南至下板橋六里，西至西岩寺二里，北至玉皇山半里。	東南至郎家莊五里，西南至上板橋三里，東北至山坡一里，西北至山坡一里。	東西街一。	户二十一，口一百一十三。	共地一頃五十餘畝。	村西北有沽泉一。	村西半里有小河。	關帝廟，觀音廟。
花園屯 五屯之一，距城二十里。有土城，東、南、北三門。	東至米糧屯五里，南至蘇家莊七里，西至黄覺寺五里，北至山坡二里。	東南至常裏營三里，西南至韓山嘴二里，東北至白草窪五里，西北至河口山一里。	東西街一，南北街一。	户四十一，口二百六十六。	共地三十一頃。	村西北半里有小泉。	馬蹄潭在村西北五里。	關帝廟、龍王廟，在村中。

續表十一

米糧屯五屯之一，距城三十里，有土城，東、西二門。	東至舊縣五里，南至大百老五里，西至花園屯五里，北至水溝山五里。	東南至東羊房二里，西南至常家營五里，東北至三里莊三里，西北至白草窪五里。	東西街一。	户四十二，口二百三十七。	共地三十頃。	村中井二。		佛爺廟、觀音廟，在村中，龍王廟在村西半里。
白草窪屬黄柏里，距城三十五里。	東至三里莊五里，南至米糧屯五里，西至白嘴溝五里，北至松樹窪五里。	東南至舊縣十里，西南至果樹園二里，東北至水溝山三里，西北至白羅寺五里。	東西街一。	户一十五，口七十六。	共地三頃三十餘畝。		村外二里有小河，自北來東南下。[六七]	龍王廟在村中。

附《舊志·兩衛屯堡》

永寧衛，東至火燄山九十里，西至州四十里，南至明陵寢三十里，北至靖安堡三十里。東南至明陵寢山界，東北接[六八]北路界，西南至岔道六十里，西北至大海陀山七十里接北路界。終食屯在衛城内小胡同，團山屯城在衛西北十五里，順風屯城在衛西北十五里，米糧屯城在衛西北二十里，花園屯城在衛西北三十里。以上五堡係屯堡，俱屬永寧衛。舊縣城在衛西北十五里，閻家莊在衛西北十四里，香水園在衛西北三十里，小水屯在衛北三里，車房屯在衛西十三里，孟官屯在衛北十五里。以上六堡係民堡，舊屬永寧縣。

大百老屯在衛西二十里，燒窑峪屯在衛西北二十里，白草凹〔二〇〕在衛西北三十里，二鋪在衛東南十二里，小堡子在衛北十三里，常家營在衛西北三十里，羅家臺在衛東十四里。以上七堡係軍堡，舊屬永寧衛。

白廟兒在衛北十里。後所屯在衛北六里。高家窑在衛西南三里。張家莊在衛南八里。左所屯在衛西北一里。千家店〔二一〕在衛北八里。東、西灰嶺在衛南八里。以上八堡，舊屬延慶左衛。

上觀頭堡在衛東二十里，係軍堡，屬周四溝地方。

屠家營在衛西三里。吴達子營在衛西八里。東龍灣在衛西十里。西龍灣在衛西十一里。前吕莊在衛西二十里。後吕莊在衛西二十里。馬皮營在衛西二十里。房老營在衛西南二十里。石河（六九）在衛西南十八里。寶林寺堡在衛西南十五里。老君堂在衛西南二十里。曹家營在衛西南二十里。衛家營在衛西十五里。小白老屯在衛西十八里。祁官營在衛西南二十五里。艾官營在衛西南二十里。吴房屯在衛西北十五里。東所房在衛西十里。西所房在衛西十里。沈家營在衛西二十里。香村營在衛西二十里。以上延慶屯堡，舊在二衛境內。

孔化營在衛西南三里。劉家凹在衛西南十五里。連家營在衛西南二十五里。凹兒鋪在衛西二十五里。以上延慶衛城堡，舊在二衛境内。

井家莊在衛西南二十里，係南山屯堡，在境内。羊房屯在衛西北十七里，係懷來衛屯堡，在境内。

綽　楔

尚書坊，爲明尚書李衍立。

都諫坊，爲吏科給事中黄鍾立。

都憲坊，爲明都御史黄鍾立。

總制坊，爲明李衍立。因舊飛騰坊改建。

繡衣坊，爲明監察御史聶友良立。

恩榮坊，爲明監察御史聶友良、户部主事李瑶立。

橋梓聯芳坊，爲明進士蘇明、子進士乾、子舉人翰立。

進士坊，爲明進士辛禮、范慶、劉章立。

玉殿傳宣坊，爲明鴻臚左少卿劉儒立。

幞陽雙鳳坊，爲明舉人塗雲路、劉九澤立。

五桂坊，爲明進士李瑶、舉人董寧、楊英、曲真、汪昱建總坊於南關廂（七〇）。

恩榮坊，爲明進士李瑶立。

恩榮坊，爲明進士辛禮立。在和睦街。

擢桂坊，在昌平街。爲舉人吕翔立。

武秀坊，爲明千户辛剛子舉人禮立。

恩榮坊，爲明進士劉繼禄立。

肅寮貞度坊，在南察院門左右，今廢。

迎恩坊，在南關廂（七一）。迎恩詔於此。

文奎坊，爲明主簿郭慶子舉人宏立。

世榮坊，爲明知縣范瑄子舉人慶立。

攀龍坊，在雍順街。爲舉人劉章立。

恩榮坊，在雍順街。爲進士劉章立。

鵬程坊，在雍順街。爲舉人尚輔立。

登雲坊，在和睦街。爲舉人張鷺立。

恩榮坊，爲監察御史聶友良、户部主事李瑶立（七二）。

世榮坊，爲知縣范瑄子舉人慶立（七三）。

恩榮坊，爲進士聶友良立。在昌平街。

貞節坊，爲節婦吴氏立。

貞節坊，爲聶明妻秦氏立。

善政坊，在永寧東街。

廣武坊，在永寧西街。

阜民坊，在永寧南街。

拱極坊，在永寧北街。以上四坊，俱明正統年建。

師中三錫坊，在永寧演武廳。明萬曆二十七年參將張國柱建。

聖母行祠坊，在永寧城西北隅。明萬曆十七年知縣趙爾守建。

忠靈洋溢坊，在永寧城北門外。

尚書坊、都憲坊俱在終食屯，爲明兵部尚書羅通建。

文魁坊，爲明甲子經魁陳詠立。

光英坊，爲明舉人王惠立。
桂林一枝坊，爲明舉人周鳳立。
高崗鳴鳳坊，爲明胡忠立。
貞節坊，爲明節婦羅氏立。以上自秦氏貞節坊至此，皆《永寧志》所載，今多圮廢。
節烈坊，在大營堡。爲王節婦閻氏立。
貞節坊，在昌平街。乾隆六年爲賀文元妻唐氏建。
貞節坊，在和睦街。乾隆六年爲劉琪妻（七四）張氏建。
貞節坊，在州西北八里白廟村。乾隆四年爲節婦胡氏立建。
雙壁齊名坊，在北街，爲節婦李氏立；一面題「貞儀並著」，爲節婦國氏立。以上見《乾隆志》

貞節坊，一在城昌平街，爲增生崔洙妻成氏立，乾隆三十年建；一在蘇家街，爲文生申鳳翔妻謝氏立，乾隆五十五年建；一在西溝，爲處士賈毓奇妻路氏立，嘉慶二年建。
節孝坊七，俱在永寧。一爲聶佩理妻張氏立，乾隆五十六年建；一爲胡心融妻閆氏立，嘉慶五年建；一爲舉人胡培祖繼妻施氏立，嘉慶八年建；一爲議敘縣丞胡先鳴妻賈氏立，道光二年建；一爲生員聶時敏妻孫氏立，道光八年建；一爲太學生胡元楙妻聶氏

立，道光二十年建；一爲生員王含章妻張氏立，道光三十年建。採訪

風俗

《晉・地理志》曰：「其人朴魯，可恃以守。」

《晉書・列傳》曰：「其俗尚武功。」

《隋〔七五〕書・地理志》曰：「自古言勇俠者，皆推〔七六〕幽、并。」然亦「多文雅之士」。

杜牧之曰：「幽、并之地，其人沈鷙多材，力重許可〔七七〕。」

韓愈曰：「燕趙多感慨悲歌之士。」

《皇輿考》曰：「其俗近朴。」

《新州記》曰：「俗尚武藝。」

蘇軾曰：「幽燕之地自古號多豪傑。勁勇而沈静，燕之俗也〔二二〕。」

夏竦曰：「幽燕山後諸州，人性勁悍，嫻於戎馬，敦尚氣節，可以義動。」

「民習於兵，農安於勤苦，不爲浮華之行〔七八〕。」元《陳孚記》

「地鄰險要，俗近朴厚。」元《黄溍記》

「人性鷙悍，不憚戰陣，喜立功業，勤儉務農，無浮薄之習。」《明一統志》

「農家村居，情甚親昵。有無相通，老少相愛相敬，以力相助，有上世之風焉。」《宣府舊志》

「士以學問相高，民以禮義相尚。男務耕稼，婦勤女紅，無浮末之習。」《萬曆志》

冠禮久廢。

婚禮多從簡便，不論士庶，咸不親迎，惟用一親眷女子往娶。入門，設香案於院中，置斗粟，插弓矢，新婦立於旁，郎獨拜，謂之拜天地。拜畢然後入房合巹。

喪禮多不依制，崇尚佛事，雖貧不廢。初喪之時，舉家哭於城隍廟，村堡中則哭於龍王廟。含殮之禮，多不知行。

祭禮亦從簡便，但俗節薦饗而已。庶人之家罕設主祀，其祖先有事只祭於墓，罕用牲，只用麵食及蔬菜果品或麵作猪首、雞、魚之類，頗有梁武遺風。

正月、朔旦拜賀，與他處同。

立春前一日，泥塑勾芒、土牛，隨文武各官出東郊迎春，設讌坐飲，令民間社夥扮演故事，且歌且舞，數刻而罷。

上元節，張燈三夜，放烟火。民間用優人衣冠、器具扮演各色故事，偏遊街巷，至十六夜燈火歇後乃罷。

清明日，家中傾城上冢，先添土，冢增其高廣畢，然後雞豕設祭。是日，於城隍主祭厲壇，夜回廟時，各家門外焚燒香楮，哭新逝者。

五月五日，俗尚與他處略同，但少龍舟競渡耳。

六月六日清晨，汲井水，注〔七九〕甕封之。凡造麵、釀酒〔八〇〕、擦牙用之。人家曝衣，寺院晾經。

七月七日，婦女穿針乞巧，與他處同。

中元夜，候隍神立厲歸廟時，家家門外焚哭，與清明無異。亦有照清明節上冢祭墓者。

中秋、重陽，風俗與他處同。

十月朔日，家家剪紙爲衣，或竟用色紙以充紬帛，俟城隍神主厲回廟時，各於大門外焚哭，謂之送寒衣。

十一月冬至，士夫行拜禮於官長，親友交相拜賀。

十二月初八日，相傳爲釋迦如來成道之日。五鼓，用各色米豆並棗、栗、胡桃及一切諸果做粥食之，曰臘八粥。二十三日晚，祭竈神，曰辭竈，必用糖瓜黏糕。

除夕，换桃符、帖門神、春聯，卑幼爲尊長辭歲，親友咸相饋遺。椒盤治酒，爆竹通宵，中夜供設諸神、先祖，奠酒降神，曰接神。一家少長圍爐共酌，曰守歲。以上見《乾隆志》

【校勘記】

〔一〕忠實屯：《嘉靖隆慶志》《乾隆延慶州志》均作「終食屯」。下同。
〔二〕成：原作「城」。據《嘉靖隆慶志》《乾隆延慶州志》改。下同。
〔三〕風水牆：原作「三清觀」。筆誤。據《乾隆延慶州志》改。
〔四〕廂：原闕。據《乾隆延慶州志》補。
〔五〕二里：原作「一里」。據實況及上表「姜家臺」改。
〔六〕二里：原作「一里」。據實況及上表「姜家臺」改。
〔七〕東關：原作「關東」。
〔八〕前：原闕。據上表「前八里店」補。
〔九〕十：原作「八」。據上表「前吕莊」改。
〔一〇〕奚：原作「西」。筆誤。

（一一）一：原作「三」。據上表「艾官營」改。

（一二）南老君堂户數、口數差異較大，疑有一誤。

（一三）一：原作「半」。據上表「永寧南關」改。

（一四）三：原作「一」。據下表「屠家營」改。

（一五）五：原作「三」。據實況及上表「馬匹營」改。

（一六）三：原作「半」。據實況及上表「馬匹營」改。

（一七）北：原闕。據實況補。

（一八）東小營村：原作「香營村」。據實況改。

（一九）城三十里：原闕。據本書《山川》補。

（二〇）東小營村：原作「香營村」。據實況改。

（二一）閻家莊：原作「閆家莊」。據下表改。下文「東白廟」條之「閻家莊」同。

（二二）四：原作「一」。據上表「屠家營」改。

（二三）缺永寧西北角户籍數字。

（二四）三：原作「一」。據實況改。

（二五）漥：原作「窑」。據實改。按：白草漥，亦作「白草凹」「白草窊」，即今延慶區舊縣鎮白草漥村。

〔二六〕一里：原衍「一里」二字，删去。
〔二七〕護城河：原作「嬀川河」。據實況改。按：南關與州城連接，在嬀川河北岸。
〔二八〕護城河：原作「嬀川河」。據實況改。按：嬀川河在州城南，不經過州城北。
〔二九〕自：原作「至」。據前後文改。
〔三〇〕寨：原作「塞」。據下表「南桑園」改。
〔三一〕舊籤箕營：户數、人口數差異較大，疑有誤。
〔三二〕南：原闕。據下表「南桑園」補。
〔三三〕西至舊籤箕營二里：原闕。據上表「舊籤箕營」補。
〔三四〕程家窑：原作「程家漥」。據下表改。
〔三五〕四里：此後原衍「北至南州界」五字，删去。
〔三六〕東北至：原作「蓮東北」。據前後文改。
〔三七〕榆：原作「于」。據前後文改。
〔三八〕至：原闕。據前後文補。
〔三九〕東：原闕。據實況補。
〔四〇〕張家莊：原作「張老營」。據實況改。按：張老營在嬀水河南。

（四一）餘：原作「于」。據下文「傅餘屯」改。

（四二）張山營：原作「張老營」。據實況改。

（四三）底本「户口」和「田賦」錯列，已改正。

（四四）同上。

（四五）堡：原闕。據前表「馬房堡」補。

（四六）西：原闕。據後表「西五里營」補。

（四七）西：原闕。據後表「西五里營」補。

（四八）營：原作「耿」。據上表改。

（四九）房：原闕。據下表補。

（五〇）前集賢屯：原作「前集賢西屯」。據前條及本條「八到」改。

（五一）西：原闕。據上下文補。

（五二）大：原作「太」，筆誤。

（五三）至西五里營五里：原作「至甘枝堡五里接懷來縣界」。據實況改。

（五四）至甘枝堡五里接懷來縣界：原作「至大沙河五里」。據實況改。

（五五）至姚家營二里：原作「至西五里營五里」。據實況及前表「姚家營」改。

〔五六〕西：原闕。據下表補。
〔五七〕懷來：原作「懷邑」。據前後文改。下同。
〔五八〕三甘河：疑即桑乾河。下同。
〔五九〕東：原闕。據實況補。
〔六〇〕西北里：原作「西里」。據上下文補「北」字。
〔六一〕東：原闕。據實況補。
〔六二〕自：下文缺失。
〔六三〕里：原闕。據前後文補。
〔六四〕口十二：疑有誤。
〔六五〕西：原闕。據實況補。
〔六六〕二：原作「一」。據實況及本條「山川」改。
〔六七〕來：原闕。據前後文補。
〔六八〕接：原作「皆」，筆誤。據文義改。
〔六九〕石河：原作「石河營」，筆誤。據實況改。
〔七〇〕廂：原闕。據《乾隆延慶州志》補。

〔七一〕廂：原闕。據《乾隆延慶州志》補。

〔七二〕與上文「恩榮坊」重複。

〔七三〕與上文「世榮坊」重複。

〔七四〕妻：原闕。據《乾隆延慶州志》補。

〔七五〕隋：原作「唐」。筆誤。

〔七六〕推：原作「出」。據《隋書·地理志》改。

〔七七〕許可：原作「與可」。據《嘉靖宣府鎮志》《宛署雜記》改。

〔七八〕行：原作「習」。據《嘉靖宣府鎮志》改。

〔七九〕注：《乾隆延慶州志》作「貯」。

〔八〇〕釀：《乾隆延慶州志》作「醴」。

【注釋】

[一] 東辛莊：即今下辛莊。

[二] 王卓營：即今王仲營。下同。

[三] 王全營：即今王泉營。

[四] 興隆莊：即今上辛莊。

[五] 普薩：即「菩薩」，下同。

[六] 香孫營：即今延慶區沈家營鎮香村營村。

[七] 溝兒堡：今延慶區永寧鎮清泉鋪村。

[八] 韓家川：今延慶區大莊科鄉漢家川。

[九] 炮兒灣：今延慶區香營鄉新莊堡村。

[一〇] 管頭：亦作「觀頭」。

[一一] 饅首山：即「饅頭山」。

[一二] 張家口：即今延慶區大榆樹鎮小張家口村。清代分裏張家口和外張家口兩部分。下同。

[一三] 王仲營：即前文「王卓營」。

[一四] 裏張家口：即邊牆以裏。

[一五] 外張家口：即邊牆以外。

[一六] 裏外幫水峪：原以邊牆劃分，即今八達嶺鎮幫水峪村。

[一七] 火灼營：亦作「火燒營」。

[一八] 杆子堡：亦作「甘枝堡」。

［一九］屈家堡：今延慶區延慶鎮祁家堡村。

［二〇］白草凹：即白草窪。

［二一］千家店：即今延慶區香營鄉里仁堡村。見《村鎮表·東路》。

［二二］按：「幽燕之地自古號多豪傑」，見蘇軾《策斷下》，唯「豪傑」作「雄傑」；「勁勇而沈静，燕之俗也」，則係蘇轍《燕趙論》之文，非蘇軾語。

延慶州志卷三

賦役志 户口　田賦表　存留　旗租　鹽課　雜税　物産

户口

明

永樂二十年，實在户一千六百四十七，口八千一百四十八。男四千四百二十三，婦三千〔二〕七百二十五。

宣德七年，實在户一千九百二十九，口九千九百四十六。男五千六百二十三，婦四千三百二十三。

正統七年，實在户一千二十，口一萬一千八百九十九。男六千八百二十七，婦五千七十二。

景泰七年，實在户一千五百四十，口九千八百五十六。男五千七百四十一，婦四千〔三〕

一百一十五。

天順六年，實在户二千八十一，口一萬三千八十。男七千九百六十三，婦五千一百一十七。

成化八年，實在户二千五十一，口一萬四千三百七十四。男八千九百五十八，婦五千四百一十六。

弘治五年，實在户二千七十八，口一萬四千三百七十七。男九千三百二十一，婦五千五十六。

正德七年，實在户二千五百一十三，口一萬四千三百八十。男八千九百八十一，婦五千三百九十九。

嘉靖二十一年，實在户二千七百，口一萬六千五百三十八。男九千三百一十，婦七千二百二十八。

嘉靖二十八年，實在户九百三十一，口七千三百四十五。男四千四百四十，婦二千九百五。

萬曆四十一年，實在户二千五十九，口一萬三千五百八十二。男八千五百二十八，婦五千五十四。

萬曆四十六年，實在户二千六十，口一萬三千五百九十一。男八千五百三十一，婦六千六十。招撫流移二十五家〔三〕。

《舊志》：永樂至正德、嘉靖中，本州户口以二千七百計，及北邊犯順，民被殺擄者什之七，實在户九百三十耳。六十年餘，節經守牧如陳、程、耿、姜之賢，節愛休養，户口漸增至二千餘，招撫流移二十五家，駸駸然稱庶矣。

永寧縣户口

永樂［二十］〔四〕年，實在户六百九十一，口二千五百二十三。《舊志》男婦之數未晰。〔五〕

宣德［七］年，實在户六百七十二，口二千五百八十五〔六〕。

正統［七］年，實在户六百七十八，口三千八百二十六〔七〕。

景泰［七］年，實在户一百五十七，口八百八十。

天順［六］年，實在户六百八十，口二千八百五十二。

成化［八］年，實在户六百八十五，口三千一百三十七〔八〕。

弘治［五］年，實在户六百九十五，口四千三百。

正德［七］年，實在户七百，口四千五百(九)。

嘉靖［二十一］年，實在户七百二十，口四千五百八十。

隆慶年，實在户四百九十八，口一千九百七十。

萬曆［三十八］年，實在户四百八十六，口一千七百七十。

軍户附

兩衛，實在官軍一千六百六(一〇)十三員名。

四海冶，實在官軍一千三十一員名。

黑漢嶺，實在官軍三百二十六員名。

周四溝，實在官軍五百五十一員名。

劉斌堡墩，軍哨夜共二百九十一名。

靖安堡，實在官軍八百八十八員名。以上見《乾隆志》

國朝

乾隆二十一年，編審人丁共八千三百七十二。《府志》

道光十五年，户一萬二千四百二十五。人數未詳

咸豐十年，户一萬二千四百三十二，口六萬七千零一十五。

同治七年，户一萬二千四百四十三，口六萬七千一百一十八。

光緒三年，户一萬二千四百四十九，口六萬七千一百五十九。以上《州册》

原額人丁七千二百二十二丁，各徵不等，共徵銀二千二百六十四兩一錢三分零。順治五年起，至康熙六十年止，節次編審，實在人丁八千九百四十（二）丁，内除盛世滋生補剩餘丁一百六十三丁，欽奉恩詔永不加賦外，實徵行差人丁八千七百四十一丁，各徵不等，共徵銀三千一百三十二兩五錢二分零，遇閏月加徵銀二百五十七兩三錢八分零，均於雍正二年攤入地糧銀内徵收訖。《乾隆志》

田賦表

明

紀年	實在地	夏地	秋地	穀草
永樂二十年	民地八百二十三頃五十畝。	二百四十七頃五畝，麥正耗一千三百二十一[一二]石七斗一升。	五百七十六頃四十五畝，米正耗三千八十四石。	五萬七千六百四十五束。
宣德七年	民地八百三十五頃三十八畝。	二百五十頃六十一畝，麥正耗一千三百四十石。	五百八十四頃七十六畝，米正耗三千一百二十八石四斗九升。	五萬八千四百七十六束。
正統七年	民地八百五十二[一三]頃一十九畝。	二百五十五頃九十五畝，麥正耗一千三百六十九石三斗七升。	五百九十七頃二十三畝，米正耗三千二百九十五石二斗[一四]一升。	五萬九千七百二十三束。
景泰七年	民地九百三十一頃五十三畝。	二百四十九頃三十三畝，麥正耗一千三百六十五石五斗七升。	五百八十三頃二十一畝，米正耗二千八百八十七石八斗五升。	五萬八千二百二十一束。
天順六年	民地八百五十八頃九十二畝。	二百五十七頃六十七畝，麥正耗一千三百七十八石五斗六升。	六百一頃二十四畝，米正耗三千二百一十八石六斗六升。	六萬一百二十四束。
成化八年	民地八百六十二頃。	二百五十八頃六十六畝，麥正耗一千三百八十三石八斗七升。	六百三頃五十六畝，米正耗三千二百二十九石。	六萬三百五十六束。

續表一

弘治五年	民地八百一十五頃（二五）。	二百四十四頃五十畝，麥正耗一千三百八石七斗五合。	五百七十頃五十畝，米正耗三千五十二石一斗七升五合。	五萬七千五十束。
正德七年	民地八百一十頃。	二百四十三頃，麥正耗一千二百九十六石四斗五升。	五百六十七頃，米正耗三千三十三石四斗五升。	五萬六千七百束。
嘉靖二十一年	民地八百五頃六十二畝。	二百四十一頃六十八畝，麥正耗一千二百九十二石九斗八升。	五百六十三頃九十四畝，米正耗三千口十七石八升。	五萬六千三百九十四束。
萬曆四十一年	民地一千六百一十五頃七十一畝三分。	米一千八百六十六石四斗三升二合。		豆四千三百五十五石九合。
萬曆（二六）四十六年	民地一千六百二十四頃一十三畝三分。	米一千八百七十三石六斗九升五合。		豆四千三百石。

按《萬曆志》：州民納糧，自永樂至嘉靖中，始改麥爲米，折草以豆，於民稱便。然徵米十之三，徵豆十之七，米不足支，豆積浥爛，支豆之軍苦矣。嘉靖間，北邊犯境，調客兵防禦，軍儲不足，奉文招商，領銀買米豆草束，支放有時。銀未及領，糧草未辦，客兵猝至，奸商報攀賠累，傾覆流離，州民一大厄也。今乃奉委官軍領銀招商採買，以備不虞，深爲得計。東路各營通融支放，米豆皆足，此調停之善策也。

永寧衛田賦

按：衛舊係縣治，後裁田賦入本州徵收起解。

永樂年	實在地三百四十五頃五十畝	麥五百五十四石五升。	米一千二[二七]百九十三石八斗。	草二萬四千一百八十五束。
宣德年	地三百四十四頃六十四畝。	麥五百五十三石一斗六升。	米一千二百九十石。	草二萬四千一百二十五束。
正統年	地八十三頃八十九畝。	麥一百三十四石六斗四升。	米三百一十四石一斗。	草五千八百五十二束。
天順年	地三百五十八頃四十一畝。	麥三百三十四石六斗。	米三百一十四石一斗。	草五千八百七十二束。
成化年	地三百五十八頃五十六畝。	麥五百七十五石四斗。	米一千三百四十二石。	草一千五百九十九束。
弘治年	地三百六十頃五十畝。	麥五百七十八石。	米一千三百五十石。	草二萬五千二百三十五束。
正德年	地三百六十三頃二十畝。	麥五百八十一石三斗。	米一千三百五十六石。	草二萬五千三百五十四束。
嘉靖年	地三百六十五頃。	麥五百八十五石八斗。	米一千三百六十六石。	草二萬五千五百五十束。
隆慶年	地三百七十八頃八畝。	麥五百八十五石八斗。	米一千三百二十九石一斗。	草一萬四千一百束。
萬曆年	地三百八十三頃六十六[二八]畝。	麥改徵豆。	米五百八十八石一斗七升。	草同麥共改徵豆一千三百七十二石四斗八合四勺八抄。

軍地兩衛歲徵屯田地畝本折糧共五千四百四石八斗五升。

四海冶歲徵屯田地畝本色糧二百二十五石七斗九升。

靖安堡歲徵地畝本色糧一十一石八斗一升。

以上除兩衛軍地、四海冶、靖安堡各折糧地外，共地二千四頃七十四畝三分。

右本州地畝及永寧歸併地畝。

國朝

順治元年，原額本折贍軍共地二千七百四十四頃五十七畝二分零，各徵不等，連學糧共徵銀二千六百三十三兩七錢五分零，本色糧九千九百一十九石七斗五合零，粗租九石九斗。又節年撥補、裁併、墾荒、清出、退回等地一千九百一十九頃三十七畝四分零，各徵不等，共徵銀一千六百八十七兩一錢九分零，本色糧六千九百二十九石六斗四升五合零，粗租一石五斗。

紀年	除撥地	畝數	除撥銀	除撥糧
順治三年	水衝沙壓地。	一百二十四頃七十三畝二分零。	共除銀六十一兩五錢八分零。	共除糧一百七十一石五斗三升。
順治四年	正白旗鷹手地投並撥給平谷縣地。	四百四十六頃二十七畝八分。	共除銀五百三十(一九)九兩三分零。	共除糧八百七十七石三斗九升二合零。
順治六年	投充帶去地。	六十三頃一十八畝八分零。	共除銀二十七兩五錢六分。	共除糧一百五十四石六斗八升五勺。
順治七年	正白、鑲白、正黃等旗並撥延慶州香河縣地。	一千三百六十三頃二十六畝一分零。	共除銀一千二百三十一兩四錢三分零。	共除糧六千二百六石八斗六合零。
順治十年	撥補懷來衛喇嘛廟正黃旗下地。	四頃五十九畝。		共除糧三十二石一斗三升。
順治十一年	撥給鑲黃旗下果園地。	一十二頃六十畝。		共除糧九十四石一斗七升三合。
順治十四年	歸併四海冶所地。	四十二頃二十一畝三分零。		共除糧一百六石三斗二升七合零。
順治十七年	四海冶、黑漢嶺歸併周四溝地。	一十三頃十八畝二分零。		共除糧四十四石五斗一升二勺零。
康熙元年	撥給香河縣地。	一十頃七十四畝一分零。		共除糧八十石二斗八升三勺零。
康熙二年	退回保安州衛礬山等處，及撥補香河縣地。	九百一十頃八十三畝五分零。	共除銀九百二十四兩九錢四釐零。	共除糧三千八百一十石八斗六升四合零。

續表一

康熙五年	正黃、鑲白二旗下撥去地。	二頃二十一畝。	共除銀一兩八錢二釐零。	共除糧六石八斗五升一合。
康熙六年	鑲黃旗下撥去地。	四百四頃二畝四分零。	各除不等，連學糧[20]共除銀五百二十四兩八分零。	共除糧一千六百三十七石五升五合零。
康熙十年			永寧衛留抵不敷，支銷學糧銀八兩二錢三分零。	
康熙二十三年	鑲紅旗額世倫復要原退下地。	四十二畝。	共除銀三錢四分零[21]。	共除糧一石三斗二合[22]。
康熙四十二年	撥給鑲藍旗下護軍校常壽中地。	一頃九十四畝。	共除銀五兩六錢四分零。	共除糧二十五石一升六合。
康熙四十三年	撥給正白旗獨石口駐防衣圖中下地。	一頃八十畝。	共除銀三兩五錢八分零。	共除糧一十四石五斗五升九合。
康熙四十六年	撥給鑲紅旗獨石口駐防章京滄柱圈去雅圖等退出地。	内高明登等中地九十畝。	共除銀二兩五六錢八分零。	共除糧一十一石五斗二升。
康熙四十七年	撥給張家口筆帖式佟保地。	三頃。	共除銀四兩九錢一分零。	共除糧一十八石六斗。
康熙五十六年	撥給莊頭羅五子等下地。	一十一頃三十畝。	共除銀一十兩八分零。	共除糧三十石一斗三升。

續表二

康熙五十七年	撥給鑲白旗十二貝子莊頭孫克全中下地。	四頃五十六畝。	共除銀七兩五錢九釐零。	共除糧二十九石五升九合。
雍正元年	撥給黄佳、俞高、殷打渾等中下地。	二十頃三十八畝。	共除銀二十二兩六錢。	共除糧一百二十四石九斗三升七合零。
	永寧衛清查出首報墾，今不堪耕種下地。	三十五頃五十畝四分。		每畝除糧一升四合，共除糧四十九石七斗五合零。
	永寧衛不堪耕種下地。	六十七頃九十五畝九分。	共除銀一十八兩九錢四分零。	共除糧九十七石七斗九合零。
	改歸保安州下地。	一頃五畝。	每畝除銀八釐零，共除銀八錢六分九耗。	每畝除糧三升一合，共除糧三石二斗五升五合。
	改歸宣化縣下地。	五十五畝。	共除銀四錢五分零。	共除糧一石七斗五合。
	改歸懷來縣下地。	六十八頃八畝七分。	共除銀五十五兩八錢二分零。	共除糧二百一十一石六升九合零。
乾隆二年	被水衝壞溝渠沙壓下地。	一頃四十七畝八分。	共除銀一兩三錢一分零。	共除糧四石五斗八升一合八勺。
	被水衝壞沙壓地。	三頃四十畝。	每畝除銀二釐七毫八絲零，共除銀九錢四分零。	每畝除糧一升四合，共除糧四石八斗五升九合。
	右豁出地畝。			

紀年	實在	畝數	徵銀	徵糧
順治年以後	上地。	六頃四十八畝五分五釐。	共徵正銀一十九兩五錢七分七釐零。	共徵糧五十八石四斗九升九合三勺一抄。
	中地。	五十六頃二十四畝七分。	共徵正銀九十三兩一錢四分二釐七毫零。	共徵糧三百八十五石一斗九升九合四勺五撮。
	下地。	四百九十六頃六十一畝四分四釐二忽六微二纖。	共徵正銀五百二十七兩七錢七分一釐八毫八絲。	共徵糧一千六百九石八斗二合六勺三抄三撮六圭四粟(二三)五顆八粒。
	清出下地。	五十二頃四畝六分。		共徵糧七十一石三斗(二四)二升二勺三撮五圭。
	察圖等退出下地。	三頃六十七畝。	加倍輸租銀六兩二分八釐二毫三絲零。	例不攤丁，共(二五)徵糧二十二石七斗九升一合二勺。
	鑲紅旗固山達(二六)退出下地。	四十四畝。	加倍輸租銀七錢二分一釐五毫五絲二忽。	例不攤丁，共徵糧二石七斗二升八合。
	正黄旗了圖故絶地。	五頃四十畝。	加倍輸租銀六十三兩九錢二分二釐，例不攤丁。	
	正白旗章京退出橙刺地。	四頃八十七畝一分。	加倍輸租銀二十七兩七錢一分八釐，例不攤丁。	
	折色地。	十五頃九十九畝。	每畝徵銀二分，共徵銀三十一兩九錢八分。	攤丁銀六兩六錢一分九釐八毫八絲。(二七)
	報開荒下地。	二頃九十二畝五分。		共徵糧四石九升五合。

續表一

	懷來改歸地。	四十三頃八十一畝七分九釐。	共徵正銀二十四兩八錢三釐三絲。攤丁銀五兩一錢三分五釐七毫（二八）。	各徵不等，共徵糧三（二九）十九石三斗九升四合七勺一抄八撮九粟四顆。
	香河縣寄糧改歸地。	七頃六十七畝八分。	共徵正銀十四兩八錢一分九釐八毫。	
			永寧衛協濟學糧銀一百一十七兩四錢八分一釐三毫七絲八忽五微九纖。	
	延慶衛代徵香河縣寄糧改歸地。	四十八頃九十二畝三分三釐五毫。	共徵正銀八十八兩三錢二分九釐五毫。	
	宣化縣寄糧改歸地。	三十七頃七十六畝九分一釐二毫一纖。	共徵正銀一百三十二兩八錢二分二釐一毫九絲九忽。	
	平谷縣寄糧改歸地。	二百二十四頃七十六畝九分。	共徵正銀二百九十一兩三錢二釐七毫。	
康熙三十二年	歸併永寧衛上地。	二十六頃一十九畝四分九釐九毫。	共徵正銀二（三〇）十二兩一錢七釐二毫六絲。	共徵糧一百四十六石三斗五升一合四勺九撮一圭二虛。
	上地。	二頃四十六畝八分。		共徵糧一十三石八斗二升八勺。

	中地。	七十三頃一十八畝一分一釐五毫四絲三微。	共徵銀三十九兩五錢一分四釐四毫五絲。	共徵糧二百六十一石七斗二升五合九勺七抄三撮八圭八粟八顆二[三二]粒。
	中地。	三頃二十四畝五分。		共徵糧一十二石五斗七升四合三勺七抄五撮
	下地。	七十五頃五十七畝三分二釐八毫。	共徵正銀二十一兩七分一釐四絲九忽。	共徵糧一百八石七斗四合九勺六抄三撮一圭八粟。
	清查出下地。	一百三十一頃六十四畝五分。		共徵糧一百八十五石六斗六升一合六勺八撮。
	鑲黃旗退出下地。	一十八畝。	共徵銀一錢三毫七絲六忽。例不攤丁。	每畝加倍輪租糧五斗一升七合八勺六抄。
	正黃旗披甲莫爾口退出下地。	二頃一畝。	共徵正銀一兩一錢一分五釐二毫九絲。例不攤丁。	每畝加倍輪租糧五石七斗五升四合。
	歸併靖安堡本色地。	四頃四十五畝三分。		共徵糧一十石六斗八升四合三勺。
	折色地。	八頃五十九畝六分。	共徵正銀六兩四錢四分五釐二毫。	
	歸併周四溝堡本色地。	五十九頃五十一畝八分八毫。		共徵糧一百一十六石一升八合七勺五抄四撮三圭二粟一顆七粒。
	贍軍地。	九十二畝。		每畝徵粗租一斗，共徵粗租九石二斗。

續表三

歸併四海治併察石、海子口本色地。	四十三頃一十畝四分。		共徵糧一百三石九斗二合六勺八抄四撮四圭八粟五粒。
贍軍地。	二十二畝。		每畝徵粗租一斗，共徵粗租二石二斗。

右徵收地畝

乾隆六年，實在額徵地共地一千四百三十九頃六十九畝五分一釐五毫四絲二忽九微三纖（三二）。内除旗退輪租地一十六頃五十六畝六分，共徵銀九十九兩六錢五釐四毫五絲一忽一微六纖，例不攤丁。匠外民糧地一千四百二十三頃一十二畝八分一釐五毫四絲二忽九微三纖，各徵不等，共徵正銀一千四百三十四兩五錢八分八釐四毫二絲八忽二微九沙九塵七埃二渺二漠，每兩應攤丁匠銀二錢七釐二絲六忽八微一先九沙二塵八埃二渺七漠三湖，共徵丁匠銀二百九十六兩九錢九分八釐二毫七絲九忽二微七纖二沙一塵二埃一渺五漠九湖四虚五澄四清八净，通共連攤丁等（三三）項，共銀一千八百二十一兩一錢九分二釐一毫五絲八忽六微四纖二沙九埃三渺七漠九湖四虚五澄四清八净。遇閏之年，每兩應攤丁閏銀七釐九毫四絲一忽一微七纖八沙五塵八埃一渺一漠二虛七澄四净，共應攤丁閏銀一十一兩三錢九分二釐三毫五絲一忽五微九纖二沙二渺五湖八虛二澄三清九净，共徵本色糧三千一百七十一石九斗一升六合六抄二撮一圭四粟四顆七粒五黍。

右地畝徵銀徵糧總數。以上俱《乾隆志》

課則	畝數	銀數	糧數
延慶州本色地	九百八十九頃三十二畝二分五毫四絲二忽九微一纖。	共徵銀六百八十七兩二錢三釐三毫三絲四忽六微七纖八沙四塵七埃二渺三漠。	共徵糧二千九百五十三石七斗八升一合八勺八抄六撮九圭四粟九顆七粒。
折色地	二十四頃五十八畝六分。	共徵銀二十八兩四錢二分五釐二毫三絲五忽五微。	
條編地	一頃一十四畝。		共徵粗租一十一石四斗。
開墾偏坡地	一頃三畝。		共徵粗租一石四斗八升一合六勺五抄五。
新開官荒地	六頃五十四畝。		共徵糧九石一斗五升六合。
宣化縣改歸寄莊地	三十七頃二十四畝五分一釐二毫一絲。	共徵銀一百三十一兩一錢四分五釐三毫九絲八忽八微一纖八沙。	
懷來縣寄莊地	四十三頃二十五畝七分九釐。	共徵銀二十四兩六錢四毫二絲六忽一微四纖二沙二塵。	

續表一

平谷縣改歸撥補地	二百一十七頃五十九畝四分。	共徵銀二百八十二兩八錢七分二釐二毫。	
民墾地	二十七畝八分九釐。		共徵糧三斗九升四勺六抄。
延慶衛改歸代徵香河縣寄莊撥補地	五十五頃七十畝一分三釐五毫。	共徵銀一百一兩四錢一分七毫一絲一忽一微三纖六沙。	
歸併延慶衛各項地	三百六十五頃七十一畝二釐九毫。	共徵銀五百三十五兩四錢五分七釐一毫六絲八微七沙三塵四埃。	共徵糧七十七石七斗四合五勺九抄一撮六圭一粟。
道光四年報墾成熟地	二十二頃五十五畝八分。	共徵正銀二十三兩二錢四分。	共徵糧三十七石六斗七升九合一勺九抄。

以上本州及裁衛歸併各項實在地一千七百六十二頃九十六畝三分六釐，共徵銀一千八百二十四兩三錢五分五釐。内除收回懷來縣寄莊下地一頃二十八畝，共徵糧銀三錢七釐，例不攤徵。丁匠外實徵民糧地一千七百六十二頃六十八畝三分六釐，共徵銀一千八百二十四兩四分八釐，每兩均攤丁匠銀二錢七釐二絲六忽八微一纖九沙二塵八埃二渺七漠三湖，共均攤丁匠銀三百七十七兩六錢二分六釐，糧三千一百二十八石三斗四升二合五勺九抄。

通共應徵正併均攤丁匠銀二千二百零一兩九錢八分一釐，本色屯糧三千一百二十八石三斗四升二合五勺九抄，内除乾隆二十六年奉文餘豆一千二十二石九斗二升，按八折改徵米石，應減額糧二百四石五斗八升四合外，實應徵糧二千九百二十三石七斗五升八合五勺九抄，内分十四里、五屯、一衛、九字號徵收。

東南里，徵銀七十九兩三錢四分，本色糧五十二石九斗一升九合五勺。

東北里，徵銀七十九兩四錢七分一釐，本色糧四十九石七斗一升二合八勺。

西南里，徵銀七十兩一錢零二釐，本色糧二百三十六石九斗四升零七合。

西北里，徵銀七十五兩三錢六分五釐，本色糧二十三石零一升三合四勺。

紅門里，徵銀七十九兩四錢七分七釐，本色糧九十八石六斗一升三合六勺。

黄柏里，徵銀七十八兩二錢三分六釐，本色糧一百九十四石九斗六升七合六勺。

白廟里，徵銀七十六兩八錢一分六釐，本色糧四十二石一斗七升六合七勺。

榆林里，徵銀七十三兩七錢六分二釐，本色糧八十四石八斗三升四合。

雙營里，徵銀七十九兩四錢八分六釐，本色糧五十五石三斗一升五合七勺。

桑園里，徵銀七十九兩四錢八分六釐，本色糧五十八石九斗一升六合六勺。

泥河里，徵銀七十八兩二錢三分六釐，本色糧九十二石三斗三升八合五勺。

岔道里，徵銀七十三兩四錢七分六釐，本色糧八十八石三斗六升九合八勺。
辛莊里，徵銀七十九兩四錢八分六釐，本色糧六十六石九斗四合七勺。
東園里，徵銀七十九兩四錢八分六釐，本色糧四十八石零一升二合八勺。
忠實屯，徵銀六十八兩四錢五分七釐，本色糧二百六十石零二斗八升二合六勺。
團山屯，徵銀七十七兩九錢七分九釐，本色糧一百六十九石九斗六升七合三勺。
順風屯，徵銀七十九兩八分六釐，本色糧二百四十五石六斗二升七勺。
米糧屯〔三四〕，徵銀七十六兩七錢八分五釐三毫，本色糧八十四石八斗三升七合一勺。
花園屯，徵銀七十八兩四錢五分三釐，本色糧三百六十三石八斗二升七合一勺。
永寧衛，徵銀六十兩九錢九分六釐，本色糧四百九十二石四斗三升三合九勺。
禮字號，徵銀八十三兩六錢四分七釐。
樂字號，徵銀三十二兩三錢六分。
射字號，徵銀九兩六錢五分六釐。
御字號，徵銀六十二兩六錢四分二釐。
阜字號，徵銀三十五兩四錢四分七釐。
香字號，徵銀一百二十四兩五錢六分六釐。

新續香字號，徵銀二百二十兩四錢七分八釐七毫。

懷字號，徵銀七十三兩七錢四分四釐，本色糧七十七石七升四合五勺。

新增字號，徵銀二十八兩五分一釐，本色糧三十七石六斗七升九合一勺九抄。

通共應徵存留地糧銀二千二百零一兩九錢八分一釐，本色屯糧二千九百二十三石七斗五升八合五勺九抄。

又耗羨銀於乾隆五十三年爲始，隨同正項錢糧統計分數。又留支養廉辦公銀兩，自嘉慶十六年爲始改解司庫兑收。其應支養廉辦公等銀全數赴司請領，應徵留支正銀二千二百零一兩九錢八分一釐。内除延慶衛歸併墾荒沙薄地糧銀二百一十二兩三錢一分二釐，向不徵耗外，又收回香河縣撥補地糧銀二百二十六兩五錢四分四釐二毫，每兩加耗銀八分，共加耗銀一十八兩一錢二分三釐六毫。下剩地糧銀一千七百三十五兩零七分三釐八毫，每兩加耗銀一錢，共徵耗羨銀一百七十三兩五錢零七釐四毫。又報墾成熟地糧銀二十八兩零五分一釐，每兩徵耗銀不等，共徵耗銀一兩一錢二分七釐。

通共應徵耗羨銀一百九十三兩七錢五分八釐，内實應徵起運地耗銀一百九十三兩七錢五分八釐，地糧逢閏加銀十四兩六錢，地耗逢閏加銀一兩二錢七分二釐。

右現行地畝徵收起運各部司錢糧，總歸户部項下，應徵解起運地糧正銀無，額徵存留俸、工、祭祀等銀一萬二千六百五十五兩五錢一分九釐，内除在於本處地糧留支工料銀二千二百零一十九兩九錢八分一釐外，實缺額不敷俸工、工料等一萬零四百五十三兩五錢三分八釐，向係在藩庫請領分别支銷。

口北道門皂工食銀。六十四兩，奉文減六成發。

知州俸銀。八十兩。

門役二名。每名工食銀六兩，共銀十二兩。以下實發四成。

皂隸十三名。每名工食銀六兩，共銀七十八兩。

馬快八名。每名工食銀十六兩八錢，共銀一百三十四兩四錢。

民壯五十名。每名工食銀六兩，共銀三百兩。

仵作四名。每名工食銀四兩五錢，共銀十八兩。

庫丁四名。每名工食銀六兩，共銀二十四兩。

斗級[二]四名。每名工食銀六兩，共銀二十四兩。

轎傘扇夫七名。每名工食銀六兩，共銀四十二兩。

禁卒八名。每名工食銀六兩，共銀四十八兩。

農夫二名。每名工食銀六兩四錢，共銀十二兩〔三五〕。
鋪司八名。每名工食銀五兩四錢，共銀四十三兩二錢。
州判俸銀。四十五兩。
巡役六名。每名工食銀六兩，共銀三十六兩。以下實發四成。
門子一名。工食銀六兩。
皂隸六名。每名工食銀六兩，共銀三十六兩。
馬夫一名。工食銀六兩。
傘夫一名。工食銀六兩。
衛鋪司九名。每名工食銀六兩，共銀五十四兩。
吏目俸銀。三十一兩五錢二分。
門役一名。工食銀六兩。以下實發四成。
皂隸四名。每名工食銀六兩，共銀二十四兩。
馬夫一名。工食銀六兩。
學正俸銀。四十兩。
訓導俸銀。四十兩。

齋夫三名。每名工食銀十二兩，共銀三十六兩。以下不減成。

又裁衛歸併齋夫三名。每名工食銀十二兩，共銀三十六兩。

膳夫兩名。每名工食銀六兩六錢七分一釐，共銀十三兩三錢四分二釐。

又裁衛歸併膳夫二名。每名工食銀六兩六錢六分六釐五毫，共銀十三兩三錢三分三釐。

門斗三名。每名工食銀六兩，共銀十八兩。

又裁衛歸併門斗三名。每名工食銀七兩二錢，共銀二十一兩六錢。

裁衛修理學宫銀。三兩。

文廟崇聖名宦鄉賢春秋祭祀銀。四十兩。

文昌帝君春秋二季祭祀銀。二十六兩六錢六分六釐。

文昌帝君升入中祀，加祭一次銀。十三兩三錢三分三釐。

又裁衛文廟祭祀銀。四十兩。

社稷山川風雲雷雨等神祭祀銀。三十兩。

關帝廟三大祭銀。四十兩。

土地祠祭祀銀。三兩四錢。

龍王廟祭祀銀。三兩四錢。

祭祀米石改折留支銀。九兩。

三小祭無祀鬼神銀。十兩。

朔望行香紙燭銀。一兩。

香燭米石改折留支銀。三兩六錢。

鄉飲酒禮銀。八兩二錢五分。

時憲書銀。三兩。

貢生花紅旗匾銀。三兩三錢三分三釐，二年一辦。

又裁衛歸併貢生花紅旗匾銀。二兩五錢。

舉人會試盤費銀。四十兩，三年一辦（三六）。

又裁衛歸併舉人會試盤費銀。十三兩三錢三分三釐。

廪生三十名，廪糧改折銀。一百二十兩。

裁衛歸併廪生二十名。每名支廪糧銀三兩二錢，共銀六十四兩。

孤貧四十二名。每名冬衣布花銀二錢七分八釐三毫五絲，共銀十一兩六錢九分一釐。

裁衛歸併孤貧十二名。每名口糧銀三兩六錢，共銀四十三兩二錢。

又冬衣布花銀。三兩三錢四分。

以上通共應支官俸、役食、祭祀、帶辦等項，銀一千八百九十兩零四錢四分一釐。又每年額徵屯糧米、屯糧豆，支放各營兵米豆訖；額徵學田穀，向由書院具領，作爲公費訖；額徵牙行課程穀，向係每年孤貧應用訖。

右現行存留支銷。

附《舊志·支銷》：

分守道衙〔三七〕門，皂工食銀七十六兩八錢，遇閏加銀六兩三錢九分零。於順治十四年分，奉文裁去工食銀一十二兩八錢，又裁閏月銀一兩六錢零。於康熙三年分，奉文裁去閏月銀五兩三錢三分零。又於康熙十四年分，裁去工食銀三十二兩。康熙二十年，奉復實支銀六十四兩。

東路糧捕同知衙門〔三八〕，皂隸十二名，工食銀七十二兩。轎傘扇夫七名，工食銀四十二兩。

知州衙門〔三九〕，俸銀八十兩，遇閏加銀六兩六錢六分零。於康熙三年分，裁去閏月銀六兩六錢六分零。於康熙十四年，裁俸銀四十兩。於康熙十五年，裁俸銀四十兩，於康熙二十年，奉復實支銀八十兩。

門役，工食銀一十四兩四錢，遇閏加銀一兩二錢。於順治九年，奉文裁去工食銀二兩四錢，又裁去閏月銀二錢。於康熙三年分，奉文裁去閏月銀一兩。於康熙十四年，裁工食銀六兩。於康熙十五年，裁工食銀〔四〇〕六兩。於康熙二十年，奉復實支銀一十二兩。

皂隸，工食銀一百一十五兩二錢，遇閏加銀九兩六錢。於順治九年分，奉文裁去工食銀一十九兩二錢，又裁閏月銀一兩六錢。於康熙三年分，奉文裁去閏月工食銀八兩。於康熙十四年，裁工食銀四十八兩。康熙十五年，裁工食銀四十八兩。於康熙二十年，奉復實支銀九十六兩。於雍正六年，奉裁工食銀十八兩，實支銀七十八兩。

民壯，工食銀三百兩，遇閏加銀二十五兩。於康熙三年分，奉文裁去閏月銀二十五兩。於康熙十四年，裁工食銀一百五十兩。於康熙十五年，裁工食銀一百五十兩。於康熙二十年，奉復實支銀三百兩。

馬快手，工食銀一百四十四兩，遇閏加銀一十二兩。於順治九年分，奉文裁去工食銀九兩六錢，又裁閏月銀八錢。於康熙二年分，裁去閏月銀一十一兩二錢。於康熙十四年，裁工食銀一十七兩二錢。康熙十五年，裁工食銀六十七兩二錢。於康熙二十年，奉復實支銀一百三十四兩四錢。

轎傘扇夫，工食銀四十五兩六錢，遇閏加銀一兩八錢。於順治九年分，奉文裁去工食銀一兩，又裁閏月銀一兩九錢。於康熙三年分，裁去工食銀一兩六錢，又裁閏月銀一兩九錢。於康熙十四年，裁工食二十一兩。康熙十五年，裁工食銀二十一兩。於康熙二十年，奉復實支銀四十二兩。

看監禁卒，工食銀五十七兩六錢，遇閏加銀四兩八錢。於順治九年分，奉文裁去工食銀九兩六錢，又裁閏月銀八錢。於康熙三年分，裁閏月銀四兩。於康熙十七年，裁工食銀二十四兩。於康熙二十年，奉復實支銀四十八兩。

斗級庫子[二]，工食銀五十七兩六錢，遇閏加銀四兩八錢。於順治九年分，奉文裁去工食銀九兩六錢，又裁去閏月銀八錢。於康熙三年分，裁去閏月銀四兩。於康熙十五年，裁工食銀二十四兩。於康熙十七年，裁工食銀二十四兩。於康熙二十年，奉復實支銀四十八兩。

走遞夫騾，工料銀一百三十六兩，遇閏加銀一十一兩四錢五分零。於順治三年分，奉文裁去工料銀五十八兩二錢八分零，又裁閏月銀四兩八錢五分零。於康熙三年分，裁去工料閏月銀六兩五錢九分零。康熙十四年，補裁走遞夫騾工料銀三十八兩八錢五分零，實支銀三十八兩八錢五分零，內奉裁十分之一，銀三兩八錢八分零，實支銀三十四兩九錢七分零。

鋪兵，工食銀四十三兩二錢，遇閏加銀三兩六錢。於康熙三年分，奉文裁去閏月銀三兩六錢。於康熙十七年，裁工食銀二十一兩六錢。康熙二十年，奉復實支銀四十三兩二錢。

農夫二名，工食銀一十二兩。

仵作三名，工食銀一十八兩。

舉人會試，盤費銀四十兩。於康熙十四年分，裁銀二十兩。於康熙十五年分，裁銀二十兩。於康熙二十年，奉復實支銀四十兩。

歲貢盤費、旗匾，禮銀四十二兩四錢。於康熙十四年分，裁銀二十一兩二錢。於康熙十五年分，裁銀二十一兩二錢。於康熙二十年，奉復實支銀四十二兩四錢。內本州貢生應支銀三十八兩二錢，永寧縣裁併貢生應支銀四兩二錢。於康熙二十六年，奉文裁去本州貢生盤費銀三十四兩八錢六分零，又裁去永寧縣、衛貢生盤費銀四兩二錢，實支本州貢生盤費三兩三錢三分零。

文廟，春秋二季並各壇祠祭祀銀一百三十五兩八錢六分零。於康熙十七年，裁銀六十七兩九錢三分零。於康熙十九年，奉復實支銀一百三十五兩八錢六分零。

關帝廟，雍正六年分，新設祭祀銀四十兩。

鄉飲，酒席銀八兩二錢五分。於康熙十五年分，全裁。於康熙二十二年，奉復實支銀八兩二錢三分。

時憲書，銀三兩。

吏目衙門吏目，俸銀三十一兩五錢二分，遇閏加銀二兩六錢二分零。於康熙三年分，奉文裁去閏月銀二兩六錢二分零。於康熙十五年分，全裁俸銀三十一兩五錢二分。於康熙二十年，奉復實支銀三十一兩五錢二分。

門役，工食銀七兩二錢，遇閏加銀六錢。於順治九年分，奉文裁去工食銀一兩二錢，又裁閏月銀一錢。於康熙三年分，裁去閏月銀五錢。又於康熙十四年，裁工食銀三兩。於康熙十五年，裁工食銀三兩。於康熙二十年，奉復實支銀六兩。

皂隸，工食銀二十八兩八錢，遇閏加銀二兩四錢。於順治九年分，奉文裁去工食銀四兩八錢，又裁閏月銀四錢。於康熙三年分，裁去閏月銀二兩。於康熙十四年分，裁工食銀一十二兩。於康熙十五年，裁工食銀一十二兩。於康熙二十年，奉復實支銀二十四兩。

馬夫，工食銀七兩二錢，遇閏加銀六錢。於順治九年分，奉文裁去工食銀一兩二錢，又裁閏月銀一錢。於康熙三年分，裁去閏月銀五錢。於康熙十四年分，裁工食銀三兩。

康熙十五年，裁工食銀三兩。於康熙二十年，奉復實支銀六兩。

新設巡檢，一員，俸銀三十一兩五錢二分。

弓兵，十二名，工食銀七十二兩。

皂隸，二名，工食銀一十二兩。

馬夫，一名，工食銀六兩。

門役，一名，工食銀六兩。

學正，一員，俸銀四十兩。

訓導，一員，俸銀四十兩。

齋夫，六名，工食銀三十六兩，内除折支倉糧銀十四兩一錢六分零外，實支銀二十一兩八錢三分零。

廩生、膳夫，銀一十三兩三錢四分零。

門斗，三名，工食銀一十八兩。

以上存留，除節年裁扣銀兩載入起運項下外，該支存留俸工等銀一千五百四十二兩八錢八分零。

歸併永寧衛協濟學糧銀一百一十七兩四錢八分零。

實支存留俸工等銀一千七百八兩六錢一分零。

旗租

存退原額入官，共地一百八十七頃八十二畝五釐，瓦土房八間，共徵租銀一千四百八十兩三錢六分四釐。糧三十一石七斗九升一合一勺。又隨徵耗銀一百四十兩六分八釐八毫。莊頭原額入官，共地二十七頃三十三畝五分三釐，共徵租銀二百十八兩二錢九分四釐。又隨徵耗銀二十兩三錢七分二釐。

另案：原額入官，共地一百三十九頃十七畝六分一釐。莊窠[三]二塊，瓦土房二百十九間，共徵租銀一千二百七十四兩九錢四分五釐。

公産原額入官，共地五十一頃二十九畝七分六釐。稻地一畝五分八釐，房基地四十九畝八分三釐，場園地一分七釐，共徵租銀四百八十二兩四錢四分九釐。

三次原額入官，共地二頃三十五畝五分，土房三間，共徵租銀三十兩九錢一分一釐。

四次原額入官，共地一百十六頃二畝二分。内除王龍山水衝地四畝六分，實剩地一百十五頃九十七畝六分，瓦土房一百三十二間半，隨房地基一畝三分三釐，場園九塊，計地五畝一分七釐，莊基地二分五釐，共徵租銀一千二百二十兩七錢九分。内除王龍山水衢地畝租銀四錢六分，實徵租銀一千二百二十兩三錢三分。

奴典原額入官，共地一百十七頃三十畝四分一釐。場園二塊，計地一畝二分五釐，無租房三十間，徵租瓦土房九十間，共徵租銀一千二百二十五兩五錢一分六釐。

違例私典原額入官，共地二十七畝，每畝徵銀一錢二分五釐，共徵租銀三兩三錢七分五釐。

兵部馬館滋生庫原額入官，共地九頃六十畝，共徵租銀四十八兩。

鑾儀衛原額，共地七頃六十六畝，共徵租銀一百七兩二錢九分六釐。

附《舊志·旗地坐落》：

一、皇莊地，在永寧東珍珠泉。

一、鑲紅旗莊親王地，在東關小營等處。平郡王地，在南辛堡〔四一〕。惠郡王地，在劉家堡。

一、公地，在東關、軍營等處。

一、鑲紅旗滿洲地，在米家堡、雙營、大泥河等處。

一、鑲紅旗蒙古地，在東新莊等處。

一、鑲紅旗漢軍地，在東關、老人莊、大泥河等處。

一、正白旗蒙古地，在西河屯等處。

一、鑲白旗蒙古地，在西關等處。

一、鑲黄旗蒙古地，在白龍廟、五里營、小橋等處。

一、鑲紅旗漢軍地，在大營、豐家營、白龍廟等處。

一、雀户地，在呂家場。

一、果地，在永寧等處。

《乾隆志》云：旗地歷年久遠，頃畝無從稽考，不能悉載，謹録大略如右。

鹽課

額徵鹽課銀九百七十九兩七錢七分四釐九毫。

《舊志》云：康熙六年，户部題覆長蘆巡鹽御史，據運司呈稱：商人張起鳳認納三處行鹽到部呈，查此三處，原不係行引地方。今既行蘆引，應將鍋税除豁定額一千二百引，並保安州内有綱引三百道，共計增宣引二千五百道，照薊、永、保、河例，每引納銀三錢一分三釐六毫零，共該納銀四百七十五兩。

二十九年，直撫于題爲謹陳宣屬等事：該臣看得東、西二城經臣題請，設鍋包引，部覆行臣會同鹽臣定議具題行據。丁憂運司郎廷極、守道任機詳稱：長蘆行鹽地方惟宣屬實爲最苦，東、西二城聽民設鍋包引，實爲通便。至深井堡等處俱係邊方，詳請一併包引。前來臣查深井堡等處，從前皆彝鹽，每斤不過清錢三四文，而蘆鹽每斤定價銀三四分不等。宣屬東、西二城並深井等處，共額引五千七百道，計鹽一百三十六萬八千餘斤，每年共需鹽價銀二萬三千餘兩。正課二千餘兩之外，每年多耗民間鹽價銀二萬一千餘兩。當地瘠民貧之所，又當疊遭荒旱，災民焉能照數疏銷。地方官奉行不善，則計口派鹽。勒限嚴比，俱勢〔四二〕所必有。是以紛紛控告，情願包引。伏查恩詔一款：「直省地方有現行事例不便於民者，該督撫詳察，開列具題。該臣確議，酌量更正，欽此！」今宣屬引鹽，累民病商，不便實甚。雖定制已久，仍宜酌更。臣請會同鹽臣江合詞具題，奉旨允準在案。現在額徵鹽課銀九百七十九兩四錢八分二釐，照額起解。

雜稅

當稅，銀十兩。

缸稅，銀三十三兩六錢。

牛驢稅，銀八十二兩二錢，閏月加銀三兩三錢。

猪稅，銀四十八兩。

麯稅，銀四兩三錢五分。

烟稅，銀二兩零一分。

牙稅

田房稅

以上各稅，例應盡收盡解，年終另册報銷。

附《舊志·雜稅》：

當鋪每座納銀五兩。燒鍋四名，每名納課穀二石三斗三升零。燒缸八十四名，每名納稅銀一兩二錢。六米行一百八名，每名納課穀一石九斗四升二合。鞭杖行四十一名，每名納課穀一石七[四三]斗四升七合零。毡匠二名，每名納課穀一石三斗九升八合零。魚鴨行一十一名，每名納課穀九斗三升二合零。總行四名，每名納銀三兩，閏月加銀一兩一分零。小猪行二名，每名納課穀五斗四升六合零。木植行二名，每名納課穀三斗八升八合零。

物産

史遷《貨殖傳》稱：「碣石北多馬、牛、羊、旃裘、筋角；銅、鐵[四]。」乃延慶居北平極邊，地僻物嗇，即所産不過利用之常，烏足登志。顧山川畜植，豈必盡皆唤鐵神，鉦何羅海稀，而猓猓、猳玃、羊棘、石瓜也哉！

穀類

穀、黍、稷、稻、粱、粟、麥、秫、黑豆、黄豆、菉豆、豇豆、小豆、豌、匾豆、蕎麥、胡麻。

枲類

絲麻，檾。

木類

松、椿、槐、榆、柳、楊、棠、杜桑、櫟、樗、荆、苦梨、苦檀、多羅。

蔬類

葱、韮、蒜、薤、瓠、茄、芹、蕨薇、芥、莧、蓼、葫蘆、白菜、萵苣、菠菜、莙薘、胡荽、茼蒿、山葱、山韮、龍芽、木耳、黄花、榛、蘖、白蘿蔔、紅蘿蔔、山菠菜、玉蔓菁、拳頭菜。

瓜類

王瓜、菜瓜、甜瓜、西瓜、絲瓜、南瓜。

果類

桃、杏、李、梨、棗、榛、胡桃、沙果、葡萄、忽剌畢、蘋婆。

花類

菊、葵、蓮、芍藥、萱草、雞冠、玉梅、刺梅、捲丹、山丹、松丹、金盞、鳳仙、石竹、蔓枝蓮、珍珠花、丁香花、六月菊、金雀花、吴絲菊、小蜀葵、水紅花、白玉簪。

藥類

黄芩、蒼术、芍藥、車前、薄荷、細莘、柴胡、防風、升麻、黄精、遠志、地黄、荆芥、知母、黄蘗、半夏、大黄、桔梗、貫仲、地榆、益母草、夏枯草、兔絲子。

禽類

烏雀、鴉、燕、雁、雀、鳶、鷺、鳩、鷂、鶉、鴇鴸、鴿、鸛、鷹、鶯、鵰、鶻、鵝、鴨、雞、雉、梟、梟、鷲、老陶河、白擒、青肩、啄木、巧婦、鴛鴦、鵓鴿、黄雀、山雀、紅雀、錫嘴、蠟嘴。

獸類

狼、豺、鹿、兔、狐、猪、犬、牛、羊、馬、騾、驢、貛、貓、野猪、野羊、夜猴、鼠狼。若虎、豹、熊、獐，俱在東山塞外。

鱗類

鰍、鰱、鯽、鮎、蝦，俱間一有之。西辛堡、西柵子〔四四〕，東至馮家洿、南柵子，河内産慶魚，其味頗佳，近年時有時無。以上見《乾隆志》

土貢，每歲甘草一百五十斤，黄芩一百五十斤，蒼朮一百斤，芍藥一百斤。每歲楊木長柴八十斤，後改折色。按：土貢，《舊志》所載。

按：延慶物産與他邑無大異，惟八仙洞山坡松、柏及居庸關溝香柴，内務府委員採取進貢。其餘金剛山金鈎如意草治諸毒，金剛參其力不減遼東；八達嶺杏仁，俗名叭噠杏仁；張山營王瓜，黄柏寺西瓜，西胡家營甜梨，楊董家莊蘋果、檳子，及木炭、洗緑、刺皮山貨，皆適於用也。

【校勘記】

〔一〕三千：原作「二千」。據《嘉靖隆慶志》改。

〔二〕四千：原作「一千」。據《嘉靖隆慶志》改。

〔三〕家：原作「名」，筆誤。據下文改。

〔四〕「〔二十〕」：據《嘉靖宣府鎮志》補。下同。另：隆慶年的男女數字，《嘉靖宣府鎮志》亦闕載。

〔五〕「《舊志》男婦之數未晰」：《嘉靖宣府鎮志》《嘉靖隆慶志》諸書均詳記永寧男婦數，可參看。

〔六〕五：原闕。據《嘉靖隆慶志》補。

〔七〕六：原闕。據《嘉靖隆慶志》補。

〔八〕七：原闕。據《嘉靖隆慶志》補。

〔九〕五百：原作「三百」，筆誤。據《嘉靖宣府鎮志》《嘉靖隆慶志》諸書改。

〔一〇〕六：原作「五」。據《乾隆延慶州志》改。

〔一一〕四十：原作「四」。據《乾隆延慶州志》補。

〔一二〕一：原作「七」。據《乾隆延慶州志》改。

〔一三〕五十二：原作「五十三」。據《乾隆延慶州志》改。

〔一四〕二斗：原作「八斗」。據《乾隆延慶州志》改。

〔一五〕頃：原作「畝」。據《乾隆延慶州志》改。

〔一六〕萬曆：原闕。據前後文意補。

〔一七〕二：原作「三」。據《乾隆延慶州志》改。

〔一八〕六十六：原作「六十一」。據《乾隆延慶州志》改。

〔一九〕五百三十：原闕。據《乾隆延慶州志》補。

〔二〇〕連學糧：原闕。據《乾隆延慶州志》補。

〔二一〕共除銀三錢四分零：原作「五兩六錢四分零」，據《乾隆延慶州志》改。與「康熙四十二年」所記混淆。

〔二二〕糧一石三斗二合：原作「糧二十五石一升六合」。據《乾隆延慶州志》改。

〔二三〕粟：原作「乘」。據《乾隆延慶州志》改。

〔二四〕三斗：原闕。據《乾隆延慶州志》補。

〔二五〕共：底本衍一「共」字，删。

〔二六〕達：《乾隆延慶州志》作「大」。

〔二七〕攤丁銀六兩六錢一分九釐八毫八絲：原闕。據《乾隆延慶州志》補。

〔二八〕攤丁銀五兩一錢三分五釐七毫：原闕。據《乾隆延慶州志》補。

〔二九〕三：原作「二」。據《乾隆延慶州志》改。

〔三〇〕二：原作「三」。據《乾隆延慶州志》改。

〔三一〕二：原作「八」。據《乾隆延慶州志》改。

〔三二〕三纖：原作「纖纖」。據《乾隆延慶州志》改。按《乾隆延慶州志》作「三先」。

〔三三〕等：原作「匠」。筆誤。據《乾隆延慶州志》改。

〔三四〕米糧屯：原作「米花屯」。筆誤。

〔三五〕十二兩：此下應有「八錢」二字。

〔三六〕一辦：原作「以辦」。據上文改。

〔三七〕衙：原闕。據《乾隆延慶州志》補。

〔三八〕衙門：原闕。據《乾隆延慶州志》補。

〔三九〕衙門：原闕。據《乾隆延慶州志》補。

〔四〇〕工食銀：原作「工食」，據《乾隆延慶州志》補。

〔四一〕南辛堡：原作「南新堡」。據本書《村鎮表》及實況改。

〔四二〕勢：原闕。據《乾隆延慶州志》補。

〔四三〕七：原作「九」。據《乾隆延慶州志》改。

〔四四〕西柵子：原作「水柵子」。據《乾隆延慶州志》改。

【注　釋】

［一］斗級：斗謂斗子，級謂節級。是主管官倉、務場、局院的役吏。

［二］庫子：明代官府科派的經常性差役（常役）名目之一。屬均徭類。亦指服此役者。

［三］莊窠：亦作「莊科」，指莊園，田産。《元典章・户部五・民田》：「或有莊窠房屋，便行懸掛佛像，安置萬歲牌位，致使有理之家，不敢起移，因此詞訟尤興。」

［四］檢《史記》卷一二九《貨殖列傳》，「銅鐵」二字當屬下讀，作「銅、鐵則千里往往山出棋置」，故標點如此。

延慶州志卷四

學校志　學宮　學額　鄉學　鄉學額　附永寧舊學　書院　社學　義學

學宮

文廟，在州治東南。明洪熙元年，知州楊賓創建大成殿，覆之以瓦，兩廡、堂齋皆構草爲之。正統九年，知州王銘重修，俱易以瓦。成化三年，知州李鼐撤而新之。隆慶四年，知州王銃拓地重新，規制大備。萬曆三十一年，知州王大益；三十六年，知州楊惟相，前後重修。

國朝順治初，知州遲日豫；康熙三十六年，知州武登科、學正蘇學晋；乾隆十六年，知州趙屏晋；嘉慶十二年，知州滑承芳、李鏡各有修葺。同治四年，知州屠秉懿重修。

大成殿五楹。

正位南向：至聖先師孔子。

歷代謚號考：

周敬王四十二年，魯哀公誄孔子曰尼父。漢平帝元始元年，追謚孔子曰褒成宣尼公。東漢和帝永元四年，封孔子爲褒尊侯。北魏孝文帝太和十六年，改謚孔子爲文聖尼父。後周静帝大象二年，封孔子爲鄒國公。隋文帝贈孔子爲先師尼父。唐太宗貞觀二年，尊孔子爲先聖；十一年，尊孔子爲宣父。高宗顯慶二年，復尊孔子爲先聖。乾封元年，追贈孔子爲太師。天授元年，封孔子爲隆道公。玄宗開元十七年，追謚孔子爲文宣王，南向坐。先時，廟庭以周公南面，而夫子坐西牖下。貞觀中，别祀周公，而夫子位未改。至是，二京國子監、天下州縣祀位皆南面。宋真宗大中祥符元年，加謚孔子爲元聖文宣王，五年，改封爲至聖文宣王。元武宗大德十一年，詔加封孔子爲大成至聖文宣王。明太祖洪武初，封爵仍舊。世宗嘉靖九年，詔改稱至聖先師孔子。是年，天下文廟去塑像易以木主。

東配

復聖顏子。西向。按：顏子，魯人。周敬王七年戊子，即魯昭公二十九年冬十一月十一日生，敬王三十八年，即魯哀公十三年秋八月二十三日，年三十二歲卒。漢永平十五年祀七十二弟子，顏子位第一，後世因之。

述聖子思子。西向。按：子思子，伯魚之子。伯魚以周敬王三十七年，即魯哀公十二年卒。是年生子伋，因字子思云。周威烈王二十二年，即魯穆公六年，子思年八十歲，卒於衛。宋咸淳三年，晉配饗位。

西配

宗聖曾子。東向。按：曾子，魯南武城人。周敬王十五年，即魯定公三年生。考王五年，即魯悼公三十二年，七十歲卒。宋咸淳三年，晉配饗位。

亞聖孟子。東向。按：孟子，魯孟孫之後，世居於鄒，故爲鄒人。周安王十七年四月初二日，即今二月初二日寅時生，周赧王二十六年十一月十五日午時，年九十七歲卒。宋元豐七年，晉配饗位。

以上配位，宋以前皆稱封爵。元至順元年，贈顏子兖國復聖公、曾子郕國宗聖公、子思子沂國述聖公、孟子鄒國亞聖公。明嘉靖九年，改稱復聖顏子、宗聖曾子、述聖子思子、亞聖孟子，今仍其制。

東哲

先賢閔子。名損，字子騫，魯人。按：周景王八年，即魯昭公五年甲子，閔子生，少孔子十四歲。唐開元八年從祀。

先賢冉子。名雍，字仲弓，魯人。按：周景王二十二年，即魯昭公十九年，仲弓冉子生，少孔子二十九歲。周敬王四十年，即魯哀公十五年，仲弓年四十四歲卒。唐開元八年從祀。

先賢端木子。名賜，字子貢，衛人。按：周景王二十五年，即魯昭公二十二年，端木子生，少孔子三十一歲。唐開元八年從祀。

先賢仲子。名由，字子路，一字季路，卞人。按：周景王三年，即魯襄公三十一年己未九月初七日，即今七月初七日，仲子生，少孔子九歲。敬王四十年，即哀公十五年，仲子六十三歲，死於衛南。唐開元八年從祀。

先賢卜子。名商，字子夏，衛人。周敬王十三年，即魯定公四年，卜子生，少孔子四十四歲。唐開元八年從祀。

先賢有子。名若，字子有，魯人。按：周景王七年，即魯定公四年，有子生，少孔子十三歲。國朝乾隆三年陞十二哲。

西哲

先賢冉子。名耕，字伯牛，魯人。按：周景王元年，伯牛冉子生於魯之郰，少孔子七歲。周敬王四十年，即魯哀公十五年，伯牛六十五歲卒。唐開元八年從祀。

先賢宰子。名予，字子我，魯人。按：宰子，唐開元八年從祀。

先賢冉子。名求，字子有，魯人。按：周景王二十二年，即魯昭公十九年，子有冉子生，少孔子二十八歲。唐開元八年從祀。

先賢言子。名偃，字子游，吴人。按：周敬王十四年，即魯定公四年，言子生，少孔子四十五歲。唐開元八年從祀。

先賢顓孫子。名師，字子張，陳人。按：周敬王十六年，即魯定公六年，顓孫子生，少孔子四十八歲。宋咸淳三年陞十哲。

先賢朱子。名熹，字元晦，徽州婺源人。按：宋高宗建炎四年㈡庚戌九月十五日午時，朱子生。慶元六年，朱子年七十一歲，三月初九日午初刻卒。宋淳祐元年從祀。國朝康熙五十一年陞十二哲。

以上哲位，宋以前皆稱封爵。明嘉靖九年，改稱先賢某子，今仍其制。

東廡先賢先儒位次：自北而南。

先賢公孫子。名僑，字子産，鄭大夫。《左傳·魯襄公八年》始見，昭公八年卒。國朝咸豐七年從祀。

先賢林子。名放，字子丘，魯人。唐開元二十七年，從祀。明嘉靖九年，改祀於鄉。國朝雍正二年復祀。

先賢原子。名憲，字子思，宋人。按：周敬王五年，即魯昭公二十七年生，少孔子三十六歲。唐開元二十七年從祀。

先賢南宫子。名适，字子容，《家語》作「南宫縚」，《史記》作「南宫适」，魯人。按：唐開元二十七年從祀。

先賢商子。名瞿，字子木，魯人。按：周景王二十三年，即魯昭公二十年生，少孔子二十九歲。唐開元二十七年從祀。

先賢漆雕子。名開，字子若，《史記》作「子開」，魯人。按：周景王五年，即魯昭公二年生，少孔子十一歲。唐開元二十七年從祀。

先賢司馬子。名耕，字子牛，宋人。按：唐開元二十七年從祀。

先賢梁子。名鱣，或作鯉，字叔魚，齊人。按：周景王二十三年，即魯昭公二十年生，少孔子二十九歲。唐開元二十七年從祀。

先賢冉子。名孺，字子魚，魯人。《史記》：字子魯。按：周敬王〔二〕十九年，即魯定公九年生，少孔子五十歲。唐開元二十七年從祀。

先賢伯子。名虔，字子楷，魯人。《史記》：字子析。按：周敬王十九年，即魯定公九年生。唐開元二十七年從祀。

先賢冉子。名季，字子産，或作「冉季」，又作「子達」，魯人。按：唐開元二十七年從祀。

先賢漆雕子。名徒父，字子有。按：《家語》作「從」，字子文，或作子反。《杭碑》〔一〕作「子期」，魯人。唐開元二十七年從祀。

先賢漆雕子。名哆，字子斂，或作「漆雕侈」，或作「漆雕斂」，魯人。唐開元二十七年從祀。

先賢公西子。名赤，字子華，魯人。按：周敬王十一年，即定公元年生，少孔子四十二歲。唐開元二十七年從祀。

先賢任子。名不齊，字子選，楚人。《史記》：「字選。」按：一作濟寧州人，今金鄉有任子故里。唐開元二十七年從祀。

先賢公良子。名孺，字子正，陳人。或作「公良儒」。按：或云公姓，良儒名，誤。唐開元二十七年從祀。

先賢公肩子〔三〕。名定，字子中，魯人。或作「公堅，字子仲」。按：或云公姓，肩定名，誤。唐開元二十七年從祀。

先賢鄡子。名單(四)，字子家，魯人。按：或作「鄔」。《家語》作「懸亶，字子象」，誤。以懸亶亦從祀也。唐開元二十七年從祀。

先賢罕父子。名黑，字子索，魯人。《家語》作「宰父黑，字子黑」。按：唐開元二十七年從祀。

先賢榮子。名旂，字子旗。《杭碑》：「子祺。」按：古本《家語》：「字子顏，魯人。或作榮祈。」唐開元二十七年從祀。

先賢左子。名人郢，字子行，魯人。《史記》：「字行。」按：《家語》作「左郢」。唐開元二十七年從祀。

先賢鄭子。名國，字子徒，魯人。《家語》作「薛邦，字子從」。按：唐開元二十七年從祀。

先賢原子。名亢，字子籍。《史記》作「原亢籍」。按：古本《家語》作：「原忼，字籍，又作原桃。魯人。」唐開元二十七年從祀。

先賢廉子。名潔，字子曹，衛人。《史記》：「字子庸」。按：唐開元二十七年從祀。

先賢叔仲子。名會，字子期，魯人。按：周敬王二十三年生，少孔子五十四歲。

按：唐開元二十七年從祀。

先賢公西子。名輿如，字子上，魯人。《史記》作「公西輿」。按：唐開元二十七年從祀。

先賢邽子。名巽，字子斂，魯人。《家語》作「邽巽，字子歛」。按：唐開元二十七年從祀。

先賢陳子。名亢，字子禽，陳人。《史記》不列名。按：周敬王九年生，少孔子四十歲。唐開元二十七年從祀。

先賢琴子。名張，又名牢，字子開，一字子張，衛人。《史記》不列名。唐開元二十七年從祀。

先賢步叔子。名乘，字子車，齊人。或云步姓，叔乘名。按：唐開元二十七年從祀。

先賢秦子。名非，字子之，魯人。按：唐開元二十七年從祀。

先賢顏子。名噲，字子聲，魯人。按：唐開元二十七年從祀。

先賢顏子。名何，字冉。古本《家語》：「以字稱」，魯人。按：國朝雍正二年從祀。

先賢縣子。名亶。按：《索隱》作「縣豐」。《廣韻》注作「縣亶父，字子象」，魯人。國朝雍正二年從祀。

先賢公明子。名儀，魯人。國朝咸豐四年七月初六日從祀。

先賢樂正子。名克，字子敖，魯人，孟子弟子。國朝雍正二年從祀。

先賢萬子。名章。孟子弟子。按：國朝雍正二年從祀。

先賢周子。名敦頤，字茂叔，湖南道州營道人。按：宋真宗天禧元年丁巳生，熙寧六年癸丑六月初七日，年五十七歲卒。宋淳祐元年從祀。

先賢程子。名顥，字伯淳，河南洛陽人。按：宋仁宗明道元年壬申生。宋淳祐元年從祀。

先賢邵子。名雍，字堯夫，河南人。按：宋真宗大中祥符四年辛亥十二月辛丑二十五日甲子甲戌時生，宋神宗熙寧十年四月初七日，年六十七歲卒。宋咸淳三年從祀。

先儒公羊子。名高，齊人。按：唐貞觀二十一年從祀。

先儒伏子。名勝，字子賤，濟南人。按：伏羲之後。唐貞觀二十一年從祀。

先儒毛子。名亨，魯人，時稱爲大毛公，年無考，受詩於荀卿，以授毛萇。按：《史記》：楚考烈王二十五年，荀卿廢居蘭陵，距漢興三十二年。《太平御覽》引《毛詩正義》云：荀卿授漢人魯國毛亨，則是秦漢間人。國朝同治二年從祀。

先儒子國子。名安國，字子國〔五〕，孔子十一世孫。按：唐貞觀二十一年從祀。

先儒后子。名蒼，字近君，東海剡人。按：明嘉靖九年從祀。

先儒許子。名慎，字叔重，汝南召陵人，官南閣祭酒。國朝光緒二年，從祀。

先儒鄭子。名玄，字康成，北海高（六）密人。按：漢順帝永建二年丁卯七月戊寅生，建安五年庚辰，年七十四歲，六月卒。國朝雍正二年從祀。

先儒范子。名寧，字武子，南陽順陽人。按：即今内鄉人。年六十三歲卒。國朝雍正二年從祀。

先儒陸子。名贄，字敬輿，浙江嘉興人。按：唐玄宗天寶十三年（七）甲午五月三十日辰時生，貞元二十一年乙酉，年五十二歲卒。國朝道光六年從祀。

先儒范子。名仲淹，字希文，蘇州吴縣人。按：宋太宗端拱二年己丑八月初二日丑時生，皇祐四年壬辰，年六十四歲，五月二十二日卒。國朝康熙五十四年從祀。

先儒歐陽子。名修，字永叔，盧陵人。按：宋真宗四年六月二十一日寅時生（八），宋神宗五年壬子，年六十六歲，闰七月二十二日卒。明嘉靖九年從祀。

先儒司馬子。名光，字君寔，陝州夏縣人。按：宋天禧（九）三年己未生，元祐元年丙寅，年六十八歲卒。宋度宗咸淳三年從祀。

先儒謝子。名良佐，字顯道，河南上蔡人，謚文肅。按：國朝道光二十九年從祀。

先儒羅子。名從彦，字仲素，南劍人。按：宋神宗五年壬子生，紹興五年乙卯，年六十四歲卒。明萬曆四十二年從祀。

先儒李子。名綱，字伯紀，福建邵武府邵武縣人，自其祖始居江蘇無錫。按：宋神宗元豐六年癸亥生，高宗紹興十年庚申卒，年五十八歲。國朝咸豐元年從祀。

先儒張子。名栻，字敬夫，四川綿竹人。按：宋紹興五年〔一〇〕乙卯生，淳熙七年庚子，年四十六〔一一〕歲，二月卒。宋景定二年從祀。

先儒陸子。名九淵，字子静，撫州金谿縣人。按：宋紹興九年己未二月乙亥辰時生，紹熙〔一二〕三年壬子，年五十四歲，十二月十四日癸丑卒。明嘉靖九年從祀。

先儒陳子。名淳，字安卿，漳州龍溪人。按：宋紹興二十三年癸酉生，嘉定十年丁丑，年六十五歲卒。國朝雍正二年從祀。

先儒真子。名德秀，字景元，號西山，浦城人。按：宋淳熙五年戊戌九月十五日卯時生，端平二年乙未，年五十八歲，五月初十日午時卒。明正統二年從祀。

先儒何子。名基，字子恭，浙江婺州金華人。按：宋淳熙十五年戊申十月己卯生，咸淳四年戊辰，年八十一歲，十二月乙未卒。國朝道光二十三年從祀。

先儒文子。名天祥，字履善，又字宋瑞，號父山，吉之廬陵人。按：宋理宗三年丙申五月初二日子時生，元世祖至元十九年壬午，年四十七歲死節。國朝道光二十三年〔一三〕從祀。

先儒趙子。名復，字仁甫，德安人。按：國朝雍正二年從祀。

先儒金子。名履祥，字吉父，婺之蘭谿人。按：宋理宗五年壬辰三月丁酉生，元大德七年癸卯，年七十二歲，三月壬辰卒。國朝雍正二年從祀。

先儒陳子。名澔，字可大，號雲柱，江西都昌人。年八十二歲卒。按：國朝雍正二年從祀。

先儒方子。名孝孺，字希直，台州人。官至翰林侍講學士，建文末殉難，學者稱正學先生。元至正十七年生，明建文四年卒，年四十六。國朝同治二年從祀。

先儒薛子。名瑄，字德温，山西河津人。按：明洪武二十二年己巳八月初十日子時生，天順八年甲申，年七十六歲，六月十五日卒。明隆慶五年從祀。

先儒胡子。名居仁，字叔心，江西餘干人。按：明宣德九年生，成化二十年，年五十一歲，三月十二日卒。明萬曆十二年從祀。

先儒羅子。名欽順，字允昇，號整菴，江西泰和人。按：明成化元年乙酉十二月初八日生，嘉靖二十六年丁未，年八十三歲，四月二十日卒。國朝雍正二年從祀。

先儒吕子。名柟，字仲木，明高陵人。進士，由修撰官至禮部右侍郎，學者稱涇野先生。成化十五年生，嘉靖二十一年卒，年六十四。國朝同治二年從祀。

先儒劉子。名宗周，字起東，浙江山陰人。按：明萬曆六年戊寅正月二十六日卯時生，弘光元年（一四），年六十八歲，閏六月初八日戌刻死節。國朝道光二年從祀。

先儒孫子。名奇逢，字啓泰，號鍾元，直隸容城縣人。按：明萬曆十二年十二月十四日戌時生，後僑寓河南輝縣。國朝康熙十四年乙卯，年九十二歲，四月二十二日卒。道光八年從祀。

先儒陸子。名世儀，字道威，太倉州人，諸生。明亡隱居教授，學者稱桴亭先生。國朝光緒二年從祀。

先儒陸子。名隴其，字稼書，浙江平湖人。按：明崇禎三年庚子十月十八日生。國朝康熙三十一年壬申，年六十三歲，十二月二十七日卒。雍正二年從祀。

西廡先賢先儒位次　自北而南

先賢蘧子。名瑗，字伯玉，《吕覽》：「謚成子，衛大夫。」《左傳·魯襄公十四年》始見，卒年無考。《史記》：定公十四年，孔子猶主蘧伯玉家，其卒後於公孫僑蓋三十餘年。唐開元二十七年從祀。明嘉靖九年改祀於鄉。國朝雍正二年復祀。

先賢澹臺子。名滅明，字子羽，武城人。唐開元二十七年從祀。

先賢宓子。名不齊，字子賤，魯人。按：周敬王十八年，即魯定公八年生。唐開元二十七年從祀。

先賢公冶子。名長，字子長，魯人。《史記》作「齊人」。唐開元二十七年從祀。

先賢公皙子。名哀，字季沈，魯人。《史記》作「字季次，齊人」。按：唐開元二十七年從祀。

先賢高子。名柴，字子羔，齊大夫高傒十代孫。《史記》作「衛人」。按：周景王二十四年，即魯昭公二十一年生，少孔子三十歲。唐開元二十七年從祀。

先賢樊子。名須，字子遲，齊人。按：周敬王五年，即魯昭公二十七年生，少孔子三十六歲。唐開元二十七年從祀。

先賢商子。名澤，字子季，《家語》：「字子秀，魯人。」按：唐開元二十七年從祀。

先賢巫馬子。名施，字子期，陳人，後僑寓內鄉。《史記》作「字子旗」。按：周景王二十四年，即魯昭公二十一年生。唐開元二十七年從祀。

先賢顏子。名辛，字子柳，魯人。《史記》作「顏幸」。按：周敬王(二五)十五年，即魯定公五年生，少孔子四十六歲。唐開元二十七年從祀。

先賢曹子。名卹，字子循，蔡人。按：周敬王十九年，即魯定公九年生。唐開元二十七年從祀。

先賢公孫子。名龍，字子石，衛人。按：周敬王二十二年，即魯定公十二年生。唐開元二十七年從祀。

先賢秦子。名商，字丕兹。《史記》作「子丕」，魯人，鄭康成曰：「楚人。」按：周敬王九年生。唐開元二十七年從祀。

先賢顏子。名高，《家語》作「尅」。《史記》作「刻」。《索隱》：「名産，字子驕」，魯人。按：周敬王十九年生。唐開元二十七年從祀。

先賢壤子。名駟赤，字子從，秦人。《史記》作「字子徒」。或云：壤駟姓，赤名。按：唐開元二十七年從祀。

先賢石子。名作蜀，字子明，秦之成紀人。或作「石之蜀」。按：唐開元二十七年從祀。

先賢公夏子。名首，字子乘，魯人。或云「名守，字乘」。按：唐開元二十七年從祀。

先賢后子。名處，字子里，齊人。《家語》作「石處，字里之」。《闕里志》作「虔」。按：唐開元二十七年從祀。

先賢奚子。名容蒧，字子晳，《家語》作「奚蒧，字子偕，一作子楷」，魯人。《正義》曰：「衛人」。或云：奚容姓，蒧名。按：唐開元二十七年從祀。

先賢顔子。名祖，字襄，《家語》作「顔相」。又作「祖，字子襄」，魯人。按：唐開元二十七年從祀。

先賢句子。名井疆，字子疆，衛人。《家語》「句」作「勾」，字子界。《正義》作「鈎井」。按：唐開元二十七年從祀。

先賢秦子。名祖，字子南，秦人。按：唐開元二十七年從祀。

先賢縣子。名成，字子横，魯人。《史記》作「字子祺」。按：唐開元二十七年從祀。

先賢公祖子。名句兹。《家語》作「公祖兹」，字子之，魯人。按：唐開元二十七年從祀。

先賢燕子。名伋。古本《家語》作「級」，字子思，魯人。《史記》云：「字思，秦人。」按：唐開元二十七年從祀。

先賢樂子。名欬。《家語》作：「樂欣」，字子聲，魯人。按：唐開元二十七年從祀。

先賢狄子。名黑，字皙之，衛人。《史記》云「字晳」。按：一作子晳，《正義》云：「魯人。」唐開元二十七年從祀。

先賢子蔑子。姓孔，名中，按：《家語》作「弗」，字子蔑，孔子兄孟皮子。唐開元二十七年從祀。

先賢公西子。名蒧，字子尚，魯人。《史記》作「字子上」。按：唐開元二十七年從祀。

先賢顏子。名之僕，字子叔，魯人。《史記》：「字叔。」按：唐開元二十七年從祀。

先賢施子。名之常，字子常，魯人。《史記》作「字子恆」。按：唐開元二十七年從祀。

先賢申子。名棖，字周〔一六〕，魯人。《家語》作「申繚〔一七〕」。《史記》作「申黨」。唐開元二十七年從祀。

先賢左子。名丘明，魯人。《史記》云：「姓左丘，名明。」按：唐貞觀二十一年從祀。

先賢秦子。名冉，字開，蔡人。按：國朝雍正二年從祀。

先賢牧子。名皮。國朝雍正二年，從祀。

先賢公都子。按：國朝雍正二年從祀。

先賢公孫子。名丑，齊人。按：國朝雍正二年從祀。

先賢張子。名載，字子厚，一字横渠，長安人。按：宋真宗四年生，熙寧十年十二月，年五十八歲卒。宋淳祐元年從祀。

先賢程子。名頤，字正叔，河南洛陽人。按：宋仁宗明道二年癸酉生。宋淳祐元年從祀。

先賢穀梁子。名赤，一名淑，字元始，魯人。按：唐貞觀二十一年從祀。

先儒高堂子。名伯(一八)，字生，齊人，或曰魯人。按：唐貞觀二十一年從祀。

先儒董子。名仲舒，廣川人。按：元至順元年從祀。

先儒毛子。名萇，字長公，趙人，稱小毛公。按：唐貞觀二十一年從祀。

先儒杜子。名子春，河南緱氏人。按：唐貞觀二十一年(一九)從祀。

先儒諸葛子。名亮，字孔明，琅琊陽都人。按：漢靈帝光和四年生，建興十二年甲寅，五十四歲，八月卒於軍中。國朝雍正二年從祀。

先儒王子。名通，字仲淹，河南龍門人。按：隋文帝開皇元年辛丑生，大業十三年丁丑，三十七歲卒。明嘉靖九年從祀。

先儒韓子。名愈，字退之，鄧州舞陽人。唐代宗大曆三年戊申生，長慶四年甲辰，年五十七歲卒。宋元豐七年從祀。

先儒胡子。名瑗，字翼之，泰州如皋人。按：宋太宗淳化四年癸巳生，嘉祐四年己亥，年六十七歲，六月卒。明嘉靖九年從祀。

先儒韓子。名琦，字稚圭，河南安陽人。按：宋真宗大中祥符元年戊申七月二日辰時生，神宗熙寧八年乙卯六月二十四日卒，年六十八歲。國朝咸豐二年三月十九日從祀。

先儒楊子。名時，字中立，南劍將樂人。按：宋皇祐五年癸巳十一月二十五日巳時生，紹興五年乙卯，年八十三歲，四月二十日卒。明弘治八年從祀。

先儒尹子。名焞，字彦明，一字德充，洛人。按：宋神宗四年辛亥生，紹興十二年壬戌，年七十二歲，十一月五日卒。國朝雍正二年從祀。

先儒胡子。名安國，字康侯，建寧崇安人。按：宋神宗七年甲寅九月二十二日生，紹興八年戊午，年六十六歲，四月十二日卒。明正統二年從祀。

先儒李子。名侗，字愿中，劍浦人。按：宋紹聖元年甲戌〔二〇〕生，隆興元年癸未，年七十一歲，十月十五日卒。明萬曆四十二年從祀。

先儒吕子。名祖謙，字伯恭，浙江婺州人。按：宋紹興七年丁巳生，淳熙八年辛丑，年四十五歲，七月卒。宋景定二年從祀。

先儒袁子。名燮，字和叔，宋之鄞縣人，第進士，官禮部侍郎，學者稱絜齋先生。國朝同治七年從祀。

先儒黄子。名幹，字直卿，福建閩縣人。按：宋紹興二十二年壬申生，嘉定十四年辛巳，年七十歲，三月卒。國朝雍正二年從祀。

先儒蔡子。名沈，字仲默，建陽人。按：宋孝宗三年丁亥生，理宗三年庚寅，年六十四歲，五月壬辰卒。明正統二年從祀。

先儒魏子。名了翁，字華父，邛州浦江人。國朝雍正二年從祀。

先儒王子。名柏，字會之，婺州金華人。按：宋慶元三年丁巳八月庚寅生，咸淳十年甲戌，年七十八歲，七月初九日卒。國朝雍正二年從祀。

先儒陸子。名秀夫，字君實，宋鹽城人，進官至端明殿〔二二〕學士。宋亡，負度宗子衛王赴海死。端平三年十月八日生，祥興二年，即元至元十六年卒，年四十四。國朝咸豐九年從祀。

先儒許子。名衡，字仲平，河南人，國子祭酒，世稱魯齋〔二三〕先生，謚文正。宋嘉定二年生，元至元十八年卒，年七十三。皇慶二年從祀。

先儒吴子。名澄，字幼清，江西崇仁人。按：宋淳祐七年丁未生，元文宗至順二年，年八十五歲，六月卒。國朝乾隆二年從祀。

先儒許子。名謙，字益之，金華縣人。按：宋咸淳八年壬申生，元順帝三年，年六十八歲，十月二十三日卒。國朝雍正二年從祀。

先儒曹子。名端，字正夫，明澠池人，舉人。官霍州學正，學者稱月川先生。洪武九年生，宣德九年卒，年五十九。國朝咸豐十年從祀。

先儒陳子。名獻章，字公甫，廣東新會人。按：明宣德三年戊申生，弘治十三年庚申，年七十四歲，二月初十日卒。明萬曆十二年從祀。

先儒蔡子。名清，字介夫，號虛齋〔一三〕，福建晋江人。按：明景泰五年甲戌生，正德三年戊辰，年五十六歲，十二月卒。國朝雍正二年從祀。

先儒王子。名守仁，字伯安，號陽明，浙江餘姚人。按：明成化八年壬辰九月三十日丁亥生，嘉靖七年戊子，年五十七歲，十一月二十九日卒。明萬曆十二年，從祀。

先儒吕子。名坤，字叔簡，河南歸德府寧陵人。按：明嘉靖十五年丙申生，萬曆四十六年戊午，年八十三歲卒。國朝道光六年從祀。

先儒黄子。名道周，字幼平，號石齋，福建漳浦人。按：明萬曆十三年乙酉二月初九日丑時生，隆武二年丙午，年六十二歲，三月初五日死節。國朝雍正二年從祀。

先儒張子。名履祥，字考夫，桐鄉人，諸生。明亡，隱居教授，學者稱楊園先生。國朝同治十一年從祀。

先儒湯子。名斌，字孔伯，號潛菴，河南睢州人。按：明天啓七年丁卯十月二十日巳時生，國朝康熙二十六年丁卯，年六十一歲，十月十一日卯時卒。道光三年從祀。

以上先賢位，宋以前，從祀者皆稱封爵，明嘉靖九年改稱先賢某子。周、張、程、邵五子，嘉靖時稱先儒，崇禎十五年改稱先賢。位在七十子之下，漢居諸儒之上，今俱稱先賢，不稱子。

以上先儒位，明嘉靖以前，從祀者皆稱封爵，嘉靖九年改稱先儒某子，今稱先儒不稱子。

《國子監志》：先師神位木主，高二尺五寸五分，廣六寸五分，厚一寸，朱地金書。小座高四寸五分，厚五分；大座高一尺四寸五分。配位木主，高一尺七寸，廣四寸五分，厚五分，赤地金書。小座高三寸五分，大座高一尺五分。哲位木主，高一尺四寸，廣三寸五分，赤地金書。小座高二寸五分，大座高一尺。兩廡賢儒神位木主，高一尺三寸六分，廣三寸五分，厚六分，赤地黑書。小座高二寸，大座高七寸五分。

崇聖祠：大成殿北，明倫堂東

正位

肇聖王木金父公。名木，字金父，宋人。孔父嘉子，孔子五世祖，位正中，南向。

裕聖王祁父公。或作睪夷父，或作皐夷父。或云名皐，字祁父，宋人。木金父子，孔子高祖，位在肇聖王之左，南向。

詒聖王防叔公。魯防邑大夫，後世因號防叔，祁父子。孔子曾祖，位在肇聖王右，南向。

昌聖王伯夏公。防叔子，孔子祖。位在祁公左，南向。

啓聖王叔梁公。名紇，字叔梁，伯夏子，孔子父，魯鄹邑大夫。位在防叔右，南向。

《元史》：至順元年，加封聖父叔梁公爲啓聖王，創殿大成殿西崇祀。《明史》：嘉靖十年，詔國子監並天下學校各建啓聖公祠，題啓聖公、孔子神位，以顔、曾、思、孟父配，先儒程珦、朱松、蔡元定從祀。春秋祭祀與文廟同日。籩豆牲帛視四配，配位視十哲，從祀視兩廡。萬曆二十三年，以宋周敦頤父輔成從祀。

以上正位，明嘉靖九年於大成殿後立啓聖祠，祀叔梁公。國朝雍正元年，詔封孔子先世王爵，合祀五代，更名。

崇聖祠

東配

先賢孔氏。字孟皮，孔子之兄。國朝咸豐七年配享。

先賢顔氏。名無繇，字路，復聖顔子之父。按：周靈王二十七年，即魯襄公二十八年丙辰生，配齊姜氏。三十三歲，生復聖顔子。唐開元二十七年從祀孔廟，明嘉靖九年遷配啓聖祠。

先賢孔氏。名鯉，字伯魚，子思之父，孔子之子。按：孔子十九歲娶宋之亓官氏〔二四〕，二十歲而生鯉。是年，周景王十三年，即魯昭公十年也。周敬王二十七年，即魯哀公十二年卒，年五十歲。是年生述聖子思子。宋咸淳三年從祀孔廟。明嘉靖九年遷配啓聖祠。

西配

先賢曾氏。名點，字皙，宗聖曾子之父。按：周靈王二十七年，即魯襄公二十八年丙辰生，四十一歲生宗聖曾子。周元王元年，即魯哀公二十年卒，年七十一歲。唐開元二十七年從祀孔廟。明嘉靖九年遷配啓聖祠。

先賢孟孫氏。名激，字公宜，娶仉氏，亞聖孟子之父。明嘉靖九年遷配啓聖祠。

東廡

先儒周氏。名輔成，先賢周子敦頤之父。明萬曆二十三年，從祀啓聖祠。

先儒程氏。名珦〔二五〕，字伯温，先賢兩程子之父。按：宋景德三年丙辰正月二十三日生，元祐五年正月十三日卒，年八十五歲。明嘉靖九年，從祀啓聖祠。

先儒蔡氏。名元定，字季通，福建建陽人，先儒蔡子沈之父。按：宋紹興五年乙卯生，少朱子五歲，慶元四年八月初九日卒，年六十四歲，學者稱西山先生。明嘉靖九年從祀啓聖祠。

西廡

先儒張氏。名迪，先賢張子載之父。按：仕宋仁宗朝，終知州事，卒於官。國朝雍正二年從祀啓聖祠。

先儒朱氏。名松，字喬年，號韋齋，徽州婺源人，先賢朱子之父。按：宋紹聖四年閏二月戊申生，紹興十三年三月二十四日辛亥卒，年四十七歲。明嘉靖九年從祀啓聖祠。

以上先賢先儒位，明嘉靖時稱先賢某氏、先儒某氏，今仍其制。

明葉盛《延慶州學記》：

延慶州學，創自洪熙改元。蓋從知州楊賓請，度地城東南隅，初甚湫隘。正統九年，有修葺之舉，未備也。逮夫己巳歲，敵馬犯塞，民且弗與守，況學乎？猶幸弗燬於兵，然日就頹廢矣。

成化丁亥，知州秦州李嘉自陳州同知陞秩來莅事，曰：「弊邑雖邊小，去首善之地纔百里。教有弗興，吾政有克行者乎？」請於上官，既報可。即撤其舊而圖新之，堅其土築，高其垣蔽，晝思夜惟(二六)，悉力興復之事。既而甿黎、小子、耆老、退校，皆嚮慕，相率來相之，城中軍將暨懷來、永寧守鎮重臣偉其爲，亦樂助之。民有姚禄者，偶發地得白金一器，以兩計，五十有奇，願不私己，亦有以資之。於是廟則先就，兩廡、欞星、戟門相次如式。後從事於學，明倫有堂，講肄有齋，神有廚庫，師有公廨，士有號舍，庖湢亦既備已。

會予適自上谷赴召還，學正徐旭、訓導金壁率耆老、諸生至居庸北塞，跽陳道左，以記爲請。雖諾之，未暇爲也。國子生黄端、張瑩〔二七〕等日來速記，率爲之記。曰：四代之學邈矣。後世之所謂學，養士誦習焉爾。蓋亦曰〔二八〕：「處而明乎古聖賢之道，他日出而行乎古先聖王之政教，所謂化民成俗〔二九〕，昔人之遺意未泯焉。」夫隆慶之名，則因近代之龍慶。近代號稱盛德守文之主〔二〕，固出隆慶，其爲善地可知。兹一修學而齊民知義，其感化之敏，風俗之美如此，則其産之良又可知。州有官，學亦有官，皆民之表也。官有弟子員，又民之秀也。上下之相承、政教之相及，而不有思可乎？民未化也，俗未成也，猶必資夫學。矧盛朝〔三〇〕文德之盛，涵煦之深，歷年之久，上必有教焉，下必有效焉。自都邑而達之於野，家無不順，里無暴慢，公無負逋，頒白之人無負戴，老老長長、父父子子，人知禮義，士習文武，彬彬焉出爲時用，使陰山〔三一〕之北皆知所化服。而居庸之重關擊柝，以防其險。一若無所爲者，以成化於億萬年無疆之休斯。則學之有成，而有以副吾徒疇昔之望，斯實今天子宵旰惓惓之心也。予不敏，嘉與若等俟觀焉。是爲記。

明王時舉《延慶辭文廟别生徒記》：

我皇明稽古右文，重熙累洽。凡薄海内外罔不建學育才，以收菁莪棫樸之化。延慶雖界在塞區，然密邇〔三二〕畿輔，被化尤先。故青衿之士經明而行修者，與内地埒。

余嘉靖丙寅冬以言事觸先帝怒，發爲州之編氓，復遣邏卒偵之。余即日辭闕出都城，止圮寺宿。次日出居庸關，則見層巒岑嵂，疊嶂巀嵲焉。奇哉！天造之險也。又次日出岔道口，則見緡山翚峙焉，嬀水縈回焉。美哉！帶礪之勝也。俄而守戎張君松以櫜鞬迓，幕侯陳君憲以戎服迓，鄉官李君枩輩、庠生焦得材輩，冠裳楚楚，俱肅迓於州關之外。余驚而釋勒，辭曰：「節鉞廵方則士庶郊迎，公車省俗則父老祗候。余擯夫也，斯禮不亦過乎？」諸生進而對曰：「不以盛衰易念者，君子之行也。况公之來乃君命耶！若夫勢張而鶴蓋成陰，迹困而門可羅雀，竊嘗鄙之矣。」

抵州，太守程君應登預就舍以待之。嗣是，諸生朔望必揖，歲時必謁。復持所作課業托署篆别駕劉君光岱就余校之。余辭曰：「經術精通者，設帳授徒；問學淵涵者，生徒立雪。余燕之鄙人也，何以應其求耶！」諸生進而對曰：「師不必賢於弟子者，先儒之説也。况公乃先達耶！若夫位卑則足羞，官盛則近諛，竊嘗誚之矣。」覯其文，雖人人殊，率皆理致宏深，藻思炳㫚。余進而語之曰：「諸生之文不可謂不工矣，旦郡之哲，科第相望者亦甚重矣。何芳躅之久寂乎？」諸生復進而對曰：「學成於勤而荒於嬉，教行於富足而阻於貧窮。吾州自己酉以來，被敵者八。野無青草，室如懸磬，調遣繁而閭里繹騷，招買多而蓋藏悉匱。吾輩救死不贍，奚暇治禮義哉！」余聞而歎曰：「國家建學興才，將以康濟斯民。乃今民既不能自存，士以不能自振，可以觀時矣。雖然無恒産而有恒心者，惟士爲能。古之桑户蓬樞不謂之貧，肘見踵決不謂之病，卒能身顯當時，聲施後世。今諸生不以盛衰易念，則其見定不以滿假自居，則其心虛。矧今觀風諸公咸垂青禮教，誠奮其卓然不奪之志，則蓄極而章，積久而露。出則爲名臣，勳業嶙峋於昭代；處則爲名士，姓名璀璨於汗簡焉，不亦偉乎！是則致〔三三〕望諸生之意也。若優卹貧商〔三四〕，鈐束黠卒，則有司存，又奚贅。」諸生咸色動神竦，駸駸有邁往之志焉。

今上御樞，百度維新。奉先帝遺詔，登起擯棄。余濫續貂尾，以元春望日行矣，詰旦謁辭。

明楊惟相[三]《重修儒學碑記》：

延慶，古上谷首郡。山川之秀，甲於宣雲，而學宫雄勢實踞之，故昔士産其間，多英彦。大司徒、建牙、觀風使者暨粉署、藩臬、二千石，繩繩相望，晚近寂寥者數十載餘。説者謂絶盛難繼，殊大不然。夫五百年而名世出，原未易數然也。而《大學傳》引《銘誥》曰「日日新」，曰「作新民」。則延學之弗昌，病在襲故哉。

予莅延之日，先予至者業有修學議，工亦次第鳩集。然日玩月愒，且圖舊貫，稍一補葺，以畢故事。予惜其縻工而無當，將終不足新人文而昌後學，遂取廟貌一鼎建之。次堂廡、次祠亭、次欞星、次泮橋、次號舍官宅，無不頓更其故。學之南有異峰焉，屹然千仞。前爲拓城八丈餘，列石欄、建巍坊，以迎其秀。令五龜、玉峰之勝，排闥而入，淪嫣水如帶，州學緣是一新。

夫雲新則瑞，山新則靈，學新則茂，德新則明。延諸生[三五]能無意乎？鯤之化也，摶扶摇而上者九萬里也。鳥獸鱗甲各自爲形，獨龍曰文、虎曰變，無亦惟其能自新哉[三六]！予不佞，非敢以「新民」自侈。顧日新又新，以追爾先達，芳躅彬彬，復還其盛。是則《大學》正宗，而予重建初志哉！

斯役也，爲坊者七，環牆而丈則百四十有二。規制壯麗，卓爲畿輔一巨觀。因工於軍，因〔三七〕木於邊，因石於山。惟其因之，是以新之。前後越四載而竣，官帑民貲，即半緡未之捐也。是爲記。

趙屏晋〔四〕《重修延慶州學碑》〔五〕：

從來人才之盛衰，視乎學校之興廢，而不知學校之興廢，尤視乎人心之異同也。蓋下有志而上與之，異則無以爲之倡，而振興末由；上有志而下與之，異則無以爲之繼，而獨行寡偶。此同心之效，所以利於斷金也。

己巳冬，余以滇南楚雄令卓異牧延。謁聖之日，見夫大殿殘破欹斜，勢將不支。而兩廡及鄉賢、名宦等祠已歸烏有。戟欞各門，止有朽木數株半峙石夾敗壁中，堦除茂草，院宇牧場。因不禁撫膺太息曰：「延學之壞乃至此乎，非余之責而誰哉！」因思動項興修，例得詳請，但輾轉駁查，徒延歲月。是猶久病尫羸，而議訪醫千萬里之外也。庸能待乎？爰於公私聚會、巡查丈量之頃，每見紳士接談，必及學宫應修一事。期年諄切，若將人心稍爲鼓動。隨卜庚午冬月之吉，邀集紳士一百三十餘人至署，公議興修爾。紳士等亦爲義氣所感，咸慷慨激昂曰：「延學之壞，某等詎能無意。第無倡之者，是以因循而觀望也。今賢父母慨爲己任，某等敢不繼後以成盛舉。」於是有貢生段宏基、宏業弟兄情愿獨修戟門三楹，而貢生解元吉、生員聶爾煋、童生郭坦等俱（三八）執筆自書，量力捐資，自五十兩起，至一兩止，共捐銀一千八百餘金。又公舉貢生崔爾璘、解元吉以爲總理，廩生解元福、謝璑、盧熉、趙自得，增生郗述濂、穆得惠，附生饒凝福，貢生孟資倫等以爲分理，馬、曹二學博則其監修，而吏目于德緩則其督修也。議定之後，通稟各憲，當蒙嘉與，批飭準行，遂擇吉於辛未之三月三日興工。殿廡、戟欞、鄉賢、名宦以及泮池、橋梁，次第修理，俱仍舊規，惟地基加高尺許。大殿全購巨材，比前更加威嚴，泮池亦開擴深廣，增修磚橋三座，氣亦爲改觀。至九月中旬大工已畢，所少者特彩畫油飾、供案神龕及前截圍牆，並補修學舍數事而已，當因天寒，厥工暫停。而余於是時適奉恩命陞授直隸之永平府，不獲落成。大約壬申後半歲，即可告竣耳。

嗚呼！延學自康熙丁丑重修後，迄今五十餘年，並未增修，其間官與人士未嘗不俱在也。惟上之人視爲無關考程，而不誨於下，下之人視爲非我己事，而不請於上，各行其志，一是聽其敗壞至此。若余延紳士之日，至今纔數月耳，而輪奐俱美，成敗殊觀，亦豈有異術哉！不過余不敢視爲無關考程，而諉其咎於前人，州人士亦不敢視爲非我己事，而卸其任於守土，志向不殊，是以成功甚易耳。則學校之興廢，視乎人心之異同也，不益信哉！更可喜者，延之科目歇絶已垂四十餘年，今於舉行修學之歲，即有徐子文基獲列鄉薦，則修學之效已驗於舉事之初矣。矧夫學校成而競思，嚮道勤而文風丕顯。將來科第連綿，人材蔚起，彪彪炳炳，照耀古今者，又寧有既哉！而後之官與人士，其志意之同亦如今日，則學校尚有不興哉！若夫捐資姓氏，並捐數多寡，俱詳碑陰，後之覽者，亦有所觀感而興起云。是爲記。

乾隆十六年十月

賈鳴謙《重修學宫暨文昌宫碑》：

黌宫毓秀，頖壁鍾靈。雄跨東南，壯觀西北。海陀（三九）飛來，時來居庸，布滿春風。屏列冠山，泰岱之峰參壁立，闕環嬀水，洙泗之源遠流長。晝夜鳴琴聲，松弄風而奏響；陰晴覆翠幄，柏含露而垂青。殿陛極乎穹窿，閶闔昭其巍焕。高挹一郡之淑氣，俯探萬山之幽情。於是木鐸宣化，佑啓人文。石鼓刊經，振興士類。前代之科第固已蟬聯，我朝之搢紳應如雲集。雖云延邑僻壤，實屬京畿首善之區。勿謂冀北空羣，要亦渥窪出

馬之地也。然而石泐金寒，物無不敝之理；棟撓桷折，厦有就傾之時；門缺重關，樵蘇
常入剪伐；牆高數仞，風雨久經飄摇。富美見而師道不尊，芹藻傷而喬木可慮。兼之辛
酉六年，霖雨滂沛，炎暑兩月，陰霾晦冥，民居坍塌不堪，梵宇損壞尤甚。是以至聖廟
幾同花縣之衙，文昌宫奚啻梅村之影，頹圮既久，殘缺至今。滑父師商修葺之嘉謀，捐
廉百兩；郭師長畫補苴之長策，助俸半年。委余數人董其成，邀伊多士勷其事。於是美
言善勸，義氣感孚。貧者欣解阮囊，富者不吝阿堵。望成裘於集腋，爰覆土而爲山。因
而庀材則金木、灰石、瓦墁之料備，鳩工則雕斲、磨礱、會畫之藝全。

嗟爾傭人，偫畚局而勤削築。咨兹圬者，施赭堊而塗塈茨。經始於乙丑之年，落成
在丁卯之歲。諸祠完善，兩廟更新。第見雕梁畫棟，金碧輝煌，朱户丹楹，珊瑚爛熳。
旭日昇而祥烟吐，夕陽入而紫霧凝。門聳櫺星，萬丈光芒高北斗；坊騰雲路，十洲鼇島
俯南天。值朔望而告虔，宫牆修整；逢春秋以享祀，俎豆馨香。由是文風丕變，人材奮
興；繡虎雕龍，折瓊攀桂。昔年南宫一捷，蕊榜三人；今後北溟羣飛，雲程萬里。地靈
於焉人傑，學富自爾材宏，豈必督憲稱黄蘇[六]，銓衡推羅李[七]也哉？多士勉之，將厚
望焉！是爲記。

嘉慶十二年季春

梁春江《重修延慶州學碑》：

自昔設學必立廟，由太學及府州縣率有定制，莫或異焉。蓋天下不可一日廢學，學必專宗孔聖。庶幾道德出於一，風教歸於同也。

延慶州當居庸關北之門户，士之儒業者蓋寡。國朝定鼎，中外一家，二百餘年，士得絃誦，從容相勵於學。迨同治三年上元甲子，日月合璧，五星聯珠，天象昭示文明。欽奉諭旨頒行，首修闕里林廟，次各州縣學，一律興工。時則山陰胡刺史[八]來攝州事，下車謁廟，環瞻[四〇]殿廡宫牆而言曰：「今黌宫如此，其何以造士？且教何以興？而政何以舉？是有土者急務也。」延召諸生曾與襄助廟工者十餘人，預爲規畫捐助。發謀伊始，漢陽屠刺史[九]簡授是邦，之綱之紀，較若畫一。遂鳩工庀材，工致其堅，費節其靡。諸生趨事赴功，罔不用命倡率。州境之士大夫暨旗漢弟子員與殷實諸户，齊心樂輸，集銀若干、錢若干，勒姓名碑陰。首葺大殿，次兩廡。然後繚垣牆，塗丹粉，正神路之砌，新明倫之堂，築肄業之舍。

始營於乙丑之三月，閱五月工竣。釋奠於廟，告厥成功，四境咸悦。羣頌刺史之用心誠而集事敏也。爰伐石以進，而刺史以記命予。春江叨竊校官，迂拙不克襄事，詞尤鄙陋，固辭不獲已，謹摭其實書之。文從質直而去浮夸，俾後來君子繼修備考焉。

同治四年八月

名宦祠，大成門左。

祀明知州陸震（四一）、楊賓、胡璉（四二）、李鼐、初賢、陳其愚、程應登、耿繼武、姜一鳴、宋雲霄、馮宗龍、王鈗、學正楊昆祚、永寧知縣趙爾守、李時冬、教諭張銃、參將徐霖、秦鈺、黄明臣、尚書趙玒、鎮朔將軍薛禄、胡思伸、左衛桂逢春。國朝知州于時兆、張篁華、倪元寬、李鍾俾、宋永清、李百奎、武登科、趙屏晉、芮泰元，共三十二人。

鄉賢祠，在大成門右。

祀明李衍、羅通、魏延臣、馬化龍、聶友良、蘇明、汪昱、黄鍾、蘇乾、胡學思、陳禄、梁九疇、周貴、辛禮、劉九澤、李完、塗雲路、賈希顔、馬汗珠、劉文淇、塗騰茂、賈之淇。國朝唐士魁、吕爲章、饒含采，共二十五人。

忠義祠，在文昌宫東北。雍正八年建。

祀金畢資倫（四三）等四十人。

節孝祠，在文昌宫西。雍正八年建。

祀節婦共九十五人。

文昌宫，在州治東育秀街。知州郭浩重葺。雍正十年，朝天宫道人李陽吉募修。

《文獻通考》：「英顯王廟在劍州，即梓潼神張亞子，仕晉戰没，人爲立廟。僖宗入蜀，封順濟王。」《明史》：「梓潼帝君者，《記》云：『神姓張名亞子，居蜀七曲山。仕晉戰没。唐、宋屢封至英顯王。道家爲帝命梓潼掌文昌府事及人間禄籍，故元加（四四）號爲帝君，而天下學校亦有祠祀者。歲以二月三日生辰遣祭。』」案：《史記・天官書》：「斗魁戴匡六星，爲文昌：一曰上將，二曰次將，三曰貴相，四曰司命，五曰司中，六曰司禄。」《周禮》：「大宗伯以槱燎祀司中、司命。是則文昌之祀古矣。」《春秋文耀鉤》云：「文昌宫爲天府。」《孝經援神契》云：「文者，精所聚。昌者，揚天紀。輔拂並居以成天象。故曰：文昌宫。」後世以梓潼帝君爲文昌，豈星精所化，如傳説東方朔邪？

魁星閣，在城東南隅。

文峰塔，在魁星閣前。乾隆二十四年，州人郭坦重修，胡宗舜爲之記。

明倫堂，在大成殿後。有東西齋房各五間。

學正宅，在學宫西。舊在學宫東，後移此。詳見公署

《文廟祖位次序折》：

禮部奏，臣等謹按：乾隆十八年，議定從祀位次。先賢首蘧瑗、林放。蓋以《文翁圖》列二人於七十二賢之内，而伯玉年先於孔子，故與林放俱列弟子之首。自澹臺滅明至牧皮，悉仍舊次，則以《史記》《家語》所紀弟子之年既不相合，所列弟子之序亦不相同，且同爲孔子弟子，不能定其先後也。孔子弟子之次爲孟子弟子，又次爲周、張、程、

邵五子。五子之中，邵子年最長，而列四子之下者，則於序齒之中兼論道德也。張子在二程子之上者，以二程父表弟，年亦長於二程也。至先儒則有時代之可憑，有年齒之可據，故皆按年序次，載在乾隆年間欽定《會典》《通禮》諸書。今先賢中增祀公孫僑、公明儀二人，公孫僑年先於蘧瑗，應在蘧瑗之上，擬以公孫僑移於東廡第一位，蘧瑗移於西廡第一位。林放既與蘧瑗並稱，擬移於東廡第二位，而移澹臺滅明於西廡第二位。牧皮爲孔子弟子，公明儀爲曾子弟子，擬移牧皮於東廡第三十五位，移公明儀於西廡第三十五位，其餘先賢之位悉仍其舊，以省東西移易。先儒增祀者凡十五人，其位次隨時擬定。限於東西多寡之數，於時代不無參差，今合原定從祀與續經增祀之儒，各就時代，按其生年一東一西，以次排列，庶與乾隆年間諭旨相符，而無淩躐之弊，是否有當，伏候欽定。

州學圖（見附圖六　州學圖）

鄉學

文廟，在州城東南居庸關。本延慶衛學，明初建。天順七年重修。嘉靖時增葺，後漸傾圮。國朝康熙七年重建，乾隆二十六年裁衛學，改爲延慶鄉學。同治八年，知州屠秉懿、訓導袁兆紳重修。

袁兆紳《重修鄉學文廟碑》：

鄉學聖廟，建於居庸關南城外西山之麓。考諸遺碑，即前明隆慶衛學之舊址也。予於甲子歲奉部文秉鐸是邑，下車謁廟，而先師、先賢及兩廡先儒之神牌，俱擠列於明倫堂内。旋復登山，謁崇聖、文昌二祠，則蓁莽荒蕪中，僅餘拜屋數椽而已。然細審遺基，原係大殿五間、兩廡各五間、戟門三間，泮池、牌坊俱用巨石修成。所砌台堦，自上而下至影壁前，約有百餘磴，工至大也。乃重修者惟嘉靖年間之碑記，依然屹立，而其後則缺焉，致令大殿、兩廡、四圍牆壁盡爲丘墟，毫無基址。蔓草荒烟，不堪觸目。且明倫堂本祇三間，春秋丁祭時，實屬狹隘，不能成禮。予欲整頓而重修之，奈工程浩大，獨力難成。寸衷之抑鬱，亦惟隱忍而姑置之已耳。越二年，適遇上關王昇之事，罰修二祠。而移就於兩廡舊基者，予非無心也。次歲秋，年歌大有，直東又慶肅清，閭閻之間，象近康樂。予因面晤州牧屠公，以商重修學廟之計，而屠公亦樂從焉。遂會集州東西鄉學生員，諄諄化導，曲爲勸成。合併四方之官宦、商民，共募六百餘金。於是鳩工庀材，運石負土，又擇廟中之枯木而裁成之。由是物料俱備，廟工大舉。自戊辰歲冬月開工，至今歲八月初一日，神牌始奉安焉。捐項之所虧，予悉捐俸而補足之。廟宇規模雖未能復舊制之光輝，而殿廡、門牆，俱以小就而各備。庶春秋致祭時，不似以前之簡略無章矣。奉安前數日，屠公因公事而辱臨焉，細閲工程，遂指而謂予曰：「二百餘年未修之工，經老師操勞而重新之，此固非易事也。但不知後之事秉鐸者，亦能珍惜此工，嗣而葺之否耶！惟望老師自撰碑文，細述修工之始末，勒諸石以告來者，庶此工可保永全而無傾(四五)圮時矣。」予唯唯，因不揣固陋，書是以爲之記。

同治九年仲春

鄉學訓導宅，在文廟左。詳見公署

舊永寧縣學附

文廟，在永寧城東北隅。本舊永寧縣學。明正德元年建。成化二年，嘉靖八年，均有修葺，後圮。萬曆十三年，知縣王玉汝重建。十四年，參將黄明臣修。十八年，知縣趙爾守移建原址之東。三十年，知縣李體嚴增修。國朝順治十六年，縣裁，改爲衛學。康熙三十二年，裁衛學併入州學。永寧紳士議移建舊縣署地，以便蒸嘗。雍正時，廪生胡向格相度經營。乾隆六年，工竣。捐置經費，每歲春秋，永寧紳士致祭焉。

明蘇乾《永寧重修廟學記》〔四六〕：

爲治之道，莫善於教。堯命契爲司徒，使〔四七〕教以人倫，此教之所由興也。三代以來設學以教，萬世之下罔不因之。孔子繼往開來之功，實與天地相爲無窮。是宜其在在尊崇，立廟以祀之，自有漢至於今而不廢也。

我朝永樂甲午，建永寧縣於縉雲山〔四八〕之陽，以永寧衛附焉。厥後又以隆慶左衛附焉。時邊務方殷，未遑文教，廟學尚未立也。正統元年嘗創立，然規制卑狹，尋復傾圮。成化丙申，有司者以御史岐陽展公之命，重加修拓。今嘉靖戊子，五十三年矣，惟年既久，故其傾圮又有甚焉者。是年夏四月，巡撫大中丞東平劉公按部到縣，廟謁之餘，佇立環視，愀然不寧，謂：「學舍之壞，何以棲士？廟庭〔四九〕之壞，何以妥神？邑小民貧，修復之任當在我。」於是發贓罰銀若干鎰、米若干石，委萬全右衛知事杜鋭、永寧衛指揮康琥、永寧縣知縣种雲龍行修復之事。

三人者承命惟謹，乃市材鳩工，卑者廣之，缺者補之，汙者華之。中爲大成殿，殿之前爲戟門，又其前櫺星門。殿與兩門，其楹皆四。殿之左爲東廡，右爲西廡，楹二十有三。殿之陰爲明倫堂，六楹。東博文齋，西約禮齋。堂之後爲教諭廳，堂之右爲訓導廳〔五〇〕，各十三楹。西廡坤隅爲神廚。學之東隙地爲射圃，圃有觀德亭。廚並兩齋，皆如殿之數。東廡（五一）之東爲號舍，六聯，共十有九楹。學之門立儒林牌坊一座。廟與學繚以高厚之墉，以至案卓、籩豆之類，無一不徹而新之。神可以妥，士有所棲。於此見公之用心亦勤矣哉（五二）！公以甲戌名進士爲進賢尹，以戢不軌者有功，兩陟而造今階。蓋其剛毅恭儉，精明淵塞，故凡所爲無不就緒。此特其餘事耳。

是役也，成於己丑之冬。种侯書來，徵乾紀之，欲刻石示久遠。夫學校之設，所以造士；廟庭之崇，所以敦本。雖以敦本（五三），實所以振後人企慕之心。蓋素王之聖、配享之賢，初亦吾人也，而何以享萬世之祀？成覸（五四）曰：「彼，丈夫也。我，丈夫也。吾何畏彼哉！」此古聖賢可學而至也。士之遊學宫而過廟庭者，其能以此自期乎？然所謂期聖賢者，非謂近世務爲怪異，以竊道學之名之謂也。必内聖外王之學具，全體大用之理該。措諸事業而俊偉，形諸文章而正大，以之用世而無所不宜。通而溥，明而公，直而不迂，窮而彌光，諸皆（五五）有誠敬以主之，可法於天下，可傳於後世，此於（五六）聖賢其庶乎？出此（五七），則偏曲而不可用矣。士子於此能得其全，則固可以輔世長民，正（五八）紀綱而興禮樂，若得其半，亦不失爲有用之學。果若有是，則兩衛之武夫，亦將有所感發，興起而折衝。樽俎之具，亦（五九）於是乎得矣。劉公（六〇）所以興學之意，諒在乎此，故書付种侯使刻之。

胡先達《請查永寧學宮舊基碑記》：

學宮不可不修葺也，而經費尤宜預籌。自聖廟移於縣署，舊址荒蕪。民之漸於其間築場造室，每歲僅輸租五六金，不敷學宮歲修花費，故數經傾圮（六一）。賴前輩諸君子倡募修建，幸不至於廢墜也。進士廷輔李君與家兄先瀛偕先達嘗爲學宮憂之。私相竊計縣治及舊學宮，南自東門至縣胡同，北自倉巷至東城馬道，延長數十畝，築場屋數十家。以吾邑按畝納租計之，所入豈止五六金乎？得毋有隱匿影射者乎？

歲在嘉慶十年丙子仲秋，聖廟祭祀瞻禮，商於同人，咸毅然謂：「不可以不稽。」因相與考查《永寧邑志》，履畝勘丈，矢慎矢公，任勞任怨，界址由是分明，歲可得錢百餘緡焉。爰白於本城分司巡檢王君錫紳，又詳於州尊宋公，以爲自有此舉，學宮歷年膳修之費不煩公帑、不需民力，而即可就理，所關非輕。第恐積久弊生，知無有侵吞乾没，而歸此項於空空者乎？則防微杜漸，當立石以紀始終，繪圖以分畛域。庶幾，永久弗替，後之士子輪流經管稽察，亦知此事之所緣起。因不辭弇陋，遂援筆而爲之記。

道光八年六月

《永寧文廟歷次重修及租項數目碑記》：

嘗謂「莫爲之前，雖美弗彰；莫爲之後，雖盛弗傳」。凡事皆然，況公事乎？如永邑之有文廟也，前明本屬縣治，自我朝順治十六年裁縣而廟欲廢，幸賴前輩胡、李、吴諸公羣起而力争之，州尊不允，禀之學憲，其事乃定。至於今，本學諸生就近祭祀，州中不派執事者，皆前項争持之力也。《永寧志》猶有存者，而《宣化府志》亦同。俟後即以舊廟基址歷年收租，作爲新廟歲修之用。但以所入無多，不過三十餘千，除二、八月丁祭供獻、諸生分餐，其餘不過侵吞隱匿而已。

至嘉慶二十八年，人文蔚起，科甲連綿，有進士胡彝軒、進士李左襄、廣文呂藝林、廩生王繩甫起而經理之。查其舊基，增其新租，歲可得錢一百二十餘千，已有定數，具禀於巡司，詳於州尊。又勒石於欞星門外，以紀其事。但僅言其總數，並未言及係每畝地基一分作租錢三百文，一畝可得永錢三千，各出原領租帖以爲衆户收存執照，若有拖欠，收帖另佃。既有此項，每於興工時俱從此出，並不外捐，何其善也！俟後屢次添設東齋房五間。又修欞星門、名宦祠，增築垣牆、建告神龕、補懸御匾等項，皆有帳而無匾，使賬目有失，便難查考。

及至咸豐與同治初年，老成凋謝，科甲乏人，即有後人英俊，亦少不更事。但伊等家道殷實，定屬推諉，身處窮困，不令把持，亦有外似富厚而内實拮據者，一經染指，不免侵吞。即借用一時，必拖欠數載，公項不幾廢弛乎？是可憂也。故趁此廟貌可觀，理宜及早整頓，將此舊存錢文、新收租項，必須有人輪流經管，互相稽察。

次年春正，同人核算清楚，或存或否，張貼廟牆，使衆聞知。倘有積聚，即可修工。或撥别項公事取用，勿得久存，以滋各弊。書此以戒後之經理者，切勿藉此肥家潤身，自取惡名罪戾焉。

同治三年九月

學額

州學，歲試取文童十八名，武童十五名。科試取文童十八名，廩膳生三十名，增廣生三十名。三年兩貢。

李應薦〔一〇〕《復學疏略》：

題請復學以廣聖恩〔六二〕以育人才事，準直隸撫臣于移會前事，移據原任口北道〔一一〕

參議王鷙呈詳，據懷來衛、永寧衛歸併延慶州學生員王灝、王承惠等，又據保安衛歸併保安州學生員張問明等呈稱：懷來、永寧、保安三衛密邇神京，皆聲教文物之地。自前朝以迄國初，莫不設學育士，以故人文蔚起，科不乏人。後於順治十六年内奉旨裁併小學，遂將懷、永二衛歸併延慶州學，保安衛（六三）歸併保安州學。兩州童生雖援大學之例，不過取入十五名，人多額少，功名之途既隘，誦讀之志多灰。且裁併之後，延慶州廩生五十名，保安州廩生四十名，而猶遵州制三年兩貢之例。計自補後，非七十年不能出貢。人壽幾何？堪此沈滯。多士幸生聖朝右文之時，而無復上國觀光之望，可爲隱痛。

查當日裁官，原爲汰冗員起見。今順天昌平州教官兼攝延慶衛學務，如比照此例，以延慶、保安兩州教官兼攝懷來、保安、永寧三衛學務，可不煩更爲設官，而士子已廣沐教化矣。況真定府阜平縣學，先經歸併曲陽、行唐二縣，自康熙二十二年三月内，已蒙皇恩復設，有例可援。懇乞轉詳撫學兩院題請復學，庶生員不致白首窮經，而童子亦幸青雲有路。爲此合詞具呈等情到道。該本道看得人知向學，士知尊師，此最盛之治象。今懷來、永寧、保安三衛自裁併後，童子入學減額，諸生出貢無期，揆以公情，殊可矜憫。合無如其所請，以學正住州，訓導住衛，庶無設官之煩，收得士之效等因到院，據此爲照。興復已裁之衛學，作養邊徼之生儒，一轉移間而官無冗員，士有生色，誠屬可行。但保安衛學歸併保安州者，似可援延慶州例，將學正住州，訓導住衛。其懷來、永寧二衛學歸併延慶州者，應否以延慶州學正住州，訓導移住懷來衛學，兼董永寧衛儒生。事關文教，擬合移會定議，會疏具題，以廣皇仁，以光文治等因，移會到臣。該臣看得宣鎮地方寒苦，士子讀書殊爲艱難。臣奉命兩行考試，見其生童衣冠樸敝，生計淡泊，然猶孜孜力學，有志上進，是誠皇上右文重道，感化深廣所致也。似宜因其鼓舞，予以廣勵。至於生員，暮年出貢，未必人人得官，然比照各處貢例，一視同仁，亦足以慰皓首窮經之望。又查現行事例，順天府屬密雲縣教官兼攝密雲衛學務，昌平州教官兼攝延慶衛學務，則懷來、永寧、保安三衛或令延慶、保安二州教官兼攝復學，而不必添官。揆之事理，似爲兩便。

臣仰見我皇上培植文風，加意作人，無所不至，謹會同巡撫臣于成龍合詞具題，伏祈皇上敕部議覆施行。

鄉學額，歲試取文童十名，武童八名。科試取文童八名，廩膳生二十名，增廣生二十名。二年一貢。

學田

州學田

鄉學田

明史官《懷隆道〔一二〕胡公學田記》：

田以學置，義舉也。古者制民産，計口授田，法自備矣。子輿氏陳王道，而係庠序、學校於井田之後，又曰：「卿以下必有圭田，田不必置之官，士自得資之民」。厥後税畝行而阡陌起，於是民以田相易。民失養，何以養士？士即貴自立，乃司教化者可徒責之士，坐視其莫之養，而不爲之所耶！則贍田於今之學急矣。

且延僻處邊，古號儒州。先是人文稱盛，代不乏人。自胡馬南下，人罹鋒鏑，兼以地瘠賦重，士則甘拋筆硯以至外營。自匪承席世業，僅可筆耕，而遊學奔走於衣食之場，是以科第寥寥乎。今延士佔名膠庠者不過百人，廩於〔六四〕官者約三十人，猶藉歲餼。其餘公私無可資者什幾三四，非盡無恒心士也，恆産缺焉。延自設學以來，原無學田利賴。

今廉憲胡公目擊士艱，惓惓以造士爲念。偶懷來修城，掘土得金，下檄廣置田，以贍延士，人謂曠古僅見，有功斯文甚大。夫士也，不自食而資其養於官，人攘爲己利，而學田始名。且以地方二百餘年未修曠典，而今日聿見舉行，非士之厚幸哉！士既幸有此藉，抑將何以爲學？聞〔六五〕學莫先於義利之辨，而義固士人之田也。誠明乎此，而師以義率，士以義守，則玆田之授，名曰賑乏，實以磨廉礪介。詎云贍士，而由之貞教維風，挽世之頽，其在斯乎？延士叨斯惠，自此而振作之，科第芬芳，人文丕變，孰非胡公惠養力哉！後之食公之粟，景公之德，垂千百世而不没也。余以廣文躬逢其舉，因弁數言以鐫名。

公姓胡氏，諱思伸，號冲寰，南直徽州人。置民田一頃，坐落城西北隅三里許，用價一百四兩。地糧照地完倉，歲入租市斗三十二〔六六〕石一斗，給士之貧者。謹以遺德，用述爲記。

明孔貞時〔一三〕《新建懷延二衛儒學學田碑》：

古者寓兵於農，教興〔六七〕於養。人率孝弟忠信以力田，而材官甲冑從此出焉。是時學之名不立，而人無不學之家，猗歟盛矣！周衰，典禮廢詘，士行寖衰，吾夫子木鐸鄒魯而振起之。治賦足民，不出四科之外。禮義信是好，而稼圃無庸，豈非學即其田，而是蕙是蓑者此歟。燹毁而後，漢立博士五經，而秀才異等一時並起。然學盛京師，而郡縣州衛無定設也。歷晋唐而宋，學始明備。官家以養士爲時務，一時得志服官者，率募田以資士學，若趙崇本〔一四〕之在崇安、王鎧〔一五〕之於江陵、趙汝鎧〔一六〕之於桐廬，皆其最著焉者〔六八〕。惜乎！宋以積窳，止行江浙，山前後無天日也。崇本諸公起家郡邑，止及民間子弟，而衛士不升斗也。惟我太祖高皇帝掃邊塵而廓清之，照晦濛以日月，易壇〔六九〕裘以冠裳，雲中、上谷陷没四百餘年者，一朝洗濯，而衛學與郡、州、邑次第並設。師儒館舍有制，歲月廩餼有程，其後增附之途漸廣，而祖制既定，始有不盡餼之諸生爾。

懷隆觀察充寰〔七〇〕胡公，以名進士由司馬曹奉天子璽書秉憲斯土。修垣墉，飭刁斗，積儲萬石，墾荒萬畝，爲軍國計，至周且悉。又思此不盡餼之諸生，周之不勝周也，計莫若置田便，乃檄所轄州邑爲諸生田若干，時其不足。懷、延二衛屬公鈐下，聲教首訖，則獨捐資數百金，買腴地若干畝頃，班班載籍，諸生咸德之。秦參軍霖、白學博炳以余枌榆於公，丐余言於石，以志不朽。余惟王者投戈論道，儒者俎豆折衝，文武原非歧途，乃修文之業在武冑爲尤（七一）。昔者管仲相齊，爲軌里連鄉之制，而選雋車端。重耳被廬之蒐亦惟是，敦詩書、説禮樂者克將中軍。而餘韻所漸，至有免冑趨風，問弓承飲，不因造次倥傯而以整易暇，誰言武略惟事馬上，而藥華絢藻之章，非車轔鐵駟之真武也耶。嗚呼噫嘻！我知天子建衛學之意矣。腹心干城，惟此赳夫，將緩急是賴，況雲中、上谷尤咽喉襟肘者乎。特拔其所謂才子弟者，躬俎豆而勤駿奔正。訓之《禮》，以生共；訓之《詩》，以作忠；訓之《易》，以明律；訓之《書》，以申誓；訓之《春秋》，以嚴分而謹防。處爲幼學，出爲壯猷，所以待之者至矣，望之者深矣，寧獨右文也與哉！

胡公體天子作養之意，惠嘉後學者如兹。於以養賢及民，因文耀武，視崇本諸君寓意，固有進焉者。彬彬多士，列在澤宮，得毋有如寧、郤諸人聯袂繼起，而大光此道者乎？雖然，語有之：「原田每每，舍舊從新」。前所云孝弟忠信，與禮與義，非諸士之田也耶！力之逢年，是爲真儒，苟不能芟荑藴崇之，使五穀之不如荑稗，則亦自蕪其田，而又豈胡公置田之意哉！諸士勉之。

觀察公名思伸，字君直，充寰其别號也。乙未進士，南直之績溪人。計公捐儲積銀一百八十八兩三錢，買田濟世地一頃四十畝，爲懷、延二衛儒學學田。此外，又捐銀一百四兩五錢，買趙得洪等地一頃七畝，給延慶州學。又捐銀一百四兩五錢，買朱言堯等地七十畝四分，給保安州學。又捐銀一百四兩四錢，買劉世選等地七十九畝五分，給永寧縣學。又捐銀一百四兩七錢，買地七十九畝，給保安衛學。各爲學田，歲令照數收租，以備周急之需，將垂永久焉。

是役也，樂襄斯美，著有成勞，則東路管糧運副杜公齊名也。仰體德意，祗遵經理，則儒學訓導白君炳、懷來衛經歷秦君霖也。應並書以志之。

書院

冠山書院，在州治東北崇文街，舊在學宮後。乾隆二十年，知州芮泰元因舊齋房改建，後移建今地。道光六年，知州周啓（七二）瑶，九年，知州吴增嘉相繼修葺。添置地畝，勸捐錢文，發商生息，以資膏火經費。

《冠山書院章程》：

一、書院房屋現已一律捐修齊整，必須籌議經費，以作歲修並師生修膳膏火之資。其舊有户南房額徵大錢二十千零一百七十三文。禮房，額徵地租大錢八十八千八百一十二文。倉房，額徵學田租穀二十一石零一升五合，折收延錢九十千，斗租延錢四百八十千，爲數無幾，不敷費用。兹由本州捐發延錢一千吊，並提橋工餘資延錢一千吊。合舊存周前任籌存延錢一千五百吊，及捐修書院餘資五百吊，共湊存本四千吊，一併發商，按月一分生息。又本年新設斗四隻，每年租錢二百吊。以後每年共應得延錢一千五百七十六吊九百五十五文，足數支發，而資補苴。

一、書院向無董事，未免經理乏人，以致齋房坍塌，生童荒疎。查有本年監修書院之紳董杜詩、陳永清、王世昌、王肇麟等，正直愨誠，即派爲書院董事。所有生童課試，各房徵收，一切歲修及收發銀錢等事，悉歸經理。每年準於經費項下酌提延錢二十吊作紙筆費。每於年終，將一歲出入賬目開具細數清單二分，一送州署備查，一貼書院照壁，俾得公見共喻，以昭公允，而免口舌。

一、書院每月初三日，官課一次。十三、二十三兩日，由山長齋課二次。每年於二月甄別起，十一月底止，凡十閲月。無論官齋各課，必須扃門考試，不準領題外作。届期董事二名輪流經管，每次由官送四四便飯二棹與董事，以免遠離。其生童每名由官酌給點心一分，以昭體卹。

一、生童膏火舊額無多，茲擬量爲增益。官課各生超等三名，特等五名，除録舊草率不列等外，餘皆列爲一等。超等第一，奬賞三吊，膏火九吊。第二、三名，每名奬賞二吊，膏火八吊。特等五名，每名奬賞一吊，其膏火與一等前八名均各六吊。以上奬賞、膏火數目，係住院肄業之資。如在外赴課者僅按三分之一給領，以示區别。文童第一，二吊；第二，一吊五百文；第三，一吊；第四以次，各五百文。本州課試一年，文童僅有一二名，間有缺無者，是以未列等第，容俟人文蔚起，再分上、中、次等名目。所有膏火錢文，即歸書院經費項下，由董事於每月兩次齋課分給。奬賞由本官自行捐發。倘是取定生童，齋課無故不到，即將膏火扣除，以免取巧。

一、生童膏火既已添設，而山長修膳亦宜酌加。查出山長修膳，舊設僅止七百二十吊，未免較少。現有續捐經費三千三百餘吊，每歲加增延錢八十吊，以資用度。

一、延請山長，必須外州縣及外省甲榜、乙榜出身，品學優長者。不準官親、募（七三）友兼充，亦不準本籍紳士主講。每歲以十一月十五日，由紳董禀商州牧，以訂來年之局。其關書由官出名，聘敬十吊，即在經費項下支送。如先年關書聘未送，而山長尚未遷移，次年修膳自應停止。其齋課試卷，由董事收齋，送署筆削，俟新山長到館，仍照舊章辦理。

一、書院新舊應徵各項銀錢、租穀及生息等款，係本州與各紳董竭力籌辦。培養士習之意，實關書院要需。嗣後闔州無論何項事件，不準挪用此款。倘有借公動用情事，該董事率領生童當面阻止。

一、書院齋夫仍照舊額充當，必須飭令常川住院。禮房每逢課期赴院照料，工房每於歲修赴院經理，現俟每年酌給兩房紙張延錢各十吊。齋夫工食每月延錢三吊。倘該書役等有意怠惰，及各房向徵地租、斗租生息等項，或稍有侵吞並挪移情事，準董事及肄業生童稟官究革。

一、住院諸生務須安分攻讀，不準別貪嗜好、干訟逞凶及無故外出。倘有要事，必須告假，方準出院。董事亦宜不時稽查，若有前項情弊，即行稟州責逐，勿稍狥隱。

一、書院生童遇歲科試及科場年，間有停課，則膏火不無餘存。嗣後如有急公好義、慷慨捐輸者，猶可集腋成裘，共湊成款。或發商生息，或另置田産，以便加廣課額，增添膏火。俾各士子得以專務舉業，將來科第連綿，鵬程遠大，不勝厚望焉。

〇以上十條，於光緒元年詳情立案。

芮泰元《重修延慶州冠山書院碑》[一七]：

京畿千里之内，其形勢扼要而最稱天險者，莫如居庸。層巒疊嶂，壁立千仞，古以爲北門之鎖鑰也。出關則宣郡之延慶一州在焉。州當内外郡之交，如有闕然。延慶與京兆毘連，宜其得聲教之先者，而前代爲邊防之區，斥堠棊布，戍卒雲屯。甚且徙其民而墟其野，其於戎焉，而談詩書，吾知其難也。設學校、立師儒，惟本朝爲盛。百餘年來，民間不見兵戈之擾，休養而生息之。既富而教，道日以昌。

乾隆十九年甲戌冬，余來攝州篆，見其山川之美，士民之秀，欲萃其英而迪之。於學宫之後，有東西齋房，爲舍十二。去其蔽壞，庭宇豁然，以舊爲秀之地，又近聖之居也。首出俸錢，又勸捐得五百金，付之商人，權其利息，爲修脯膏火之資。二十年乙亥，蒙恩俾牧斯土。計所入不足以供用，復勸捐，各輸財如前數。山城無事，嘗至院與諸生講論，開拓心胸，擴充聞見，其有日異而月不同者。竊喜此都人士之能發山川之秀也，表之曰「冠山書院」。是州山川之秀，甲於一郡，而冠山之又甲於諸山也。稽之《州志》，居庸與冠山同爲州之鎮，又同在數十里之内。居庸險而壯，冠山秀而文。地靈也，而人傑在其中矣。

督學部院少宗伯錢塘徐公聞而嘉之，言於宣化府台利津張公：「宣郡百餘年來，書院之舉亦缺焉。」郡伯乃合所屬，於府城立柳川書院。規模之遠大，見人才之濟濟，比於畿輔諸大郡。然則冠山者又爲柳川之根荄與！先民有言：「德教所被，山川不自爲其風氣。」延慶南度居庸數十里，而即覲天子之光，詩書絃誦，使昔也介胄，而今章縫，争自濯磨，以勉副偃武修文之至意。將北方之學，日進於南國之化，將人材蔚起，又不徒甲於一州一郡而已矣。是爲序。

乾隆二十一年歲次丙子春月立石

周啓瑶《重修冠山書院並原設經費記》[一八]：

昔先王設執禮典書，以詔庠序中秋冬之俊秀子弟，有[七四]司成，又以歲成質於天子。教也在官，自有禄養，故其事不詳。書院之設，亦猶行古之道[七五]。而有司官簿書期會之餘，月[七六]一課而已，不能如執禮典書，親詔而督責之也。則必另聘山長以主其事，而山長又非如古之在官有禄養者比[七七]。孔子曰：「自行束修以上。」則欲興書院，必先經費始，亦猶教不先養之遺意歟。

余以上六年六月，由保安調任斯土[七八]。甫下車，住冠山書院。雖規模可觀，而頽敗零落，不堪（七九）一朝居。詢其由：嘉慶二十一年丙子，前任刺史長安王芝田捐備千金振興之，不五年而其數減。接任諸君有志復古，銖積寸累，又不敷於世（八〇），故十餘年來難以舉發，蓋有待也。因往歲余以州倅入蜀，代庖四川邛、筰都、長樂，與都人士講學以明道，僑野（八一）故習似亦稍變。任保安（八二）三年，捐廉獎勵，常以補肄業諸生膏火之不足，於是來學者（八三）雲集。今觀延慶書院規模不減保安，所以一發而難再舉者，經費缺耳。莅斯土而坐視不爲區畫，此心何能一日安哉！爰集州中向來急公首事董其役，捐貲若干。因其舊制，修葺之，丹堊之，堂楹廊廡煥然一新，而書院於是落成。

竊維化民風必先端士習，彼豪傑之士固有不待教而興者矣。乃若中人界於可正可邪之間，非詩書以啓誘其天良，禮樂以陶融其舊染，則入於邪而不可復正，故必聚之党庠術序之中。觀瞻立則職業專，科條具則耳目肅，漸摩久則心志明。因而發爲文章，以驗其人品心術。仁義之人，其言藹如，不信然歟！余既得一課藝，而公暇復偕諸生講明砥礪，如執禮典書故事。今歲爲我朝賓興大典，諸生其各勉旃，以期上達，余將拭目俟之矣。是舉也，其數少，故其用不繁；其款定，故其法可久。嗣後如有賢能官紳復可益其羨餘，擴充而廣行之，即百世而下亦可不墜。稽察陋規，因革損益，是所望於司牧者。他若斯院之創始，與前賢之好善，舊碑載之綦詳。而余制興復各章程，另立條款，分晰於後，以示不朽云。

董事人：李進士廷輔、郭生鍾秀、解生詞宗、賈生巨源、鄒生振綱、賈生洪本、郝生萬程、高生科、趙生蓬雲、孟生琇、吴生金環、吕貢生全，皆有功於書院者，例得備書。

道光八年五月

吴增嘉《冠山書院續立經費碑》[一九]：

前知州事德化周君（八四）既葺冠山書院而新之，復設經費以謀永久（八五），誠盛舉也。計每歲所入，有發當行生息及斗租，並劉先知等五案地租，共制錢二百三十餘千，爲數無多。修膳膏火之需未充足也（八六）。余（八七）繼周君祖視（八八）事兹土，既延諸生而課以文，紓徐卓犖，斐然可觀。喜人文之蔚薈（八九），未嘗不朽，斯爲惓惓焉（九〇）。

丁亥（九一）、戊子，山長無（九二）然（九三）積有修膳餘錢（九四），院中諸（九五）董事請以置王秉經等地二十四畝（九六）有零，歲又可得秋租制延錢四十餘千。夫無恆産而有恆心者，由之自厲，修葺書院以爲養士者言也（九七）。書院爲培養人材之地，安可不加之意乎！令直衡然，箴又稍逊，於舊錢擴充而增益之，尚有待於異日（九八）。諸董事請並各項均勒諸石，爰記其大略如此〔九九〕。

惟冠山書院之建於今七十餘年矣，其間官斯土者豈無留。噫〔一〇〇〕！斯文以作育人材爲己任者。顧以經費不設，或舉或廢，迄無成規。周君獨以〔一〇一〕爲之綢繆計畫，以垂久遠〔一〇二〕。雖爲數無多，而〔一〇三〕俾後來者得有所籍手而潤澤之，則周君愛士之心，不亦勤且摯哉！

諸董事〔一〇四〕：解生詞宗、賈生巨源、鄒生振綱、郝生萬程、賈生洪本、吴生金環、孟生琇、趙生蓬雲，實心經理，皆有功者〔一〇五〕。例得備書〔一〇六〕。

道光九年十一月

李葆貞《重修延慶州冠山書院碑記》〔二〇〕：

書院之設，所以補學校之不逮也。朝廷立黌宫，置教授，凡列入弟子員者皆得而居遊之。歲給廩餼，典主〔一〇七〕重矣。獨至束髮就傅，隸在童軍，則各爲師承，各有鄉塾，而司鐸者無暇及焉，教毋乃偏廢乎？及夫講舍既興，士無分門，師有專責，殷持寒畯〔一〇八〕，得有所資，即力能自給者，亦莫不昕夕漸摩，勉爲科器〔一〇九〕。蓋合成人小子而廣其造就也。顧往往因循頽廢，當事遂視爲具文，諸生亦因而懈志。將欲負笈來遊，接踵而至，庸可得乎？此又不獨經費不足之過也。

嘗考《延慶州志》作於順治年間，其時有義學、社學，而書院闕如。推原其故，大約邊圉惴安，物力難給。後雖有冠山書院，而規模略備，齋舍不足以處生徒，資費不足以佐攻苦，無惑乎名存而實難副也。迄今二百餘年，民物恬熙（一一〇），家絃户誦，顧猶因陋就簡，可乎哉！

余以癸酉冬杪，由懷安奉調來兹。越明年，月試生童，見夫牆宇傾欹，脯薪支絀，思有以振興之。暇日，與山長梁君瑞卿悉心商榷，旋集紳董，廣諭鄉民，各（一一一）解橐相助。於是斂資庀材，百廢俱舉。東西置書室講堂，内外焕然聿新。並以餘資補入膏火，事雖近而功實難於創矣。計余官畿輔，歷凡數區，其他愧無善教（一一二），而於文教靡不留意。良以化民善俗莫先於士行修，士行修莫大於師道立。譬之居肆成事，相觀而善之謂摩，此余所以譽（一一三）急也。特年來傀儡一官，渾無定轍。今欲大爲儲聚，非但勢有不濟，抑亦時有難周。然則將如何而後安乎！曰盡吾心，竭吾力，與此邦人士共勉於經術而已。若夫擴而充之，俾臻盡善，是在後之君子。

同治十三年五月

碑陰載書院經費款項：

一、書院舊存延錢壹千五百吊。

一、同治十三年，捐修書院餘資延錢伍百吊。

一、署任李公印葆貞捐延錢壹千吊。

一、李公提橋工餘資歸入書院延錢壹千吊。

一、現任文公印鏞捐延錢叁百吊。

一、光緒元年書院用賸延錢叁百吊。

前六宗共延錢肆千陸百吊，發商按月一分生息，無閏之年共計息錢伍百伍拾貳吊，有閏之年息錢伍百玖拾捌吊。每年二、八月初五日，兩次交進州署。隨時由監院紳董具領。取領黏卷備查。

一、倉房舊設斗拾貳隻，每年斗租延錢肆百捌拾吊。

一、工房新設斗肆隻，每年斗租延錢貳百吊。

前二宗分四季呈交州署，隨時由監院紳董具領。取領黏卷備查。

一、禮房額徵地租大錢[二二]捌拾捌吊捌百壹拾貳文，合延錢貳百陸拾陸吊肆百叁拾陸文。

一、户南房額徵地租大錢貳拾吊零壹百柒拾叁文，合延錢陸拾吊零伍百壹拾玖文。

一、倉房額徵學田穀貳拾壹石肆斗捌升肆合，合延錢玖拾吊零陸百文。

前三宗每年上下忙各房徵起，由監院紳董具領。取領黏卷備查。

以上通共租息：無閏之年，延錢壹千陸百肆拾玖吊貳百伍拾伍文；有閏之年，壹千陸百玖拾伍吊貳百伍拾伍文。按照條規核實支銷。餘資存公，積有成數，照章發商生息，隨時續載，以備稽考。

縉山書院，在永寧城。道光十四年，邑人胡先達等捐建。

《縉山書院章程》：

一、書院原捐續置泡兒灣、劉斌堡等處糧地共八頃二十畝，每年額徵永錢七百六十七千。原典馬厰旗地二十一頃六十六畝，每年額徵永錢九百二十千。本城附近書院地基六畝九分七釐八毫五絲，每年額徵永錢十八千。官斗十六張，每年額租永錢八百千，統計每年租入應得永錢二千伍百零五串。惟置地畝内均有典當之産，如遇原業户備價回贖，務查明原契所載錢數，令其照契交足，不得任聽業户缺少典價。所得地價立即另置業産，招佃收租，總期租數有增無減，以裕經費。

一、書院山長修脯，原議每年紋銀二百兩，按時價合錢開支。嗣因租入缺額，致將山長修金議減。今仍循舊章以二百兩爲定額，無缺無濫。生童膏火獎賞，本爲寒士而設，自應按季查照，甄别等第、名次，核計支發，每年約需永錢六百千。如日後肄業人數較多，其膏火獎賞亦應照章一律核發，不得以支款向有定額，遂將生童應領之數議減。至完納公田錢糧，歷年約交永錢一百一十串。嗣後糧價倍、米豆加耗亦無定數。現蒙文州主[一二一]體卹書院經費維艱，按例定章，並不多取，每年秋成納賦一石，加耗三升，所交豆米俱隨市價核算，按串呈繳，永遵恩示。其附書院之文昌宫、朱衣殿，每年春秋祭品，約用永錢十二千。齋夫工食每歲永錢五十四千，統計各宗正項所需，終歲約在永錢一千八百串上下。此外，屋舍牆垣歲修、山長川資聘金及添置日用零星傢俱什物，每年雖無定額，各有向章比照，務宜實用實銷，不得浮濫。

一、書院用度全賴佃租以資支銷，如佃租不能按年掃數，則經費必有致虧。董其事者，每届秋成，須以催租爲急務。書院既禀官設立催役，免其差徭，原爲催租起見，倘催役不能得力，董事自應隨時禀明更换，不可遷就。如催役實下鄉頻催，而刁佃任意抗違，董事即行開單，公禀州主出差嚴催，並請擇尤代案比追，以儆其餘。

一、佃户租種公産，原期力田逢年。倘年穀不登，租錢何能照常收取。然必董事下鄉親身查實災歉情形，分别輕重，秉公酌議，或減半交納，或分年帶交，禀明州主立案，諭知衆佃照案辦理。其偶爾收成歉薄，向不議減，佃户不得藉詞拖欠。

一、每年收租必有票據，方可以備查考。自本年爲始，由書院刊印兩連租票，左爲存查，右爲執照，中有騎縫填寫字號，蓋用書院戳記。每年刷訂四本，每本五十頁。凡遇佃户交租，即將所交何年何處田租數目及交納月日，於存查執照票内一一填寫清楚，執照扯與佃户收執。存查作爲票根收存書院。每届票根考核，分别已收、未收，庶免遺漏。其票板、票本與夫刷票蓋戳，由董事輪流經管，不得假手他人，致啓弊害。

一、書院存錢收租，必公同選擇殷實鋪户承辦，每年經費除支銷外，如稍贏餘，即寄存該鋪，不取利息，以酬年終收租登賬之勞。如贏餘積至三五百千，立即另置田産，不可圖利出借，亦不可久存鋪中。每届秋成，佃户入城交租，即責成該鋪照收，隨收隨即扯給執照，登載簿據。倘有錢數無多，或以雜糧折算，或將别項兑撥，該鋪不得擅專，必齊集董事公同商議，公私兩無虧折，方可允行。再佃户租，既擇有鋪户承管，凡交到租項，董事家中不便私收，致滋他人口實。

一、書院出入款項，每届歲首，衆董事務先約期，齊赴承辦鋪店，將上年賬目公同結算。凡屬董事及在院肄業諸生必須齊集，不得一人托故不到。算賬目董事人等不能枵腹，應備飯一日，即於書院公項内開支。所有各項賬目，除流水總簿外，其佃租收欠數目及修脯、膏火、歲修、零用各款，向均設有簿據，務各一一登明，再將總、分簿據核對相符，另造舊管、新收、開除、實在四項清册呈報州主存案。歷年照辦，不得始勤終怠。

一、書院房屋必歲歲修補，方能經久。以後每届秋末春初，衆董務約期齊赴書院，公同查看，和衷商議，分别興修、培補，核實估計錢數，尅日興工。動工之日，酌議董事二人輪流。一俟事竣，即將用工若干、用料若干，逐款開清，公同查閲。所有工項，一木一石，不得擅動挪借，致歸無著。

一、書院原爲作育人才、培植寒畯而設，所儲經費專備書院之用。此外無論地方何項公事，不得挪移。有劣衿蠹事，垂涎公款，藉詞挪用，董事、諸生務須公同攔阻，不得畏累避歉。

一、山長爲一邑教化所關，必得品學兼優，不愧經師、人師者，方可延請。當初稟定章程，由董事採訪京都名儒，公同聘請，不得聽人濫荐。原恐日後延師者了草塞責，或視此事爲酬應人情之舉，以致教學有名無實。每遇山長年終解館，必先期説明，預定來年掌教。倘有不終局而去者，隨時接請主講，不可使書院一日無師，致誤諸生肄業。

一、書院公款出入，由承辦鋪户書手摺，董事中輪流一人經管。每遇出入錢數至十串以上，先由經手人開明手條，傳知衆董事各書押字，方許收支登摺。不得一人私自主張，致滋物議。

一、書院之設，原以永寧迤東村落，距城或數十里，或百餘里，寒士遠道負笈，資斧維艱。前紳董等念切桑梓寒畯讀書之寒，因於道光十三年公籲州主，就近捐書院，所有縉山書院捐項，除前州主黃、童各捐外，其餘概係永寧本城士民捐納，並無他處捐户。道光二十一年，經前紳董赴省，將創建一切始末及責成董事經理稟請立案。

湯金釗《永寧縉山書院碑》：

京師右輔爲宣化府，宣屬最近京者爲延慶，延慶之鎮最大者爲永寧城。永寧本前明縣治，風俗甚淳樸，士民好施與。其地去州四十里。州固有講院，永之士人艱於就，不易萼顧，少肄業其中〔二一四〕。一時鄉之輩思有以造就之，相與規畫區置，而義學之議以興。會州長黃春波〔二三〕、喻星槎〔二四〕、童春海〔二五〕先後來守是邦，均以建學爲急務。並捐廉俸，遍勸部民。鄉之人皆樂輸不吝資，有人董其事。因裁汰巡檢遺署，估置而拓其基，鳩工相度，葺治一新。由是列帳有堂，横經有室，芻米之俸有給，弟子修繕之儀有供。延海内之名士主其席，擇同社之老成董其事，經畫詳且悉。

工既竣，始議其事之胡太守，名先達，請記於余，即余道光壬午科禮闈所取士也。余聞而善之。古者党庠州序，莫不有學，本無所謂「義學」之名。後漢什邡令楊文義始興義學，其後宋之安定胡公、范文正公又多捐田而增置之，凡以濟官之所不及也。永寧在前明故爲重鎮，由武功起家者相繼，民生其間，習見武勇之重而疑文教之輕。今承平多年，又近在畿輔，固久已薰德善良，則兹義學之舉，乃益見聖澤之涵也。當胡生出守黔省來謁，余嘗以愛民澤士勖之。聞其權篆松桃廳，創建書院，大吏入奏，上嘉其急公好義，特與晋階。今又於其鄉，率同人襄盛舉，以勉鄉之紳士。居鄉者法，若徒以仕官至將相，富貴歸故鄉，爲鄉人榮焉。猶非余所以告胡生與胡生望鄉人之意也。董事自胡生外，又有聶公拔貢名栻、吕公教習名全、吴公貢生名蓥、武生李公名韔者，不辭勞瘁，經理其中。共捐田合銀四千五百五十七兩。共修工花費，又置備器具，約共六百四十五兩。先將諸善士姓名、數目悉載於碑陰。

道光十四年孟冬

社學

天字號社學，在靈照寺西。

地字號社學，在西水門東。

人字號社學，在真武廟西。

又屯衛社學，一在紅寺屯，一在雙營屯，一在新莊屯，一在西桑園，一在板橋，一在泥河屯，一在榆林屯，一在永寧衛東，一在終食屯，一在周四溝，一在黑漢嶺，一在四海冶，一在靖安堡。以上俱廢。《乾隆志》

義學

復設義學，在州東南育秀街文昌祠内。知州李鍾俾捐建。

泥河義學，在泥河村。監生段應龍建，每歲館穀俱應龍捐給。知州李鍾俾給額，曰「義隆樂育」。

河工義學，在州城内。同治五年，知州屠秉懿因修河餘資添設。每歲以延錢壹百千作爲膳金。

條規：

一、河工歲修，經前任先後立斗八隻，每年計入延錢四百四十千。又北關雷興旺種地租錢十千。兹擬每年提出二百五十千發各商生息，其餘二百千，以七十千作爲每年河工尋常每年歲修之用，以一百千作爲義學延師修膳，以三十千作爲董事人督修河工薪水之資。庶幾用不虛靡而歸實際。

一、斗租從前由工房收取四支錢文，由經理人收取四支錢文。兹議工房收取四支應仍其舊，經理人所收四支改由倉房。斗户若有拖欠，即由各該房就近稟請嚴追，收齊後稟請交行，由行頭投具文狀備查。所有支用各款，概赴該房領取。仍備具賬簿三本。將本年支用各款逐一登記。行頭自存一分，州署内存一本，經理人存一本，以免煩瑣，而備查考。

一、發商生息之款，議定每錢一分五釐。原領者具領狀，每年十二月初一日交利。收起利息，另行存記鋪户生息。

一、發商行息，原爲河工緩急之費。州城四面環河，周流不息。城内外居民汲飲是賴。每遇水旱之年，若無乾涸之虞，即有氾濫之患，非大加疏濬不可。往往經費無出(一一五)，不得不捐自民間，如有生息一款，即遇大修之年，亦可有備無患。惟成本無多，一經動用，即虞告匱。兹擬將成本先行生息三年，三年之内不準動用生息，迨生息至三年後，如本年歲修之數不足支，方可酌提利息。至原有之成本二百五十千，永遠不得提用。後之莅斯土者，其共監諸每年歲修河工，勿論大修小修，届期均由領事人稟明州官履勘。工峻後仍請復驗一次，以昭慎重，而歸核實。

一、義學修膳自添設以來，每年送延錢二百四十千，然斗户率多延欠不交。况本城舊有義學，束修只送銀二十二兩，未免多寡懸殊。今添設義學，事同一律，未便軒輊。兹擬每年致送修膳延錢一百千，塾師按六月初一等日，兩次赴禮房收取，以歸簡便。

一、本城舊有義學設在城東面文昌宫，今添設義學擬在城西面。方可擇其房宇寬廠之處，且係公所，毋庸出給房租，以節靡費。

一、塾師訓課學生勤惰，責成領事人考察。倘本師出入時，荒於課讀，不認真者，應由該領事稟州，另行聘請。

一、添設義學，原爲寒家無力讀書者而設。嗣後無論城關，凡有子弟而力不能誦讀者，俱準其一體入學肄業，不得意存增減，以昭公允。

一、學徒過多，則塾師難以兼顧。兹擬以三十名爲定額，不得於額外另收學徒。如果額内諸徒，其父兄因塾師善於教誨，自願致送束修者，聽其自便。

一、學生年二十以上，而猶不能習一經，或無故而三月不到者，應即出學。其或不守學規，不安本分，勾引同學爲非，與人酗酒打降滋事，俱應立時逐出，著伊父兄領回，不準徇情容留。

一、塾師每年上館在燈節後三日，散館在臘月望後三日。端午、中秋，並塾師有慶弔、酧應事故，散學不得過三日。如果另有要事，非數日所能畢者，須擇友替代，以免諸學徒日曠功。

一、諸生徒學爲文章，如本止起講、提比等類，而塾師督精於課，一年課之内能如至全篇應童子試，有文理斐然可觀者，每一名加送塾師延錢四千，爲該學生謝師之禮，此款即在河工利息項下動用。

一、學堂理宜清静，不準嘈雜喧嘩。倘有無知之人來學内攪擾者，塾師宜面加斥逐令去。

一、學徒内如有天資穎悟、勤奮用工之人，塾師更宜加意訓迪，不得因其有造之材，即存私見，向其父兄另索贄敬。

【校勘記】

〔一〕年：原作「月」。筆誤。

〔二〕敬王：原作「景王」。筆誤。

〔三〕公肩子：原作「子肩子」。據《史記》改。

〔四〕單：原作「車」。據《史記》改。

〔五〕子國：原作「子同」。筆誤。

〔六〕高：原闕。據《後漢書・鄭玄傳》補。

〔七〕年：當作「載」，係底本原文，不改。

〔八〕寅時生：原作「寅生時」。筆誤。

〔九〕天禧：原作「天啓」。筆誤。

〔一〇〕五年：據《宋史・張栻傳》所載得年、卒時推算，當爲「三年」之誤。

〔一一〕四十六：據《宋史・張栻傳》，當作「四十八」。

〔一二〕紹熙：原作「紹興」。筆誤。

〔一三〕年：原作「歲」。筆誤。

〔一四〕元年：原作「六年」。按，弘光年號僅行用八個月，無六年，故徑改。

〔一五〕敬王：原作「景王」。筆誤。

〔一六〕名棖，字周：原作「名棖，字子周」。據《史記·仲尼弟子列傳》改。

〔一七〕申繚：原作「申績」。據《史記·仲尼弟子列傳》改。

〔一八〕名伯：原闕。據《史記·儒林列傳》補。

〔一九〕年：原作「歲」。筆誤。

〔二〇〕紹聖元年甲戌：據朱熹《李先生行狀》，李侗卒於宋孝宗隆興元年（1163）十月十五日，年七十一歲。以此推算，李侗應生於宋哲宗元祐八年（1093）癸酉。

〔二一〕端明殿：原作「端殿」。據《宋史·陸秀夫傳》補。

〔二二〕魯齋：原作「魯齊」，筆誤。據《元史·許衡傳》改。

〔二三〕虛齋：原作「虛齊」。筆誤。據《明史·蔡清傳》改。

〔二四〕亓官氏：原作「开官氏」，據《孔子家語·本姓解》改。

〔二五〕珦：原作「珦」。筆誤。

〔二六〕惟：原作「維」。筆誤。據《嘉靖隆慶志》《乾隆延慶州志》改。

〔二七〕黃端、張瑩：原作「黃瑞、張榮」。據《嘉靖隆慶志》改。按《乾隆延慶州志》作「黃端、張棨」，只張瑩刻錯，而《光緒延慶州志》黄端、張瑩均刻錯。

〔二八〕曰：原作「中」。據《嘉靖隆慶志》改。

〔二九〕化民成俗：原作「化民成俗者」，衍一「者」字。據《嘉靖隆慶志》删。

〔三〇〕盛朝：《嘉靖隆慶志》作「聖朝」。

〔三一〕陰山：原作「山陰」。據《嘉靖隆慶志》改。

〔三二〕邇：原作「爾」。筆誤。

〔三三〕致：原闕。據《乾隆延慶州志》補。

〔三四〕商：《康熙延慶州志》作「商」。

〔三五〕諸生：《乾隆延慶州志》作「諸士」。

〔三六〕「哉」前原衍一「乎」字。據《乾隆延慶州志》删。

〔三七〕因：原作「於」。據《乾隆延慶州志》改。

〔三八〕俱：後原衍一「等」字，删去。

〔三九〕陀：原作「沱」。據本書卷一下《輿地志·山川》改。

〔四〇〕環瞻：原作「環贍」。筆誤。

〔四一〕陸震：原作「楊震」，筆誤。按：陸震，永樂十三年（1415）隆慶州首任知州，吴縣人。

（四二）胡璉：原作「胡連」。筆誤。據《嘉靖隆慶志》改。
（四三）畢資倫：原作「畢綸」。筆誤。
（四四）加：原闕。據《明史·禮四》補。
（四五）傾：原作「項」。筆誤。
（四六）永寧重修廟學記：原作「永寧重修學廟記」。據《嘉靖隆慶志》改。
（四七）使：原闕。據《嘉靖隆慶志》補。
（四八）縉雲山：原作「縉山」，筆誤，據《嘉靖隆慶志》改。
（四九）庭：原作「廷」。筆誤。據《嘉靖隆慶志》改。
（五〇）廳：《嘉靖隆慶志》作「廨宇」。
（五一）廡：原作「房」。筆誤。據《嘉靖隆慶志》改。
（五二）哉：原作「故」。筆誤。據《嘉靖隆慶志》改。
（五三）雖以敦本：原闕。據《嘉靖隆慶志》補。
（五四）成覸：原作「成覸」。筆誤。據《孟子》改。按：成覸，春秋齊國勇臣，事齊景公。
（五五）諸皆：原作「更」。據《嘉靖隆慶志》改。
（五六）此於：原作「其於」。筆誤。據《嘉靖隆慶志》改。

〔五七〕出此：原作「出乎此」。據《嘉靖隆慶志》改。

〔五八〕正：原作「振」。筆誤。據《嘉靖隆慶志》改。

〔五九〕亦：原闕。據《嘉靖隆慶志》補。

〔六〇〕劉公：原作「列公」。筆誤。據《嘉靖隆慶志》改。

〔六一〕傾圮：原作「傾地」。筆誤。

〔六二〕聖恩：《乾隆延慶州志》作「皇恩」。

〔六三〕「歸併延慶州學，保安衛」：原闕。據《乾隆延慶州志》補。

〔六四〕於：原衍一「於」字。據《乾隆延慶州志》删。

〔六五〕聞：原作「門」。據《乾隆延慶州志》改。

〔六六〕三十二：原作「二十二」。筆誤。據《康熙延慶州志》改。

〔六七〕興：《乾隆延慶州志》作「行」。

〔六八〕者：原闕。據《乾隆延慶州志》補。

〔六九〕疑爲「氈」之筆誤。按：《康熙延慶州志》未收録本文，《乾隆延慶州志》删除「照晦濛以日月，易氈裘以冠裳」，凡十二字。

〔七〇〕充寰：原作「克寰」。筆誤。

〔七一〕尤：後衍一「先」字。據《乾隆延慶州志》删。

〔七二〕啓：原作「起」。據《光緒延慶州志·官職表》改。
〔七三〕募：疑爲「幕」之誤。
〔七四〕有：原作「大」。據現存碑文校改。
〔七五〕道：後原有「歟」字。據碑文删。
〔七六〕月：前原有「僅」字。據碑文删。
〔七七〕比：原作「此」。筆誤。
〔七八〕斯土：原作「斯州」。據碑文校改。
〔七九〕不堪：原作「不可」。據碑文校改。
〔八〇〕又不敷於世：原作「究之不敷於用」。據碑文校改。
〔八一〕僑野：前原有「使」字。據碑文删。
〔八二〕任保安：前原有「又」字。據碑文删。
〔八三〕者：原闕。據碑文補。
〔八四〕德化周君：原作「江西德化周君」。據碑文删。指延慶前任知州江西德化周啓瑶。
〔八五〕復設經費以謀永久：原作「復設經費各款立石以謀永久」。據碑文校改。
〔八六〕修膴膏火之需未充足也：原作「以爲修脯膏火之費未足也」。據碑文校改。

（八七）余：後原衍一「乃」字。據碑文删。

（八八）視：原闕。據碑文補。

（八九）蔚薈：原作「蔚起」。據碑文改。

（九〇）未嘗不朽，斯爲惓惓焉：原作「未嘗不於此爲惓惓焉」。據碑文改。

（九一）丁亥：前原有「道光」二字，據碑文删。丁亥，即道光七年，1827年。

（九二）無：後原有「人」字。據碑文删。

（九三）然：原闕。據碑文補。

（九四）餘錢：原作「餘資」。據碑文改。

（九五）諸：後衍一「生」字。據碑文删。

（九六）二十四畝：原作「四頃四畝」。據碑文改。

（九七）由之自厲，修葺書院以爲養士者言也：原作「士之自立宜然，非以爲養士者然也」。據碑文改。

（九八）令直衡然，餞又稍遜於舊錢擴充而增益之，尚有待於異日：原作「今置斯地，歲之入項，稍加於舊。若擴充而增益之，待於異日。」據碑文改。

（九九）諸董事請並各前項均勒諸石，爰記其大略如此：碑文此處漫漶，作「諸董事請官府於

□□□□，啓□記其大□如此。」

〔一〇〇〕噫：原作「意」。據碑文改。

〔一〇一〕以：原作「能」。據碑文校改。

〔一〇二〕久遠：原作「永久」。據碑文校改。

〔一〇三〕而：原闕。據碑文補。

〔一〇四〕事：原闕。據碑文補。

〔一〇五〕實心經理，皆有功者：原作「是皆有功於此者」。據碑文校改。

〔一〇六〕例得備書：後原有「以示將來云」。據碑文删。

〔一〇七〕典主：原作「典至」。據碑文校改。

〔一〇八〕殿持寒畯：原作「微特寒輕畯」。據碑文校改。

〔一〇九〕科器：原作「利器」。據碑文校改。

〔一一〇〕民物恬熙：原作「民物安熙」。據碑文校改。

〔一一一〕各：原闕。據碑文補。

〔一一二〕善教：原作「善政」。據碑文校改。

〔一一三〕簪：原作「急」。據碑文校改。

〔一一四〕不易蓐顧，少肄業其中：原作「不獲朝夕肄業其中」。據碑文校改。

〔一一五〕往往經費無出：原作「經往費無出」。筆誤。

【注釋】

[一]《杭碑》：即《孔子及七十二弟子像贊刻石》。在杭州碑林，共14石，石高44釐米，寬125釐米，厚20釐米，南宋紹興二十六年（1156）刻，北宋李公麟畫像，南宋高宗趙構書，小楷。原有15石，今缺1石，序號爲「十」。又殘存半石，序號爲「十四」。原刻像73人，今存65人。首石前5行刻宋高宗聖賢像贊之序，繼之刻孔子坐像及兩弟子立像，每像右上或左上刻像之姓名、字、本籍及贈號，其下刻宋高宗四言八句贊詞，惟孔子之贊爲四言十二句。

[二] 盛德守文之主：指元仁宗。

[三] 楊惟相：字無技，號羅岩，江西豐城人。萬曆甲午（1594）舉人，授延慶州知州。

[四] 趙屏晉：陝西潼關人，雍正十一年（1733）癸丑科進士。乾隆十四年（1749）任延慶知州。乾隆十六年陞授直隸永平府知府。

[五] 重修延慶州學碑：此碑現存延慶區城西南靈照寺内。

[六] 黃蘇：指黃鍾、蘇乾。

［七］羅李：指羅論、李衍。

［八］胡刺史：指胡振書，浙江山陰人。

［九］屠刺史：指屠秉懿，湖北漢陽府孝感人。

［一〇］李應薦（1638—1704）：字諫臣，號愚庵，又號杜三，日照人。康熙丙辰（1676）進士，改庶吉士，授編修，會試同考官，與修《明史》《會典》。康熙二十五年（1686）奉命提督順天府（北京）學政。累官内閣學士兼禮部侍郎。有《四書文稿》《寧拙堂詩文稿》行於世。。

［一一］口北道：清康熙三年（1664）改懷隆道置，初轄宣化府所管三州七縣，後陸續加領張家口、獨石口、多倫諾爾三廳，1928年撤銷。

［一二］懷隆道：明嘉靖三十六年（1557）設，駐懷來城，轄宣府鎮東路和南山路。

［一三］孔貞時（1571—1620）：字中甫，號泰華，建德縣天井（今葛公鎮天井村）人，孔子第六十三代孫。明萬曆四十一年（1613）進士，四十六年（1618）授翰林院檢討，歷起居注官。四十八年（1620）卒於官。著有《在魯齋文集》。

［一四］趙崇本：《續通考》卷六十：「嘉定中，趙崇本知崇安，興學校，捐俸請買開平廢寺田以崇學廪。」按：嘉定，宋寧宗年號，公元1208—1224年。

［一五］王鏜：生平事蹟無考。

［一六］趙汝鐣：《續通考》卷六十：「嘉熙元年（1237），以奉議郎知桐廬縣，發縣帑五千緡，增置學田養士。」

［一七］重修延慶州冠山書院碑：現存延慶縣第一小學，但碑文已漫漶。

［一八］該碑現存延慶區第一小學。

［一九］該碑現存延慶區第一小學。

［二〇］該碑現存延慶區第一小學。

［二一］大錢：大錢一文抵延錢三文，大錢一吊抵延錢三吊。

［二二］文州主：即延慶知州文鏞。

［二三］黄春波：即黄瀚，字春波，安徽桐城人。道光十二年（1832）七月，任延慶知州。

［二四］喻星槎：即喻元生，字星槎（又字登瀛），號旭齋，雲南南寧（今曲靖市）人，嘉慶己卯舉人。歷任直隸容城、大名、宛平縣令。道光十三年（1833）八月任延慶知州，改巡檢廢署爲書院。遷順天府治中，卒於任。

［二五］童春海：即童恩，字春海，浙江鄞縣蔭生。道光十四年（1834）任延慶知州。

延慶州志卷五

經政志　廟祀　卹政　郵遞　兵防

廟祀

社稷壇在州城西古堡牆内。舊在州城西北一里。知州高霖移建今地，每歲春秋仲月戊日致祭。

《周禮》：大司徒設其社稷之壝而樹之田主，各以其野之所宜木，遂以名其社與其野。小司徒凡建邦國，立其社稷。封人凡封國，設其社稷之壝，令社稷之職。《祭法》：諸侯爲百姓立社，曰國社。諸侯自爲立社，曰侯社。大夫以下，成羣立社，曰置社。《郊特牲》：社祭土而主陰氣也。《文獻通考》：漢高祖二年，命縣爲公社。十年，令縣常以春二月及臘祠稷以羊彘。光武建武二年，使郡縣置社稷，太守、令、長侍祠，牲用羊豕。隋開皇初，建社稷，以仲春、仲秋吉戊祭，郡縣並以少牢各祭。《明史》：洪武元年，頒壇制於天下郡邑，俱設於本城西北，右社左稷。十一年，定同壇合祭如京師。十四年，令三獻皆以文職長官，武官不與。《大清會典·府州社稷壇》：順治初，定每年春秋仲月上戊日祭。雍正二年，奏準直省各府州縣每歲祭。社稷壇，州稱「州社之神」「州稷之神」，祭品刊圖通行。

壇制：東西二丈五尺，南北二丈五尺，高三尺一成，四出陛，各三級，繚以周垣。四門朱色，自北門入，壇南正中立石主一，去壇二尺五寸，露圓頂，餘埋土中。壇西北隅設瘞坎一成，甃砌，東向，寬四尺，深三尺；西面作踏道，上下神牌高二尺四寸，寬六寸，座高五寸，寬九寸五分，朱漆青字填寫神號，臨祭設於壇上，祭畢藏之。

風雲雷雨山川壇，在州城南關外媯河南岸。每歲春秋仲月擇吉致祭。

《周禮·大宗伯》：以槱燎祀司中、司命、飌師、雨師。《文獻〔一〕通考》：秦始皇時，雍有風伯雨師廟，以歲時奉祀。東漢以丙戌日祀風師於戌地，以己丑日祀雨師於丑地，牲用羊豕。隋於國城東北七里爲風師壇祠，以立夏後申，壇皆三尺，牲並用一少牢。唐天寶四載，敕：風伯雨師，濟時育物，謂之小祀，頗紊彝倫。自今已後，並宜陞入中祀，仍令諸郡各置一壇，因春秋祭社之日，同申享祀。祭官取太守以下充。五載，詔曰：發生振蟄，雷爲其始，今雨師風伯久列於常祠，惟此震雷未登於郡望。已後每祀雨師，宜以雷師同壇祭，共牲，别寘祭器。宋皇祐初，定風師壇高三尺，周三十三步。雨師雷師壇高三尺，方一丈九尺。政和三年，以雨師雷師爲二壇同壝。其祀，則用柏昇烟。《明史》：增雲師於風師之次，自明始。太祖時，禮臣言：風師雨師之祀見於《周官》，後世皆有祭。唐天寶中，增雷師於雨師之次，宋元因之。然唐制各以時别祭，失享祀本意，宜以太歲、風雲雷雨合爲一壇。嘉靖十年，建太歲壇别祭，仍敕王國、府、州、縣亦祀風雲雷雨師，築壇城西南，祭用驚蟄、秋分日。《周禮·大宗伯》：以貍〔二〕沈祭山林川澤。《王制》：諸侯祭名山大川之在其境者。《文獻通考》：漢文帝時，始〔三〕名山大川在諸侯，諸侯祝各自奉祠，天子官不領。唐武德、貞觀之制，嶽、鎮、海、瀆，年别一祭，祀官以當界都督、刺史充。宋開寶五年，詔：自今嶽、瀆，並東海、南海廟，各以本縣令兼廟令，尉兼廟丞，專掌祀事。元豐三年，始建四望壇於四郊，以祀嶽、鎮、海、瀆。《明史》：洪武二年，太祖以嶽瀆諸神各祭城南，未有專祀，又享祀之所，屋而不壇，非尊神之道。禮官集議，以嶽鎮海瀆及天下山川城隍諸地祇〔四〕合爲一壇，春秋專祀。其王國、府、州、縣山川之祀，洪武十三年定制。《大清會典》：風雲雷雨、山川、城隍之神，順治初定，共爲一壇，每歲春秋仲月致祭。雍正二年，奏準安設神位。風雲雷雨稱風雲雷雨之神，居中；山川稱某府、州、縣山川之神，居左；城隍稱某府、州、縣城隍之神，居右，共用白色帛七，禮儀與社稷壇同。乾隆二十二年三月，禮部議覆陝西巡撫陳宏謀咨稱「致祭社稷壇，定於春秋仲月上戊致祭，山川壇祇載春秋仲月，未奉定有祭期，《會典》亦未載有祭日」等語，今擬山川之神於春秋仲月與社稷壇同日致祭，請載入《會典》，永遠遵行。

壇制：東西二丈五尺，南北二丈五尺，高三尺一成，四出陛，各三級，繚以周垣。四門朱色，自南門入，壇北正中立石主一，去壇二尺五寸，露圓頂，餘埋土中，壇東南隅設燎鑪一座，甃砌，西向。神牌高二尺四寸，寬六寸；座高五寸，寬九寸五分，朱漆青字填寫神號，臨祭設於壇上，祭畢藏之。

先農壇，在州城西北隅。藉田四畝九分，坐落城牆根。舊在城隍廟東。雍正六年，知州李百奎建。每歲季春擇吉，知州率僚屬及農官致祭，行耕藉禮。

《月令》：天子以元〔五〕日祈谷於上帝，乃擇元辰。天子親載耒耜，帥三公、九卿、諸侯、大夫躬耕帝藉。天子三推，三公五推，卿、諸侯九推。《周禮》：甸師掌帥其屬而耕耨王耤，以時入之。《國語》：農正陳耤禮。韋昭注：敷陳耤禮祭其神，爲農祈也。《文獻通考》：《漢舊儀》：春始，東耕於耤田，官祠先農。後漢耤田儀：正月始耕，以乙日祠先農，及耕於乙地。是月，命郡國守皆勸人始耕。宋元嘉二十一年，將親耕，整制千畝，立先農於中阡西陌南，御耕壇於中阡東〔六〕陌北。以一太牢祀先農，班下郡國，悉備其禮。梁普通二年，移耤田，築兆域〔七〕如南北郊，別有勸耕臺在壇東。唐垂拱中，改耤田壇爲先農壇。宋神宗元豐二年，詔於京城東南度田千畝爲耤田，徙先農壇於其中。《明史》：洪武二年，建先農壇於南郊，在耤田北，祀儀與社稷同，祀畢行耕耤禮〔八〕。《大清會典》：雍正四年，令各省督撫轉行府、州、縣、衛，擇東郊潔净豐腴之地，照九卿所耕耤田，畝數爲田四畝九分，立先農壇。每歲仲春亥日，督撫以下等官率屬員、耆老、農夫恭祭先農之神，一切禮儀、祭品與各省社祭壇同。

壇制：在東郊。東西二丈一尺，南北二丈一尺，高二尺一寸一成，四出陛，各三級，繚以周垣。三門朱色，自南門入，壇北建正房三間，東配房各一間〔九〕，壇東南隅設瘞坎一成，西向，寬四尺，深三尺，東面作踏道。上下神牌高二尺四寸，寬六寸，座高五寸，寬九寸五分，朱漆金字填寫神號，臨祭設於壇上，祭畢供設於正房之中。

厲壇，在州城北一里。每歲清明、七月十五日、十月初一日，奉城隍主於壇正中，南向，設無祀鬼神位於壇下，左右祭之。

《明史》：泰厲壇祭無祀鬼神。《春秋傳》曰：「鬼有所歸，乃不爲厲。」《祭法》：「王祭泰厲，諸侯祭公厲，大夫祭族厲。」《士喪禮》：「疾病禱於厲。」鄭注謂「漢時民間皆祀厲〔一〇〕」，則此祀達於上下矣，然後世皆不舉行。洪武三年定制，京都祭泰厲壇，歲以清明及十月朔遣官致祭。前期七日〔一一〕，檄京都城隍。祭日，設城隍神位於壇上，無祀鬼神等位於壇下〔一二〕之東西，羊三、豕三、飯米三石。王國祭國厲，府州祭郡厲，縣祭邑厲，皆設壇城北，一年二祭。後定郡邑厲、鄉厲〔一三〕，皆以清明日、七月十五日、十月朔日。

城隍廟，一在州治東南育秀街。明永樂中，知州陸震建，知州李鼐撤而新之。正德間，知州張軏重修。萬曆間，張全教買州城南地八畝，價銀九兩；又州人吴章施香火地八畝。坐落孟家莊。一在永寧城西南隅。明宣德六年，知縣劉睿建。萬曆五年，知縣王元弼重修。四海冶等堡俱有，不備載。

《明史》：洪武二年，禮官言：「城隍之祀，莫詳其始。先儒謂既有社，不應復有城隍。故唐李陽冰《縉雲城隍記》謂：『祀典無之，惟吴、越有之。』然成都城隍祠，李德裕所建，張説有祭城隍之文，杜牧有《祭黄州城隍文》，則不獨吴越爲然。又蕪湖城隍廟建於吴赤烏二年，高齊慕容儼、梁武陵王祀城隍，皆書〔一四〕於史，又不獨唐而已。宋以來，其祠徧天下，或錫廟額，或頒封爵，至或還就附會，各指一人以爲神之姓名。案張九齡〔一五〕《祭洪州〔一六〕城隍文》曰：『城隍是保，甿庶是依。』則前代崇祀之意有在也。今宜附祭於嶽瀆諸神之壇。」乃命加以封爵。府爲威靈公〔一七〕，秩正二品。州爲靈佑侯〔一八〕，秩三品。縣爲顯佑伯〔一九〕，秩四品。命詞臣制文以頌之。三年，詔去封號，止稱某府、州、縣城隍之神。又定廟制，高廣視官署廳堂〔二〇〕。治事在各府、州、縣者，守令主之。《八編類纂》：城隍自三國以來，因事而祭。其立祠則見於唐李德裕之在成都〔二一〕，宋以來天下通祀。

明劉龍〔一〕《重修城隍廟碑》〔二〕：

予友張君信夫〔二二〕出守隆慶，下車謁所謂城隍廟者，見其頽敝弗稱，即有志修葺，顧其時未可。越二載，政治民頌，歲且大熟。乃捐俸購材，民欣然各以資助。予來趨事，不數月落成，遣使至京師請記予。

惟大道既隱〔一三〕，天下爲家，王公設險，以守其國，而城郭溝池以爲固。民之所聚不能無衛，其來久矣。築而高者，吾知其爲城；濬而深者，吾知其爲隍。其爲神者，固不可知也。有國都、有郡邑，即皆有城有隍，亦即有神。屋而祠之，衣冠而肖之，俎豆而薦之。洋洋乎如在其上，如在其左右，果孰爲之爾耶！至其有禱輒應，有約者要以爲質，不得其平而鳴，號呼赴愬，若甘心就殞，其禍福人蓋往往不爽。雖婦人、童子之愚，亦凜然憚之。

夫其高且深者，民日相與出入，往來其間，未見所以異也。命之爲神，顧烈烈如是。其必有不依形而立，不假物而存，超然獨出於人之不可知者耶！凡國都、郡邑之建，必卜其地之吉者，其氣必靈。會陰陽之和，鍾山澤之秀，適物產之宜。於是爲城爲隍，以奠民居，胥以寧其始建。迄今百千年，主其地，運其功，用物則宏，取精則多，爲神有必然者，係之城隍，重民居也。人心淑慝，不能自掩，而常怵於禍福。理之所在，氣亦隨之，潛乎默會，若有司焉者。顧瞻其居，其城隍之神乎？神不專於城隍，城隍而爲民設，足以當之。其昭於天下也，有由然矣。神不可知，而爲民崇信如此，以其道聰明正直爲一耳。況爲之牧者，儼然臨上，民皆望而見之，慶賞刑威，出其掌握。苟行之，以聰明正直而不二其德，其崇信不尤甚矣〔二四〕哉！故民牧之賢，隨其所在，即與城隍伍。端居點檢，不敢有怠於職，惴惴焉若爲神羞。政有不善，民有不安者乎？繕祠宇，修祀事，自恒情視之，若無大關。其心舍常新，不爲物滓，通於神明。用其道以臨民，與之伍不爲之羞，從可識矣〔二五〕。彼肆焉者，付之茫昧，恣意無忌，於此蓋不暇及。若張君，其信賢遠乎人哉！其規制之宏，雕繪之美，視舊不啻加倍。固人所共見者，予可略云。

關帝廟，在州城東門内。康熙六十年，住持僧因臨募緣補修，每歲春秋擇吉並五月十三日致祭。咸豐六年，陞入中祀。

《明史》：關公廟，洪武二十七年建於〔二六〕雞籠山之陽，稱漢前將軍壽亭侯〔二七〕。嘉靖十年訂其訛〔二八〕，稱漢前將軍漢壽亭侯，祭以四孟、歲暮〔二九〕及五月十三日，北京祭日同。

《大清會典》：順治元年，定每年五月十三日祭。九年，敕封忠義神武關聖大帝。雍正三年，敕封關聖三代公爵，製造神牌，供奉後殿。五月致祭外，定於春秋二仲月上戊日致祭。五年，題準前殿祭品用牛一、羊一、豕一、籩豆各十，主祭官行三跪九叩禮。後殿祭品不用牛，籩豆各八，行二跪六叩禮。其五月十三日致祭，但祭前殿不用籩豆，用果五飣，亦不用祝文。

文昌廟，在州城。詳學校。每歲春秋擇吉致祭。咸豐六年，陞入中祀。一在永寧城。

馮芝[三]《永寧城移建文昌宫碑記》：

永寧距京師二百里，關塞要地。城本前明縣治，我朝改隸延慶州，置巡檢司。道光十二年壬辰，上官復議裁汰。前進士胡公先達致仕，因其遺署立爲書院，重文教也。城内舊有文昌宫，築城時始建於東門上，曰「迎暉閣」。繼又移東南城上，其像且在魁星之下。

胡公屢次改修，未及行而歿。其子名源澤，余於庚子年題奏優行士也，迺承父志，捐貲爲倡，於縉山書院之東拓地爲祠。祠既成，請余記之。時余方歲考於宣郡，竊幸其地處邊鎮，素綦武勇，而能汲汲以文教行也。再考文昌六星爲天之六府，自漢有靈星司命之祀。元初，太史奏：「文昌明，文運興。」詔天下立祠。於是「梓潼勸善」之説始行於世，至於學士同人數典求徵，必欲舉其人神以寔之，未免近於鑿矣。且神道遠，人道邇，舉人人妄念之富貴福澤，待命於神，豈能遍及焉以徇其私也。然自有世道不古，惟神靈之赫濯獨能警覺羣生，使閭鄉族黨之民祀其神，讀其文，默窺明訓之根源，有所觀感而懲勸焉。其有裨於世道人心者，非細故也。

今永寧蕞爾區宇，既有學院，砥礪修復，建文昌宫於其地。吾知其見神起敬者，人情也。諸生肄業其中，當益灼然於善惡是非之界，則禮俗愈敦，民風益厚，豈特士風蒸蒸日上，取高科，擢巍第而已哉。是舉也，胡生克承父志，倡輸經費，其度地相勢，鳩工庀材，則可訓。吕公名全、武生李公韍贊成之力居多云。

道光二十二年七月

火神廟，在州治東懷仁街。雍正九年，住持僧寂普募修。道光二十年，知州童恩重葺。規模宏壯，前有戲樓，神威靈著。每歲春夏之交，擇吉報賽致祭。一在永寧城内西南隅。

《文獻通考》：宋仁宗慶曆中，修大火祠，三月九日祀之，以閼伯配。徽宗崇寧元年，詔天下建崇寧殿，並建火德星君殿。《日下舊聞》：天啓元年三月，命太常寺官以六月二十三日，祀火德之神。

龍王廟，在州城北門外。明成化九年，州人譚鐸等建。王海、鄉官李先春各有修葺。一在永寧城西北隅，廟建於未置城之先，古刹也。國朝康熙三十八年，住持僧達福募修。

《文獻通考》：唐開元二年，詔祠龍池。又詔置壇及祠堂。十八年，敕太常卿韋縚草祭儀。縚奏：案《周禮·大宗伯》：「以龤辜祭四方百物。」《祭法》曰：「能出雲爲風雨者皆曰神。」龍，四靈之畜，能爲雲雨，亦曰神也。《禮》有「公食，大夫饗」之文。其饗之日，請用二月，有司筮日，官致齋，設籩豆，如祭雨師之儀〔三〇〕。其牲用少牢，樂用鼓鐘，舞用帗舞，樽用散酒，以一獻。宋京城東舊有五龍祠，因唐禮，行其祀，用中祀禮。又城西南隅有九龍堂，賜名普濟堂。大觀四年，詔封英靈順濟龍王爲靈順昭應安濟王。是年八月，詔天下五龍神皆封王爵：青龍神封廣仁王，赤龍神封嘉澤王，黄龍神封孚應王，白龍神封義濟王，黑龍神封靈澤王。《續文獻通考》：茅山前有龍池，歲旱，禱輒應。紹興中，敕封敷澤廣惠侯〔三一〕。

《大清會典》：雍正二年，敕封四海龍王之神。東曰顯仁，南曰昭明，西曰正恒，北曰崇禮。遣官齋送香帛，地方官致祭。五年，分送各直省龍王神像，建廟奉祀。

明李奈[四]《重修龍王廟碑》：

隆慶城北坎地，舊有龍王廟三楹。崇臺峻基，規制整嚴，且雜植林木森茂，烟籠篆浮，誠一方棲神勝地也。歲久傾圮，弗堪供祀。至嘉靖辛卯，都憲黄公家器右生者謀衆修葺，遂廟貌儼然如故。迨癸丑歲，陰雨連月弗開，致頹敝，殊異往時〔三二〕，行路咨嗟，無以稱州人禱祀之意。戊午歲春初，郡耆李景萼等詣廟惻然，乃設醵募貲，刻期舉事，繪像，砌基址，凡百可增可補者〔三三〕，罔不殫力營治。有致仕實齋李公喜捨廟東側地，長十丈，闊一丈二尺。又士人楊梅亦捐廟北側地，長一十二丈，闊七尺餘。周圍有垣，仍創屋宇。在臺之上與門之側者，共七楹，以便焚修。抵秋將成，李君因染症，弗克。會昔與李君同議舉二事者，亦李姓，名海，恐前功隳廢，復僉謀於衆，期完工務。重門疊級，畫棟碧簷，焕然改觀矣。復訪有行比丘鄭玄福住持兹廟，朝夕焚掃，且修繕有勞。至是，景葶之願遂，而鄉人之望慰也。衆恐歲遠湮没無傳，遂命工鐫石，用記顛末，而捨資士衆咸勒碑陰，以俟後之有志修復者考焉。是爲記。

白龍王廟，在州城西南七里白廟屯。明永樂中，州人楊六等重修。

黑龍王廟，在州城西二十里。明宣德間，州人杜仁重建。

黄龍廟，在州城東三十里。

八蜡神廟，在州城東。一在永寧城西門外，明萬曆三十九年，知縣李體嚴建。

《禮·郊特牲》：天子大蜡八，伊耆氏始爲蜡。鄭注：蜡祭有八神，先嗇一，司嗇二，農三，郵表畷四，貓虎五，坊六，水庸七，昆蟲八。伊耆氏，古天子之號，或云即帝堯是也。孔疏：大蜡八者，會聚萬物而索饗之，但以八神爲主。《文獻通考》：蔡邕《獨斷》曰：四代臘之别名：夏曰嘉平，殷曰清祀，周曰大蜡，漢曰臘。《陳氏禮書》曰：蜡之爲祭，所以報本反始、息老送終也。唐制：蜡祭凡百八十七座。

土地祠，在州治儀門内，西向。明成化六年，知州李鼐建。國朝乾隆六年，知州李鍾俾重修。一在永寧舊署儀門左，今廢。

土地之神，未詳其始，蓋即社也。先儒謂：里社，則祭一里之地。州社，則祭一州之地。侯社，則祭一國之地。王社，則祭天下之地。《朱子語類》：或問社何以有神？曰：能生物便是神。不聞有土地之名也。其名爲土地者，《禮運》：命降於社之謂殽地。鄭注云：社，土地之主也。其稱本此俗。又有稱土地公公、土地婆婆者。《月令廣義》：社公、社母，不食宿水，故當社時必有雨。然則俗稱亦有本矣。其以人實之者，《史記·欒布傳》：布死後，燕、齊之間皆爲立社，號曰欒公社。今府州縣土地往往謂某人，如貢院土地，天下皆稱爲韓文公；府、州、縣署土地，天下皆指爲蕭酇侯，是也。唐孫光憲《北夢瑣言》：李敬彝郎中，宅在東都毓財坊，土地最靈，家人張行周事之有應。是唐以前已奉祀矣。會城土地，民間無專祠，而各署皆有。朔望皆行香，或指某日爲神誕辰，胥吏羣集奉祀。雖不經，其由來久，宜仍其舊。

馬神廟，在州城南門内。明副千户劉政建。國朝乾隆九年，知州李鍾俾重修。有碑記。

《明史》：洪武二年，命祭馬祖、先牧、馬社、馬步之神。禮官言：《周官》：春祭馬祖，天駟星也；夏祭先牧，始養馬者；秋祭馬社，始乘馬者；冬祭馬步，乃神之災害馬者。隋用周制，祭以四仲之月。唐、宋因之。今定春、秋二仲月，甲、戊、庚日，遣官致祀〔三四〕。五年，并諸神爲一壇，歲止春祭。永樂十三年，立馬神祠。案《爾雅》：既伯既禱，馬祭也。注：以伯爲馬祖。又黄帝之臣有馬師王者，今從祀。帝王廟世稱爲馬祖。《周禮·夏官》：馬質，禁原蠶者。鄭注：原，再也。天文，辰爲馬。《蠶書》：蠶爲龍精，是蠶與馬同氣。物莫能雨，大禁。再蠶者，恐傷馬。浙江西湖有馬王廟，蠶家春月祀之。晉楊泉《蠶賦》：既差我馬，惟蠶之祖。蓋爲馬祈福，謂之馬祖。爲蠶祈福，爲之先蠶。其實皆房駟星也。今天下廐牧所在，皆祀之。

旗纛廟，在州治東北。明景泰初建，祀軍牙六纛之神。

《前漢書·郊祀志》：祀八神，三曰兵主，祠蚩尤。《文獻通考》：《陳氏禮書》：《詩》曰：是類是禡。《爾雅》曰：類〔三五〕禡，師祭也。《周禮·大司馬》：中春，教振旅。有司表貉，誓民。中冬，教大閱。有司表貉於陣之前。貉讀爲『阡陌』之『陌』〔三六〕。於所立表之處，爲師祭造軍法者，禱氣勢之增倍也〔三七〕，其神蓋蚩尤也。《周官》言『貉』，《詩》與《禮記》〔三八〕《爾雅》言『禡』，其實一也。貉之祭，使有司爲之，立表於陣前，然後誓衆而師田焉。漢元鼎五年，伐南越，告禱於太一，爲太一鋒旗，命曰「靈旗」。爲兵禱，則太史奉以指所伐國〔三九〕。獻帝時，魏國有司奏：古四時講武皆於農隙。漢承秦，三時不講，但以立秋日擇吉日大朝車騎，號曰閲兵。《明史》：洪武元年，禮官奏〔四〇〕：軍行旗纛所當祭者，旗謂牙旗。《黃帝出軍訣》曰：牙旗者，將軍之精，一軍之形候。凡竪牙，必祭以剛日。纛，謂旗頭也。《太白陰經》曰：大將中營建纛。天子六軍，故用六纛，牦牛尾爲之。宋及元皆有旗纛之祭。今宜立廟京師，春用驚蟄，秋用霜降，遣官致祭，行三獻禮。後停春祭，止霜降日祭於校場。王國祭旗纛，則遣武官戎服行禮。天下衛所於公署後立廟，以指揮使及僚屬爲獻官，儀物殺京都。《日下舊聞》：旗纛廟，永樂中建。神曰旗頭大將，曰六纛大神，曰五方旗神，曰主宰戰船之神，曰金鼓角銃礮之神，曰弓弩飛鎗飛石之神，曰陣前陣後神祇五猖〔四一〕等衆，春祭於廟，霜降祭於校場，歲終祭於承天門外〔四二〕。

三官廟，在州城東。明萬曆中，義官鄒綸建。自置香火地二十五畝。一在州北城外〔四三〕，明正德時，義官楊琛建。萬曆四十〔四四〕年，琛孫立成重修。立演法堂，以壯規制。後廢，移建朝天宮内。

《文獻通考》：政和三年，議禮局（四五）上《五禮新儀》：立夏、季夏土王日，祀中泰一宮。靈貺殿，太歲在中，太陰在西，天地水三官暨諸神並爲從祀。

東嶽廟，在州治東北，舊所治東懷仁街。明正統八年，知州古節建。成化九年，知州李鼒重修。萬曆二十（四六）年，道人楊清鳳募修，規制大備，有香火地。州人王朝臣施地三十畝，孟守正十四畝，孟尚仁十畝，王自登十五畝，陳國賢四畝，蘇見七畝五分。一在永寧城内東南隅。

《春秋公羊傳》：三望者何？望祭也。然則曷祭？祭泰山河海。曷爲祭泰山河海？山川有能潤於百里者，天子秩而祭之。觸石而出，膚寸而合，不崇朝而徧雨乎天下者，惟泰山爾。河海潤於千里。《文獻通考》：唐開元十三年，封泰山神爲天齊王，禮秩加三公一等。宋大中祥符元年，加贈爲仁聖天齊王。五年，加上東嶽曰天齊仁聖帝（四七）。《元史》：至元二十八年，加上東嶽爲天（四八）齊大生仁聖帝。《明史》：洪武二年，去前代所封名號，稱東嶽泰山之神。

明蘇乾《重修東嶽廟碑記》：

隆慶舊有東嶽廟，在靖遠門外。正統八年，州守耀州古君節移於州治之艮隅〔四九〕，地則郡民杜仁舍也。成化九年，州守秦州李君鼒重修，其重修〔五〇〕，則義官楊壽之力居多焉。

自癸巳迄今六十餘載，風雨推剥之餘，金碧凋敝，棟宇傾頽，弗堪棲神。乾叔父暘偶有事於祠下，見其壞也，愀然於懷，乃謀於眾，爲興復計。於是鳩工庀材，以次修理。腐者新之，圮者起之。先正殿，次寢殿、東西廂、聖母祠、大門，次及焚修之居，共計二十三間。興於嘉靖丙申年九月十一日，成於丁酉十月九日。雖基址維舊，而規模工程則加於舊。過者改觀，瞻者起敬，甚盛舉也。

既而命乾紀其事。乾惟東嶽泰山，五嶽之一也。五嶽在五方，而各神其神於其方者，理也。泰山在魯，魯爲今山東地。魯人之事東嶽，固宜也。隆慶距魯千有餘里，其亦祠東嶽者，得非以其神之靈無往而不在歟？況雨暘之時若焉，民物之阜康焉，或賴神庇，固司牧之所欲然者。又作廟之需皆出於民，而不費公家之物，亦上之所不禁者。所以吾民不以越分爲嫌，而樂於趨事也。於戲！民之事神，凡以祈福而已。人知祈福，則必避禍，殊不知福所以錫善人，非可以苟得；禍所以懲惡類，非可以倖免也。一感一應，其中蓋有幾（五一）焉。不容以私擬也。然世有憒不能伸而質諸神者，固以神之正直，能察人之私也，能鑒人之情也，能罰人之惡也。既而果有應者，要亦神之靈有感而然，未可全諉於數也。以理而論，則福善禍淫者，天也。天即理也。以迹而論，則神所以奉天之道者也。人知趨善而避惡，常（五二）若神之在其首上，則事神之道，又不在於物品之褻矣。《太甲》曰：「天作孽，猶可違。自作孽，不可活。」孔子曰：「敬鬼神而遠之。」孟子曰：「禍福無不自己求之者。」乾恐斯人惑於禍福，而不知所以事神之道，故以是告之。

三皇廟，在州治西南承化街。

《元史》：元貞元年，命郡縣通祀三皇廟，以勾芒、祝融、風后、力牧之神配，黄帝之臣俞跗以下十人，姓名載醫書者，從祀。《明史》：明初，仍元制，以三月三日、九月九日通祀三皇。洪武二年，命天下郡縣毋得褻祀。《日下舊聞》：嘉靖二十二年六月，太醫院三皇廟成，名其殿曰景惠，門曰咸濟，東廡從祀僦貸季、岐伯以下十三人，西廡從祀華佗、王叔和以下十四人。

真武樓，在州城南關。雍正二年，住持僧普禄募修。

《明史》：北極佑聖真君者，乃玄武七宿，後人以爲真君，作龜蛇於其下。宋真宗避諱，改爲真武。靖康初，加號佑聖助順靈應真君。《圖志》云：真武爲浄樂王太子，修煉武當山，功成飛昇。奉上帝命鎮北方。被髪跣足，建皂纛玄旗。洪武間例，每年三月三日、九月九日用素羞，遣太常官致祭。

真武廟，在州治西北。明宣德十年建，天順七年重修。國朝康熙六十年，僧官覺路募修。

明江朝宗[五]《重修真武廟碑記》：

北極玄天上帝真武之神，其顯應尚矣！我朝永樂初年，創隆慶州城。宣德乙卯，郡守楊賓捐俸貿地於城内乾地。郡民楊孟真、徐永齋出所有助之。造神殿，塑神像，闔郡軍民歲時蠲潔，以虔祀事。

正統己巳兵燹，居民驚悸，避之其廟宇，賊不敢犯。景泰庚午，郡民復業，奉祀如故。是廟與草場並列。天順庚辰五月六日夜，災〔五三〕逢回禄，草焚殆盡，廟則突兀不動。人以火執廟主〔五四〕楊孟真子宇，有司坐以重法，人謂宇不復全其生矣。比抵京，執法者詢其實而别白之，宇獲免，官草亦弗再究，輿人咸以爲異。此固神在天之靈之攸祐也。

今年夏，奉命守備是城。指揮汪君鎔謁廟，伏覩神像，慨然偕郡守師宗文各捐己俸，率廟主宇修造山門、兩廊暨鍾鼓二樓，規模制度，焕然一新。工始於是年夏，而告成於秋。尚書兵部員外郎李君衍，郡人也，述其事實，屬予爲記。予沐神之陰祐素矣，無以爲報，况重有請，而敢靳乎？惟神之靈，玄深莫測。行乎天地，統乎陰陽，覆而爲雲，澤而爲雨，鼓之爲雷霆，明之爲日月，驅袄殄沴，玉成萬物，其蔭庇於蒼生者，詎得而形容其妙也耶？武當山，神之修真凝道、超舉昇化之地也，朝廷俱創建宫廟以祀之，而神顯靈應，言難殫述。今隆慶年登大有，民享厥福，非奉神者誠以格之而致爾歟！予知自時而食於隆慶者，悉體朝廷奉祀之誠，而神之顯應，殆與天地日月相爲悠久云。

武成王廟，在永寧城内西北隅。

《新唐書》：開元十九年，始制太公尚父廟，以留侯張良配。仲春、仲秋上戊祭。上元二年，尊太公爲武成王，祭典與文宣王比，以歷代良將爲十哲。建中三年，列古今名將凡六十四人圖形焉。貞元二年，去亞聖、十哲之名，惟祀武成王及留侯，諸將不復與祭。《金史》：章宗泰和六年，詔建昭烈武成王廟，其制一遵唐舊禮。七年，以秦王宗翰同子房配武成王，而降管仲以下，又黜王猛、慕容恪等二十餘（五五）人，而增金臣遼王斜也（五六）等。《元史》：立武成王廟於樞密院（五七）公堂之西，以孫武子、張良、管仲、樂毅、諸葛亮以下十人從祀。每歲春秋仲月上戊日祭。《明史》：初，太公望有武成王廟，嘗遣官致祭如釋奠儀。洪武二十一年，罷其祀。

玉皇閣，在州城十字街。臺高數丈，下有四達門洞，左右有鐘鼓樓。明崇禎五年建，十五年工峻。國朝雍正二年，知州高國楹重修，逸士張熊基有記。乾隆五十五年，知州倪元寬修葺，有碑記。一在永寧，規制相同。銅鑄神像。

明蔣有進《重修玉皇閣碑記》：

延慶乃關北首郡，神京屏藩，屹然一重鎮也。第城之四街中心，向無神閣，説者以爲缺典。崇禎五年壬戌，有鄉人賈公章者，遽興此念，自輸千金，以勸衆善士。鄉紳塗公應選聞斯舉，即曰：「此我延郡千百年盛事也。」乃會同鄉人徐公光棟、張公允貴、黄公之棟等，誠意樂從。先勸捐州城，次及鄉村，鳩工庀材，暫有次第。特以工程浩繁，所用不資，有進自許鑄造玉皇金身一尊。今木植不敷，並周圍門窗及彩畫、油刷、匠役工費，一時難以措辦。有進復括囊施捨，陸續共約五百餘金。於十五年壬午五月告竣。雄峙州城，允稱大觀。有進所助無幾，不足以垂後世，然慕善鄙衷，似覺虔而難泯也。謹勒石以志。

李鍾俾《登玉皇閣》詩：

好山登不厭，直上最高臺。有石層層起，多松處處栽（五八）。坐觀施遠目，笑傲寄雄才。一曲隨風落，天鈞樂幾回。

郭浩《秋日與柳園諸子登玉皇閣止宿即事次壁間方守戎韻》

信是蓬瀛第一山，飛來絶域不知還。嫣紅葉綴花千樹，峭碧泉凝玉一灣。入夜神燈交影亂，侵晨語鳥弄音閒。明昌舊蹟知何處，曠代宸遊想像間。

劉之璋[六]《登延慶市樓二首》：

夙聞淳樸稱隆慶，此日登樓動客情。邊塞北來秋氣早，關河南去晚烟平。四山疊翠環村落，二水交流繞夾城。休息百年安富庶，絃歌處處報西成。

桃源深處足樵漁，好便携家賦《遂初》。嬀水西流朝永定，翩山東峙接巫閭。秋風斷雁悲鄉國，落日連雲慕帝居。回首當年春夢杳，巡簷徒倚獨愁予。

玉皇廟，在州城北門外，今廢。一在州北十七里，明宣德七年，州人呂玘建；天順二年，玘姪呂恭重修，規制宏麗，爲州勝境。

明黄鍾《玉皇廟賞芍藥花》詩：

寄蹟荒山歎數奇，多情深感蝶相知。風流自脱塵凡氣，賦予誰云造化私。近侍聲華雄往日，維揚金紫擅當時。村翁只作閒花看，翻使佳人笑滿頤。

趙公祠，在永寧城東門外。祀明知縣趙爾守。

黄公祠，在永寧城西門外。祀明參將黄明臣。

明徐申《黄公生祠碑》：

永寧屬宣府東路，爲陵京肩背，至要害也。參府之設舊矣，獨未有功，其著保障功〔五九〕自都督始；亦有祠，其既去而生有祠，自都督始；故未有知而兩謄首剡，自余始。余時按宣，而都督方參東路戎政，有功云。越歲己亥，余起田間，貳納言，都督則儼然授鉞鎮昌三年矣。余在銀臺左署，父老王國卿、孫明德若而人來，言：「都督自參戎副雲中而西也，東人業已祠事之，迄今十載，貞珉闕然，唯納言知之蚤，感以辱焉，用垂不朽，以爲後世之師。」余惟祠，情也；祠而乞言，文也。建祠於既去有生之日，乞言於既祠十年之餘，可以徵恩矣。因憶按東時，雖兩疏薦，特窺一班〔六〇〕，更問其得父老狀，則語纚纚不休，且曰：「都督美爲政者三，不可及者五。」將終其凡，更僕未悉也。路故巖邑，延袤五百里，敵出入孔道也。都督至，則謂軍民雜處星散，倉卒避入城不便，首度遠近，築堡戍。狼烟一起，隨地投竄，且守且禦，敵卒無容足，即雞犬倚如長城，一美也。城東邊地黃土坡，樵牧之所聚也。敵潛伏竊發，不擒其人，則褫其衣，世爲路患。都督則精選材官戍守〔六一〕要道，責成步騎巡境〔六二〕四周，敵由是不敢西嚮窺視，二美也。史車二酋[七]，驕黠稱最，陽名内附，陰實外誘，坐分其刦而莫之察。都督則宣明上旨，風示國威，令〔六三〕自輸服，願受罰牛羊諸畜，皆以九數。敵以九數，九九八十一則罰之大者也。而後與之賞，約之罰，由由然得酋和而奸絶，三美也。大成比妓〔六四〕世爲薊鎮屬夷。以渝盟斷賞故，由四海冶入寇，東路震驚。都督偵知其有犯陵京意，身先士卒，策馬行邊，以禦其鋒。獲其哨探五騎，質其三而歸其二，喻以義利禍福，皆噬指駴散，相戒毋生事啓釁。卒之東鄙不聳，陵京宴如，不可及一。城故患盜，有一夜而數被者，國門内且爲淵藪。都督廉知其趙三，因闞其亡，餂其幼女，隨檢臥炕中，藏無算，傅之法，於是城中關外人得帖席，不可及二。城西五里龍灣，謾藏誨盜，年夜報至，都督即率健兒，循履迹，追及旅次，盡縛而收之。由是民重爲邪，四境無故，不可及三。上谷文運久否，永寧尤厄。會趙父以關中榜元來令，一意興學造士，而沮於無資。都督則引爲己責，捐俸治具，延學官，子弟講業（六五），一禀於趙父。經費有度，不煩有司，歲以爲常。是科己酉，兩鎮佔兩元，合之凡十人，東路朱君其一。鹿鳴小宴，供帳極其精緻。蓋寓激勸微權，而士益知奮，不可及四。都督自癸未夏東來，歷庚寅春西徙，凡八年。烽火無烟，年穀屢稔，人皆曰都督之賜。故都督方離東，而史車叛服不常，歲凶爲害。夫然後益知東人不可一日無都督，不可及五。凡此皆其著者。

自都督一登車，而東人冕衣裳者、兜鍪者、縫掖者、騎步者、杖履者、提携者，自西郭屬之境外，擁無跬步隙。婦無老幼，兒無少長，各遮道泣留。都督下而慰勞，涕霪霪沾衣。自近古以來，未之前聞也。既去，東人孺慕不置，捐貲易西郭龍王廟右四畝爲祠，肖像以事。堂三楹，前竪門樓，圍以周垣，翼以兩廡，募僧居守。堂（六六）後百步許有地四畝，萬户侯陳文謨施僧梵（六七）修，東南許地十畝，軍士劉寶給僧贍奠，皆感恩以圖報者。經始以己丑秋，落成於庚寅夏，迄十餘禩，而歲時伏臘，不懈彌虔。東人何嘗一日忘都督哉！

余曰：唯唯。今之以戎行顯者，往往無所表竪，至秦越視其軍民。都督參戎時，年纔逾三十，距而西且八載，藉令喜事而暴施，宦成而政怠，其何以係去思？咨嗟！父老此難，以形勢駈也。都督悉有衆善，豈不卓卓乎哉！而又持之以重，出之以平；有而不居，久而勿替，此邊疆之福也，社稷之功也。今奉衣冠、陳俎豆而祝之，其誰曰不然。都督行矣，其必以功實陟公孤、冠監友、置將圖、形麟閣，勒功鼎彝，生祠特其土苴耳。余不佞，尚相與圖厥終。

都督姓黄，名明臣，字翊運，彭澤人。起家興和所千户侯。吉菴，其自號云。

于公祠，在州城三清廟東。祀國朝直隸總督于成龍。

朝天宫，在州城東街。康熙三十九年建。内有萬壽亭，官屬拜牌於此。

以上各廟祠，或載在祀典，或有功於民者録之，餘詳村鎮及古蹟、寺觀。

卹政

軍儲倉，在州城東南隅。

常平倉，在州署馬號，無儲穀。

義倉，一在城隍廟街。一在州城西大街。一在岔道城。一在南口。一在居庸關。一在永寧城。俱有儲穀。

明宋雲霄《申革斗級禁役碑》：

直隸延慶州知州宋爲疾苦事，蒙欽差整飭懷隆兵備道副使胡案驗，蒙巡按直隸監察御史吴批，據本道呈：蒙本院批狀〔六八〕，據延慶州民人田坤等連名〔六九〕告前事。告稱：竊照本州邑屬邊僻，逼隣敵穴，界與懷來、永寧、延慶境土相攙，地土窄狹，且多沙瘠薄。概州丁少民窮，舊設州堂庫子、各里見年街市集頭〔八〕老人，軍儲、預備二倉斗級老人、看監禁卒，皆係極重力差，均於東南等一十四里人口内編僉派。萬曆二十九年間，蒙院道憐憫，見年里長借辦供應負累，州堂庫子經營錢糧賠貽，集頭老人置備祭祀鄉飲，俱奉裁革，議行條鞭，稍得寧息，尚有軍儲、預備二倉老人斗級守支糧料，每年伺候查盤，終歲供役在官。如遇浥瀾虧短，賠糧問罪，鬻妻賣子，變産完官；看監禁卒防範獄囚，管解審録，殊爲苦累。兹蒙天臺興利除害，剔弊釐奸，一路窮民均霑雨露，凡地方利弊，軍民疾苦，俱許諸人陳告。役等謹將疾苦投鳴，懇乞本州移會保安、永寧二州縣的議，比照裁革庫子、見年里長等項事例，將預備倉斗級老人革去，行令户房吏帶管軍儲倉斗級，照依别城堡，改於後所軍當。看監禁卒著落民壯輸流貼監，原議工食銀兩，盡給該吏，各軍役民壯領食免僉。各里人户縱有工食不敷，寧於概州丁糧内加增，恩垂永久等情。蒙批懷隆道查報，蒙批署州事經歷魏三顧申稱：查得本州先年庫子、見年里長、集頭老人，至萬曆二十九年間，蒙巡按崔按臨訪知〔七〇〕前情，行令改作庫吏。今各役具告，將軍儲倉斗級仍改軍丁，預備倉改户房帶管，禁卒著民壯，似惟垂久。又蒙巡按吴按臨查閲倉糧，目擊節年斗級八十九名，革去每名編給工食一十四兩。召募壯丁看守倉獄、軍儲倉，額編四名，恐不足，再加一名。除舊有工食二十八兩八錢外，加添工食銀四十一兩二錢。原有書識一名，登記承辦，庶無差遺〔七一〕。議照斗級編給工食一十四兩，則服役者責有所歸。預備倉三名，舊有工食銀二十四兩，外加工食二十二〔七二〕兩。禁卒四名，舊有工食三十二兩外，加添工食二十〔七三〕兩。

以上共一十三名，該加添工食銀一百一兩二錢。前項工食銀兩，概州里老人等的議丁糧内均派，勒碣立於本州大門外，永垂不朽。

吴增嘉[九]《義倉碑》：

延慶自嘉慶二十年及道光六年，兩次蒙宫保總督部堂那奏明，興復各處義倉。本州[七四]先後共捐穀四千零九十九石，分貯城鄉各倉及永寧城倉、南口城、居庸關、岔道城，五處皆舊倉也。其州城之東倉，則本州自行捐建者也。夫義倉之立，以豐年之有餘，補荒歲之不足，有備無患之道也；以富户之有餘，補貧民之不足，有無相通之義也。從此匱乏無慮，任卹共敦，則安親康樂和平之書可紀，立法良而用意美也。如此又復飭勒石倉門，剔弊之方，不煩而密，有朱晦翁夫子社倉法之所不及者。本州恪遵上憲文移，將先後倡勸穀石，鳩工刻石，立諸倉門。衆以爲不宜，改移於玉皇閣上。衆目昭彰，有無侵虧，不難立見。務期民皆慕義，官不貪私，以仰副督憲念切，民依立法，剔弊精詳之至意。若後日續增穀石，及續立厫座倉場，再行隨時續刻，以杜異日弊端，是爲記。

道光十年庚寅九月

碑陰載各處捐項：

嘉慶二十一年，知州王芝田倡捐義穀二千四百石。曾經出借，收有息穀八十四石。

道光七年，知州吴捐置城隍廟街義倉一處，共用制錢二百七十一千八百四十文，即倡捐穀三百石，勸捐穀一千一十五石。道光八年，知州吴倡捐穀五十石，勸捐穀一百五十石。道光九年，知州吴捐穀一百石。以上共義穀四千九十九石。内本城西街大寺舊義倉儲穀一千四百五十四石，城隍神廟街新義倉儲穀一千二百四十五石。永寧城義倉貯穀一千八十三石一斗。岔道城義倉儲穀一百四十三石一斗五升。居庸關義倉儲穀七十石七斗。南口城義倉儲穀〔七五〕一百一石七斗。又奉督憲文勸捐紳民義倉歲修費用錢四百八十千。知州吴添捐延錢六百二十千，勸捐永寧義倉歲修延錢五百六十千。又添捐延錢四十千，公置歲修地租延錢一百八十三千。其餘一切錢文俱存房發商生息，該房存案備查。務期臨時量工程大小酌用，以後各存賬目，交代詳明。恪秉天良，勿得營私入己，自取罪戾。故立此石，以戒侵吞，以杜虚冒。

養濟院，一在州城小西門内街北。明知州李鼒創建。嘉靖六年，知州梁綸重修。正房三間，廂房十間，門一間。今現存瓦房四間，土平房七間。一在永寧東門内街南。房四間。乾隆三年，知州李鍾俾建。舊在城西北隅。《乾隆志》一在州城南門外。瓦房六間，門一間。一在永寧。咸豐六年，節婦胡夏氏捐置，瓦房六間。

漏澤園，一在州城南。明萬曆四十五年，知州宋雲霄捐買州民郎應科高阜地二畝。一在永寧西門外。明時知縣趙爾守置。《乾隆志》一在州城東關。一在西門外。一在北門外。一在永寧城西門外，地八畝。一在北門外，計地十八畝。一在城西給孤寺後，計地十八畝，道光二十年，邑人胡先達等捐置。採訪

《漏澤園説》：

或問：漏澤園古歟？曰：非古也，其於季世乎？先王之世，老安少懷，生養没瘞，各得其所。其不幸而有弗掩者，先王猶弗忍也。故孟春之月，教民掩骼埋胔，無干天和。《傳》曰「西伯澤及枯骨」是也。季世多戰，而民始不收，轉死於溝壑，而民暴露。是故明王出而憂之，爲之壇壝以定之，爲之原城以斂之。所以推先王什一餘恩於既化者也。今也不然，終歲蠶緝而寒不得衣，春耕秋獲而饑不得食；頭會箕斂，盡民之力；聚大衆，興大役，使民不得休息。甚則朘生者之膏脂以充己之欲，略無厭斁。及怨讟之興也，則又嚴擊斷以威之，舞文以罔之，死徒相望而不閔，惡在其爲民父母，惡在其爲君之臣？而顧乃有規規虚器以文其辭者，亦何謬之甚哉！曰：如子之言，誠盡於先者，則兹園雖廢之之可也。曰：何可廢也，先王以不忍人之心，行不忍人之政，建良法美意於

天下，使幽明人鬼無一不被其澤。其澤弗被者，則有司格之耳。孔子愛禮而存羊，後之賢者，安能不接踵而至乎！見其末而反其本，行其緩而求其急，愛其所踈遠而深思其所親近。權輕重，度長短，則其所以生之，富之，教之之具，聖王之仁術，森然備有，不翅百倍於兹園者，舉而行之，豈力之不能哉！弗爲耳。

水社，在州城十字街玉皇閣前，同治六年置。公議條規，稟請立案，永遠遵行。

條規：

一、城中如逢火災，即於閣上鳴鐘，使遠近皆得聞知。故所置救火器具一切存之閣上，以便臨時運用。

一、置水社籤一百二十支，散給鋪户、居民，每家一支，籤上注明字號姓名。如聞鐘聲，各家派壯年者持籤速往火廠。社首見水收籤。有不到者，大户罰錢五千，中户三千，下户一千，俱存社首公簿，以備添置器具。

一、各器具均書水社字樣，事完仍存閣上。如有隱藏不交者，經人查出，每一件照罰賠五件。

一、社首，即在四行内派一家輪流值年。有事即將閣上器具速爲運送，一面收水、收籖，督同救護。

一、在官人役，如書辦、衙役、斗頭、門斗、轎夫等，均每人發給大籖一支，如聞鐘聲，即同速運器具。如有不到，有力者罰錢三千，無力者送官責懲。

郵遞

居庸驛，在州城南五十里。額設驛馬一百匹。

鋪司，一在州城，一在岔道，一在南口，一在居庸關，一在三鋪，一在河西。

兵防

延慶州，額設民壯五十名。

延慶城守汛，額設把總一員，馬兵四名，守兵二十八名。

汛地東至石河營三里，與永寧營交界；南至百眼泉三里，與岔道營交界；西至獅子營十五里，與懷來營交界；北至山坡十五里，無接連營。汛東南至蓮花池三里，與柳溝汛交界；西南至小豐家營十二里，與岔道營交界；東北至山坡，無接連營；西北至西羊房十五里，與榆林汛交界。

永寧營，額設千總一員，馬兵四名，守兵三十名。

汛地東至溝兒鋪十里，南至東灰嶺八里，西至呂莊二十里，北至香營堡十里。東南至麻地灣二十里，東北至大鴉口十里，西南至王木營十二里，西北至閻家莊十二里。○有邊牆，係内邊。

四海冶汛，額設外委一員，守兵三十二名。

汛地東至火燄山三十里，西至分水嶺十六里，南至海子口八里，北至四海口三里。邊牆東自火燄山交界起，西至接界墩止，共計沿長五十一里，折丈九千一百八十丈。

周四溝汛，額設外委一員，馬兵三名，守兵十六名。

分防營盤口，距汛十五里。邊牆東自四海冶花樓子交界起，西至靖安堡馬路南樓交界止，共計沿長六十五里零六步，折丈一萬一千七百三丈。

靖安堡汛，額設經制外委一員，馬守兵二十三名。

分防凉水河，距汛八里、張家灣五里、次兒溝六里。黑峪溝距汛十里、小水口十里、西嵯五里、東梁八里、金雞梁十里。〇邊牆東自馬路南樓交界起，西至獨石口滴水崖堡交界止，共計沿長二十四里零二十八步，折丈四千三百十四丈。

柳溝城汛，額設把總一員，守兵二十二名。

汛地東至二司二里，西至陳家營十里，南至紅門口三里，北至莊窠六里。東南至瓦廟子二十里，西南至大紅門屯十里，東北至房老營五里，西北至八里店十二里。〇邊牆：東接永字四十二號，西至永字一號，沿亘一十二里二百三十四步。

岔道營，額設守備一員，把總一員，額外外委一員，馬兵二十八名，步兵二十一名，守兵三十五名。

按《營册》：乾隆八年，額設馬步守兵一百二十名。道光二十一年，自永寧營添撥馬兵五名。自乾隆四十七年，裁扣養廉馬兵五名，守兵七名，公費步兵一名，守兵一名。嘉慶十六年，裁撥八溝營步兵一名。十九年，裁撥大名鎮步兵四名，守兵一名。道光十二年，裁撥西疆步兵一名，守兵一名。二十一年，裁撥天津海口步兵五名。二十二年，裁撥天津海口馬兵五名，步兵四名，守兵四名，現設馬步守兵八十五名，内有外委。○邊牆：東接慶字一號起，西至護關三營塞止，沿亘三十八里二百六十八步。

居庸路，額設都司一員，把總三員，經制外委一員，額外外委一員，馬兵四十名，守兵一百四十二名。奉裁永定河守兵一名。實存分汛守兵十名，分汛字識守兵十名，弓箭守兵十六名，藤牌守兵十八名，鳥鎗守兵八十七名。共一百四十一名。

按《營册》：居庸關都司所轄各沿邊，計長一百四十里。東至三岔口與懷柔營交界，西至掛枝菴與沿河營交界，南至雪山與昌平營交界，北至水長峪河石碣與岔道營交界。

分設把總一員，專轄居庸存城及大小關口三處，馬兵二十一名，守兵六十二名。

陳友亮口距營十里，雙泉口距營五里，石峽峪距營三十八里。本汛東至果家莊十五里，與南口汛交界；西至石峽峪三十八里，與白洋汛交界；南至道陽坡十里，與南口汛交界；北至上關城十里，與八達汛交界。

分設八達嶺汛，把總一員，專轄八達嶺及大小關口二處，馬兵六名，守兵四十三名。

汛地東至小張家口黄土梁十里，與岔道營交界；西至西邊口溝八里，與居庸汛交界；南至上關十七里，與居庸汛交界；北至水長峪河二里，與岔道營交界。

分設南口汛，經制外委一員，專轄南口及大小關口四處，馬兵六名，守兵十八名。

德勝口距汛三十里，灰嶺口距汛二十里，賢莊口距汛二十五里，燕子口距汛五十里。

本汛東至東三岔八里，與黄花汛交界；西至枯漿村十二里，與白洋汛交界；南至雪山，距汛十七里，與昌平營交界；北至道陽坡五里，與居庸汛交界。

分設鎮邊城，把總一員。地屬昌平州，不具載。

分設白羊汛，額外外委一員。地屬昌平州，不具載。

墩臺

自州至岔道小路，墩臺二座。小滹沱、簸箕營。

自州至懷來小路，墩臺一座。王辛莊。

自永寧至四海冶小路，墩臺五座。大鴉口、五里鋪、分水嶺、大石嶺、南海子口。

自永寧至靖安堡小路，墩臺二座。黑峪口、嶺上。

自州至柳溝小路，墩臺二座。西嶺上、紅門口。
自舊縣至靖安堡小路，墩臺一座。閻家嶺。
自州至佛峪口小路，墩臺一座。張山營。
邊口墩臺三座。小水口一座，通千家店。營盤口一座，通〔七六〕千家店大路。四海北口一座，通千家店。
自岔道西至榆林驛大路，墩臺四座。炮兒上、小紅山、兔兒灣、東山頂。
自岔道南至南口大路，墩臺四座。石佛寺汛、四橋汛、道陽坡汛、狼窠汛。
教場在州城東北二里。明景泰三年，守備都指揮杜俊、副千户劉政創建，以操練軍士。見廢署舍。
西教場在州城西北百餘步，門樓東向，以操民壯，今圮。

附舊衛

延慶衛，在居庸關，明初置隆慶衛，後改名延慶衛，所轄地東至昌平州界七十里，西至昌平州界二十里，北至延慶州界三十里，後裁，併地入州。詳見事略
延慶左衛，在居庸關，明永樂初置。宣德五年，徙於永寧，後裁，併地入州。詳見

事略

延慶右衛，在居庸關，明永樂初置。宣德五年，徙於懷來，後裁。詳見事略

附《舊志·城堡隘口》：

四海冶小口、北長溝口，路險，有汛。東北溝口，路險。海子溝口，內口。在四海冶南，至京師一百十餘里，路平，有汛。四海口，外口。在四海冶城北，距州一百十餘里。口外通千家店，路稍平。官兵防守墩臺：鎮塞墩、禦靖北墩、靖安墩、石城峪墩、將軍嶺墩、四海口墩、長寧西墩、接界墩。

按：四海冶北接邊城出口，即千家店，地面遼闊。《四鎮三關志》曰：西北部落住宣、大二鎮塞下，如入宣化之獨石、馬營、永寧、延慶、滴水崖、四海冶方至居庸、黄花鎮一帶地方。長安嶺以西懷來、保安、土木方至橫嶺、長峪、鎮邊一帶地方。若黄花鎮以東，渤海之慕田、賈兒、擦石等口，去邊稍近。四海冶與周四溝首尾相通，黑漢嶺居中策應，實爲東北鎖鑰也。《永寧縣志》云：元時入京，莊塠堡西五里天門關，武螽堅守，則敵入無隙矣。

周四溝小口、大鴉口，內口。在周四溝西，路平，有汛。寧靖新墩，在周四溝東北，

係邊牆倒塌，易於偷越，未經封閉。菜官嶺，外口。在周四溝正北，即營盤口，又名九嶺口，路險，有汛。擦獨湖口，外口。在周四溝西北，今封閉。墩臺：寧靖新墩、關北口新樓、蕨菜衝三墩、望遠墩、黄土嶺口樓、菜官嶺三墩、東石河口樓、西石河口樓、鮑魚衝東頂墩、鮑魚衝西頂墩。

按《舊志》：周四溝北二十里爲外山墩，與黄嶺、西石河鎮爲極衝，敵若入寇，勢必由此。宜於三岔、馬道、廟兒梁設兵備之，所患井泉不給。今黄土嶺、石河一處，俱已封閉，尚有倒塌之處，亦宜封閉也。

靖安堡小口、小水口，外口。在靖安堡東北五里，距州七十里。出邊，路平，有汛。墩臺：路南樓、威遠墩。自威遠墩起，至三道邊、鎮河裡口樓六墩，至東路界樓二墩，至黑峪嶺後汛八墩。

按：靖安堡，俗名白河堡。東當東河口，西當西〔七七〕河口，北抵嵯頭墩，一路之極邊也。六七里外亂泉寺、許家莊皆朵顔儔類出没縱横。明時，每由黑峪口穿荆棘入犯，甚劇。特設都指揮領重兵以鎮之，而邊塵弗息。

永寧衛小口、黑峪口，中口。在永寧西北，距州四十里。由舊縣出口至靖安堡、滴水崖，路平有汛。黄峪口，中口。在黑峪西，係邊牆倒坍，亦出口。至滴水崖，路險狹，無防守。金雞小口，中口。在黄峪口西，係邊牆倒坍。由香營通靖安堡，路狹，無防守。墩臺：教場一座，大廟一座，三道牆一座，黑峪口一座。

柳溝城小口、紅門口，内口。在柳溝城正南，距州二十五里，至昌平屬德勝口七十里，路平有汛。小張家口，内口。在柳溝城西南，距州二十里，通居庸關内之青龍橋東。石佛寺口二處，路平無汛。墩臺：西山梁一座，紅門口一座。

岔道城小口、八達嶺，内口。在岔道城東南，通京師，路狹，有汛。明弘治十八年建城。陳家堡，内口。在岔道城西南，距州七十里，通京師，路險狹，無防守。南帮水峪東、石匣口相近，俱有汛，墩臺共十座。

州境正東上、下花樓口外，距州八十餘里，通口外，周四溝、管頭路稍平，無防守。

州境正南湯峪口，内口。距州六十五里，接昌平界，由岔道南園進口，通京師，路險，無防守。

州境正北白草窪渠口，中口。距州二十里，通赤城縣，路險狹，無防守。小魯家莊口，中口。距州二十里，通龍門、鵰窩驛，路險狹，無防守。西羊房口，中口。距州二十里，通龍門、鵰窩驛，路險，無防守。

州境東南東灰嶺口、西灰嶺，俱係内口。距州四十五里，至昌平屬南灰嶺口四十里，通京師，路險狹，無防守。荒坡梁口，内口。距州六十里，由二鋪至昌平屬錐石口、賢莊口，通京師，路狹，無防守。

州境東北三道牆口，外口。距州六十里，通邊外，已經封閉。

舊縣小口，中口。距州四十里，通赤城縣，路險狹，無防守。芀藥、燒窑峪口，中口。距州三十里，通赤城縣，路險狹，無防守。

州境西南楊董二莊小口，内口。距州四十里，通京師，路險狹，無防守。

州境西北佛峪口，中口。距州二十五里，通龍門、鵰窩驛，路狹無防守。

附《舊志·邊防》：

延慶州，在京師北一百四十里，出居庸關首衝之要害也。《舊志》云：永寧設有參將，爲宣府東路，專管延慶州官軍，地方乃所隸也，但距州四十里。州所賴保障者，州有守備也。無何易守備以千總，未幾又復守備，旋改操守。二十年來，數數更易。蓋當事者以裁革爲賢能，視重地如戲局。今官卑望輕，軍少不振。《宣鎮圖説》云：延慶州，故金元舊治，内知州、操守、把總、掌印、吏目各一員。永寧衛後所官軍二百七十員名，馬駝七十五匹隻。城座平坦，北面阻山，險而難馳；南面臨河，亦稱形勝。先設守備，因腹裏無邊，故易以操守。嘉靖中，數被敵創。今備設把總一員，兵二十四名，内馬兵四名，守兵二十名，分撥王興莊防守兵五名，官兵共二十員名，駐防一州耳。

《舊志》：明正統間，懷來衛摘發官軍二百員名，備禦守把城門。景泰間，河南都司、河南弘農、彰德、懷慶、信陽等衛官軍五百員名，輪操修城，半年一換。又景泰二年，提督軍務右僉都御史李秉、總兵官武强伯楊能等奏準，摘發永寧衛後千户所全伍印信官軍前來防守，本州民壯九百九十九名。天順二年，奉敕取勘在官，聽其自在生理。遇有警，借倩出力，給與口糧、器械，有功則一體陞賞。寧靖之後，各還本家，原關器械，交收貯庫。正德年間，巡按御史慮防民務，留一半操備。嘉靖戊申，大敵入寇，殺擄居民過半。巡按（七八）御史王楠委本州吏目遅諒減銷二百名，永寧縣知縣雲棟減銷四十名，止留六十名操備。永寧衛轄左、右、中、前、後五千户所，永樂十三年設。宣德五年，自團山移建。景泰二年，撥後千户所守備隆慶州。

四海治，在州東一百一十里。《宣鎮圖説》：越此即達昌平。若無此堡以爲薊鎮屏翰，則敵入直擄（七九）矣。但孤危四山之内，沿長四十三里，邊外寶山寺、天仡力等處，盡敵人駐巢大邊。墩樓五十四座，大路墩臺十座，衝口六處。鎮東北（八〇）口、四海口、大勝嶺皆極衝，通大舉。惟新興、將軍嶺、長生口次之。堡西五里，名天門關，其地層崖壁立，隘阨可恃。若敵由長生、大勝嶺等口入犯，預據此險，則内不得出，外不得入，誠本堡咽喉之地。司守者設一奇兵，敵豈能西馳哉！内設守備一員，把總官三員，軍六百九十名，馬騾駝二百十七匹頭隻。

駐防，守備一員，在營兵七十八名，内馬兵一十二名，守兵六十六名，汛撥三處：大勝嶺汛，守兵五名；海子口汛，守兵五名〔八一〕；四海口汛，守兵五名。

軍器，盔甲一百四頂副，虎衣虎帽五頂身，長鎗四桿，腰刀十四口，藤牌背刀五面口，弓四十一張，箭一千五百一十枝，三眼鎗四十二桿。

砲位，大小生鐵砲二百八十三位，子母砲四位，鳥鎗四十一桿。儲備鉛三百二十五斤十三兩，儲備火藥一千一百四十六斤，磺十三斤。

周四溝，在州東九十里。《宣鎮圖説》：操守一，把總二。見在軍丁五百名，馬騾一百五匹頭。北面山，南面澗，東至黑漢嶺，西至劉斌堡。墩臺三十七座，大路墩臺十五座。此堡素稱極衝，乃永寧之應援，山陵之後背也。

駐防，守備一員，營盤口外委把總一員，在營兵八十五名，内馬兵一十二名，守兵七十三名。汛撥四處：分水嶺汛，守兵五名；五里鋪汛，守兵五名〔八二〕。

軍器，盔甲一百五頂副，虎衣虎帽五頂身，大刀八口，腰刀四十八口，藤牌背刀九面口，弓四十一張，箭一千四百九十枝，三眼鎗十一桿。砲位，大砲九十五位，湧珠砲七十位，鳥鎗四十一桿，儲備鉛子二百二十五斤十三兩，儲備火藥一千三十八斤。

靖安堡（八三），在州東北九十餘里。《宣鎮圖説》：守備一，把總三，軍七百七十五名，馬騾三百一十八匹頭。北面阻山，東、西、南面臨河，頗得形勝。但自固則險，近邊極衝；出而邀擊，多不便於馳鶩。本邊自劉斌堡馬路南樓起，西至下北路滴水崖二墩止，沿亘二十四里有奇，邊墩三十一座，內（八四）東河口無邊牆可據（八五）。邊外許家衝、亂泉寺等處山藏溝隱，深爲可虞，如敵內犯，當於老謝灣、常勝梁設伏拒堵。近修砌水壩，亦足隄防。然遠偵探以察衆情，禁採樵以杜釁端，當昕夕戒慎云。

駐防，守備一員。雍正十年，改爲都司。乾隆四年，裁都司，設千總一員，今因之。在營兵六十名，內馬兵八名，守兵五十二名，汛撥三處：前黑峪口汛，守兵五名；後黑峪口汛，守兵五名；小水口汛，守兵五名。

軍器，盔甲六十頂副，虎衣虎帽四頂身，腰刀二十口，藤牌背刀四面口，弓二十張，箭八百五十枝，三眼鎗三十四桿。

砲位，大砲三十二位，湧珠砲四十一位，儲備鉛三百九十五斤二兩，儲備火藥六百六十五斤十兩零。

千家店，在邊牆之外，設章京一員，驍騎校一員，甲四十副。駐防，誠北門鎖鑰也。

軍器，盔甲四十三頂副，腰刀四十三口，弓四十七張，箭八百六十枝。

永寧衛，在州城東四十里，原爲縣治。順治六年，裁縣改衛。《宣鎮圖説》：參將、知縣、典吏、坐營各一員，把總三員。永寧、延慶左衛掌印、管屯、巡捕、經歷、鎮撫各一員，官軍一千五百六十（八六）員名，馬、騾駝六百八十二匹頭隻。北山黑峪口夙通大舉，敵犯永延率由是路。而白草窪等處屬夷駐牧，撫處爲難，曲盡其術，是在路將之責也。

駐防，原守備一員。順治十七年，改設都司一員，千總一員。在營兵七十七名，内馬兵一十二名，守兵十五名，步兵五十名。汛撥二處：西大廟汛，守兵五名；貼防舊縣汛，守兵二名。

軍器，盔甲、器械、砲位，俱貯柳溝中軍營。

柳溝營，在州城東南二十里。《宣鎮圖説》：乃南山適中（八七）之地，西南皆（八八）沙，河東北平坦，雖稱衝口，而設將築關，綢繆甚密，足垂永久。然皆四外湊集，鄰近屯地，咸係居庸關、延慶衛所轄，邊（八九）以裏蒭牧甚饒，草可無蓄，而糧料不可不備。必兵食兩足，庶保無虞。内駐參將一員，坐營一員，標兵千總一員，把總二員，馬步兵丁一千二百九十名，馬、騾駝六百二十六匹頭隻。本城邊界：其西灰嶺次衝，山險可恃，敵騎不通。塔兒峪極衝，但柳溝當其前，永寧躡其後，雖衝亦何患焉。操守所屬把總三員，軍丁六百九十四名，官下正馱馬五匹。内西灰嶺把總一員，分領軍丁二百五十名，馬一匹。塔兒峪把總一員，分領軍丁二百五十名，馬一匹。其餘軍丁、操守與巡捕、把總、管領亦駐柳溝，以備防禦。雖然將貴知兵，將不知兵，以卒與敵也。故孫子云：「知之者勝，不知者不勝也。」

駐防，守備一員，兼防守州城。外委把總一員。在營兵五十一名，内馬兵十名，守兵四十一名。汛撥二處：西山嶺汛，守兵五名；紅門口汛，守兵五名。貼防舊縣守兵三名。順治元年，裁副將，設參將一員、坐營官一員、把總一員、柳溝口操守一員。六年，裁。七年，設守備一員，尋改設操守。十三年，裁操守，歸併岔道都司管轄。十七年，移都司駐劄永寧，以中軍守備駐防柳溝，原額兵三百名，節次裁汰，現存今數。

軍器，盔甲一百六十六頂副，虎衣虎帽四頂身，大刀九口，腰刀二十口，藤牌背刀八面口，弓二十張，箭二千二百九十枝，三眼鎗十桿。

砲位，大砲一百二十七位，湧珠砲一百二十位，子母砲四位，小砲二十位，儲備鉛一百八十七斤九兩，儲備火藥六百二十斤七兩，貯庫熟鐵一千六百三十斤，生鐵（九〇）二千三百五十七斤，生鐵子四百三十二粒。

教場，在城南，舊一頃餘，後被兵民佔種。操演俱在北門外，現在清查，規復舊制。

岔道城，在州南二十里。《宣鎮圖説》：城雖平坦，逼臨山險，樓墉俱磚石甃，亦足爲居庸外藩。但地多沙石，關牆每爲山水衝壞，築堤改流，兼路當孔道，應付甚繁。遇薊昌有警，軍門提兵移駐於此，舊屬東路。萬曆六年，改隸南山。沙嶺口、帮水峪東口極衝，而帮水峪西口、華家窑口俱次衝。藩垣疊障，聲應聯絡，雖有衝次之處，不足爲虞。守備所屬：把總三員，巡捕一員，軍丁七百八十八名，官軍下馬騾二十三匹頭。內岔道口把總一員，分領軍丁一百八十名，馬一匹。平敵樓把總一員，分領軍丁二百名，馬一匹。羊兒嶺把總一員，分領軍丁一百九十名，馬一匹。其餘軍馬守備與巡捕管領駐劄本城，以備禦焉。

駐防，守備一員，把總一員。在營兵七十六名，内馬兵十九名，步兵三十六名，守兵二十六名。汛撥六處：東山頂汛，馬兵二名，守兵三名；小紅山汛，馬兵二名，守兵三名；小滹沱汛，馬兵二名，守兵三名；簸箕營汛，守兵五名。

軍器，盔甲一百零七頂副，虎衣虎帽十三頂身，大刀六口，腰刀四十八口，藤牌背刀十三面口，弓三十張，箭一千一百四十枝，三眼鎗十二桿。砲位，大砲六位，湧珠砲二十七位，子母砲六位，儲備鉛一百三十一斤一兩，儲備火藥一千斤一兩四錢。

教場，在西門外迤南一里，計地一十八畝，内有將臺一座，殘壞。演武廳基一座，無房舍。

黑漢嶺堡，在州東八十里。《宣鎮圖説》：内設防守一員，所領軍丁三百（九一）名，馬騾九十二（九二）匹頭。北距關北口僅五里耳，此口極衝，通大舉。倉房口次之。南翰陵寢，北禦强敵，非智勇足備之將，烏足當之。

劉斌堡，在州東北六十里。《宣鎮圖説》：防守一員，軍丁三百一十五（九三）名，馬一十四匹。界在周四溝、永寧城之中，堡小事簡，職若易稱，然亦分管大邊，邊一十五里，大邊墩臺一十三座，大路墩臺五座，當加意防守焉。

上板橋樓，明千户尹賓湯管修，可守。

下板橋樓，明千總張明進砌圍牆，可守。

張山營樓，可守。

雙營堡，明嘉靖中，敵自白草窪出，居民罹害極慘[九四]，操守戚世登用磚石築之。

小河屯堡，舊磚樓廢壞，後築堅厚土牆，上用磚灰砌成女牆，可守。

常裏營堡，舊土堡。坍壞後補築，用磚灰砌女牆，可守。

西河屯堡，近州城，素無牆垣，操守桂逢春築，磚包，堅固可守。

佛峪口堡，在州西北二[九五]十里。明隆慶間外患後，用磚石築之。

按《舊志》云：以上八樓堡俱輻輳州境。嘉隆間，賴保障者甚多[九六]。年久廢壞，當北邊不測之時，居民惶懼。懷隆道胡公思伸深切隱憂，下議州守宋公雲霄委官撥軍夫修築，堅完可守，利賴永矣。

附《舊志·扼塞》：

《四鎮三關志》載：敵入路徑：由獨石境外大松林、明沙灘[九七]，南[九八]至天克力，或察漢川潮兒分路，西犯宣鎮之龍門所滴水崖，入永寧川，犯黃花、居庸二路。自天克力南行，或東自湯河轉西南過表廠，南至三角城分路；又西臭水坑入宣鎮四海冶，犯察石、磨石二口。自三角城分路，由椒園兒、沙嶺西犯慕田、賈兒嶺，南犯亓連口。由[九九]四海冶城北入東山峪，東過皂角石，南犯大榛峪、驢鞍嶺，由四海冶、南橫嶺東南犯雪山東庵。俱渤海所一帶地方。

由永寧川〔二〇〇〕東下四海冶，過西橫嶺東南由〔二〇一〕鶯嘴崖，南犯南冶口。正南至三岔口分路，東由〔二〇二〕雪山東庵，西由草寺兒、大長峪〔二〇三〕西行，過石垛子犯萬澗口。過南橫嶺，由西盤道、杏花臺東入三道關犯黄花本鎮口。由灰子塘亦犯〔二〇四〕本鎮口〔二〇五〕，由周四溝南山、宋王駝南下亦犯〔二〇六〕本鎮口，由鶯查兒犯西三道關，由韓家川老長城犯鷂子峪。俱黄花鎮一帶地方。

由永寧南山謊炮兒，又石橋口迤東臺子溝〔二〇七〕南來，至二道河分路，東南由韓家川老長城犯黄花鎮鷂子峪；正南由白龍潭，東南由鶯窩嶺〔二〇八〕亦犯黄花鎮。由磚廟兒嶺南來犯家門峪、灰嶺、賢莊、錐石。由蓮花石正東過刺梅川通白龍潭，南犯德勝口。由麻池溝西通居庸關南口外雙泉口，由郭家莊窠犯雁門石、錐石〔二〇九〕。俱山陵後地，爲灰嶺口一帶地方。

由延慶州南山入張家口，西南犯青龍橋、石佛寺、正瓜峪，入大、小紅山口至柳溝，亦西犯前三口，南犯陳友亮〔二一〇〕、黑豆峪、化木梁、岔道堡，至岔道、八達嶺爲急。八達嶺、居庸外户，俱八達嶺〔二一一〕一帶地方。

附《舊志·法令》：

明永樂十二年頒行軍法

凡交鋒之際，突入賊陣，透出其背，殺敗賊衆者；勇敢入陣，斬將搴旗〔一一二〕者；本隊已敗賊衆，别隊勝負未決而能救援克敵者；受命能任其事，出奇破賊成功者，皆爲奇功。齊力進前，首先敗賊者；前隊交鋒未決，後隊向前殺敗賊〔一一三〕衆者，皆頭功。

凡建立奇功、頭功者，其親管頭目即爲報知，妄報者治以重罪。行營及下營之時，擒獲奸細者，陞賞準頭功。哨馬生擒獲賊一人者，賞銀三十兩，斬首一級者二十兩。

凡行營之時，遇有鞍馬、衣服、器械不同者，衣甲、器械相同而喝問答號不同者，即擒之。來降衆賊所携人口、財畜，分毫不許侵犯，即時來報。

凡與賊對陣，須齊力殺賊，不許聚爲一處，掣拽空缺。如力不能支，不能決勝，無勇無謀，及不盡力殺賊者，全伍皆斬。○凡隊伍已定，不許馬軍入步隊、步軍入馬隊，違者重罪。如臨陣混戰，失其本隊，插入别陣者不拘。

凡殺敗衆賊，須盡力進勦，不許搶掠人畜、財物，違者重罪。如所乘馬困乏，許以所擒賊馬換乘。

凡對敵之際，一隊遞看一隊，有不齊力前進者，戰勝之後，許連隊之人首告，治以重罪。容情不首告，罪同。

凡管軍頭目須愛卹軍士，軍士聽令，不許怠慢。如伍中有一人不在，小旗報總旗，總旗報百户，以次報至總兵官，總兵官奏知從征官。軍有在逃者，斬該管頭目，不報者重罪。

凡軍士須人馬相應，不許以軟弱不堪者插入隊伍。如人壯馬弱或馬壯人弱者，許弱者以馬與壯者。若自己有馬，臨陣之際能借與驍勇者，殺賊有功，許借馬人分賞；不願分者〔二一四〕，聽。其戰馬臨敵許騎，無事騎者治罪。各管馬驢須愛惜馱載，該管官時常點閱，有故違及將軍器抛失或盜賣者，俱重罪。

凡軍士行糧，該管官〔二一五〕旗時行點閱，有過用及遺棄者，並該管頭目皆斬。

凡軍行及下營之時，須各認隊伍，不許擅離及雜入别營、别隊，違者並該管官頭目俱重罪。

凡夜行相遇，即喝問，有答號不得者，擒送辨驗；果是奸細，照例陞賞。故不答號及見而不擒者，事覺俱治以重罪。

凡軍中遇夜，以各樣大小銅角、笛聲爲號，不許聲音相同，各聽號聲識認隊伍，不許叫營，違者論罪。但夜間有喧嘩者，即問所起之處及左右應聲之人，與該管頭目皆治以重罪。

凡行營須待大營旗纛起行，或聽駕前銅角聲，各營方許起行。每日下營，量撥步軍或五隊、十隊，馬軍五隊或三四隊，步軍披甲，馬軍不摘鞍伺候。長圍及架砲者布列已定，方許入營休息。有盜人衣糧諸物及盜驢馬宰殺，並檢括隱藏人遺失物者，俱斬；知情首實者，給賞；知而不首者，同罪。若收得馬驢騾採者，及送該軍，轉送大營，召人識認。如有遺失，被後哨官軍收獲者，收後官治以重罪。

凡各營失火者，即是與賊遞送消息，並該管頭目俱重罪。每日行營不許在途炊飯，違者並本管頭目皆斬。下營掘井，必令人監守，不許作踐及佔藏私用。

凡軍中有病者，管隊官旗即令醫療治，掌（一一六）藥料官及醫士常加巡視，不許勒取財物，違者重罪。

凡長圍及坐冷者，須晝夜關防。各營架砲者，務依方瞭望。有灰塵揚起、人馬往來，若聞哨馬營及四面砲響，即時傳報其管官，遇有事隨即飛報，不許頃刻遲慢。

凡掠陣官臨敵時，視有畏避退後者，即斬之。紀功過官遇有功者即紀之，有過者即録之，以憑賞罰。

凡臨陣，令内官持象牙牌，視有勇敢當先，殺賊能立奇功、頭功者，即與牙牌收執，徑赴大營給與勘合，以憑陞賞。

凡軍中有妄談災異及妖言或漏洩軍機者，皆斬；知情不首者，罪同；首實者，重賞。

凡見鹿及野馬、黄羊諸物驚走，突入營伍，及望見塵起或旋風揚沙，野獸騰踏及見死馬牛羊與牛羊駝馬遺穢踪蹟，或拾得一應物件，若男女衣服、首飾並文字等項，不論久近，隨即報知。

凡軍行在道，不許圍獵。或遠望似馬非馬、似鹿非鹿、似人非人，白日見烟，入夜見火，不論是非，即報。○凡功罪務須實報，有虚狂者重罪。所報實者，給與勘合，無勘合者，不許陞賞。

凡號令，總兵官告都指揮，都指揮告指揮，指揮告千户，千户告百户，百户告總旗，總旗告小旗，小旗告軍士，務令遵守。

正統六年令出兵帥臣留將卒居守

凡出境勦賊，鎮守總兵官將、參將所統官軍，止遣一二員領營聽用，仍留一二員居守城池，以備不虞。○按：己巳年土木之師，英皇敕宣大總兵各自居守。其征敵人者專用隨駕官軍，其隨駕官軍亦不許擅入城市擾民，守此令甚善。近數年來，邊報一至，鎮巡大臣倉皇失措，將鎮城官軍盡數領出，城中僅有婦女童稚，令之乘賊。萬一敵入襲之，我土人無噍類矣。愚嘗度其爲心，不過欲擁重兵爲自全計，不知城或失守，尚得自全否耶？雖然，彼之不能自全也，無足惜也。其如國事何？君子於此不能無徹桑之慮云。

十四年申明軍前法令

〇令每隊伍中立公正掌令官二人，務令頭目、軍士死生相顧，臨陣有進無退。若頭目不顧軍士先自退怯者，掌令官即斬其首，別選頭目代之。若軍士不顧頭目先自退怯者，許後隊斬前隊，準常功陞賞。軍士不勇不進，致頭目失陷者，斬其前隊頭目；不勇不進，致軍士失陷十人者，斬首；至二十人者，斬首，不與承襲；至三十人及全隊者，斬首，籍没其家。

凡軍士、頭目應斬而有奇功者，量與贖免。其總兵官申令不明不嚴，致十隊退怯者罰俸一年，至三十隊者降二級，至五十隊以上者罷職，全軍退怯者斬。但降敵者，全家斬首，籍没財産。

凡行軍之際，有敢搶掠民財至十貫以上者斬首示衆，頭目縱容軍士搶掠至十人者罷職充軍，二十人以上至全隊者梟首營門，軍士並皆處死。

凡軍中新軍〔二一七〕及召募初入營伍之人，不知軍法，敢有造言惑亂人心、沮擾號令致壞事機者淩遲處死，籍没其家；臨陣在逃及不聽總兵號令者，斬。

天順二年申明守瞭官軍之禁

凡邊方山川、城堡、踈遠空闊處，俱築烟墩，高五丈有奇，四圍城高〔一一八〕一丈五尺。上設懸樓、壘木，下設壕塹、釣橋。外設塌窖、賺坑、門道。上置水櫃，暖月盛水，寒月盛冰。墩置官軍可瞭，以繩梯上下。如永樂中所頒法制，守瞭官軍、鎮巡不時稽察，有違禁者，重罪。

成化元年申明軍令

各邊官軍遇賊，如曾率衆對敵及衆寡不敵者，雖失利不罪。閉門坐視，見賊先退者，乃坐失機。

凡監鎗内官專管神鎗、火器，勿得誤用其餘。一切機務並不許干預阻壞，以致僨事。違者，鎮巡官參奏問罪。

凡鎮守官官舍隨任者許五人，分守許三人。其軍伴鎮守内外官二十名，分守十五名，守備十名，圍營官軍非警急，不許輒便調遣，違者罪之。

凡總兵官出師臨敵，軍中有違犯號令者，聽似軍法從事。尋常出哨等項，不許。

二年申嚴邊墩之令

令邊墩舉放烽砲，若見敵一二人至百餘人，舉放一烽一砲；五百人，二烽二砲；千人以上，三烽三砲；五千人以上，四烽四砲；萬人以上，五烽五砲。傳報得宜尅敵者，準奇功；違者，處以軍法。

邊方去處合設烟墩並看守墩夫，務必時加提調整點，須要廣積稈草，晝夜輪流看望，遇有警急，晝則舉烟，夜則舉火，接遞通報，毋致損壞，有誤軍情聲息。

嘉靖六年詔革邊方弊政

凡臨邊城堡居民，先年被賊擒去，一時得脱，到邊來降者，守邊將官及守墩官軍不許誘殺報功，以冒陞賞。違者，撫按官查究重治。

凡各鎮奇遊兵調用防守，經年不得掣回，比之正兵尤爲勞苦，宜著鎮巡官議處：奇遊兵有警，照舊征守；無警，掣回原衛，或與正兵輪流撥用，以均勞逸。

凡各邊軍職，有因繳册遲誤，限期催徵不逮，原額馬疋不及分數，一切住支俸米，十乃八九，遠者已逾十餘年，近亦不下五、七歲。父母妻子無所顧養，以致嗟怨之聲上干和氣，兵部便與查議奏請。

凡因公事住俸年久者，俟命下之日，悉與關支，違者治罪。

凡各邊屯種，多以管屯官貪污闒茸，或侵受入己，或追徵不時，以致累年不完，軍士月糧欠缺數多，著撫按官嚴督管屯僉事巡歷催併。如次年三月不完，各衛所管屯官聽該管僉事參提問罪。五月以後，撫按將管屯僉事一體參究。

凡各邊雖設有預備倉，多無積蓄。撫按督責有司照依見行事例設法積穀，以待歲凶。仍倣古人平糴、常平之法，春間放支賑貸，秋成抵斗還官，不取其息。如見在穀少，各將貯庫官錢並問過贖罪折紙銀兩，趁秋成之時，委的當官員糴買，立簿查考，歲凶賑貧。仍禁約奸豪隱情揑〔二一九〕名，乘機罔利，事發重治。

《乾隆志》：歐陽修曰：幽州西北有居庸關，又西北有石門關，皆中國控禦契丹之險也。又曰：西山道路三十餘處皆可行兵，其險折扼，在車城、銀坊〔二二〇〕等路。今輕易委敵，一旦敵以大兵渡易水，而以奇兵自蜚狐出西山諸口，則我腹背受敵矣。

富弼曰：漢唐以前，敵入寇率由上郡、雁門、定襄。蓋當時中國據全燕之地，有險可守，不敢由燕而入。自石晋割棄以來，敵騎直出燕前，不復尋定襄諸路矣。

劉效祖[一〇]曰：左有古北，右[一一]有紫荆，皆敵窺伺之區，而花當部[一二]尤近在肘腋。又曰：居庸古道四十有三，軍吏防守者十三。舊置千户，位輕，宜置隆鎮萬户府，俾嚴守備。

丘文莊曰：蓋天以山川險阻陷南北，有所不足，增而補之，亦不爲過。然内政不修而區區於外侮之禦，乃至竭天下之財以興無窮已之功，是不知所務矣。

勞堪[一二]曰：長城之利，烽燧明而野易清[一三]也，攻拒久而兵易集也。又曰：謹詰邊之令，以嚴乘塞之時；精團練之兵，以待農隙之入；申保塞之約，以盡清野之實；固京後之防，以居萬乘之重。

明胡效才[一三]《查處重鎮武備疎略》：

臣伏見昌平州天壽山一帶地方，洒祖宗陵寢所在，而畿輔要害最先，比之他鎮，爲尤不可不嚴，而其將領之選，比之他鎮，爲尤不可不精也。累朝曾置長陵等七衛官軍，每衛無慮數千員名，而又專設内外守備各一員，以居守之。臣頃巡關，先入其境，時方四月，尚未開操。查見在官軍不及三分之一，軍士見在者止守北門、巡捕數十名而已。其餘營操旗軍更無一人應命。守備而下，展轉支吾，或曰在京打卯，或曰出差纔回，或曰巡山不在。臣等推究其廢弛之故，大抵糾察不專而人心怠玩，奸弊日滋而法守不立之所致也。爲今之計，莫若專官以肅其觀聽，委任而考其成功。如蒙敕下該部查訪，合無今後天壽山一帶武備事宜，於巡視東西兩關御史定擬一員常川往來，專一督察。及推〔一二三〕選練達知兵、實心幹事將官一員，前去按管守備。更望天語叮寧，戒飭太監劉岑，自今伊始，務要恪遵敕旨及見行事例，留心戎政，痛改前非。其撞道、紅門等口，逼近四海冶，虜賊〔一二四〕出没去處，邊牆、林木尤宜加謹隄備〔一二五〕，多方保護。事干地方軍馬應行應革重務，俱與外守備官從長計議而行。如再偏私執拗〔一二六〕，懈惰不職，聽臣等按撫官指實奏聞。

明張鎬《懷隆兵備道題名記》附：

國家定鼎燕京，西北出居庸，而懷、隆、永、冶〔一二七〕實維後屏也。由懷南度横嶺，穿白羊，即京師右輔，與王帶都陵寢攸宅者相密邇焉。嘉靖庚戌之變，敵衆從白羊北遁，視隆、永之紅門諸口，及四海冶之南通黄渤〔一四〕者均爲要害。

予自丙辰歲由分守口北道參議、以侍御李有池公建議轉懷隆憲副。設險南山，團練勇敢，責任最重。厥命維新，乃躬詣南山，陟巘降原，經營是力。即以所請帑銀飭具程材，鳩工興衆。以岔道當居庸吭背，即堡爲城，易土以石，崇其陴堞〔一二八〕，高其閈閎。迤西抵龍爬山，迤東盡四海冶，皆聯墩山立，共二堡之可創易者，凡築墩四百六十有七，亘高垣墩，垣内外長壕限隔、品窖從横。居常戍〔一二九〕役七人。秋防警急，則各增置百一十人。乘垣〔一三〇〕而守陴者又百十餘人。一切五兵礮具咸足備擊刺，仍張官置長，日夜邏視。懷之聯墩列戍，視他加密，而主以舊墩之列城上者每爇火揚旗，列墩嚮應。又懼守墩垣者逼於山麓，艱得井泉，俾之遠汲舍外，非計也。爰命工鑿井五，皆穿至二三百尺，水瀵出，戍者、居者咸賴之。其爲戰士，則購勇敢，先得千人，能投石超距。有董一奎者，前忠節遊擊暘之子。予器其有食牛氣，會請俾率多士，一奎果淬礪自效，東防西戰，所至克捷。無何，予遷撫臣，乃奏薦一奎充遊擊將軍，添戰士二千人。即去冬在東山〔一三一〕廟獲有奇功。今春，虜自張家口〔一五〕欲進犯畿輔，爲聯墩戍者以火器擊之，一奎復身先士卒，迎戰隆慶，斬前哨敵首，伐其兵謀。比秋，又有龍虎村之戰，斬馘尤多，敵衆棄甲抱創而逃，人心共快焉。此尤近昔事未有者，予固不盡紀也。

夫以敵之入寇，勢若奔流，梗之以墩垣，限之以壕窖。梟鷙之將，勇悍之士，又或負垣以批其吭，或揚威以牽其尾。敵雖悉衆而至，不敵明甚。噫嘻！險可以待暴客，雖謂之金湯可也；士可以禦勍敵〔一三二〕，雖謂之熊羆可也。人險稱最，戰守相須。然後懷、隆、永、治足以當陵寢之後屏，而鐘簴不警，畿輔宴然，帝心其載寧矣。

達兵機，洞邊隱者，謂設南山之險，增遊奕之兵，要之有防護社稷之功，不可以語言争，今漸驗矣。此則有池公之先智，而大司馬默齋許公、芳溪江公、中丞風泉張公，先後勘議題覆，功亦居多，予則併力以成其志焉耳。復因舊衛〔一六〕拓新之爲懷隆道署，既成不可無記。匪以兵憲之設，衙署之建，自予始爲記也。記南山之有險也，記懷隆之有兵也。險設矣，而不時葺治之，久或圮塞。兵足矣，而不時訓練之，久或耗弱。今繼予者郭龍岡氏，能使戍守之法，團練之規，較若畫一〔一三三〕，而予始事之心愜矣。繼龍岡者復如龍岡之繼予〔一三四〕，則藩垣益固。臣子一念報君衛國之心，又將綿綿於不窮，斯固作記意也。

【校勘記】

〔一〕獻：原闕，徑補。

〔二〕狸：原作「貍」。據《周禮・春官・宗伯》改。

〔三〕始：原闕。據《文獻通考》補。

〔四〕諸地祇：原闕。據《明史》補。

〔五〕元日：底本闕「元」字，據《禮記·月令》補。

〔六〕東：原作「西」。據《文獻通考》改。

〔七〕域：原作「城」。據《文獻通考》改。

〔八〕耕耤禮：原作「耕耕禮」，據《明史》改。

〔九〕東配房各一間：「東」下似闕「西」字。

〔一〇〕祀厲：《明史》作「秋祠厲」。

〔一一〕七日：原作「三日」。據《明史》改。

〔一二〕壇下：原作「壇上」。據《明史》改。

〔一三〕郡邑厲、鄉厲：原作「郡邑厲壇」。據《明史》改。

〔一四〕書：原作「出」。據《明史》改。

〔一五〕張九齡：原作「張説」。據《明史》改。

〔一六〕洪州：原作「荆州」。據《明史》改。

〔一七〕威靈公：《明史》封號之上有「鑒察司民城隍」六字。

〔一八〕靈佑侯：《明史》封號之上有「鑒察司民城隍」六字。

〔一九〕顯佑伯：《明史》封號之上有「鑒察司民城隍」六字。

〔二〇〕廳堂：原闕。據《明史》補。

〔二一〕成都：原作「城都」。筆誤。據《明史》改。

〔二二〕信夫：原作「言夫」。據《嘉靖隆慶志》改。

〔二三〕隱：原作「急」。據《禮記・禮運》改。

〔二四〕矣：原作「哉」。據《乾隆延慶州志》改。

〔二五〕矣：原作「哉」。據《乾隆延慶州志》改。

〔二六〕「於」後原衍「南京」二字。據《明史》删。

〔二七〕壽亭侯：原作「漢壽亭侯」。據《明史》删。

〔二八〕訛：《明史》作「誤」。

〔二九〕歲暮：原作「歲募」。據《明史》改。

〔三〇〕儀：原作「義」。據《明史》改。

〔三一〕侯：原作「候」。筆誤。

〔三二〕時：《乾隆延慶州志》作「昔」。

〔三三〕者：原闕。據《乾隆延慶州志》補。

〔三四〕祀：原作「祭」。據《明史》改。

〔三五〕類：原闕。據《文獻通考》補。

〔三六〕「阡陌」之「陌」：原作「『千百』之『百』」。據《文獻通考》改。

〔三七〕氣勢之增倍也：原闕。據《文獻通考》補。

〔三八〕《禮記》：原闕。據《文獻通考》補。

〔三九〕所伐國：原作「所代之國」。據《文獻通考》改。

〔四〇〕奏：原作「奉」。筆誤。據《明史》改。

〔四一〕五猖：原作「五倡」，據《日下舊聞考》及所引《春明夢餘録》校改。

〔四二〕外：原闕。據《日下舊聞考》及所引《春明夢餘録》補。

〔四三〕州北城外：原作「州城北」。據《乾隆延慶州志》改。

〔四四〕四十：原作「四」。據《乾隆延慶州志》改。

〔四五〕議禮局：原作「議祀局」。據《文獻通考》改。

〔四六〕二十：原作「三十」。筆誤。據《乾隆延慶州志》改。

〔四七〕天齊仁聖帝：原作「仁聖天齊帝」。據《文獻通考》改。

〔四八〕天：原闕。據《元史》補。

〔四九〕隅：原闕。據《嘉靖隆慶志》補。

〔五〇〕重修：原作「成」。據《嘉靖隆慶志》改。

〔五一〕幾：原作「機」。據《嘉靖隆慶志》《乾隆延慶州志》改。

〔五二〕常：原作「嘗」。據《嘉靖隆慶志》《乾隆延慶州志》改。

〔五三〕災：原作「巡」。據《嘉靖隆慶志》改。

〔五四〕廟主：原作「廟王」。據《嘉靖隆慶志》改。

〔五五〕餘：原作「一」。據《金史・禮八》改。

〔五六〕斜也：原作「世賽也」。據《金史・禮八》改。

〔五七〕樞密院：原作「樞蜜院」。筆誤。

〔五八〕栽：原作「莪」。據《乾隆延慶州志》改。

〔五九〕功：原闕。據《乾隆延慶州志》補。

〔六〇〕班：古通「斑」。

〔六一〕戍守：原作「戎守」。筆誤。據《乾隆延慶州志》改。

〔六二〕巡境：原作「巡視」。據《乾隆延慶州志》改。

〔六三〕令：原作「命」。據《乾隆延慶州志》改。

〔六四〕大成比妓：原作「大安比妓」。比妓是部落屬下較小的組織稱謂。《明史·王崇古傳》：「把漢那吉者，俺答第三子鐵背台吉子也。幼失父，育於俺答妻一克哈屯。長娶大成比妓，不相得。」據改。

〔六五〕講業：《乾隆延慶州志》在「講業」後又衍「講業」二字。

〔六六〕堂：原闕。據《乾隆延慶州志》補。

〔六七〕僧梵：原闕。據《乾隆延慶州志》補。

〔六八〕狀：原闕。據《康熙延慶州志》補。

〔六九〕連名：原作「連明」。據《乾隆延慶州志》改。

〔七〇〕訪知：原作「爲知」。據《乾隆延慶州志》改。

〔七一〕遺：原作「遣」。筆誤。據《康熙延慶州志》改。

〔七二〕二十二：原作「二十四」。筆誤。據《康熙延慶州志》改。

〔七三〕二十：原作「二十四」。筆誤。據《康熙延慶州志》改。

〔七四〕州：原闕。據前後文補。

〔七五〕儲穀：原作「儀穀」。據前後文改。

〔七六〕通：原闕。據前後文補。

（七七）西：原闕。據《乾隆延慶州志》補。

（七八）巡按：底本無「按」字，據《明世宗實録》《乾隆延慶州志》補。

（七九）據：原作「劇」。據《乾隆延慶州志》改。

（八〇）北：原闕。據《乾隆延慶州志》補。

（八一）名：原闕，據前後文補。

（八二）五里鋪汛，守兵五名：《乾隆延慶州志》此下有「大鴉口汛，守兵五名，營盤口汛，守兵五名」十六字。

（八三）靖安堡：原作「安靖堡」。筆誤。

（八四）内：原作「均」。據《乾隆延慶州志》改。

（八五）據：原作「劇」。據《乾隆延慶州志》改。

（八六）一千五百六十：《宣大山西三鎮圖説》作「一千九十七」。

（八七）中：原闕。據《乾隆延慶州志》補。《宣大山西三鎮圖説》作「本邊適中」。

（八八）皆：原闕。據《宣大山西三鎮圖説》補。

（八九）邊：《宣大山西三鎮圖説》作「山」。

（九〇）生鐵：後衍「二千三鐵」四字。據《乾隆延慶州志》删。

（九一）三百：《宣大山西三鎮圖説》作「二百七十四」。

（九二）九十二：《宣大山西三鎮圖説》作「一十三」。

（九三）三百一十五：《宣大山西三鎮圖説》作「二百九十二」。

（九四）極慘：原作「極參」。據《乾隆延慶州志》改。

（九五）二：原作「三」。據《乾隆延慶州志》改。

（九六）甚多：《乾隆延慶州志》作「居多」。

（九七）明沙灘：原作「明河灘」。筆誤。據《四鎮三關志》改。

（九八）南：原闕。據《四鎮三關志》補。

（九九）由：原闕。據《四鎮三關志》補。

（一〇〇）川：原作「州」，據上下文改。《四鎮三關志》亦作「州」。按：永寧從未設州，故疑爲「川」字之誤，見上文，但現在當地人一般不説「永寧川」；亦或可改爲「永寧城」，亦可通。

（一〇一）由：原作「曲」。筆誤。據上下文意改。《四鎮三關志》亦作「曲」。

（一〇二）由：原闕。據上下文意補。

（一〇三）大長峪：底本原衍「草寺兒」三字，與前文重複，删除。

（一〇四）犯：原闕。《乾隆延慶州志》《四鎮三關志》亦闕。據前後文意補。

（一〇五）口：原闕。據《乾隆延慶州志》補。

〔一〇六〕犯：原闕。據《四鎮三關志》補。

〔一〇七〕臺子溝：今作「臺自溝」。屬延慶區大莊科鄉。

〔一〇八〕鶯窩嶺：原作「鶯窠嶺」。據《四鎮三關志》《乾隆延慶州志》改。

〔一〇九〕錐石：原闕。據《四鎮三關志》改。

〔一一〇〕陳友亮：原作「陳友良」。據前文改。

〔一一一〕嶺：原闕。《乾隆延慶州志》亦闕。據《四鎮三關志》補。

〔一一二〕搴旗：原作「奉旗」。據《乾隆延慶州志》改。

〔一一三〕賊：原闕。據《乾隆延慶州志》補。

〔一一四〕者：原作「賞」。據《乾隆延慶州志》改。

〔一一五〕官：原闕。據《乾隆延慶州志》補。

〔一一六〕掌：原作「常」。據《乾隆延慶州志》改。

〔一一七〕凡軍中新軍：原作「軍中」。據《乾隆延慶州志》補。

〔一一八〕高：原闕。據《乾隆延慶州志》補。

〔一一九〕捏：原作「掐」。據《乾隆延慶州志》改。

〔一二〇〕銀坊：原作「銀功」。據《歐陽修集》卷一一八《河北奉使奏草》改。

〔一二一〕右：原作「石」。據《乾隆延慶州志》改。

〔一二二〕清：原作「請」。筆誤。據明尹耕《塞語》改。

〔一二三〕推：《嘉靖西關志》作「惟」。

〔一二四〕虜賊：原作「衆賊」。據《嘉靖西關志》改。

〔一二五〕隄備：原作「防備」。據《嘉靖西關志》改。

〔一二六〕拗：原闕。據《嘉靖西關志》補。

〔一二七〕治：原作「治」。據光緒《懷來縣志》改，下同。應指四海治。

〔一二八〕陴堞：原作「陴壖」。據光緒《懷來縣志》改。

〔一二九〕戍：原作「戌」。筆誤。據《乾隆延慶州志》改。

〔一三〇〕垣：原作「坦」。據《乾隆延慶州志》改。

〔一三一〕東山：原作「山東」。據《乾隆延慶州志》改。

〔一三二〕敵：原闕。據《乾隆延慶州志》補。

〔一三三〕一：原闕。據《乾隆延慶州志》補。

〔一三四〕予：原闕。據《乾隆延慶州志》補。

【注　釋】

［一］劉龍（1476—1554）：字舜卿，山西襄垣人，明孝宗弘治十二年己未（1499）科文敘榜進

士第三名，授翰林院編修、侍講學士，參與編修《孝宗實録》《武宗實録》。嘉靖二十五年（1546），任南京兵部尚書，參贊機務。嘉靖三十三年（1554）去世，享年78歲。贈太子太保，謚文安。有《紫岩集》四十八卷（《明史·藝文志》作《劉龍文集》四十八卷）。

［二］重修城隍廟碑：明武宗正德十五年（1520）庚辰秋九月，知州張軏立。

［三］馮芝：道光朝官員，曾任内閣學士、禮部右侍郎、禮部左侍郎。

［四］李奈：字德涵，延慶州人。李姓爲延慶州大族。嘉靖年間，李奈曾任澠池縣主簿，「仁愛之政，尤多賢聲。」後乞致仕歸養，「里居以奉親爲樂，不問外事，鄉人甚重之。」

［五］江朝宗（1425—1503）：字東之，明代重慶府巴縣（今壁山縣）人。1451年進士，成化三年（1467）昇侍讀學士，曾參與《大明一統志》編修，修撰有《英廟實録》《重慶郡志》，被譽爲「良史之才」。詳見清王夢庚《重慶府志·陵墓》。按：江朝宗，《嘉靖隆慶志》作「古渝人，翰林院編修。」

［六］劉之璋：生卒不詳。字德園，别號大翮山人，大約爲康雍乾時期人。

［七］史車二酋：史籍稱「流夷」，没有固定駐牧地方，人數很多，係蒙古朵顔部别部。

［八］集頭：即集市負責人，負責處理集市規劃佈局、分行劃市、賦税攤派、交易糾紛，乃至維持治安秩序，無所不管。

［九］吴增嘉：浙江歸安（今屬湖州市）人。嘉慶十三年（1808）戊辰科進士。道光五年（1825）

十一月，任延慶知州。

［一〇］劉效祖：字仲修，號念庵，原籍濱州，寓居北京，故又稱宛平人。嘉靖二十九年（1550）進士。歷衛輝府推官、户部主事，官至陝西按察副使。因負才不偶，與時齟齬，因故罷官。著有《四鎮三關志》。

［一一］花當部：指朵顔都督花當部。朵顔爲明兀良哈三衛之一。洪武二十二年（1389）置。牧地在今内蒙古洮兒河流域一帶。永樂以後南徙至今河北省東北部長城線外。十六世紀中葉後依附蒙古哈喇嗔（喀喇沁）部，漸爲所同化。

［一二］勞堪（1529—?），字任之，號道亭，又號盧嶽，江西德化縣（今九江市）人。嘉靖三十五年（1556）進士，筮仕刑部郎，陞禮部儀制司主事。萬曆十年（1582）七月，陞都察院左副都御史協理院事。後革職閒住。於二十五年九月，遇詔赦返鄉。

［一三］胡效才：字汝園，南直隸淮安府沭陽縣人，隨父僑居山陽（今淮安區），明正德十二年（1517）丁丑科進士，授河南道御史，陞直隸真定府知府，曾任巡關御史。

［一四］黄渤：指黄花城、渤海所。今屬北京市懷柔區。

［一五］張家口：指今延慶區大榆樹鎮小張口村。

［一六］舊衛：指懷來舊衛。

光緒延慶州志

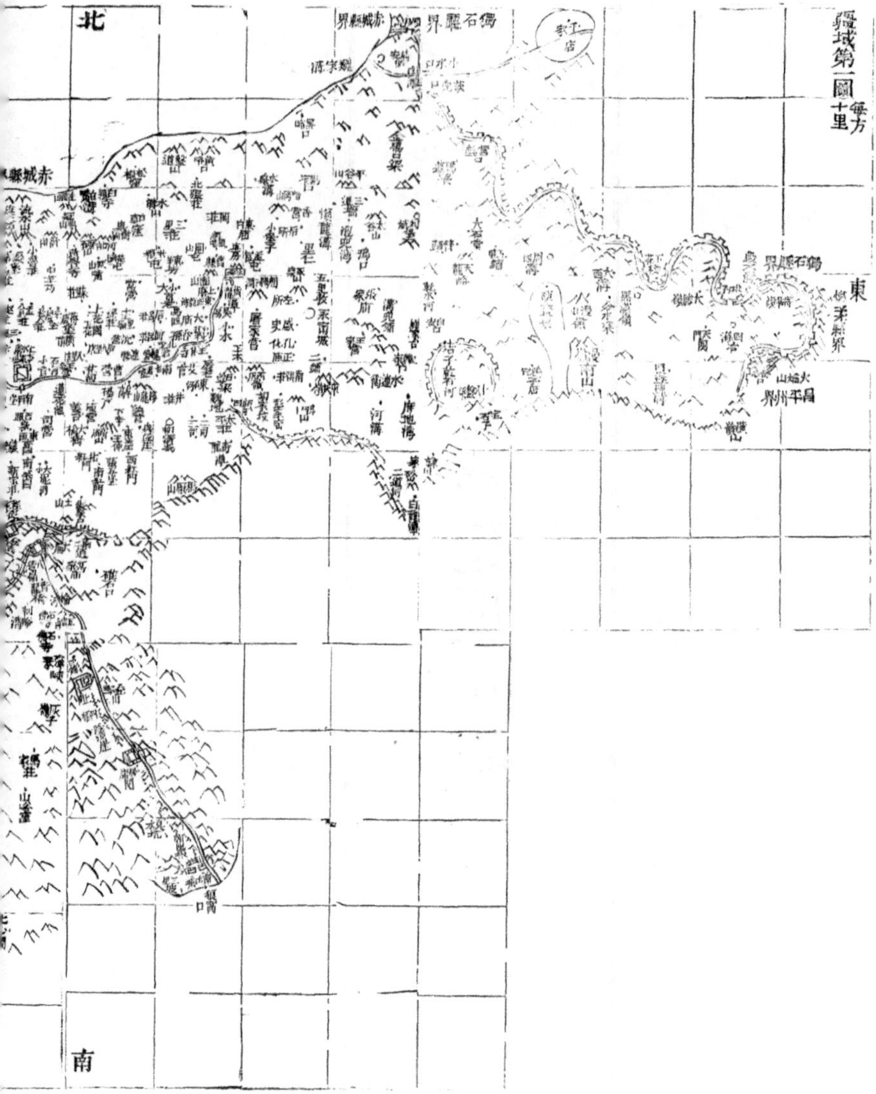
疆域第一圖
每方十里
北
南
東
獨石廳界
赤城縣界
昌平州界

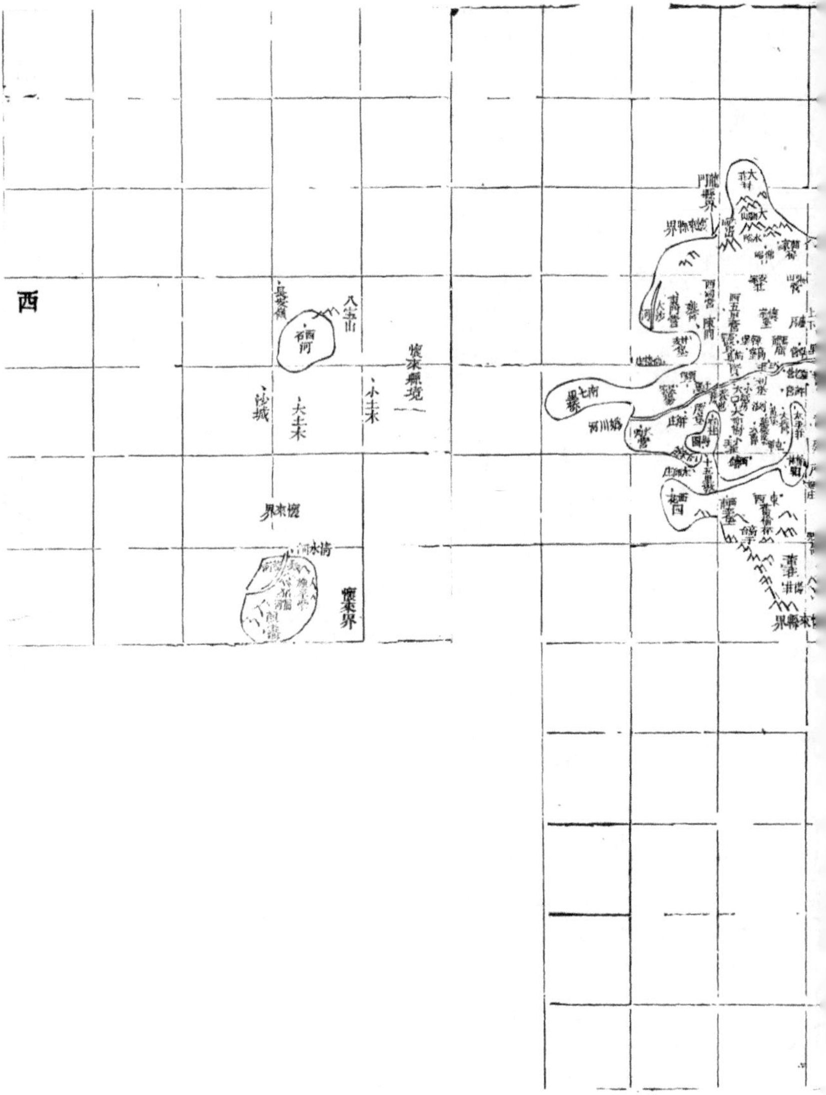
西
八宝山
西河
懷來縣境
沙城
大土木
小土木
懷來界
清水河
懷來界
南七里
河川

州城圖

東

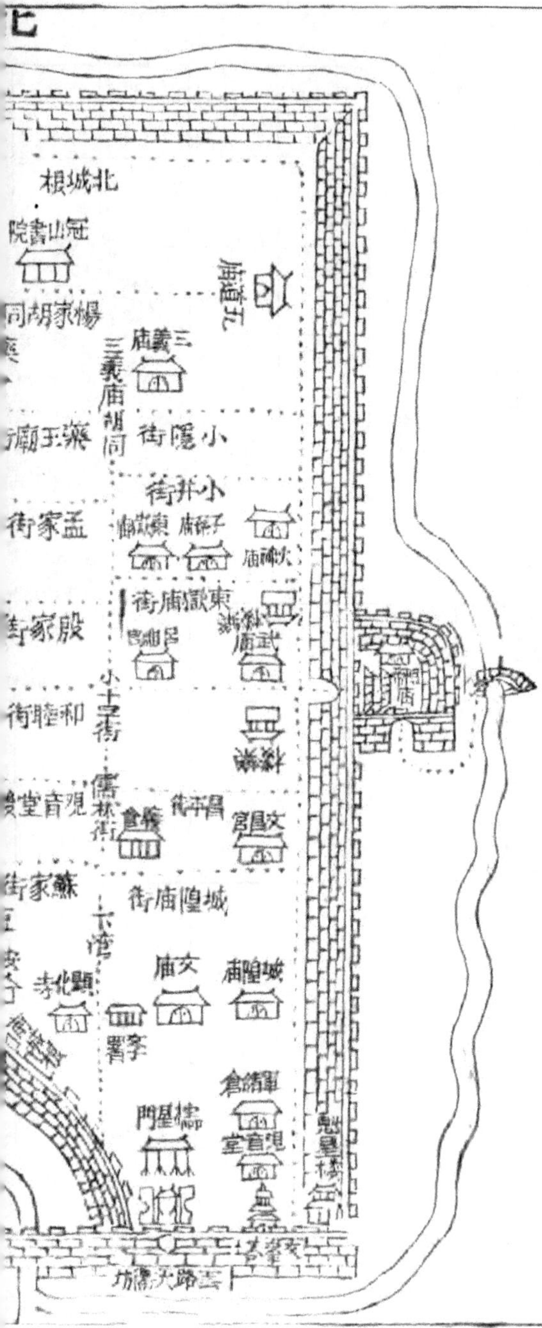
北
北城根
冠山書院
五道廟
楊家胡同
三義廟
三義廟胡同
小隱街
藥王廟
小井街
孟家街
子孫廟
火神廟
東嶽廟街
殷家街
武廟
和睦街
小十字街
觀音堂
儒林街
昌平街
文昌宮
蘇家街
城隍廟街
城隍廟
文廟
顯化寺
學署
軍儲倉
儒學門
觀音堂
魁星樓

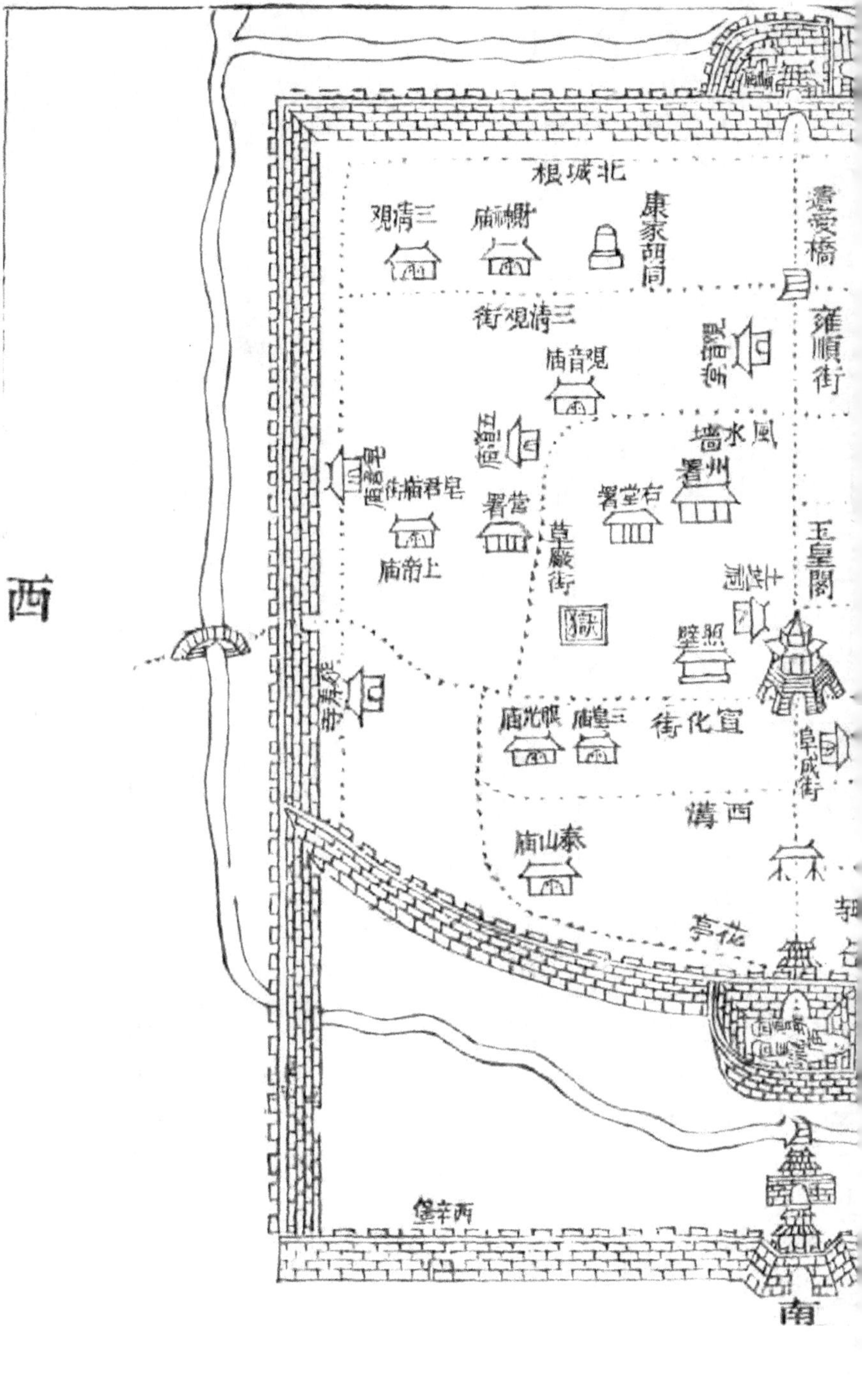
北城根
三清观
財神廟
康家胡同
遺愛橋
三清观街
观音廟
雍順街
風水墻
州署
右堂署
營署
上帝廟
草廠街
玉皇閣
照壁
獄
宣化街
眼光廟
三皇廟
阜成街
西溝
泰山廟
花亭
西辛堡
西
南

州署圖

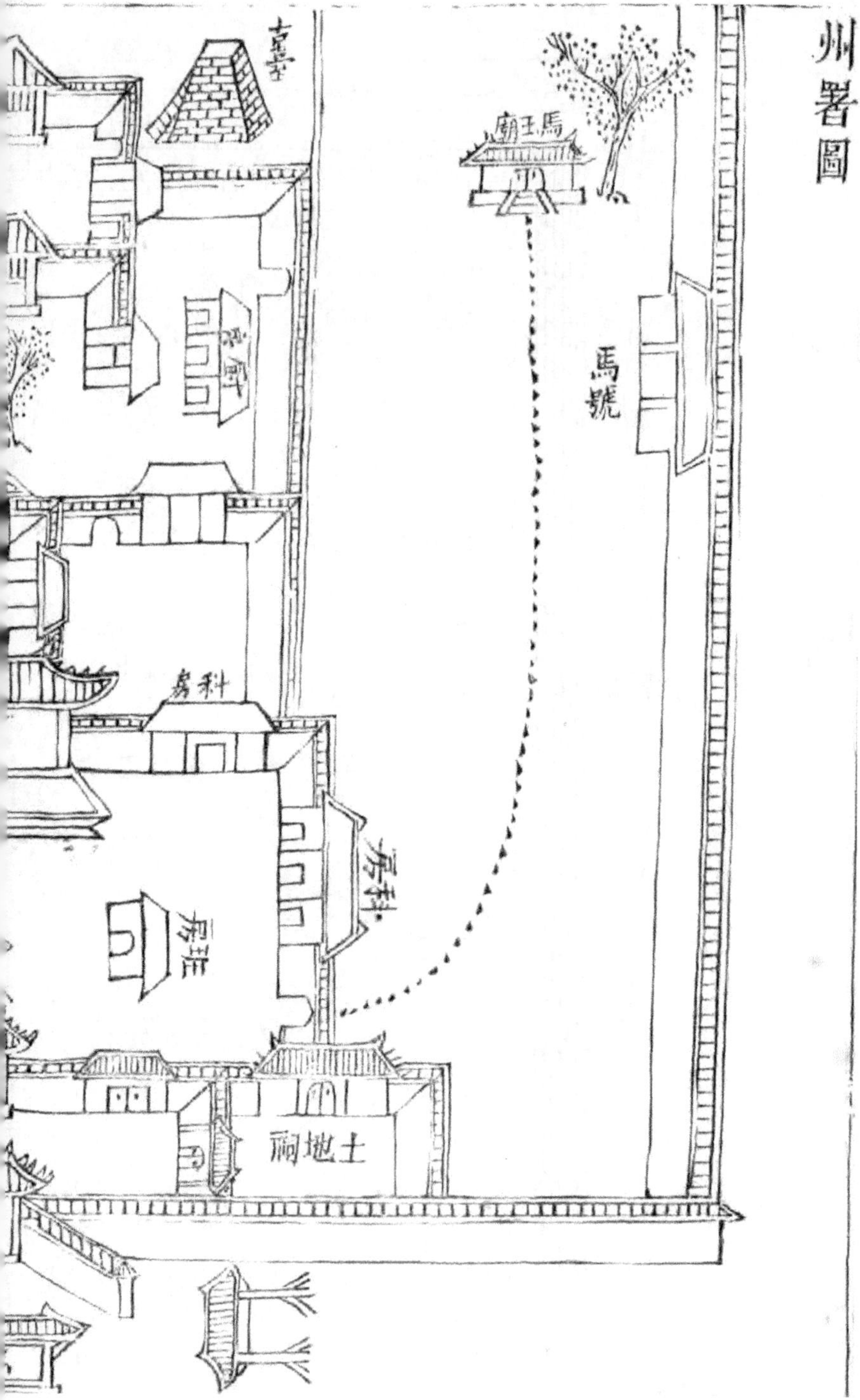

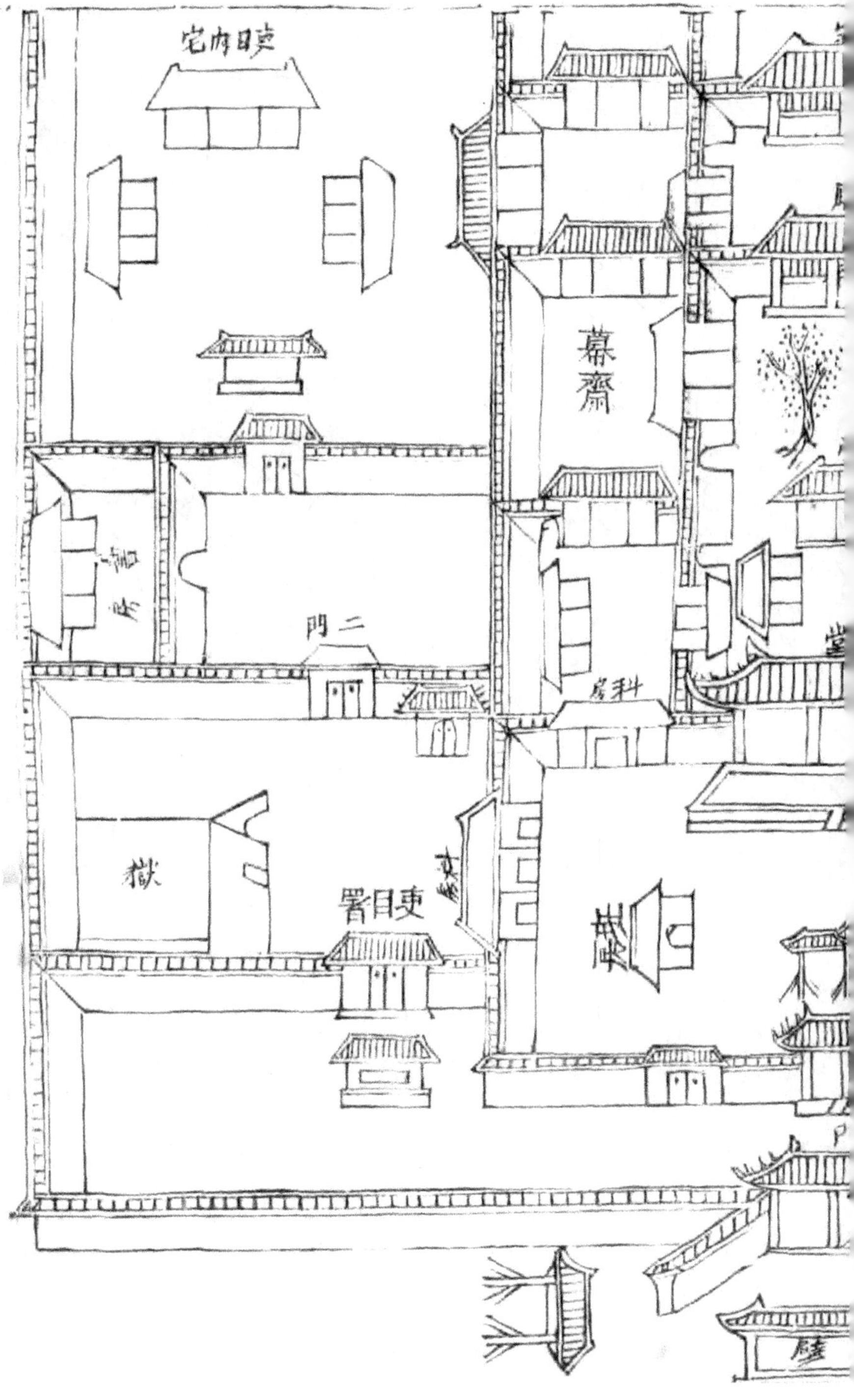
吏目內宅
幕齋
二門
獄
吏目署

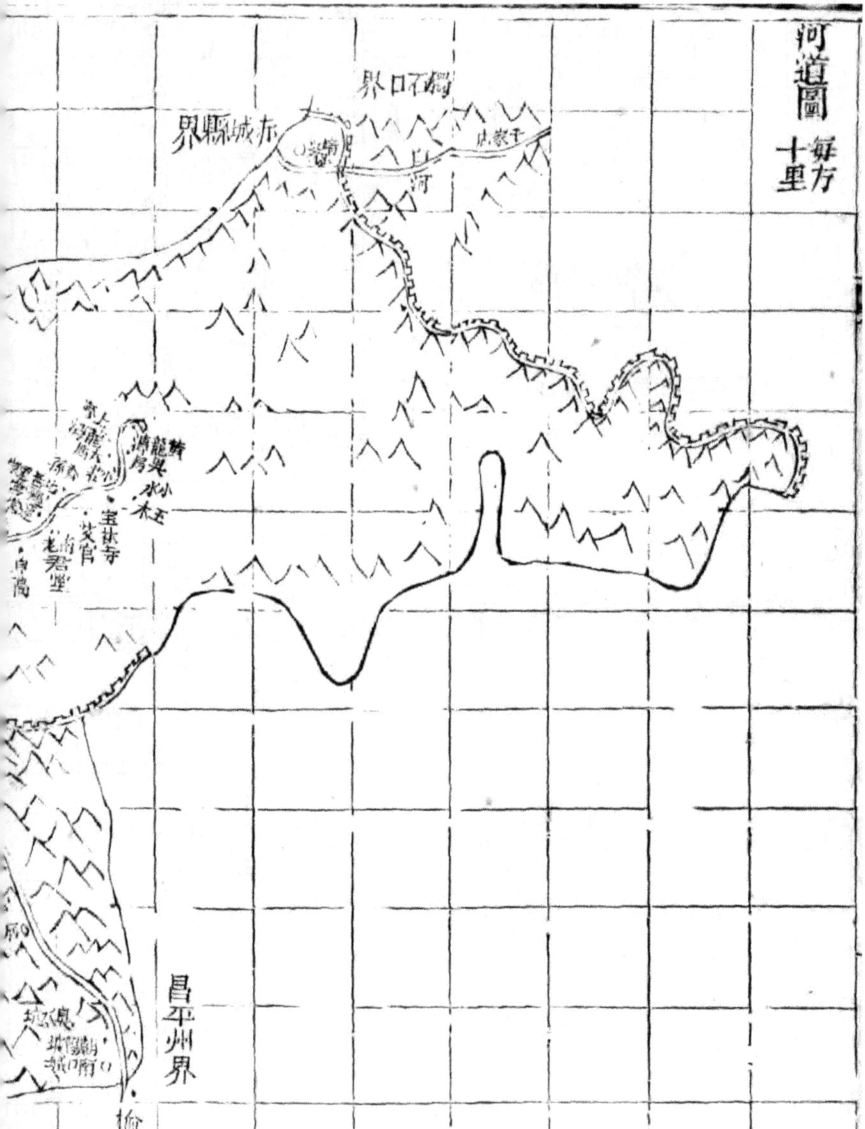
河道圖
每方十里
獨石口界
赤城縣界
千家店
河
昌平州界
榆河

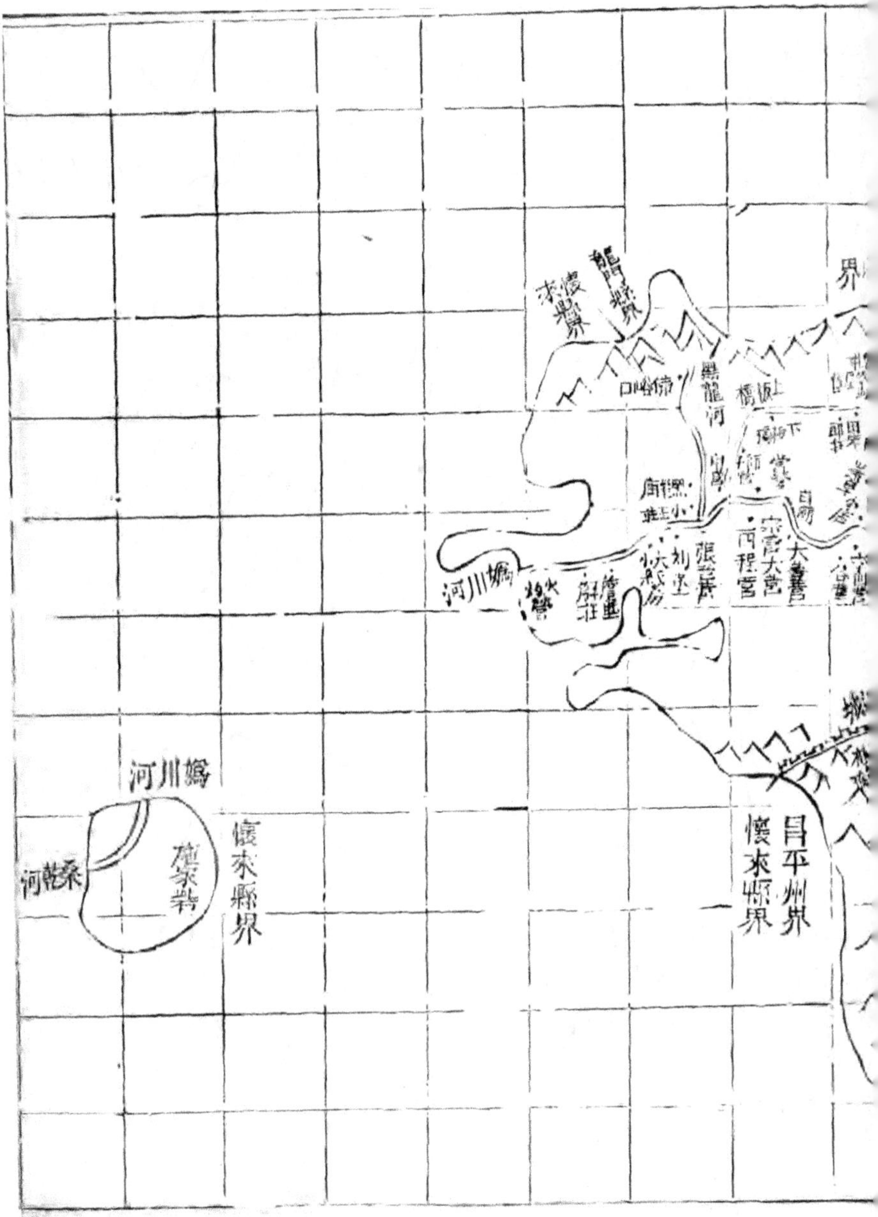
懷來縣界
龍門縣界
黑龍河
上板橋
嬀川河
昌平州界
懷來縣界
嬀川河
桑乾河
懷來縣界

附圖五　城堡圖（一）居庸關

上接八達嶺
上關
榆河
陰涼崖

大泥河
岔道城
營房
八達嶺城

大㵾坨
炮兒湾
西紅山
董家莊
陳家堡
解家莊
营城
石峽口

三道墻
刘斌堡
香營堡
永甯城
狗兜鋪
教場
丁石河
東灰嶺
莊戶
六道河
荒坡樑

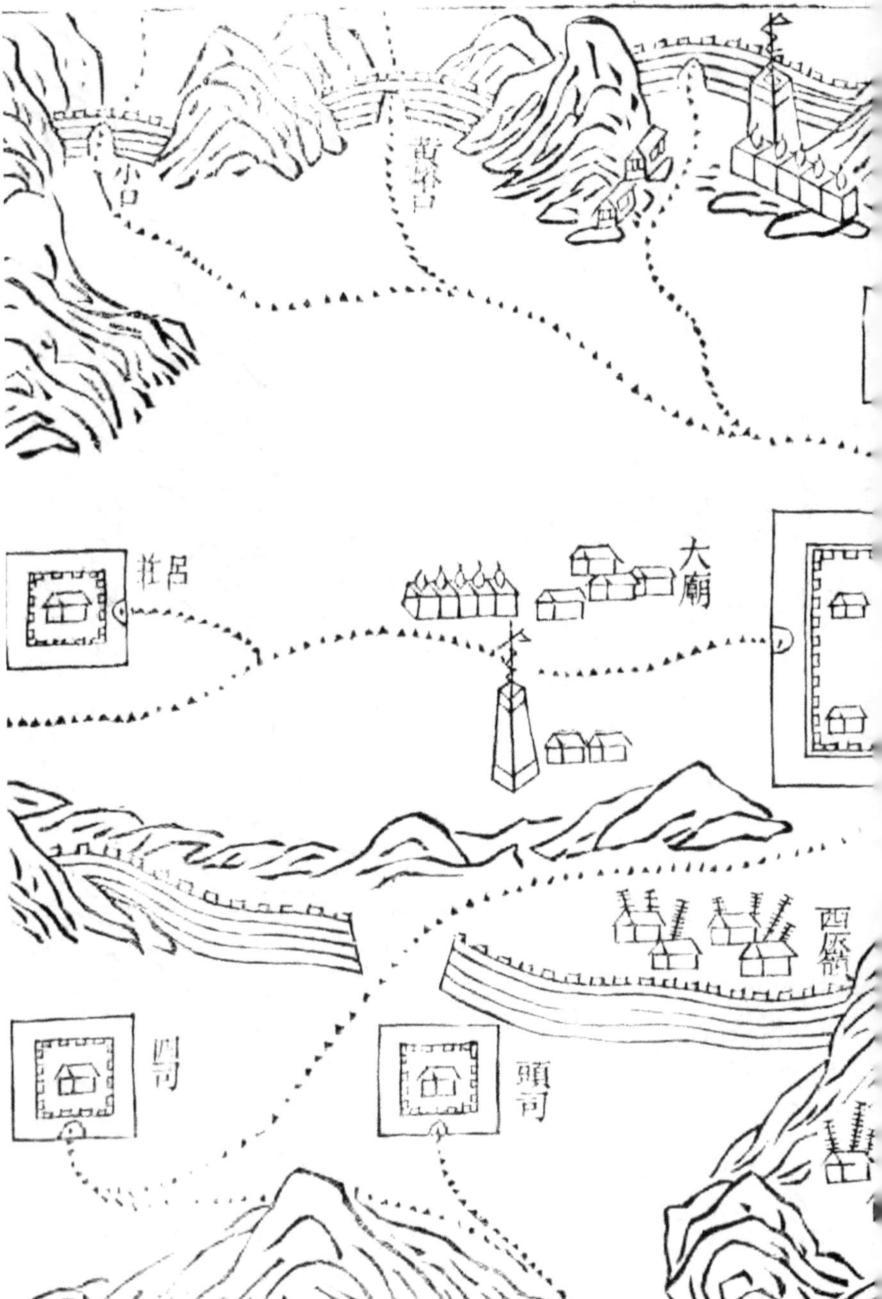
小口
大廟
頭司

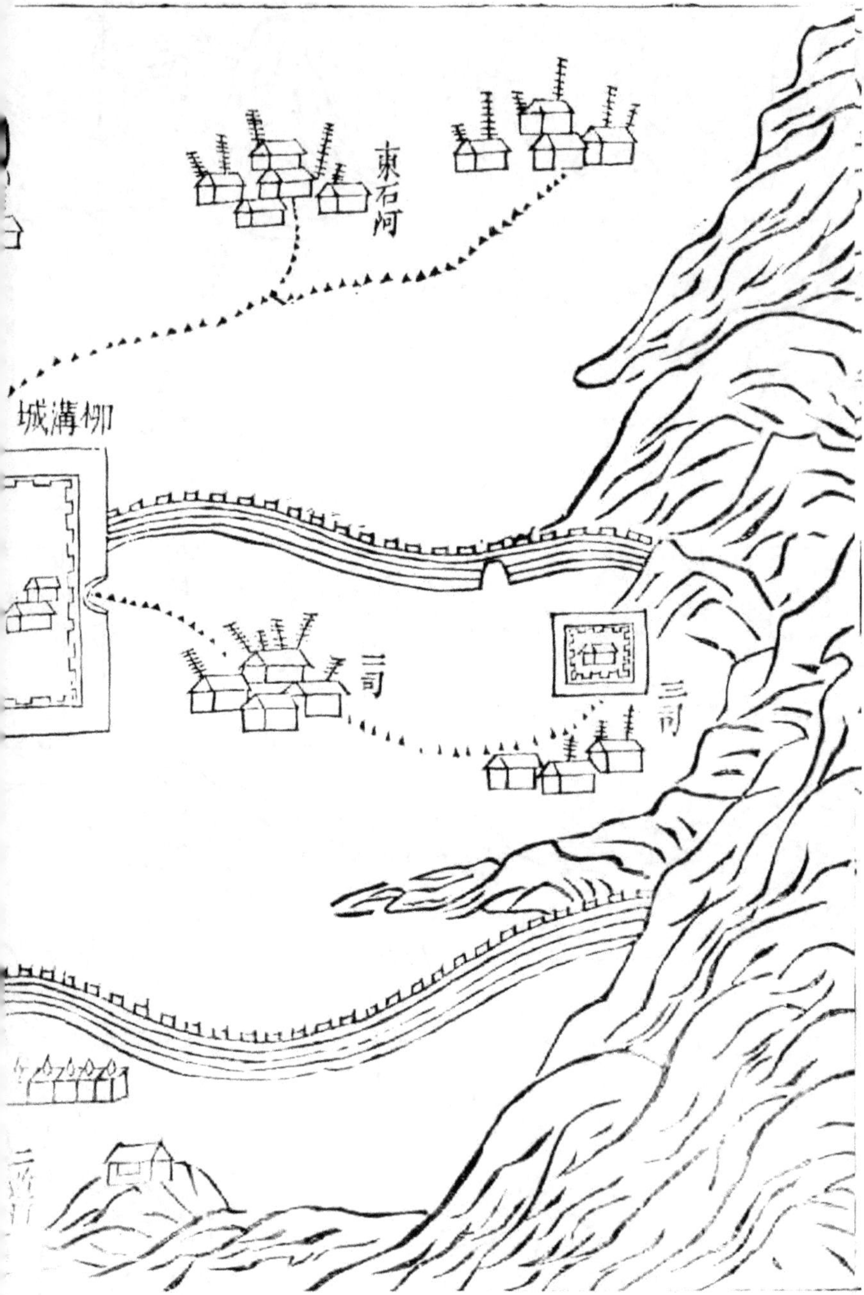
柳溝城
東石河

西石楳
西紅山
小張家口

將軍嶺墩
石城峪墩
靖安墩
教場
永安堡
四海冶
禦靖北台
鎮塞墩
火焰山

接界墩
長甯墩
四海口
大勝嶺
天門關
海子溝口

東河口
小水口
靖安堡
威遠墩
三岔口樓

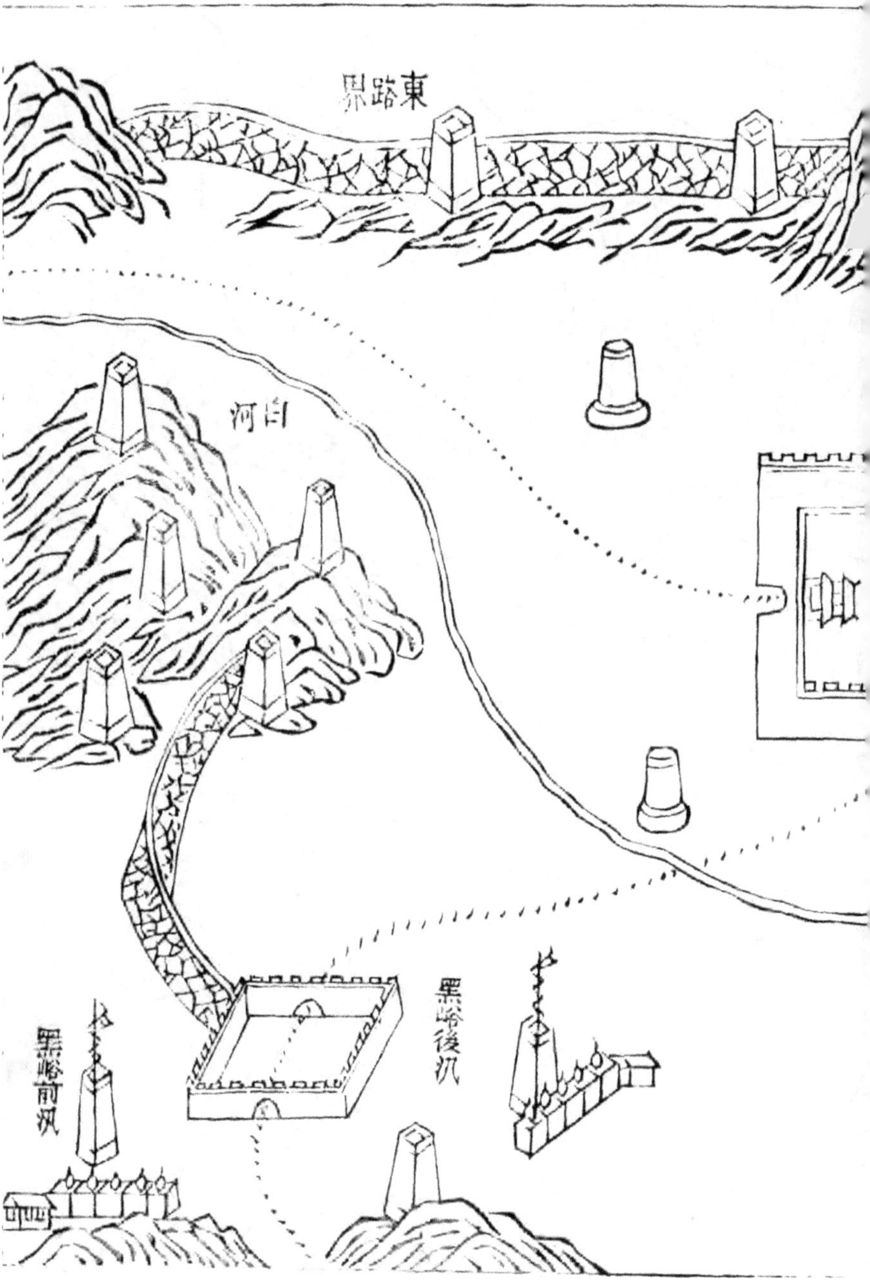
東路界
白河
黑峪後汛
黑峪前汛

靖安墩
關札口墩
黃土嶺
石槽峪
周四溝堡
黑漢嶺
分水嶺

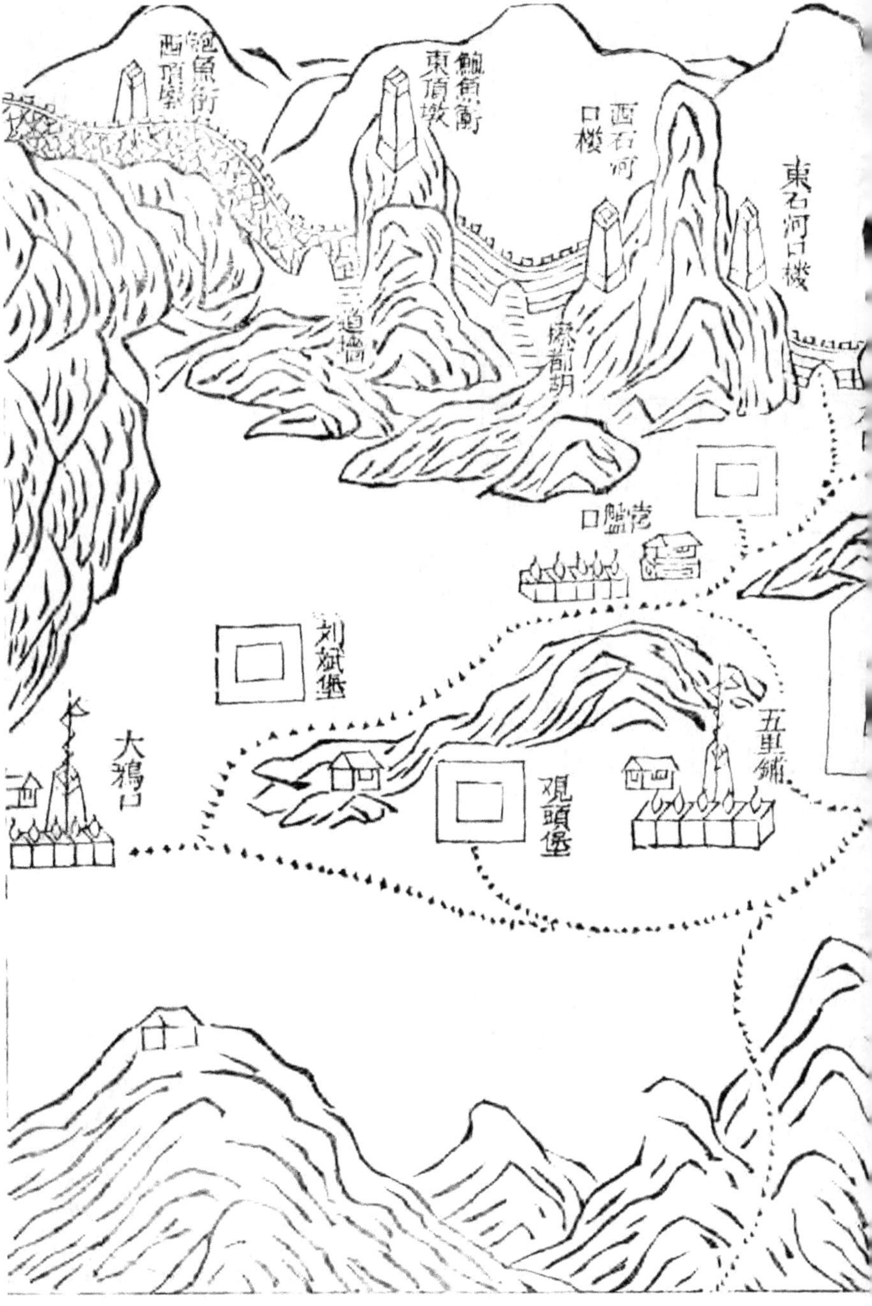
鮑魚衛西頂墩
鮑魚衛東頂墩
三道墻
西石河口樓
東石河口樓
莲盤口
刘斌堡
大鴉口
五里鋪
观頭堡

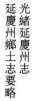

州學圖

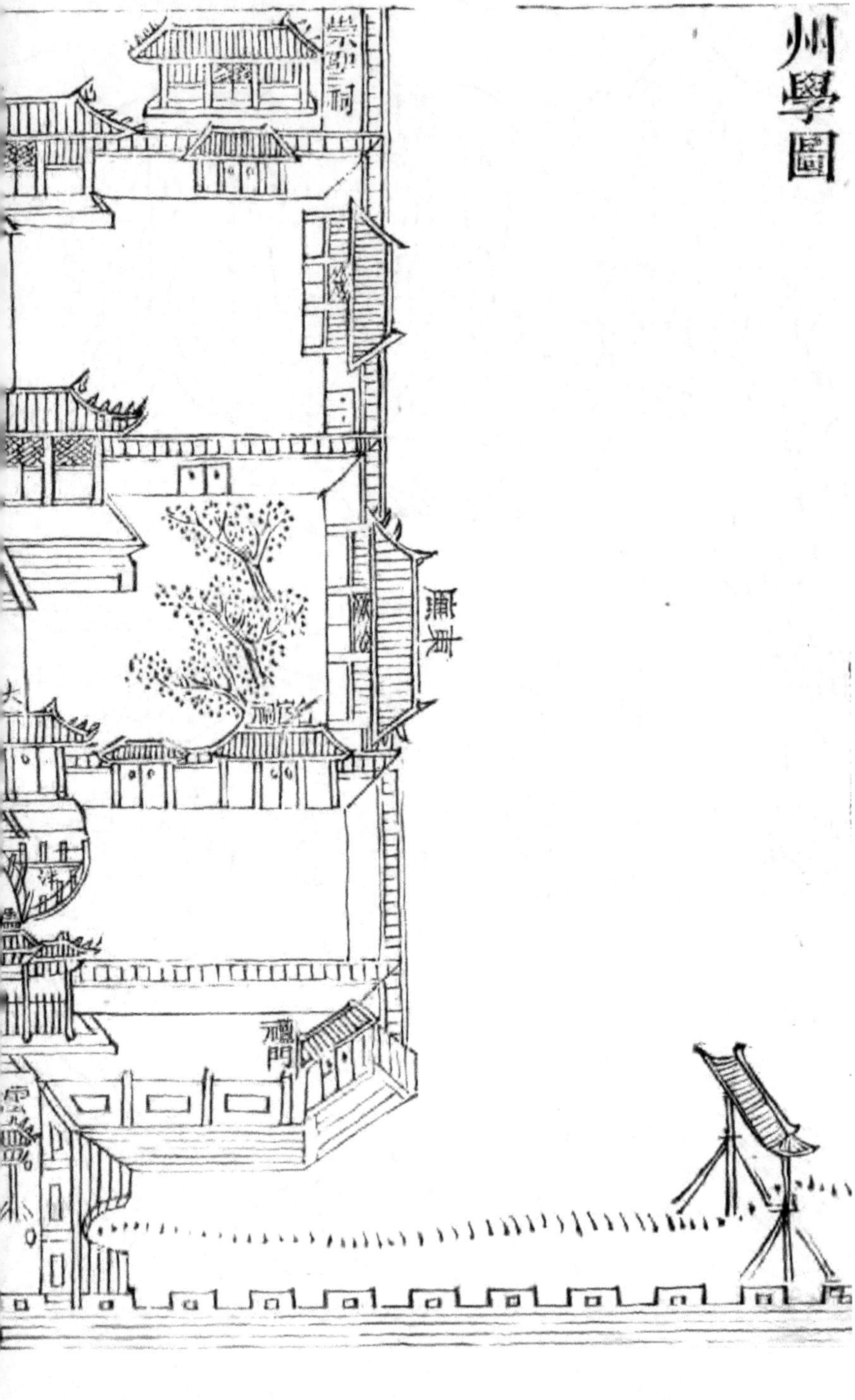

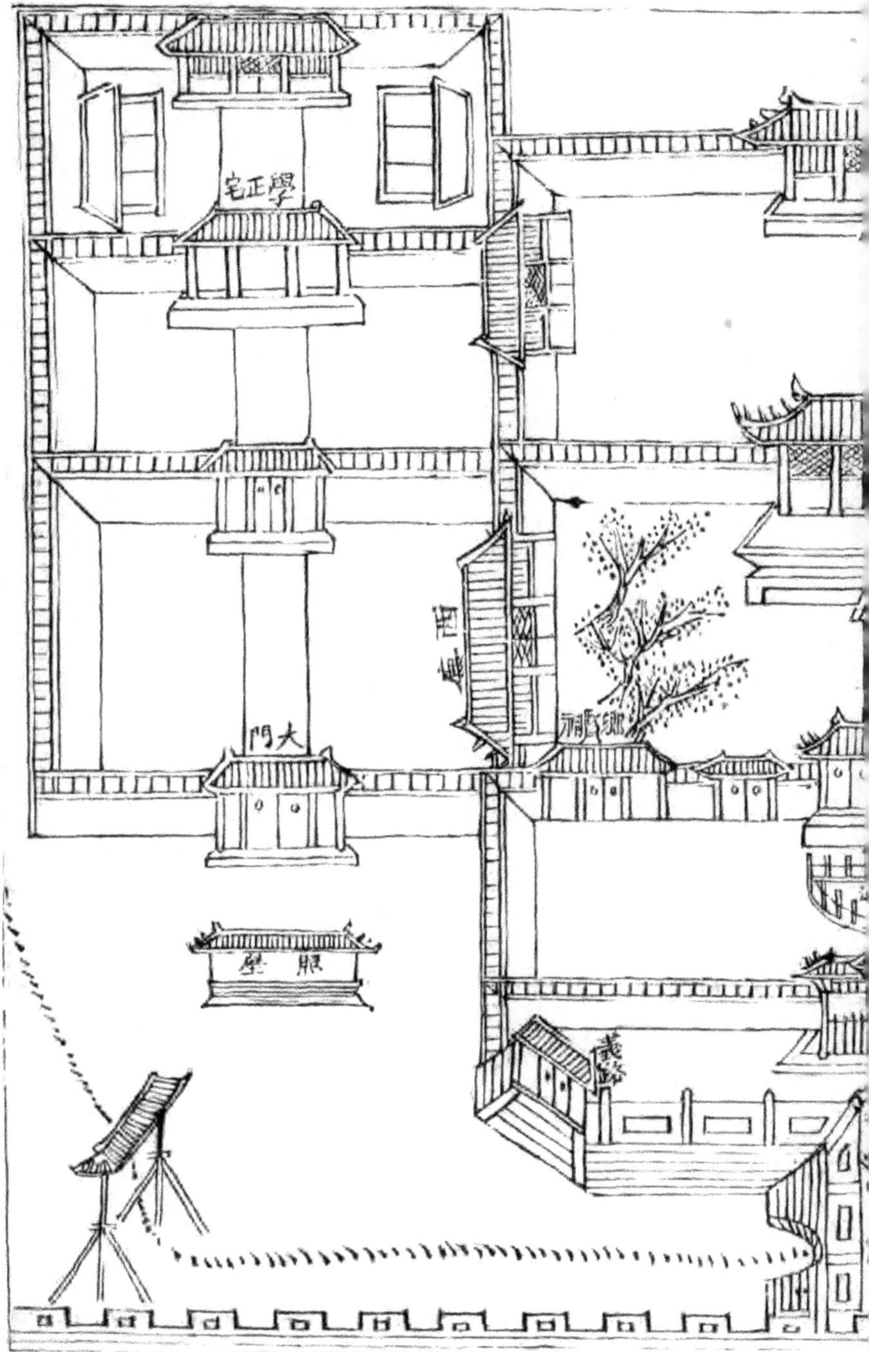
學正宅
大門
照壁
鄉賢祠

延慶州鄉土志要略

延慶州
赤城界
獨
石
界
北
西
東
南
此道通北京
此道通昌平
界
平
圖例
城池
邊墻
學堂
文
廟宇
堡鎮
縣界
大道
山
河橋及龍潭
墩臺
村莊
村道
已成鐵道

總圖
龍
門
界
懷
來
界
昌
懷來通道
按工部尺二十萬分之一比例每格十里

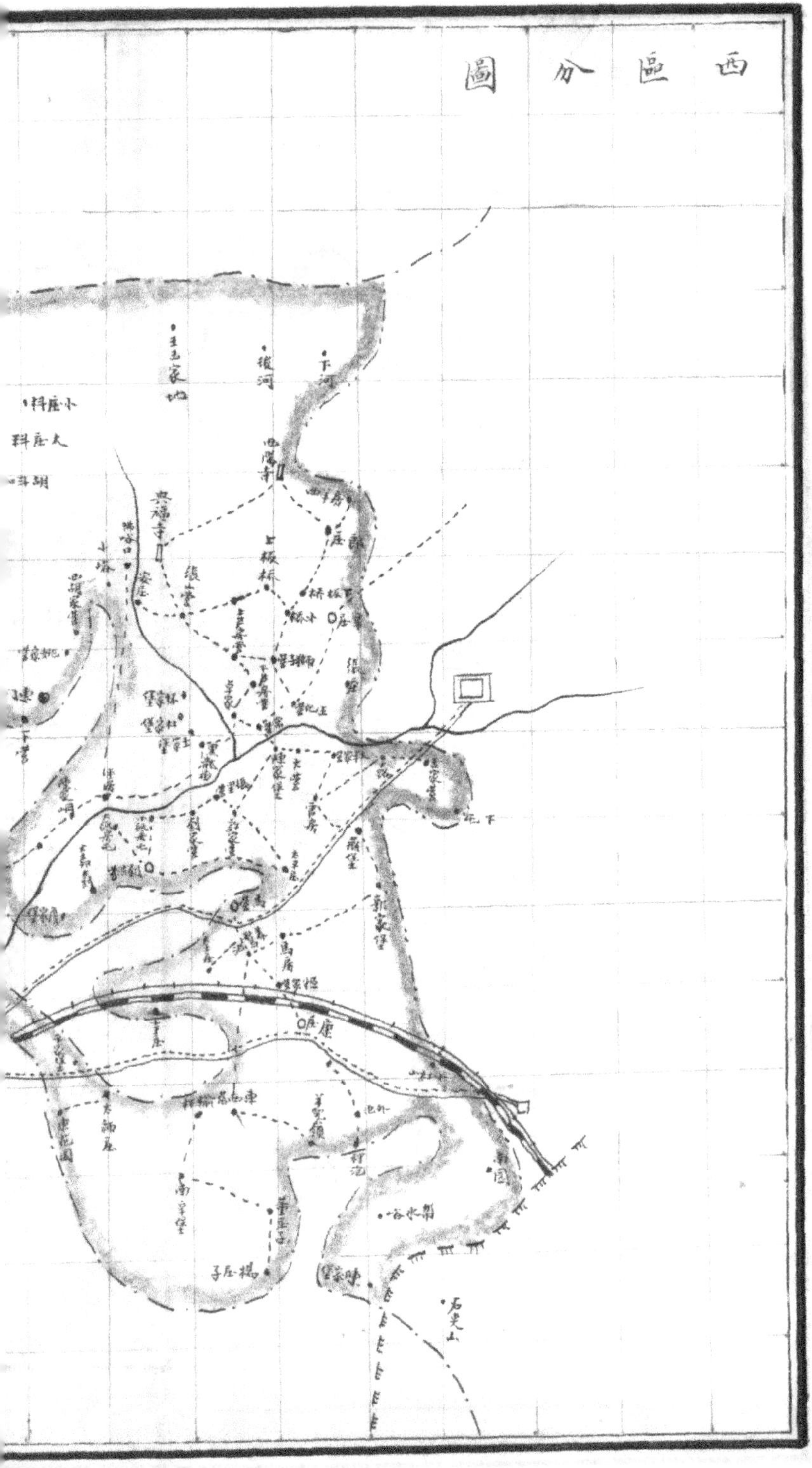

附圖十 西區分圖

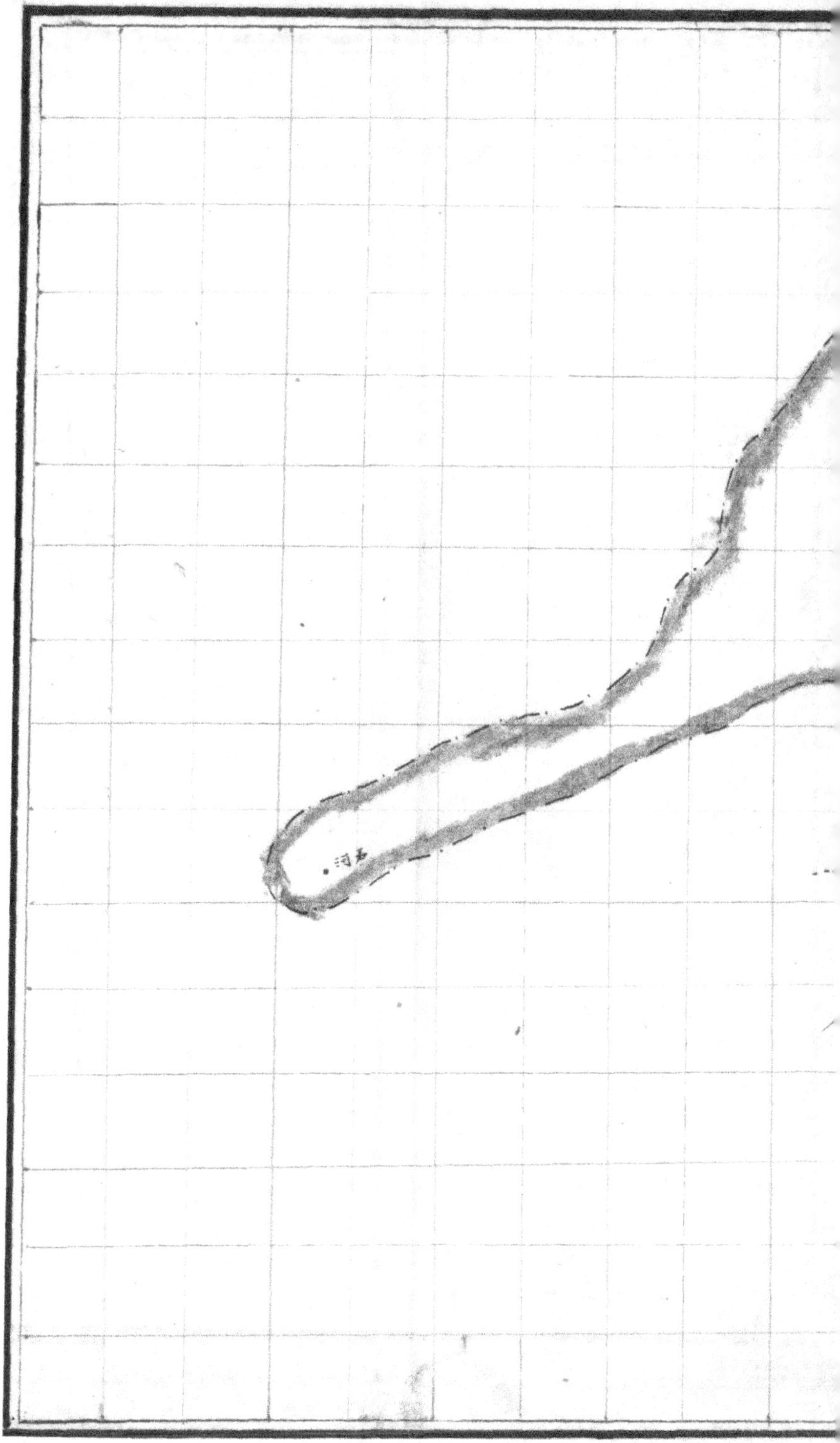

附圖十一　南區分圖

中區
西區
青龍橋
胡家庄

山志及水志
河
營盤山
大勝嶺
將軍嶺
火鐵山
馬道梁
南嶺

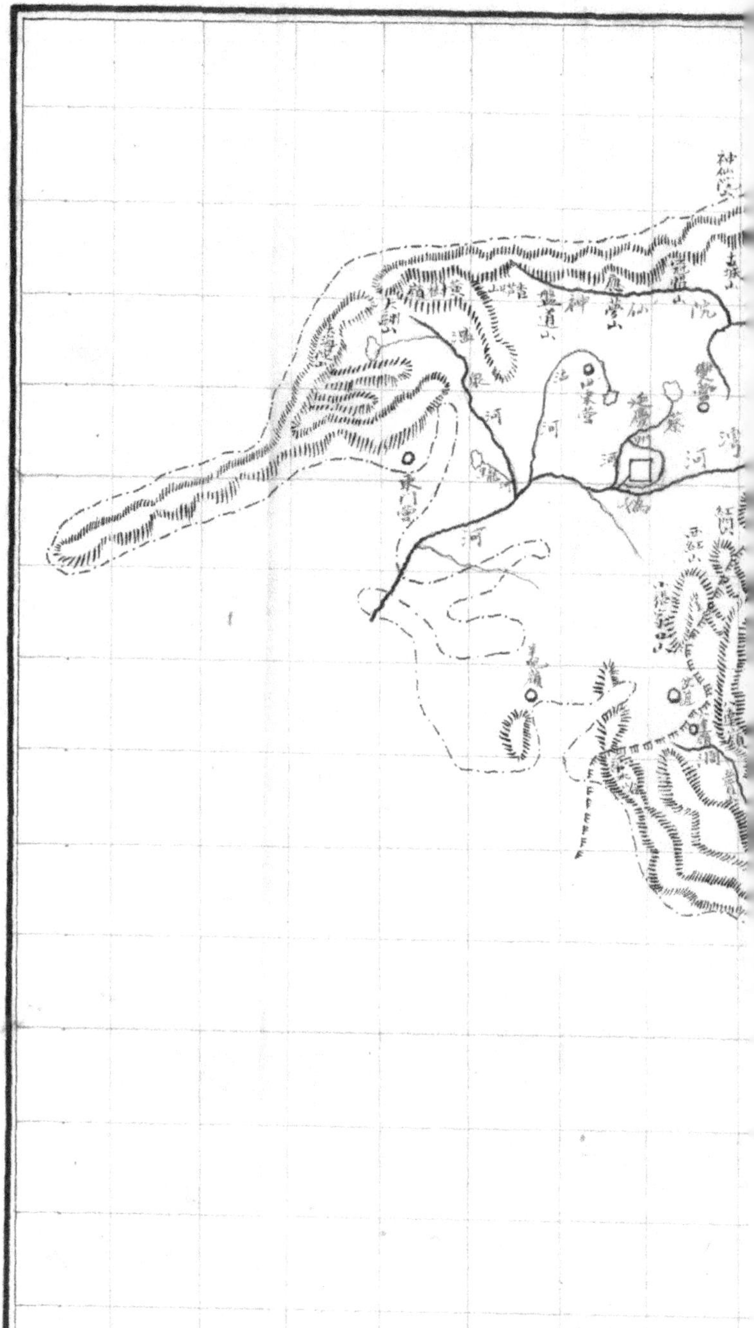
盤道山
延慶州
東門營
河

光緒延慶州志

延慶州鄉土志要略

（下册）

温廷軍　郗志群　點校

北京出版集團
北京出版社

圖書在版編目（CIP）數據

光緒延慶州志 . 延慶州鄉土志要略. 下册 / 温廷軍，郗志群點校. — 北京 ：北京出版社，2023.9
ISBN 978-7-200-16989-8

Ⅰ. ①光… Ⅱ. ①温… ②郗… Ⅲ. ①延慶區—地方志—清代 Ⅳ. ①K291.3

中國版本圖書館CIP數據核字（2022）第018517號

項目策劃：安　東　高立志　　特約編輯：白　帆
責任編輯：喬天一　　責任營銷：猫　娘
責任印製：陳冬梅　　裝幀設計：郭　宇

光緒延慶州志　延慶州鄉土志要略（下册）
温廷軍　郗志群　點校

出　版　北京出版集團
　　　　北 京 出 版 社
地　址　北京北三環中路六號
郵　編　一〇〇一二〇
網　址　www.bph.com.cn
總發行　北京出版集團
經　銷　新華書店
印　刷　北京虎彩文化傳播有限公司
開　本　八八〇毫米×一二三〇毫米　三十二
印　張　一四點六二五
字　數　二六五千字
版　次　二〇二三年九月第一版
印　次　二〇二三年九月第一次印刷

書號　ISBN 978-7-200-16989-8
定價：158.00 圓 （全二册）
如有印裝質量問題，由本社負責調換
質量監督電話　010-58572393

延慶州志卷六

職官志　官制　職官表　裁缺職官表　治績

官制

元

龍慶州，達魯花赤一員，知州一員，並從四品。同知一員，正六品。判官一員，正七品。吏目一員。

按：《元史》：上州達魯花赤、州尹秩從四品，同知正六品，判官正七品。中州達魯花赤、知州並正五品，同知從六品，判官從七品。下州達魯花赤、知州並從五品，同知正七品，判官正八品，並捕盜之事。下州吏目一員或二員。

儒學，教授一員。正九品。醫學、陰陽學各一員。

按：《元史》：上州、中州設教授一員，下州設學正一員。

龍慶栽種提舉司，達魯花赤一員，提舉一員，并從五品。同提舉一員，從六品。副提舉一員。從七品。

《元史》：栽種提舉司，掌歲輸米粱，屬宣徽院。

縉山毛子旋匠局，大使一員，典史、司吏各一人。

《元史》：立雜造局，以司造作，屬管領齊哩克昆匠都總管府。

龍慶等處田賦提領所，提領一員，正九品。副提領一員。從九品。

《元史》：田賦提領所，掌土田歲賦。

隆鎮衛，都指揮三員，正三品。副指揮二員，從三品。僉事二員，正四品。經歷二員，從七品。知事二員，承發兼照磨一員，並從八品。令史七人，譯史、通事、知印各一人。

《元史》：初置隆鎮萬户府於居庸關，設萬户一員、經歷一員、知事一員、提控〔一〕案牘一員，後改萬户府爲隆鎮衛。

鎮撫司，鎮撫二員。正五品。

《元史》：鎮撫，蒙古、漢人參用，上萬户府正五品，中萬户府從五品，俱金牌；下萬户府正六品，銀牌。

隆鎮千户所，達魯花赤一員，千户一員，秩五品〔二〕。百户八員〔三〕，從六品。彈壓一員。從九品。

《元史》：上千户所千户，從四品。中千户，正五品。下千户，從五品。上百户所百户，從六品。下百户〔四〕，從七品。彈壓，蒙古、漢人參用，上千户所〔五〕，從八品，中下二所，正九、從九品内銓注。

北口千户所，達魯花赤一員，千户一員，百户七員。

按：北口，即今八達嶺。

南口千户所，達魯花赤一員，千户一員，百户一員，彈壓一員。

按：南口，即今南口城。

明

隆慶州，知州一員。

《明史·職官志》：知州，從五品，屬州視縣，直隸州視府，而品秩則同。按：隆慶直隸京師，領永寧一縣。又《明一統志》：隆慶元年，改州曰延慶州，衛曰延慶衛。

同知一員，判官一員，吏目一員，倉大使一員，岔道巡檢一員。

《明史·職官志》：同知，正六品。判官，從七品。吏目、巡檢，從九品。倉大使，未入流。又《宣府鎮志》：判官，嘉靖十年裁缺。

儒學，學正一員，訓導一員。

《明史·職官志》：州學正一人。洪武二年設，秩從九品。十三年，改各州學正爲未入流。又訓導三人，設同學正，定儒學訓導位雜職上。又《宣鎮續志》[二]：延慶止設訓導一員。

永寧縣，知縣一員，典史一員，倉大使、副使各一員。

儒學，教諭一員，訓導二員。

州城，守備一員，後改爲操守。

永寧，守備一員，鎮撫司吏目一員，草廠大使一員。

延慶衛、延慶左衛、永寧衛，掌印都指揮使各一員。正三品。帶俸指揮無定員。

《明一統志》：延慶衛，洪武三十五年置。左衛，永樂二年置。永寧衛，永樂十五年置。又《方輿紀要》：延慶右衛，舊在居庸關。宣德五年，移置懷來。又《明史稿》：指揮不管事者，曰帶俸。

指揮同知、從三品。指揮僉事、正四品。鎮撫司鎮撫，從五品。各一員。軍政、巡捕〔六〕各一員。

按：明制，衛掌印指揮使外，設管屯指揮使一員，爲左軍政；巡捕指揮使一員，爲右軍政，以本任同知、僉事任之。《明史·職官志》：凡管理衛事，惟屬掌印、僉書。不論指揮使、同知、僉事，考選其〔七〕才者充之。

衛學，學正、訓導各一員。

經歷司，經歷一員。

延慶二衛、永寧衛、四海冶各所掌印千户、正五品。副千户、從五品。鎮撫，從六品。各一員，百户各一員。

按：衛所之制，洪武七年定。每衛設前、後、中、左、右五千户，大率以五千六百人爲一衛，一千一百二十人爲一千户所，一百一十二人爲一百户所，設總旗二人，小旗十人。二十年，始命各衛立掌印、僉書，專職理事。以指揮使掌印、同知、僉事各領一所。自衛指揮以下，其官多世襲，其軍士亦父子相繼。

永寧衛，坐營一員。

四海冶，倉大使一員。

東路，參將一員。

《宣鎮志》：明初，設鎮守。成化五年，置分東路參將一員。《宣鎮續志》：駐永寧城。

南山路，參將一員，千總一員。

《續鎮志》：嘉靖四十五年，置南路參將一員，駐柳溝城，轄岔道、柳溝、榆林三堡及南山各隘口。〇按：榆林，今屬懷來縣。

永寧衛、靖安堡、四海冶，守備各一員，把總各一員。

周四溝，守備一員，後改爲操守。又把總一員。

劉斌堡、黑漢嶺，防守各一員。

柳溝城，守備一員，後設總兵一員。

《宣府鎮志》：崇禎末年，設柳溝總兵。

按：延慶地處關外，武職較繁，略舉梗概，以備參考。

國朝

延慶州，知州一員，州判一員，吏目一員。今同。

《畿輔舊志》：初屬宣府鎮，爲東路。康熙三十二年，省永寧衛入州，屬宣化府。知州、吏目俱仍明制。又《州册》：州判，乾隆時設，駐居庸關。

儒學，學正一員，訓導一員，後改爲鄉學訓導。今同。

《續鎮志》：順治十六年，裁永寧縣學歸併州學。復裁永寧、懷來二衛學來屬。康熙二十六年，復設懷來、永寧二衛學，仍屬州學兼理。又《畿輔舊志》：康熙三十二年，改懷來衛學爲縣學，裁永寧衛學入州學。又《州册》：乾隆二十六年，裁延慶衛，改爲延慶鄉學，以復設訓導爲鄉學訓導，駐居庸關。按：州學訓導，康熙三年裁，十八年復設。

永寧巡檢司，巡檢一員。已裁。

《宣府志》：順治十六年，裁縣。雍正十二年，設巡檢一員。又《州册》：道光十二年，裁缺。

州城，把總一員。今同。

《宣府志》：雍正六年設。

永寧路，都司一員，千總一員，把總二員。已裁。

《宣鎮續志》：順治十六年，改岔道都司移駐，轄千總一員。雍正十二年，設把總二員。舊設。

靖安堡，都司一員。已裁。

《畿輔舊志》：原設守備。雍正十年，改設都司。又《府志》：乾隆四年，裁缺。

永寧路，守備一員。今設千總一員。

《宣府志》：順治六年設。又《營册》：道光二十年，守備缺裁，移駐霸州，復由滴水崖千總移添永寧。

延慶、永寧二衛，指揮各一員。已裁。

《宣鎮續志》：順治十年，改指揮，設守備。

延慶、永寧二衛學，學正、訓導各一員。已裁。

《宣鎮續志》：康熙三十二年裁。

東路，參將一員，駐永寧。已裁。

南山路，參將一員，駐柳溝。已裁。

《宣鎮續志》：順治六年，俱裁。

柳溝城，守備一員，今止設把總一員。

《宣府志》：順治十七年，永寧守備分駐柳溝。

周四溝，守備一員。仍明制。外委：把總一員。駐營盤口。今止設外委一員。駐本堡。

四海冶，守備一員，仍明制。把總三員。今止設外委一員。

按：《營册》：道光二十四年裁。四海冶把總移駐山海關，改設外委一員。

千家店，章京一員，驍騎校一員。久裁。

靖安堡，守備一員。已裁。

《宣府志》：雍正十年，改設都司，裁缺。

靖安堡，千總一員。今止設外委一員。

《宣府志》：乾隆四年，裁都司，改設。

岔道城，守備一員，把總一員。今同。

《宣府志》：雍正十三年，設守備一員，原設把總，改歸管轄。

居庸路，都司一員，駐居庸關。分防把總三員：一駐關城，一駐八達嶺，一駐昌平州界。經制外委一員，駐南口。額外外委一員，駐昌平州界。

以上文職隸宣化府，武職，居庸關營隸古北口提標，餘俱隸宣化鎮標。

歷代職官表

紀年	駐節	防禦	刺史	判官
	唐			
聖曆年	桓彦範 巡視居庸，有傳。		韓夢殷 僞署儒州刺史，有傳。	
	遼			
保寧年		韓德威 玉田人。儒州防禦使，有傳。		
統和年			鄭暇 儒州刺史，二年任，有傳。	楊遵勖 儒州軍事判官，有傳。
	金			
大安年		术虎高琪 鎮州防禦使，二年任。		畢資倫 縉山人，任千户，見仕進。
	明			
永樂年	趙玨駐節隆慶，分撥土田，有傳。 胡思伸懷隆道，駐節隆慶，開渠溉田，有傳。 張經世駐節懷隆，有傳。	薛禄 統兵守永寧，有傳。		

紀年	隆慶州知州	附永寧知縣	東路參將	南山路參將
永樂年	陸震　江南吴縣人。十一年任，祀名宦，有傳。 夏仲誠　江南鳳陽人。 張榮　江南安慶人。 以上永樂年任。	史從政　沔陽州人。十三年任，有傳。 郭迪　山西人。 白勝　山東登州人。		
洪熙年	楊賓　山西懷仁人。元年任。祀名宦，有傳。	劉睿　山東萊州人，有傳。	張義　都指揮僉事。	
宣德年	李實　河南唐縣人。	張宣　山東濟南人，有傳。	陳濬　後府都督僉事。	
正統年	古節　陝西耀州人。 王銘　山西陽曲人。	薛喆　山西大同人。《府志》作蘇哲。 王崇德　河南人。據《宣鎮志》補。	楊洪 楊信　俱開平衛人。以上四人，《府志》失載。	
景泰年	胡璉　河南湯陰人，《府志》作劉璉，有傳。	彭富　淮安人。	李剛　指揮同知，《府志》作京衛人，二年任。 夏忠　懷來人，《府志》作京衛人。五年任鎮守，有傳。	

續表一

天順年	柳榮 山西汾州人。 師宗文 山東東阿人。	李秀 山東濟南人。《宣鎮志》作李琇。 高翔 山西忻州人。	姚貴 後府僉事。《府志》作南京人。元年，任鎮守。 陰傑 指揮同知。《府志》作殷傑，京衛人。五年，任鎮守。	
成化年	李鼐 陝西(八)秦州人，三年任。《鎮志》作富平人。創修《州志》。有傳。 卜釗 潁上人。 王永亨 太原人。	彭浩 江南無錫人。 滕翥 鹽城人。 武宣 山東歷城人。	趙輔 後府僉事。《府志》作京衛人。元年，任鎮守。 吴瓚 京衛人。八年，任分守參將。	
弘治年	姚繼 山西陽曲人。 李倫 山東歷城人。 張夢輔 陝西澄城人，有傳。 初賢 山東福山人，有傳。 張璧 河南運司人。 張琭 弋陽人。	胡紳 山東陽穀人。 王璽 山西洪洞人。 耿奉 河南歸德人。 張清 山東安邱人。 趙文華 廣靈人。 曹鉞 山東鉅野人。	周賢宣鎮人。 柳春京衛人。 繩律開平衛人。 盛忠都指揮同知，京衛人。 孫成宣鎮人。 解端義勇衛人。 宋振京衛人，《舊志》作拔。今從(九)《府志》。 許泰京衛人。 王輔京衛人。	

續表二

正德年	李宜泰 河南祥符人。 康偉 河南鞏縣人。 杜傑 錦衣衛人。 張鎬 廣寧人。 張軏 山西陽曲人。	張宣 山西大同人。 延尚 石州人。 常靖 滁縣人。 張鵬 揚州人。 孫錫 山東海豐人，有傳。	張永隆慶衛人。《府志》作 遼東人。有傳。 麻循大同人。《府志》作麻稽， 中大節遵化人。 陝西人。 王駐武功左衛人。《府志》作 京衛人。 李賢保安衛人。《府志》作大 同人。《永寧志》作李景，有傳。 馮勳涿鹿衛人。	
嘉靖年	梁倫 山西曲沃人。 鄒瓚龍驤衛人。 高霖泰安州人。 郭宣 湖廣麻城人。 劉達 山西河津人。 丁澤 咸寧人。 辛柱山西石州人。十一年任，有傳。 馮宗龍 濮州人。廉明幹濟，後乞休。 劉雲鶴 山西朔州人。	白思義山西河津人，元年 任。 張憲 山東濟寧人。 劉鏜 山東臨淄人。 种雲龍 渭南人。 葛仲英 四川人。 吴珏歸德人。 張雲鶴山東章邱人，有傳。 雲棟 山東高唐州人，有傳。 師桐 山東東阿人。	丁璋宣鎮人，有傳。 梁桓永寧衛人。 徐珏涿鹿衛人。祀名宦，有傳。 沈俊旗手衛人。 左灝保定衛人。 王臣宣鎮人。 袁正太原衛人。 孫寶大同人。 王禄宣鎮人。 李欽大同人。 嚴範開平衛人。 田世威 宣武衛人。《府志》作河南人。 周一元宣府右衛人。	李官 四十五年任。

續表三

	王尚友二十七年任，淳化〔一〇〕人。 刊刻《續州志》。 薛緯竹山人。 劉大觀 清澗人。 阮師瞻 山西臨汾人。 張誦 江南邳州人。 陳其愚山東登州人，有傳。 程應登山西潞安人。《府志》 作陳應登，有傳。	李炅山西樂平人，三十九年任。 秦瑶 河南固始人。 王大京 南召人。 張旃 山西解州人。 和天秩 寧州人。 馬追 陝西同州人。 黃鳳歙縣人。以上二人，《府志》失載。		
隆慶年				胡震 陝西陽和衛人。 李如櫃
萬曆年	李應奇 平涼人。 王銃靈丘人。 賈興 江南華亭人。 師嘉言 山西河津人。 耿繼武 沂水人，有傳。 史炳 山東青州人。 姜一鳴陝西蒲城人，有傳。	蔡蓁 山東人。 周大鵬 山東人。 葛思茂 山西平定州人。 趙爾守陝西盩厔人，有傳。 李時冬 祀名宦，有傳。 魯淶 廣東人。《府志》作曾淶。	翟欽 開平衛人。 劉環 延慶左衛人。 彭時萬山西人。 李官 胡鎮陽和人。 李如櫃《舊志》作李如相。 孫朝楹 陝西人。 管達幹 張剛陝西人。	孫朝梁榆林。 管達幹 榆林衛人。 張剛榆林衛人。 彭時萬 山西振武衛人。 李賛實 平山衛人。 藍汝忠 齊擢 泰寧衛人。 靳雷濟南人。

	黃應瑞山東寧海人。 張純陽城人。 王大益江南無錫人。 楊維相青城人，有傳。 王之藩瀘州人。 武惟謙山西祁縣人。 宋雲霄四十一年任，山東淄川人，有傳。	楊陟鳳翔人。《府志》作楊一陟。 李體嚴河南衛輝人，創修《永寧志》。 張堯佐寧都人。以下見《府志》。 崔國裕陝西西安人。 曹克讓陝西耀州人。 汪廷玉湖廣人。 張佩玉山東人。 原秉謙湖廣人。 龔志道陝西咸陽人。	李真陝西榆林人。 李蕡實山東人。 董一奎 朱蘭保定人。《舊志》作宋蘭，今從《府志》。 方振綏德人。 齊擢保定人。 白允中綏德人，《舊志》作白允，今從《府志》。 羅恭天成衛人。 閻守忠懷安衛人。 潘忠陽和人。 董一元宣府人。 林鵬留守衛人。 鄭祿三十七年任。 俞世卿三十八年任。 馬天柱四十年任。 黃明臣宣府人，祀名宦，有傳。	孟尚義龍門衛人。 錢口山西人。 孫邦熙開平衛人。 張充實興和衛人。 江萬仞萬全右衛人。 楊元吉開平衛人。 高策天城衛人。 薛世猗潞州人。 王朝棟安肅人。 劉國墉綏德衛人。 徐永允綏德衛人。 秦光祚大同人。 錢中選松江人。
天啓年	邢其諫山東濟陽人。以下見《州志》。	楊長春陝西階州人。	張充實宣府人。 李如柏遼東人。	汪登瑞紹興人。 王允元太原人。

續表五

崇禎年	潘嗣衮 江南淮安人。 劉國昌 貴州人。 韓淩霄 河南人。 宋應鰲 陝西人。 范德顯 山東即墨人。 孫鉉 籍貫未詳。	孫必茂 陝西潼關人。 丁之龍 貴州人。 高映斗 遼東人。 吕光耀 寧夏人。 王元弼 蔣昇 王玉汝 周大綬 以上四人，據碑碣補。	解生 宣府山後人，有傳。 王承業 開平衛人。 陳邦哲 遼東人。 楊德澤 宣府人。 張國柱 宣府人。 易簡 蔚州人，見《府志》。	劉永思 榆林衛人。 姚化民 興安人。 毛鑽 錦衣衛人。 姜文惠 四川萬縣人。 〇以上見《府志》。

按：《舊志》職官俱不詳履任年月，《府志》載延慶職官，知州、參將年代略存，今依爲表。其餘文職、武職年月無考者，敘於後。又《舊志》參將有朱謙、京衛人。黄鎮、龍門人。李璟、平虜衛人。張聞政、隆慶衛人。吴珮，遼東人。《府志》未載，附識諸此。又按：南山路參將，《舊志》不載，兹據《府志》補入。又東路參將籍貫，《舊志》與《府志》互有異同，今併存之以備考。

同知

王俊、山東人。孫誠、鹿邑人。劉慶、廣東人。張觀。山東人。

判官

趙杲、無錫人。雷恕、郃陽人。宋源、修武人。徐隆、善化人。王福、掖縣人。羅志學、四川丹稜〔一一〕人。盧繼宗、即墨人。楊廉、湖廣巴陵人。張貫、劉陽人。鄒隨、山陽人。張進、清源人。劉貴、五河人。元資。臨汾人。

學正

劉鑑、高郵人。何繼儒、長洲人。劉元、吉水人。徐旭、涇縣人。薛璟、蒲州人。廖繡、崇陽人。焦浩、隴州人。楊冕、隴州人。周紞、金縣人。尚志、衛輝人。宋紹美、嘉祥人，有傳。王國禎、順天人。王褒、雄縣人。姚邦賢、定州人。姜瑩、霸州人。劉朝用、陳錦、大同人。毛鵬翔、河南人。宋可大、昌黎人。周南、保定人。王弼、保定人。楊昆祚、雲南人，祀名宦，有傳。崔文嶽、遼東人。楊文昇。陽曲人。

訓導

杜熙、蒲州人。吴寧、遂平人。李敏、嶧縣人。譚濬、膠城人。李珩、陽城人。金璧、仙居人。田玉、磁州人。龐浩、益都人。傅琮、蔣濬、袁釗、德州人。韓昂、鄒平人。朱鑲、山東人。姬鶴鳴、曹縣人。惠民、慶陽人。張鉉、朔州人。梁雲、東昌人。李文美、榆次人。王佑、滕縣人。趙翼蘭、代州人。張秩、臨朐人。蕭九功、平陸人。楊守愚、海豐人。趙澤、壽陽人。陳清、廣寧人。蘇琢、武城人。黄經、淄川人。武德彰、沂水人。何君寀、霑化人。王世濟、玉田人。周尚卿、撫寧人。杜擢、太谷人。于文英、房山人。張受善、太平人。王鸞、劉持、阜城人。白雲騰、姚安府人。張鐸、馬師、繁峙縣〔一二〕人。姜瑩、霸州人。謝夢豹、遼東人。史官。太谷人，有傳。

吏目

郭敏、平陸人。王釗、山東人。鄧逵、陸安人。王敬、文水人。劉祥、武定人。游宏、許州人。趙勛、朔州人。賈賢、廣昌人。孫真、蓬萊人。米禄、石樓人。劉聰、陳留人。李克山、新城人。蘇俊、陽宗人。王鑑、文水人。楊鐸、沂水人。○《舊志》云：楊鐸以上俱各堡倉收糧，後改設通判管理。高縉、陝西人。○《舊志》云：高縉以下省革，止設一員在州管事。王璡、鳳縣人。張大同、謝紳、浙江人。李柰、山東人。宋儒、即墨人。丁運、寶豐人。孫策、襄城人。賈祐、汾州人。李廷美、靈丘人。張浩、陝西人。于恭、高密人。張詣、富平人。遲諒、即墨人，有傳。閻世登、廣陵人。趙大鳳、平度人。崔運、德州人。喬縉、山東人。楊慎、大同人。任士、陝西人。姬延年、臨清人。劉震、山東人。劉惟謙、涇陽人。武朝聘、陳留人。張寅、山陰人。薛〔一三〕訓、廣靈人。陳宗昇、太和人。王盛時、福山人。夏詔功、福安人，有傳。石綿。山東人。

典史以下四條俱永寧職官

張貴、歷城人。張睿、平陽人。田玉、武陟人。吴敬、莘縣人。賈曉、涇陽人。劉俊、臨清人。王紳、萊州人。俞世恩、陳騰堯、徐暠、孔聞風、滎澤人。李應龍、廣東人。李北枝、登州人。林振基。莆田人。

教諭

張琉、汝寧人，祀名宦，有傳。孫儉、河南人。馬驥、榆林人。韓世琦、河南人，有傳。花應奎、河南人。張彝、四川人。寧遵仁、遵化人。劉芳、河南人。靳克正、稿城人，有傳。王自成、武邑人。鹿體仁、福山人。李思良、河南人。張士科。濟南人。

訓導

王安、猗氏〔一四〕人。李芳、吉水人。方亨、春和人。劉寧、濱州人。田壽、聊城人。魯安、長葛人。牛陵、寶豐人。王紀、高唐人。劉璋、蔚州人。劉達、任武人。孟鍾、濮州人。張宸、太原人。施恩、遼東人。曲秉性、唐縣人。曹芹、山海衛人。張邦達、昌黎人。劉默、河南人。馮從學、大同衛人。陶理、遼陽人。蔡天禄、遷安人。鄭恭、遼東人。劉陳善。竹山人。

倉大使

張汝檢、永寧倉。沈克讓。四海冶倉。

岔道巡檢

賈惟正。見《府志》

守備

杜俊、興和所人。王俊、宣府前衛人。趙昇、宣府前衛人。汪溶、開平衛人。徐剛、萬全左衛人。韓晟、隆慶左衛人。于昇、龍門所人。劉政、本所副千户。詹祐、萬全右衛人。袁良、永寧衛人。康節、永寧衛人。張瑚、懷來衛人。解鏞、宣府前衛人。安洪、宣府前衛人。司銘、京衛人。周瑁、宣府前衛人。沈杲、懷安人。張鑑、京衛人。李淮、萬全都司人。俞寧、錦衣衛人。張琦、蔚州衛人。丘陵、撫寧衛人。胡琮、長陵衛人。陳鎮、宣府右衛人。王三槐、宣府前衛人。趙奎、天津衛人。倪雲鵬、天津衛人。裴濟邦、宣府人。蔡廷楝、宣府人。王國梁、宣府人。楊仲祥、餘姚人。邵增和、杭州人。胡世芳、蔚州人。毋壽祖、天津人。李承嗣、北京人。宋鎮虜、北京人。麻承勳、大同人。侯繼祖。永寧人。

以上守備，《舊志》俱屬柳溝城。其中杜俊、俞寧亦任州城守備。見《舊志》卷二「修所治」條，「俞」字作「余」。又按《宣鎮志》：延慶州城守備周全等二十九人、永寧衛守備黃寧等三十八人，《舊志》俱失載，附識之以俟考。

正千户

李麒、曲周人。李夢淞、後所千户，見「仕進」。李楠、李灼芳、李漢、李世爵、李官、袁進忠、辛懋賞、辛有位、以上《舊志》。傅澄。據碑碣補。

副千户

劉政、三河人。劉繼爵、劉觀旗、武進士，任守備。李隆、李士魁、李維新、李成龍、劉永〔二五〕譽、辛福、良鄉人。辛興祖、李璟、泗州人。李翰、劉國仕。

鎮撫

胡維、蘭州人，延慶左衛鎮撫，有傳。○採訪。徐□〔二〕、邵武人。孫隆、黄陂人。孫應奎、楊倫、鳳陽人。楊舉。

百户

李凱、開州人。趙玉、三河人。李英、三河人。閻敬、汾西人。劉海、小興州人。趙成、淄陽人。劉海、泗水人。劉福、滁縣人。李文表、夏榮、藤縣人。李繼先、姚寬、閻富、李欒、閻世勳、劉世勳、劉應龍、戴朝卿，以上《舊志》。林旺。延慶衛後所百户，詳例仕。

坐營

唐世忠，宣府人。吴得麟，南山路坐營千總。劉大有。南山路坐營操守千總。〇以上二人據碑碣補。

各堡

魯文奎，四海冶守備。湯勇，四海冶守備。嘉靖時任，有傳。鄭源，靖安堡守備。桂一枝，周四溝操守，祀名宦，有傳。周文魁，黑漢嶺防守。張嘉寵，劉斌堡防守。陳仲學，四海冶守備。馬出圖，黑漢嶺防守。張勝。永寧守備。〇以上三人據碑碣補。

兩衛

侯世官，永寧衛指揮。孫剛，宣府前衛人，永寧指揮僉事。正德年任，有傳。王敬、隆慶衛指揮同知，有傳。向通、隆慶衛指揮同知，詳「例仕」。張澄、永寧指揮，詳「例仕」。黃元吉、延慶左衛指揮。桂逢春、延慶左衛指揮，有傳。張勛、永寧指揮僉事，詳「例仕」。張國倫、永寧衛軍政。劉官、延慶左衛軍政。袁鳳鳴、永寧衛巡捕。林鳳鳴、延慶左衛巡捕。閻伯琇、永寧衛經歷。馬壘、延慶左衛經歷。周策、吴海、俱永寧指揮。胡廷令、劉應祺、俱延慶左衛指揮。閻大澤。永寧衛〔二六〕指揮。〇以上五人，據碑碣補。

各司

楊春澤、北邊提調。高遷、防守把總。韓國奇、四海冶〔一七〕所〔三〕指揮。劉天錫、四海冶所〔一八〕指揮。劉朝、相馬司把總。張翼鵬、永寧衛鎮撫司。白繼官、延慶左衛鎮撫。蘇大臣、四海冶把總。張奇勳、四海冶把總。張檜、四海冶把總。湯鶴齡、周四溝把總。紀朝綱、靖安堡把總。周堯臣、靖胡堡〔四〕把總。鐵朝珍、靖安堡把總。王奮武、周四溝把總。黃恩。南山路把總。據碑碣補。

各所

畢陳禄、永寧衛千户。閻國泰、永寧衛千户。莊定國、永寧衛千户（一九）。陳國仁、永寧衛千户（二〇）。秦名邦、延慶左（二一）衛千户。郭雲、延慶左衛千户（二二）。陶國忠、延慶左衛千户。任尚選、延慶左衛千户。徐尚文。延慶左衛千户。

柳溝總兵

王國臣。崇禎末年任。見《明史稿》。

岔道守備

彭兆慶。萬全人。見《府志》。

以上各武職，《舊志》所載寥寥。今據《府志》及見諸碑碣者，補綴一二。如右。

國朝

紀年	知州	州判	學正	鄉學訓導	巡檢	吏目
順治年以後	孫維寧 直隸青縣人，據《府志》補。 劉夢祥 河南安陽人。 夏玉璋 以上二人，《舊志》列於明末，今據《府志》移於此。 李浹 山東德州人。據《府志》補。 劉蘭 廖文元 遼東人。 遲日豫 劉元輔 以上二人俱奉天人，據《府志》補。 王振祖 正白旗人。		安養中 三河人。 呂繼堂 通州人。 朱永祚 大興人。 張鳳彩 深州人。 王之尹 薊州人。 胡應詔 清苑人。以上據《府志》補。 李日琴 王俶 順天人。 胡心尹 昌平州舉人。 馬學曾 趙允昌 滿城舉人。 張□ 遺其名。 魏元發 舉人。 謝崇文 舉人。	馬天駿 陳子潤 呂捷 張士澤 蘇學晋 張焕文 趙振 秦元文 劉衍齡 靳廷相		張三益 浙江人。 何止仁 河南人。 陳中侃 江南人。 衷崇岱 江西人，有傳。 張謙 湖廣人。 史帝弼 浙江人。 韓進善 浙江人。 丁定 浙江人。 陳聚 浙江人。 應庚 浙江人。 張奇勳 浙江人。

袁捷 四川南江人。 唐翰弼 正黄旗人。《府志》 作陝西涇陽人。 熊啓印 遼東杏山人。《府志》 作啓允。 崔爾瞻 山西聞喜人。 李兆龍 廂白旗人。 武登科 奉天人。祀名宦。 于翔漢 奉天人。 祁斌 山西人。 焦□ 遺其名。 甘國埏 漢軍正藍旗人。
王盤 舉人。 沈鏵 夏士錦 進士。

續表二

	宋永清 漢軍正黃旗人，祀名宦，有傳。 高國楹 奉天正黃旗人。 史麟 山西大同人。 郭浩 福建福清人，有傳。					
雍正年	李百奎 江南潁州人，祀名宦。 崔應銓 浙江仁和人。 冀映霱 山西介休人。以上履任年月無考。					
雍正十一年	李鍾俾 福建安溪進士，十一年任。祀名宦，有傳。 ○以上俱見《舊志》。		穆元肇 順天舉人。			

雍正十二年					曹灝 山陰人。	
乾隆二年				方世熙 正黃旗籍。桐城人，歲貢。		
乾隆八年	張秉乾 江南江都人，八年任。					
乾隆九年	嚴宗嘉 江西分宜舉人。					
乾隆十年				曹近光 奉天海城歲貢。		
乾隆十三年			馬有聲 東鹿舉人。			
乾隆十四年	趙屏晉 陝西潼關進士，祀名宦。				張本 江蘇江寧人。	余德綏 安徽潛山人。以上據《府志》補。
乾隆十七年	張秉恪 江蘇上海貢生。					
乾隆十八年	雷棟 湖北漢川人。				張登瀛 安徽桐城人。	

續表四

乾隆十九年	芮泰元 雲南太和舉人，祀名宦。據《府志》補。		江二儀 故城舉人。以上據《府志》補。		李曙 江蘇丹徒人。以上據《府志》補。	
乾隆二十六年				是年，以州學訓導改爲鄉學訓導。		
乾隆年	于時兆 祀名宦。 張皇華 祀名宦。 紀聞歌 河南内黄人。 倪元寬 祀名宦，以上四人履任年月無考。				姚振鐸 四十五年任，見(三三) 范茂 五十年任，見碑碣。	
乾隆五十九年	楊鯤	李芳華 陝西寶雞拔貢，四月任。				
嘉慶三年	滑承芳 浙江錢塘副榜，八月任。			穆得元 固安縣廩貢，二月任。		

續表五

嘉慶四年			王元龍		溫維祺 山西太谷供事，六月任。	陳檀 安徽定遠監生，八月任。
嘉慶六年			郭椿 任邱舉人，四月任。			
嘉慶八年				王喬蔭 滄州廩貢，七月署。		
嘉慶九年		葛文杞 貴州普定舉人，四月署。		白行健 隆平廩貢，十月署。		
嘉慶十年		李芳華 四月回任。		馬勷 正定歲貢，六月任。		
嘉慶十一年			楊翼清 晉州舉人，十一月署。	勞澤 昌平州廩貢，十二月署。	張從龍 江蘇吴縣監生，五月署。	
嘉慶十二年	李鏡 浙江仁和進士，三月署。		張峻 遵化州舉人，四月署。	蘇元翼 交河廩貢，六月任。		

續表六

嘉慶十三年	陳如懋，河南汲縣舉人，正月任。李逢春，山東歷城供事，閏五月署。王師沆，浙江仁和拔貢，六月任。		張紳，臨榆舉人，二月任。			李維楷，陝西洛川附監生，正月署。張近讓，湖南安鄉監生，八月署。
嘉慶十五年					朱炳南，湖南湘潭人，十月任。	
嘉慶十六年	王中枚，四川眉州舉人，二月任。歐聲振，雲南易門拔貢，七月署。彭元英，湖南武陵拔貢，十一月署。			邊鍾彥，任邱舉人，二月署。		雷攀龍，山西陽高廪貢，八月署。吴聘，江蘇陽湖監生，九月署。
嘉慶十七年	王奎聚，山東東平州副榜，五月署。林慶雲，福建侯官舉人，五月署。王百齡，陝西長安進士，六月署。			趙鵬翔，灤州舉人，六月任。		蕭霈高，廣東和平監生，二月任。

續表七

嘉慶十八年					陳文驌 浙江海寧人，十月署。	
嘉慶十九年		劉光陵 河南郟縣監生，正月署。殷輅 江蘇陽湖監生，八月任。		蔣本德 薊州副榜，正月署。		
嘉慶二十年		韓耀宗 四川合州監生，四月署。		王廷鎮 完縣歲貢，三月任。		
嘉慶二十一年		王忠輔 陝西三原監生。十二月署。		李錫彤 鹽山副榜，十一月署。		
嘉慶二十二年			牛震 獻縣舉人，正月署。田可均 新安舉人，七月任。	王騰蛟 博野拔貢，三月任。		
嘉慶二十三年	錢廷琛 雲南昆明舉人，六月署。				彭如江 江蘇溧陽供事，九月署。濮瑞 浙江山陰吏員，十一月署。	

續表八

嘉慶二十四年	劉鈖 河南滑縣舉人，五月署。	李再淇 貴州黔西監生，十二月署。			王錫紳 江蘇陽湖吏員，十二月任。	
嘉慶二十五年	宋齊連 河南商邱監生，十二月任。					
道光元年		楊鴻業 湖北雲夢拔貢，四月任。				
道光三年	謝賜翰 山東濟寧監生，十二月署。					
道光四年	周啓[二四]瑶 江南瑞昌舉人，六月任，有傳。	李祖垚 山西翼城廩貢，十一月署。		馬其倬 靈壽拔貢，正月署。 葉存注 奉天拔貢，九月任。		潘震 浙江仁和監生，七月署。 張楊培 浙江海寧監生，十二月署。
道光五年	吳增嘉 浙江歸安進士，十一月任，有傳。	茅松齡 浙江山陰監生，二月任。				鄧宣 四川太平監生，六月任。

道光八年			高仰之 天津舉人，十月署。		劉文典 江蘇如皋監生，九月署。	
道光九年			温元燮 宛平舉人，三月任。		馬霦 河南杞縣監生，三月任。	邵繼周 甘肅武威監生，十月署。 沈麐炤 浙江蕭山監生，十一月署。
道光十年						周元亨 浙江山陰供事，二月任。
道光十一年		黃薰 福建上杭監生，九月署。 郭興汾 山西太谷監生，九月署。				
道光十二[25]年	李作桐 山西洪洞舉人，六月署。 黃瀚 安徽桐城人，七月署。	張學中 江蘇蕭縣增貢，四月任。			是年，巡檢缺載。	

續表十

道光十三年	喻元昇 雲南南寧舉人，八月署。					
道光十四年	童恩 浙江鄞縣廩生，六月署。					
道光十六年				王起 寶坻舉人，十二月署。		
道光十七年			霍五惇 武强舉人，二月署。	谷挺秀 鉅鹿廩貢，十一月任。		
道光十八年			鄭奎雄 大興舉人，五月任，有傳。			
道光二十三年		劉嘉祥 貴州畢節拔貢，正月署。 武鴻賓 安徽定遠監生，七月任。				馮志仁 山西代州監生，二月署。 孟繼授 江蘇碭山監生，五月署。 方壽昌 福建閩縣供事，十月署。

續表十一

道光二十四年	黄開鼎 福建龍溪舉人，三月署。恩符 正白旗蒙古監生，十月任，有傳。					
道光二十五年	王端卿 湖北沔陽舉人，十一月署。		東名閣 大城舉人，十一月署。			柳先馨 湖南長沙監生，八月任。
道光二十六年	焦家麟 山東章邱貢生，八月任。王榕吉 山東長山進士，十月署，有傳。		李育德 臨榆舉人，五月任。			
道光二十八年	車汝震 貴州貴筑進士，八月任。					
道光二十九年	喬邦哲 山西徐溝供事，九月任。					
道光三十年		陳福慶 貴州貴筑副榜，十月署。				

續表十二

咸豐元年	韓克琦 貴州綏陽舉人，九月署。	張克英 浙江鄞縣監生，二月任。		劉慶藜 大城貢生，九月署。		
咸豐二年	蕭良駒 湖北黄陂進士，五月任。	曾廷英 江西興國監生，三月任。		馬澤棠 河間增貢，三月任。劉昺 任邱廪貢，六月署。		
咸豐三年	張昭 貴州綏陽進士，十二月署。					
咸豐四年		閻占魁 山西靈石監生，二月署。高霞 河南鄢陵廪貢，十月任。				
咸豐五年	賀桂馨 江蘇丹陽舉人，正月署。					彭良臣 江蘇盧陵監生，七月署。王新三 浙江會稽吏員，八月任。

續表十三

咸豐六年	馬曉林 河南伊陽進士，六月任。		劉廷訓 獻縣舉人，三月署。梁春江 大興舉人，七月任，有傳。			楊塤 安徽懷寧人，四月署。汪繼昌 江蘇碭山監生，七月署。吳輔廷 浙江山陰監生，十月任。
咸豐七年						彭良臣 十一月，回任。
咸豐八年				許庸 永年廪貢，八月署。		查興沃 安徽懷寧吏員，四月署。
咸豐九年		劉本誠 山東益都監生，八月署。				徐璜 江西金谿監生，九月任。
咸豐十年	方焜 江蘇吴縣監生，九月署。					
咸豐十一年	汪桂 浙江桐鄉監生，十二月任。	張奎垣 山東泰安監生，二月署。周璜 廣東順德監生，十一月任。		李鐸 寧津廪貢，二月署。張雲輝 玉田附貢，三月任。		

續表十四

同治元年		周溥 浙江會稽監生，四月署。博文 正白旗蒙古監生，六月任。				張源 山東萊陽監生，六月署。焦頤齡 江蘇上元監生，八月署。
同治二年				田松年 大城附貢，十月署。		鄭延慶 安徽懷寧監生，十月任。
同治三年	胡振書 浙江山陰監生，四月署。屠秉懿 湖北孝感監生，十二月署。			袁兆紳 正白旗漢軍恩貢，十月任。		
同治四年		陳壽徵 浙江桐鄉人，八月署。				
同治五年		周鍾慶 江蘇上海吏員，二月任。				
同治六年						胡慶芝 江蘇元和監生，九月任。

續表十五

同治七年						于紹先 山東德州監生，五月任。
同治八年			張式芸 天津舉人，五月任。			
同治九年	文鏞 廂紅旗滿洲監生，六月署。 屠秉懿 七月回任。	高醴泉 浙江仁和監生，閏十月署。 張景濂 浙江山陰吏員，十一月署。				
同治十一年	韓印			韓世彬 晉州歲貢，十月署。 張汝柟 正黃旗漢軍廩貢，十二月任。		
同治十二年	屠秉懿 正月回任。 韓印 十一月復署。 李葆貞 湖北松滋供事，十二月署。					靈椿 廂黃旗滿洲監生，三月署。 張墉 山西曲沃監生，四月署。 金迺賡 山西臨汾監生，九月任。

續表十六

同治十三年		王照 山東聊城監生，七月任。				
光緒元年	文鏞 二月任。					
光緒二年	何道增 湖北江夏監生，十二月任。					
光緒四年						黃奎烈 廣東嘉應監生，十二月署。
光緒五年	張蔭樾 山西陽曲附貢，閏三月署。 褚瑨 湖北江夏舉人，四月署。 榮恩 杭州駐防滿洲鑲黃旗人，十月任。			姚堃 易州優貢，四月署。		吳繼瑞 江蘇陽湖監生，六年七月任。

以上各職官，乾隆五十九年以後，據《州册》載入。以前無考，僅就採訪所及補綴之。雍正十一年以前，職官俱見《舊志》，但無履任年月，故俟次載入。其遺漏者，當續訪補載。

武職官表 延慶、永寧、四海冶、柳溝城、周四溝，係岔道營管轄。

紀年	岔道城守備	永寧城千總	延慶州把總	四海冶外委	柳溝城把總	周四溝外委	靖安堡外委
雍正年	孫玉 河間人，十三年任。	孫乾耀 宣化人。 普英 鑲白旗擺呀拉。	孫菖 宣化人，六年任。 王培 萬全人。	舊設把總，道光二十四年裁改。			
乾隆年	那明阿 滿洲鑲藍旗人，十一年任。 福明 滿洲鑲藍旗人。 諳泰 滿洲鑲紅旗人，二十年任。 保柱 二十五年任。 六十一 蒙古鑲黃旗人，二十七年任。 剛塔 三十一年任。	石岐 宣化人。 岳仲光 萬全人。 邊士偉 龍門人。	李鳳音 宣化人。以上見《舊志》。 王明 宣化人。 馬圖顯 宣化人。以上見《府志》。				

續表一

	阿爾鵬阿，蒙古鑲藍旗人，三十四年任。伊靈阿，滿洲正黄旗人，三十八年任。定柱，四十六年任。和順武，滿洲鑲紅旗人。四十八年任。						
嘉慶年	關泰，滿洲正紅旗人，七年任。阿木敦布，滿洲鑲白旗人，十三年任。吉明，二十四年任。三音布，滿洲正白旗人，二十五年任。		王清，宣化人。				

續表二

道光年	克木能阿 滿洲鑲白旗人，四年任。岱德 滿洲正白旗人，十四年任。穆克登布 滿洲正藍旗人，二十一年任。得運 滿洲正黄旗人，二十六年任。	馬桂林 宣化人，二十五年任。趙廷彥 本州人。	李如梅 賈興隆 張家口人。		馮吉陞 宣化人。趙仁 保安州人。蕭成禄 孫廉舉 俱宣化人。	王清 宣化人，六年任。孟成功 萬全人。二十五年任。	
咸豐年	達崇阿 滿洲鑲紅旗人，八年任。	玉換珍 宣化人。劉成福 清苑人。	白鳳舞 宣化人，十一年十一月任。	侯永吉 劉鳳山	馮登雲 獨石人。		
同治年	王佑彤 趙州人。陳啓佟 奉天人。以上二人，年月無考，附諸此。又岔道把總，《府志》載：閻起鳳、閻大謨二人，餘無考。椿□	沈瀛 獨石口人。馬獻彩 宣化人。	孟成功 萬全人，四年任。吳雲 本州人，十年十一月任。	馬元鐸 張振基 賈全貴 俱宣化人。	谷永源 懷來人。	何登科 宣化人，三年四月任。蕭起鵬 宣化人，六年三月任。侯永清 本州人，十年二月任。	王□ 宣化人，九年任。

居庸關營

紀年	都司	把總	經制外委	額外外委			
光緒年	文玉	賈文英 劉志慶 張志熊	田聚興	邱義增			

以上各武職，各舊册無存，遺漏實多。僅就採訪所及，録之如右。

裁缺職官表一 文職

紀年	永寧知縣	永寧教諭訓導	延慶衛學正	永寧衛守備	岔道城都司	東路參將	南山路參將
順治年	邊嘉興 畢元彩 奉天人。 朱之玉 山東人。 俞成龍 奉天人。 樊國賓 山東人。 郭見龍 山東人。十六年，縣裁。	趙印 王鳳鳴 王凝命 趙宸 張國瑞 以上見《府志》，十六年縣裁。		蕭毅然 曹學清 李日茂	李建 京衛，武進士。 胥可訓 奉天旗人，十六年移缺永寧。	周永祚 宣鎮人，元年任。見《府志》，六年裁缺。	姓氏無考。六年裁缺。

續表一

康熙年				王國相　學正，由大名教諭陞，見《大名縣志》。三十二年裁衛，歸入州學。	蓋應徵　蕭輝　馬獬　宋之杰　秦拱極　以上見《續宣鎮志》。按：永寧衛守備，順治六年改指揮設。康熙三十二年衛裁。		

裁缺職官表二武職

紀年	永寧城都司	靖安堡都司	柳溝城守備	周四溝守備	四海治守備	靖安堡守備	靖安堡千總
順治年	周永宣　永寧人，十六年任。		陳鋭　十七年任。	嚴邦紀　周尚文　高拱極　以上三人見《宣鎮志》。	陳豹　遼東旗人。　高聰　保安州人。　吴延齡　遼東旗人。　高武賢　雄縣人。	党承恩　路寧　龐世旺　以上見《宣鎮志》。	

續表一

康熙年
王國才遼東旗人。 楊英華河南人。 李盛功(二六)廣東人。 閔奇謀宣府武舉。 葛天綺京衛武進士。 趙文璧浙江武進士。 陳倖福建人。 馬龍陝西人。 張登第陝西武進士。 郭成功涼州人。 禹克俊陝西人。 馬燦山東人。 郭復義陝西人。 劉可德陝西人。 王印陝西人。
員汝白奉天鑲藍旗人。 趙應珠正定武進士。 施美紹興武進士。 吳昌祚大名武進士。 張登第西安武舉。
孫世達五十一年任。
邢斌江南武進士。 司九經陝西人。 沈朝相湖廣人。 牛崇雲鎮標千總署。 燕頷福建人。 劉可德陝西人。 寇成張家口右營署。 邵光宗鎮標千總署。
猛崇信陝西人。

雍正年	王焞 陝西人。元年任，有傳。 永德 滿洲人。 常準保 王健 湖北竹山人。	徐尚德 順天人。十年任。 張宏弢 湖廣沅州人。	趙一樹 臨洮人。 王儀 霸州武進士。 黃巽 鑲黃旗人。 楊巖 錦府武進士。 王紳 四川武進士。	盧燾 奉天鑲黃旗人。 張宏弢 沅州人。 徐尚德 王永忠 直隸人。 舒鼐 滿洲正藍旗人。	時啓榮 寶慶州人。 汪騰雲 陝西人。 拴柱 滿洲正白旗人。 滿布 滿洲旗人。 博寧 滿洲人。	張繼聖 貴州人，有傳。 馬建學 陝西人。十六年裁缺。	
乾隆年	永德 滿洲正白旗人。 常準保 滿洲鑲紅旗人。 王健 湖北竹山人。以上三人見《府志》。 白璉 二十八年任。	時啓榮 湖廣人。 張文魁 直隸人。四年裁缺。	曾得隆 廣東武舉。	拴柱 滿洲正白(二七)旗人。 烏爾登額 滿洲鑲藍旗人。 八十七 滿洲正紅旗人。 塞克圖 蒙古鑲黃旗人。以後無考。	豐伸 滿洲正藍旗人。 素隆阿 蒙古正白旗人。以後無考。		武其祥 直隸人，四年任。以後無考。
嘉慶年	趙遐齡 六年任。以上據碑碣補。以後無考。						

以上裁缺職官，原宜合表。因端緒繁多、參差不齊，而裁缺年分，難以清晰。姑判爲二表，庶便考核。

治績 殉節附見

唐

桓彦範，丹陽人。聖曆初，突厥默啜寇嬀州。彦範巡行邊塞，卹被虜[二八]家，相[二九]度居庸等地。後肅靖内難。《舊志》參《唐書》

韓夢殷，幽州安次人。以文學知名。乾寧元年，李克用既陷武、新，又使李嗣源、嗣昭出飛狐、定山。後取嬀[三〇]、儒州，遂以夢殷爲嬀[三一]、儒州刺史。夢殷下車，值歲饑饉疾癘，設策賑濟醫療，百姓賴以全活[三二]。嗣後，整紛剔蠹，恩煦信孚，勸農桑，興教化，儒州大治。子延徽仕遼，以開國功名云。《永寧縣志》參《遼史》

遼

韓德威，遼西南面招討使匡嗣之子也。性剛介，善馳射。保寧初，爲儒州防禦使。

綽有謀略，深明治體。常曰：「務農、講武二事，使首務也。」部卒能服習者旌之，其貧不能田、弱不能戰者，亦助給之，訓練勸誘。於是部卒感悦，如愛父母然。《舊志》參《遼史》

鄭蝦，遼人。以樞密直〔三三〕學士爲儒州刺史。《明一統志》

楊遵勖，字益誠〔三四〕。涿州范陽人。重熙十九年，登進士第，調儒州軍事判官。治民理財，決獄弭盜，稱爲才能。累遷樞密院副〔三五〕承旨。《遼史》

明

趙玨，字雲翰〔三六〕，河南〔五〕人。洪武中進士，累官禮部尚書。永樂十二年，帝巡邊，顧隆慶、保安川原，歎曰：「自〔三七〕二州民内徙，至今尚皆荆棘耶！」因遷内郡人來實，且詔玨經理之。玨至，分撥田土〔三八〕、創造屋舍〔三九〕、定立市廛、開導藝植，皆躬自履歷，措置有方。三四年間，士庶安輯，商旅交至，遂成都會之區。二州人頌德焉。十六年，召入爲兵部尚書，祀名宦。《萬曆志》〔六〕

薛禄，山東人。永樂中以軍功拜左都督，進封陽武侯。宣德初，佩鎮朔將軍印鎮守宣府。五年三月，奉命統兵至永寧。相地度勢，爲之築城鑿池〔四〇〕，民咸德之。祀名宦。

《永寧縣志》

胡思伸，號充寰，南直績溪人。任山東按察使，管懷隆道事。會見州境山川秀麗〔四一〕，值北邊受盟，武備漸弛，雖屢申飭，空文無補，深切隱憂。乃相地勢，調遣官軍。開稻田，以裕民生；修樓堡，以保民命。規畫心勞，保釐多偉績焉。祀名宦。

張經世，號翼明，陝西渭南人。駐節懷隆，懷、保、延、永諸衛皆所隸。公詢見延境瀉下瘠薄，較諸城獨苦，深切憂卹，力洗繁華。以躬倡司牧寬刑興學，課樹藝，禁枉告株連，延民德之。陞山東按察使。

陸震，永樂間知州事。草舍行事，以安新集之民。建察院、州治，規制立焉。祀名宦。以上俱《舊志》

胡維，字之綱，灤州人。隆慶左衛鎮撫。自少沈勇絕倫，從高帝將兵，每戰爲軍鋒冠。後以功授鎮撫。之綱習地形，相度險隘，增築塞垣，邊備有倫。居恒喜讀書，通風角、緯候之說，手録《武侯兵占》，及所繪《火器圖》行世。後卒於官，子孫襲職，因家永寧焉。採訪

史從政，湖廣人。永樂十三年，始分州地，置永寧。從政多方創造經營之。《永寧縣志》

楊賓，洪熙元年，來知州事。修州治，建學校，以才能陞蘇州府同知。祀名宦。《順

治志》[七]

劉睿，山東人。任永寧尹，徙創縣治，有功於民。《永寧縣志》

張宣，濟南人。任永寧尹，開創學校，始興人文。同上

孫剛，宣化前衛人。以功遷都指揮，守備永寧。正統中，敵陷獨石、馬營，剛率兵往援。遇敵數萬騎猝至，剛大呼陷陣死。都知監谷春，衛指揮向通、王敬、張澄同死之。事聞，予[四二]祭，廕後。葉盛奏建義烈祠祀之。《大清一統志》

王敬，字子修，隆慶右衛人。性亮直孤介，行不類己者，雖貴勿與交。初爲指揮同知，與永寧指揮張澄同學於學正李彝，居職並以廉潔稱。正統己巳，寇犯雲州，隨守備孫剛[四三]俱死。澄欲得殺三人者，力戰不退，隨亦被害。是役也，吏民、父子、夫婦死難顯名者九十餘人，俱賜卹典。參政葉盛奏建義烈祠祀之。有碑記其事。《宣鎮志》[八]

胡璉，景泰初來任。時驚潰之民始復業，迺修城池以捍外患、建倉庫以廣儲蓄，民皆賴撫綏焉。祀名宦。《成化志》[九]

夏忠，京衛指揮使。景泰五年，鎮守東路參將，有功陞副總兵。《永志》[一〇]

張永，遼東人。充本城參將，有謀有勇，一時稱之。《永寧縣志》

李景，大同人。充本城參將，賢能著稱，陞副總兵。同上

丁璋，宣府人。充本城參將，英勇著名。同上

李鼐，成化初任。廉能節愛，除奸剔弊，興學勸農，創修《州志》，祈雨隨注，禱虎屏迹，修舉廢墜，民不知勞。《萬曆志》

明張泰〔一一〕《知州李君政績記》：

成化十二年六月，延慶知州李君爲州既九載，將朝京師。浙江按察司副使聶君益之，州人也，適以内艱旋里〔四四〕，州軍民父老感君者羣謁於益之，謀所以紀君政績於不朽。益之不自文，乃述君行能之實，致書屬予文。益之，予同年友中之明偉慎許可者，其命不可拒。且時郡邑吏多爲矯爲隨以干時譽者，一有誠心爲善政而民不能忘，又奚可不書而揚之也。

按所述：君名鼐，字廷器，陝右秦州人。正統九年，由州學生員於鄉遂遊胄監，稱老成學者。景泰七年九月，入吏部，選授河南陳州同知。政修民戴，長吏旌其能。九載得敕命嘉獎，陞知隆慶。隆慶，畿北險要地境，左右連二、三軍衛，兵民參集，爲訟爲盜者日紛然干〔四五〕於州，君一以法平之。不私其民，不惡其兵，而奸盜帖息，殊異往者。

先是，州無額設祗候人及馬夫，官得以濫補，而利其供饋。君白於巡撫憲臣，請所

宜，得允之。乃定爲祗候者四人給公餼，馬夫十户執牧秣。外此門無密遣，家無私役。會民時或歉，則借盈卹虧，撫循有方。異時流移者咸樂歸農，乃復爲之營置田具，牛畜、穀種分給之。於是州無遺田，户數復增。理民之餘，於廢墜當舉者，罔不盡心。州學自正統己巳（四六）罹兵燹，廟貌僅存，而日傾圮，吏鮮務作興者。益之嘗（四七）謂君：「學宫能因舊飭新，吾黨之士兹幸。」君至，相度以爲非改建不可。乃大勸於州之羣僚、宦家暨殷實民舉助工（四八），而懷來、永寧諸鎮帥亦樂捐其資。再越年，而廟學焕然完外，閎壯無讓大郡，士欣遊習，而民不知費。葉文莊公爲巡撫時，嘗喜而爲之作學記。至若州長莅民之堂，應祀之祠，社厲之壇，敝久弗治者次第新之，規制咸宜，人順神和。終君之任，境内稱平寧焉。撫按使知君才，多試之艱劇，悉稱其任用。旌典復得誥命，贈君父、母、妻皆（四九）服國榮，此又天下守土吏所同願而罕能致者。去之日，州者宿楊雄等相扶携爲狀（五〇），留君於行臺。未報，乃脱君一靴、截馬鐙，羣號遮道，若父母行去其子也。於戲！民心無難感，國寵非難致，惟志士陳其力，功光乃著，其要路不蔽賢，公道乃行。李君爲隆慶而得於人若此，予知民好德之心與上之公道，固皆不泯也。紀循良以勸善懲惡，臣職也。是用敘其事，而繫於辭。其辭曰：

龍門北峙，居庸南岫。有巖古嬀，俗近樸淳。寥寥名宦，屬者孰聞？李君秦士，賁來自陳。敦志率履，惟清惟勤。兵民譁紛（五一），明剖威塤。有犖有苛，裒益用均。授我民犁，流返於畇。作我儒宫，士興於文。有翼莅甿，有肅接神。革毁飭頽，觀瞻維新。使臣旌勞，褒典是伸。奏功（五二）陟明，君則遐臻。不借寇留，民孰與忻。君有嘉政，有嚴有恩。民心既銘，載勒之珉。立之州衢，以憲後人。

張琉，河南人，任學諭。成化初，按院展檄修學舍，琉建立章程，人文爲之大振。祀名宦。《永寧縣志》

張夢輔，以朝列大夫掌州事。令行禁止，民無敢慢，禮以敬賢，勤於課士，廉謹自持。爲治行第一。《萬曆志》

初賢，正德中知州事。重學校、敦士風、慎名節，撫民以仁，馭吏以威，案牘清而詞訟簡。陞安慶府同知。同上

孫錫，海豐人。正德時知永寧縣事。嚴以馭吏，寬以治民，剛正不阿。以才幹調武清。《永寧縣志》

徐珏，涿鹿人。以武舉充本城参將。善書能文，雅重學校，捐俸修櫺星門。嘉靖十六年，敵犯連家營，珏剿之，去，增修堠堡。後以賢能陞總兵。其麾下頭目官有安國

者，敗敵於花園屯。敵畏，遂遠遁，不入境。《乾隆州志》[五三]

辛任[五四]，山西石州舉人。授隆慶州知州。嘉靖二十[五五]年，賊張雄與僧人王姓[五六]者結庵隆慶之青風砦[五七]，州人劉伯川[五八]、趙天禄輩尊禮之。聚衆既多，遂謀不軌。雄衣黄出鐵印，署伯川輩僞職，謀潛使人約寇[五九]。任及守備丘陵聞變，使軍人徐龍往從之，潛應，遂擒雄等，送鎮伏誅。《兩鎮三關志》

張雲鶴，章邱人。元狀元張文穆公後裔，任縣尹，未期月，解印綬去，當道稱其高。《永寧縣志》

雲棟，高唐州人。知永寧縣事，卹災爲民。去後，咸思之不忘。《永寧縣志》

劉雲鴻，嘉靖中，由通判陞任。愛民節財，凡有興作，皆處置得宜，不擾於民，民甚便之。同上

陳其愚，登州人。嘉靖中，由府倅陞任州事。政善民安，治法稱最。祀名宦。《乾隆志》

明賈希顔《州牧陳公傳》：

陳其愚，號蘇巖，山東登州人。由保定府倅擢延慶州牧。器宇豐偉，資性耿介不屈。

甫下車，問民疾苦。省刑薄稅，勤農重穀，於學校尤爲加意，優禮師儒。暇日横經校藝，士風駸駸興起。

時兵燹後，使節交馳，一時供億百出，公爲措置，民間得不擾。當道文移有不便於民者，輒停罷不報。大司馬趙公檄邊城濬壕，獨延州未濬，趙案臨，面讓公，公曰：「邊事誠亟矣。延民值水潦困窮，僵臥滿目，啼號盈耳。且當冬初，救死且不暇，尚可役使耶！」趙乃語塞。既而曰：「州守知時務矣！」

公嘗匾其門，曰「調停邊郡從清約，休息殘民是作爲」。蓋不欲以賢能表見也。有里長吴姓者詈里民，至毆不已。民以手格之，誤傷吴一目，法當擬徒。公廉得其情，諭吴曰：「民誤傷汝，當罪。汝無故淩虐平民，罪尤甚焉！」俱從末減。乃釋吴，民擬杖，士民咸感，吴亦悦服。

民俗多崇異教，亦有詆異教者。公昌言曰：「凡夫沈淪苦海，障在慳貪。而達人正士知身外之長物也，一切付之浮雲，不知儒以經世爲用，佛以出世爲宗，意各有當也。矧明心見性之譚，不謬良知之旨，可深詆之哉！」聞有縉紳富室酷好黄老，煉汞服氣以求長生。公語之曰：「鳳出於禽，麟出於獸，豈禽獸皆可鳳麟哉！其必氣運呈祥，兩間鍾秀而化生耳。人仙亦然，生而神爽氣清，冷然與世態無情，或可言仙。他如一種柔情靡氣，觸物意移者，可以語仙，則人盡仙也。」公之名言善政，民到於今頌之不衰。

程應登，潞安人。嘉靖末履任，以理學敷政，治民各得所。祀名宦。

明楊立程《州牧程公傳》：

程應登，號存軒，山西潞安人。筮仕延慶州牧，慈祥愷悌，平易近民。爲政先德化而後刑罰，每遇詞訟，片言立決，人稱神明。徵財賦惟正以供，纖毫不染，清操皭然。不期月，民沐春風而吏畏霜雪也。或謂民牧政不宜嚴，公喟然曰：「罰惡政以賞善也！牧民如植苗然，必除稂〔六〇〕莠則嘉禾生，仁於苗則不能復仁於莠。脱以姑息爲治，人將觀望而輕犯法，何以謝延民也？」

州庠遲生與子婦父構訟，不直受責，出而怨詈，語及公。遲赴愬，意在重懲。公曰：「鄉民與庠生對親，果榮矣，乃令肌膚受責而面目實慙，對鄉人詈，洩不平氣耳。與子民相怨，惡在爲民父母哉〔六一〕！」人服公雅量。及值編審，躬自核實。時議均徭，概及士夫家。公曰：「士夫與民亦自有等，民之子孫後無士夫者乎？優士夫於今，將貽（六二）優於爾民之後，此不均之均也。」編審畢，延民帖然稱平。公誠直待人，人莫敢欺，賦無餘逋，民有餘愛矣。閑（六三）嘗集諸生於庠，謂之曰：「天地之精英，發之爲文章，須根本六經，方有關世教。脱悖理道，春葩秋實何庸哉！且義理本自活潑，諸生誦讀，即勤紙上塵言爾。」乃立文會於東墅，會命三題。公面校閲，句授字解，終日不倦，士駸駸向上。未幾，公以内艱去，縉紳父老哭送境上，公亦灑泣而別。後恩（六四）選一、鄉科一、甲科一、歲薦一，咸歷官知州，僉公所與進士也。

遲諒，山東人。嘉靖中，由例貢授本州吏目。值北邊犯順，多方保障，有功未敘，士民惜之。同上

趙爾守，盩厔人。癸酉解元。任縣尹，禮賢興學，復多惠政。祀名宦。《永寧縣志》

明艾穆《永寧令趙君去思碑》：

去思碑者何？碑永寧令也。永寧令者何？盩厔趙君也。趙君諱爾守，字守身，本齋，

其别號云。君少穎異，負奇氣，月旦推先。及長，受《麟經》於季父大中丞公。歲癸酉，魁鄉薦第一人。頎然玉立，居恒倜儻偉達，慷慨豪俠。余以封事忤江陵〔一二〕，流播河湟間。漳水石樓，長楊五柞，得與君聯袂投驩。是時，君方淬礪吴鉤、太阿干霄，而余浪迹終南山中，不復譚世事矣。無何，君困公車，以癸未授陽城學博，丙戌綰綬永寧。所至廣文、潘令之譽，膾炙人口。後先凡九歷年所，而余亦奉命起草萊，入掌冏寺。君以永寧報政，刺史西蜀之蓬州。永寧父老子弟之難去君，猶之乎赤子之免慈母於懷焉。業已尸而祝之，尤戀戀於君而不〔六五〕忍忘焉，於是臚列其惠政，走長邸，乞碑於余，以余故知君也。余曰：若屬亦知贔篆鑱石意乎！昔燕人祀守布於金臺，晋人碑羊叔於峴山，則何以故哉！誠思之也。若屬思若令，即不磨之澤，口碑且載道矣，而余復贅之儻，亦永人之思所當重，而故人之賢不可没乎？

永故隸廣寧。嬀川，灣龍之區，距邊廷堇堇六舍，蓋邊壤而圉〔六六〕居者。先是邊馬南牧，軍民彫瘵，日肩摩就募道路，使者相望，疲命於持戟負戈。以故士習呰窳，諸文物典章，汶汶留留。曩令兹土者，視爲蘧廬，邑用作困。君甫弭節，輒廉民間疾苦，則破格興除。瞻謁孔廟，棟宇周垣傾圮，豝豸不治。遂捐資，鳩工聚財爲完飾計，及登豆籩簠簋，靡匪不具。邊鄙青衿，椎魯少文，則課程而型範之。豐其館穀，校其甲乙，諸士爲文，津津有西京風。戊子，裒然登第者相繼崛起。他若創學田、修壇壝、備義庾、平徭役、節里長、蠲逋負、葺廨舍以慎關防，懲猾胥以褫舞文，禁梟盧以息奸宄，逐倚市〔六七〕以滌淫俗，發盜藪以弭草竊，詰偵細以防窺伺，刑巫覡以止邪術，達肺石以白冤滯。蒸蒸治行，固未易以更僕數哉！其所砥礪者，介石冰蘗〔六八〕之操，始終不渝。故請託不行，苞苴不入。供億舊出編户者，一切報罷，即負汲樵取之。夫汰華殆盡，旦旦乳哺，斤斤拊循，而民用以寧。語爲政者樹德，君之樹德於永寧者，蓋淪且洽矣，其君子之政哉。余惟君子之政，無樂乎悦人於始而終，則無以猒其意也。士民豈惟無思君，當邊圉災厲之頃，輕徭薄賦，與民休息。又知先務之當急興起斯文。於是乎士類成功而黎庶歸德，卒賴以不渝也。夫君令永而永人芘焉。且碑之守蓬，而蓬人芘焉，行且亦碑之。異日者，天子採咏《甘棠》，銓衡表次於君，超拜右秩，芘且益廣，而循良雅政，寧有虀磨時哉！行見東巖灣上之碑，將與金臺之峴争烈矣。其有裨於治道者，豈渺小哉！然則余之記之者，匪徒重永人之思、嘉故人之善也已〔六九〕。是爲記。

李時冬，汝州人。愛民作士，有詩集〔七〇〕傳於世。祀名宦。同上湯勇，任四海冶守備。嘉靖中，數被外患，勇命旗牌官陳大齡招敵頭目，諭以利害，指意剴切，敵伏首〔七一〕受盟，歸降爲屬下。同上

宋紹美，山東人。由歲貢授本州學正，明經術，達世務，日與生徒講理學，授舉子業。《乾隆志》

韓世琦，河南人。任學諭，博學能詩，著有《心行寶鑑》數卷。《永寧縣志》

楊昆祚〔七二〕，雲南人。由舉人署學正事，宏才博學，獲上得民，薦陞房山令〔七三〕。祀名宦。

耿繼武，沂水人。萬曆時，以府倅陞任州事。慈仁化導，不事繁苛。祀名宦。

明谷文魁〔一三〕《州牧耿公傳》：

耿繼武，山東沂水人。由北直欒城令擢保定府貳守，駐宣府，陞延慶州牧。公器宇純雅，政事敦龐。首問俗〔七四〕於縉紳父老，子惠困窮，力除奸弊，優禮學博，般般愛士，於貧生時加周卹。徵輸嚴諭，里老不憚，諄諄話言，荆楚不庸，而逋欠者寡。詞無妄準，問理幽隱畢徹。由是獄無淹滯，囹圄屢空，民俗幾至無訟矣。

歲乙酉亢旱，有男子稱自茅山來，欲集薪如榭，作法於上，應期不雨，即自焚。公曰：「否。」既而曰：「人事盡，或可得天。」乃齋沐，禱於城隍神祠，撰文自咎，步行社稷風雨壇，所憂形於色，若將不雨則不有其躬，父老感激有至垂泣者。俄而，霜雨霑足，歲稱有年。

先是，公謂延州彈丸地，復雜以五衛〔一四〕軍田，民無田治生者多，會見南山之麓草木刈採〔七五〕已童，可耕種者〔七六〕二百餘頃。申行三院，準延民開墾佈種，三年後納糧，争墾者百餘家。後雖築邊，地歸軍種，乃延州窮民饒得粒食，生活千命，及今猶有得彼之利而立産於州者。

延州雖褊小，爲一方首郡，供億之繁有加於隣壤。舊例：里長支應，該房吏舉辦，票差役催辦，里甲則斂民買辦，一事而紛擾，且不勝苦，仍有預買京品，有復催差票，有行户措勒，區區下里農人敢嗚之誰哉！公以該吏管支，里長止照例約銀，民始得安枕。種種惠愛，無赫赫名。五年，陞陝西貳守。去之日，士民扳留不得，泣送嫣南，望塵而别。去後係思，竪碑於祠。

陳文燧[一五]《延慶守耿公德政碑》：

今宇内所稱親民吏，無若縣令、州守。其稱難於得人，亦無若令與守。而邊郡之守，其難視内地百倍之。昔頗牧[一六]守雲中、雁門，曰：「擊牛饗士，與民休息。」匈奴闌入，則急收保，有捕敵者罰無赦。邊民感激，奮鬭一舉而酋功無筭，敵不敢近邊牧馬者數十年。迄今稱邊守輒屈指頗牧，遂爲稿竹芳。

我明定鼎燕幽，延慶州去居庸關不百里，外捍强邊，内拱陵京。蓋雲、谷之襟喉，都畿之肩背，視漢雲中、雁門，尤爲衝要。自成祖犁庭之後，互有勝負，然迄未大創。正統己巳之變，敵酋日猖獗。嘉隆間，躙擾頻仍，虔劉焚掠，歲無寧定，州治岌岌不可支矣。穆廟覽督臣之請，令樞輔集議條奏，乃許敵款貢受封，定期市易，少解戎禍。顧北邊叵測，貪噬無厭[七七]，撫賞稍不當意，則横肆攫奪；甚或攻城砦、掠畜産、剽子女而要挾之。當事者怯於敗盟之説，涵忍庇[七八]貸，上諸弁領窺見其隱，往往剥城旦士爲媚上計。守土之吏非不知軫念民瘼，而苦於掣肘，補塞暇隙，守歲待遷。分事已畢，拖火積薪之憂，孰不爲慶民免之。

乃沂水耿公尹灤城有賢聲，轉餉上谷，遂遷守兹郡。公至，即進諸父老，詢閭閻疾苦。旦夕孜孜，爲之興利。輕徭薄賦，卹孤字婺，墾荒蕪，課種植。獄情枉抑者，亟[七九]

爲申理，囹圄幾於空虛；老赃宿猾爲民蟊蠹，必以三尺繩之。而其飲冰茹蘖，瀟然寒素，不使小民供一蔬果費，故廉威公明，豪横屏蹟，有神君之號云。

乙酉夏，亢旱不雨，公步禱之，甘霖隨霈，諸郡惟慶獨稔。且完墉濬塹，繕堡崇臺，與民列屯固守。暇則進青衿，課藝旭德，使窮邊僻壤得回大雅。風戎庶公德愛，浹髓淪肌，輒枕戈敵愷，冀一當以謝公，公亦禁不得妄動。而黄青諸酋，憚公威稜，且知其民未易與也，堅守要束，不敢竊延慶一瓜果，而京陵之地安然如堵。

主上廉公循政，錫之誥命，尋擢貳延安，父老子弟聞公行，如失慈母，羣數百人叩闕留公，不得請，飲泣而歸，板臥鍵城，不令公行。復控諸上公，爲代疏留。上公諭之曰：「若輩念守，非以其政乎？有政在，未爲無守也。」士民曰：「吾儕小人，安知計出此。」於是代石紀德政，概數年善狀〔八〇〕，一一垂之，標示永範，使後來者繼紹而爲不朽之業焉！

嗟嗟！今之談吏治者，高步黄虞〔一七〕，俯視卓魯〔一八〕，竟其實，非勾棘以立功名，則巽懦而糜歲月。處之内地，民且凜凜，而況邊鄙之民哉！藉令有邊州之命，百計蟬脱足矣！安望其表樹若此。公之政不炫奇釣詭爲稱，而其民安，制敵與頗牧絜長，則所謂政在力行者，詎不信然哉！以公之政，即守内地無往不直，而窮□〔八一〕殫壤，九死一生之民，德公至深，又奚怪其尸而祝之〔八二〕，勒而紀之，垂不朽也？且主爵者不以公佐腹郡，而進陟之延安，非謂其長材善政，熟路輕車，將〔八三〕使延安之民亦如慶民之得所怙恃，而公之陟巍躋膴，駸駸不可量也。昔羊叔子與陸抗對壘，各令護守疆境，不許牟奪襄民，且爲勒石峴山，覩之輒墜淚。夫魏吴不過隣敵，且使民有去後思公歷窮邊，貽民安富而處患漸消。歷五年無一敵之警，視峴山之碑，其思深哉！且頗牧未能以功名終，而公之緣飾吏治，多以儒學定見定力，善作善成，又當在頗牧上矣。世謂古今人不相及者，何其視古人太高而自視太卑也。燧昔叨巡上谷，常憶得良吏爲邊民造福，乃今尚文吴生津津談公政，且求記之。寄慨於昔，幸見於今，不能不爲邊民喜，爲邊民勸也。輒忘其固陋，繆爲之記，以應吴生之請，且慰士民遐思云。

夏詔功，江西安福人。爲州吏目。以儒術飾吏治，推赤心以愛民，口碑在道，頌聲作焉。以上見《乾隆志》

靳克正，稿城人。任學諭。萬曆十三年，徙建廟學，經營有方。後陞陝西鄜州知州。《永寧縣志》

史官，太谷人。由歲貢授本州訓導。學富才優，立師道、廣教思，縉紳皆雅重

之[八四]。《乾隆志》

解生，山後人。任永寧參將，驍勇有謀略。萬曆十六年，率家丁六十餘人直搗敵窟，斬級四十顆，官兵無一損者，敵皆畏服，不敢蒙異志。後陞遼東，陣亡於牆子嶺。奉諭祭，蔭一子，入祀褒忠祠。《永寧縣志》

姜一鳴，蒲城人。由縣令陞任州事。清廉節儉，誠篤愛民，稱循吏焉。祀名宦。

明劉九淵《州牧姜公傳》：

姜一鳴，陝西蒲城人。筮仕山西文水縣令，轉陞別駕，管理上谷軍餉，擢延慶州牧。剛正嚴明，清操凜凜，公庭如水，剖決如流，吏胥無敢出一語，定徭役，貧富莫不稱平。公治延大都，惠而不馳，嚴而不刻，重學校，尊師儒，教育俊髦，與進儒童者，尤惓惓注意。獨公性直[八五]，雖亟於善善而惡惡，然遇院司訪察，株連甚衆，公則曰：「延州無惡人。」縉紳輩莫不知公宅心平恕焉。公初莅延州時，先詢諸父老，悉民間疾苦，乃喟然曰：「延民屢罹兵荒，前守念爾瘡痍，姑息爾民，頓失恒性，如易干法紀何？」余與爾民約：『皇明諭民六言，昭如日星。悖而不遵者，有三尺法在，余不爾赦。聞往接遞出二十里外，聞點渝月。余事上官不敢阿，凡公役不愆期。已爾暇日歸農有餘閒，余無爾問。賦糧，不令一役下鄉騷擾，宜蚤完，余無爾催。争訟起於人情不平，即字入公門，兩情和釋，或鄉隣勸解。非批自院道，叩首公庭，余無爾罪。』」

嘉靖己卯歲，奉文清丈地土。公欣然曰：「延州境内，軍民田地相攙，民糧三倍軍糧。紓延民百年困憊，當在此舉也。」公自隨蔬米，露宿風飡，冒暑雨不辭，逐段履畝，意欲均糧，甦民困苦。無何，以逸賊累公，不遂申懇，民到於今感之。

未幾，公陞保定府貳守，駐宣鎮理刑，州士民告留不得，泣送境上，長號别公。公亦灑淚登車，履任上谷，而并州之思不置，民猶有赴愬於公者。

楊惟相，萬曆時，知州事。教民有方〔八六〕，立政有條，吏畏民懷。陞刑部員外郎。民爲之立祠。

明谷文魁《楊公去思碑》：

公江右名家，筮仕延州，以仁政深得民心。四載，内轉刑部雲南司員外郎。軍民因建祠，以志不忘。

先是，公治延之三年，考最。人僉以邊塞遇陽春，即欲建祠，以血食百世。公聞，確辭。未幾，西曹之命下焉，民如赤子乍離慈母也者，其如思何？一日，父老人等乞碑於余。余曰：「不佞思公，信有在矣。爾等之所以思公者，可得(八七)言乎？」僉曰：「公之仁政淪浹，係我懷思者，未易枚舉。即如(八八)葺理黌宫，而功倍創建，則思；肅稽倉庫，而弊蠹潛消，則思；均徭清地，而畫一公平，則思；緩徵減税，而毫芒不加，則思；節費惜財，及蘇行户，而農商悉舒，則思；彌盜有方，以嚴行保甲思；教化有方，以講解鄉約思；除害有方，以懲治綱告思；發奸有方，以禁止投獻思；革徵有方，以蠲免驢頭思；抑勢有方，以杜皇莊思(八九)。軍餉常思其能重，兵馬常思其能查，器械常思其能整，詞訟常思其能簡，饋送常思其能禁。如覩倉場之修，未有不思其積貯無虞而軍民永賴者；覩學校之崇，未有不思其養賢育材而文風大振者；覩雨暘之祈、風雷(九〇)之禱，未有不思其精誠動帝而百穀咸登者；覩州城之繕、邊工之督(九一)，未有不思其金城壯麗而皇圖鞏固者；覩節烈之旌、死亡之卹，未有不思其風勸百世，澤及枯骨者。此其謨一何周，仁一何深哉！公冰蘖褆躬，從心應物，誠服(九二)鬼神，無不中窾。軍民思公及公所以致軍民思者，其以是歟？」余曰：「若等與予思公恰相印也。仁人如公，何忍忘之？而建祠立碑，誠不容已矣〔九三〕」。命工鐫石，以待史館之採，以爲後事之師。且以舒軍民好德之私云爾。矧公行以理天下獄，則以仁延者，仁天下，刑必當罪，罰不及無辜。匪直天下無冤民，民自以爲不冤矣。天下思公者，必不減於延郡，而公之祠與記遍天下然矣，寧獨延慶已哉！

公，江西豐城人，姓楊氏，諱惟相，羅巖其別號也。謹記。

桂逢春，延慶左衛官，才幹有爲。時值荒年，備嘗艱苦。後奉文委修南關等處，工程堅完稱事，不辭勞瘁焉。祀名宦。以上見《乾隆志》

桂一枝，爲周四溝操守。豪俠有謀，善馭敢〔九四〕敵。掾資〔九五〕盡給公賫。易簀日，囊無半金。參將張公〔九六〕深憐之，爲備棺以葬。軍民聞之，有流涕者。《永寧縣志》

黄明臣，九江人。以千户充永寧參將。才智通明，性秉忠義。莅政八載，修學校、增城堡〔九七〕、搜捕藪盜，以勳望陞昌平總兵。去，軍士肖像尸祝之。祀名臣。《永寧縣志》

宋雲霄，山東淄川人。由舉人授本州牧。興利剔蠹，誠信感民，聘州賢達續修州志，賢著薦剡者數次。陞保定同知。祀名臣。《乾隆志》

明賈希顔《州牧宋公傳》：

宋雲霄，號霽寰，山東淄川人。試南宫未遇，以親老謁選，授延慶州首牧。謙和雅度，醇謹虚衷。下車詢民瘼於縉紳父老，曰：「尊人以勤農理家政，即課余讀書。而足罕如城市，蓋從吾所好，未嘗屑屑科名。適縣尊長者，以余有清修譽，乃延之往見，語以舉子業，遂薦於鄉，兹拋筆硯。未幾而寄以民社，心實皇皇焉。」蓋有見於州境爲彈丸地，六十年邊馬水旱，延之民瘡痍未痊，雖歷經賢守撫卹而生全之，然捉襟露肘之虞，眼瘡心肉之嘆，未終無也。公於是汲汲課農務、興學校、優禮縉紳。然守嚴冰雪而誠孚人鬼者，尤邁等倫矣。至於決疑獄（九八）、伸冤枉、折朋奸，種種善政，遠近稱公神明。均徭税糧，素爲延民苦累。公於力差，則優老卹幼，而壯者各當其役；於銀差，則不令收支里長乾没一文，而民間歲省千餘金。收放軍糧以官斛爲準，軍不得短少升合，千萬人實受其惠；收税糧不取羡餘，歲省延民二千餘石。值大旱，米價湧貴，公立平糴法，以平其價。勞一時之經畫，而百世可久其規。禁迎春賽秋，一釐革俗，省侈費千金。教紡織、種錦（九九）、種藍，興從古未有大利。又如開水田，勘災傷，則躬親田畝，胼胝不辭其勞。奉文團練鄉兵，擇老成閲點，不令擾民。造名册，置旗幟，悉捐俸措辦，不取民一毫。遵行條約，課儒生於黌序，據案論文，評品精詳，終日不倦，青衿輩得文章指南矣。頃因東事孔棘，乃集僚幕武弁，告誡諄懇，凡壯丁、軍器、砲石之類，靡不整備，思患預防以衛民，用意至矣。

公自加府銜管州事後，操存益慎，卹民隱益殷，應庶務益曲當。自設州二百年來不常有也，謹識之爲後賢景行。

評曰：士之學古，以入官也；朝廷設官，以爲民也。顧從政者高第腴田，擊御車馬，皆取足於書中。則是稽古之力，竟爲自奉之啚，古皆然，今爲甚矣。況所取者非稅糧副餘，則差銀〔二〇〇〕積羨。二百年來莅我州，即富室宦胄，所稱良牧者，能潔守至空囊，而不能減於服食之靡；能清約於初政，而不能持於宦成之久。乃我宋公天性清介而寡嗜慾，且夙承庭訓而不改，素居布衣蔬食，醴酒不入口，旬日不烹肉味；視延民若子，理州事如家，若將淡薄以終身，不知書中所有也。延士民所共覩共聞，書之以志，不能忘爾。

明賈希顏《州幕夏公傳附》：

夏詔功，號敏吾，江西安福人。以經術飭吏治。丙辰歲，來佐延慶州。恂恂篤行，事上官惟謹，愛百姓，真切慈祥之意藹然。清操厲節，茹蘗飲冰。首牧宋公雅重而敬禮之，每虛衷下詢。凡所批委，反覆精詳，務得其情，不任其刑，輒以仁義感動，民多悅服。且諭左右曰：「刑楚以待有罪，非以飾喜怒〔一〇一〕也。官卑而刑慎，乃父母子民所宜。」未嘗妄撻一人，士民稱有蒲鞭風。與士夫交，裁答多經史語，士夫久愈敬重之。委收〔一〇二〕民糧，會計允當，而痛革常例，州民頌公一廉若水。奉文監收岔道、柳溝倉糧，隨到隨收，升合必明。三載一徹，官商感激。委放各邊軍餉，節次裹糧赴散，戴暑冒雪，櫛風沐雨不辭，軍卒感戴。戊午，遼事孔棘，北邊狡情叵測。州城孤懸，壕淺且無圍牆。公相地形勢，築堤開渠，引古城、西河二水灌滿城壕，宛若金湯之固。多方巡緝而四野霜肅，其經濟之才見於行事者彰彰矣。且自奉澹如，接物有陽煦春温之意。蓋主一敬以應百務，無敢以怠心乘之者，延之人人加額而公獨苦心。地方賴有此賢幕，傳之以風後世焉。

國朝

衷崇岱，南昌人。任本州吏目，悉心民事，克勤克慎。時奉檄修路，崇岱躬率夫役，不避勞怨，行者稱便焉。歲旱禱雨，步拜至龍潭，甘霖隨降，民心悅服。

宋永清，漢軍正黃旗人。莅任州牧，興利剔弊，循良茂績，卓卓有聲。州城歲久傾圮殘缺，永清設法修葺，上憲獎之。城東南臨嬀河，夏月霪雨，山水瀑漲，齧城趾。永清議借旗圈地，濬水南行，遠城里許，復樹隄以障衝決。康熙五十四年，賜匾獎勵，恭懸州署。乾隆二年大水，得保無虞，至今賴之。祀名宦。

郭浩，字善夫，閩人。性寬厚純雅。州牧一載，惠政實多，維風正俗，而民化之。解組去，士民攀留不得，乃樹去思碑於州南之岔道城。

張繼聖，字開來，原籍江都人。隨父仕貴州，遂占籍焉。雍正五年，以京營守備出守靖安堡，異績卓著，擢永寧路都司。甫駐節，即整飭營務，撫循士卒，百廢俱興。永寧爲出〔二〇三〕營盤口要路，小民每載柴炭木植爲生計，後禁不得出入，民失業，多偷越被逋。繼聖廉知其情，詳請弛禁，永民稱便。永舊爲縣治，學宮久圮，繼聖乃與永之紳士經營相度，勸勉樂輸，多士頌之。嘗延名士於署中，聚文武生童講習學業，文風由此興起。歿之日，永人奔奠者不絕於道。以上見《乾隆志》

王焞，字景明，陝西蒲城人。雍正元年，任永寧路都司。治兵以順爲武，以義爲勇。訓練之餘，兼勸耕桑。值亢旱，潔誠步禱，膏澤立沛。又爲民祭禳蟲災，驅逐虎狼。復慮文風不振，爰聘陝西孝廉原君、王君在署課士，分別獎賚。焞緝盜甚嚴，盜竊潛踪，幾於夜不閉户。陞廣西遊擊。

李鍾俾，安溪進士。雍正十一年，知州事。興學校、勸農桑、建倉廒衙署，百廢具舉，以廉能稱。復以州志歷久未修，乃聘州紳採訪續成之。

饒有斐《州牧李公傳略》：

李鍾俾，字世萬，號謹齋，閩之安溪人也。弱冠登賢書。丁未，成進士，治容邑有聲。雍正癸丑、甲寅間，王師北伐，軍興旁午，延慶供億頗繁。又地瘠民貧，夙稱難治。制府廉其才，遂命公來。公仁慈敏決，時延慶自癸丑至乙卯，僅二載而官凡四易。因循廢弛，囹圄淹係者幾及百人。公殫心剖決，不數月而積案一清。因遍訪民間疾苦，加意撫綏。先是星軺來往，草束薪炭，一切供億皆取給於里下。而祭祀祠廟，日用食物又皆出諸行户。其尤爲民苦者，州署取用布疋，悉鋪民輸應，所發之值，均十不價一。公下車悉除之。社倉、常平米谷，例得春借秋還，而官是土者，皆恐爲己累，率不多借。於是民之仰給無資者，不得已借於鋪户，而加息甚重，每不能堪。公曰：「民困極矣。有便於民者而復不爲之請，惡在其爲民父母哉！」乃請於大憲，恣民所借，常至數千石。又每至〔一〇四〕冬月，岔道一鎮當八達嶺之衝，朔風凜冽，行者常僵臥於道。公捐資煮粥，以濟行旅貧乏，遇有疾病輒留養，賴以全活者甚衆。丙辰春，陰雨浸霪，州之西城逼近嬀水，而護城石壩久圮。公首出俸錢，鳩工修築完好，因構小亭於隔岸，引溪環亭，教民藝荷術，以補稼穡不逮。或省耕省斂，常憩亭上，慰民疾苦。民環而觀之，相親愛如父母。

其他善政，如兵米之無紅朽、營汛之無擾累、禮師儒、省刑斂，又皆數十年來之僅見者。余年老矣！幸親見公之德化，懼其久而湮也，爰述之以志不忘。

周啓瑶，江西瑞昌舉人。由安徽六安州判陞直隸保安州。道光四年，補延慶牧。下車之始，以端士習、勵民風爲己任。州有冠山書院，日久荒廢，半爲侵蝕。因清查地畝，生息勒石，詳其出入數目，釐定課程，永垂久遠。啓瑶誠以勵己，慈以治民，凡審理案件，不因己之喜怒妄加責懲，民咸德之。

吴增嘉，浙江歸安人。道光五年，以進士知州事。寬厚廉静，緩差徭，惜民力。歲遇荒歉，捐穀濟民。又倡捐書院經費，酌立章程。尋調任昌平。

恩符，字階六，蒙古廂白旗人。道光乙巳，以廕生縣尹陞任兹土。才思敏捷，聽斷如流。州有旗人李五與永寧佃户顔姓、李姓等增租奪佃，釀成巨案，八年未結。符使之略增租而不準收地，鄉里奪地之害爲之頓息。又柳溝屯居旗人搜查開荒餘地，勒令增租，毆傷王姓，乃力爲研究，罪爲首者，餘悉責釋。暇日以文藝課士，講求理法。丙午，獲雋者數人。後調任灤州。

王榕吉，字蔭堂，山東長山進士。道光丙午，來知州事。明敏諳練，勸卹民隱，凡有詞訟，剖決如流。公餘赴書院與諸生論文，講藝不倦。州之護城河久湮塞，令紳商經理疏濬，引城西之水入壕，以兹灌溉，沿堤植柳千株。後歷官方伯，猶日注念州民，常寄金州紳，培植柳株云。

鄭奎雄，號蓉軒，大興舉人。道光十八年，任延慶學正。性恢闊，通詩、古文辭，州牧童恩雅重之，凡有關於學校者，悉就商酌。諸生有請業者，必循循善誘之。附生陳某館昌平州，被誣邪説，既而平泉州有犯，又誣牽連。將提訊辦，奎雄力白，得免拖累。卓異，陞武功令。

梁春江，號侶樵，大興舉人。由教習選州學正。勤於考課，殷然以敦品勵學爲諸生勖。待人寬和，而處己剛介。在任十餘年，未嘗干涉一事。同治四年，重修學宫，籌費庀材，公力爲多。後以疾終於官。以上採訪。

【校勘記】

〔一〕控：原作「空」。據《元史》改。

〔二〕秩五品：原作「從四品」。據《元史》改。

〔三〕八員：原作「一員」。據《元史》改。

〔四〕下百户：原作「中下百户」。據《元史》改。

〔五〕上千户所：原作「上下千户所」。據《元史》改。

〔六〕巡捕：原作「巡補」。筆誤。下同。

〔七〕其：原作「異」。據《明史·職官志》改。

〔八〕陝西：原作「陝酉」。筆誤。

〔九〕從：原闕。據前後文補。

〔一〇〕淳化：原作「純化」，筆誤。

〔一一〕四川丹棱：原作「四州丹棱」。筆誤。

〔一二〕繁峙縣：原作「繫峙縣」。筆誤。

〔一三〕薛：原作「薜」。筆誤。

〔一四〕猗氏：原作「倚氏」。筆誤。

〔一五〕永：原闕。據《乾隆延慶州志》補。

〔一六〕衛：原作「右」。筆誤。

〔一七〕冶：原闕。據下文補。按：《乾隆延慶州志》亦闕。

〔一八〕所：原闕。據《乾隆延慶州志》補。

〔一九〕「千户」：後衍一「所」字。删去。

〔二〇〕「千户」：後衍一「所」字。删去。

〔二一〕左：原闕。據《乾隆延慶州志》補。

〔二二〕「千户」：後衍一「所」字。删去。

〔二三〕按，「見」字後有闕文。

〔二四〕啓：原作「起」。據《光緒延慶州志》卷四《學校・重修冠山書院並原設經費記》改。

〔二五〕道光十二年：原作「道光十三年」。據前後文改。

〔二六〕李盛功：原作「李威功」。據《乾隆延慶州志》改。

〔二七〕白：原闕。據前文補。

〔二八〕虜：原作「教」。據《嘉靖宣府鎮志》改。

〔二九〕相：原闕。據《嘉靖宣府鎮志》補。

〔三〇〕嫣：原闕。據《嘉靖宣府鎮志》補。

〔三一〕嫣：原闕。據《嘉靖宣府鎮志》補。

〔三二〕全活：原作「安全」。據《嘉靖宣府鎮志》改。

〔三三〕直：原作「使」。筆誤。據《遼史》改。

〔三四〕益誠：原作「益誠」。據《遼史・楊遵勖傳》改。

〔三五〕副：原作「都」。筆誤。據《遼史》改。

〔三六〕雲翰：原作「漢雲」。筆誤。據《嘉靖宣府鎮志》《明史・趙玒傳》改。

〔三七〕自：原闕。據《嘉靖宣府鎮志》補。

〔三八〕田土：原作「土田」。筆誤。據《正德宣府鎮志》《嘉靖宣府鎮志》改。

〔三九〕屋舍：《正德宣府鎮志》作「房屋」，《嘉靖宣府鎮志》作「居屋」。

〔四〇〕池：原作「地」。《永寧縣志》作「相地築城池」，據改。

〔四一〕山川秀麗：《乾隆延慶州志》下有「婉一中州」四字。

〔四二〕予：原作「於」。筆誤。據《嘉慶大清一統志》改。

〔四三〕孫剛：原作「孫顯」。據《宣化府志》改。按：《宣化府志》：「正統己巳，寇犯雲州，隨守備孫剛赴援。遇戰，與澄及懷來百户陳顯共以身蔽剛，剛、敬、顯俱死。」據此可知「孫顯」係因

「孫剛、陳顯」姓名相混致誤。

〔四四〕旋里：《乾隆延慶州志》作「在里」。

〔四五〕干：原闕。據《嘉靖隆慶志》補。

〔四六〕正統己巳：原作「正統乙巳」。《嘉靖隆慶志》亦作「正統乙巳」，誤。正統十四年己巳(1449)，爆發土木之變，明英宗被蒙古也先部俘獲。又稱己巳之變。

〔四七〕嘗：原作「當」。據《嘉靖隆慶志》改。

〔四八〕助工：原作「勸工」。據《嘉靖隆慶志》改。

〔四九〕皆：原作「冠」。據《嘉靖隆慶志》改。

〔五〇〕狀：原作「壯」。據《嘉靖隆慶志》改。

〔五一〕譁紛：原作「華紛」。據《嘉靖隆慶志》改。

〔五二〕功：原作「格」。據《嘉靖隆慶志》改。

〔五三〕《乾隆州志》：原作「《乾隆府志》」，筆誤。

〔五四〕辛住：原作「辛柱」。筆誤。據《兩鎮三關志》改。

〔五五〕二十年：原作「十二年」。據《兩鎮三關志》卷四「(嘉靖二十年)九月，叛賊張雄伏誅」條改。

〔五六〕王姓：原作「五姓」。據《兩鎮三關志》改。
〔五七〕青風砦：原作「清風砦」。據《兩鎮三關志》改。
〔五八〕劉伯川：原作「劉百川」。據《兩鎮三關志》改。按：底本下文亦作「伯川」。
〔五九〕寇：《兩鎮三關志》作「胡」。
〔六〇〕稂：原作「狼」，筆誤。
〔六一〕惡在其爲民父母哉：《乾隆延慶州志》作「惡在爲民父母哉」。
〔六二〕貽：原作「以」。據《乾隆延慶州志》改。
〔六三〕閑：原作「間」。筆誤。據《康熙延慶州志》改。
〔六四〕恩：原作「思」。據《康熙延慶州志》改。
〔六五〕不：原闕。據《乾隆延慶州志》補。
〔六六〕圜：原作「圍」。據《乾隆延慶州志》改。
〔六七〕逐倚市：原作「驅逐倚市」。據《乾隆延慶州志》删「驅」字。
〔六八〕蘖：原作「孽」。據《乾隆延慶州志》改。
〔六九〕匪徒重永人之思、嘉故人之善也已：原作「匪徒重永之思、嘉故人之善已也」。據《乾隆延慶州志》改。

〔七〇〕詩集：《乾隆延慶州志》作「詩刻」。
〔七一〕伏首：《乾隆延慶州志》作「俛首」。
〔七二〕楊昆祚：原作「楊昌祚」。據《乾隆延慶州志》改。
〔七三〕房山令：《乾隆延慶州志》作「順天府房山縣令」。
〔七四〕俗：原作「風俗」。據《乾隆延慶州志》改。
〔七五〕刈採：原作「剎採」。據《乾隆延慶州志》改。
〔七六〕者：原闕。據《乾隆延慶州志》補。
〔七七〕厭：《乾隆延慶州志》作「猒」。
〔七八〕庇：《乾隆延慶州志》作「混」。
〔七九〕亟：原作「必極」。據《乾隆延慶州志》改。
〔八〇〕概數年善狀：原作「蘖數年善壯」。據《乾隆延慶州志》改。
〔八一〕窮口：《乾隆延慶州志》「窮」後亦闕一字。程芳辰本《延慶縣志》作「窮折」。
〔八二〕祝之：《乾隆延慶州志》作「祝禱」。
〔八三〕將：原闕。據《乾隆延慶州志》補。
〔八四〕立師道、廣教思，縉紳皆雅重之：《乾隆延慶州志》作「學富才優，師道立、教化行，雅重縉紳」。

（八五）直：原作「真」。據《乾隆延慶州志》改。

（八六）教民有方：《乾隆延慶州志》作「教民有歌」。

（八七）得：原作「以」。據《康熙延慶州志》改。

（八八）即如：原作「則如」。據《乾隆延慶州志》改。

（八九）思：原闕。據上下文意補。

（九〇）雷：《乾隆延慶州志》作「靁」。

（九一）督：原作「覩」。據《乾隆延慶州志》改。

（九二）服：《乾隆延慶州志》作「孚」。

（九三）矣：原闕。據《乾隆延慶州志》補。

（九四）敢：《乾隆延慶州志》作「憨」。

（九五）掾資：《乾隆延慶州志》作「禄資」。

（九六）公：原闕。據《乾隆延慶州志》補。

（九七）增城堡：《永寧縣志》此下有「服比妓」三字。按：《乾隆延慶州志》作「逐土妓」。

（九八）獄：原闕。據《乾隆延慶州志》補。

〔九九〕種錦：原闕。據《康熙延慶州志》補。
〔一〇〇〕銀：原闕。據《乾隆延慶州志》補。
〔一〇一〕怒：原作「恕」。據《乾隆延慶州志》改。
〔一〇二〕收：原闕。據《乾隆延慶州志》補。
〔一〇三〕出：原闕。據《乾隆延慶州志》補。
〔一〇四〕至：《乾隆延慶州志》作「値」。

【注　釋】

[一]《宣鎮續志》：即《續宣府鎮志》，胡以温撰。胡以温，字公嶠，號東甌。順治丙戌（1646）進士，曾任江西樂安令。曾經刊印發行，是民國初年編寫《宣化縣新志》的主要參考資料。又簡稱《續鎮志》。下同。
[二] 徐口：《乾隆延慶州志》卷四《職官》亦失載其名，作「明徐邵武府邵武縣人」。
[三] 四海冶所：「四海冶千户所」的簡稱。
[四] 靖胡堡：即「靖安堡」。
[五] 河南：趙玨（1364–1436），字雲翰，山西夏縣人，後來遷徙河南祥符縣。

[六]《萬曆志》：即《萬曆延慶州志》，已佚。

[七]《順治志》：即《順治延慶州志》，已佚。

[八]《宣鎮志》：指《嘉靖宣府鎮志》。

[九]《成化志》：指《成化隆慶志》，已佚。

[一〇]《永志》：即《永寧縣志》。

[一一] 張泰（1452—1513）：字世亨，肅寧人。成化十四年（1478）進士，授鄒縣知縣。遷監察御史，巡視河東鹽課，改按蘇松。正德六年（1511）七月，陞右都御史總制陝西等處軍務。正德八年（1513）十二月，卒於官，年六十二。贈太子少保、刑部尚書。

[一二] 江陵：指張居正。張居正（1525-1582），漢族，字叔大，少名白圭，號太嶽，謚號「文忠」，湖廣江陵（今屬湖北荆州）人，又稱張江陵。

[一三] 谷文魁：延慶州人，明朝貢生，萬曆二十三年（1595）任莒州知州。

[一四] 五衛：指隆慶州、懷來縣境内五個衛所，即延慶衛、延慶左衛、永寧衛、延慶右衛和懷來衛。

[一五] 陳文燧：字汝相，號愚所，臨川人。嘉靖四十一年（1562）進士，由行人授監察御史，巡按宣大、雲南，以忤張居正，出爲大名兵備道，降汝州通判，再謫靖江縣知縣，移兵部主事，出爲淮徐兵備道，乞歸。

〔一六〕頗牧：戰國時趙國名將廉頗與李牧的合稱。

〔一七〕黄虞：黄帝、虞舜的合稱。

〔一八〕卓魯：漢卓茂、魯恭的合稱。二人均以循吏見稱，後因以指賢能的官吏。

延慶州志卷七

選舉志　科目表　孝廉方正　例仕表　封贈

科目表

明

紀年	進士	舉人	貢生	武進士	武舉
永樂十年壬辰	羅通　永寧衛人，歷官至兵部尚書，祀鄉賢。				
宣德十年乙卯		黄寧　字彦安，永寧縣學生。任河南考城縣教諭。			
正統四年己未	劉晟　隆慶衛人。				
正統七年壬戌	李瑶　字衡玉(一)，授南京户部主事，陞郎中。				

續表一

正統九年甲子		楊英　字文華，任江西盧江縣知縣。 陳詠　見進士。 曲真　字一誠，任湖州經歷。			魏延臣　官至參將，祀鄉賢，有傳。
正統十年乙丑	陳詠　字求言，永寧縣學生，經魁。授廣東道監察御史，陞按察司僉事。				
正統十二年丁卯		吕翀（二）　字冲霄，永寧衛籍，州學生。任滎陽縣知縣（三）。 李衍　見進士。			
景泰二年辛未	李衍　字文盛（四），授兵部主事。歷官都憲、尚書。祀鄉賢，有傳。				
景泰四年癸酉		汪昱　字文昭，任山西應州知州，祀鄉賢。			楊洪化　任把總。
景泰七年丙子		聶友良　見進士。			張國相

天順六年壬午		郭宏 字元量，任河南鄭州知州，陞山東鹽運司運同。			
天順八年甲申	聶友良 字益之，授知縣，擢御史，陞按察副使。祀鄉賢，有傳。				
成化十年甲午		范慶 見進士。			馬如麒
成化十三年丁酉		王惠 字澤民，隆慶左衛籍，永寧縣學生。任教諭，官至河東鹽運副使，有傳。			
成化十四年戊戌			劉聰 任守備。		
成化十九年癸卯		辛禮 永寧人。	董鉞 永寧衛人，鎮撫，充守備。		
成化二十二年丙午		劉璋 見進士。			
成化二十三年丁未	范慶 字天錫，任戶部員外郎，陞湖廣鄖陽知府。 劉璋 授知縣，陞知州，戶部郎中，陞江西南昌知府。 辛禮 隆慶州人。				

續表三

弘治五年壬子		張鸞 字允和〔五〕，永寧縣學生，任河南閿鄉教諭。			
弘治八年乙卯		尚輔 字良佐，任新蔡教諭。 周錦 字絅之，永寧縣學生，任山西太原知縣。《舊志》作辛酉〔六〕科，誤。			
弘治十一年戊午		胡忠 字藎臣，永寧縣學生，任知縣，陞常州通判。祀鄉賢，有傳。			
弘治十四年辛酉		蘇乾 見進士。 蘇明 見進士。 胡守傑 永寧縣學生，任户部員外郎。			
弘治十五年壬戌	雷宗〔二〕 隆慶衛人。				

續表四

弘治十五年壬戌	蘇乾 字體健，授兵部主事，陞陝西布政使右參議。祀鄉賢，有傳。				
弘治十七年甲子		周鳳 字文瑞，永寧縣學生，任山東新城知縣。			
弘治十八年乙丑	蘇明 字視遠，任山東知縣，調南陵。祀鄉賢，有傳。				
正德二年丁卯		蘇翰 字體道，任山東掖縣知縣，調德平。			
正德五年庚午		黄鍾 見進士。			
正德六年辛未	黄鍾 字伯魁，任吏科給事中，官至山西巡撫。祀鄉賢，有傳。				
正德八年癸酉		趙忠良 字天輔，任河南湯陰知縣。			

續表五

正德十二年丁丑				張傑 任守備，《舊志》遺，今補。	
嘉靖二年癸未				張畸 隆慶衛人，蔚州副千户。見《宣鎮志》[三]。	
嘉靖五年丙戌				錢濟民 永寧衛人，充副總兵官。《舊志》遺，今補。	
嘉靖七年戊子		劉繼禄 見進士。			
嘉靖八年己丑				徐經	
嘉靖十一年壬辰	劉繼禄 永寧衛籍州學生，授户部主事，陞陝西延安知府。				
嘉靖十七年戊戌				劉懋[七] 永寧衛人，任守備。	
嘉靖三十八年己未				劉觀旗[八] 永寧衛人，任指揮。	

續表六

萬曆元年癸酉		劉九澤見進士。			
萬曆五年丁丑	劉九澤字汝[九]濟，任解州知州。祀鄉賢。				
萬曆十四年丙戌				劉應祺官京營副總兵。	
萬曆十七年己丑				楊大寶任操守。	
萬曆二十五年丁酉		塗雲路字昇庵，任知縣，陞河南鄭州知州。祀鄉賢。			
萬曆二十八年庚子		馬思驥永寧縣學生。			高邁
萬曆三十八年庚戌	張紹魁延慶衛人。				朱家棟
萬曆四十年壬子		吕爲熊字令明，癸丑進士副榜。			
萬曆四十六年戊午		吕爲龍字震明，任宿州知州。			劉承德 孫鎬 侯銘印 俱永寧人。

續表七

萬曆年		吴士宏 永寧縣學生，任工部虞衡司員外郎，文華殿辦事。《舊志》云「萬曆舉人」，失載科分，附諸此。			
天啓元年辛酉					張名臣 永寧人。 郜應武 見武〔一〇〕進士。
崇禎年		張聯芳 永寧縣學生，任湖廣黄梅知縣。 馬汗珠 永寧縣學生，任知州。祀鄉賢。以上〔一一〕二人《舊志》云「崇禎舉人」，失載科分，附諸此。			
崇禎四年辛未				郜應武	
崇禎十年丁丑	潘必鏡 延慶衛人。			楊煒 永寧人，陝西都司。	
崇禎十二年己卯		吴之裔 士宏子，國朝順治二年，授兵部武選司主事，陞湖廣兵備道。			

《乾隆志》：進士、舉人有年甲可稽者，悉爲載入，其漏載者，已參考補入。惟貢生俱無準貢年分，故不列表，今敘於後。

明貢生

范瑄、文水知縣。○正統年。安靖、慶陽府檢校。王傑、縣丞。段榮、經歷。杜實、瀋王府教授。李實、岷〔二二〕王府紀善。郭慶、主簿。謝進、主簿。梁廣、經歷。黄定、教諭。張慶、主簿。祖源、縣丞。趙綸、段清、經歷。遲英、教諭。李芳。汶上知縣。○以上成化年。羅暹、縣丞。陳侃、税課大使。張忠、教諭。李儀、縣丞。張瑩、主簿。方慶、李得春、永城知縣。蘇榮、經歷。陳紀、經歷。焦輔、經歷。王佐、主簿。楊春、主簿。張騰、正兵馬指揮。丁寧、訓導。李榮、吏目。晏慶成、經歷。李暘、訓導。梁能、經歷。王鎔、經歷。王憲、楊憲、主簿。申賛、縣丞。李熊、魯王府主簿。趙本、王璋、耿静、馬昌宗、徽王府典簿。張琳、徐翥、靳森、縣丞。周韶、主簿。梁璋、縣丞。丁宗、教諭。張元、按察司經歷。張昱、縣丞。張繼昇、武鄉知縣。袁富、焦顯、主簿。丁完。主簿。○以上正德年。王國卿、縣丞。房世泰、敘州府推官。宋通、萃縣知縣。武宿、經歷。程萬里、主簿。張遠、縣丞。高興、教諭。李馨、訓導。尚質、主簿。趙忠佐、郭方、主簿。李奈、主簿，有傳。張經、主簿。周昆、主簿。宋秀、經歷。王欽、清澗知縣。趙鳳、黄槐、徐經、知事。劉經、辛文灝、經歷。段復隆、安化知縣。王璉、王夢龍、縣丞。王賓、文水縣丞〔一三〕。程遷、楊愈、霑化知縣，有傳。李東山、梁鸞、訓導。衛臣、訓導。馬維遷、新城知縣。趙顯、蒙陰知縣。宋楹、李東海。范縣知縣。○以上嘉靖年。孟浩、懷慶府通判。馮大春、李行可、縣丞。劉九江、宋聚奎、遲堂、訓導。賈希顔、濕州知州，祀鄉賢。焦得材、徐良輔、主簿。劉九淵、潞城知縣。劉觀俗、縣丞。宋耀、縣丞。遲從賢、訓導。蘇樸、縣丞。王臣、訓導。谷文魁、莒州知州。衛思堯、訓導。靳賢、訓導。孟學孔、縣丞，《舊志》作國朝貢生。吴尚文、州判。劉觀風、經歷。張繼騰、訓導，《州志》作繼勝。張鵬翼、教諭。宋嗣慶、宜君知縣。李先春、豐縣知縣。趙德、祁縣知縣。魏學禮、汝寧府通判。魯東周、訓導。楊立程、府谷知縣。劉之源、經歷〔一四〕。劉觀旒、訓導。郎應奎、教諭。孟學易、吴登瀛、教諭。孟守訓、安定知縣。○以上見《宣鎮志》。馬昌、典簿。黄端、縣丞。胡觀、中城兵馬司指揮。孫賢、孟全、姚諒、趙琦、知縣。趙來庭、知縣。趙明阿、趙廊、衛秉仁、吕興、胡克〔一五〕學、大使。孟學禮。以上見《乾隆志》

明永寧縣學貢生

羅諭、延安知府，有傳。○正統年。宗暠、南康知縣。于麟、高淳、沅州知州。張端、建安知縣。王彤、德化知縣。花謙、主簿。郭宏、主簿。常吉、主簿。李勝、縣丞。

吴亮、合水知縣。王琳、衛經歷。高鵬。邠州知州。○以上成化年。魯秉禮、典史。楊璉、主簿。姚寛、徐溝知縣。陳榮、賀榮、賈茂、谷興、朱敬、馬聰、王文、澤州判。韓浩、晋王府審理正。熊清、寧州判。劉瑞、伊王府右長史。吴允、主簿。侯昕、州判。張錦、經歷。張悦、吏目。吕經、訓導。羅紋、訓導。《縣志》作「文」。羅錦、永壽知縣。孟海、教諭。郭原。教諭。○以上正德年。李性、主簿。周嚴、教諭。夏時、主簿。張騰、大羅知縣。侯勳、主簿。劉衷、教授。劉敬、訓導。羅録、訓導。王聰、訓導。王蘭、教諭。王宗魯、經歷。梁椿、主簿。胡紹齡、五臺縣丞(一六)，有傳。李完、縣丞(一七)，祀鄉賢。胡奇齡、縣丞。袁齡、縣丞。周大訓、盧綬、招遠知縣。王一本、閻文憲、淳化知縣。姚瑚、訓導。○以上嘉靖年。梁九疇、延長知縣，祀鄉賢，有傳。○俱見《宣鎮志》。王極、縣丞。陳浩、劉宇泰、樂陵知縣。胡克廣、苑馬寺監正。祀鄉賢，有傳。盧鑒、教諭。曾日唯、縣丞。林景雍、張國卿、主簿。賈恩堯、主簿。張良武、沈邱知縣。鄒大經、縣丞。張良能、縣丞。李汝驤(一八)、虹縣知縣。國時敬、縣丞。趙福源、縣丞。國時道、主簿。任希賢、主簿。劉桂芳、興縣知縣。秦嶽(一九)、經歷。孟時聘、閻文琪(二〇)、王納善、羅偉賢、閻國相、胡孔昭、張應奎(二一)、以上見《永寧縣志》。胡守魯、拔貢，蔚州知州，見《續鎮志》。馬文麟、連成璧、棲霞知縣。張維、以上(二二)。士英、張其智、孟起鳳、拔貢，枝江知縣。葛志剛、拔貢，知縣。魯秉義、典史。吕應兆、教授。吕光榮、通判。張極。縣丞。○以上見《府志》附録。

按《舊志》所載貢生，延慶、永寧混而爲一，今據《府志》略爲分敘，其有《府志》失載者，以《州志》補敘於後。又按《宣鎮志》《續鎮志》《隆慶志》《永寧縣志》《延慶舊志》《宣化府志》《乾隆州志》所載貢生，其次敘詳略，均有異同，惟《府志》從《鎮志》録出，蓋自《鎮志》外，皆無年代可稽也。

國朝（二三）

紀年	進士	舉人	貢生	武進士	武舉
順治十一年甲午					邢士毅
順治十四年丁酉		劉漢傑			
順治十七年庚子		謝孟燦 龍門教諭，署文安縣教諭。			
康熙五年 丙午					胡采 永寧人。
康熙二十九年壬午					王錫袞 本城人。
康熙三十二年癸酉		饒有斐 字篆亭，任江南黟縣知縣。			

續表一

康熙三十五年丙子		呂滉			
康熙三十八年己卯		呂濟遠 字伯侯。 趙繼汴 呂成法			
康熙四十一年壬午					黄居正
康熙四十八年己丑	呂滉 延慶州人。				
康熙五十六年丁酉		塗延年 字增川，任長沙府攸縣知縣。			
雍正元年癸卯			胡宗舜 拔貢，永寧人，見舉人。 閻正陛 恩貢，有傳。		
雍正二年甲辰			李祚唐		
雍正四年丙午			牛尚信 奉天廣寧訓導。		
雍正五年丁未			崔璿		
雍正六年戊申			賈躍龍 拔貢。		
雍正七年己酉			盧中魁		

續表二

雍正八年庚戌			劉沛澤		
雍正十年壬子			丁躍		
雍正十一年癸丑			吳士雲		
雍正十二年甲寅			賈萬傑		
雍正十三年乙卯			胡恢舜有傳。		
乾隆元年丙辰			馬騏恩貢。胡貢		
乾隆三年戊午			桂酹隲		
乾隆四年己未			馬應選		
乾隆六年辛酉			吳之爵拔貢。崔起鶴		
乾隆七年壬戌			丁烺		
乾隆九年甲子			崔爾璘		
乾隆十年乙丑			解瑾任故城訓導。		
乾隆十二年丁卯			饒裕		
乾隆十三年戊辰			李份	魯宗堯魯家莊人，任淮安衛守備。	

續表三

乾隆十五年庚午		胡宗舜	張向達 恩貢。 劉德		
乾隆十六年辛未			閆中倫		
乾隆十七年壬申			李德懋 恩貢。		
乾隆十八年癸酉			李中時[二四] 拔貢，任鉅鹿訓導。 鄭士魁		
乾隆十九年甲戌			成國祥		
乾隆二十一年丙子			于僖宗 以上俱見《府志》。		穆向禮 竇永魁
乾隆二十四年己卯			解元章 副榜，見舉人。		
乾隆三十年乙酉			劉文京 拔貢，州城人，任河南淇縣知縣。		
乾隆三十五年庚寅		解元章 孟人文 孟家莊人。 徐文基 任邢臺縣教諭。			

續表四

乾隆三十六年辛卯		胡念祖 永寧人，任江蘇婁縣知縣，陞寧國府同知。			
乾隆三十九年甲午		解佺 元章子。			
乾隆四十一年丙申			趙錦麟		
乾隆四十三年戊戌			王系		
乾隆四十五年庚子			聶爾璋 恩貢。 王化遠 永寧人，任訓導。		
乾隆四十六年辛丑			閻思誠		
乾隆四十八年癸卯			張山		
乾隆四十九年甲辰			張文灼		
乾隆五十一年丙午		張學濂 任寧晉縣教諭。	謝國寧 恩貢。		池朝宗 永寧人，兵部差官。
乾隆五十二年丁未			劉克讓 有傳。		
乾隆五十四年己酉			王家彥 拔貢，八里莊人，任三河縣教諭。		

續表五

乾隆五十五年庚戌			董明德 崔華桐		
乾隆五十七年壬子			張啓緒		
乾隆五十八年癸丑			趙軾		
乾隆五十九年甲寅		解僑	趙大治		
乾隆六十年乙卯	李德淦 任安徽涇縣知縣，有傳。	胡培祖 永寧人，任安徽繁昌。	徐樹華		
嘉慶元年丙辰			蘇芳儒 恩貢。 趙應熊		
嘉慶三年戊午			白敷遠		
嘉慶四年己未			謝焕 恩貢。 孫承通		
嘉慶六年辛酉			李廷輔 拔貢，永寧人，見進士。 段啓盛		
嘉慶七年壬戌			王履謙 任安平訓導，有傳。		
嘉慶九年甲子			趙進取		
嘉慶十年乙丑			賈鳴謙		

續表六

嘉慶十二年丁卯		孫金度 鄉學生，榆林堡人，任武清教諭，有傳。	謝璁		
嘉慶十三年戊辰			解大宗		
嘉慶十四年己巳			張鵬翃 恩貢。		
嘉慶十五年庚午			趙萬春		
嘉慶十六年辛未			于覲陽		
嘉慶十八年癸酉			聶栻 拔貢，永寧人。朱毓珏 副榜，盧房營人。宋毓英		
嘉慶十九年甲戌			夏日校		
嘉慶二十一年丙子			謝秉中		
嘉慶二十二年丁丑	李廷輔 任廣西永福縣知縣，改奉天教授，有傳。		蔣維城		
嘉慶二十四年己卯			申錫疇 恩貢。李松齡		

續表七

嘉慶二十五年庚辰			劉文陛 恩貢。朱毓麟		
道光元年辛巳		胡先瀛 永寧人，有傳。	張惇 恩貢。郭鍾秀		
道光二年壬午	胡先達 永寧人，任江蘇吴縣知縣，貴州候補知府，有傳。				
道光三年癸未			吴懷濬		
道光五年乙酉			吴懷璋 泥河村人。蘇選		
道光六年丙戌			于愷陽		
道光八年戊子			賈洪本		
道光九年己丑			段金鐸		
道光十年庚寅			孫溶 鄉學。		
道光十一年辛卯			吕全 有傳。		
道光十二年壬辰			林永山 時雨 鄉學。		

續表八

道光十四年甲午			趙輕 劉敘 鄉學。		
道光十五年乙未			鄒振綱 恩貢。 蘇遜 舊縣人，任順義訓導。		
道光十六年丙申			王廷臣 鄉學。		
道光十七年丁酉			吳彥士 拔貢，泥河村人。 王正誼 鄉學，拔貢。 閻題名		
道光十八年戊戌			郝萬程 蔣維元 鄉學。		
道光二十年庚子			賈長善 王尚賓 鄉學。		
道光二十一年辛丑			張蔭棠		
道光二十二年壬寅			李芳昇		

續表九

道光二十三年癸卯			吴金環		
道光二十四年甲辰			宋均 程玉鑒 鄉學。		
道光二十六年丙午		胡鏞 任湖南安鄉縣知縣，歷官至辰沅靖(二五)道。	王久照 副榜，永寧人。 劉世倌 有傳。 胡鏞 優貢，見舉人。 潘霖 鄉學，優貢。 孟琇 古城人，任定興訓導。 牛萬福 鄉學。		
道光二十七年丁未			胡雲澤		
道光二十八年戊申			陳天清 鄉學。		
道光二十九年己酉			張耀先 拔貢，見副榜。 程澤 鄉學，拔貢，見舉人。 趙如春		
道光三十年庚戌			吴金奎 程青雲 鄉學。		

續表十

咸豐元年辛亥		胡燾 永寧人，任國子監丞，陝西寧陝廳同知，華州知州。 程澤 居庸關人，國子監助教，有傳。	張耀先 副榜。 王榘曾 張居敬 恩貢。 董兆麟		
咸豐二年壬子			姚大用 鄉學，恩貢。 吴士恕 鄉學。		
咸豐三年癸丑			李汝雯 張煦		
咸豐四年甲寅			楊照 鄉學，恩貢。 董生芝 鄉學。		
咸豐五年乙卯			郭璋 恩貢。 聶元烺		
咸豐六年丙辰			魯志孔 吴士忠 鄉學。		
咸豐八年戊午		馬利乾 任國子監助教。	申長庚 王正德		
咸豐九年己未			楊培梧		

咸豐十年庚申			郭登第 鄉學，恩貢。 國殿颺		
咸豐十一年辛酉			謝明鑑 拔貢，州城人，考取廂黃旗教習。 胡壽椿 鄉學，拔貢。 張頂元 恩貢。 王肇麟 胡九經 鄉學。		
同治元年壬戌			張榜元 有傳。 李恩照 陳綿昌		
同治三年甲子			齊夢麟 方鴻志 鄉學。		
同治四〔二六〕年乙丑			王近禮 恩貢。 盧暉吉		
同治五年丙寅			胡壽通 鄉學。 侯世昌 鄉學，恩貢。		

續表十二

同治六年丁卯			胡壽天 副榜，鄉學生，西胡家營人。 劉承勳		
同治七年戊辰			李恩暉 常世珍 鄉學。		
同治九年庚午			蘇源洽 張俊三 鄉學。		
同治十年辛未			于廷琯		
同治十一年壬申			張翼舒 恩貢。 房生輝 鄉學，恩貢。 張廷芳		
同治十二年癸酉			王樹屏 拔貢，永寧人。 陳永昌 鄉學，拔貢。 韓國賓		
同治十三年甲戌			傅典學 賈正身 鄉學。		

光緒二年丙子			池生春 恩貢。耿繡 鄉學。王福安 鄉學。		
光緒四年戊寅（二七）			王福照 恩貢。		

國朝貢生無年甲可考者敘於後：

李茂恩、主簿。閻紹美、訓導。朱國光、教諭。張孔亮、教諭。高惟讓、教諭。方應奎（二八）、訓導。楊其德、東昌府通判。安世隆、趙文獻、劉述遠、和順知縣（二九）。胡向唐、劉元佐、呂應兆、教授。呂光榮、嘉興府通判。趙國儒、郭朱藩、張之屏、郭朱垣、馬恬（三〇）、塗應選、知縣。蔣瑚、張應旂、楊師程、李之敬、縣丞。宋嘉樂、縣丞。趙慶順、訓導，《州志》作慶頤。王景堯、利□知縣（三一）。以上見《府志》。唐士魁、拔貢，任知府，祀鄉賢。程光祖、經歷。蘇景福、張允中、葛欽宇、李發本、郎星、孟賓王、張祖功、訓導。饒含光、饒含采、唐縣（三二）訓導，祀鄉賢，有傳。唐侯廕、賈宏超、謝孟煥、喬壯勳、耿九經、吴良弼、成振祖、蘇待聘、董治統、劉漢英、任廷舉、崔進之、王維屏、吴啓祖、趙朗、任孔富、楊四維、以上見《乾隆志》。○以上俱州學。劉文淇、寧海知縣。賈之驥、萬泉知縣。塗騰茂、鳳陽知府。饒國士、恩貢，真陽知縣。賈士璋、拔貢，宜君知縣，殉難，有傳。李之實、睢寧（三三）訓導，殉難。張其才、訓導。謝國擢、教授。劉應試、葉縣知縣。魏峘、縣丞。王景舜、州同知。王遵賢、王瑾、劉文藻、宋存殷、拔貢。趙三才、恩貢。吕爲章、拔貢，武昌知府。杜淵然、縣丞。劉士奇、縣丞。徐有縉、盧士英、楊善、胡守典、縣丞。馬正午、拔貢，志平知縣。王嘉德、州同。劉伯恭、拔貢。張文采、黄建極、任伯隆、胡守要、胡守倫、恩貢。趙鳴珂、以上永寧縣學，康熙三十二年，併入延慶州學。李可憲、劉國鼎、丁士毅、孟騰蛟、以上四人俱恩貢。李士价、程憲、王奉若、張祖蔭、趙建中、李之柟、趙登瀛、縣丞。丁攀桂、郭運泰、劉繼善、趙允中、府學貢。王維屏、劉登嵋、李毅、趙建中、楊近仁、張光燦、孟廷翰、李士炎、吕成斌、訓導。謝玉成、訓導。郭宏勳、鴻臚寺序班。○以上見《府志》。吕焕、榆林堡人。陳元吉、李家窑人，俱鄉學拔貢。胡崧、優貢，永寧人。王世昌。以上採訪。

按：貢生馬文麟、李士英、張其智、孟起鳳、葛志剛、胡守魯，《府志》列入明；又趙國儒、郭朱藩、張之屏、郭朱垣、楊師程列入國朝，今俱從《府志》。又《舊志》有兩李儀，有胡魯、胡守魯，今據《府志》祇載一人。又明貢生房慶，《府志》作「方」，今從

《舊志》作「房」。又按：《府志》《州志》相懸殊者，此外尚多，當詳核之。

鄉舉無年甲可考者附於後：

穆觀光、西辛堡人，任知縣。解僑、廣西來賓知縣。劉瑞麟、榆林堡人，長垣教諭。耿懷晦、鄉學生，團山堡人，吴橋教諭。○以上舉人。趙威權、趙廷彦、任永寧千總。魏□。失名，州城楊家胡同人。○以上武舉。

孝廉方正

杜詩、武生，上水磨人，同治年舉。程丹桂。廪生，居庸關人，光緒年舉。○以上俱採訪。

例仕表

金

畢資倫。同知武昌軍，有傳。

侯進。保静軍節度副使，有傳。

侯慶。萬夫長，有傳。

明

紀年	例貢	例監	掾吏	武職
永樂年			宋汝舟主簿。楊芳倉大使。焦隆府經歷。賈福倉副使。	
宣德年		鍾謙府知事。賀誠典史。	樊資典史。劉瑾倉大使。	
正統年			丁俊所大使。李瑾倉大使。鄭玉縣丞。	
景泰年	耿洪都事。張睿主簿。張明州判。張隆經歷。	張春吏目。藍資主簿。馬信典史。衛昇驛丞。	王澤典史。趙祥布經歷。王用縣丞。郎冕驛丞。	
成化年	侯相吏目。吴思誠斷事。	曹福倉大使。段志大使。張瑄驛丞。	張世安巡檢。劉表所大使。	

續表一

正德年	任天賦典簿。 吴三省署丞。 侯寰吏目。	李鶴判官。 王河 殷盛	房崇巡檢。 焦鵬主簿。 黄鏜大使。	張勛 都指揮僉事，充遊 擊將軍，殉難，有傳。
嘉靖年	姜繼志吏目。 張其德主簿。 趙民安經歷。 盧相照磨。 邢進德	祖守時 焦永衛知事。 王學吏目。 遲資府照磨。 李淮 范昇主簿〔三四〕。 李文會 楊桂	宋資吏目 宋鏜大使。 谷寬典史。 趙經巡檢。 穆得龍典史。 藍寅巡檢。 汪鎧運司大使。	林旺 百户，殉難，有傳。 張澄副總兵。 張輔指揮。 黄堯臣指揮。 湯湧守備。 桂一枝 操守，有傳。 吕淵參將。
萬曆年	胡克官 胡克讓 翟泰 胡孔衍 郭衛邦 宋登瀛 郭守邦	李吉弼 蘇輯 孟泰 劉儒 序班，官至少卿，加四品服。 劉繼善知事。	燕永貴 任大通關大使。 李漢 運司大使。 衛衡所大使。 郎效才衛經歷。 汪貴驛丞。 謝良巡檢。 謝登瀛 京通大使。 劉視遠典史。	劉臣參將。 李茂春參將。 馬化龍都司。 康虎守備。 張塘守備。 劉忠守備。 馬鎮守備。 胡遐齡守備。 楊大節 劉環 參將，有傳。

崇禎年	張朝朱 吴士宏 進士表有吴士宏，疑誤字。 趙應捷 閻紹郊	張鳳翼 府照磨。 劉裔祥 縣丞。 文希孟 任鴻臚寺主簿。 劉觀第 巡檢。 李之本 楊開泰 魏斯性 主簿。	蔣有進 任汶上縣典史。 岳登霄巡檢。 宋國相巡檢。 郎郊孔巡檢。 路得時巡檢。 王家相巡檢。 劉光遠 運司大使。 謝欽府巡檢。 趙學顏 税課副使。 郎廷智 運司大使。 梁鍾巡檢。 葛天受 京倉副使。 焦允慶典史。 李緝業省祭。 焦遇泰省祭。 劉清遠省祭。 鄒宏孟省祭。	李尚文守備。 楊松守備。 宋聚奎守備。

續表三

楊應科巡檢。
武思聰巡檢。
吴雄大使。
吴學詩巡檢。
成性典史。
羅桓典簿。
劉雍司獄。
任希曾大使。
袁成驛丞。
王尚義驛丞。
王鉞閘官。
李夢文典史。
賀九德省祭。
閻國士省祭。
林樓省祭。
閻國讓省祭。
周於德省祭。
王尚傑省祭。

國朝

紀年	例貢	例監	掾吏	武職
康熙年	塗宗震由廩生任盧陵縣知縣。 葛如桂松江府同知。 解琯順義縣訓導。 解琛	葛九調濟寧州同。 塗培縣丞。 鄒璽由庠生。 鄒瑞麟由庠生。 劉嶼由廩生。		張其猷守備。 塗定海守備。
雍正年	葛志任 葛如蘭 解元吉由增生，有傳。 張鵬翥 段應試 段宏基 閻揖亮 以上見《乾隆志》。	孟廷偉由庠生。 賀將由庠生。 謝璉由廩生。 《舊志》：明掾吏有王國卿、耿時享。本朝監生有謝孟煒、張五倫、鄭廷梅、吴進之、許富德、解紹孔、沈振祖、沈發祖、孟興玉、宋自俊、解元文、楊崇儒、塗大年、段應龍、竇琦、崔軒、郭伯、趙國璽、張業振、夏可弼、塗永年、塗彭年、謝君弼，共二十五人，皆未仕，姑附諸此。		杜明德千總。 以上見《乾隆志》。

嘉慶年

孟宏德
鄉學生，任邱縣訓導，雙營人。
王應旭
永寧人，鹽山縣訓導。
郭墉雲南川江縣縣丞。
王堯年
永寧人（三五），隆平訓導。
夏時懋永寧人，户部主事。
郭坦
武昌縣丞，署雲夢知縣。
郭均
遵化州訓導。
吕佺
永寧人，歷廣平、大興訓導。
聶賡墀
太常典簿。
張清
西劉家堡人，任貴州巡檢。
聶國英
永寧人，山西豐鎮廳司獄。

閆信芳
東杏園人，入籍大興，考取天文生，任監正。

魏國璽
州城人，牆子路都司。
丁玉和
西關人，尉州路都司。
秦霖
任參將。〇以上採訪。
王贊元
詹事府供事。
程鳴岐
詹事府供事。

續表二

	楊存禮 鄉學生，任奉天訓導。 楊照鄉學生，任刑部員外郎。			

以上遵例諸職銜，均係實任，惜《舊志》將地名删去。今據碑碣可稽者，補載一二於右。

封贈

明

李亨，以子衍兵部職方司主事，贈奉直大夫。

李衍，以户部右侍郎，授通議大夫。

蘇明，以子乾工部屯田司主事，贈奉直大夫。

黄寧，以子鍾順天府丞，封中憲大夫。

李英，以子瑶南京刑部河南司主事，贈奉直大夫。

聂〔三六〕拳，以子友良雲南道監察御史，贈文林郎。

劉章，以朝成縣知縣，授文林郎。

劉希武，以子繼禄户部福建司主事，贈奉直大夫。妻張氏、王氏俱贈安人。

孟明，以子泰康陵衛經歷，贈徵仕郎。妻高氏贈孺人。

劉麟，以子儒鴻臚寺右少卿，贈奉直大夫。妻閻氏、張氏俱贈宜人。

塗良，以子雲路繁峙縣知縣，贈文林郎。妻張氏、孫氏俱贈孺人。

谷瀛，以子文奎蒙城縣知縣，贈文林郎。妻任氏封孺人。

胡福，以子觀中城兵馬指揮，贈承德郎。

劉觀風，以子之洵留守右衛經歷，贈徵仕郎。妻吴氏、李氏俱贈孺人。

國朝

劉清遠，以子應試葉縣知縣，贈文林郎。妻段氏、張氏贈孺人。

饒含采，以子有斐黟縣知縣，贈文林郎。妻胡氏贈孺人。

李中時，以子德淦〔三七〕涇縣知縣，贈文林郎，妻夏氏贈孺人。

李中時〔三八〕，以降服子〔三〕德淦涇縣知縣，贈文林郎。妻衛氏贈孺人。

王承祖，以子化遠南宫訓導，覃恩贈修職佐郎；妻張氏贈孺人。

蘇世儒，以子遜順義訓導，覃恩贈修職佐郎；妻閻氏贈孺人。

崔華棟，以子文焕鴻臚寺序班，覃恩贈登仕佐郎；妻盧氏贈孺人。

郭之燦，以子坦武昌縣丞，覃恩贈修職郎；妻竇氏贈孺人。

魏國壐，以牆子嶺都司，授懷遠將軍；妻劉氏贈淑人。

杜詩，以義子黄大元頭等侍衛，贈武功將軍；妻劉氏、繼妻汪氏俱贈淑人。

【校勘記】

〔一〕衡玉：《正德宣府鎮志》作「仲玉」。

〔二〕吕翱：原作「吕翻」。據《嘉靖宣府鎮志》《乾隆延慶州志》改。

〔三〕知縣：《乾隆延慶州志》作「教諭」。

〔四〕文盛：原作「文成」。據《嘉靖隆慶志》改。

〔五〕允和：原作「允初」。筆誤。據《嘉靖隆慶志》改。

〔六〕辛酉：原作「辛卯」。筆誤。據《正德宣府鎮志》《嘉靖隆慶志》改。

〔七〕懋：原闕。據《宣化府志》補。

〔八〕旗：《宣化府志》《乾隆延慶州志》作「旂」。按：《宣化府志》：「劉觀旂，永寧衛指揮僉事。中式，陞署指揮使。」《乾隆延慶州志》：「劉觀旂，己未科，任守備。」

〔九〕汝：原作「安」。據《康熙延慶州志》《乾隆延慶州志》改。

〔一〇〕武：原闕。據《乾隆延慶州志》補。

〔一一〕上：原作「土」。筆誤。

〔一二〕岷：原作「峄」。據《嘉靖宣府鎮志》改。按：《嘉靖宣府鎮志》作「李實，字若虛，授四川岷王府紀善」。

〔一三〕縣丞：原作「知縣」。筆誤。據《康熙延慶州志》《乾隆延慶州志》改。

〔一四〕歷：原闕。據《乾隆延慶州志》補。

〔一五〕克：原作「可」。筆誤。據《乾隆延慶州志》改。

〔一六〕縣丞：原作「知縣」。筆誤。據《宣化府志》《乾隆延慶州志》改。

〔一七〕縣丞：《宣化府志》同。《乾隆延慶州志》作「知縣」。

〔一八〕驤：《宣化府志》作「驤」，《乾隆延慶州志》作「讓」。

〔一九〕秦嶽：原作「泰嶽」。筆誤。據《乾隆延慶州志》改。

〔二〇〕琪：《宣化府志》作「琪」，《乾隆延慶州志》作「麒」。

〔二一〕奎：《宣化府志》作「奎」，《乾隆延慶州志》作「魁」。

〔二二〕「以上」後有闕文。

〔二三〕本表標題「紀年」「進士」「舉人」「貢生」「武進士」「武舉」原闕，據上表補。

〔二四〕李中時：原作「李時中」。按：延慶區檔案館存嘉慶十四年（1809）皇帝贈李德淦父李中時爲文林郎、安徽省寧國府涇縣知縣，母衛氏爲孺人的敕命，有「爾拔貢原任巨鹿縣訓導李中時，乃安徽省寧國府涇縣知縣李德淦之本生父」等語，故據改。

〔二五〕靖：原作「荆」。據《清史稿》改。

〔二六〕四：原作「三」。筆誤。

〔二七〕戊寅：原闕。據實補。

〔二八〕奎：《宣化府志》作「魁」。

〔二九〕和順知縣：《宣化府志》作「和順知縣」，《乾隆延慶州志》作「仕知州」。

〔三〇〕恬：原作「田」。據《宣化府志》改。

〔三一〕利□知縣：原闕。據《宣化府志》補。

〔三二〕唐縣：《乾隆延慶州志》作「唐山」。

〔三三〕睢寧：原作「雎寧」，筆誤。

〔三四〕簿：原闕。據前後文補。

〔三五〕人：原闕。據前後文補。

〔三六〕聶：原作「夏」。筆誤。按：其子聶友良，字益之，天順甲午進士，授陜西道監察御史。

〔三七〕李德淦：原作「李德滏」，筆誤。見上注〔二四〕。下同。

〔三八〕李中時：此「李中時」，與前文「李中時」爲兄弟，不應同名。

【注釋】

[一] 雷宗：乾隆《延慶衛志略》云：「明弘治壬戌科進士，任四川道御史。」《宣化府志》《嘉靖宣府鎮志》《嘉靖隆慶志》《乾隆延慶州志》均無載。

[二]《宣鎮志》：指王崇獻纂修《正德宣鎮志》。

[三] 降服子：按傳統禮制，子女爲父母應服三年之喪；其已出嗣（過繼給別人）的子女，則由三年降爲一年，稱爲「降服子」。

延慶州志卷八

人物志　仕績　忠烈　文學　孝行　義行　耆壽　隱逸　流寓

仕績　武略附見

明

李衍，字文盛，隆慶州人，景泰進士。成化初，歷官參議，督四川松潘糧儲。行部至彭索河，知生蠻擾邊，民不得耕。衍以計誅其渠帥。乃視要害築亭〔一〕障，墾荒田千餘頃。灌縣都江堰〔二〕壞，衍修之。三遷，以户部左侍郎權尚書事。河北連歲饑，郡縣當輸粟塞下者，橐銀就糴，穀騰貴。衍請輸銀京師，以太倉米給邊，軍民便之。二十年，總督關陝，引渭水爲渠，溉民田。召爲户部尚書，以老告歸。《大清一統志》

羅諭，永寧人。由國子生歷仕延安太守。精兵法，爲居庸關贊畫〔一〕。正統間，出奇策退也先兵。任鞏昌時，興利除害，民多德之。延慶衛祠祀。著有《棟菴詩集》。《永寧

縣志》

魏廷臣，永寧人。任參將，彊[三]力有謀，多樹偉績。同上

馬化龍，永寧人。任都司，致政家居，義方教子，簪纓推轂焉。同上

聶友良，字益之。天順甲申進士，授陝西道監察御史。時見大明門下貨肆叢集，市易者俱南北相向倨坐，因奏設木栅限之。出監大同，儲蓄宿弊一清。還朝，疏陳《邊政十事》，皆切機宜。上命行之。再按南畿，剔抉奸蠹，興舉廢弛。所屬吏有克自樹立、惠政及民者薦之，其不才或貪墨者，雖權勢子弟弗恕也。陞浙江按察司副使，卒。《乾隆志》參《宣鎮志》

胡忠，字藎臣，永寧人。以世次應襲父官，讓弗嗣。登弘治壬午賢書，尋判常州。地多盜，捕得輒杖斃之，餘盜悉遁他境。舉政績卓異，進階奉訓大夫。引疾歸，祀永寧鄉賢。《永寧縣志》參《胡氏家傳》

蘇乾，字體健。少遊庠序有名。弘治辛酉，登賢書。明年，對策擬元，因邊人改傳臚，拜兵部武庫主事，遷職方員外郎，旋遷郎中。時尚書華容劉大夏、靈寶許進每朝回問乾兵機，乾對俱中機宜，即奏行之。逆瑾黨孫司務者，勢傾公卿，每誘致乾，乾不爲動。參議陝西時，流寇猖肆，乾躬擐[四]甲冑，率官兵擒殲之，賊爲解散。歲饑，設法賑

濟，多所全活。年四十三，乞致仕歸，七十七乃卒。乾博識經史，騷雅詩賦、篆籀楷隸，以及陰陽星曆諸書，無不精妙，鄉人呼爲「小東坡」云。《乾隆志》

黄鍾，字伯魁。幼能文，爲郡庠弟子員，舉進士，入諫垣。時詔修乾清、坤寧二宫，當事計值甚鉅。鍾計之，可減十之五，奏準行。土木之變[二]，帥臣神周恃逆彬黨[三]，擁眾不出，鍾劾其罪，因置於理。兵部尚書彭澤節制川陝有功，權臣忌之，誣以法。鍾白其誣，澤得免。擢順天府丞。素多勳戚巨璫，素多恣横，淩虐人至死，鍾緝其凶，斃之。遷都察院右副都御史。嘉靖辛卯，巡撫山右。未久，稱治焉。年未六十，遂引退，杜門謝客，人罕得面。其端慤渾含，外晦中通，直不忤物[五]，廉不要名，鄉評多之。《乾隆志》參《宣鎮志》

胡紹齡，字介年，永寧人。以拔萃選昌邑縣丞，邑故彫㓜力，賦常不及額。坐是，左遷河南照磨。數月，上官才其爲，復原秩，補山西繁峙縣丞，上計最，擢五臺知縣。旋引疾歸。祀永寧鄉賢。《胡氏家傳》

李夢淞，後所掌印千户。嘉靖戊申九月、己酉二月，敵兩犯[六]州境，淞晝夜巡城，厲眾保障，大有勞績。《府志》

萬繼先，任省祭官，居小河屯與大營堡。州民王祥保守州境，賊至，各斬賊首級。

同上

盧綬，縉山人。天性孝友，言動不失規矱，令招遠，有循良風，東人爲立生祠。邑大夫趙撰其志銘云：「爲人沈静樸厚，不爲崖岸斬絶之行，余雅望之。飲於鄉，縫掖相望而型范焉。」蓋其實録也。所著有《盧氏文獻》，藏於家。《永寧縣志》

梁九疇，縉山人。爲延長令，多惠政，民建生祠祀之。《永寧縣志》

胡克廣，以貢倅裕州，治行超卓，陞苑馬丞。在裕時，均田清賦，以廉能〔七〕稱，兩視縣篆，所去見思。任遼東時，修學、築城、驅蝗、感雨，屢爲當道薦揚。以乞終養，歸，家居事母，色養温凊，必親醇厚以處鄉黨，爲一邑表率焉。祀永寧鄉賢祠。同上

國朝

周貴，字榮吾，永寧衛人。康熙十五年，任台協副將，舊例軍中買穀辦料及油、薪、茶、炭，無不取資民間，貴悉除去。申飭軍令，官兵彊横，悉置之法。在台三載，捍衛封疆，海鯮遠遁，民賴以安。《乾隆志》

胡念祖，永寧人。乾隆五十二年，以舉人莅涇縣。寬厚廉静，不事煩苛，而民安其業。收漕一事，尤爲地方累，念祖力矯其弊，耗羨之外，絲毫不取，邑人德之。《涇縣志》

李德淦，號梅岩。幼貧苦，承庭訓，讀書入泮。博學深思，殫竭心力。旋由大號中式。乾隆乙卯，捷南宫，署安徽石埭知縣，題補涇縣，政簡刑清。縣試拔取潘某爲榜首，後官至河督。當時或謂其家殷實，恐滋物議。德淦曰：「余但論文，嫌疑罔卹也。」嘉慶乙丑、庚午，兩充同考官，所取皆知名士。解餉成都，途中所得歌咏，編爲《蜀道紀遊》若干卷。嗣因令審鄰封要案罣誤，左遷江西新淦丞，年老不赴，改選慶雲教諭。致仕歸，僅携書籍數篋。年八旬，卒於京邸。採訪

胡先達，號彝軒，永寧人。由廪貢任東光訓導。道光壬午，第進士。歷署江蘇溧陽、武進知縣，聽斷明決，案無留牘。尋補吴江，兩月，引疾歸。嗣遵例捐陞知府，分發貴州，署松桃同知。創建書院，義舉多多，復引疾歸。家居，購本鎮巡政廢署，創立書院。地在縉雲山陽，顔曰「縉雲」。延師課士，一時俊秀誦讀其中，文風丕振。又捐置義冢，以待外來之無葬地者。出其緒餘惠鄉里，以供草差、車差之用。先達剛毅自矢，事無留難。然不稍自貶折，以降其志，故再官而再歸。年六旬卒。著有《縉山草堂制藝試帖》，刊刻行世。子三人，俱以科名顯。節梅曾亮《胡彝軒傳》

忠　烈

金

畢資倫，縉山人。以傭僱從軍，積功至都總領。僕散阿海南征，軍次梅林關，不得過，資倫引兵取之。還，復爲宋所據，資倫再奪之。論功第一，授遥領同知昌武軍節度使，尋命統本軍屯泗州。興定五年，宋將時青襲破泗州，資倫自投城下，不死。宋軍執以見青。青説之降，資倫極口罵。青知無降意，下盱眙獄。復囚於鎮江府獄，鈐以鐵繩，脇誘百方，凡十四年，終不屈。及聞蔡州破，歎曰：「吾無望矣，容我一祭乃降耳。」宋人信之，爲設祭鎮江南岸。資倫祭畢，伏地大哭，乘其不防，投江水死。宋人爲之立祠。《大清一統志》參《金史》

侯進，縉山人，世爲望族，代有名宦。貞祐初，元兵起，金主徙汴。其父仕温早卒，進隨母李氏寓宿州，任元帥府經歷，累遷保静軍節度副使，後戰殁。《乾隆志》

侯慶，縉山人，副使進弟。仕萬夫長，與兄進俱死於陣。同上

明

張勛，永寧衛人。以都指揮僉事充遊擊將軍。正德九年六月，北部由野狐嶺入寇懷

安、天成，得利去。至秋八月，復由膳房堡入掠鎮城，南下至順聖東、西城及蔚、廣，勛率兵勦之。至千家營猝遇敵六七萬，與戰十餘合，敵少却。其酋長奮罵其衆，曰：「不勝，吾即〔八〕自刃其頸，爾等取首獻南軍也。」乃復擁衆攻圍。勛勢寡不支，力戰而死。時同死者有遊擊將軍倪鎮、東城守備田琦、西城守備廉彪，合十餘人。記功御史汪賜獨奏云：「張勛之死，比衆甚慘，而勤王敵愾之忠，尤非諸臣可比，不有褒録，其何以慰忠魂、示後勸也。」疏入不報。葬永寧城北十五里。《乾隆志》參《宣鎮志》

林旺，延慶左衛〔九〕後所百户。素賦膽略，諸酋忌之。甲午，賊犯石槽峪，旺拒戰，斬其首級，奪其器械甚夥，屢建勛績。賊知其名，日夜切齒。丙午，大驅敵，北遇伏兵，亡於八仙洞口。奏聞，賜旺姪璽爲本衛指揮僉事，卹其家。《府志》

向通，隆慶左衛人。少知讀書。每見古名將所建立，輒欣慕之。長承父廕爲衛指揮同知，戍守永寧。孫剛雲州之役〔四〕，通往從之。已而賊衆圍我師數重，勢不能敵，乃隨剛死，雲州亦陷。景泰元年，詔遣禮部郎中白璧諭祭，廕其子。《宣府鎮志》

黄堯臣，右指揮使，任周四溝操守。嘉靖庚申，賊寇赤城，臣奮激大呼，直犯〔一〇〕前鋒，賊懼引去。尋探知臣無援兵，復合圍之，中流矢死。事聞，贈昭勇將軍。《府志》

張允，永寧庠生。嘉靖中，敵入寇，允避窖中被執，竟不屈，勢窮自殺。《永寧縣志》

國朝

賈士璋，延慶州人。順治初，以貢生授宜君知縣。流賊王永强攻陷宜君，士璋死之。贈按察司僉事〔一一〕。《大清一統志》城破，賊入縣署索印，賈與子輔林不屈，同時縊死。後數年，有邑人來牧延慶，嘉父子之忠，請於大憲。上其事，以縣令職廕孫自立。康熙五年，銓奉天令。《乾隆志》〔一二〕

李之實，延慶州人。順治初，以貢生爲江南睢寧訓導。賊海時行倡亂，攻陷睢寧。之實不屈被殺，贈國子監學録。同上

文學

明

王惠，字澤民，縉山人。時初置縣，人文未著〔一三〕，惠首倡多士，以舉業淬勵，不安舊習。中鄉科，爲諸後進祭酒焉。《永寧縣志》

蘇明，字視遠。性剛直，疾惡甚嚴，好善尤篤。四十餘始登進士，爲山東黄縣尹。

政肅刑平，吏畏民服。莅官四閲月，聞母訃，即日奔喪去。服闋，補南陵，中道卒。常欲褒贈父母，未遂也。性友愛，教子義方，善於教人，講解詳悉，必悟而後已。卒後，羣弟子談及者，輒〔一四〕墮淚焉。

房敏，字好學。幼育於母家，從李主事瑶學。貧甚，讀書不輟。州人之好禮者，遣子弟從之遊，登甲乙科者多人。弘治初，州牧張夢輔欲延之西席，弗就。年八十二，詔授壽官，舉鄉飲，俱辭之。行誼高潔，鄉評重之。又五年卒。

李奈，字德涵。資性敏悟，襟抱宏擴，讀書樂道，素履芳潔，授澠池〔一五〕簿，獲上得民。親老，乞致仕歸養。去之日，澠人涕泣相送。里居以奉親爲樂，不問外事，鄉人甚重之。以上見《乾隆志》

明賈希顔《鄉官李公傳》：

李奈，號實齋，郡大族也。生而穎敏，髫年讀書刻苦。及壯，博覽羣書，治《麟經》，摛文雅有斷制，得胡《傳》義旨。襟抱宏闊，識者以公爲遠大器，屢試棘圍不偶。歲薦明經，入成均，友天下士。公自期者愈遠大矣。賢晋三舍，爲禄養謁選。天官卿以澠池雖小邑，爲四衝要路，知公老成長者，簿之以勵勦不逮。或謂位不稱賢，公曰：「朝廷廩餼以養士，將以爲民也。苟有利於民，即不負所養矣，於位何擇焉？使名公鉅卿有懈於位，如素餐（二六）何？」乃慷慨登車，以位卑近民爲大快耳！時邑令缺，使軺往來，需掊百出，公豫爲安置供億，使不煩苦於民。夙興視事，退食公堂，不暇及私舍。剖決詳明且速，訟無淹滯，澠民大悅。值學道校士，李生、王生輩以試文質疑，公所許名第與道所取不爽。士服公（二七）所學之純。戊申歲，部解京糧却常例，刻期完銷，上官多旌異之。復以賢能解薊鎮銀至六七萬，薊軍卒素悍悖無狀，部司令公分給。公抗是非，論利害，躬簿書，錙銖不爽，官卒帖服。庚戌秋，北邊驕逞南向，當事者命公提民兵防禦彰德，武略具見。署兩縣事，以冰蘗之操，行仁愛之政，尤多賢聲。將殊擢用，乃亟爲告歸，緣親老不得承懽膝下也。歸之日，士民攀留。及抵里，里人敬仰，載崇孝録。公天性孝友，行端潔，樂與人爲善，遠近嚮慕焉。冢器東山、東周、東海、東岱爲邑賢令，爲國學俊髦。子姓振振，衣冠楚楚，宦族無出其右者。

楊愈，字惟中（二八）。孝友著聞，性醇謹，豐神雅秀，懿行端方。授霑化令，愛民育

士，卒於官，遠近哀之。《乾隆志》

明谷文魁《鄉官楊公傳》：

楊愈，字惟中，郡人。少孤，事母以孝聞。賦性醇謹，豐神雅秀，灑然如圖畫中人。好學，寒暑不輟。充養純粹，志向高明，一切聲色貨利無所係累於心。慕理學，以聖賢期待，人未易知也。學正宋公紹美飽諳《春秋》，究心性學者，與公語移日，語人曰：「先正有言，『季通吾老友也，不當在弟子列』。其余與楊生之謂乎？」州守劉公大觀禮聘公爲西賓。危坐傳《麟經》義，終日不倦，且絕口不言公事，人不敢干以私。劉公曰：「北圃先生可謂師道立矣。」公别號北圃也。其敬仰若此。

屢科不售，乃值選期，授霑化令。公之任，問民疾苦，省刑薄税，編審均徭，親自檢括，里胥不能爲奸。聽斷明允，兩造俱服。尤能優禮縉紳，雅重師儒。其用恩舒而不驟，故入人深；其秉心誠而不文，故得民衆。清操善政，載之口碑。獨不能阿媕承望頤旨，蓋長於撫字，拙於徵輸，不獲上官意，賦不速完，而催檄屢下。公乃謂霑民曰：「凶歲窮民，救死不暇，吾不忍鞭楚百命以博一官矣。」相與民簌簌泣下，乃飲酒數升，獨臥小軒，未旬日，疾卒。士民驚惶哭號，聲徹庭階，縉紳挽弔詞章至疊疊數千言。輿櫬千里，行李蕭然。公壽不竟志，遠近哀之。

公嘗書臥榻以自警，曰：「惕然謹畏於幽獨得肆之地，而毅然直行於危疑犯難之時，小心於人所不知之處，負荷於衆目昭彰之頃，大丈夫事也。」公生平所自矢者，惜未竟〔一九〕其施。然清修邁種，與實齋公〔五〕媲美一時，爲百年未有者。

家君立程，歷官賢令，稱卓犖才，師程國學，博雅俊髦；孫國〔二〇〕泰，鴻臚序班。公之慎修垂裕後昆者，遠且大矣。

國朝

孫金度，字式玉，鄉學拔貢生，榆林堡人。博涉羣書，文理深純，詩尤俊逸。善飲，喜吟詠，嘗題灞橋。詩《思小照》有句云：「更有一班傲鄭五〔六〕，擔頭多個酒葫蘆。」嘉慶丁卯，舉於鄉，任唐山教諭，繼選武清教諭。致仕後，下帷授徒，執經者多拾青紫。子二，均食廩餼，能承其業。

王履謙，號鳴六，歲貢生，永寧人。早食廩餼，詩文傑出。冠時大爲金學使所賞，屢薦未售。晚歲選授安平訓導，未履任而歿。

李廷輔，號左襄，祖籍山右定襄縣。家素寒微，讀書善記誦。游泮後，執經王鳴六先生，下帷攻苦，學力大進。嘉慶辛酉，選拔入成均。旋舉賢書，肄業國子監，大爲張翰山侍郎所賞識。戊辰，捷南宫，選廣西永福知縣。親老改就教職，授奉天府學。履任後，修葺廟廡，整飭禮器。春秋二仲祭祀，儀文俎豆，秩然可觀。時與諸生談經講藝，漸摩日久，文教爲之蔚興。以疾卒於官。廷輔鄉居時，凡有義舉，無不極力贊成。如文廟、義倉，尤盡心籌畫，人至今稱道弗忘。

吕全，號藝林，貢生，永寧人。性孝友，讀書善悟(三二)。幼從王鳴六先生遊，經義疑難，一見即解。善書畫，通算法。年十八食廩餼。嗣由謄録選廣平縣訓導，以憂去。服闋，司訓滿城，陞補順天府學。同官某，年老且病，一切事宜，全獨綜理之。在任六載，士林悦服。老致仕歸，里中有縉山書院，多方經理，不辭勞瘁。年八十六而終。

程澤，字雨田，居庸關人。鄉里以孝友稱。道光己酉，拔萃入成均。越二載，登賢書，官國子助教。每月試諸生時，諄諄以主敬窮理、篤志力行相期勉，遂多成立者，大司成器重之。澤敦品勵學，留心經濟，論事具有卓識。乃未展其志，年僅五旬而終，輿論惜之。以上採訪

孝行

明

趙安，幼讀書以敦倫爲學。父卒，哀毁過甚，廬墓三年，食蔬飲水，聊以存生。後爲夏津主簿，念母老，上書當道，求終養。歸一年，母病卒，安復廬墓。久之，鴉馴擾聲，嗚極悲，若助哀然。三年始旋。嘉靖辛卯，有司以事聞，旌其閭。《舊志》

孟周，幼穎悟。補州庠弟子員，與從弟言讀書州城。嘉靖戊申秋九月，聞賊圍八里店堡，二人俱有親在，亟挺身赴救，手擊一二賊，力不能勝。周被執，大罵而死；言亦死於賊。學官諸弟子列狀聞。監司嘆曰：「此一死也，於國爲忠，於家爲孝，可以風世矣。」祀鄉賢祠。《府志》

孟言，周之伯叔兄弟也。同周讀書城居，同往救親，死於賊。《府志》

曹銓，岔道人。其父曹二，爲敵所執。銓往救，父得免，銓死焉。《府志》

孟暘、孟時，居八里莊。賊至，或曰：「盍避諸？」二人曰：「吾父母、宗族悉在此，吾何忍去也！」皆死於賊。同上

段伯奎、段樂格，舊志作老哥子。小店屯人。其父志卿被賊執，乃竭死力以脱父難，

而二人皆死焉。同上

曹鈗，州庠生。年二十，負忠孝大志。嘉靖戊午三月，賊圍曹官營。鈗肄業學舍，突出救母，被賊執，令降之，鈗嚼舌噴罵，曰：「我讀書學忠孝，而肯〔二二〕從爾苟生耶！」賊怒，刃之。賊退，家人收其屍，猶有忿色云〔二三〕。

劉環，左衛指揮僉事。幼失怙，事母温清惟謹，孝養〔二四〕始終如一，鄉人稱之。

張良文，永寧人。以耆德蒙恩，例授壽官。居家孝弟，在鄉黨有王彦方遺風。與其弟良武、良能和敬雍睦，白首無間言，俱以厚德稱。當事扁其門，曰：「伯仲孝友。」母殁，良武廬墓三年，大冢宰以純孝旌之。

李真，西辛堡人，李天禄子。天禄有過當杖，真匍匐號泣，求代受杖，時人稱孝焉。

張燦，四世同居。至燦兄弟六人孝友和睦，凡財帛出入，尤彼此不計多寡。其娣姒亦皆感化相親，愛無間言。壽各六七十〔二五〕，杖履逍遥，爲鄉人所重焉。

國朝

閻正陛，永寧人。雍正元年恩貢，與弟納陛皆失怙，事繼母能得歡心。兄弟友愛無間言。乾隆間，學使劉扁其門，曰：「士林楷模。」

李登雲，永寧衛武生。兄連雲，郡庠生。兄弟友愛，父遺産千金，恣兄所用，至囊橐竭，而登雲甘受饑寒，略無間言，鄉評賢之。

王之瑶，永寧人。少孤家貧，事孀母備極孝養，順意承顔，略無懈色，撫幼弟備盡友愛，士人稱之。

解元吉，貢生。父解琯，以明經司順義縣鐸，尚義好施，爲鄉人所推許。元吉天性孝友。父解組家居，寢疾十有八年，元吉侍膳進藥，晝夜弗違。迨父歿歸窆後，間日必往拜，如事生禮，拜畢泣而返，如是者三年。事孀母趙氏猶事父，色養承歡愈謹，人咸稱孝焉。以上見《乾隆志》

胡先鳴，字鳳舉，永寧人。自幼恂恂，無子弟過失。年十二，罹其母之戚，癯然哀毁如成人。事繼母尤孝謹。及長，色養備至，憂愉不主於己。與異母弟友愛甚篤，聞者以爲難。嘗欲自鏃礪以有見於世，數屈有司，遂充四庫館謄録。例敘得縣倅，尋歿。士人惜之。《胡氏家傳》

劉克明，郡庠生。幼失恃，賴祖母鞠育之。及長，事繼母孟氏敬養維謹。家甚貧，孟病蠱，醫藥飲食，克明多方措置，略不聞於父。有幼弟，孟疾不能乳。其父命出爲人後。克明不忍，白母曰：「兒當竭力謀乳，以哺幼弟。陽爲出繼，暫令寄養可耳！」母亦感泣。母病蠱得淡食可愈，克明遂同母淡食百日，母病癒。年餘，携幼弟歸，父始知之。

馬應科，團順屯人。家甚貧，又少孤，奉母維謹。一日母病，醫藥罔效。應科素聞古有刲股療疾者，因涕泣禱天，割股以進，母疾獲愈。逾年，母殁。應科哀毀，幾不欲生，又無力營葬，僅敝屋數椽，鬻之以治喪具云。《乾隆志》

張榜元，貢生，州城人。事繼母時氏，先意承志，禮無遺闕。鄉里賢之。

周大用，州庠生。事父極孝，父病，必親嘗藥餌。父殁，事母如故。

郝廷禄，武夫也。其父亡，事母無倦意。母疾，禱之於神，自誓茹素。後從事練軍，將遠出，嚴囑其妻善事之。人咸以孝稱焉。

吴某，永寧北關人。其父患疾，百治罔效。乃自割肉獻之，聞者嘆服。

宋春，東紅寺人。其母久病不愈，遂割股作湯進之，疾乃瘳。

李文貴，西屯人。事母以孝聞。其母病，百方禱祈。因割股肉以進，食之而痊。以上採訪

義行

明

鄭寬、楊琮、沈宗、王喜、陳秀、段志剛、徐珩、殷軒、宋騰、馬昂、米時福、張緒、殷輔，創修邑志，俱捐重資。

焦時濟，少貧孤，勤苦成家，訓子成名。

陳萬庫，性純良，力差，苦累終身，無怨言。

宋世慶，性温和，奉公不怠，雅重鄉評。

王伏禄，性樸直謙和，鄉里雅重之。

吕象賢，幼襲醫官，效勤公事，訓子成名。

杜天福，起家勤儉，和鄉里，與人無争。

張所藴，衆舉木鐸老人，守分奉公。

陳登科，素好善，施財不吝。

邵虎，鄉居和睦，善舉實多。

焦時沛，鄉約急，當日稱孝。

谷興玉，性温醇謙謹，兄弟友愛同居。

張汝翼，醫術活濟，兄弟同居，鄉評推重。

屈尚仁，性剛直，鄉約，勤勞不怨。

張九成，天性純篤輕財，借貸不還者不取。

劉源深，性孝友，治家勤儉，素行不苟，人敬重之。

焦允中，性剛直，輸財修橋，作利人事。

高鶴、張鵠、張奇、張邦定、張大富、曹承魁、玉時滕、趙有興、温汝梅、何位、趙改、蔣有進，俱慷慨施與，有古人風。

國朝

王大紀，好善樂施，敦睦純謹。

胡學思，字會遠。性沈静耿介，寡言笑，好施予，里黨中窘乏者、婚喪無力者咸周之。族人有因歲凶質其身及妻孥於豪門者，學思急爲代償其值而毁其券，計日給薪水，全家賴以存活。又有爲負所迫者，貧不能償，謀及鬻婦，學思聞其説，善爲安慰，資助之，復勸就營生計。平生接物誠恪，未嘗臧否人，氣節高峻，不爲苟合，鄉人重之。

饒含采，性醇謹端方，好學敦行。家貧，以硯耕自給。一日有偷兒入其室，已覺，被獲，因長跪乞哀，並言其饑寒所迫。含采出家所存斗粟分半與之，偷兒感泣而去。有質物誤取者，較己物十倍，因婉言，仍歸之質庫。他日，其人悟，踵門謝之。嘗拾路遺錢一橐，立候失主，被人詐取去。少頃，失主至，含采質己物償之。秉鐸唐山縣學，教化所及，多士興起。暮年嗜《易》，未嘗釋卷。精岐黄術，活人甚多而不受謝。鄉黨莫不稱其盛德云。以上見《乾隆志》

胡恢舜，永寧人。雍正乙卯選貢，親老不仕，亡於外。恢舜迹其家泣請，偕其嫂以歸。居頃之，又出亡，乃復迹之不可得，悵悵而還。教授鄉里，多所成就。戚族中以窶告者，資之。課子必中，程式以治行著江表。祀永寧鄉賢。

劉克讓，貢生，克明異母弟也。克明事繼母以孝稱。克讓幼時，其父欲出之爲人後，克明多方求全，權養於外。及長知之，銘感不忘，事之惟謹。其兄晚年癱疾，讓百計誠禱，幾無寧息。歿後，每造墓，涕泣之。

聶佩謹，號潤亭，庠生，永寧人。素饒，勤儉好施。族黨無力婚葬及莫能舉火者歲周濟之，並代納草差，動費制錢百餘緡。乾隆、嘉慶間，兩次遭水患，出粟千二百石賑饑，全活甚衆。大府獎以「任卹爲懷」，贈「惠字桑梓」匾額。他如興復文廟、捐立義學，靡不首先輸將，始終無倦。年八十歿於京師，以子時懋貴贈如其官。

王化遠，號沛然，郡庠生。少穎悟好學，早歲食廩餼。天性孝友，忍讓寬恕。晚年與異母弟析居，祇取薄田數畝，家道雖微而急公好義，自忘其貧。順治時，裁永寧縣，移縣學宫於署故址，歷年失修，率同人集資重新之，令子履謙細書神牌。旋由明經授南宫縣訓導，備置祭器，講求祀典。時與諸生論文談道，士林悦之。未幾，兼署冀州學篆，以老致仕歸。壽八十五歲，無疾而終。

聶時懋，字勉旃。早歲食廩餼，攻舉子業，屢薦不售，遵例觀政户曹，服官二十餘年，所交皆一時名士。嘗於旅邸設槐蔭書屋，以詩文會本邑學優之士，如李廷輔、孫金度、王履謙、吕全諸人，籍其資助，均得自奮於功名，而睦姻任卹，濟困憐貧，綽有父風。充通倉監督，以疾歿於京寓。

胡先瀛，號仙洲。少聰穎，博涉經史。弱冠補弟子員，遵例捐教職。道光辛巳，舉賢書。先是，永寧文廟舊租大半被人侵蝕，因與同志逐加清釐，科斗皆歸，核實公舉，賴以不墜。永寧雖裁縣，舊志稿猶存，擬就原本增闕刊刻。乃享年不永，未竟其志。嘗設文課以培人，村修宗譜以聯族姓。處鄉和睦，居家孝友，爲一方之典型焉。

劉世綰，恩貢生。幼鞠育於其兄。及長，恭敬奉養，未嘗稍怠。其兄病，親嘗藥餌，

不離左右，鄉黨稱之。以上採訪

夏起龍、劉世剛、段應龍、祁維龍、杜登魁、于覲陽、劉毓才，均義行可風。續訪

耆壽

明

樊盛、李海、李興、劉鑑、劉什、張忠、沈華、宗剛、武鑑、趙剛。俱九十以上。丁旺、陳玘、百有十歲。蘇安、程廣、米賢、吴玘、孟明、段洪、段瑾、王洪、李寬、蘇傑、俱八十以上。與鄉飲，詔賜冠帶榮身。趙華、引禮壽官。趙蘭、八十九歲，德義範俗。趙宋、壽官。張文隆、壽官。劉佐、壽官。李東周、壽官。郭文章、巡檢。張一蘭、壽官。劉極、耆老。張憲、壽官。谷賓、典史。鄒倫、庫官。崔大倖、郭朝、典史。丁用、儒官。徐中美、吴雲、耆老。塗良、馬忠、省祭。谷維喬、壽官。劉仲義、大使。耿相、壽官。逮愛、壽官。張林、王伏林、劉仲節、壽官。王伏禄、李延梅、壽官。張大湖、壽官。郭邦望、壽官。鄭奇、賈希顔、知州。谷文魁、知州。劉九淵、知縣。楊立程、知縣。蘇樸、縣丞。魏學禮、通判。張鳳翼。照磨。〇以上《乾隆志》

《乾隆志》引《萬曆志》云：嘉靖中纂修《州志》，迄今六十七年（二六）矣。州民壽年七十、八十、九十以上者，三十八人。雖壽官、耆民不同，然皆上之人優卹所致也。

國朝

張傑、百歲。孫龍章、九十八歲。張均、九十五歲。劉世經、九十一歲。楊福泰、九十歲。侯旬采、九十歲。劉懿、八十九歲。杜誠、八十六歲。祁永成、八十五歲。劉輔貴、八十五歲。左大祥、八十四歲。王均、八十四歲。陳起龍、八十歲。楊休。八十歲。○採訪

隱逸

秦

王次仲，上谷郡人也。性能窺測造化，變通無窮。隱居庸山中，不爲禄仕。因倉頡所制書，學者每苦其難焉。次仲更爲隸法，簡便徑直，急速可成。是時，秦方燔書廢古

訓，官獄多事。始皇得次仲書，大喜。遣使三召次仲，辭不至。始皇怒，令下杜程邈增損之，名曰「隸書」。後世謂隸書程邈所造，實本於次仲云。《舊志》參《府志》

《宣府鎮志》云：《水經》載：次仲變倉頡書爲隸。秦皇三召不至，令檻車送之。次仲化爲大鳥，落翮居庸山中。今據隆慶城北有大翮山，則落翮之事果信然乎？意者次仲當焚坑時，知天下必不可仕，托此以遁世乎？或使者姑曲爲之辭，以避時之峻法乎？吾懼儒生曲士以此傳爲好異惑人，故附著其説如此。

明

董琮，字玉振。熟通經史，不求仕進。敦行誼，厭浮華，教子讀書，與人爲善，鄉里皆稱董先生云。

張奎，字文粹。賦性坦易，善與人交。好讀書，或嘲之曰：「先生已老，而讀不厭，何爲？」曰：「理義悦我心耳。」壽八十七歲卒。

國朝

王國衡，字秉鈞，司寇國棟之弟。不慕寵榮，獨嗜山水。城西郊外有田數畝，植柳數百株，課耕其中。又構茅屋三椽，讀書賦詩以自娱，名其地曰柳園。暮年猶芒鞋草笠，逍遥以遊，世稱爲柳園先生。以上見《乾隆志》

李鍾俾《遊王九[七]兄柳園詩》：

達人棲息地，遠在緑楊村。秋水浮天練，春山濕雨痕。廣栽千畝樹，密植百花園。雪夜林光靄，晴朝野色繁。躬耕推谷口，作室擅屏藩。大木層臺立，嘉禾晚浪翻。肯延俗客飯，偏對野人言。掃榻移谿徑，逢魚弄酒樽。浩歌新玉律，繞砌舊蘭蓀。謝子清風室，坡公納月門。坡公詩云：「明月入室媚幽人。」愧（二七）余邀雅愛，竟日坐黄昏。把臂登高阜，低頭指塞原。遠含今古意，微聽死生論。拂袖侵堦霧，隨烟下别軒。臨泉窺月窟，坐石探天根。頃刻神俱逞，須臾興不揄。迄今勁草句，自昔篋笥存。柳飲朝烟緑，人飛夜夢魂。郭勁草有寄憶柳園之句，云：「緑柳飲朝光。」王九兄出以示余。一方君子重，千載平泉尊。何況經遊者，同君席幾飧（二八）。

流寓

明

黄杲，字孟昭，章貢人也。天性純孝。父澂，任鈞州太守，後謫嬀州。杲隨侍謫所。承顔養志，愈竭敬愛。其父病瘍，杲挾侍保抱，憂形於色，願以身代。父殁，哀毁盡禮，廬墓終制。宣德庚戌六月，杲遷葬啓土，棺上有松樹蟠屈糾纏，勃然生氣。後州人稱孝子者，必曰黄孟昭云。

劉興，舊名行祥，原籍三河縣人。累建軍功，授副千户。遷居嬀川，生子銘，襲父職，調永寧衛後所副千户，遂爲延之望族。子孫繩繩，至今猶盛。以上見《乾隆志》

黄大元，字鼎三，懷安縣人。授乾清門頭等侍衛。因認杜君詩爲義父，遂遷居嬀川。

【校勘記】

〔一〕亭：《乾隆延慶州志》《嘉慶大清一統志》均作「奇」。按：據《嘉靖隆慶志》所載徐溥《户部尚書李公神道碑銘》，「亭障」爲是。

〔二〕都江堰：原作「江都堰」，筆誤。

〔三〕彊：原作「疆」，筆誤，徑改。後同。

〔四〕擐：原作「環」。據《乾隆延慶州志》改。

〔五〕忤物：原作「忓物」。據《乾隆延慶州志》改。按：忤物，指觸犯人，與人不合。

〔六〕兩犯：原作「兩祀」。據《乾隆延慶州志》改。

〔七〕廉能：《乾隆延慶州志》作「廉裕」。

〔八〕吾即：《乾隆延慶州志》作「即吾」。

〔九〕延慶左衛：原作「延慶衛」。據《永寧縣志》改。

〔一〇〕直犯：《乾隆延慶州志》此下有「賊」字。

〔一一〕僉事：《乾隆延慶州志》此下有「廕一子入監」五字。

〔一二〕按：《乾隆延慶州志》於「賈士璋」外，另有「賈□□」條，於本條「城破」以上，多「賈□□，仕山西某具令。時有山賊王强倡亂」十七字，且另起行。蓋《乾隆志》編者以賈士璋與賈□□爲二人，《乾隆宣化府志》卷二十九《人物志下》認爲「當是一人，傳聞異詞耳，並録之以俟考」，而《光緒志》以爲係一人。

〔一三〕未著：原作「朱著」。據《乾隆延慶州志》改。

〔一四〕輒：原作「轍」，筆誤。

〔一五〕澠：原作「沔」，據後文《鄉官李公傳》改。下文「澠人」同。
〔一六〕素餐：《乾隆延慶州志》作「素飡」。
〔一七〕公：原作「云」。據《乾隆延慶州志》改。
〔一八〕中：原作「忠」。據下文及《乾隆延慶州志》改。
〔一九〕竟：《乾隆延慶州志》作「究」。
〔二〇〕國：《乾隆延慶州志》作「開」。
〔二一〕悟：原作「晤」，筆誤。
〔二二〕肯：《嘉靖宣府鎮志》作「乃」。
〔二三〕猶有忿色云：《乾隆延慶州志》作「猶見有忿色。時人謂死於綱常，死得其所矣」。
〔二四〕孝養：《乾隆延慶州志》作「色養」。
〔二五〕壽各六七十：原作「壽七十」。據《乾隆延慶州志》改。
〔二六〕年：原闕。據文意補。
〔二七〕愧：原作「槐」。筆誤。據《乾隆延慶州志》改。
〔二八〕飧：原作「餐」。據《乾隆延慶州志》改。

【注釋】

[一] 贊畫：明代職官名。明代督撫幕僚有贊畫一職，取贊襄謀畫之意，皆以文官充任，具體職責和品級無定制。

[二] 土木之變：按明人言「土木之變」，多指發生於明正統十四年（1449）的明英宗朱祁鎮北征瓦剌慘敗，但其事去黄鍾、神周生活的年代已遠。據《嘉靖隆慶志・敕制》：「敕，户科給事中黄鍾，該總制宣大等處軍務都御史叢蘭，巡按山西監察御史周倫、李穩先後奏稱：今年六月二十四日，達賊擁衆深入偏頭關、鎮西、保德、奇嵐等處，大肆搶掠。七月二十六日，又圍寧武關。在關教場紮營，殺死守備指揮陳經，直至忻州、定襄、寧化、崞縣等處。分路搶殺，所至焚廬舍、熏窨窖，虜去牛、羊、馬匹動數十萬，殺傷人口不可勝計。鎮守總兵神周自鎮三關以來，武備不修，一遇有警，擁兵自衛，閉關高坐，一矢不交，蒙蔽欺罔，情罪深重；守備偏頭關都指揮傅鐸、管領遊兵都指揮裴璽、守備代州都指揮李經，職專武備，不能協力追剿……」此敕所稱「今年」爲「正德九年（1514）」。所謂「土木之變」，應即此事。

[三] 逆彬黨：指明武宗寵臣江彬一黨。據《明史・佞幸傳》云：「（江）彬荐萬全都指揮李琮、陝西都指揮神周勇略，並召侍豹房，同賜姓爲義兒。」可知神周即江彬同黨，所謂「逆彬黨」。

［四］雲州之役：正統十四年己巳（1449），土木之役後，獨石、馬營陷落，虜寇遂至雲州。永寧守備孫剛、谷春率兵援雲州。數戰不利，自刎死。。

［五］實齋公：指延慶州人李奈。按：明賈希顔《鄉官李公傳》：「李奈，號實齋，郡大族也。」

［六］鄭五：即唐人鄭綮，因排行第五，故稱。《舊唐書・鄭綮傳》云：「明日果制下，親賓來賀，搔首言曰：『歇後鄭五作宰相，時事可知矣。』累表遜讓不獲。」又云：「綮善爲詩，多侮劇刺時，故落格調，時號『鄭五歇後體』。初去廬江，與郡人別云：『唯有兩行公廨淚，一時灑向渡頭風。』滑稽皆此類也。」

［七］王九：即王國衡。

延慶州志卷九

列女志 節婦　賢婦

節婦

金

縉山侯士温妻李氏，生有淑質，父母鍾愛之，長歸士温。士温本望族，遼金以來世有名宦（一）。李生子二：曰進、曰慶。李年二十有四（二），士温卒。居憂哀毁。既免喪，事長撫幼，愈恭勤不怠。貞祐初，元兵起，金主徙汴，李携幼裹糧以從。既渡河，僑寓宿州。雖流離中，猶擇師教二子。久之，爲宗室完顔公所知，舉進元帥府經歷，累遷保静軍節度副使，生子玠。慶爲萬夫長，生子瑛。進、慶俱戰死。金亡，宿境大饑，李與孤孫瀕死者再。入元，玠以文學爲歸德府丞，瑛爲元帥府長史，李乃得享鼎釜之奉。卒年九十，返葬縉山。中書省以事聞，詔立祠於家，命學士郭松年爲之記。《乾隆志》

元郭松年[一]《侯府君夫人李氏祠堂碑》：

夫人姓李氏，北燕縉山人。生有淑質。既長，婉娩聽從，不學而能，父母鍾愛之。擇其媲，以歸邑人侯氏之子士温。侯氏大姓，世雄鄉里，而士温亦賢子弟，號衣冠族。遼金以來，蟬聯名宦不絶，著稱雲朔間。

夫人始入門，其家人上下目其容止閑雅，皆悦以相賀。自是閨門肅穆雍如也。生二子，曰進、曰慶。夫人年二十有四而士温卒，居憂哀毁逾禮。既免喪，事長撫幼，愈益恭勤不少怠。親黨憐其年少煢獨，勸改適，則曰：「人之所以爲人，以其有禮義也。吾一婦人而事二夫，豈禮義乎哉！」因以死自誓不失節，志竟莫奪，聞者歎美之。

貞祐初，金政寖衰。皇元太祖肇基王業，義旗南指，屢敗金兵。金主畏偪，徙都汴，以避其鋒，驅士民搶攘南渡。夫人携幼孤裹糧從之。草行露宿，未嘗污强暴，虧婦節。既渡河，寓居宿州。雖流離頓挫，顛沛造次，擇師友，教養二子不輟。二子亦穎悟絶人，能動心忍性，卓卓自樹立。既而，進以吏事明敏，大爲宗室完顔公所知。公時[三]行樞密院事於宿，審其可付重事，表授下邳元帥府經歷官，佩銀符。凡府之謀畫教條，與夫陞黜、守戰、賞罰之用，皆先事應機而辦，以功累遷保静軍節度副使。癸巳之變[二]，總戌淮海，没王事，一子曰玠。慶，驍勇善騎射，由武選仕，宰相以其才堪〔四〕將帥，起行間，擢萬夫長。金季，朝廷以北兵方張，慮宋人乘釁襲我，腹背受敵，命慶以本軍戍蜀漢，遇敵戰死，一子曰瑛。

甲午歲，金亡，宿境大饑，人相食。夫人〔五〕與孤孫玠、瑛處瀕死者數四。嘆曰：「始吾南渡，與二子俱，今皆死國難，惴惴殘喘，亦何所惜！但念侯氏一門不絕如綫，重遭荼毒，吾何敢不力？」適歲饑乏食，宋人船米數萬石濟宿民，且誘之。完顏公以國破君亡，外無蚍蜉蝗子之援，遂款附，人賴以生。

范陽人張子良素居公麾下爲裨將。公死，子良雅不屬宋，且念桑梓，頗形於言色。宋江淮大都督余玠覺其意，陳兵脇宿民悉内徙泗州，子良愈不自安。皇元革命，遂舉城來歸。朝廷以爲京東行省，仍領歸德府總管府事，侯氏從而家焉。

某年月日，夫人齋沐易服，召玠、瑛立床下，戒之曰：「吾自歸汝家，七十年矣，遭世多虞，備嘗艱苦，汝所知也。子死國難，孫克樹立，今年近期頤，死無所恨。修身齊家，汝其勉之。」語絶，枕肱而卧，遂卒，年九十。以某年月日葬於睢陽大陳村之别墅。夫人慈祥樂易，接下以仁，事上以禮。再遭變故，臨難不苟。雖白刃在前，未嘗怖悼失度，少變其節。及二子貴顯，分旄節，握兵符，光昭門楣，無一毫驕泰色，是皆烈〔六〕丈夫之所難能，而夫人處之裕如。加以安樂壽考，及〔七〕見其孫玠、瑛力學爲儒，佐大府，縻好爵，聲光洋溢，享甘旨之養，不以疾終，天之報施善人爲何如也！

今上初即位，方以孝治天下，將一變衰俗，以復乎古貴，近舉是以聞。上嘉其貞節，許其家立祠奉祀。祠宜有碑，敕臣松年爲之銘，銘曰：

天地定位，綱常以分。女不再醮，禮具成文。猗嗟夫人，有猷有守。爰從弱齡，喪其嘉耦。煢然弔影，將彼二雛。啼寒號饑，其志弗渝。雞鳴膠膠，不替風雨。柏舟搖搖，載罹寒暑。金德既衰，大駕南巡。伯仲聯翩，以登要津。伯也剖符，仲也秉鉞。偕没王事，偕有休烈。夫人之德，夫人之教。粤侯一門，兩全忠孝。神元撫運，景命維新。亦有孝孫，侍於夫人。嗷嗷林鳥，受哺於子。售其功德，孝孫之似。天錫眉壽，降福孔多。原始要終，其樂如何？堂古之制，享時之祭。勒此銘章，以訊來裔。

明

雙營屯賈義妻王氏，東園屯王真女也。宣德間，于歸。居歲餘，賈樵古城山中，遇虎。氏聞之，踉蹌往救。義已死，氏奮身號叫，奪夫屍，負之而歸。虎隨至，繞其屋咆哮，久之去。氏以舌舐血，易新衣，令匠爲大棺，曰：「欲實以衣衾也。」迨夜，自經死，

遂同棺葬焉。事聞，詔旌之。《大清一統志》參《州舊志》

副使聶友良子聶明妻秦氏，年未笄已許婚明。抱疾過門，未行夫婦禮而明卒。氏以柏舟自誓，事嫂如姑，撫幼姪若己出。足不及閫者三十餘年。弘治十二年，旌表。壽七十三而卒。

庠生焦希哲〔八〕妻王氏，居未三稔而希哲故，氏年二十一，誕子百餘日。家貧苦，以女紅養翁姑，撫育遺孤。年五十卒。

盧茂妻聶氏，生子甫襁褓，茂卒。家計蕭然，乃以女紅自養。子及弱冠亦歿，氏守益堅。壽八十而卒。

監生耿静妻黄氏，二十九歲，静卒。矢志苦守，比老而貧，弟姪迎養，信宿即返，不以衣食累親族。壽至八十而卒。

泥河堡趙資妻段氏，生子國廉，甫周晬，資歿，段年十八，欲以死殉。舅姑以撫子承宗祧勸喻。段悟，從之。子既長，娶婦吴氏。兵至掠州，國廉遇害。吴氏引刀自殺，段氏救免。吴氏遺孕生子趙愚。嘉靖辛酉，兵復入州境，執段氏。氏怒，撾其面，罵詈不屈。敵怒，支磔之。吴氏痛姑歿，絶食幾死，趙愚亦故。吴氏課孫廷麟、廷豸，俱入州庠，食廩禄，時年七十四。事申，按院奉旨旌表「一門雙節」。《大清一統志》

參《舊志》

永寧生員張允妻衛氏，嘉靖中，兵至州，夫婦俱避窖中。允被執，不屈被殺。氏罵賊死。《永寧縣志》

永寧閻澄妻李氏，年二十八，澄亡。守節撫三子：俸、仁、雄，俱成立，壽百四歲。嘉靖乙卯，顧謂三子曰：「若兵至，人無所避，共〔九〕捐資爲磚樓，何如？」三子從之。工甫完，敵果至，里人多登樓避免，全活甚多。監司奏請旌其門，曰「節義」。同上

永寧庠生林景雍妻張氏，嘉靖丁巳，寇大入，氏被掠，支禦百端，略不少屈。賊怒，亂刃交下死。詔旌其門。《大清一統志》參《永寧縣志》

紅門屯遲文卿妻李氏，有賊突至，賊欲犯之，氏大罵而死。

吕清妻蘇氏，居北山下。聞賊至，欲上山避匿，遇賊。賊欲犯之，罵賊而死。

白廟屯黄明妻張氏，罵賊而死。

省祭段愚妻曹氏，賊至，與娣魯氏各抱子投井死。

貢生劉九江妻宋氏，年二十三，江亡，志在從死。六日水漿不入口，戚族勸以孀姑〔一〇〕、幼子無依，氏乃剪髮刺面，矢節終身。侍姑壽終，教子源淳〔一一〕食廩餼。七十歲卒。

進士劉九澤妻馬氏，隨任解州。年餘，澤以疾歸，行李蕭然。及卒，氏年二十八，貧不能殮，脱簪珥爲治喪具。及葬，身投壙幾絶。里閭靡不感泣。馬與宋氏係娣姒，一門雙節，知州武申請旌表。

知縣馬維遷妻蔣氏，遷卒，子方四歲，且有遺腹，姑年衰老。蔣堅志守節撫幼。遇火災，蔣負〔一二〕姑携幼逃。未幾，火息，鄉人以爲德孝之感。教子以成夫志。有司以事聞，旌表之。

貢生焦得材妻賈氏，家貧，以〔一三〕女紅相夫讀書。夫亡，艱苦百折，撫六子成立，長子時沾增廣生。壽至九十歲，猶能剪紙爲花，直指廉得實，旌表其門。

州後所百户閻世勳妻張氏，年二十五，世勳故，子富方八歲。志在殉夫，以俯仰〔一四〕無賴，乃堅志苦守。家業蕭然，事姑盡孝，蔬水承歡，撫幼兒，雖慈愛不失訓誨。五十年甘貧如一日，閭黨稱賢。富襲父職，嫻熟弓馬，且以孝順聞於鄉里。有司申直指旌表之。

張得智妻張氏，年十八守節。家貧，撫孤兒，粗衣蔬食四十年，百苦備嘗。鄉里公舉節孝，氏曰：「未亡人方自痛其餘生，何敢以名顯也。」

永寧生員王綸妻吴氏，綸卒，氏年二十，苦志堅守，至老益厲。巡按御史夏時奏請表其門。壽八十七而卒。

永寧監生陳榮妻羅氏，守節四十餘年，事聞旌表。

永寧生員王天爵妻羅氏，王綸妻吴節婦子婦、陳榮妻羅氏女姪也。十九歲，夫卒，哀毁幾死，家人慎防之，乃免。氏侍寢吴氏，安静簡默，比老未嘗至户外，親族罕見其面，雖弟姪懇迎（二五），未嘗一往。年七十餘而卒。其子婦張氏，守節二十年。世稱「王門多貞婦」云。

永寧廩生吴三畏妻國氏，十八歲，夫卒。適生遺腹子士宏，氏鞠育教課，登賢書，官工部虞衡司員外郎。旌表建坊，欽題「貞節並著」，壽七十歲卒。

永寧吴三樂妻李氏，十七歲，夫故，守節無子，與姒國氏同撫士宏。後士宏貴，題請建坊，欽題「雙璧齊名」。卒六十八。

指揮使黄堯臣妻江氏，年三十六歲，堯臣殉節。無子，撫襁褓姪爲嗣，命名元吉，長襲父職。氏苦守四十年，七十五歲卒。

武舉徐夢臣妻黄氏，夫亡，家貧（二六），事祖姑與姑俱以孝稱。教子元登（二七）舉明經，孫敏行遊泮水。當道扁其門曰「婞節淩霜（二八）」。

參將吕淵側室李氏，淵歿，氏水漿不入口者七日，跪棺下號泣，諸戚屬援之不起，竟死於地。當道以事聞，旌其門。

永寧生員張守讓妻蘇氏，二十二歲，夫歿，守節終身。有司以事聞，旌之。
延慶左衛應襲千户劉寅妻宋氏，夫歿，守節四十九年，遇例旌表。
永寧盧櫝妻張氏，招遠令盧綬子婦也。櫝歿，氏守節四十餘年，教子爲邑諸生，遇例旌表。
參將馬負圖妻胡氏、暨男蕃庶妻劉氏，姑婦俱以夫歿守節終身，遇例旌表。
百户侯繼爵妻劉氏，夫歿，守節三十年，當事表其門。
永寧胡來賓妻馬氏，年方笄，夫卒，氏不食，欲殉死，諸娣姒勸之，曰：「即死遂志，如撫孤何？」乃止。守節，終身不出閨閫，寡言笑，教子爲邑庠生。直指上其事，旌之。
懷來縣民白彩妻吴氏，州人也。年十四于歸，二十孀居，矢志守節，撫養三子，皆成立。按此條宜入《懷來志》。因《舊志》所載，姑附諸明節婦之末。

國朝

庠生胡子學女胡氏（一九），年十六，適本州趙連科。康熙十八年，連科病故，氏年二十八。家貧子幼，勤苦備嘗，撫孤成立，二孫入泮。壽八十六歲，事聞，建坊旌表。
李之坦妻王氏，康熙二十年，之坦病故。氏年二十九，子貴和甫七歲。氏苦節自矢，以針黹度日，撫孤成立。壽八十一卒。

永寧庠生張顯奇妹張氏，適韓某，家極貧。康熙四十一年，雹災歲歉，牲軍逼租甚急，凶頑辱及之，氏遂自刭死。

庠生賀文元妻唐氏，康熙四十八〔二〇〕年，文元病痢，歿。氏二十九歲，舅姑已逾六旬，子祚常甫四齡。家素貧，氏備嘗艱苦，奉養舅姑，勤課遺孤。祚常入泮，舅姑俱壽八旬，諸孫蕃衍。乾隆二年旌。

李成龍妻康氏，康熙四十五年，夫故，氏年二十四，子九如年六歲。氏苦節撫孤，竭力奉親。舅姑歿，喪葬盡禮，守節五十一年。

劉琪妻張氏，三十歲，夫歿，復遭姑喪。家甚貧，子甫七齡，兩櫬未葬。氏伶仃萬狀，堅志弗懈。迨子有年成立，兩棺俱歸窀穸。苦節四十年，享壽〔二一〕七十，孫克明、克聖俱遊泮。乾隆四年旌。

張宏佐妻夏氏，年十八歸宏佐。孀姑韓氏失明，氏事之惟謹，姑至七十病故。次年，宏佐亦亡，氏時年二十三，子魁元甫及周歲。家業蕩然，佃種地數畝，衣食艱窘。氏堅志苦守，教子入泮。後七年，魁元病卒，氏復撫幼孫成立。

庠生解元兆妻張氏，元兆歿，氏年二十七。冰雪自矢，教子成立。乾隆五年，督學錢扁其門曰「志堅金石」。

王滿倉妻曹氏，滿倉卒，氏年二十八，一子八歲。家極貧，堅志苦守，教子成立。

塗坦妻謝氏，年三十，坦卒。上有孀姑，下有孤子及夫幼弟，食指維艱。氏勤女紅以養姑，撫孤成立。卒年五十五。

鄭之爵妻鄭氏，二十三歲夫亡無子，矢志自守。立夫兄子起鳳爲後，鳳年三十亦亡，遺子甫七閱月，氏撫育孤孫成立。姑亡，葬之成禮。伯亡，又葬之。氏甘受艱苦，克全鄭嗣。

武生喬希程妻侯氏，希程亡，氏年二十九，撫孤子琦，琦又殁。撫孫文林，文林亦殤。乃立外孫張姓，更名繼宗，以承宗祧。

武舉王錫袞妻韓氏，錫袞卒，氏年二十九，撫孤番入泮，苦守終身。

庠生王番妻張氏，韓氏子媳也。年二十番卒，孀居奉姑。家極貧，以甘旨進姑，自饜粗粒。舅卒未葬，後姑亡，氏竭力營喪，合葬之。番卒時，子國政甫一歲，氏教育成立，入黌宫。

王道昌妻呂氏，年二十一守節。遺孤自喜。甫三月，又生遺腹子自慶。康熙四十七年卒，壽八十八。守府給以「全節成嗣」扁額。

王可權妻梅氏，可權，自慶子也。充兵陣亡，氏矢志靡他，冰操凜然。七十八歲卒〔二二〕。

生員王國垣妻劉氏，二十二歲，夫亡，無子。孀姑垂暮〔二三〕，家甚貧。氏矢志堅貞，奉姑盡禮。三閱月，生遺腹子懋耀。氏躬親稼穡，曉夜操持，撫懋耀成立。雍正五年，建坊旌表。

舉人劉漢傑妻楊氏，二十七歲，夫亡。矢志全貞，撫遺孤之瑞成立入泮。苦守四十年。

孟裕仁妻賀氏，二十三歲，夫亡，無子，矢志守節，螟蛉一子爲後。

劉之韋妻樊氏，夫亡，氏年三十二，家極貧。奉舅姑以孝聞，撫三子俱成立。

司家營張自儒妻賀氏，年三十而寡，遺孤十二歲，氏撫育教養。僅有石田數畝，一不逢年，則數日一舉火，如是者四十六年。

西河屯王二女王氏，年十四，適常裏營張寬。氏年三十，寬卒。苦節四十八年。子士雨、士高，孫奇瑞。

桑園里趙景泰妻李氏，年二〔二四〕十八，夫亡，守節三十四年。

張成剛妻賈氏，于歸三年，夫歿，子二齡，遺腹生一女。備歷辛〔二五〕苦，教育子女成立，冰操六十餘年。學使錢表其門曰「松〔二六〕柏貞操」。

廩生沈銓妻胡氏，雍正三年，銓故，氏矢志守節。乾隆五年，學使者錢扁曰「盡孝全貞」，學博扁曰「寒松晚翠」。

永寧庠生宋天祥妻劉氏，二十五歲，夫亡。撫子成龍入泮，學使錢給「寒松蘊翠」扁額。

永寧張其體妻范氏。其體父秉鐸滿城，與范締姻盟，後其體父解組歸，范有毀盟意，氏堅志不允，遂從歸永寧。三十，其體亡，子甫二齡。家甚貧，備歷艱苦，撫孤成立，壽七十歲。

永寧莊治國女莊氏，周維幹妻，年十八歲，夫歿，無子。兩閱月，生遺腹女。苦守七十一（二七）年，壽八十七卒。

永寧庠生楊於庭妻康氏，二十四歲，夫亡，守節，撫子剛建入泮。壽八十四卒。

永寧庠生張素撰妻吴氏，二十八歲，夫亡，子甫五歲。苦志堅操，撫子成立，孫向明入泮，壽七十四而終。

永寧庠生劉大用妻楊氏，二十二歲，夫亡，守節，奉姑教子，備歷艱辛，子碩輔入泮，學使陳給扁奬之。

永寧庠生盧中節妻董氏，二十五歲，夫亡，守節，教子成名。

永寧劉永志妻閻氏，二十八歲，夫亡，守節，撫三子成立。

永寧庠生梁文會妻李氏，二十一歲，夫亡，守節。奉孀姑以孝聞，撫子瑞（二八）成立，入州庠。

永寧廩生劉繼祥妻韓氏，二十二歲，夫亡，守節。撫子純之入泮，學使錢給「節勁貞松」一扁奬之。

永寧梁國賓妻瞿氏，二十九歲，夫亡。撫育二子，針黹度日。

永寧庠生胡向閣妻劉氏，年十七，向閣亡。遺一女，氏矢志堅貞，立族姪承舜爲夫後，六十四歲卒。

永寧康氏，適成某，年二十七歲，夫亡，守節，撫孤子周瑛成立入泮，學使吳給扁奬之。

陳登舉妻薛氏，年二十八歲，登舉病歿。家甚貧，舅姑皆老，三子俱在孩提。氏以傭瀚濯供薪水，備嘗艱苦。舅姑歿（二九），竭蹶營葬，撫育三子成立。

劉繼祖妻李氏，二十六歲，夫歿，無子，堅志苦守。歿年五十歲。

武生宋鼎元女宋氏，適杜明道次子文。家甚貧，氏奉舅姑至孝，相夫有禮。乾隆二年，文疾篤，氏事之，晝夜惟勤，禱神、延醫罔效。伺舅姑寢，乃禱天刲股。姑覺起視，肉甫脱臂。相持而泣，遂煎以進，夫已彌留，飲之而甦。閲二十日，乃故。時三月念九日也。氏矢死以殉，絶食三日。舅姑多方勸喻，始進粥飲。撫育孤子，洊歷饑寒，冰操愈堅。年四十餘卒。《舊志》云：宋氏刲股救夫，雖不孚於例，但伉儷情殷，出自至性，亦足可嘉，存之以勵俗。

庠生葛如惠妻李氏，李永年女也。二十一歲，夫亡，矢志守貞，撫前室之子宗亮，鞠育教誨，備極艱苦。後宗亮入泮，事氏能盡歡心〔三〇〕。乾隆六年，學博給「玉成甘節」扁其門。

景如奉妻韓氏，二十八歲，夫故，守節三十九年。

郝時通妻宋氏，二十五歲，夫故，守節四十九年。

丁國榮妻康氏，二十九歲守節，五十九歲卒。

徐貴妻吴氏，年三十四歲守節，卒年六十六歲〔三一〕。

黄龍成妻聶氏，夫亡，守節終身。

王承運妻李氏，夫亡，苦守二十四年。

王承惠妻吴氏，夫亡，苦守二十八年。

閻某妻李氏，二十七歲，夫殁，守節二十一年。

宋某妻李氏，三十歲，夫殁，守節四十四年。

宋某妻閻氏，三十歲夫歿，守節四十四年。

李某妻李氏，三十歲夫歿，守節四十年。

李某妻王氏，三十四歲夫歿，守節三十六年。

生員劉浩澤妻成氏，二十九歲夫亡，奉養舅姑，子在襁褓，撫之成立，尋歿。遺孫五齡，氏教養兼盡，入泮，有聲庠序，苦守三十年〔三二〕。

李某妻朱氏，三十九歲夫故，守節三十年。

劉某妻樊氏，三十五〔三三〕歲夫故，守節二十二年。

李某妻趙氏，二十四歲夫亡，守節三十年。

生員段琮妻李氏，二十六歲夫亡，守志終身。以上見《乾隆志》

庠生崔洙妻成氏，年二十六夫亡，守節三十年。《府志》

楊氏，失名，失考。房老營人，年十八而寡，辛苦鞠孤，事尊嫜有儀則。卒年七十有六。

庠生丁淑妻劉氏，二十而寡，事盲姑孝敬不衰，遺腹生子繼庸，教之成立，家聲賴以不墜。

永寧庠生胡豐亨妻孫氏，年十九于歸。越二載，豐亨亡，前室子及己子俱幼，撫之成立，備歷艱劬，苦節五十餘年。

胡默齋妻閻氏，于歸三年而寡，無子，以夫同堂姪爲嗣。舅姑年老，時家已中落，歲入恒不給，乃鬻衣飾以佐滫瀡。嗣子既入庠而夭，復撫遺孤應澤成立。

張金滿妻宗氏，年二十九歲，夫故。勤儉持家，撫孤子成立。至老，母儀尤肅，閭里稱賢。

陳連妻杜氏，歸連甫八月，生子起雲。連疑非己出，遣杜歸，令改嫁焉。杜傭紉撫子，絶無異志。子長，謀生頗有贏餘。連别娶崔氏，生二子。家道中落。居久之，益困乏，乃迎杜，舉家衣食皆取給焉，遂諧伉儷如初。

胡培祖繼室施氏，年二十一而嫁。培祖宰繁昌，假歸。道出當塗，遘疾亡。氏倉猝遇變，輿櫬至家，幾以哀毁。既而念姑老子幼，不敢言死，遂節衣縮食，支持門户。子先鳴夭，復撫夫姪先達成進士。後以子貴膺旌典焉。

縣丞胡先鳴妻賈氏，施氏子媳也。先鳴亡，遺孤在襁褓，賈哀號絶粒，誓不欲生。姑力勸，乃强進饘粥，持服終喪。未幾，子殤，以夫弟先達子鏞爲嗣。先達仕江蘇，賈奉姑偕之官，年七十卒。時稱「姑婦雙節」。

程垣妻張氏，年二十五而寡，痛不欲生，戚黨喻以姑老子幼，煢獨無依，不得已稱未亡人。獨力撑持，守節至八十四而終。

陳錫鵬妻劉氏，年二十而寡。養姑撫子，女紅自贍。每嚴冬，破屋風號，爐無宿火，十指皸裂，猶操作不少輟，終以節顯。卒年五十有六。

監生胡先楙妻夏氏，事姑素稱賢孝。先楙卒，無子，以夫姪涵澤爲後。經畫家政，俱有程度。由是家稍裕，歲入有餘，則周卹親族之貧者，里黨皆德之。

王肇起妻馬氏，肇起卒，氏年三十。舅姑待之嚴，稍不遂意，輒遭訶斥，氏委曲承順，卒得其歡。訓子震，督責不少寬，爲武庠生，存年六十有八。

庠生王廷彦母萬氏，守節終身。

庠生于孟陽妻宋氏，年十八守節，卒年五十九。

庠生蘇俊儒妻閻氏，年二十二守節，卒年六十六。

姚紹基妻陳氏，年二十守節，卒年六十九。

李景春母康氏，年十九守節，卒年五十。

馬克仕母于氏，年二十三守節，七十二歲卒。

劉貴旺妻王氏，年二十一守節。

康永譽妻謝氏，年二十四守節。與寶莊

史均母趙氏，年二十四守節，卒年七十。
田法治妻吴氏，年二十七守節。
李氏，失名，無考。年二十九守節，卒年六十六。
王鳳來妻郭氏，年二十八守節，卒年八十六。
劉鳳儀妻杜氏，年二十守節，九十歲卒。
劉氏，失名，無考。年十九守節，卒年八十。
李科元妻劉氏，守節四十年。
庠生李成林妻賈氏，守節三十三年。
宋鴻磐妻趙氏，年二十六守節，卒年七十三。
劉佩琚妻劉氏，年十八守節，卒年七十。
劉佩珊妻王氏，年二十守節，卒年八十有二。
馬重倫母某氏，守節，卒年八十六。
馮文華妻池氏，年二十五守節。
張成相母某氏，守節三十餘年。
申惠疇繼妻劉氏，二十八歲守節，卒年六十四。

王楫妻聶氏，年二十守節，卒年六十。

謝有鳳妻劉氏，年二十八守節，卒年六十八。

劉世緒妻李氏，年二十守節，卒年六十四。

王某妻楊氏，守節，八十九歲卒。

康榮妻丁氏，年二十六守節，卒年六十。興寶莊

王某妻劉氏，年二十二守節，卒年七十二。

盧有文妻陳氏，年二十九守節。谷家營

庠生丁書妻劉氏，年二十三守節，存年五十四。

孫廷長妻陳氏，年二十九守節，存年八十五。

黎萬福母某氏，年十八守節，存年七十。

王亮妻閻氏，年二十八守節，存年五十五。

庠生申鳳翙妻謝氏，二十五歲守節，遺一子甫六歲，紡績課讀，其子弱冠即補博士弟子。後請旌建坊。

解詞宗妻賈氏，二十九歲守節，存年七十五。

程躍麟妻郁氏，二十七歲守節，卒年五十。

庠生王含章妻張氏，二十九歲守節，卒年七十。以上採訪

王國興妻陳氏，年二十七歲守節，旌表[三四]。

賢婦

明

鄉官郭文章妻高氏，事舅姑以孝，相夫以敬，偕老八十五歲。子增福授府知事，孫邦望庠生、壽官，曾孫朱藩、朱垣貢生。世以爲賢德之報。

貢生黄槐妻鄭氏，事病夫恪盡婦道，不辭勞瘁。家業零替，終身以針黹、浣濯度日，七十八歲卒。

李時春妻趙氏，無子，勸夫置側室。生子，撫育教養如己出。氏父儒官趙蘭鰥居，浼夫迎之，居以小室，日問寢食無倦色。里人咸樂道之。

國朝

永寧井匠張晃繼母姚氏[三五]，晃少失恃，不得於父。氏愛之甚於所生，晃亦善事，

禮無遺闕。晃甃井，石崩陷，幾難出。其父將棄之。氏號痛，手掘土丈餘，晃得免。都司孫世達扁其門，曰「母慈子孝」。以上見《乾隆志》

【校勘記】

〔一〕宧：原作「官」。據《乾隆延慶州志》改。
〔二〕年二十有四：原作「年二十」。《乾隆延慶州志》同。據郭松年《侯府君夫人李氏祠堂碑》碑文及《元文類》（卷二十）改。
〔三〕時：原作「事」，《宣化府志》同，據《元文類》卷二十改。
〔四〕堪：原作「堵」。據《元文類》《宣化府志》《元文類》纂成在《宣化府志》前，故調整次序，後文同。
〔五〕夫人：原作「婦人」。據《元文類》改。
〔六〕烈：原作「列」，筆誤。
〔七〕及：原作「又」。據《宣化府志》《元文類》改。
〔八〕焦希哲：原作「焦希古」。據《嘉靖隆慶志》《乾隆延慶州志》改。下同。
〔九〕共：原作「其」。按：《宣化府志》作「乃令三子，共捐貲建爲磚樓」。

〔一〇〕孀姑：原作「孀孤」。據《乾隆延慶州志》改。

〔一一〕源淳：原作「源純」。據《乾隆延慶州志》改。

〔一二〕負：原作「撫」。據《乾隆延慶州志》改。

〔一三〕以：《乾隆延慶州志》作「工」。

〔一四〕俯仰：原作「仰俯」。據《乾隆延慶州志》改。

〔一五〕懇迎：《乾隆延慶州志》作「懇請」。

〔一六〕家貧：《乾隆延慶州志》作「家故貧」。

〔一七〕登：原闕。據《乾隆延慶州志》補。

〔一八〕姱節凌霜：《乾隆延慶州志》作「姱節淩霄」。

〔一九〕胡氏：原作「吴氏」。據《宣化府志》改。

〔二〇〕八：《乾隆延慶州志》作「五」。

〔二一〕享壽：原闕。據《乾隆延慶州志》補。

〔二二〕七十八歲卒：《乾隆延慶州志》作「現年七十八歲」。

〔二三〕暮：原作「墓」。筆誤。據《乾隆延慶州志》改。

〔二四〕二：《乾隆延慶州志》作「三」。

〔二五〕辛：原作「卒」，筆誤。據《乾隆延慶州志》改。

〔二六〕松：原闕。據《乾隆延慶州志》補。

〔二七〕七十一：據本條敘事似應作「六十九」。

〔二八〕瑞：《乾隆延慶州志》作「瑞生」。

〔二九〕舅姑歿：《乾隆延慶州志》作「舅歿」。

〔三〇〕事氏能盡歡心：《乾隆延慶州志》作「事繼母亦能盡孝」。

〔三一〕卒年六十六歲：原作「六十六年」。筆誤。據《乾隆延慶州志》改。

〔三二〕苦守三十年：《乾隆延慶州志》作「苦節五十一歲」。

〔三三〕三十五：原作「二十五」。筆誤。據《乾隆延慶州志》改。

〔三四〕「王國興妻陳氏」條：原闕。據臺灣成文版《（察哈爾）延慶州志》補。

〔三五〕姚氏：原作「魏氏」。據《宣化府志》《乾隆延慶州志》改。

【注　釋】

〔一〕郭松年：商州（今陝西商洛）人，號方齋，官西臺御史。按：成宗大德元年移雲南御史於陝西，謂之西臺。郭松年曾兩次遊宦雲南：第一次，至元十六年（1279）至二十五年（1288），著有《大理行記》《創建中慶路大成廟碑記》；第二次，元在至元三十年（1293）六月之後。

［二］癸巳之變：金哀宗天興二年癸巳（1233），元太宗率兵南下攻打金國，屢敗金兵，金政權岌岌可危。按：《金史·哀宗紀》：天興二年六月，逃奔蔡州的金哀宗曾命近臣女奚烈完出率徐州、宿州之兵討伐叛將；同年十二月己卯，蔡州外城被攻破時，宿州副總帥高剌哥戰歿。可知宿州兵是哀宗末年所能倚靠的少數武力之一，侯進身爲保静軍節度副使，其「没王事」，或即與此期間的戰事有關。

延慶州志卷十

藝文志 著述 碑碣

著述

《成化隆慶州志》六卷 明知州李嘉創修

明李嘉《自序》：

昔人謂「九州之志，言九州所有。土地所生，風氣所宜也」，今天下郡邑莫不有志。隆慶縣漢以來，爲郡縣、爲州、爲軍，沿革不一。國初，徙其民於關内而州廢。永樂甲午，詔復置州，遷民以實其地，六十年於兹矣，山川之勝，物産之豐，風俗之淳，人材之盛，彬彬乎與中州等而志未作。先時累須明詔〔一〕，命纂修進呈，不過手録數紙，姑以塞責。況地隣邊方，薦經多故，稿不復存，文獻不足，有如是耶！

成化丁亥，予承乏來知州事，意圖纂述。屬時郡政多先務之急。今年夏，山西解元謝君時芳以毘陵貳守謫寓州之靈照寺，蕭然一室，形影相弔，縕袍粒食裕如也。隨遇而安，若將終身焉。聘之纂修，乃披閱史傳，網羅見聞，稽今訂古，筆則筆、削則削，深得古史遺意。繼集庠生倪雲、王容、蘇英輩，圖地理、資繕寫。由是廢興沿革之由，賦稅生齒之數，山川、物產、風俗、人材之類，學校、壇壝、橋梁、寺觀之屬，與夫名宦政績、題咏詩文，靡不備載、統紀相承，名實不爽。于以垂鑑戒而示勸懲，于以扶綱常而敦彝教，有功於斯郡斯民也大矣！非其學問之該博、才識之優長，能如是乎？

君名夢桂，時芳其字也，世爲山西蒲州人。其學出於世父監察御史琚，琚之學出於月川先生曹公端。家學之傳，淵源有自哉。

成化十一年九月

《嘉靖隆慶志》八卷　明知州王尚友、州紳蘇乾同修明蘇乾《重輯隆慶州志序》：

嘉靖戊申七月既望，侍御程公按部至隆慶。越數日，授簡於乾，使舉士博洽者三、五人續《隆慶志》。乾受而請教，公曰：「舊志[一]已可觀，但所載詩文有可去者，事條有錯雜者、有未備者，均惟子裁。」乾諾而退，不敢以衰朽寡陋辭。乃舉致仕主簿程萬里、監生王欽、生員張世敏、黄麻、楊愈，使之搜括遺事，以成公命，復就而語之以公之意，使於物類毋誕毋遺，於人事毋阿毋隱，據實而書，斯可信後。言之不文，無勞計也。五人者會予言，皆能心公之心，恪共乃事。舊志所有者，則存其是而翦其蕪；所未有者，則開其端而著其蹟，以接其緒，以達其流，四十日而稿就。其列疆域於建置之前，敷山川於形勝之後；誥敕難倫於藝文，則尊之而獨爲一卷；仕宦必由於科貢，則合之而各注其官；敘人物而係以風俗，詳財賦而議其時政，乾於此有僭焉。粤惟舊志修於成化乙未，迄今七十餘年，使不有以續之，則其間人材之繼出[二]，官署之創革，風俗之移易，户口之增減，財賦之多寡，武備之變更，與夫往政之臧否，無所於稽，亦闕典也。公命續之，其用心[三]何周至哉[四]。

是志也〔五〕，戊申歲〔六〕季秋，方欲鋟梓，地方不幸而遭北部之慘禍，攝州事者無暇及此。今歲己酉仲春，前敵復入寇。官〔七〕之無暇猶昔也。未及半年，兩經兵患，志中事條有當增數語者，故於舊稿不能不更録焉。四月下澣，吾郡守王君尚友自蜀尹陞來，下車之初，即詢郡志，蓋將考往政而發新政也。聞未刻，慨曰：「修志，吾新民者事。矧代巡有檄，弗可終稽。刻當在我。」於是遣人赴京師召鐵筆者，用襄厥績。籲稟之類，則其所措有也。僉以乾嘗與編摩之列，謂當序諸末簡〔八〕，故爲紀其續刻之概如此云。

《棟庵詩集》四卷　明羅諭撰

《盧氏文獻録》四卷　明盧綬撰〔九〕

《攀轅紀異》一卷　明州紳同輯

明賈希顔《〈攀轅紀異〉後跋》：

夫《攀轅録》成，凡我府尊宋公實政實心、騰諸章疏、載之文移，呈詞者詳且盡矣。

僉屬言以跋其後，顔復何言哉！

嘗考郡志，延慶建自金元，曰郡、曰邑，沿革無徵也。自文皇帝北狩，駐蹕以觀，羣山環峙，一望平原，乃創制立州。剪荆棘，分田里，遷民以實之，尚書趙公三年董其事，民歌於野，有太古遺風。延及正統，邊馬跳梁，延州失守，軍民流移孑遺者無幾也。成化間，關西李公莅州，撫卹安輯之者罔不周至。延民樂業歸農而忘遷移之勞，七十餘年而有嘉隆之變[二]。狡敵七犯延慶（一〇），虔劉人民，踐蹂疆土，六十年瘡痍未愈。即陳、程、耿、姜之賢[三]，調停休息，出百姓於水火，然兵燹之後，屢值凶荒，能令徵輸報完，不能無眼瘡心肉之嘆。雖有綺羅之人，而捉襟露肘者何限也！富室間有積儲，里閭蕭條，啗及糟糠、枵腹菜色者不終無也。

今我宋公下車即以父母斯民爲己任，虚衷下詢，敷治上理。六十年僵民立起，二百載厄運復隆。顔衰年謭學，無能揄揚盛美。復觀境内災傷，穀豆未登，而輸納不爽，民知召父不可累也；室如懸磬，而貧不思逃，知杜母之必哺也；遠人來附，不憚千里，知延州無苛政也。良由一誠感孚，上下情聯，以故帝天鑒佑皇陵（一一）之後，數版殘民，凋敝已極，生聚教訓，非十年不可，乃畀我宋公，以保釐延民，鞏固後障，必久任而後化成，以府銜管州事，六年超陞，殆天授，非人力也。四異之刻，當與峴山之碑、燕然之石後先輝映，同垂不朽。顔復何言哉！謹跋。

《萬曆延慶州志》十卷　明知州宋雲霄修

明宋雲霄《自序》：

余癸丑承乏莅延，延彈丸耳。南護陵寢，北控敵穴，地瘠民苦，宵旦拮據，無遑及志。迄四載，量移保定，延人士叩觀察胡公、薛公，三院題留，報〔一二〕可，再令守延。於是乘暇蒐圖册，因羡延之志紀載備而考據精。第六十年來，政沿革也，風醇澆也，城郭增修也，胡可靳一記録？且志舊則字蠹〔一三〕篇蝕，不便檢閲，振而新之，若有待於此時者。矧延當國運累洟，人文蔚起，續而修之，亦時宜也。遂禮懇鄉紳賈公希顔司編纂，谷公文魁、劉公九淵、楊公立程司參訂，拔庠生李子芳春、賈子之驥、宋子嘉樂司〔一四〕校證。次第彙述，圖列於前，志分於後，爲卷九，爲目六十一。大書以紀其事，分注以詳其義。一展覽而風氣、人文、山川、形勝，婉然在目，寧不使人捷觀哉！鑑今遡古，彰往察來，觀風者儻有擇焉，將謂州固有史也，志云乎哉！

嗚呼！志新矣，繼余而守者，異日復有增新，則或者將以兹爲考實之助云。

萬曆四十六年閏四月

《萬曆永寧縣志》六卷　明知縣李體嚴修

明李體嚴《自序》：

永寧屏翰京師，外以捍禦驕虜，實上國藩籬重地也。及問其邑治之本末，輿地之因革，政教、田賦、土産、風俗、山澤、人物、忠孝、節義，足以彰往徵來者，無能歷歷稽考。代豈無之，缺邑乘以載傳耳。夫不作罔述，失今不稽，世愈遠，言愈湮，勸懲竟無所據。兹非司牧者之責，而誰責哉！

余承乏是邑，時值頻祲，日夕講荒政不置。援古鏡今，追前喆，匡不逮，用以無志爲歉。迺屬學博張君[四]摭羣書，網羅故實。其文事採之鄉舊縉紳、里社父老、子弟員；其武事覈諸援兵營及永、延兩衛，暨靖安堡、四海冶、周四溝、黑漢嶺、劉斌堡。張君獨力主裁於齋，學博劉君及諸生張世官等所延訪者爲之彙輯，剔其繁冗，正其舛訛。亂者次之，樸者文之，幻妄弗經者黜之。余亦忘其鄙陋，僭與正體裁、參討論焉。總其綱凡六，列其目六十有奇。首之以圖境，王制明矣；次之以俗賦，物軌昭矣；次之以人物、詞翰，文獻備矣。

越三月稿就，固知無足窺稗官藩籬，然蝸游蛩吟，亦自成其生質。迺上其事於本道張公，下可申動庫藏，些須以爲剞劂氏之費。其它板值、抄值、紙張等費，余自捐俸補足。再閱兩月而告竣。學博士謂余宜有言以弁諸首。

余惟自古良史稱《麟經》《史記》二書，詎獨丘明、馬遷卓越千古，亦以列國所上、太史所陳爲之資也。漢而下，吏不獻俗，史不採風，其間幽光潛德，盛蹟靈踪，隨陵谷起滅，不可殫述。往牒簡墜，耆舊凋殘，所藉以考一方之典故者，惟諸曹之故牘耳。慨余不敏，敢妄擬於作者，亦爲竊取諸君子之意，而自附於長吏以獻俗，則固斯志之所由刻也。刊成謹序其巔末，並紀其歲月，庶幾來者志存肯構，其治梓作室，以是爲樸鑿垣墉之始、丹雘墍茨之本，可乎？是爲序。

諸各與修校者，得其列姓名於左。

《酌中志》二十四卷　明劉若愚撰，採入《四庫全書》。

明劉若愚《自序》：

纍臣若愚，死罪死罪，叩首叩首！洪惟我太祖老爺奮興淮甸，混一華夏，聖德神功，超軼萬古。創交結近侍官員之律，禁扶同奏啓之條。立法垂統，亦嚴且密矣。迨宣廟老爺建内書堂，則内官不許識字之禁，不得不開。然而纍臣今日敢曰立言也乎？顧名節所關，又寧容以無言也。謹以見聞最真，庶可傳信，匡郭已粗備，愈於求諸野。如阻孫宗伯爰立者，的是東光護法，恐宗伯來，重宣君父大義，波及靈露飲耳。許大題目，其誰知之？先帝在天，能無恫乎？言之可爲痛哭，知之安忍不言？愧黔技止此，未敢侈爲完書，而知我罪我，後世自有公論。總之臣子大義在，若愚不忍終默者也。

按皇城中舊制，凡内臣奏事，稱呼列聖則「某年號老爺」，今上則「萬歲爺」。若愚既已失身中涓，焉敢没其口吻？文章家必笑其俚，在史家自存其質也。假我數年，當有可觀。兹略具二十三篇，以備遺忘。其纍臣本末，詳《自敘》篇中。

伏惟神廟老爺慎重册立東宫之典，加以静攝多年，地天不交，上下睽隔，名門滋堯母之疑，臣下擇菀枯之集。幸祖宗培養者厚，國有人焉，清議愈重，或寄之講學，或托之纂言，無非以杞人之憂，明綱常之義，闡心性，淑世道，蓋總從國本民生起見，非有所希覬後福念也。乃傾危者藉此以害正人，幸主讞者擔當而弭大患。不意葛藤之萌，已先滋蔓，遂令玄黄之戰於廟堂者，剥斲元氣，憂未艾焉。謹序《憂危竑議前紀》第一、《後紀》第二。淑媛之選，廣嗣胤也，誕而始封，部議未妥，神廟御簡而後定，此益見神廟事事之必法祖。熹廟臨御七載，今上入紹丕基，大聖人世不間出，真非偶然。有君無臣之嘆，中外如一口焉。恭紀《熹廟誕生》第三、《今上瑞徵》第四。纍臣若愚，内小臣耳。外之輔弼承凝，既不敢知，内之印廠徽猷，芳躅具在。登記垂範，豈異人任？謹序《三朝典禮之臣》第五。上帝好生，聖人惡殺。刑獄之設，實懲一以警百，創艾以求生。求之不得，斯死者與生者兩無憾也。非一觸法網，便終可盡殺者焉。敘《大審平反》第六。先臣陳太監矩，勛業著於朝端，口碑徧於區宇。若愚不才，實侍左右，所生之忝，萬死猶慚。憶其懿美嘉猷，安忍湮没而不彰也。謹記《先監遺事》第七。洪水之患，懷山襄陵；猛火之威，燎原焦野。逆賢、客氏，毒機久於醖釀，首禍中於椒闈，又何有於宦寺，又何有於士紳哉！撫卷傷心，揮毫泣下。謹記《兩朝椒難》第八。鏡明必爲醜婦所羞，繩直必來曲木之忌。唐五王之禍，今乃見於貂璫。謹敘《正監蒙難》第九。五侯之禍，張禹佞也；梁冀之横，胡廣媚也。鄙夫哉！王體乾，誰握印權而養亂庇奸？既脅肩諂笑，固位八年；又黄白買命，苟存牖下。追想甲乙丙丁縉紳之禍，誰助之耶？縱至老死，不知有何顔面對越先帝之靈於在天？敘《逆賢擅政》第十。非表裏何以具衣，非壎篪何以成樂，向無沈漼、魏廣微種毒於前，崔呈秀等肆虐於後，逆賢蚩蚩，總掌東廠，而外廷曲折亦不能盡知，即不過欲報己一二私讎，然實自三案之先發，有人以教猱假手者也。序《外來線索》第十一。衙門雖有内外之殊，官吏各具尊卑之體，彼時宫壼之中，不止一家貴顯；而一家之中，又不止一耳一目。今外則綱漏吞舟，内則桃僵李代；且殷良弼、丁紹呂侍高公矣，苗全侍宋公矣，張國寧侍（二五）金公，陳應祥、吴有兆、貫如皋侍王公矣。活口公論，可盡掩耶？敘《各家經管》第十二。文書房猶外之通政司也，又如六科也。掌印、秉筆各家經手内官，即内閣六卿之親近掾吏而已。外來密貼，下人焉能盡知？主人推敲，在旁誰敢輕重？身不敢出宫門，何由而知外事？且耳目多弊不能獨作也。活口在，敢甘心面質也。序《本章經手次第》第十三。禎祥之發，必有先之；妖孽之來，必有基之，江京、王聖，非偶然也。序《客魏始末》第十四。鉤黨之禍，十常侍也；劉瑾八黨，六賊附焉。吁嗟乎張永，吁嗟乎蕭敬，亦曾不幸墮落其間。今在逆賢，羽翼尤繁。文則永貞、元雅、文輔，鼎峙樞權；武則應坤、九思、良輔，分鎮南北；親近則良臣、明佐、永明、秉公等，日侍御前，《内臣便覽》，刊列昭然，廕陞弟姪，部案存焉。序《逆賢羽翼》第十五。不盡職曰曠官也，出其位曰侵官也，觚哉之嘆頗多，存羊之心堪涕。序《内臣職掌》第十六。千門萬户，漢唐麗也；茅茨土階，唐虞質也。若夫不侈不陋，允協厥中，惟我祖宗制度光明。序《大内規制》第十七。重農功者修耒耜，操爐鞲者惜鉗錘，小技猶然，況在聖學。不有所式，後何賴耶？序《内府板經書》第十八。左氏譏子臧之冠，漢人珍仲尼之履。衣佩之間，吉凶攸兆；盛德之容，非無涉也。序《内臣佩服》第十九。《鄉黨》著飲食之詳，《左傳》垂汎祭之誚，饑渴之於人亦大矣，然在内臣，習染素異。序《飲食好尚》第二十。河套失而全陝之形勝畢虛，遼陽棄而東西之聲援頓隔，恢復之舉，端在後人。惜哉曾公銑！懲羹吹齏，世俗恒情，馴至於今，更堪搤腕。序《遼左棄地》第二十一。一言之善，子張書紳；一事之長，古人不泯。序《見聞瑣事》第二十二。逆案所載之外臣無論已，自逆賢以下，共三十有六人，貴賤貧富，各有公評；遠近親疏，耳目難掩。在體乾欲泯其附黨之迹，而楊維垣、霍維華脱卸之疏入矣。高印公利令智昏，聽讒蔑理，而煢煢若愚，拔之前列矣。上下其手，成心故入。在纍臣一介性命，豈足干天地之和？當聖明解網，泣罪之罪，豈宜有飛霜致旱之枉？百世而下，寧不令弔古者笑秉鈞、司禮之非其人哉！「有兔爰爰，雉罹於羅」，若愚之謂也，附《纍臣自序》第二十三。

《延慶州志》十卷　國朝知州遲日豫重修

失名《延慶州志序[五]》：

國家分土建官，而志行乎其間者，何也？誠以紀曠世之勝事，而永銘不朽也。況一代有一代之事，或焉增新、或焉革故、或焉續載實績、或焉删削繁蕪，以備觀風者之巨覽。我朝[二六]定鼎而大一統之盛，諸制改觀，蔚然天下[二七]，不得謂[二八]昔有志而今無志也。《延慶州志》創自前明，諸公繪其山川文物之規，得其忠孝節廉之義，發其歌謳吟咏之情。奚容增減，第志舊字，蠹[二九]而不審，其時會所宜，詎云一代之隆乎？余已籌之熟矣。

時延守遲公於是月望日登明倫堂，考校諸士文藝之餘，與兩學博暨諸弟子衿列論其書，意圖纂述而未暇也。遂命庠生劉子諱文藻，魏子諱爾恭、爾欽，劉子諱士奇者，則曰：「志，固一州之實録也。爾其校正，當存者存之，當改者改之。」四子亦曰：「才識未裕，學問無長，敢如是乎？」徵余言以序。余雖不敏，得無因時變易，與四子斟酌而考證焉，非敢妄自損益[二〇]也。倘後日繼此而再新其書者，可與並志不朽云。

順治十年二月

《乾隆延慶州志》十卷　國朝知州[二一]李鍾俾修

李鍾俾《自序》：

延之有志，由來舊矣。顧修於萬曆年間，迄今百有餘年。世易代更，人物變遷，所當考證而釐定者，既未易更僕數，而延慶爲邊外巖邑，南護神京，北臨絶塞，爲居庸外障，在故明時屢遭蹂躪，至我朝盛德覃敷，遠人賓服，中外一家，始稱樂土。第安不忘危，此地之邊防武備，亦當講究於平時，始不周章於臨事。

余自乙卯夏承乏兹土，即博考《三關兩鎮》及《圖説》諸志，欲〔二二〕與邑之老成從容商榷，筆之於書，以備省覽。緣自〔二三〕壬子至乙卯，三年之中，官凡五易，積案累累，又連歲偏災，民人貧困，有志焉而未暇也。數年來，百務漸舉。庚申之秋，天水王都憲〔二四〕復下令諸邑增修志乘。余不敢辭固陋，爰集邑紳士，詳加採輯。經始於辛酉之春，閱一歲有奇，乃告成事。

夫前者後之師，古者今之鑑。世之修志者，每每以多爲富，博取廣收，非不足飾觀聽，而真僞相參，疑信相半，甚且要者或略〔二五〕焉。故斯編所載，人必徵諸素履，文必取其切當，山川必紀其阨要，軍制必極其詳明。他凡忠烈、孝友、貞媛，去取皆準諸鄉士大夫，國人〔二六〕寧慎毋濫，寧信毋疑。非敢云盡合乎古人爲志之遺意，聊使後之牧是邑者觀志之所載，孰可法而可傳，孰當因而當革，不蹈浮誇失實之譏，則余之厚幸也已。是爲序。

乾隆七年四月

《蜀道紀遊》二卷 國朝李德淦撰

《胡氏家傳》四卷 國朝胡先達等編 胡鏞等續編

楊彝珍[六]《續編胡氏家傳記》：

聽泉都轉與予有文字之雅，嘗具述先世治行之炳炳者，請爲文紀之。適今年觀察辰沅，走使奉狀來申前請，予受其狀讀之，知其鼻祖大勛於勝國輔成帝圖，授節守藩，聲績休顯。自是以降，席其門冑，違世有人，服習儒業，趾前之美，起爲儒官、令牧與丞尉者，後先相望。所至多以惠政聞，均鬱然有名迹可指。烝烝孝裔，懼其久將即於沈泯，不棄愚鄙，猥屬秉翰，辭懇而意勤。既辭不獲命，謹條次其班班者，以待刻諸家乘，其可乎？

同治三年孟夏

碑碣

遼建縉陽寺功德碑

在龍安山[七]。壽昌元年立，碑陰載香火地畝。

元建龍安山石塔銘

在永寧城北。正議大夫、太常寺禮儀[二七]、同知大寧路總管邢訓俗撰，進士王善書。延祐四年八月中秋日，功德主趙信、眾施主李孝元等助緣。僧海義。

元天成觀碑

在永寧。元胡慶雲撰。

元指揮使哲言不花[二八]善政碑

在州城南。

明建北極廟碑

在永寧本廟。正統七年，少監谷春創建立石。又有成化八年，弘治元年、五年、十四年、十五年，節次重修碑記。

明敕建顯化禪林碑

在永寧城。資德大夫、正德上卿、禮部尚書、國子監祭酒胡濙撰文，巡撫大同宣府右副都御史五羊羅亨信書，正統十年五月立石。

明重修州儒學碑

一在州城文廟。禮部侍郎葉盛撰，成化四年立石。

明重修東嶽廟碑

在永寧。成化八年八月立石。

明南横嶺界石碑

在州城東南。弘治元年十一月立石。

明修龍安山佛塔暨諸神像碑

在永寧城北。嬀川散人金洞明撰並書，正德五年九月立石。

明應夢寺石佛洞石碣

在州城北。正德六年七月，隆慶右衛人等立石。

明修上帝廟碑

在永寧。分守懷來永寧右參將梁桓、永寧衛指揮周策、永寧知縣葛仲英、延慶左衛胡延齡立石，嘉靖十七年五月。

明重修州儒學碑

在州城文廟。翰林院編修山陰王家屏撰文，學正劉棨立石，鴻臚寺右丞邑人劉儒題額，山東新城知縣邑人馬維遷書，隆慶四年九月。

明重建武靈王[八]廟碑

在永寧。欽命監察御史、賜進士出身翰林院庶吉士餘姚邵陛撰文；宣化鎮東路副總兵都督府白允中，知永寧縣事周大綬，永、延二衛千户、經歷、把總、百户等立石。萬曆三年二月。

明修城隍廟併紀王公德政碑

在永寧城。知永寧縣事關中王元弼、永寧路參將都指揮上谷董一元、北路獨石口副參將呂淵立石。萬曆六年秋日。

明建關帝廟碑

在柳溝城。鄉貢進士州人塗雲路代撰。萬曆八年七月，欽差提調宣府南山地方參將指揮孫朝覲、中軍坐營千總指揮吴得麟等十人、把總指揮黄恩等二十一人。

明重修佛頂寶塔碑

在永寧北。陝西延長縣知縣梁九疇撰，欽差分守宣化東路永寧等處參將指揮上谷董一元、永寧衛掌印指揮（二九）黄明臣、延慶左衛掌印指揮劉應祺、永寧知縣西秦貢生王玉汝，萬曆十三年立石。

明重建泰山行宫碑

在本廟。承德郎孟浩撰，塗雲路書，知州姜一鳴、都指揮王眷民、太監趙進督修，萬曆十八年，段堯等立石。

明州牧耿公去思碑

在州城。陳文燧撰。

明建顯化寺水陸殿碑

在永寧本寺。選拔貢生邑人孟時聯撰，禮部儒士金陵申自强書，萬曆二十三年九月立石。

明修真武廟碑

在永寧南關。邑廩生梁綵撰文，賜進士出身知永寧縣事徽州江起鵬、宣化東路永寧參將解生、右參將指揮閻大澤、延慶左衛掌印官指揮黃元吉、四海堡守備都指揮陳仲學、黑漢嶺防守指揮馬出圖立石，萬曆二十五年孟冬。

明修泰山行宫碑

在永寧。分守東路參將陞固原都督黃明臣、副總兵都督〔三〇〕僉事解生、知縣趙爾守，萬曆二十三年立石。

明修積善菴碑

在房老營。永寧縣學生胡孔陽撰，萬曆三十五年孟夏立石。

明重修學宫碑

在州城文廟。知州楊維相撰，萬曆三十六年立石。

明重修柳溝城關帝廟碑

在本堡。萬曆三十八年五月立石，欽差提調宣化、永寧、南山等處參將高策謹、坐營操守千總劉大有等九名、各口把總十五名、官掾吏共六十八名共管八山口八隊家丁兵目六百六十名。

明敕賜顯化禪林香火地畝碑

在本寺。萬曆四十年九月立石。

明建城隍神廟碑

在永寧。賜進士第行人司行人張紹魁撰，賜進士出身知永寧縣事關中崔國裕、宣化鎮東路參將都指揮馬天柱立石，萬曆四十一年冬十月。碑陰載香火地畝。

明修顯化寺禪林碑

在永寧。興縣知縣邑人劉桂芳撰，泰興縣丞邑人國時敌〔三一〕書，東路右參將都指揮張國柱，知永寧縣事古右扶風郡楊陟，護印僧官湧魁立石，萬曆四十八年十月。

明修應夢寺碑

在州城北。陝西榆林縣訓導吴登瀛撰，崇禎元年立石。

明修玉皇閣碑

在州城中。汶上縣典史邑人蔣有進撰，崇禎十五年仲夏立石。

國朝重修八仙洞玉皇殿碑

在州城北。知州李兆龍撰，庠生李養廉書。康熙十八年四月，住持道人孫致誠立石。

國朝建于公祠碑

在州城三義廟東院。知州武登科撰，邑人呂濟業書，康熙三十三年冬月立石。

國朝重修學宫碑

在州學。知州武登科撰，學正蘇學晋書，康熙三十六年冬月立石。

國朝建朝天宫碑

在州城。衍教逸人衛融撰，本衛學廪生張雄翮書，知州陞任襄陽府于翔漢監修，知州祁斌署，學正魏元發康熙四十二年秋月立石。

國朝重修石佛寺碑

在孟官屯。儒士王振祖撰文，耆民王之祚等監修，康熙四十二年立石。

國朝重修應夢寺碑

在州城北。癸酉舉人候選知縣饒有斐撰，康熙五十一年九月立石。

國朝建朝天宮碑

在永寧。候選訓導邑人吴起祖撰，法號放源崔鍾瑛書，康熙六十年九月上澣〔三二〕立石。

國朝重修河神廟橋碑

在永寧城北。廩生吴應選撰文，聶爾達督工，聶爾聖同妻趙氏捐修，雍正十二年仲夏月立石。

國朝永寧移建文廟碑

在本城。乾隆四年八月立石。

國朝州牧郭公去思碑

在岔道城東門外。

郭浩《己酉七月復至延慶，見岔道東門外州人所立石碑感賦一律》：

軍都關外黯魂銷，賸有桓碑伴泬廖。自是邊隅偏□古〔三三〕，豈真長吏果堪謡。彈琴峽在琴應碎，應夢山空夢欲飄。景物恍然如昨日，幾回翹首朔雲高。

吕守曾[九]《過岔道見延慶牧郭使君去思碑感賦一首》：

使君吾所仰，善政乃如斯。自昔歌來暮，於今有去思。春風回紫塞，落日上穹碑。老矣還留滯，應爲感路岐(三四)。

方觀承《過岔道鎮爲勁草使君舊治讀州人去思碑有廉明惠静民不能忘之語用志四韻即寓頌德寄懷之意》：

看山盡處復看碑，大字丹題懋續垂。舊守平生稱久故，居人十載係謳思。兒童竹馬争迎路，過客輶軒小駐時。爲語使君清(三五)興在，重勞官職尚能詩。

惲源濬[一〇]《過岔道見郭勁草去思碑次方舍人[一一]韻》：

竹帛人間有，歌思位去難。寸心非保赤，片石幾書丹。物(三六)慰勛名著，光齊日月看。參軍寄高詠，傳誦滿長安。

宋斐〔一二〕《過岔道見郭勁草去思碑次方舍人韻〔三七〕》：

遺愛争傳緑字碑，亭亭屹立與雲垂。并兒騎竹歌來暮，野老攀轅係去思。海内名高郭有道，關中驛置鄭當時。居庸紅杏香川月，好與山萊並入詩。

沈德潛《書郭使君去思碑記倡和詩後》：

抛將手版竟何之，十載重來感鬢絲。一馬二章隨過客，丹文緑字認豐碑。孟嘗去後珠應徙，仇覽官餘鴞尚慈。此日明廷需直道，故山未許老耕犁。

唐綏祖〔一三〕《書郭使君去思碑記倡和詩後》：

廣寧風還大古淳，豐碑銘勒使君仁。芾棠猶是當年樹，留得清陰歲歲新。絳闕天高雨露霑，新承寵命領頭銜。九重側席思良牧，官職聲名兩得兼。

國朝重修馬神廟碑

在州城南門内。邑人賈躍龍撰，乾隆九年七月立石。

國朝重修儒學碑

在州學。知州趙屏晋撰，乾隆十六年立石。

國朝重修冠山書院碑

在州城。知州滇西芮泰元撰並書，乾隆二十一年春月立石。

國朝重修魁星閣文峰塔碑

在州城。拔貢胡宗舜撰，拔貢賈躍龍書，歲貢郭坦捐修，乾隆二十四年五月立石。

國朝重修永寧啓聖祠碑

在本城。增生李紹斌撰，永寧路都司白璉、轅門千總秦毓亮、外委楊傑監修，乾隆二十八年九月立石。

國朝重修關帝廟碑

在州城本廟。户部尚書董浩撰，乾隆四十年八月立石。

國朝重修朝天宫四明亭碑

在永寧。宣化鎮永寧路都閫府蔣希賢、分司巡政廳姚振鐸、鹽山訓導邑人王應旭監修，候選教諭邑人夏爾暲書，乾隆四十五年八月立石。

國朝重修普門寺碑

在永寧城外。貢生劉均平撰，永寧都司晁運昌、千總白西昭、外委王著、巡檢范茂監修，普門寺三十一代住持比邱心誠謹志，乾隆五十年八月立石。

國朝建竈君廟碑

在州城。知州紀聞歌撰，邑人崔華棟書，吏目賴澐、城守營賈興隆立石，乾隆五十一年九月。

國朝重修玉皇閣碑

在州城。知州倪元寬撰，乾隆五十五年七月立石。

國朝重修永寧鐘鼓樓碑

在本城。賜進士出身安徽涇〔三八〕縣知縣邑人李德淦撰，永寧路都司趙遐齡、永寧巡檢山右温維祺、誥封户部主事聶佩瑾等六人，嘉慶六年十月立石。

國朝重修興福寺碑

在州城北。原任涇縣知縣李德淦撰，貢生李松齡書，住持心泰立石。

國朝重修文廟暨文昌宫碑

在州學。歲貢賈鳴謙撰，嘉慶十二年立石。

國朝重修城隍廟碑

在州城。知州王百齡撰，貢生賈鳴謙書，嘉慶十九年秋月立石。

國朝州牧王公德政碑

在州城隍廟。嘉慶二十三年立石。

國朝重修永寧東嶽廟碑

在本廟。貢生選授安平訓導王履謙撰，道光六年七月立石。

國朝延慶義倉總碑

在州城玉皇閣。知州吴增嘉撰，道光十年九月立石。

國朝永寧義倉碑

在本城。知延慶州事歸安吴增嘉撰，道光十年立石。

國朝建縉山書院碑

在永寧城。協辦大學士户部尚書英和篆額，經筵講官吏部尚書蕭山湯金釗撰，禮部侍郎副都統滿洲文慶書，道光十四年孟冬立石。

國朝重修石佛塔碑

在龍安山。太和縣教諭陽湖史福臻撰，貴州候補知府邑人胡先達篆額，廣平訓導邑人吕全書，道光十五年七月立石。

國朝五貴山磨崖題記

在八達嶺南。河督麟見亭宦遊因緣記，道光十九年春月題識。

國朝重修火神廟添建戲樓碑

在州城本廟。知州童恩篆額，學正鄭奎雄撰，庠生張景星、道人塗復明督工，道光二十年立石。

國朝移建文昌宫碑

在永寧城。户部左侍郎提督順天等處學院雁門馮芝撰，翰林院編修國史館協修陽湖吕佺孫書，道光二十二年七月立石。

國朝重修永寧關帝廟碑

在永寧北門外。戊子謄録廣平縣訓導吕全撰，道光二十三年七月立石。

國朝建朱衣廟碑

在縉山書院。庚子科舉人候選教諭張虹撰，咸豐三年孟冬立石。

國朝永寧文廟租項數目碑

在本城。同治三年九月立石。

國朝重修關帝廟創建魁星樓碑

在州城南五貴山。貢生王棨曾撰文，頭等侍衛懷安黃大元倡修，保舉孝廉方正武生杜詩總理，同治三年冬初立石。

國朝青龍潭創修石梯碑

在永寧城南。貢生王棨曾撰，廩生王福照書，同治七年立石。

國朝重修鄉學碑

在州城南居庸關。訓導袁兆紳撰，同治九年二月立石。

【校勘記】

〔一〕詔：原作「召」，筆誤。

〔二〕「乾於此有僭焉。粵惟舊志修於成化乙未，迄今七十餘年，使不有以續之，則其間人材之繼出」：原作「乾於迄今七十餘年，使不有以續之，則其間此有僭焉，粵惟舊志修於成化乙未，人材之繼出，……」據《嘉靖隆慶志》校正。

〔三〕心：原闕。據《嘉靖隆慶志》補。

〔四〕何周至哉：《嘉靖隆慶志》此下有「公有紀綱法度之施，濟以正直忠厚之德，仰其風者，咸敬服之。其慮大事，決大疑，悉中其機而當乎理，非心之精而才之優者不能也。公字信甫，號古川子」等數語。

〔五〕是志也：原闕。據《嘉靖隆慶志》補。

〔六〕戊申歲：《嘉靖隆慶志》作「去歲」。

〔七〕官：原作「宮」。據《嘉靖隆慶志》改。

〔八〕末簡：原作「未簡」，筆誤。

〔九〕撰：原作「授」。筆誤。據《光緒延慶州志》卷八《人物志·盧綬傳》改。
〔一〇〕延慶：《乾隆延慶州志》作「延州」。
〔一一〕皇陵：《康熙延慶州志》作「盛京」。
〔一二〕報：原闕。據《乾隆延慶州志》補。
〔一三〕蠱：疑當作「蠹」。
〔一四〕司：原作「可」。據《乾隆延慶州志》改。
〔一五〕侍：原作「寺」。據前後文改。
〔一六〕我朝：《乾隆延慶州志》作「我清」。
〔一七〕諸制改觀，蔚然天下：原作「蔚然改觀」。據《乾隆延慶州志》改。
〔一八〕不得謂：原作「不得以」。據《乾隆延慶州志》改。
〔一九〕蠱：疑當作「蠹」。
〔二〇〕損益：原作「捐益」，據《康熙延慶州志》改。
〔二一〕知州：原作「知縣」。據《乾隆延慶州志》改。
〔二二〕欲：原作「顧」。據《乾隆延慶州志》改。
〔二三〕自：原作「目」。據《乾隆延慶州志》改。

〔二四〕天水王都憲：原作「王都憲」。據《乾隆延慶州志》補。

〔二五〕略：原作「缺」。據《乾隆延慶州志》改。

〔二六〕國人：原闕。據《乾隆延慶州志》補。

〔二七〕禮儀：原作「禮議」，據《元史》卷八八《百官志四》改。

〔二八〕哲言不花：原作「誓言不花」，據《乾隆延慶州志》卷一及本書卷十一改。

〔二九〕指揮：原作「指揮揮」，衍一「揮」字，删去。

〔三〇〕都督：原作「督」，按《明史》卷七六《職官志五》記明代五軍都督府有左右都督、都督同知、都督僉事，據此補「都」字。

〔三一〕國時敬：原作「國時」，闕「敬」字。據《光緒延慶州志》卷七《選舉志・明永寧縣貢生》補。

〔三二〕上澣：原作「士澣」，筆誤。

〔三三〕偏□古：原書缺失「偏□」二字。「偏」字據《乾隆延慶州志》補，「□」字則無法辨識。延慶學者宋國熹認爲此句當作「自是邊隅偏近古」，見《宋國熹文集》，卷三，第245頁。

〔三四〕岐：原闕。據《乾隆延慶州志》補。

〔三五〕清：原闕。據《乾隆延慶州志》補。

〔三六〕物：《乾隆延慶州志》作「老」。

〔三七〕方舍人韻：原闕。據《乾隆延慶州志》補。

〔三八〕涇：原闕。據《光緒延慶州志》卷七《選舉》及下文「國朝重修興福寺碑」補。

【注釋】

[一]《舊志》：指《成化隆慶志》。

[二] 嘉隆之變：指嘉靖、隆慶年間，北部蒙古族入侵，延慶遭受摧殘。

[三] 陳、程、耿、姜之賢：指明嘉靖至萬曆年間，任職延慶的四位知州：陳其愚、程應登、耿繼武、姜一鳴。

[四] 張君：指張士科。時任永寧縣儒學教諭，濟南人。

[五] 本篇作者失名，生卒年及事蹟均不詳。

[六] 楊彝珍：字性農，楚南（今湖南常德）人。道光末進士，官翰林，咸同之際，以能治古文學名湖外，與何紹基、魏源、鄒漢勳、楊季鸞、劉蓉並稱「湖南六名士」。胡先達長子胡鏞（過繼給其兄先鳴）任湖南辰沅永靖道道員時與楊彝珍相交，托其爲《續編胡氏家傳》作記。彝珍卒之日，年逾九十。

[七] 龍安山：即縉陽山，今曰「佛爺頂」。

［八］武靈王：指諸葛亮。按：唐光化年間，曾封諸葛亮爲武靈王。

［九］吕守曾：字待孫，河南新安人。雍正甲辰（1724）進士，授完縣知縣，曾任山西布政使。著有《松坪詩集》。

［一〇］惲源濬：字哲長，號鐵簫，武進（今江蘇常州）人，歷官天津縣丞，大名府通判等職。

［一一］次方舍人韻：方舍人，即方觀承。按，此和詩與前所録方觀承詩韻不同，疑方觀承尚有同題五律，失載於志。

［一二］宋斐：乾隆時人，生平不詳。

［一三］唐綏祖（1686—1754）：字孺懷，號莪村，江蘇省揚州府江都縣（今江蘇省揚州市）人。雍正元年（1723）舉人。歷任河南封丘、虞城縣知縣，歸德府知府，浙江布政使，浙江、山東、江西、湖北等省巡撫，署湖廣總督。傳見《清史列傳》卷二一《大臣畫一傳檔正編》卷十九。

延慶州志卷十一

古蹟志　廢城堡　廢署舍　冢墓　寺觀

廢城堡

上谷故城，在州城北。《元和志》：「戰國燕所置上谷郡城也，秦漢爲上谷郡地。」《括地志》：「上谷郡故城在懷戎縣東北百十里。」即此。《州志》〔一〕云：「城在州西北，去懷來廢縣北十里。」似〔二〕誤。《方輿紀要》

居庸故城，在州城東。漢置縣，屬上谷郡。《乾隆志》。後漢建安中，劉虞自薊北奔居庸，即此。《水經注》：魏上谷郡治，孝昌中陷廢，天平中復置，北齊又廢。《大清一統志》

夷輿故城，在州城東北。漢置縣，屬上谷郡。後漢省。《乾隆志》。谷水與浮圖溝水出夷輿縣故城西南，注於滄水。《水經注》

弘陽鎮，在州城西南三十里。唐武德六年，高開道所部以弘陽、統幕二鎮來降。《方輿紀要》

媯川故城，在州城西。唐天寶中，分懷戎縣置媯川縣，屬媯川郡。契丹省入縉山縣。

同上

縉山廢縣，今州治。唐末置，爲儒州治。元廢。《畿輔舊志》參《通考》

元馮子振〔二〕《縉山道中詩》：

榆林東北縉山圍，百嶂千峰畫卷揮。鞭影揺揺人意懶，秋風及早送將歸。

明周伯琦《縉山縣詩》：

縉雲山獨秀，沃壤歲常豐。玉食資原粟，龍州記渚虹。荒祠寒木下，遺殿夕陽中。誰信幽燕北，翻如楚越東。

隆鎮衛城，在州城南。元大德中，指揮使哲言不花〔三〕建，址尚存。《大清一統志》

永寧廢縣，在州城東四十里。明永樂中置，今廢爲鎮。詳見卷一「永寧城」條

古長城，即燕塞。燕昭王用秦開謀，置上谷塞，自上谷以北至遼西，秦始皇因其舊址而大築之。今永寧一帶遺蹟猶存。《乾隆志》

古城，在州城東北二十里。遼蕭后所築。《一統志》一名土城，永寧西北。《乾隆志》

古窑，有三，俱在應夢山之陽。相傳遼蕭后建寺，燒造琉璃磚瓦、石灰之所，遺趾猶存。《府志》引《舊志》

屯糧堡，一在州西半里，一在州城東二十里。皆元時饋餉儲糧之所。《方輿紀要》

古臺，在州治東北。《明一統志》。元諸王兵與將幹都蠻〔三〕戰於陀羅臺，或曰即州之古臺。《方輿紀要》

養鵝池，在州城西南二十里。遼蕭后置。近得石碣於土中，云「影娥池」。《乾隆志》

蓮花池，在州城東南三里許。遼蕭后植荷之所，基址猶存。同上

東羊房，在州城北十里。西羊房，在州城西北十五里。皆遼蕭后養羊之所。《宣府鎮志》

白馬村，在州城北三里。遼統和二年，祭風伯於白馬村。《大清一統志》

杏園，在州城南七里。金時植杏於此。《宣府鎮志》

香營，在州城東。金章宗誕生於此。《乾隆志》

鳳凰臺，在州城西南三十五里。金時建。同上

香水園，在州城東北。元仁宗誕生於此。《畿輔舊志》酈希誠云：「當有聖人降生於茲。」率道侶創之。西有香水園，爲花圃，即納缽之所正也。《府志》

流杯園，元時置。今失所在。《府志》

陰莫亭，在州城南。《畿輔舊志》在居庸城南十里。《水經注》今失所在。

過街塔，在州城南居庸關。元時建。參《行國録》《昌平山水記》：關城之中有過街塔，臨南北大路，壘石爲臺，如譙樓而窾其下，以通車馬。上有寺，名曰太安，正統十二年賜名。下窾處刻佛像及經，有漢字，亦有番字。元泰定三年所鐫也。果囉洛納延《詩序》言：「關北五里有敕建永明寶相寺，宮殿莊麗。三塔跨於通衢，車騎皆過其下。」今蓋亡其二矣。

荷亭，在州城小西門外曲隄。乾隆時，知州李鍾俾建。

李鍾俾《荷亭晚景次高敦素韻》：

片片緑蘆遠遠連，高低無數野鷗眠。我來瀟灑當三徑，共坐黄昏話兩邊。正是亭宜人戀景，故教月愛酒臨泉。諸君試吸銀鍾滿，自有新詩敵李篇。

又《荷亭晚酌》詩：

一灣幽處客來臨，無待秋風意自深〔四〕。習氏池亭常共醉，平原花石又同尋。使君未寫蓮船記，邊地先知夜月心。誰似廬陵詩有説，集傳且欲使人吟。

顧諟〔三〕《薄暮荷亭即是次韻》：

疎林一望暮烟連，隔岸山僧倚樹眠。鳥倦歸飛鳴刹裏，人行散亂雜溪邊。數聲蛙鼓增幽興，幾點荷錢映碧泉。北海耽吟兼好客，招余共賦擲金篇。

望稼亭，在州城北龍王廟後。同治七年，知州屠秉懿建。臺基高曠，可以眺遠。

按《水經注》：牧牛山有道武帝廟，大翮山有王次仲廟。又言：次仲落翮於此，故有靈亭之名。今廟與亭遺址無存，久失所在矣〔五〕。

廢署舍

南察院，在州城澄清街。明永樂間，知州陸震創建。正統間知州古節、成化間知州李鼐各重修，共二十四間。久廢。

西察院，在州治西。明嘉靖間建，共四十間。久廢。

按察司，在州城和睦街。原係守備廳，共二十七間。久廢。

醫學，在州署西。久廢。

陰陽學，在醫學西。久廢。

所治，在州城東北隅。明景泰四年，守備杜陵，千户李麟、劉政創建。成化末，改守備廳。嘉靖中，守備余寧修，移所治於左，千户傅澄創建。久廢。

延慶衛署，在州城南五十里居庸關。久廢。國朝順治七年，改都司署。道光年間，又改爲千總署。

大門三間。外東，贊武廳二間，鼓樂樓二間；西，軍牢房二間，砲臺二間，儀門三間，東西脚門各一間。大堂五間，東西房各三間。二堂五間，東西房各三間，東有關帝廟一間。東宅，正房三間，東西房各二間。前院，正房三間，東書房二間。後，碾磨小房七間，西有馬神廟一間，東西馬房各三間。再西，箭道一處，每遇小操在内。

巡檢司署，在永寧，即左衛署基。乾隆三年建。後於道光十四年改縉山書院。

大門三間，大堂三間，二堂三間。後住宅，正房三間，東廂房二間。

千總署，在永寧，即右衛舊基。乾隆三年建。今廢。

大門三間，大堂三間。後住宅〔六〕，正房三間，東西廂房各三間。

永寧舊縣署，在永寧城東北隅。明宣德六年，知縣劉睿建。成化二年，知縣高翔重修。萬曆十七年，知縣趙爾守增修。今改建文廟。

延慶儒學訓導署，在州學宫西，後移城東北隅崇文街。久廢。今改冠山書院。

永寧儒學署，在城東北隅。明正統元年建。久廢。

參將署，在永寧西街。明永樂二十一年建。明成化五年，重修。今改爲都司署。

中軍署，在永寧城東南隅。明宣德七年建。久廢。

永寧衛署，在永寧城西門内。掌印正廳、軍政廳、巡捕廳、經歷司、四千户所，俱宣德五年建。久廢。

延慶左衛署，在永寧城東南隅，掌印正廳、軍政廳、巡捕廳、經歷司、五千户所，俱宣德六年建。久廢。

永寧中前千户所、左千户所，俱明天順七年建。後千户所〔七〕，明景泰年建。久廢。

吏目署，在州城東北隅。明成化間改爲守備署。久廢。

四海治守備署，在本堡。明天順八年建。今改爲把總署。

黑漢嶺防禦署，在本堡。明嘉靖二十九年建。今廢。

周四溝操守署，在本堡。明嘉靖十九年建。久廢。

營盤口把總署，在營盤口。久廢。

劉斌堡署，在本堡。明萬曆二十年建。久廢。

靖安堡守備署，在本堡。明嘉靖二十九年建。國朝雍正十年，改爲都司署。乾隆四年，改爲千總署。今改爲外委署。

柳溝守備署，在本堡，即南山路參將署。明嘉靖三十年建。國朝順治七年，改爲守備署，又改把總署，後又改爲外委署。

千家店防禦署，在口外。

大察院，在永寧東街。明宣德六年建。二十八年，參將張國柱增修。

東察院，在永寧東，屬左衛地方。後察院，在永寧西北，屬永寧衛地方。今改建斗姥宫。

四海冶前察院、東察院、西察院，靖安堡察院、後察院、周四溝察院，以上俱在各堡。久廢。

預備倉三間，撫夷倉三間，禄米倉三間，抵贖倉三間，俱在州城。全廢。

永寧倉，在縣東北隅。明宣德六年建。黑漢嶺倉、靖安堡倉、周四溝倉、義倉、舊縣義倉，又四海治倉，明天順七年建。俱久廢。

惠民藥局，在永寧縣治西。明知縣趙爾守建。久廢。

永寧急遞鋪，在縣西。隅頭東地方更鋪六座，屬左衛。隅頭西地方更鋪六座，屬永寧衛。以上俱久廢。

縉陽公館，在永寧。明正統二年建。久廢。

草場，一在州城西北隅。一在永寧南門外，明景泰元年建，有場大使公廨。一在岔道，嘉靖三十五年，兵備道張鎬建。一在四海冶，天順七年建。俱久廢。

神機庫，在州城東北隅旗纛廟内。明景泰四年，守備杜俊，千户李麟、劉政創建。久廢。

演武廳，一在州城東北二里，明景泰三年建。一在永寧，明宣德七年建。

明李體嚴《重修永寧演武廳記》：

國家嚴九邊以禦敵，惟宣鎮東路永寧屏翰京師，密邇陵寢，去敵穴咫尺，尤爲重地。

設衛所、屯堡、守操、總防等隨在控制，而發縱指示。總之援兵營參將聽命焉，居常各自爲操練，若兩臺大閱及兵憲公巡試，率調各路兵馬雲集永寧校秇。舊有演武場，居城東里許〔八〕，創於章皇帝御極之七年，顧基址湫隘，歲月既久，榱桷蠹毀。赤日淒漫〔九〕，旁風上雨，漸及䡊𨏔，無論規制陁陊，非以樹具瞻而壯國威。即羣羽林而教之，胡以作三軍之氣也！

歲庚子，上谷〔一〇〕張君〔四〕來守東路，已三歷至分矣，健兒挾纊，狼頭格心。君緩帶輕裘，盱衡武場之傾圮者，命工鼎新之。拓其基，易爲楹者五，前爲重宇者楹三，東西各增釘人舍者楹六。而又樹之棹楔，華采軒翔，以表三錫之吉。所費不資，毫無與帑需請者屹然輪奐之美，視舊物迥如也。

既落成，乃走介徵余言以紀。余惟張君之修葺武場也，豈獨爲是侈觀美乎哉！蓋嘗披閱諸兵家籍而知君之教民者深也。夫地址〔一一〕擴矣，然不曰「高陵勿向，背丘勿逆〔一二〕」乎？堦戺墄矣，然不曰「馳往馳來，左角右角」乎？楹棟增矣，丹艧施而釘房設矣，又不曰「任重持難，股肱羽翼」乎？赤莖白羽，絳縞光耀，與夫所謂「聞金而怒，聞鼓而喜」乎？三軍之士觸目以興思，則君所以訓練武士者，當不徒在頤指色授間也。

工肇於上章蓐收，迄於重光勾芒。鳩材出自樵蘇之軍餘，而需費則養廉之羨也。君諱國柱，字君用。中外仰君有奠邦偉烈，僉以磐石[一三]號。君，宣府之前衛人。

冢墓

遼梁王[五]墓。在永寧西八里，石羊石虎山下。

金康兵馬墓。太和[六]時武舉。在永寧西北。

明單御史墓。在州城西二里。舊有華表、石坊，今無存。〇按《府志》引《舊志》，俱失其名。

李尚書衍墓。在州城東北五里。予告進一品秩，賜祭葬。

明徐溥《户部尚書李公神道碑》：

公諱衍，字文盛，姓李氏。其先山東歷城人。永樂初，有諱義者謫戍南丹。後改編隆慶州民，遂籍隆慶，是爲公之祖考。考諱亨，皆以公貴，贈户部右侍郎。

公自少穎悟，爲州學生，有聲場屋。景泰辛未，登進士第，授兵部主事，歷陞員外郎、郎中，皆克舉職。

成化二年，陞河南右參議，檄所部課民種桑棗，户若干株。因以考長吏勤惰，且月令條上其他政。即善，則温顔慰之；即不善，則訶譴不少貸。由是州縣之吏罔不知懲勸。

四年，丁母夫人憂。服除，改四川。奉敕提督松潘等處糧儲，出見彭索河荒田彌望，乃召其土人而問之，曰：「是可耕地而不耕，何也？」衆所謂：「生蠻往往擾耕爲患。」公則相視要害，設橋梁、墩堡、塹栅爲防。民乃耕，耕遂無擾。時彭潘有堡曰（一四）張臘，茂州有堡曰松溪，皆爲生蠻所攻。公與參將姚彧前後擒殺數百人，蠻乃遠遁。捷聞朝廷，屢有寶鈔綵幣之賜。灌縣都江堰（一五）壞，歲役四萬人修之。吏得夤緣爲奸，公去其十九，築不逾歲而功告成，民永賴焉。

七年，陞河南右參政。其居官聲實，一如參議時。

十一年，陞江西右布政使。未幾，陞都察院右副都御史，巡撫河南。至則剗刮宿弊、理冤獄、黜贓吏，定九等差役法。時黄河水溢，城浸者已三版。公視東南角低下，公乃命守工之官日夜疏濬，始免決嚙之患。

十六年，陞户部右侍郎，尋奉敕巡視山海邊關，整飭兵備。置床子弩一萬五千張，弩可射三百步餘。又設飛石、飛木，可發五七十步者，各數十萬。削山坡，鑿峭壁，東西數百里，歸而以圖進，上賜〔二六〕鈔四千貫。

二十年，轉左侍郎，權尚書事。時河南、山東、北直隸連歲旱，穀無所出。州縣當輸邊者類橐銀，就糴以輸，米踊貴，斗至數百錢，然亦實無甔石貴者。而武吏催督，道路旁午，勢甚張皇。公聞之，乃請輸銀太倉，而以太倉之米輸於邊，米價遂平。

二十年〔二七〕，奉敕總督三邊軍儲，兼〔二八〕賑濟饑民。時關陝不雨三年矣，公齋心默禱，所至天輒雨。又引渭水爲渠，經行二百餘里，以利居民。是歲大稔，民賴以全活者甚衆。還朝，復具圖以進。上喜，又出寶鈔四千賜之，遂有意大用公矣。

明年，陞本部尚書，總督京、通兩倉。内外僚吏素熟公名，皆慄慄危懼，惟恐有犯公者。時公不大聲以色，事固無不理也。

二十三年，公遽有去志，遂上疏乞身以歸。買園築室於隆慶城西北，日與親舊觴咏其中。或問以官事則不應。

弘治五年，以建立皇太子恩進一品職。七年十月十一日，卒於家，年七十有四。娶黄氏，繼娶梁氏、任氏，皆贈淑人。男四人：長曰鶴，順天府執事；次曰熊，州學生；次曰鸞、曰鳳。女四人：長適廣德州知州同郡辛禮；次適進士山海崔錦，其二尚在室。孫男女六人。公性簡直，與人不能委曲，又好面折人過，雖遇權貴人，亦不掩護。故權貴人多怨公，公將用，輒爲其所抑。其去也，亦以是云。銘曰：

南丹之李，派自歷城。曁入隆慶，李斯有聲。李之有聲，實始於公。才德並茂，位秩斯崇。公佐三藩，至有成績。孰爲最多，西蜀赫赫。蜀有土田，公爲耕之。蜀有寇盜，公爲平之。蜀民嘻嘻，惟其所欲。公爲蜀民，奔走僕僕。公撫河南，河水瀰瀰。濬之導之，河乃東馳。不震不動，公之在邊。孰爲强敵，而敢噉焉。公視饑民，哭聲在途。裏糧以哺，民咸歌乎。歲儲浩浩，東南之輸。公乎出納，不爽錙銖。惟公之才，已用於時。人猶有言，不究其施。惟公之位，已極其至。人猶有言，不久於事。公其已矣，爲公慨何？刻銘墓遂，百世不磨。

黄都堂鍾墓。在州城南，南辛堡前。

李主事瑶墓。在州城南二里，有學正徐旭墓志銘。

陳按察司僉事詠墓。

張遊擊將軍勛墓。在永寧北十五里。

黄昭勇將軍堯臣墓。在永寧南十五里。

林武德將軍旺墓〔一九〕。在永寧北十五里。

張孝子良武墓。在永寧東二十里。

劉千户政墓。在州城東窪兒里，有石碑石坊。

劉刺史九澤墓。在州城北八里莊，有碑。

夏參將忠墓。在州城北六十五里黑峪。景泰間鎮守永寧，卒於鎮，葬此。

劉太守繼禄墓。在三里河村東北，有碑。

胡刑部永傑墓。在永寧。

吴舍人士宏墓。在永寧北一里左所屯。

國朝

李廣文之實墓。在州城北半里。有碑。

郭貳尹墉墓。在州城北黄柏里。有碑。

解孝廉元章墓。在老人莊。

聶主政時懋墓。在永寧北石羊石虎溝。

李大令德淦墓。在永寧北石羊石虎溝。

李教授廷輔墓。在永寧東北吕家窪。

胡大令先達墓。在永寧團山東坡。

王廣文化遠墓。在永寧東北小轉山後，有石碣。

回回墓。在州城西三里。

按《乾隆志》：王少司寇墓，在黑龍廟。王守戎墓、王節婦周氏墓，俱在常裏營，事涉旗籍，不録。《府志》：魏河南太守寇讚墓，引《宣鎮志》云「葬上谷郡」，非州境〔二〇〕，不録。又《乾隆志》：明死節都指揮張澄墓、節婦李氏墓、烈婦張氏墓、烈婦衛氏墓、蘇參議乾墓，今失所在，亦不録。

寺觀

靈照寺，原名觀音寺，在州城東南隅。金時建。明宣德五年，重建。正統五年，賜額「靈照禪寺」，劉進士鑑爲之記。國朝康熙三十一年三月重建〔二一〕。

安神寺，在州城東南靈照寺東。

顯化庵，在州城儒林街。

觀音閣，在州城守誠街。康熙六十年，住持僧了見募修。一在州城阜成街。

協天大帝廟，在州城東門内。明萬曆中，住持行慧重修。鄉官李先春施香火地十畝，張鳳翼施地十畝，貢生張應旂施地三畝，鄉民鍾臣妻李氏施地二十二畝，俱坐落城東。

呂祖廟，在州城内，以舊察院改建。劉道人重修。

子孫廟，在東嶽廟左。康熙六十年，住持尼僧海德募修。東嶽廟見卷五。

三清廟，在州城樂善街，道人文宣言重修。

藏經閣，在州城樂善街。明萬曆二十三年，内侍羅本賫捧《道藏》至州，道人周雲清立道場，建閣藏之。

財神廟，在州城待理街。

三義廟，在州城咸寧街。

三聖堂，在州城武寧街〔二二〕。

竈君廟，在州城内小西門北。

延慶寺，在州城内西城根。始建無考，昔爲尼所據。明成化四年，知州李鼐逐尼，募僧居之。國朝康熙四十七年，邑人葛九調、住持僧性理募修。

三靈侯廟，在州城内州治西。按：三靈侯，即漢三義。

泰山廟，在州城西南隅。明嘉靖四十年，賈綱等創建，以捍水患，節有修葺。

眼光廟，在州城承化街。明釋子真富目疾，久不得愈。發心建眼光神祠，目疾隨痊。省祭劉芳捐地創建。

水陸寺，在州城東。順治二年，僧净旺募。

地藏寺，一在州城西，雍正二年重修。一在州城西北二十里，有香火地一頃餘。一在柳溝城外東南隅，康熙五十九年，僧際霧募修。

湯泉觀，在州城西北三十里佛峪山。嘉慶二十二年，重修。殿宇潔，道院幽雅，有温泉池建屋其上，浴之可以療疾。

于錫福［七］《重修佛峪口湯泉觀碑記》

古稱扼要之塞，居庸爲最。居庸北有佛峪山口，治屬延郡，去州城西北三十里許，兩峰屹立，一水奔騰，俯臨平川，一望無際。北通龍赤，施及鵰鶚，荒陬之區，山路崎嶇，舟車不通。是佛峪口爲延慶鎖鑰，亦猶居庸關爲神京之鎖鑰也。

由口而入，行不數里，有古刹一所。正殿三楹，依山創建，不知始自何代，亦無碑碣可考。中有温泉，源出東山。創始者甃石鑿池，三分其水，導入石塘，以備士女沐浴，土人號爲塘子者是也。地勢雖狹而規模雄偉排奡，左傍東嶺，右臨溝澗，面對南山，樹木參差，悠然有排闥送青之趣。後靠八仙洞一帶，峻壁松柏，聳翠黛色。横天遥望，如虎踞龍蟠，有待風雲而舉之勢。澗下一峰獨立，半掙雲霄。上有水母宫殿，備極壯麗，中建山神廟一楹，堪爲登者憇息。陟乎其巔，四望空明，白雲惹衣，清風拂面。俯矚（二三）樹色千層，溪光萬丈；遥聽石激水鳴，聲振山谷。小憇半晌，塵俗頓釋，幾不知人世間別有天地。朝暉夕陰，氣象萬千，佛峪口之巨觀，其在斯乎！

夫碧水蒼山不改流峙，而星移物换，漸即摧折，痛我修葺無人，必將一敗塗地。適有道衲賀永軒携其姪徒席元亮棲鶴於兹，毅然有興復志。是豈山水之靈有以驅之也，亦真諸神之精英有以啓之？乃何永軒囊乏志堅，而不憚艱辛如是？念一木難支大厦，喜衆手可以擎天。於是叩募多年，鳩厥成功。山門改舊，金碧之光騰輝；大殿更新，維璨之色丕著；神人共悦，而山水之靈亦或因而永奠。異日者桃浪水漲（二四），士女滌垢，仰廟貌之輝煌，覩山水之蒼翠，四山爽氣，在我襟袖。信安體之佳所，誠養身之勝地。

今以塘之俗名易爲「湯泉觀」，標題於山門之首者，非以壯其觀瞻，實以志道衲之因果不昧也。故刊諸石以爲記。

嘉慶二十二年八月

白塔寺，在州城西北二十五里佛峪口村。
興福寺，在州城西北二十里。元時建。明成化間，僧道海、圓鑑相繼募修。
西巖寺，在州城西北二十里大海陀山麓。
白衣菴，在州城西北。明萬曆七年，鄉官李先春建，有香火地三十八畝。
應夢寺，在州城北二十里應夢山。相傳遼蕭后建。元末兵廢。基址及鑿石輦道猶存。
以上見《乾隆志》
金剛寺，在州城東北二十里金剛山麓。《府志》
觀音閣，在州城東南關溝五貴山崖。關帝廟、又魁星閣，在東山頂，與觀音閣東西相望。同治三年，邑人杜詩監修。採訪
泰山廟，一在岔道東山頂，雍正二年，僧照貞募修。一在宗家營，雍正八年，僧通穎募修。一在中紅寺，康熙六十年，僧本成募修。一在常裏營，雍正十年，僧智哲募修。
龍王廟，在終食屯。前有龍騰橋，俗名獨石橋。乾隆六年三月，大風摧樹壓折。
觀音堂，在永寧城西南隅。明正德年建。萬曆四十四年重修。
五廟，在永寧城隍廟後。明萬曆年間，知縣崔國裕改建。
千佛寺，在永寧東關。明洪武時建。

三清宮，在永寧城東街。雍正六年，於西門外移入。

圓覺殿，在永寧城西北隅。

王母廟，在永寧城東北隅，前有聽皋閣。

三官廟，在永寧鎮寧門外。雍正六年，住持僧寶德募修。

地藏王寺，在永寧東南一里。

寶林寺，在永寧西南十五里，内有拱護樓。

顯化寺，在永寧西。明宣德年建。正統年修。凡迎佛像，設大齋，具現五色祥光，人咸共覩。

聖集寺，在永寧西北二十五里。

日照寺，在永寧西北二十里。

真覺寺，在永寧西北。以上見《乾隆志》

神仙院，在永寧西北四十里。同上

高繼允《遊神仙院記》

余少賤，行役四方，凡宇内一切名山水，雖未能盡歷其勝，而足蹟所經，亦未嘗展

齒謝之。今年春，寓延慶，客有談神仙院之勝者，去城且二十里而近。使君幡然命巾車
往，余以病未克從，至今怏怏〔二五〕不能釋。
日來積雨快晴，暑退涼生，人意豁然。刺史謹齋，復戒車騎，携歌童，相約爲神仙
院之遊。適孫守戎、王守戎、張都閫各以事至，遂皆挈之偕往。幕中諸友亦與焉。
是日，辨色即趣裝行，出郭十里許，見遠近諸山屯簇若烟蟻，咸受日所照，分濃淡
色。八里，爲古城鎮，兩山夾磵，泉瀑所聚，俱壘石作底。細者如卵，巨者如〔二六〕島，
奔濤怒擊，策馬亂於其中，蓋始入山道也。由此遂漸險，釋馬而徒。削壁摩霄，水聲喧
豗若雷。去路盤山腰纔如一綫，爲縮足屏息者久之。客謂小徑差捷，余命從其近者。路
仄類蟻沿，仰如猿附。余不百武輒喘，據地少憩，而前導者已出松巔，坐石待之矣。約
逾五六里，忽殿閣出木杪〔二七〕，磬聲魚响，隱隱然則神仙院也。
回顧來徑，杳焉遂絶，嵐深蔭密，亭午淡旭，弄影淒然，別一天地也。入院尋仙人
遺蹟，漸滅殆盡，惟殘棋半局置山畔，而路險絶不可下，相與環視之而罷。迺置酒院前，
望前後諸山，有若劍者，有若虎者。西南一峰，尤爲奇絶，相傳爲壽星巖，直上睨雲，
非猿猱所能登陟也。酒酣，歌者作曼聲，每換一曲，輒引喉。移晷者久之，忽雨聲在篠
葉間，或謂當殺遊興。余曰：「不然。山靈爲我輩一染翠滴，以助豪興耳。」少頃，果霽，

則日次虞淵矣。已而淡月露松頂，絶烟四瀰，下上空濛一色，如銀色世界。而余以渺然稊米，箕踞重崗之表，俯念世間憂樂萬端，當其情之所極，鮮有能自持者。使其就事返觀，置身攖擾之外，則泡聚飇散，誰爲爲之乎？又久之，露重，衣袂皆濕，念不可久留，乃入宿院中。午夜，恍夢登玉皇頂，石徑烟岑，了了可辨。已寤，則私自念，曉當以意尋之，較夢云何？因趣友人起，挾一頭陀前導，徑穿石上出徑。愈上，石愈奇，林樹愈幽。徑窮，得玉皇閣，簷際蒼松離立，怪石磊蹲。「逼面千峰起，回頭萬壑低」，未足寫其勝也。迺呼歌者，爲吟數弄，野鳥皆驚飛礫礫起。嗟乎！吾人寓形宇内，駒影纔百年耳。俯仰之間，雪鴻無迹，而惟此溪山終古長存，迺以輪蹄失之，不幾令溪山笑人已乎？相與愛玩不忍去，從者再三趣歸，乃返神仙院中，呼酒復酌。

日昃，循舊塗而歸。既歸數日，玆山暨某某諸峰，遂濚洄注余胸臆間，堅不肯去，亟命酒澆之。惜乎！腕拙而無以發之也。於是援筆記之，聊以紀遊歷云。

明師相[八]《題神仙院》詩：

一入神仙院，登臨酒正酣。崎崖多古柏，盤道小茅庵。野鳥衝人[二八]起，山僧迓客譚。高情從此擴，何必説長安。

李鍾俾《和狄同年登神仙院》詩：題注：時余尚未登院。

早擬攀遊願尚賒，豈緣石壁路高斜。牢騷此地〔二九〕秋來事，抑鬱當前眼裏花。未脱鹿皮無白髮，空聞勾漏有丹砂。何時從子三山去，百丈梯頭吸彩霞。

又《遊神仙院》詩：

已知此地有神仙，今日登遊豈愧傳。嶺上杖〔三〇〕尋追舊蹟，坐中碁局憶當年。詩題勁草人猶在，月落秋松景最全。不藉夕陽來送客，下山共帶一輪圓。天台深處訪劉伶，採藥無能歇小亭。鐵鎖千尋懸峭壁，霞峰萬疊列圍屏。僧垂鶴髮同雲白，流遶山門極目青。若得騎龍來點化，願從此裏避勞形。

又《再遊神仙院》詩：

雅愛神仙院，相邀又一來。千年碁幾步，山上有石碁盤，石子數個。再到酒重開。緑水曲流去，青山飛故回。面前光景好，不盡夜徘徊。

龍安寺，在永寧北縉雲山上。内供石佛，高丈餘。一名石佛廟。又縉陽觀在山下，

遼統和三年建。《府志》

三樱廟[九]，在永寧北孤山。《乾隆志》

碧峰寺，在永寧東北二十里。同上

天成觀，在永寧東北二十里。遼聖宗時建，元酈希誠重修，胡慶雲有記。《府志》宣德十年重建。《明一統志》

雲居菴，在永寧東北二十五里。正統十年建。《明一統志》

觀音寺，在柳溝城中。明萬曆年，鄉約李向義移建，置香火地十畝，有碑記。

真如庵，在永寧。明萬曆年建。

永覺寺，在舊縣。明萬曆間建。以磚石甃成，内無本植，又名無梁殿。洞豁宏麗，足壯瞻禮。

三義廟，在靖安堡城西南隅。以上見《乾隆志》

玉皇廟，在州北門外。今廢。

三官廟，在岔道。

泰山廟，在柳溝。

彌陀寺，在柳溝東關。

寶幢寺，在柳溝，明萬曆年間建。
三教寺，在柳溝。雍正二年，住持僧興遇募緣重修。
觀音寺，在順風屯。康熙五十九年，住持僧心成募緣重修。
高山寺，康熙元年，住持僧海藏募緣修。

永寧衛

城隍廟，在城内西南隅。明宣德六年，知縣劉睿建。萬曆五年，知縣王元弼重修。
籽蝗廟，在城北六里孤山上。
關公廟，在城西南隅；一在北門外。
城隍廟，在四海治本堡。
馬神廟，在城西北隅。
三教寺，在城東北隅。
眼光廟，在城東南隅。按《大藏經》：眼光菩薩有《眼光經》一卷傳於世。
縉陽觀，在城北縉陽山下。
玉皇廟，在神仙院。

三義廟，在南街西。

東嶽廟，在城内東南隅。

元帝廟，在城東北隅。

真君廟，在神峰山。

泰山廟，在城西北隅。

靈官廟，在城東南隅。

子孫娘娘廟，在城東南隅。

黄龍廟，在州城西十里。

玉皇閣，在城四隅之中。舊於三、六、九日，軍民歸市此地。初鑄銅法身成，甚重，衆莫能舉。參將董一奎以手舉之，不餘力而就〔三一〕龕，人以爲有神助云。左右有鐘鼓樓。

藥王廟，在城東南隅。明萬曆十三年建。

財神殿，在城西南隅。明隆慶年建。

真武廟，在城東南隅。明正統年建。

石佛廟，在縉雲山上。

佛廟，在靖安堡城東南隅。一在周四溝城内東北隅。一在劉斌堡。高廟〔三二〕，在四海冶城内西山上。

大寺，在四海冶城内西北隅。

真武廟，在順風屯。

龍王廟，在團山屯。

三官廟，在團山屯。

【校勘記】

〔一〕似：原闕。據《讀史方輿紀要》補。

〔二〕哲言不花：《大清一統志》作「哲彦不哈」。

〔三〕幹都蠻：《元史》卷一二三本傳作「斡都蠻」，是。

〔四〕意自深：原作「自意深」。據《乾隆延慶州志》改。

〔五〕底本此後似缺一頁。按：底本此處頁碼爲「延慶州志卷十一・古蹟三」，次頁頁碼爲「延慶州志卷十一・古蹟五」。

〔六〕後住宅：原作「住後宅」。據上文改。

〔七〕後千户所：原作「後前户所」。筆誤。

〔八〕許：原作「計」。筆誤。據《乾隆延慶州志》改。

〔九〕赤日淒漫：《乾隆延慶州志》作「赤日淒滂」。

〔一〇〕上谷：原作「土谷」。據《乾隆延慶州志》改。

〔一一〕地址：《乾隆延慶州志》作「地趾」。

〔一二〕背丘勿逆：原作「背邱勿邱」，據《孫子兵法》《乾隆延慶州志》改。

〔一三〕磐石：原作「磐右」。筆誤。據《乾隆延慶州志》改。

〔一四〕「曰」後，原本衍一「曰」字，刪去。

〔一五〕都江堰：原作「江都堰」。筆誤。

〔一六〕上賜：原作「土賜」。據《乾隆延慶州志》改。

〔一七〕二十年：按《嘉靖隆慶志》《康熙延慶州志》《乾隆延慶州志》均作「二十年」，據上下文意應爲二十一年。

〔一八〕兼：原作「發」。據《嘉靖隆慶志》改。

〔一九〕墓：原闕。據前後文補。

〔二〇〕州境：原作「境州鏡」。筆誤。

〔二一〕重建：原作「重條」。據《乾隆延慶州志》改。

〔二二〕武寧街：《乾隆延慶州志》作「武定街」。

〔二三〕矚：原作「囑」，筆誤。

〔二四〕桃浪水漲：原作「挑浪水漲」。按：桃浪，是「桃花浪」的省稱。初春桃花盛開時，黄河上游冰淩消融形成春汛，造成的河水暴漲。故有「桃浪水漲」之説。

〔二五〕怏怏：原作「快快」。筆誤。

〔二六〕如：《乾隆延慶州志》作「爲」。

〔二七〕杪：原作「抄」，筆誤。

〔二八〕人：原作「入」。據《乾隆延慶州志》改。

〔二九〕地：原作「事」。據《乾隆延慶州志》改。

〔三〇〕杖：原作「枝」。

〔三一〕就：原闕。據《乾隆延慶州志》補。

〔三二〕高廟：後衍一「治」字。據《乾隆延慶州志》删。

【注　釋】

〔一〕《州志》：《讀史方輿紀要》作「近志」。按：《讀史方輿紀要》作者顧祖禹生於明崇禎四年（1631），卒於康熙三十一年（1692）。顧祖禹於順治十六年（1659）開始編纂該書，歷時三十年完成是書。康熙十九年（1680）增刻《順治延慶州志》爲《康熙延慶州志》。據此可知「近志」可能指

《康熙延慶州志》。

［二］馮子振（1253—1348）：元代散曲名家，字海粟，自號瀛洲客，湖南攸縣人。曾任集賢院待制。世稱其「博洽經史，於書無所不記」。一生著述頗豐，傳世有《居庸賦》《十八公賦》《華清古樂府》《海粟詩集》等書文，以散曲最著。

［三］顧諟：字在瞻，是黄宗羲弟子陳介眉的門人。

［四］張君，名國柱，字君用，宣府前衛人。萬曆四十八年（1620），任東路右參將都指揮，曾參與顯化寺禪林碑的立石工作。崇禎年間任東路參將。

［五］遼梁王（1094－1123）：即耶律雅里，字撒鸞，遼朝天祚帝的次子，七歲封爲梁王。四月，從金兵勢力下投奔天祚帝，此時天祚帝西奔，雅里被耶律敵列護送至沙嶺。五月，耶律雅里自立爲皇帝，改元神曆。十月，耶律雅里病逝。

［六］太和：即泰和，金章宗年號，共行用八年，即 1201—1208 年。

［七］于錫福：生平事蹟無考。

［八］師相：生平不詳。

［九］三椶廟：即三峻廟，「椶」字係筆誤。供奉之神爲羿。傳説羿能行雲雨，爲民禦炎旱，有求必應，故百姓敬奉之。

延慶州志卷十二

雜稽志　事略　祥異

事略

漢

丙午，高帝十二年，燕王盧綰反。周勃以相國代樊噲將，屠渾都。破綰軍上蘭。《史記·絳侯世家》

按：渾都，漢縣名，即軍都。上蘭，即馬蘭。《史記正義》：《括地志》曰：懷戎縣東北有馬蘭溪水。即今州西黑龍河。

東漢

己亥，光武帝建武十五年，大司馬吴漢率揚武將軍馬成、捕虜將軍馬武北擊匈奴。

徙雁門、代郡、上谷吏人六萬餘口，置居庸、常山關以東。《後漢書·吴漢傳》

甲寅，安帝元初五年冬，鮮卑入上谷，攻居庸關。復發緣邊甲卒、黎陽營兵、積射士步騎二萬人，屯列衝要。《後漢書·鮮卑傳》

辛酉，建光元年八月，鮮卑寇居庸關。九月，雲中太守〔一〕成嚴擊之，戰歿。《後漢書·安帝紀》

癸酉，獻帝初平四年，幽州牧劉虞遣掾田疇奉章詣長安。疇以道路阻絶，願以私行，乃自選家客二十騎，上西關出塞，傍北山，循間道至長安。《方輿紀要》

按：西關，即居庸關。

晋

庚子，成帝咸康六年，慕容皝帥諸軍入蠮螉塞，直抵薊城。《方輿紀要》

按：蠮螉，即居庸之轉音。

庚戌，穆帝永和六年，燕王〔二〕儁伐趙。慕輿于〔三〕自西道出蠮螉塞，趙征東將軍鄧恒與幽州刺史王午共保薊。《資治通鑑》

乙酉，武帝太元十年，慕容垂初復燕，遣慕容農出蠮螉塞，趣龍城。《方輿紀要》

丙申，太元二十一年，拓跋珪大舉伐後燕，分遣其將封真〔四〕等從東道出軍都襲幽州。同上

北魏

道武帝初，封紇羅〔五〕爲上谷公。《魏書》

按：《魏書》：封張儻〔六〕爲上谷公，奚烏侯爲夷餘侯。又《唐書·宰相世系表》：宇文跋，魏封爲居庸侯。

乙巳，明帝孝昌元年八月，杜洛周圍燕州。九月，魏以幽州刺史常景與都督元譚討之，自盧龍塞至軍都關皆置兵守險。譚屯居庸關。《資治通鑑》

北齊

甲戌，文宣帝天保六年，發夫一百八十萬人築長城。自幽州北夏口，西至恒州，九百餘里。《北史》又按：《北史》：周文帝以王雅功賜爵居庸縣子。

按：《水經注》：濕餘水出沮陽縣，東南流出關，謂之下口。《北齊書》訛爲夏口，即今居庸關南之南口城。

唐

癸未，高祖武德六年，高開道所部以宏陽、統幕二鎮來降。《方輿紀要》

辛酉，武宗會昌元年，幽州軍亂。雄武軍使張仲武擊之，遣軍吏吴仲舒詣京師言狀。李德裕虞其不克，仲舒曰：「幽州糧食皆在嬀州〔七〕及北邊七鎮〔二〕，萬一未能入，則據居庸關，絶其糧道，幽州自困矣！」《通鑑》

乙丑，會昌五年，詔毁天下寺，勒僧尼歸俗。張仲武〔八〕封二刀付居庸關，曰：「有遊僧入境，斬之。」《通鑑》

癸丑，昭宗景福二年，幽州將劉仁恭戍蔚州，引兵還襲幽州，至居庸，敗奔河東。

《方輿紀要》

甲寅，乾寧元年，李克用擊幽州，拔武州、新州，進攻嬀州。李匡籌發兵馳救，出居庸關，爲李克用所敗。《方輿紀要》

五代

癸酉，梁末帝（九）乾化三年，燕居庸關使胡令圭等遂奔晉。《綱目》

丙子，貞明三年（一〇）遼神册二年三月，太祖攻幽州，節度使周德威以兵拒於居庸關之西。《遼史·太祖紀》

癸酉，乾化三年（一一），燕將元行欽引兵攻行珪。行珪使求救於李嗣源。行欽解圍去，嗣源與行周（一二）追至廣邊軍。凡八戰，行欽力屈而降。嗣源愛其驍勇，養以爲子，進攻儒州，拔之。《資治通鑑》

丙申，晉高祖天福元年，以幽、涿、薊、檀、順、瀛、鄚、蔚（一三）、朔、雲、應、新、嬀、儒、武、寰十六州入於契丹。《五代史·晉本紀》

宋

太宗雍熙三年（遼統和四年）四月，遼遣使賜樞密使耶律斜軫密旨及彰國軍節度使杓窊印〔二四〕，以趣征討，又詔兩部〔二五〕突騎赴蔚州以助蕭撻覽，横帳郎君老君奴率諸郎君巡徼居庸之北。七月辛卯，斜軫奏大軍至蔚州，營於州左。得〔二六〕諜報，敵兵將至，乃設伏以待，縱兵逆擊，追奔逐北，至飛狐口。九月，以大軍將南次儒州，十月，命新州節度使蒲打里〔二七〕選人分道巡檢。甲辰，出居庸關。《遼史·聖宗紀》

己丑，端拱二年（遼統和七年）四月，遼主駐蹕儒州龍泉。五月辛巳，祭風伯於儒州白馬村。同上

壬辰，淳化三年（遼統和十年）十二月，遼主獵儒州東川，拜天。同上

乙未，仁宗至和二年，契丹主令奉聖、歸化、雲、德、弘、蔚、嬀、儒八州學各建孔子廟，頒賜《五經》諸《傳》《疏》，令博士助教教之，屬縣附焉。《乾隆志》

壬寅，徽宗宣和四年〔二八〕（遼保大二年）春正月，上出居庸關，至鴛鴦濼〔二九〕。十一月，蕭德妃五表於金，求立秦王，不許，以勁兵守居庸。及金兵臨關，崖石自崩，戍卒多壓死，不戰而潰。《遼史·天祚帝紀》

壬寅，徽宗宣和四年〔二〇〕（金天輔六年）十二月，上伐燕京，次居庸關。遼統軍都監

高六等來送款。《金史·太祖紀》

壬寅，徽宗宣和四年（遼保大二年、金天輔六年〔二一〕）十二月，金迪古出得勝口，銀术可出居庸關，婁室、婆盧火〔二二〕爲左右翼，取居庸關。丁亥，次嬀州。戊子〔二三〕，次居庸關。《金史·太祖紀》金胡石改從婁室擊敗遼兵二萬於歸化之南，遂降歸化，從取居庸關及其山谷諸屯。《胡石改傳》〔二〕

辛丑，宣和五年（金天輔七年〔二四〕）四月，遼兵復犯奉聖州。林牙大石壁龍門，婁室等率兵討之，生獲大石，悉降其衆。己亥，上次儒州。《金史·本紀》太祖定燕，温迪罕蒲里特自儒州至居庸關，執其喉舌人。《金史·本傳》

辛酉，高宗紹興十一年（金皇統元年）廢儒州。

壬午，紹興三十二年（金大定二年）六月，金詔居庸關稽契丹奸細，捕獲者加官賞。《金史·世宗紀》

己巳，寧宗嘉定二年（金大安元年），元攻金。至古北口，金兵保居庸，不得入。元主乃留可忒、薄察等屯兵拒守，而自以衆趨紫荆關，拔涿、易二州，轉自南口攻居庸，破之。出北口與可忒、薄察軍合。《方輿紀要》

辛未，嘉定四年〔二五〕（金大安三年〔二六〕），元薄宣平，克縉山，遊兵至居庸關，守將

棄關遁。同上

辛未，嘉定四年（金大安三年、元太祖六年）四月，元兵來征。九月，千家奴、胡沙敗績於會河堡，居庸關失守。《金史・衛紹王紀》

十一月，德興府、弘州、懷來、縉山皆歸於元。同上

金升縉山縣爲鎮州，以术虎高琪爲防禦使、權元帥右都監，所部糺軍[三]賞賚有差。貞祐初，被詔移軍自鎮州守中都，至良鄉，不進乃還。《金史・术虎高琪傳》

八月，及金師戰於宣平之會河川[四]，敗之。九月，拔德興府。居庸關守將遁去。《元史・太祖紀》

元師伐金。金恃居庸之塞，冶鐵錮關門，布鐵蒺藜百餘里[二七]，守以精鋭。札八兒使金還，太祖進師，距關百里不能前，召札八兒問計，對曰：「從此而北，黑樹林[二八]中有間道，騎行可一人。臣向嘗過之。若勒兵銜枚以出，終夕可至。」太祖乃令札八兒輕騎前導。日暮入谷，黎明，諸軍已在平地。疾趨南口，金鼓之聲自天下，金人猶睡未知也。比驚起，已莫能支，吾鋒鏑所及，流血被野。關既破，中都大震。《元史・札八兒火者傳》

壬申，嘉定五年（金崇慶元年），金尚書左丞完顔綱行省於縉山，徒單鎰使人謂綱曰：「高琪駐兵縉山，甚得人心，士皆思奮。與其行省親往，不若益兵爲便。」綱不聽。

鎰復使人止之曰：「高琪措畫已定，彼之功即行省之功。」綱不從。至縉山，遂大敗。《金史·完顏綱傳》

癸酉，嘉定六年（元太祖八年）七月，元及金行省完顏綱、元帥高琪戰，敗之。追至北口，金兵保居庸。契丹訛〔二九〕魯不兒獻北口，遮別遂取居庸。《元史·太祖紀》

庚申，理宗景定元年（元世祖中統元年）十一月，命漢軍各萬户悉赴懷來、縉山川中屯駐。《元史·兵志》

辛酉，景定二年（元中統二年）十一月，怯烈門從麥肖出居庸口，駐德興府。是月，又詔漢軍屯懷來、縉山。《元史·世祖紀》〔三〇〕

冬十一月，大駕北狩，駐魚兒泊〔五〕。詔平章〔三一〕塔察公以虎符發兵於燕。既集，取道居庸，合圍於湯山之東，遂飛豹取獸獲焉。《秋澗集》

壬戌，景定三年（元中統三年）五月，縉山至望雲〔六〕立海青驛〔七〕。《元史·世祖紀》

元

己卯，世祖至元十六年，設縉山毛子旋匠局。《元史·百官志》

按：《元史》：立織染雜造局，屬管領哈哩克昆民匠都總管府。

庚辰，至元十七年，設栽〔三二〕種提舉司。同上

按：《元史》：始置提舉司，管領縉山歲輸粱米，並易州、龍門、浄邊、官園瓜果桃梨等物，以奉上供。延祐三年〔三三〕，縉山改爲龍慶州，因名龍慶栽種提舉司。

辛巳，至元十八年閏八月，敕守縉山道侍衛軍還京師。《元史·世祖紀》五月辛丑朔，命樞密院調兵六百人守居庸南、北口。《元史·世祖紀》

乙未，成宗元貞元年，徙縉山所居〔三四〕乞里乞思〔三五〕等民於山東，以田與牛種給之。《元史·成宗紀》

丙申，元貞二年十月，以懷來、縉山等處牧宿衛馬。同上

己亥，大德三年二月，詔縉山縣民爲勢家所蔽者，悉還縣定籍。

辛亥，武宗至大四年二月，仁宗敕諸王、駙馬户在縉山、懷來等處，與民均服徭役。《元史》

壬子，仁宗皇慶元年五月，縉山行宫建凉殿。《元史·仁宗紀》

設隆鎮衛親軍都指揮使司。《元史·百官志》

按《元史》，初置隆鎮萬户府，至是陞爲隆鎮衛，掌屯軍徼巡盜賊於居庸關南、北口，統領欽察、阿蘇護軍三千六百九十三人，屯駐東西四十三處。

丙辰，延祐三年九月，割上都宣德府奉聖州懷來、縉山二縣隸大都路，改縉山縣爲龍慶州。帝生是縣，特命改焉。同上

丁巳，延祐四年，割懷來縣隸龍慶州。《元史》

辛酉，英宗至治元年五月，作行殿於縉山流杯池。《元史·英宗紀》

壬戌[三六]，至治二年，以太廟役軍造流杯池行殿。同上

乙丑，泰定帝泰定二年閏正月，修野狐、色澤、桑乾三嶺道。《元史·泰定帝紀》

按：色澤嶺在永寧東北，後人訛爲澀石、塞石。

丙寅，泰定三年五月，遣指揮使兀（三七）都蠻鐫西番咒語於居庸關崖石。《元史·泰定帝紀》

七月，修野狐、色澤、桑乾三嶺道。同上

戊辰，致和元年八月，調諸衛軍守居庸關，梁王王禪等率兵自上都次榆林。九月，燕鐵木兒督師居庸關，遣撒墩以兵襲上都兵於榆林，擊敗之。《元史·文宗紀》

燕鐵木兒奉懷王於大都，與上都相持。隆鎮衛將斡都蠻（三八）以兵襲上都諸王兵於陀羅臺，大敗之。《方輿紀要》

《紀要》：陀羅臺，或曰即州治東北古臺。

明宗天曆元年十月，誅縉山縣民爲王禪嚮導者。同上

詔居庸關壘石爲固，調丁壯守之。《方輿紀要》

按：《元史》：初，居庸立南北口屯軍，徼巡盜賊，各設千户所。至大四年，樞密院奏：居庸關古道四十有三，軍（三九）吏防守之（四〇）處僅十有三，舊置千户，位輕責重。於是改千户所爲萬户所，增置屯軍於東西四十三處，設十千户所，立隆鎮上萬户以統之。

皇慶初，始改隆鎮衛親軍都指揮使司。延祐三年，又增置千户所隷焉。

己巳，天曆二年，車駕迎明宗，次香水園。《元史》

香水園在州東北。

設隆慶等田賦提領所。《元史・百官志》

按：《元史》：田賦提領掌龍慶州所有土田歲賦。

庚午，文宗至順元年，分龍慶州隷大都路。《元史・文宗紀》

十二月，賑龍〔四一〕慶州前歲被兵户〔四二〕糧兩月。同上

辛未，至順二年，以龍慶州流杯池、水磑、土田〔四三〕賜燕鐵木兒。同上

壬申，至順三年五月，賜燕鐵木兒宴於流杯池。同上

甲戌，順帝元統二年四月，罷龍慶州黑峪道上〔四四〕勝火兒站。《元史・順帝紀》

壬辰，至正十二年五月，命留守帖木哥與諸王（四五）朵兒只守口北龍慶州。同上

甲午，至正十四年五月，詔修北巡所經色澤嶺等處道路。同上

己亥，至正十九年，子規啼於居庸關。《瓊臺會稿》

三月辛巳，樞密副使朵兒只（四六）以賊犯順寧，命鴉鶻（四七）由北口出，迎敵。《元史·順帝紀》

按：北口，即八達嶺。

甲辰，至正二十四年三月壬寅，秃堅帖木兒（四八）兵入居庸關。同上

七月丙戌，孛羅帖木兒（四九）前鋒入居庸關。同上

明

戊申，太祖洪武元年，元擴廓帖木兒將由保安逕居庸以攻北平，徐達遣精兵襲其營。

《明史稿·擴廓帖木兒傳》

建居庸關城。《四鎮三關志》

《四鎮三關志》(五〇)：洪武元年，大將軍徐達建城。跨兩山，周十三里，高四丈二尺。關東自西水峪口黄花鎮界九十里，西至鎮邊城堅子谷口紫荆關界一百二十里，南至榆林驛宛平縣界六十里，北至土木驛宣府界一百二十里。

己酉，洪武二年，大將軍達壘石爲城，以壯幽燕門户。《方輿紀要》

城，即今南口城。

庚戌，洪武三年，徙山後諸州民於關内，於居庸關立守禦千户所。同上

廢龍慶州(五一)，徙民於關内，以地屬北平府。《舊志》參《明史》

己未，洪武十二年，置永寧衛。同上

己卯，惠帝建文元年秋七月，燕王棣舉兵反。居庸關都督宋忠退保懷來。己卯，陷居庸。《明史·本紀》

壬午，建文四年，燕王置隆慶衛[五二]於居庸關。

甲申，成祖永樂二年，置隆慶左衛於居庸關，領千户所五；置隆慶右衛於居庸關北口。

癸巳，永樂十一年，車駕北巡[八]，駐蹕團山。西望沃野，復置龍慶州，改名[五三]隆慶。明年，分置永寧縣於永寧衛城。

乙未，永樂十三年春正月，塞居庸以北山隘。

癸卯，永樂二十一年七月，帝親征阿魯台。戊申，次宣府，敕居庸關守將止諸司進奉，毋命出關。以上俱《明史》

乙巳，仁宗洪熙元年，知州楊賓創建文廟。《乾隆志》

戊申，宣宗宣德三年八月，命行在工部侍郎許廓修居庸關城及水門。《明宣宗實録》

庚戌，宣德五年五月，增置口北緣邊諸堡。北邊[五四]自懷安西陽河，東至[五五]永寧四海治山口，四十四處[五六]。《五邊典則》

陽武侯薛禄統兵重建州城，兼築永寧縣城。《乾隆志》

徙隆慶右衛治懷來。《府志》

徙隆慶左衛於永寧縣。《方輿紀要》

十月，帝巡近郊。己卯，獵於岔道。《明史稿·本紀》

甲寅，宣德九年九月，帝巡邊。乙酉，度居庸關。丙戌，獵於岔道。同上

辛酉，英宗正統六年十一月，封譚廣爲永寧伯。《明史·譚廣傳》

己巳，正統十四年秋七月丁酉，六師次居庸關，羣臣請駐蹕，不許。《明史·本紀》

庚午，景帝景泰元年八月，侍讀商輅迎上皇於居庸關。《明史·本紀》

乙亥，景帝六年，修居庸關城畢工，命工部造碑，翰林院撰文，刻置關上。《明英宗實録》

癸未，天順七年，建隆慶衛文廟。

甲申（五七），天順八年，建四海冶城。

己丑，憲宗成化五年，設東路參將。以上《府志》

辛卯，成化七年三月，兵科給事中秦崇上言：居庸等關朝廷之北門，東抵山海，西抵雁門。山勢雖曰斗峻，而可通行之路亦多。所司因循怠惰，礧木、砲石、軍器類不具備。上敕巡關御史修治。《明憲宗實録》

乙未，成化十一年，纂輯州志成。參《志序》

州舊無志，是年，知州李𣶏開局採訪，聘謝時芳（五八）纂輯成之。

甲寅，孝宗弘治七年，徙永寧衛後千户所隸於州。《乾隆志》

乙丑，弘治十八年，築八達嶺城。《四鎮三關志》

丙寅，武宗正德元年，創建永寧文廟。詳碑記

乙亥，正德十年秋，北部入寇。由大白陽至八達嶺，大掠。將窺居庸，兵部尚書王瓊請以都督劉暉、參將桂勇、賈鑑等來屯，敵尋退。《明史·本紀》

丙子，正德十一年秋，北部入寇，由岔道、懷來分兵四掠，東至隆慶。同上

《乾隆志》：正德十年秋，北部由大白陽入，至八達嶺，大肆殺掠。明年秋，復至隆慶，永寧、保安悉被殘害，居庸震動。至已六日，總兵官（五九）潘浩始率鎮兵至賈家灣。對陣失利，保安都指揮朱壽以兵赴援。稍却，敵騎益至，衆寡不敵，壽戰死。十一年，敵至長峪村德勝寺，官軍禦却之。

丁丑，正德十二年八月，帝微服出居庸關。辛未，如宣府，命太監谷大用守關，無

出京朝官。同上

戊寅，正德十三年七月，帝度居庸關，仍戒守者無出京朝官。同上

辛卯，世宗嘉靖十年六月，罷永寧等處鎮守中官。《明史稿·本紀》裁隆慶州判。《府志》

戊戌，嘉靖十七年秋，朶部寇隆慶州，參將丁璋禦之。《宣府鎮志》

按《鎮志》原注：八月，朶顔潛師夜入隆慶，及廓門，參將丁璋聞之，倉卒出戰。時部兵未集，率家丁數十人〔六〇〕戰，不利，城中大懼。會寇自解去。璋身被數創，手斬八級，人以爲勇。

庚子，嘉靖十九年，築周四溝城。同上

戊申，嘉靖二十七年閏四月，續修《州志》成。參《志序》

知州王尚友、邑人蘇乾等續成之。

十月，敵入州境，尋遁去。

《宣鎮志》：敵寇隆慶、永寧。隆、永久不被兵，遂大遭荼毒。總督翁萬達聞急，乃合麾下兵疾馳而東，敵聞，遁去。

庚戌，嘉靖二十九年，築靖安堡城。

辛亥，嘉靖三十年，築岔道城。

按：岔道爲州之聚落，舊無城。至是以警報頻仍，議爲護守之計。

壬子，嘉靖三十一年，築黑漢嶺城。

《乾隆志》(六一)：嘉靖十六年秋，北部至萬全右衛，乃伏兵衛城東柳溝，而以數騎近城。參將張輔國新進，初任兵事，不審虛實，遽驅兵迫之。至柳溝，伏發，兵大敗。死者千餘人，輔國亦歿。二十七年，西邊犯岔道，攻入八達嶺，官軍復禦却之。三十三年八月，敵由雲州、兩河口、靜寧墩突入，寇鵰鶚、永寧、懷來，攻毀尤甚。四十年，敵至岔道，攻八達嶺，官軍禦却之。

丙寅，嘉靖四十五年，設南路參將。

丁卯，穆宗隆慶元年，詔改隆慶州爲延慶州，隆慶三衛爲延慶三衛。避年號故。

築柳溝城。

庚辰，神宗萬曆八年，展修延慶北城。

甲午，萬曆二十二年，築劉斌堡城。以上見《府志》

壬寅，萬曆三十年，創修《永寧縣志》成。參《志序》

按：永寧舊無志，是年，知縣李體嚴創成之。

丙辰，萬曆四十四年，添修南關並新堡。《乾隆志》

戊午，萬曆四十六年，重修《延慶州志》成。參《志序》

甲戌，莊烈帝崇禎七年七月，我大清兵略永寧。

癸未，崇禎十六年，設柳溝總兵。以上見《府志》

甲申，崇禎十七年，李自成犯居庸。守將唐通、杜之秩以關降。《紀要》

國朝

己丑，順治六年，裁東路、南路參將。

裁永寧衛守備。

按：永寧舊設兩守備，至是裁一員。

癸巳，順治十年，裁延慶、永寧各衛指揮，改設守備。

重刻《延慶州志》成。參《志序》

己亥，順治十六年，併永寧縣於永寧衛。

裁永寧縣學歸併州學。

裁永寧衛學歸併州學。

移岔道都司駐永寧。

庚子，順治十七年，令永寧守備分駐柳溝。

癸卯，康熙二年，裁州學訓導。

乙巳，康熙四年，諭令宣鎮延慶州隸山西，尋有旨仍隸畿内。

己未，康熙十八年，復設州學訓導。

丁卯，康熙二十六年，復設永寧衛學。

癸酉，康熙三十二年三月，奉旨：永寧衛、靖安堡、周四溝、四海治四處地糧歸併附近之延慶州管理。

裁永寧衛學，歸入州學。以上見《乾隆志》

庚子，康熙五十九年，令邊外千家店地方歸州管理。《乾隆志》

戊申，雍正六年，設州城守備。

壬子，雍正十年，設靖安堡都司。

甲寅，雍正十二年，設永寧城巡檢。

設永寧路把總。以上《府志》

令居民領票。《乾隆志》

兵部咨單内開嗣後宣鎮與古提議請開放之邊口，並舊開鎮河臺，如有民人出入樵採、糶糴、耕種、傭工者，俱令各該管州縣各官查明，每年給與印票一次，並將年貌、姓名造册移交該口官弁，驗明票内所開年貌、姓名相符者，準其出入。如無州縣印票，或票與册内所開年貌姓名不符者，概不許令其出入。如給票吏役與驗放兵丁有需索等弊，並民人有夾帶違禁貨物與私越堵塞邊關者，即行嚴拏，按律治罪。倘該管官不行查報與守口官弁奉行不力、稽查不嚴，以致奸匪混行出入，夾帶違禁貨物私越堵塞邊關，即借端需索並明知故縱者，應令不時查察。如有此等弊端，即行題參，照律究擬。仍令州縣各官將給過票數與守口官弁並放過數目，俱於年底造册報部。再正定馬關等鎮屬之各官隘口，既稱並非極邊關隘，與宣屬有間，且各有守口兵丁盤查，向無奸匪私越，應照舊巡查，無庸概令與票驗對。其山海關、冷口關出入民人，原係山海衛、遷安縣給票驗放，造册報部，亦應照舊遵行，毋庸另議等語。應如所議，仍令守口官〔六二〕弁不時察查，毋致奸匪私越。倘有疎忽，即行指參，至守口盤驗兵丁既稱除先經查看邊境等事，案内有已經議添及原設兵數足用者，皆不須添設。其原未〔六三〕添設之處，如獨石協之鎮嶺、青平、塘子三口原各設兵三名，盤道口向未設兵；龍門路所屬之静樓墩〔六四〕，永寧路屬之四海、營盤二口亦止設兵〔六五〕三名，俱應在各本營抽出，添足五名之數。内派頭腦一人以資督率，所需營房，俟部覆到日，動銀建造。彙裁兵建造等房，案内歸結報銷等語，亦應如所請，準其照數抽撥。盤驗内派頭目一人，以資督率。所需營房俟命下之日行文，户、工二部令動銀建造可也。

《乾隆志》：營盤口三口[九]地處邊外，自本朝以來，開山種地之民五方雜處，已成村落，是以從前禁止出入邊口。此三口雖在封閉之内，守口並無兵弁，民人傭工貿易，既易於私行出入，且三口之外千家店又仍係州屬，則内外俱屬州民，亦難斷其往來。即私砍私燒，屢行禁止，而木炭均日用所需，總多偷販。自雍正年間前督院李題請開邊口，案内議開此三口，設弁兵防守，民人樵採、糶糴、傭工出入，請領州縣印票，守口官驗票放行，年終報部，法誠至善。但民人〔六六〕到州不無迂途跋涉之苦，復於乾隆五年，孫督憲飭令取具本地保人，即在管口官投遞放行註册，民咸稱便。

乙卯，雍正十三年，設岔道守備。《府志》

己未，乾隆四年，裁靖安堡都司，改設千總。《府志》

壬午〔六七〕，乾隆七年，重修《延慶州志》成。參《志序》

《延志》久未修，知州李鍾俾及邑紳重爲續補，共成十卷。

乙亥，乾隆二十年，創建冠山書院於州城。詳見《學校》

辛巳，乾隆二十六年，併延慶衛入州。改延慶衛學爲延慶鄉學，移州學訓導管鄉學事，駐居庸關。

設延慶州判，駐居庸關。

壬辰，道光十二年，裁永寧巡檢。以上《州册》

甲午，道光十四年，創建縉山書院於永寧城。碑見《學校》

庚子，道光二十年，裁永寧守備，改設千總。《營册》

甲辰，道光二十四年，裁四海冶千總，改設外委。《營册》

戊申，道光二十八年，濬護城河，植柳株以固隄岸。詳見《河碑》

護城河水供民汲用。知州王榕吉設法挑濬，沿岸植柳，民甚稱便。

以上事蹟悉採史傳，兼考册籍。凡有關於政績沿革者，臚列以備參稽。至猥瑣故事，附見《識餘》，不具述。

祥異

用《宋書·符瑞志》例，改災祲爲祥異。復用《續漢書·五行志》例，每改元提作一行，不以干支紀歲。

晉惠帝元康四年八月，居庸地裂，廣三十六丈，長八十四丈。水出，大饑。《晉書·五行志下》

按：《本紀》：永平四年八月，居庸地陷裂，水泉湧出，人有死者，大饑。當即此事。又按《通鑑編年》：永平元年亦作元康。至九年，後爲永康元年。今依本條及《通鑑編年》載入。

遼聖宗統和十一年秋七月，桑乾、洋河水溢居庸關西，害禾稼。《遼史·本紀》

元世祖至元二十四年，帝幸上都。明日丙子，皇孫降生於儒州。後踐祚，是爲仁宗。《元史・張起巖傳》《元史・泰定紀》

明成祖永樂八年二月庚戌，車駕次永安甸。日下五色雲見。《明史稿・天文志》十五年大有年。十八年大水。十九年水。二十年大有年。以上《乾隆志》

宣宗宣德三年五月，永寧衛大水，壞城四百丈。《明史稿・五行志》四年春，永寧饑，有司賑濟，秋稔。五年，春饑，秋稔。以上《舊志》

英宗正統元年，木連理。《宣府鎮志》四年，大水，霪雨壞居庸城。五年，春饑，秋稔。

景帝景泰〔六八〕四年，大旱。五年，春饑，秋，大有年。

憲宗成化十八年七月，昌平大水，決居庸關水門。二十年正月庚寅，居庸關地震，城垣、墩臺多摧，人有壓者。二十一年，大有年。以上《舊志》

孝宗弘治二年，麥稔。同上。十三年七月庚申，永寧衛燕尾山至居庸關之石縱山，東西四十餘里，南北七十餘里，延燒七晝夜。《明史稿・五行志》

武宗正德十六年春，大饑，民屑禹糧石食之。《舊志》

世宗嘉靖六年，州南百眼泉監生李文會穀田頃餘，一莖秀雙穗者三之二。《府志》永寧嘉禾生。十年閏六月，大水傷禾。十九年春，大旱。二十年春，大饑，永寧草場災。二十一年，大水。二十六年，大雨雹。二十七年，有秋。《舊志》二十九年二月甲子，張山營堡山鳴。《五行志》三十一年，永寧大水。三十二年六月，永寧大水壞城，大饑，斗（六九）粟銀四錢。三十四年，永寧大饑。三十六年六月，大水壞屋、傷稼，居庸關尤甚，崩石壓塞，行者不能取道。三十七年，永寧有秋。三十八年，霪雨無秋。三十九年，大饑，人相食，暴骨原野。以上《舊志》

穆宗隆慶元年，有年。《舊志》

神宗萬曆二年，稔。八年，大有年。十年春，大疫。十四年，岔道地震。十五年，大有年。二十二年，稔。二十三年九月癸巳夜，永寧有火光，形如屋大，隕於西北。二十七年，大風霾。《舊志》。二十八年，春旱，早霜傷稼禾。延慶左衛軍家牛産犢，二首二尾六足。《續宣鎮志》。三十二年，春稔，秋大雨，冬大雪。三十五年，秋大雨，幞山崩。三十九年，春大旱，秋有年。四十三年，春夏大旱，秋雨獲稼。四十五年，地震一月餘，春大風霾，秋雨雹，有司平糶停征，民多賴之。四十六年，大旱，風霾傷麥，秋稔，幞山崩。

莊烈帝崇禎元年旱，斗米千錢。十一年四月，雨雪。十七年春，大疫。以上《舊志》

國朝順治六年五月，霪雨，大水没民田畝。同上。十七年秋，大有年。《續宣鎮志》

康熙七年，霪雨七日夜，大水淹没田畝。十七年，大水。十八年三月二十八日、四月初三日，大風拔木，禾稼俱傷。十九年七月二十八日，地震，河水蕩動幾竭。十月十八日、十九日，大寒，民有凍死者。二十八年，大旱。秋，霪雨成災。二十九年，大有年。五十四年，大水衝塞岔道城西門。五十六年，春夏，大風拔木。五十八年正月，大寒。五月，地震。五十九年六月初七、初八日，地震壞民居。

雍正五年正月，大雪三日，深數尺，有凍死者。

乾隆元年，稔。二年，大水，壞西辛堡〔七〇〕城，居民徙城中避之，永寧城決西水門，壞民田舍。以上見《乾隆志》。四十五年，春旱。六月，大雨，衝傷地畝。四十七年，北羊房〔一〇〕有虎拒路，採樵者驚懼。五十七年，大水。

嘉慶六年，自春至夏，大雨。七年，大疫。

道光十二年，大旱。六月，祈禱黄龍潭，不雨。用虎骨置潭中，甘霖立沛。八月十四日，霜。十三年春，饑，瘟疫流行。十四年，大雨。十五年八月十四日，大風損禾稼。十七年六月二十三日，雨雹，永寧賈家樓雹積高丈許，月餘始消。二十五年十一月十五日夜，天鳴鼓。

咸豐三年七月二十五日，彗星見於西方。五年夏，冠帽山石崩，傷牲。八年正月十一日夜，有火光直入西北方。十一年七月，蟲食禾稼。

同治二年六月，大疫。四年七月十五日夜，有流星入西南方。五年，秋旱。六年，春旱。六月，永寧南門外地裂，深二三丈，長一里。七年，有年。八年七月，雨雹，州西村莊尤甚。九年，有年。十年夏，大雨，平地水深數尺。

光緒五年，有年。以上採訪。

【校勘記】

〔一〕太守：原作「大守」，筆誤。

〔二〕燕王：原作「燕主」。據《資治通鑑》卷九八《晉紀》改。

〔三〕慕輿于：原作「慕容輿」。據《資治通鑑》卷九八《晉紀》改。按：《讀史方輿紀要》亦作「慕容輿」。

〔四〕封真：原作「封直」。據《讀史方輿紀要》改。

〔五〕紇羅：原作「仡羅」。據《魏書》卷十四《上谷公紇羅傳》改。

〔六〕張儵：原作「張修」。據《魏書》卷三十三《公孫表傳》改。

〔七〕嬀州：原作「嬀川」。據《資治通鑑》卷二四六《唐紀》改。

〔八〕張仲武：原作「李德裕」。據《資治通鑑》卷二四八《唐紀》改。

〔九〕梁末帝：原作「梁太祖」，誤。據《資治通鑑》卷二六八《後梁紀》改。

〔一〇〕丙子，貞明三年：原作「丁丑，貞明二年」。據《遼史·太祖紀》改。按，遼太祖神册二年，即梁末帝貞明三年丙子。

〔一一〕癸酉，乾化三年：原作「丁丑，貞明三年」。據《資治通鑑》卷二六八《後梁紀》改。

〔一二〕行周：原作「行珪」，據《資治通鑑》卷二六八《後梁紀》改。按：行周，即高行周，武州刺史高行珪之弟。

〔一三〕蔚：即蔚州。原闕。據《新五代史·晋本紀》補。

〔一四〕杓窊印：原作「杓窊印」。據《遼史·聖宗紀》改。按：杓窊印，見《遼史·國語解》：「杓窊印，杓窊，鷙鳥總稱，以爲印紐，取疾速之義。凡調發軍馬則用之。」

〔一五〕两部：原作「两郭」。據《遼史·聖宗紀》改。又，據《聖宗紀》，賜耶律斜軫密旨及彰國軍節度使杓窊印在三月，而發兩部突騎助蕭撻覽在四月，《光緒延慶州志》混書於四月，姑仍其舊。

〔一六〕得：原闕。據《遼史·聖宗紀》補。

〔一七〕蒲打里：原作「蒲里打」。據《遼史·聖宗紀》改。

〔一八〕壬寅，徽宗宣和四年：原作「庚子，徽宗宣和二年」。按：遼天祚帝保大二年，即宋徽宗宣和四年壬寅，故徑改。詳見《遼史·天祚帝本紀》。

〔一九〕鴛鴦濼：原作「鴛鴦樂」。據《遼史·天祚帝紀》改。

〔二〇〕壬寅，徽宗宣和四年：原闕。金天輔六年即宋徽宗宣和四年，據前後文補。

〔二一〕遼保大二年、金天輔六年：原作「遼保大四年、金天輔八年」。據《遼史》《金史·太祖紀》改。

〔二二〕婆盧火：原作「婆盧大」。據《金史·太祖紀》改。

〔二三〕戊子：原作「戍子」。據《金史·太祖紀》改。

〔二四〕七年：原作「九年」。據《金史·太祖紀》改。

〔二五〕「辛未，嘉定四年」：原作「庚午，嘉定三年」。據《讀史方輿紀要》改「三年」爲「四年」，又以嘉定四年歲次辛未，故改「庚午」爲「辛未」。

〔二六〕三年：原作「二年」。按：宋寧宗嘉定四年即金衛紹王大安三年，故徑改。

〔二七〕里：原闕。據《元史·札八兒火者傳》補。

〔二八〕黑樹林：原作「黑樹」，據《元史·札八兒火者傳》補「林」字。

〔二九〕訛：原作「説」。據《元史·太祖紀》改。

〔三〇〕《元史·世祖紀》：原作「同上」，指《元史·兵志》而言，誤。《元史·兵志》記此事在中統元年。

〔三一〕平章：原作「平辛」。筆誤。據王惲《秋澗集》改。

〔三二〕裁：原作「裁」。筆誤。據《元史·百官志》改。

〔三三〕延祐三年：《元史·百官志》作「延祐七年」，誤。按《元史·仁宗本紀》：「（延祐三年）九月辛丑……改縉山縣爲龍慶州，帝生是縣，特命改焉。」《元史·百官志》：「延祐七年，縉山改爲龍慶州，因以名之。」

〔三四〕居：原闕。據《元史·成宗紀》補。

〔三五〕乞里乞思：原作「乞思乞里」。按：乞里乞思，元朝謙河（今葉尼塞河上游）流域的民族，即唐代的黠戛斯。《遼史》中譯爲「轄戛斯」。元代又有紇里乞斯、乞里乞四、乞兒吉思、乞而吉思、乞里乞思、乞咬契、怯里吉思等異譯。

〔三六〕壬戌：原作「壬戊」。筆誤。

〔三七〕兀：原作「元」。據《元史·泰定帝紀》改。

〔三八〕斡都蠻：原作「幹都蠻」。筆誤。據《元史》改。

〔三九〕「軍」前衍一「今」字。據《元史·仁宗紀》刪。

（四〇）之：原闕。據《元史》補。

（四一）龍：原作「隆」。據《元史·文宗紀》改。

（四二）被兵户：《元史·文宗紀》云：「（至順元年十二月）賑龍慶州懷來縣前歲被兵萬一千八百六十户糧兩月。」

（四三）「土田」：原作「上田」。筆誤。按：《元史·文宗紀》云：「（至順二年三月）以龍慶州之流杯園池、水硙、土田賜燕鐵木兒。」

（四四）上：原闕。據《元史·順帝紀》補。

（四五）王：原闕。據《元史·順帝紀》補。

（四六）朵兒只：原作「多爾濟」。據《元史·順帝紀》改。

（四七）鴉鶻：原作「雅勒呼」。據《元史·順帝紀》改。

（四八）秃堅帖木兒：原作「圖沁特穆爾」。據《元史·順帝本紀》改。

（四九）孛羅帖木兒：原作「博囉穆特爾」。據《元史·順帝紀》改。

（五〇）《四鎮三關志》：原作《四鎮二關志》。筆誤。

（五一）龍慶州：原作「隆慶州」。據《明史·地理志》改。

（五二）隆慶衛：原作「龍慶衛」。據《明史·地理志》改。

〔五三〕改名：原作「改明」。按：《嘉靖隆慶志》作「改曰隆慶」。

〔五四〕北邊：《五邊典則》卷五《宣大總》作「先自北邊」。

〔五五〕東至：《五邊典則》卷五《宣大總》作「至」。

〔五六〕四十四處：《五邊典則》卷五《宣大總》「處」字下有「皆可通人馬，每處守備官軍或百人或三五十人」等十九字。

〔五七〕甲申：原作「申申」。筆誤。

〔五八〕謝時芳：原作「謝世芳」，筆誤。據《成化隆慶志·自序》改。

〔五九〕官：原作「管」。筆誤。據《明史·韃靼傳》改。

〔六〇〕數十人：原作「數才人」。筆誤。按：《嘉靖宣府鎮志》作「璋聞之，倉卒出戰。部曲多未至，所率不過家丁。戰又不利，城中大懼」，並未注明家丁具體人數。

〔六一〕《乾隆志》：原作「乾隆至」。筆誤。

〔六二〕官：原作「員」。據《乾隆延慶州志》改。

〔六三〕原未：原作「原本」。據《乾隆延慶州志》改。

〔六四〕静樓墩：原作「精樓墩」。據《乾隆延慶州志》改。

〔六五〕兵：原闕。據《乾隆延慶州志》補。

〔六六〕人：原闕。據《乾隆延慶州志》補。

〔六七〕壬午：原作「己未」。據《乾隆延慶州志·序》改。

〔六八〕景泰：原作「景春」。筆誤。

〔六九〕斗：原作「二」。據《乾隆延慶州志》改。

〔七〇〕西辛堡：原作「西新堡」。筆誤。據本書卷二《村鎮表》改。

【注釋】

［一］北邊七鎮：《資治通鑑》卷二四六胡三省注：「嬀州南至幽州二百九十里，東至檀州二百五十里。檀州有大王、北來、保要、鹿固、赤城、邀虜、石子甗七鎮。」按：大王鎮，即今北京市平谷區。

［二］《胡石改傳》：即《金史·完顏胡石改傳》。

［三］糺軍：糺，是金北方沿北邊諸部族的泛稱。糺軍，指遼金以邊境部族組成的軍隊，掌守戍邊堡。

［四］會河川：在今天的河北懷安縣柴溝堡鎮一帶。

［五］魚兒泊：今達里諾爾。漢語譯爲「大海一樣的湖」。它位於內蒙古赤峰市克什克騰旗西部

貢格爾草原的西南部，面積約 2.38 萬公頃，是内蒙古地區四大名湖之一，也是内蒙古赤峰市最大的湖泊。

［六］望雲：古縣名，位於河北省張家口市赤城縣境内。《元史・地理志》：「雲州，古望雲川地。契丹置望雲縣。金因之。元中統四年（1263），陞縣爲雲州，治望雲縣。……（至正）二十八年（1368），復陞宣德之龍門鎮爲望雲縣，隸雲州。領一縣：望雲。」

［七］海青驛：是所有驛站等級中最高的級别。

［八］車駕北巡：指明成祖朱棣第二次北伐。按：關於「朱棣駐蹕團山」，一般做如下推斷：明成祖朱棣於永樂十一年（1413）下詔北伐，次年三月出征，六月得勝還朝，八月初在北平接受百官朝賀。據此，可推斷朱棣駐蹕團山腳下的永寧衛應在永樂十二年七月下旬，復建隆慶州和保安州、新建永寧縣應在永樂十三年（1415）。但《明太宗實録》卷九十一記載：「永樂十二年（1414）三月丁丑，設隆慶州並永寧縣，隸北京行部。」這又與推斷有出入。「設隆慶州並設永寧縣」時是否駐蹕團山，《嘉靖隆慶志》等州志言之鑿鑿，但《明史》《明太宗實録》並無記載。［九］三口：指營盤口、四海冶屬之四海口和靖安堡屬之小水口（見《乾隆延慶州志・邊防》）。

［一〇］北羊房：明清代延慶州無北羊房村，只有東羊房、中羊房、西羊房三個村。亦或爲東羊房之誤？

延慶州志卷末

識餘

趙奢，趙人。爲上谷守，邊人恃以無恐，封馬服君。《乾隆志》

耿況，茂陵人。以明經爲郎，遷朔調連率〔一〕。更始時，擊上谷盜，破之。光武封牟平侯。同上

幽州牧劉虞與官屬議，密令衆襲公孫瓚。瓚部曲放散在外，自懼敗，掘城東門欲走。虞兵無部伍，不習戰，又愛民屋，敕令勿燒。故瓚得放火，因以精鋭衝突，虞衆大潰，奔居庸城。瓚攻及家屬以還。《魏氏春秋》

儒州縉山縣丁一萬。《遼史·兵衛志》

畢資倫，鎮江之囚，有方士者親嘗〔二〕見之，告元好問，及言泗州城陷資倫被執之事，且曰：「資倫長身，面赤色，顴頰微高，髯疏而黄。資禀質直，重然諾，故其堅忍守節，卓卓如此。」《金史·本傳》

伽乃鐵哥，西域人。大德十年，從幸縉山，饑民相望，鐵哥輒發廩賑之，既乃陳疏自劾，帝稱善不已。《元史·列傳》

張起巖，濟南人。至元乙酉三月乙亥，太史奏：文昌星明，文運將興。時世祖行幸上京，明日丙子，皇孫生於儒州。是夜，起巖亦生。其後皇孫踐祚，是爲仁宗，始詔設科取士。及廷試，起巖遂爲第一人，論者以爲非偶然也。《元史·張起巖傳》

縉山張君榮，字仲華。來丞撫之崇仁，歷兩政六年，心平氣順，上下相安如一日，雖有遠役重勞，亦無闕事，甚可稱也。予之閑居，相愛如故舊，每懷扈從東道，往來縉山道中，見其風土之勝、民俗之美，未嘗不談道以爲樂。於其受代調官，京師因記之，以詩而與之别。明年進秩，南來觀舊治。父老兒童相迎於東門之外。又當歌此，以爲一笑之歡也。「昔從時巡出縉山，翠畦綠樹畫圖間。驅車百折龍門險，載筆千峰虎帳閑。麥粉勸嘗銀縷熟，粱〔二〕炊持獻玉漿還。道旁父老應常好，爲説鄉風一破顏。」《道園學古録》

王守仁，年十五，訪客居庸、山海關。時闌出塞，與諸屬國人角射，因縱觀山川形勝。弘治十二年，成進士。時朝議方急西北邊，守仁條八事上之。《明史·本傳》

谷春，京兆人，都知監右少監。與指揮孫剛同守永寧。明正統十四年，敵陷獨石、馬營，剛力戰死，春方率所部來援。聞之，奮曰：「人孰無死，死沙場乃爲忠義鬼，吾從

地下矣！」力戰不勝，遂自縊死。贈祭葬如例。《乾隆志》

正統十四年，上親征也先，率官軍五十餘萬人至龍虎臺駐營。方一鼓，衆軍訛相驚亂，皆以爲不祥。明日，出居庸關，由岔道過懷來，至宣府，連日風霾四合，天日無光。《萬曆志》

明正德三年，車駕出關駐百老屯，有白髮翁百人前迎，近則無所見。因名屯曰「百老」。或曰，陰魂晝見，非太和履順之兆也。《乾隆志》

嘉靖中，大學士徐階念邊卒苦饑，請收畿内麥數十萬石自居庸輸宣府，自紫荆輸大同。帝大悦，密傳諭行之。《明史·本傳》

王崇古定議貢額：俺答使十人，馬十匹。老把都、吉能、黄台吉使四人，馬八匹。諸部長各以部落大小爲差，大者四匹，小者二匹，使各二人。通計歲貢馬不得過五百匹，使不得過百五十人。馬分三等，上駟三十進御，餘給價有差，老瘠者不入。其使歲許六十人進京，餘待境上，使還，聽以馬價市繒布諸物，給酬賞。其賞額視三衛西番諸國。其貢期：以春月及萬壽節四方來同之會，使人、馬匹及表文入京者，押送自居庸關入。其市規：蕃以金銀、牛馬、皮張、馬尾等物，商販以紬緞、布疋、釜鍋等物。開市日，來者以三百人駐邊外，我兵五百駐市場，期盡一月。市場：宣府於萬全右衛張家口邊外。

其撫賞：守市兵，人布二匹；部長緞二匹、紬二匹。以好至邊者，酌來使大小，量加犒給。帝下廷臣議，覆勘再三，帝終從崇古言。《明史稿·外國傳》

居庸關外抵宣府，驛遞官皆百户爲之。陝西環縣亦然，蓋其地無府州縣故也。然居庸以北[三]，水甘美，穀菜皆多。環之北皆鹻地，其水味苦。驛官於冬日取雪實窖中，化水以供上官，尋常使客罕能得也。《菽園雜記》

武宗微行至宣府，得李鳳，携之歸，至居庸關，鳳歿，葬之關西。草生其冢皆白，俗謂之「白墓」。《武宗外紀》

居庸以北，俗擇葬地以驗蛇盤兔穴爲上。昌平侯楊洪赤城葬母處亦然。意者地氣温暖，二物皆穴焉，偶相值而相持，亦適然耳。昧者至争地盗葬，積訟連年，惑哉！《水東日記》

嘉靖二十七年九月十三日，北部擁衆入隆慶，攻州城。時守備、把總等官俱赴紅門防禦，城中兵盡去，人心惶惑。吏目遲諒與其子梃、楷領民壯、火甲[二]乘城巡守，用神鎗擊敵，敵乃退。州學正宋紹美顧謂訓導蘇琢、黄經、武德彰曰：「吾儕雖不嫻武事，然事亟，可坐視乎？」乃登城與遲諒協力拒守，後所千户李夢淞及官紳、生監亦相率分布四面，持兵器扞禦。至十五日，敵出境，始解嚴。《府志》

嘉靖間，北邊屢興，大舉入寇。至三十一年受盟，歸降千百餘口，徙〔四〕入華境，分四部於四海治、周四溝、永寧衛、靖安堡臨邊隙地駐牧，每月給糧，每歲〔五〕給賞，爲我外藩。居三十餘年，邊患始靖。至萬曆十八年六月，盡叛去，復爲邊患。參將解生率丁〔六〕三十六名問罪敵穴，大斬首級以歸，敵震慴氣沮。二十一年五月，續來效順。率男婦百七十餘，在永寧城北黄家口、燒窑峪、白草窊〔三〕、古城等處寓居，與中華語言俗尚略相仿佛。《萬曆志》

焚荒之制，每年冬十月初爲始，各鎮營官統帶官軍三千，且行且焚。東路參將統領官三千由永寧城出境，入四海治堡，且行且焚，凡二日，此正統已後相沿之制也。《宣府鎮志》〔七〕

金左丞完顔綱與元將戰於縉山，敗績，失其印。萬曆二十八年，邑人築牆，得於土中，貯於縣庫。《永寧縣志》

州人有房姓者，謹厚誠介。拾得金與馬，不欲私己，時修學宫乏費，因捐助焉。時人高之。《乾隆志》

麵匠田九思，善人也。年六十餘疾卒，三日矣，將殮，復甦。今已九十三歲，猶汲水灌園焉。同上

州民賀爾壽貧甚，傭走卒謀活口，妻爲浣澣〔八〕。雍正五年十二月，於京師拾金一橐，久候無覓者，因持歸，給其妻，曰：「主人物也。」越日，至原處得失主，還之。是年，妻一產雙男，州人以爲還金之報也。同上

州庠生郎星，嫻岐黄術，尤精小兒痘疹，求治者並不計利，活人甚多。同上

張雄，燕、代間人也。少從道士郭冲遊，得妖術。冲死，雄以其術自神，卜地隆慶之青峰砦居焉。時有一僧王姓，慕其術往從之。州人劉伯川、趙天禄輩相告語曰：「王故異僧，尚投禮張師座下，我輩胡不尊奉以求利益耶？」繇是趨者日衆，雄乃爲異圖，擬王者服，出鐵印，署伯川輩僞職，潛要徼外起兵應之。守備都指揮邱陵、知州辛住聞變〔九〕，曰：「是不可使滋蔓也，亟鋤之。」使軍人徐龍等詐從，實爲内應。陵率兵繼至，遂擒雄等四十人，餘黨多投深澗死，送雄等詣鎮伏誅。《乾隆志》○以上《雜事》

劉若愚，延慶州人。明天啓朝宦官，文辭博贍，所著有《宫闈秘典》一書，皆神、熹間宫闈事。其論撰有良史風。《續宣鎮志》若愚，司禮監陳矩名下也，善書，好學有文。魏忠賢初用事，若愚屏居私宅，李永貞取入内直房主筆札。永貞多密謀，若愚心識之而已，不敢與外廷通。忠賢敗，若愚爲御史楊維垣所劾，充孝陵净軍。既而御史劉重慶劾李實誣高攀龍等七人事，其疏乃空印白紙，忠賢令李永貞填書。莊烈帝驗疏，果以

墨壓朱〔二〇〕，遂誅永貞，併坐若愚大辟〔二一〕。久之，得免死。若愚當忠賢時，祿賜未嘗一及，既被罪，痛己之冤抑，而恨王體乾、塗文輔、石元雅輩之得漏網也，作《酌中志》以自明，凡四卷二十三條。《明史稿·宦官傳》

按：《酌中志》今傳於世，《宮闈秘典》不傳，或疑一書二名也。

梅志仙，檀州人。戒行嚴峻，修道黑山二十餘年，遂能出神遠遊，郡國人莫能測。嘗有蕪桐〔二二〕一株，使其徒栽〔二三〕之，即見茂盛。臥於石巖，浹旬不食，虎馴擾其側。年九十餘，端坐而化。《乾隆志》

普真，嬀川人。俗姓王，世耕藝爲生。北兵入，執真，驅之北走，見其無怖意，怪問之，真曰：「南北俱可，生死俱可，何怖爲？」遂笑而釋之。兵退，棄産室，入金剛山修行採藥。又施予病者，病者得藥輒生。禪定久之，乃得先知術。一日，呼其徒，詭曰：「施主至矣，可具飲饌，令〔二四〕豐潔。」已而賊數人入寺，乃親爲設几，請必饜足，仍啓扃，出所貯米粟，恣意取之。賊携所取，出則環走山麓，詰旦尚不能就塗。畏悔之，盡以歸還，且伏堂下，乞宥罪。真笑曰：「物有定分，若輩〔二五〕毋復爲此。」拜謝而去。

同上

酈希誠，嬀川人。生之夕，里人見其舍火光，奔救之，至則無有。丱角時，惇(一六)重不戲，豐儀偉然，穉耋罔敢慢。年十五，決意入道，師事毛希悰。悰將逝，以法授之。嘗詣岱嶽，屬時亢旱，吏民以請，希誠曰：「若等改過思善，則甘澤可期。」皆再拜曰「諾」。因取棕扇蔽面，雲起，所坐之方雨隨澍。還嬀，居水峪。值大雨雹，即起而禱，雹立止，境不爲災。憲宗四年，賜號太元真人。同上

德綜，嘗遊夔，居延慶應夢禪林，禁足，日朗誦《法華内典》。富家資，給有嬴積，輒募工修通濟橋及靈照寺，人咸高其行潔。嘉靖辛丑，道士張雄以幻術聚眾青峰巖爲亂，脅綜入其黨，綜罵曰：「聖朝容我輩脱賦役爲閒人，不爲國祝釐，乃倡亂作賊，貽禍不細矣。」雄令縛出就斬，綜曰：「我以善死，死猶不死。汝以惡存，死不旋踵。」遂遇害。《乾隆志》○以上《仙釋》

乾隆二年夏六月，連雨，山水陡發，漂没民居甚眾，西郊稱最。先是，州牧李鍾俾捐修西城堤餘工，對岸築小亭，開池一區，教州人種蓮法，以補稼穡之不逮。至是，亭没於水者累日，羣議必無完理。水退，則巍然獨存，完好如故。州人謂：「惠政殫敷，馮夷欲留爲異日之甘棠焉。」《乾隆志》○軼事補

關溝四橋村斜對東山陳友亮溝，産香柴，每歲内務府委員採取入貢。採訪。〇每歲自三月至九月，禁止關溝行人扶櫬，以此。

何謂九塞？大汾、冥阨、荆阮（一七）、方城、殽、井陘、令疵、句注、居庸。《吕覽》《淮南子》同，「大」作「太」，「冥」作「澠」，「殽」下有「坂」字。

八陘，一軹關陘、二太行陘、三白陘、四滏口陘、五井陘、六飛狐陘、七蒲陰陘、八軍都陘。同上

居庸亦曰「冷陘」，「陘」又作「硎」。《新唐書》：孫佺爲幽州都督，率兵十二萬討奚李大酺，分三屯，以副將李楷洛、周以悌領之。次冷硎，楷洛與大酺戰，不勝。是也。《稼堂雜抄》

居庸在上谷沮陽之東，通軍都關。《淮南子注》

《漢志》有軍都、居庸兩縣，蓋各縣有關（一八）。按：蘇林注但言居庸有關，而軍都則否。蓋北魏時曾分置兩關爾。《通鑑注》

更始使使者入上谷，耿況迎之於居庸關。《水經注》參《漢書》

太行山南自河陽懷縣，迤邐（一九）北出，直至燕北，無有間斷，此其爲山不同他地，蓋數千百里，自麓至脊，皆險峻不可登越，獨有八處粗通微陘，名之曰陘。居庸關者，其最北之第八陘也。此陘東西横亘五十里，而中間通行之地纔闊五步。《北邊備對》

李英上書高琪曰：「中都之有居庸，猶秦之殽函、蜀之劍門也。」《金史·本傳》

關在昌平西北四十里，元翰林學士王惲謂：始皇築長城，居息庸徒於此，故以名焉。《呆齋稿》

居庸關，世傳始皇北築時居庸徒於此，故名。兩山巉絶，中若鐵峽，控扼南北，實爲古今巨防。《中堂事記》

居庸關過街塔城，歐陽元功奉敕撰碑，賜白金五十兩。《説學集》

則天時，侍御史桓彦範受詔於河北，斷塞居庸、岳嶺、五回等路，以備突厥。《舊唐書》

符存審從晋王擊李匡籌爲前鋒，破居庸關。《五代史》

幽州西北居庸關，又西北石門關，關路崖狹，一夫可以當百。《陷藩記》

粘罕〔二〇〕攻居庸關，慮居庸難取，遂分兵由紫荆口金坡關攻易州，出奇取鳳山，沿皇太妃嶺〔四〕以侵昌平縣，既至昌平，則反顧居庸矣。於是居庸亦潰，金人遂入居庸。《大金國志》

金太祖取燕京，婆盧火〔二一〕爲右翼〔二二〕，兵出居庸關，大敗遼兵，遂取居庸。蕭妃〔二三〕遁去。《金史·本傳》

居庸關，國名查剌合攀〔二四〕。《金史》

木华黎（二五）攻居庸關，壁堅不得入。《元史·本傳》

隆鎮衛，睿宗在潛邸，嘗於居庸關立南、北口屯軍，徼巡盜賊，各設千户所。至元二十五年，以南、北口上千户所總領之。至大四年，改千户所爲萬户府，分欽察、唐兀（二六）、貴赤（二七）、西域、左右阿速（二八）諸衛軍三千人，並南、北口、大和嶺舊隘漢（二九）軍六百九十三人，屯駐東西四十三處，立十千户所，置隆鎮上萬户府以統之。皇慶元年，始改爲隆鎮衛親軍都指揮使司。延祐二年，又以哈兒魯（三〇）軍千户所隸焉。至治元年，置蒙古、漢軍籍。《元史·兵志》

乾亨間，燕京留守司請弛居庸關稅，以通山西糴易。《遼史·食貨志》

元睿宗過中都，出北口，住夏於官山。《元史·本傳》

劉正分省上都，會諸王昔里吉（三一）叛，至居庸關，守者告前有驚急，使姑退，正曰：「職當進而弗往，後至者益怯矣。」馳出關。同上

居庸關内道旁一大石，其形似枕，俗呼「仙人枕」。《長安客話》

金人起遼東，顧拔大同，由居庸入。遼人起遼左，亦由宣大入於居庸。元人起和林，於開平甚邇，亦不由古北諸路，乃南取宣大，由紫荆入而南攻居庸，破之。《全邊略記》

靖難兵起，燕王曰：「居庸關路狹而險，北平之襟喉也。百人守之，萬夫莫窺，必據

此，乃無北顧憂。」永樂二年置衛，領千户所五，以爲京師北面之固。《方輿紀要》〔三二〕

余瑱爲北平衛指揮使，與謝貴密謀不遂。貴死，瑱走保居庸關。文皇曰：「居庸，北平之咽喉。瑱若據此，則拊吾背，宜急取之，緩則增兵繕守〔三三〕，後難圖矣。」遂專力擊瑱，瑱且戰且守。援兵不至，棄關走懷來，力盡被執，不屈死。《忠節録》

正德丁丑秋七月，上微行，欲度居庸關，幸上谷、雲中。御史張欽極言諫阻，疏凡三上。至八月朔，忽報駕至昌平，即欲過關。是日，欽令分守指揮孫璽閉關南門。太監李嵩欲赴昌平候駕〔三四〕，欽止之曰：「今日之事，有死而已，可擅離職守乎！」俄千户閻岳至南門傳旨，欽捧璽書並監察御史印至門固守，收其扃鑰，手自持之，誓曰：「有奪門者，御史當手刃之。」岳不得入，還報。上壯其節，回鑾獵昌平而還。《名臣應謚録》

張欽，字敬之，通州右衛人。官貴州道監察御史，奉敕巡視居庸關。時武廟欲出關北狩，乘輿已迫關矣。欽閉關，三上疏，堅請回鑾，武廟乃止。《分省人物考》○以上敘居庸關事

附録：凡詩詞無可附麗而有關事蹟者，列諸此。

明金幼孜《次三汊口即隆慶州》云：

天營十里重遭周，羽衛人間御輦留。馬首凍雲低虎旅，帳前雨雪濕貂裘。兵威已振陰山外，羽檄先飛瀚海頭。帷帳(三五)屢承前席問，論兵愧乏子房謀。

《早發三汊口》云：

驅車遠行邁，川路何茫茫？寒烟蔽蔓草，積雲連崇崗。銀甲相炫耀，紫劍生光芒。丈夫志遠大，仰視空八荒。捐軀報明主(三六)，胡爲增悒怏？

《次永安甸即三汊口》云：

大幕塵清敵已摧，三軍奏凱六龍回。妖氛掃地旄頭滅，御氣浮空雉尾來。武帳平臨中野迴，戍樓遥傍遠山開。行人笑指京華近，北望紅雲擁上台。

《發永安甸入居庸關》云：

居庸壯絶險，盤踞插地脈。回崖列屏障，危峰攢劍戟。焉知造化奇，設此限南北。胡馬處窮邊，偵伺生釁隙。我皇赫震怒，戎衣不遑息。白旄耀龍沙，胡塵無遺蹟。掃除氛祲靖，班師何艴艴。今晨方度關，攬轡緣巋岁。浮風結層陰，高樹含秋色。潺湲澗水聲，深窈不可測。神哉曠世功，廟算靡遺策。鑾輿抵京都，六師盡歡懌。小臣叨扈從（三七），載筆鮮裨益。願歌《十月》詩，庶以著方册。

趙玴《詩序》：

予自欽承上命，待罪延慶州。是時官吏穴居野處，四顧荆棘蕭然，將謂不獲補其過矣。豈意二三年間，民益日廣，相與披荆棘、除草萊，立成街市，人烟繁夥，家有餘糧，民無菜色。皆賴州官勤勞，百姓效力，余何能焉？喜成鄙句，以紀其事云：

驅除瓦礫闢荆榛，比屋閭閻結構新。千里邦畿三輔邑，萬年烟火五陵人。關山鞏固風雲壯，禾黍縱横雨露匀。共説一毫皆帝力，謳歌鼓腹樂堯民〔三八〕。

曾看荆棘困銅駝，回首春風艷綺羅。雨夜更無新鬼哭，夕陽惟有牧兒歌。誰知今日鶯花市，便是當年虎狼窩。野老相逢喜相告，今秋隴上産嘉禾。

駐馬邊城逾二秋，風光無復舊時愁。青山遶郭渾如畫，緑酒盈樽不用謀。雨後田疇千頃闢，霜前禾黍萬家收。長安親友今知否？身在華胥國裏遊。

趙珙《歲晚邊城大雪》云：

朔風連日冷，大雪满邊城。黑峪銀粧出，黄沙玉碾平。一壺天地老，萬里海山明〔三九〕。夜半弓刀響，兵回探騎營。散漫隨風舞，回旋體態輕。樓頭秦弄玉，天上許飛瓊。皓鶴千羣失，昏鴉萬點明。喜看三白兆，呈瑞樂昇平。

馮清《隆慶道中二首》：

東風旌旆歷邊坰，十里烟村又小亭。淡染嵐光山聳翠，濃沾喜意草回青。天成〔四〇〕上谷長城險，地限中原萬國寧。自古安危常倚仗，千金何衈覓青萍。

荒凉草樹接邊垌，古驛頽垣半露亭。公務本來心自赤，民風觸處眼偏青。重陽儲蓄頻年歉，偶值風烟近日寧。扈從奔忙無寸益，逢人羸得笑飄萍。

郭登庸[五]《春日嬀川東上二首》：

鳴鶴登高樹，歸牛罷遠耕。邊風初布暖，野意半含晴。水動游雲耀，山迎返照明。北瞻旌旆色，斜拂漢長城。

村横落日烟猶碧，林隱蔭厓雪半留。橛係栖烏驚野戍，風輕春雁度山樓。川原氣淑耕樵逸，鼓角聲閑戰鬥收。爲報鑾輿正陵祀，五雲南望是神州。

清郭浩《解組歸道中口占》：

不道情緣結此都，一錢留贈使君無。可憐舉國同揮淚，賺得冰心滿玉壺。

李鍾俾《塞外道中有感》詩：

入世逢迎强未得，驅車塞上日多回。人不放歸茆屋去，天教看盡水波來。

又《喜雨》詩：

余從此方來，自愧操德薄。屢歲水旱仍，豈知遭天虐。已往不可追，未來徒驚㦜。今春當甲柝，膏田遍耕作。初夏喜霡霂，麥熟亦云獲。兹惟際炎蒸，四圍多暑熇。小苗慮乾枯，大苗土如鑠（四一）。我心火正焚，何以當針藥。葱聞雲雷屯，無心岫漠漠。謀龜坎圖成，須臾黑蜧躍。已知雨及時，猶疑水一勺。農人固貪心，余亦憂喜搏（四二）。再三問農人，始信今非昨。此時景慰情，對景須把酌。高齋風頗希，披懷消憂度。相看玉女衣，隱隱石中著。拍掌欲摹天，擊鼓催舞鶴。樂哉不猶（四三）人，聊以承膏澤。曾見市井民，買犢歡告約。此樂其庶幾，吾當與同樂。

又《遇大水後感懷》詩：

昨日溪水漲，漫岸廹頹城。房屋多抛棄，呼走如避兵。山流去路歧，霪雨苦未歇。此事大驚心，不比憂旱色。泥步禱青天，災祲自厥職。泛濫一時收，平原起家室。龍神歸故宅，東樓照紅日。三光今四射，兩儀仍得一。出門見田禾，入門見兒姪。災黎喜無傷，安然向我述。撫卹如再生，歡心猶怵怵。

又《柳居風夜二首》六言詩：

兩章槐樹颼颼，天籟聲寒夜高。換到金貂美酒，縷飛銀鱠輕刀。

冷冷夜風消醒，寒更玉漏互鳴。飛來茶烟細浪，吹落鳥毳簷聲。

又《秋興和工部原韻》：

風送雨方息，秋催花蓝齊。已懷幽興好，莫把樹烟迷。曲徑紅堆濕，閑雲淡過低。

與君遊宴處，清静任鴉棲。

又《曲徑堆紅》詩：

紅蕋丹葩景物紛，如霜似錦孰爲分。茅亭夜静迎初月，花徑路長拂綉裙。落地無聲偏有色，含芳欲笑帶斜曛。光騰絳帳圖書上，勝友芝蘭好論文。

又《層檻遠眺》詩：

重疊高臺曲檻周，碧天無際任凝眸。琴堂氣藹空中見，草舍香濃望裡浮。掛月暮枝生遠岫，吞烟（四四）曉日起層樓。蒼蓍萬里桑麻茂，極目長邊嬀水流。

趙玒（四五）《延慶八景》詩云[六]：

郭外峰巒拔地青，嬋娟夜色應璣衡。蓂階落葉雕弓細，桂殿花開寳鑑明。仙島遥連

三萬里，皇都近接九重城。宫壺漏轉閶闔静，雞犬無聲夢不驚。獨山夜月

忽看絶頂起雲陰，化作人間沛澤深。溪澗曉添雙白練，田疇秋足萬黄金。草堂賸有催詩興，版築寧無濟世心。自是聖明天意合，不須祈禱效桑林。海陀飛雨

朔風捲地雪初晴，一色匀鋪萬里平。迥野有田都種玉，喬林無樹不飛瓊。封疆盡入皇明國，人物俱遊不夜城。更待曉來山上月，恍疑身世到蓬瀛。嬀川積雪

西風凉冷塞雲收，嘹唳賓鴻送客愁。數點遠横青海月，幾行斜界碧天秋。北來信使傳書札，南望征人倚戍樓。江國稻粱今正美，慇懃好去到滄洲。遠塞飛鴻

已度重關險，初臨廣野平。嵐兼遠水白，山擁半空青。扈蹕同三事，蒐原合五兵。農閑倍閲武，亦得暢余情。岔道觀獵

羅存禮《八景》詩云：

團山頂上月嬋娟，風景無邊勝昔年。不夜關河連朔野，廣寒宫闕近中天。丹崖翠壁渾如畫，玉兔銀蟾總是仙。古往今來千萬載，幾看如鏡復如弦。獨山夜月

淵靈高挾海雲翔，散作人間六月凉。雹掣金蛇鞫帝鼓(四六)，風摇銀竹舞庭商。鬱葱山色青螺滑，汗漫溪流白練長。歌詠欲知何處美？坡仙亭上醉壺觴。海陀飛雨

古城偎僻郡城西，山勢高連保障圍。凉月薜蘿青羃羃，暖風楊柳緑依依。雲邊暝接仙狐去，雨後香隨野馬飛。千載鶴歸何感慨，太平民物正熙熙。古城烟樹

嬀川勝景接神州，六出花前瑞色浮。曲岸園林鋪縞素，長亭車騎擁氊裘。銀屏有影光涵日，石瀨無聲水絶流。日暮孤村迷望遠，錯疑春到北枝頭。嬀川積雪

秋風關塞正高翔，北去南來幾許忙。蘆葦夜棲寒帶月，稻粱朝食暖隨陽。上林遠寄書千里，衡浦低佪字一行。不用哀鳴避繒繳，九重聖德邁殷湯。遠塞飛鴻

《舊志》：延慶八景，一曰「海陀飛雨」，在州西北二十里，高聳薄霄，環帶羣巘，若輕風屑雨，則濕靄輕嵐，霏微迎日，恍在蓬萊烟霧中。二曰「神峰列翠」，在州東北二十五里，山環水複，别闢仙樞，若新陰歡夏，則碧峭摩天，翠屏開野，收清藹於衣襟，蕩空靈於胸臆也。三曰「荷池夕照」，在州西門外，曲堤溪漲，緑野蕪平，約略小亭，香環菡萏，若西日烘霞，脂融紛折，時凉風徐來，清芬入酒，洵爲仙境，州牧李鍾俾建。四曰「嬀川積雪〔四七〕」，發源海陀，環流州境，暎帶四山，羣峰疊衛，若微霰輕飄，六花漸密，則瑶山粉樹，冰沼瓊溪，昇高眺遠，忘却銀海生花，玉樓起粟也。五曰「古城烟樹」，在州東北二十五里，左瞻仙院，北冠金剛，古木千章，清流瀞瀞，春霧秋烟，杳〔四八〕藹萬頃，仙乎人乎？不知身之所在矣。六曰「獨山夜月」，在州東三十里，冠雲拔地，翠凝寒，蟾輝野曠，鶴唳松杉，夜午天空，孤峰影直，蓬壺閬苑不過是矣。七曰「縉陽遠眺」，在永寧北十里，南顧羣岫，西攬州原，若天清雲淡，風静烟空，則雙眸憑遠，神

况欲仙矣。八曰「珠泉噴玉」，在四海治口外，列巘屏張，平原緑繡，鏡澈清泓，珠圓噴玉，涵霞暎日，瀲灧晶瑩，於以見山川之傑撰。

方世熙《州署八景》詩云：

微風初動小亭幽，碧漢雲空迥不侔。皓魄多情疑曲照，素娥有意似偏留。銀河四面明如水，玉漏三更清若秋。萬里輝光供一覽，何須遠眺復登樓。茅亭夜月

曲徑行行路轉遠，忽驚紅濕透芳菲。謾憐雨洗嬌無限，只恐苔侵態漸非。翠滴最宜沾曉露，光摇更喜送晴暉。可知到處皆春色，日暮飛香散滿衣。曲徑堆紅

兩槐夾道曉蒼蒼，斷續蟬聲送夕陽。老樹颼飀風正午，濃陰掩映晚生凉。散衙列坐供吟嘯，落葉飛空任抑揚。却笑勞勞隨計吏，紅塵影裡馬蹄忙。槐蔭午風

乾隆時，知州李鍾俾築小亭於署中，名曰「柳居」，扁其室曰「退思」，並製八景以

自娱。一曰曲徑堆紅。二曰柳居曉翠。三曰層臺遠眺。四曰茅亭夜月。五曰槐蔭午風。六曰西園滿緑。七曰小院荷香。八曰雕梁燕語。暇時嘯吟其中。

胡壽[七]《永寧八景》詩云：

光明一片照天門，晴霽連朝雪尚存。路斷懸崖疑白瀑，寒生畫角近黄昏。冰雪色映雲無影，玉樹光摇月有痕。石洞妖魔沈鐵鎖，昔年故事説山村。里人相傳，舊有石洞藏妖魔啖人，來仙人鐵栓之説。

天門險要傍神京，雪後晴峰畫不成。有樹皆從瓊島種，無人不是玉山行。邊城遠列千層白，落日斜烘一片明。捲地寒風吹幾陣，楊花亂逐馬蹄輕。上關積雪

何處鐘聲斷又連，寶林古寺久相傳。塵心頓豁暮天静，客夢初驚關月圓。高入寒雲流樹杪，遠隨飛鳥度峰巔。詩人勝蹟今猶在，斷碣曾鐫孟浩然。《邑志》載：寶林寺内有斷碣殘文，不可辨識，旁刻「浩然孟撰」字樣。

一樣梵鐘聽自分，寶林孤韻静塵氛。音傳虚谷千山應，響徹重樓十里聞。寶林寺内有拱護樓。月夜敲來破寒寂，霜晨撞罷流凍雲。而今古寺猶鯨吼，未見襄陽斷碣文。寶林鐘韻

人影斜陽野渡頭，樵歸峪口畫圖留。風吹高唱穿林出，山夾寒泉帶月流。兩脚踏殘黄葉路，一肩擔盡白雲秋。缗陽峰外山重疊，夜夜鴉啼古戍樓。峪口樵歸

獨山風景望無邊，凉夜徘徊月正圓。萬里飛沙清極寒，一輪明鏡掛中天。峰高隻影摇瓊島，水净雙丸浴碧泉。獨山有雙影名泉印月，名雙月泉。如此長空真皎潔，何從障蔽有烟雲。

獨山夜月

望春春意竟如何？路出紅門向曉過。初日未高山色重，邊風乍暖鳥聲和。樓臺經宿炊烟濕，楊柳含芳夜露多。殘月朝霞人蹟少，鴨浮野渡水微波。紅門春曉

風静天高萬象涵，缗陽北望愛晴嵐。烟凝疊嶂蒸蒼翠，日接重峰染蔚藍。十里山光

紅雨過，縉陽山高十里。千尋塔影緑雲含。靈奇久志龍安寺，石佛慈祥惠澤覃。縉陽山上有龍安寺，拱石佛，長丈餘。邑人禱雨於此，頗有靈異。○縉陽晴嵐

海陀晴景正徘徊，驟雨如飛忽送雷。北度峰頭山色變，西來樹聲水聲催。海陀山在永寧西北。霎時雲潑詩誰就，片刻風飄鳥不猜。但看狂瀾起滿地，斜陽又照暮天開。海陀飛雨

田家秋稔妙天工，景到苗鄉更不同。大地雲黄連玉宇，平疇浪白動金風。東看獲影晴巒外，西聽農歌夕照中。苗鄉東嶺在永寧東北十里，苗鄉西嶺在永寧西北十五里。盛世雨暘均時若，茅檐處處樂年豐。苗嶺秋稔

吴毓福[八]《夏日題延鄉諸勝雜用村名詩》云：

作嶺千重翠，冠山一抹藍。稻禾高廟見，韭薤下灣擔。野色行宫北，鐘聲大寺南。媯川今待雨，宜禱白龍潭。寥落三清觀，豪强百老屯。羊房芻草茁，馬廠豆苗翻。柳樹同榆樹，桑園賽杏園。一條流水磨，委折小西門。關勢東南合，營名大小齊。郊連新堡

近，山壓古城低。草廠官衙後，花亭落照西。屯軍今不在，一片逆河泥。

訂訛

《乾隆志·建置》云：漢爲潘縣、爲廣寧縣。按：潘縣，在今保安州西南七十里，漢置縣，後漢初省。永元十一年復置，後魏省。隋置懷戎縣於此。《水經注》：㶟水，北經潘縣故城。《魏土地記》曰：下洛城南四十里有潘城。據此則潘縣乃保安州地，今改正。

晋屬廣寧郡。按：延慶州本漢居庸縣，由漢歷晋，縣名未改，乃不援引。《晋書》：上谷郡屬縣，而曰屬廣寧郡，誤甚，今改正。

唐武宗析置儒州。按：儒州，新、舊《唐書》俱無此名，《文獻通考》謂置於唐末。今稱武宗析置，殊屬無據，今改正。

宋宣和四年，金陷遼新、嬀等五州，以其地歸宋。六年，復陷於金。

金明昌六年，改嬀州縣。按：嬀州，金改嬀川縣，即今懷來縣也。竟以此爲唐所置嬀川縣，失之遠矣，今删去。

元仁宗分懷來縣，並割上都路之宣化府及所屬州縣以益之。按：《元史》：仁宗陞縉山縣爲龍慶州，領懷來一縣。既曰「分懷來」，又言「並割上都路所屬州縣以益之」。謬甚，今改正。

《古蹟》云：蚩尤城，在州城西南，去懷來廢縣東南六十里。按：《統志》：蚩尤城，在保安州東南。《水經注》：蚩尤泉水出蚩尤城。《魏土地記》曰：涿鹿城東南六里有蚩尤城。據此則非州境，今删去。

小寧城，在州城西，漢置縣。按：小寧城，在今宣化縣西北。《水經注》：寧川水經小寧縣故城南。《地理志》曰：寧縣也。《魏土地記》曰：大寧城西二十里有小寧城。據此則小寧距州境甚遠，今删去。

統幕，在州城西南八十里。相傳遼主遊幸張大幕於此，俗訛爲土墓。按：土木驛，在懷來縣西二十五里，西至保安州四十里，爲來往孔道。本名統漠鎮，唐高開道所置，後訛爲土木。據此則非州境，今删去。

烏桓校尉府，在州境，漢置。按《後漢書》：寧縣，建武二十五年，置烏桓校尉於寧城。據此則今宣化縣地，非州境，删去。

「牧羊坡」條云，相傳蘇武曾到此地。按：此特地名耳。蘇武牧羊處在西北塞外，相距甚遠，不必附會，删之。

孟浩然碑，在寶林寺内。斷碣殘文，不可辨識。旁有「浩然孟撰」字樣尚存。按：孟襄陽未嘗出塞，故人以元孟浩疑之，然亦不見所據，且據「浩然孟撰」，自古亦無此書法，删之。[九]

合河𪓰頭館。按：《金史·地理志》：在媯川縣西北。夫金之媯川縣即懷來縣，與州境無涉，故删之。

《封建》云：帝鴻氏子曰「縉雲氏」。永寧有縉雲山，是其故都。按：縉山，本黄帝臣名。唐有雲洪嗣是其後裔。當初未嘗封地，殊屬附會，删之。

庫狄從征伐，封廣寧郡公。按：廣寧郡，今保安州，非州境，删之。

北齊孝珩封廣寧王。按：廣寧，非州境，删之。

遼蕭撒磨爲使相，興宗仁懿皇后弟、大丞相孝穆子也，封縉山王。按：《遼史·外戚表》：蕭撒磨，孝穆弟、孝先之子。史但稱其官使相，無封縉山王事，删之。

《人物》載：唐彬，魯國鄒人也。少便弓馬，晚乃悦經書，尤明《易》理。晉文帝時，舉孝廉。武帝平吴，有功，封上庸縣侯。北虜侵掠北平(四九)，領護烏桓校尉、右將軍。彬既至鎮，訓卒利兵，廣農重稼，震威耀武，宣喻國命，拓石千里，復秦長城，分軍屯守，烽堠相望，自漢魏征鎮莫之比焉。及去，兵民追慕功德，爲立碑作頌云。按

《晉書》本傳：彬使持節監幽州諸軍事，領護烏丸校尉、右將軍。據此，是鎮守邊垣，非專指延慶境内事。又云封上庸侯〔五〇〕，是因都督巴東諸軍事改封者。上庸，今湖北竹山縣地，不知何故徵引，删之。

公孫鳳，字子鸞，上谷人。少有經學，隱於昌黎之九成山。彈琴吟詠，陶然自得。慕容暐在鄴，以安車徵之。及見，不言不拜，衣食舉動如在九成。賓客造請，鮮得與接。年九十餘卒。所著有《易通》，及《五行會説》。謚曰「貞德先生」。按：《晉書·本傳》既言上谷人，與延慶無涉。蓋晉之上谷，今懷來地；晉之居庸，今延慶也。删之。

瑕邱仲，寧人也。少結廬大翮山中，日採藥修合自服。久之出山，去數百里市藥，争持錢米至，不問多寡輒予，病無不愈者。殆百餘年，值寧谷地震，宅舍傾頹。仲與比隣數十家同被壓死，或取仲尸棄水中，收其藥市之。俄見仲披羊裘，拍手至，大呼曰：「爾利我藥，何以棄吾尸也？」棄尸者不知所爲。仲笑曰：「吾不汝恨，第令世人知吾耳，吾今去矣。」後年餘，或見其自北乘車至寧。按：仲既籍寧，與延慶無涉，删之。按《統志》，棄尸于延水中。于延水即洋河，更見與延慶無涉。

燕崇，字玄略，廣寧人也。父恂，常山太守，以循良稱。崇幼聰悟，日誦數千言，動必由禮，識者知其不凡。弱冠益遊心經術，剖析疑義，不爲古博士意見所拘。任理栖遲中，居沖守約，仕進之心泊然也。神䴥四年，上以兵甲既息，修立文學，登延儁造，酹咨政事。乃訪諸郡國，得四十二人，崇預焉。應詔而出，爲國學博士，諸生賴所開發，豁然通朗。又以晋士失度，縱恣長酣，以爲高達，宜足爲戒，乃作《士鑑》以訓之，諸生皆佩服焉。仕終河內太守、下洛侯。按：燕崇見《魏書·高允傳》，然傳中第言其與允同徵，而事實不詳，未識此傳何據，删之。

常陟，字公山，廣寧人也。父（五一）豫爲慕容垂從事中郎。陟少孤，依舅氏曲陽令韋禎養育，敦行德誼，遊思文藻，偃息林野，不欲有所標著。神䴥四年，與同郡燕崇被上徵召，出爲秘書郎。進談公務，退繹經理，勉躬克己，忘厥歲年。博陵崔興祖每語人曰：「仕不苟出，若常公山是也。」建每與晤，愧之。仕至上黨太守、高邑侯。陟好讓善推，思賢樂古，極爲朝士所獎拔云。按：常陟，字公山。見《魏書·高允傳》。止云「上黨太守、高邑侯」，並不詳其事實。《舊志》因《鎮志》所載，故引入。第曰「廣寧人」，亦與延慶無涉，删之。

高思繼，嬀川人也。世以武勇雄於北邊。李匡威節度幽州時，思繼兄弟皆爲其成將（五二）。匡威既爲其弟匡籌所篡，晋王將討之，謀曰（五三）：「高思繼兄弟在孔嶺關，有兵三千，此後患也，不如遣人招之。思繼爲吾用，事無不成矣。」克用遣人招思繼兄弟，燕俗重義氣，思繼等聞晉兵爲匡威報讎，乃忻然爲兵前鋒。匡籌聞思繼兄弟背去，急棄城走。克用以劉仁恭守幽州，以思繼爲中軍都督指揮使，兄弟領前後軍，皆都指揮，分掌燕兵。克用還，謂仁恭曰：「思繼兄弟勢傾一方，恐爲燕患，第防之。」因留晉兵千人爲仁恭衛（五四）。而晉兵多犯法，思繼等數用軍令誅之。克用以責仁恭，仁恭以高氏訴。由是晉盡誅思繼兄弟，燕人咸以爲冤。按此詳《行周傳》。見下

高行周，思繼子也。初隸明宗帳下，爲裨將趙德鈞所識。謂明宗曰：「此子貌厚而小心，他日必大貴，宜善待之。」梁晉軍河上，莊宗遣明宗東襲鄆州。行周將前軍，夜遇雨，軍中皆欲止，行周曰：「此天贊我也，鄆人恃雨，不備吾來，宜出其不意。」即夜馳涉濟，入其城，鄆人方覺，遂取之。莊宗滅梁，以功領端州刺史，遷絳州。明宗時，遷潁州（五五）團練使、振武軍節度使，歷鎮彰武、昭義，所在皆有威信，得將吏心。卒，贈尚書令，追封秦王。按《舊五代史》：行周，懷戎軍雕窠人，即今龍門縣雕鶚堡，與延慶無涉，删之。

劉亢逕，中山人。仕慕容垂，爲廣寧太守。魏主珪命（五六）王建將兵攻燕，上谷太守慕容驎棄城走。亢逕曰：「不死封疆，豈得爲人臣耶！」率兵禦之，力戰死。按：中山，

今定州，廣寧亦非延慶，不知何故載入，今删。

陳顯祖，寧城人也。幼失恃，每晨起必請靈筵薦食，泣呼再三。比長，無一日間。父仁性最嚴，顯祖事之曲盡誠悃（五七）。久之，遂得歡心。繼母于氏生四子，父命析居。顯祖泣諫不從，乃以家資讓四弟，自受其弊餘者。父殁，廬墓三年。歸語母曰：「母知析居非顯祖意乎？」母曰：「然，第而父命之矣。」顯祖曰：「諸弟之資將竭，行將凍餒，兒忍獨温飽乎！」請仍合之。數十年雍睦無乖忤（五八），四弟亦感悟，克自樹立。按：寧城，自漢以迄元魏，無此地名，不知顯祖究爲何時人。然即謂「城」字衍文，究與延慶無涉。又按《府志》，因此條無所據，不載。今依《府志》删之。

李潤，上谷寧人也。家貧，鬻餅自給。母史氏七十餘，潤事奉盡禮，每旦候母起，夫婦親侍盥櫛，每食必侍立，母食畢，乃退自食（五九）。出必告母始行。母時或怒，必長跪請杖，母命起，乃起拱立，俟母霽色，始退。母寢疾，累歲不愈，潤刲股肉進之而愈。金天興二年，賜羊酒綿帛，標其里閭。按《府志》，據云天興，則金時人矣，然金時實無上谷寧，今依《府志》删之。

《藝文》載：

元黄溍《榆林》詩：

崇崇道傍土，云是古長城。却尋長城窟，飲馬水不腥。斯人亦何幸，生時屬休明。向來邊陲地，今見風塵清。禾黍被行路，牛羊散郊坰。儒臣忝載筆，帝力亦難名。

陳孚又《嬀川》詩：

榆林青茫茫，塞雲三十里。忽聞雞犬聲，見此千家市。石橋百丈横，其下跨嬀水。人言古嬀州，殘城無乃是。民家坐土床，嬉笑圍老稚。糲飯侑山茈，勸客顔有喜。足蹟半天下，愛此俗淳美〔六〇〕。醉就輭莎眠，夢遊葛天氏。

揭傒斯〔六一〕又《古城》詩：

落日開平路，懷來古縣城。數家惟土屋，萬乘有行營。空擁關山壯，塵隨驛騎輕。

長橋人並立，還愛此河清。

按：此三詩，考本集，俱述懷來縣故事，與延慶無涉，删之。

以上諸條，舉其大謬者辨之，至字誤及瑣事誤者，詳本條下。

【校勘記】

〔一〕嘗：原闕。據《金史·畢資倫傳》補。

〔二〕粱：原作「梁」。據《道園學古録》卷二九改。

〔三〕以北：原作「亦北」。筆誤。

〔四〕徙：原作「徒」。據《乾隆延慶州志》改。

〔五〕每歲：《乾隆延慶州志》作「半歲」。

〔六〕丁：原作「丁夜」，「夜」字衍，删去。

〔七〕《宣府鎮志》：即《正德宣府鎮志》。原作「《宣化鎮志》」。筆誤。

〔八〕浣澣：原作「洗幹」。筆誤。據《乾隆延慶州志》改。按浣，澣亦作「浣浣」，指洗濯。

〔九〕知州辛住聞變：原作「知州辛柱聞之」。據《兩鎮三關志》改。

〔一〇〕朱：原作「珠」，據《明史稿》卷二八四改。

〔一一〕大辟：原作「太辟」，筆誤。

〔一二〕蕪桐：《乾隆延慶州志》作「蕪柏」。

〔一三〕徙栽：原作「徒栽」。筆誤。按《乾隆延慶州志》作「徙栽」。徙栽，指移植幼苗。

〔一四〕令：原作「今」。據《乾隆延慶州志》改。

〔一五〕辈：原闕。據《乾隆延慶州志》補。

〔一六〕惇：原作「敦」。據《嘉靖隆慶志》《乾隆延慶州志》改。

〔一七〕阮：原作「阬」。據《吕氏春秋・有始》改。

〔一八〕蓋各縣有關：原作「蓋縣各有關」。據《資治通鑑注》改。

〔一九〕迤逦：原作「池湟」。筆誤。據《北邊備對》改。

〔二〇〕粘罕：原作「尼雅滿」，據《大金國志》卷三改。

〔二一〕婆盧火：原作「博勒和」。據《金史・婆盧火傳》改。

〔二二〕右翼：原作「左翼」。據《金史・婆盧火傳》改。

〔二三〕蕭妃：原作「蕭姤」，筆誤。據《金史・婆盧火傳》改。

〔二四〕查剌合攀：原作「齊喇哈蕃」。據《金史・地理志》改。

〔二五〕木華黎：原作「穆呼哩」。據《元史·木華黎傳》改。
〔二六〕唐兀：原作「唐古」。據《元史·兵志》改。
〔二七〕貴赤：原作「桂齊」。據《元史·兵志》改。
〔二八〕阿速：原作「阿蘇」。據《元史·兵志》改。
〔二九〕漢：原闕。據《元史·兵志》補。
〔三〇〕哈兒魯：原作「哈喇婁」。據《元史·兵志》改。
〔三一〕昔里吉：原作「錫里濟」。據《元史·劉正傳》改。
〔三二〕《方輿紀要》：原作「《方輿紀略》」。
〔三三〕繕守：原作「善守」，據《國朝獻徵録》卷一百六引《忠節録·守居庸關都督余瑱傳》改。
〔三四〕候駕：原作「侯駕」。筆誤。
〔三五〕帷帳：原作「帷幄」。筆誤。據《乾隆延慶州志》改。
〔三六〕明主：原作「明王」。據《乾隆延慶州志》改。
〔三七〕從：原闕。據《嘉靖隆慶志》補。
〔三八〕民：原作「宸」。據《嘉靖隆慶志》改。
〔三九〕山：原作「上」。據《嘉靖隆慶志》改。

〔四〇〕天成：原作「天開」。據《嘉靖隆慶志》改。按《乾隆延慶州志》作「天城」。

〔四一〕鑠：原作「爍」。據《乾隆延慶州志》改。

〔四二〕余亦憂喜搏：原作「余亦夏喜搏」，筆誤。

〔四三〕猶：原作「由」。據《乾隆延慶州志》改。

〔四四〕吞烟：原作「天烟」。據《乾隆延慶州志》改。

〔四五〕趙玒：據《嘉靖隆慶志》應爲「羅存禮」。按趙玒《獨山夜月》詩云：「孤峰頂上月團團，仙掌高擎白玉盤。咫尺冰輪移萬里，分明弱水浸三山。瑶臺有雪渾如畫，碧落無風本自寒。更待夜深霜露墜，海天遼鶴一飛還。」

〔四六〕電掣金蛇鞫帝鼓：原作「電掣金蛇飛塞鼓」。據《嘉靖隆慶志》改。

〔四七〕雪：原作「雲」。據《嘉靖隆慶志》改。

〔四八〕杳：原作「查」。據《乾隆延慶州志》改。

〔四九〕北虜侵掠北平：原作「北邊侵掠北邊」。據《晋書·唐彬傳》改。

〔五〇〕上庸侯：原作「土庸侯」。據本條改。

〔五一〕父：原作「又」。據《乾隆延慶州志》改。

〔五二〕將：原闕。據《乾隆延慶州志》補。

〔五三〕曰：原闕。據《乾隆延慶州志》補。

〔五四〕衛：原闕。據《乾隆延慶州志》補。

〔五五〕潁州：原作「潁川」。筆誤。據《舊五代史·高行周傳》改。

〔五六〕命：原作「會」。據《乾隆延慶州志》改。

〔五七〕悃：原作「梱」。據《乾隆延慶州志》改。

〔五八〕乖忤：原作「乘忤」。據《乾隆延慶州志》改。

〔五九〕自食：原作「自退」。據《乾隆延慶州志》改。

〔六〇〕淳美：原作「美淳」。據《乾隆延慶州志》改。

〔六一〕揭傒斯：原作「揭斯奚」，筆誤。本詩見李夢生標校《揭傒斯全集·詩集》卷二，題爲《登懷來縣古城》。

【注釋】

〔一〕連率：王莽新朝官職名，相當於太守。《漢書·王莽傳》：「莽以《周官》《王制》之文，置卒正、連率、大尹，職如太守。」

〔二〕火甲：明代户籍制度的單位。亦指户甲之長。《明史·循吏傳·李驥》：「河南境多盜，驥爲設火甲，一户被盗，一甲償之。」

［三］白草㝩：即白草窪。

［四］皇太妃嶺：即今位於北京市門頭溝區齋堂鎮北二十八里處的黄草梁。「黄草梁古道」是從河北省懷來通往齋堂川的一條重要通道，歷代王朝在此設關建隘，名爲「天津關」（又名天井關）。據説：唐末，一部分庫莫奚人在首領去諸帶領下，來到嬀州（今延慶、懷來一帶）居住。他的王妃選擇了黄草梁（故稱皇妃子梁、皇太妃嶺或天津嶺）爲居住地，種植莊稼，並利用地質大斷層地形，修通了一條東北——西南走向的西奚古道，成爲明代内長城上的一處重要關隘。

［五］郭登庸：山陰人，明正德九年（1514）進士，初授監察御史，後任湖廣提學副使、大同巡撫。嘉靖十八年（1539）任都御史、宣府巡撫，後任陝西巡撫，著有《百修圖》。

［六］據《嘉靖隆慶志》，獨山夜月、海陀飛雨爲「永寧八景」。嬀川積雪、遠塞飛鴻爲「嬀川八景」；《岔道觀獵》既不屬「永寧八景」，也不屬「嬀川八景」下文所載「八景詩」均爲「嬀川八景詩」。

［七］胡燾：永寧人，咸豐元年舉人。歷任國子監丞、陝西寧陝廳同知、華州知州。

［八］吴毓福：生卒年、事蹟不詳。

［九］按，金代亦有一孟浩，字皓然，灤州（今山東）人，遼末登進士第，金世宗時，官至尚書右丞兼太子少傅。延慶學者宋國熹認爲詩中之孟浩然是金代之孟浩。

延慶州鄉土志要略

延慶州鄉土志例言

一　是編悉遵《部頒鄉土志例目》編輯。每章按例目指定次序，以清界限而醒眉宇。

一　是編爲採輯教科書之參考書，故篇幅段落不必整齊，而事實必求詳核。

一　例目著舊録附鄉賢祠，旁注「忠義、節烈祠附入」，兹將節孝祠祀有事實者一併附入，以備參考。

一　地理爲鄉土志緊要學科，故將全境之形勢，首繪總圖，次山水，次分區，詳細填注，以便稽考。

一　州境在漢爲上谷郡居庸、夷輿二縣。歷查舊志《古蹟》僅載其方向，而故城究在今之何地，均未注明。一再採訪，無蹟可據，故於圖内悉付缺如。

一　是編悉雇書手抄録，間有簡筆俗字，尚待較正。

編者識

延慶州鄉土志要略

歷史

本境建置年代

延慶州建自明永樂十二年。文皇帝巡狩北邊，駐蹕團山，團山在州治東，距城三十里。西望沃野，羣山環峙，爲神京屏蔽，因命趙玒建州於沽之東、嬀之北，名隆慶州。玒爲禮部尚書，洪武中進士。詳見後傳。沽水，源在州城北，距城三里餘。嬀水在城南半里許。詳水志。至穆宗隆慶元年，避年號改名延慶州。《明史·地理志》

未置本境以前 歷代所屬及名稱沿革

唐屬冀州域。《地理今釋》：冀州，北抵陰山，西起東受降城，東之北迄大遼水。

虞屬幽州域。《虞書傳》：中古但爲九州。及舜即位，分冀北醫無閭之地爲幽州。《通典》：《周禮·職方氏》：東北曰幽州，其山曰醫無閭。注：山在遼東。

夏屬冀州域。《爾雅疏》：《禹貢》：九州有青、徐、梁，而無幽、并、營。故州境隸冀州。

商屬幽州域。《通志·歷代分畛》：商湯受命，亦爲九州，分統天下。注：冀、荆、豫、雍、揚、兖、徐、幽、營。按：商有徐、幽、營，而無青、梁、并，故州境在商屬幽州。

周屬幽州域。《通志·歷代分畛》：至成王時，亦曰九州屬。《職方氏》：揚、荆、豫、青、兖、雍、幽、冀、并。按：周有青、幽、并，而無徐、梁、營，故州境在周屬幽州。

戰國屬燕。《戰國策》：西有上谷、代郡、雁門〔一〕。《元和志》：上谷郡故城在嬀川縣。按：嬀川縣即今州境。

秦屬上谷郡地。《史記》：秦分天下爲三十六郡，有上谷郡。

漢屬上谷郡。《漢書·地理志》：上谷郡領縣十五，置居庸、夷輿二縣。按：《州志·沿革考》〔二〕：夷輿故城在州東北，居庸故城在州東。

後漢爲居庸縣，屬幽州上谷郡。《大清一統志》：夷輿縣，後漢省。按：《通典》：後漢置幽州。《續漢書·郡國志》：上谷郡領縣八，有居庸縣。

晋爲居庸縣，屬幽州上谷郡。《晋書·地理志》：上谷郡統縣二，沮陽、居庸。《通典》：晋亦置幽州。晋亂，陷於石勒、慕容儁、苻堅，後入於魏。

後魏爲居庸縣，屬東燕州上谷郡。《魏書·地形志》：上谷郡，孝昌中陷，天平中復置，領縣二。

北齊爲懷戎縣地之東北境，屬北燕州。北齊時，居庸、沮陽併入懷戎。《隋書·地理志》：懷戎，北齊置，屬北燕州，領長寧、永豐二郡。後周去「北」字。開皇初，郡廢。隋大業初，廢北燕州。

北周爲懷戎縣地，屬燕州。見上

隋爲懷戎縣地，屬涿郡。《遼史》：隋廢北燕州，改懷戎，屬涿郡。

唐初爲懷戎縣地東境，繼爲嬀川縣，屬嬀州之嬀川郡。按：《唐書》：懷戎縣有大、小翮山。則沮陽、居庸併入懷戎矣。《新唐書·地理志》：嬀州，本北燕州。武德七年，平高開道，以幽州之懷戎縣置縣一，即嬀川縣。《舊唐書·地理志》：貞觀八年，嬀川郡改名嬀州。天寶元年，改爲嬀川郡。《新唐書·地理志》：析懷戎置嬀川縣，尋廢。按：嬀州，今州西南懷來縣榆林驛。嬀川縣故城在州西北。

唐末爲縉山縣，屬儒州。《文獻通考》：儒州，唐末置，領縣一，縉山。按縉山縣，即今舊縣，距州治東北三十里。又按：舊縣係團山屯、順風屯之總稱。據該處觀音寺明萬曆時碑記云，團、順二屯，即古之縉山縣也。

後唐隸新州。《續通典》：同光二年，置威塞軍節度，以媯、儒、武三州隸之。

後晋爲縉山縣，屬儒州。《通鑑》：天福元年，以雲燕十六州貽契丹。自是淪没者四百二十二年。

遼爲縉山縣，屬西京道奉聖府儒州。《遼史·地理志》：儒州，唐置。後唐同光二年隸新州；太宗改奉聖州。又按：《元豐九域志·化外州》下，儒州領縣一，晋山。「縉」作「晋」。

金爲縉山縣，屬西京路德興府。《金史》：皇統元年，廢儒州，以縉山縣屬德興府。《郡國利病書》：罷州爲縉山縣，取縣北縉山爲名。又按《金史》：崇慶初，陞縉山縣爲鎮州，置鎮州防禦使。

元爲縉山縣，屬大都路奉聖州，旋爲龍慶州。《元史·地理志》：唐爲媯川，金爲縉山。至元三年省入懷來。五年復置，屬宣德府奉聖州。仁宗延祐三年九月，割上都宣德府奉聖州懷來、縉山二縣隸大都路，改縉山爲龍慶州。帝生是縣，特命改焉。

明初爲隆慶州，屬北京行部。《明史·地理志》：本元龍慶州。洪武初，屬永平府。三年三月，屬北平府，尋廢。永樂十二年，置隆慶州，屬北京行部。

既置本境以後 歷代所屬及名稱沿革

明永樂十三年，隆慶州屬北京行部，領永寧縣。《明史稿》：永樂十三年，分縉山縣地置永寧縣，屬隆慶州。按：永寧，在縉山縣故城東南十五里。

明永樂十五年，隆慶州屬宣府鎮。《畿輔舊志》：永樂十五年，於永寧縣置永寧衛，屬宣府鎮。

明永樂十八年，隆慶州直隸京師。《明史·地理志》

明隆慶元年，爲延慶州，直隸京師。《皇明通典·直隸》：明以順天府爲京師，共領八府二州，保安州、延慶州。

國朝爲延慶州，屬直隸省宣化府。《畿輔舊志》：延慶州初屬宣府鎮，爲東路，領縣一，永寧。《大清一統志》：順治十六年，併縣入永寧衛。《畿輔舊志》：康熙三十二年，併衛入州，屬宣化府。按：宣府鎮即以是年改爲宣化府。

乾隆二十六年，併延慶衛於延慶州。《府志》：穆宗隆慶元年詔改隆慶州爲延慶州，隆慶三衛爲延慶三衛。按：延慶三衛，一徙懷來，一徙永寧，一併於州。至今州人有延慶、永寧二衛之説，皆緣於此。《續通典》：宣德五年，徙隆慶右衛治懷來。《方輿紀要》：宣德五年，徙隆慶左衛於永寧縣。《大清一統志》：延慶衛在居庸關，於乾隆二十六年併入州。

政績録

興利

唐韓夢殷，幽州安次人。少(一)以文學知名。昭宗乾寧元年，爲儒州(三)刺史。值歲饑饉疾癘，設策賑濟醫療，百姓賴以全活(四)。嗣後整紛剔蠹，恩煦信孚，勸農桑，興教化，儒州大治。《永寧縣志》[一] 參《遼史》

遼韓德威，遼西南面招討使匡嗣之子也。性剛介，善馳射。景宗保寧初，爲儒州防禦使。綽有謀略，深明治體。常曰：「務農、講武二事，使首務也。」部卒能服習者，旌之；其貧不能田、弱不能戰者，亦助給之，訓練勸誘。」於是部卒感悦，如愛父母然。《舊志》參《遼史》

明趙玨，字雲翰(五)，河南人。洪武中進士，累官禮部尚書。永樂十二年，帝巡邊，顧隆慶、保安川原，歎曰：「自(六)二州民内徙，至今尚皆荆棘耶！」因遷内郡人來實，且詔玨經理之。玨至，分撥田土(七)、創造房屋(八)、定立市廛、開導藝植，皆躬自履歷，措置有方。三、四年間，士庶安輯，商旅交至，遂成都會之區。二州人頌德焉。十六年，

召入爲兵部尚書，祀名宦。《萬曆志》[三]

薛禄，山東人。永樂中，以軍功拜左都督，晋[九]封陽武侯。宣德初，佩鎮朔將軍印鎮守宣府。五年三月，奉命統兵至永寧。相地度勢，爲之築城鑿池，民咸德之。祀名宦。《永寧縣志》

胡思伸，號充寰，南直績溪人。任山東按察使，管懷隆道事。會見延境山川秀麗[一〇]，值北邊受盟，武備漸弛。雖屢申飭，空文無補，深切隱憂，乃相地勢，調遣官軍，開稻田以裕民生，修樓堡以保民命，規畫心勞，保釐多偉績焉。祀名宦。

張經世，號翼明，陝西渭南人。駐節懷隆，懷、保、延、永諸衛皆所隸[一一]。延境瀑下瘠薄，較諸衛[一二]獨苦，深切憂卹，力洗繁華。以躬倡司牧，寬刑興學，課樹藝、禁枉告株連，民皆德之。以上俱《舊志》

胡維，字之綱，灤州人。隆慶左衛鎮撫。自少沈勇絶倫，從高帝[四]將兵，每戰爲軍鋒冠，以功授鎮撫。維習地形，相度險隘，增築塞垣，邊備有倫。居恒喜讀書，所繪《火器圖》行世。後卒於官，子孫襲職，因家永寧焉。《州志》採訪

張宣，山東濟南人。宣德中任永寧縣尹。開創學校，始興人文。《永寧縣志》

胡璉[一三]，河南湯陰人。景泰初來任。時驚潰之民始復業，迺修城池以捍外患、建

倉庫以廣儲蓄，民皆賴撫綏焉。祀名宦。《成化志》

耿繼武，山東沂水人。萬曆中，轉餉上谷，遂遷守兹郡。公至，即進諸父老詢閭閻疾苦，旦夕孜孜爲之興利。會見南山之麓可耕，準民間開墾，課以種植，三年成田二百頃。自正統己巳變後，敵酋日猖獗。嘉隆間，躪擾頻仍，虔劉焚掠，州治岌岌，公乃完墉濬塹，繕堡崇臺，與民列屯固守。民感公德，枕戈敵愾，諸酋憚之，堅守要束，不敢竊延慶一瓜果。在任五年，尋擢貳延安。父老子弟聞公行，如失慈父母，攀留不得，爲之刊碑紀德政焉。《州志》並節德政碑

宋雲霄，號霽寰，山東淄川人。萬曆四十一年由舉人授本州牧，謙和廉介，留心民瘼。時值邊患甫平，延民瘡痍未痊。於是課農務，興學校，伸冤枉，折朋奸，種種善政，遠近稱頌焉。稔知均徭税糧素爲延民苦累，乃於力差則優老卹幼，使壯者各當其役；於銀差則不令收支里長乾没一文，民間歲省千餘金；徵收税糧不取羨餘，民間歲省二千餘石。禁止迎春賽秋俗，省侈費千金。教民紡織種藍，興從古未有大利。又如開水田、勘災傷，必躬親田畝，勞瘁不辭。團練鄉兵，造册置旗，悉捐俸措辦，不取民一毫。尋以循政加府銜管州事，操存益慎，卹民隱益殷，應庶務益曲，當自設州二百年來不常有也。節録《州志·列傳》[五]

國朝張繼聖，字開來，江都人。雍正五年以京營守備出守靖安堡，異績卓著，擢永寧路都司。甫駐節，即整飭營務，撫循士卒，百廢俱興。永寧爲營盤口要路，小民每載柴炭木植爲生計，前因事禁不得出入，民失業，多偷越被逮。繼聖廉知其情，詳請弛禁，永民稱便。永舊爲縣治，學宫久圮，繼聖乃與永之紳士經營相度，勸勉樂輸，多士頌之。嘗延名士於署中，聚文武生童講習學業，文風由此興起。歿之日，永人奔奠者不絶於道。《乾隆志》

吴增嘉，浙江歸安人。道光五年以進士知州事。寬厚廉静，緩差徭，惜民力。歲遇荒歉，捐穀濟民。又倡捐書院經費，酌立章程。尋調任昌平。後以公務過州，猶召耆老而詢悉疾苦，民皆感之。

王榕吉，字蔭堂，山東長山進士。道光二十六年來知州事。明敏諳練，勤卹民隱，凡有詞訟，剖決如流。公餘赴書院，與諸生論文講藝不倦。州之護城河久湮塞，令紳商經理疏濬，引城西之水入濠，以資〔一四〕灌溉，沿隄植柳千株。後歷官方伯〔六〕，猶日注念州民，常寄金州紳，培植柳株云。採訪

李葆貞，字廉夫，湖北松滋人。由供事累陞知州。同治十二年季冬署州任，甫下車，軫念病涉，捐廉重建廣濟橋，以便行人。又以冠山書院講堂及旁舍年久荒凉，不蔽風雨，

遂督紳增修，以庇寒士。不數月，内外改觀，至今賴之。

褚瑨，字文軒，湖北江夏舉人。光緒五年署州任，訪悉州境瘠苦，有志寒儒艱於進取，因創籌賓興費，嘉惠士林。自是領鄉薦者接踵焉。採訪

周文藻，字芸田，浙江人。光緒二十八年秋七月署州任，持重識大體。甫下車，特邀永寧池、袁二紳舉辦學務。時值庚子亂後，民力彫敝。於是妥籌學款，不事捐募，創建高等小學堂，以開風氣之先，城鄉小學以次設立。改廢寺爲工藝局，貧寒子弟得以習藝謀生，民教甫安。時虞伏莽，置練勇局以資保衛。偵知劉斌堡民人勾通賊匪，躬往誘而擒之，宵小爲之斂迹。明年九月解組，以循政擢委京張鐵路收發局要差，旋於三十三年秋八月特授知州事。適禁烟令嚴，亟立戒烟局，延民有烟癖者紛來戒絶。又以巡警未諳警律，特設巡警傳習所，即前練勇局爲之基礎也。勸民廣植樹木，逾年報到成活者十餘萬株。城南嬀水泛濫，不由橋孔，行人病之，乃爲捐修隄障。督工興作，日必躬親。公餘仍注意教育，留心工藝，士民屬望焉。

劉鳳鑣，字權之，山東福山舉人。光緒二十九年十月知州事。值教育萌芽，風氣未開，設算學館、閱報處、研究所、半日學堂、施醫局，復與學正常書雲議設初等公立學堂，城中子弟獲益匪淺。增設木器等工藝學徒三十餘人。督飭紳董栽種楊柳等樹，成活二萬二千

餘株。勸民栽種楊柳等樹，成活六萬餘株。猶復勤加講求，設種植局，栽種桑秧，成活一萬餘株。在任精勤耐勞，事必躬親，旋於三十一年正月告艱去。治績未竟，有餘憾焉。

樊海瀾，字紫庵，河南禹州進士。光緒三十一年夏四月署州任。深沈有大度，莅事不事鋪張，嘗以振興教育爲第一要務，初級師範尤所宜先，顧念款不易籌，捐廉創設師範傳習所，以造初師。又以鄉民罔識時艱，往往於教育前途暗生阻力，捐廉創設宣講所，每星期宣講二次，届期必敦請同寅講員及闔城紳民赴所聽講，躬先倡導。環聽者日益增多，風化所及，鄉民始悟教育爲生利之源。於是添修講堂，聘請教員，四鄉小學爲之改觀。至如訟獄，則聽斷詳審，民無冤抑，而工藝、巡警逐漸釐正，未逾年，以告艱去，輿論惜之。

鄭思壬，字淵如，江蘇吴縣人。光緒三十二年夏四月署州任，卹士愛民，尤熱心學務，設立初等模範學堂，爲四鄉則傚，妥籌經費，創設勸學所，分區勸導。立教育會，以取決公評。優禮學生，多方獎勵。自是初等小學堂增至五十餘處。又整頓工藝，捐廉津貼，局中學徒仿織寬面洋布、絛帶等科，紋縷細緻，花様翻新，遐邇争購。下忙徵收税糧，私毫不許書差浮冒，傳集各屯堡村正，勸於各村附近隙地自栽樹木，否則由官代栽，其樹即爲公産。由是村人紛紛栽種，成材頗多。旋於三十三年秋八月調署邯鄲。已上見聞

去害

唐桓彦範，丹陽[七]人。聖曆初，突厥默啜寇嬀州。彦範巡行邊塞，相[一五]度居庸等地。後肅靖内難。《舊志》參《唐書》

明孫剛，宣化前衛人。以功遷都指揮，守備永寧。正統中，敵陷獨石、馬營，剛率兵往援。遇敵數萬騎猝至，剛大呼陷陣死。都知監谷春、衛指揮向通、王敬、張澄同死之。事聞，予祭蔭，後葉盛奏建義烈祠祀之。《大清一統志》

王敬，字子修，隆慶右衛人。性亮直孤介，行不類己者，雖貴勿與交。初爲指揮同知，與永寧指揮張澄同學於學正李彝，居職並以廉潔稱。正統己巳，寇犯雲州，隨守備孫剛[一六]俱死。澄欲得殺三人者，力戰不退，隨亦被害。是役也，吏民、父子、夫婦死難顯名者九十餘人，俱賜卹典。參政[一七]葉盛奏建義烈祠祀之[一八]。《宣鎮志》

徐珏，涿鹿人。以武舉充本城參將。嘉靖十六年敵犯連家營，珏剿之去，增修堠堡。後以賢能陞總兵。其麾下頭目官有安國者，敗敵於花園屯。敵畏，遂遠遁，不入境。《乾隆志》

辛住[一九]，山西石州舉人。授隆慶州知州。嘉靖十二年，賊張雄與僧人王姓[二〇]者結庵隆慶之清風砦。州人劉百川、趙天禄輩尊禮之。聚衆既多，遂謀不軌。雄衣黄，出鐵印，署百川輩偽職，謀潛使人約寇。住及守備丘陵聞變，使軍人徐龍往從之，潛應，遂擒雄等，送鎮伏誅。《兩鎮三關志》

雲楝，高唐州人。知永寧縣事，卹災爲民，去後咸思之不忘。《永寧縣志》

陳其愚，登州人。嘉靖中由府倅陞任州事。器宇豐偉，資性耿介不屈。甫下車，問民疾苦，省刑薄斂。時兵燹後使節交馳，一時供億百出。公爲措置，民間得不擾。當道文移有不便於民者，輒停罷不報。大司馬檄邊城濬濠，獨延慶未濬，案臨面讓〔二一〕公，公〔二二〕曰：「邊事誠亟。延民值水潦困窮，僵臥滿目，啼號盈耳。且當冬初，救死且不暇，尚可役使耶！」司馬語塞。既而曰：「州守知時務矣！」嘗題其門，曰「調停邊郡從清約，休息殘民是作爲。」蓋不欲以賢能表見也。有里長吴姓者詈里民，至毆不已。民以手格之，誤傷吴一目，法當擬徒。公廉得其情，諭吴：「民誤傷汝，當罪。汝無故淩虐平民，罪尤甚焉！」俱從末減。乃釋吴，民擬杖，士民咸感，吴亦悦服。在任政善民安，治法稱最。祀名宦。《乾隆志》參本傳

遲涼，山東人。嘉靖中，由例貢授本州吏目。值北邊犯順，多方保障，有功未敘，士民惜之。

趙爾守，字守身，陝西盩厔解元。倜儻偉達，慷慨豪俠。爲萬曆時永寧縣尹。備義庚、

平徭役、節里長、蠲逋負、葺廨舍，以慎關防；懲儈胥，以褫舞文；禁梟盧，以息奸宄；驅逐倚市，以滌淫俗；發掘盜藪，以弭草竊；詰偵細，以防窺伺；刑巫覡，以止邪術；達肺石，以白冤滯。民間疾苦，無不破格力除。祀名宦。《永寧縣志》參去思碑

湯勇，任四海冶守備。嘉靖中，數被外患。勇命旗牌官陳大齡招敵頭目，諭以利害，指意剀切，敵俛首〔二三〕受盟，歸〔二四〕降爲屬下。《永寧縣志》

解生，宣府山後人。任永寧參將，驍勇有謀略。萬曆十六年，委〔二五〕家丁六十餘人直搗敵窟，斬敵級四十二顆〔二六〕，官兵無一損傷〔二七〕者，至今〔二八〕敵皆畏服，不蒙異志〔二九〕。後陞遼東，陣亡於牆子嶺。奉御祭〔三〇〕，蔭一子，入祀褒忠祠〔三一〕。同上

楊惟相，江西豐城人，號羅巖。萬曆時，知州事。冰蘗褆躬，推誠待物，鋤奸剔弊，吏畏民懷，陞刑部員外郎。民爲立祠，刊去思碑，志其略云：思肅稽倉庫，而弊蠹潛消；思緩徵減稅，而毫芒不加；思弭盜有方，以嚴行保甲；思除害有方，以懲治枉告〔三二〕。思發奸有方，以禁止投獻；思革徵有方，以蠲免驢頭；思抑勢有方，以杜皇莊軍餉。常思其能重兵馬，常思其能查器械，常思其能整詞訟，常思其能簡。覩倉場之修，未有不思其積儲無虞而軍民永賴者；覩邊工之督〔三三〕，未有不思其金湯壯麗而皇圖鞏固者；覩節烈之旌、死亡之卹，未有不思其風勸百世，澤及枯骨者。此其謨一何周，仁一何深哉！《乾隆志》

桂一枝，爲周四溝操守。豪俠有謀，善馭敢敵。禄資(三四)盡給公賫。易簀日，囊無半金。參將張深憐之，爲備棺以葬。軍民聞之，有流涕者。《永寧縣志》

黄明臣，九江人。以千户充永寧參將。才智通明，性稟忠義。莅政八載，增城堡、搜捕藪盗，以勛望陞昌平總兵。去，軍士肖像尸祝之。祀名臣。《永寧縣志》

國朝宋永清，漢軍正黄旗人。莅任州牧，循良茂績，卓卓有聲。州城東南臨媯河，夏月霪雨，山水暴漲，齧城趾。永清議借旗圈地濬水南行，遠城里許。復樹隄以障衝決。康熙五十四年，賜匾奬勵，恭懸州署。乾隆二年大水，得保無虞，至今賴之。祀名宦。《延慶州志》

王焞，字景明，陝西蒲州人。雍正元年，任永寧路都司。治兵以順爲武，以義爲勇。訓練之餘，兼勸耕桑。緝盗甚嚴，盗竊潛蹤，幾於夜不閉户。《延慶州志》

章成義，字宜甫，江南江陰縣人，膺鄉舉。光緒八年，知州事。勤政愛民，肅清衙規，一應錢文案件，手自發落，胥役無敢侵欺。州境東南隅之二道關屬昌平，是處屢窩賊匪，爲州民害，歷任莫可如何。公獨督率兵役躬往剿捕，匪首郭某就擒，邊境得安。居庸關南北四十餘里，爲通蒙古要路。蠶叢崎嶇，不便交通。禀準大憲設局，鑿修三年始竣。行旅至今德之。

潘青照，字藜閣。光緒十一年冬，署州事。訪悉貧民生女，往往溺棄不育，公甚慘之。

創設育嬰堂，州人因之感悟，其風遂革。

朱璋達，字珊淵。光緒二十七年夏六月，署州事。值聯軍蹂躪之後，教徒尋讎報復，擾害無已。爲籌措賠款，解釋宿忿，民乃得安。又延慶每逢陵寢要差，例由州牧供應駝差二十餘隻，事竣仍將原駝領回畜牧。久之，書役往往藉以科派。民間至庚子遭變，駝隻盡失，公爲稟請大憲，奏準歸併大差局公雇。歷年苦累，一旦豁免，州人頌德焉。

聽訟

李鼐，字廷器，陝西秦州人。成化初，陞知隆慶。隆慶，畿北險要地境，左右連二、三軍衛，兵民參集，爲訟爲盜者日紛然於州，君一以德平之，不私其民，不惡其兵，而奸盜帖息。《萬曆志》

初賢，山東福山人。正德中，知州事。撫民以仁，馭吏以威，案牘清而詞訟簡。陞安慶府同知。《萬曆志》

明程應登，字存軒，山西潞安人。嘉靖末履任，以理學敷政，平易近民。每遇詞訟，片言立決。州庠遲生與子婦父構訟，子婦父訟不直，受責忿極，出而怨詈，語及公。遲赴愬，意在重懲。公曰：「鄉民與庠生對親，果榮矣！乃令肌膚受責，而面目實慚。對鄉人詈，洩不平氣耳！與子民相怨，惡在其爲民父母哉！」一人服公雅量。

姜一鳴，山西蒲州人。萬曆中，由縣令陞任州事。剛正嚴明，清操凜凜，公廳如水，剖決如流，吏胥無敢出一語。定徭役，貧富莫不稱平。公治延，惠而不弛，嚴而不刻。遇院司訪察，株連甚衆，則曰：「延境無惡人。」一士庶咸稱平恕焉。《乾隆志》

國朝李鍾俾，字世萬，閩之安溪進士。雍正十一年，知州事。時延慶自癸丑至乙卯僅二載，官凡四易，因循廢弛，囹圄淹係者幾及百人。鍾俾殫心剖決，不數月而積案一清。因徧訪民間疾苦，悉力革除，百廢俱舉，以廉能稱。《州志》參本傳[八]

周啓瑶，江西瑞昌舉人。道光四年，補延慶牧。誠以勵己，慈以治民。凡審理案件，不因己之喜怒妄加責懲，民咸德之。採訪

恩符，字階六，蒙古鑲白旗人。道光二十四年，以蔭生縣尹陞任茲土。才思敏捷，聽斷如流。有旗人李五與永寧佃户顔姓、李姓等增租奪佃，釀成巨案，八年未結。公使之略增租而不準收地，鄉里奪地之害頓息。又柳溝屯旗人搜查開荒餘地，勒令增租，毆傷王姓。乃力爲研究，罪爲首者，餘悉責釋。採訪

車汝震，貴州貴築進士。道光二十八年，履任，時年二十四。聽斷明決，善於勸導，能使兩造忿争各自罷息。有「少年老吏」之稱。採訪

屠秉懿，字渤生，湖北孝感人。同治三年莅州，前後凡三任州事。在任未嘗積案，凡

有訟牘，隨到隨審，隨審隨結，民無守候耗費之苦。見聞

兵事録

漢高帝十二年，燕王盧綰反。周勃以相國代樊噲將屠渾都（三五），破盧綰軍上蘭。《史記·絳侯世家》

按：渾都，漢縣名，即軍都。上蘭，即馬蘭。《史記正義》：《括地志》曰：懷戎縣東北有馬蘭溪水，即今州西黑龍河。又按：《昌平山水記》：漢立軍都縣於山之南，今昌平東有軍都村。

漢元初五年秋八月，鮮卑寇上谷，燒官寺，殺長吏。詔發沿邊甲卒來屯。十一月，復寇居庸關，仍詔前兵分據要害禦之。《後漢書·鮮卑傳》

建光元年秋，鮮卑寇雲中，攻居庸關。雲中（三六）太守成嚴、功曹楊穆率兵來禦。兵敗，穆以身蔽嚴，俱歿於陣。《後漢書·安帝紀》

獻帝初平四年，幽州牧劉虞遣掾田疇奉章詣長安。疇以道路阻絕，願以私行；乃自選家客二十騎，上西關出塞，傍北山，循間道至長安。《方輿紀要》

按：《元史》：南口，亦謂之西關。《三國志》：田疇乃上西關，出塞，傍北山直趨朔方。

晋成帝咸康六年，慕容皝帥諸軍入蠮螉塞[九]，直抵薊城。《方輿紀要》

按：蠮螉，即居庸之轉音。

穆帝永和六年，燕主儁伐趙。慕輿于[三七]自西道出蠮螉塞，趙征東將軍鄧恒與幽州刺史王午共保薊。

武帝太元十年，慕容垂初復燕，遣慕容農出蠮螉塞，趣龍城。《方輿紀要》《資治通鑑》

太元二十一年，拓跋珪大舉伐後燕，分遣其將封真[三八]等從東道出軍都，襲幽州。同上

北魏明帝孝昌元年八月，杜洛周圍燕州。九月，魏以幽州刺史常景與都督元譚討之，自盧龍塞至軍都關，皆置兵守險。譚屯居庸關。《資治通鑑》

唐高宗永隆元年[一〇]，突厥阿史德温傅、奉職二部俱反，立阿史那泥熟匐爲可汗，二十四州酋長相率響應。詔長史蕭嗣業討之。嗣業先戰屢勝，後不設備，爲所敗。乃命總管裴行儉進討，戰於嬀州之黑山，大破其衆。其衆斬泥熟匐首降，擒温傅、奉職，餘皆奔

保狼山，行儉復逐出之。《乾隆志》

弘道元年，突厥寇嬀州。詔右武衛將軍程務挺爲單于道安撫使禦焉，突厥引去。同上

昭宗景福二年，幽州將劉仁恭戍蔚州，引兵還襲幽州，至居庸敗奔河東。《方輿紀要》

乾寧元年，李克用擊幽州，拔武州、新州，進攻嬀州。李匡籌發兵馳救，出居庸關，爲李克用所敗。《方輿紀要》

後梁末帝貞明二年三月，遼太祖攻幽州節度使周德威，以兵拒於居庸關之西。《遼史·太祖紀》

貞明三年，燕將元行欽引攻行珪，行珪使求救於李嗣源。行欽解圍去，嗣源與行周（三九）追至廣邊軍，凡八戰，行欽力屈而降。嗣源愛其驍勇，養以爲子，進攻儒州，拔之。《資治通鑑》

後唐廢帝三年，晋主石敬瑭遣趙瑩以山後十六州（幽、薊、瀛、莫、涿、檀、順、嬀、儒、新、武、雲、應、朔、寰、蔚）賂遼，遼廢嬀州，號可汗州。自是歷宋至元，陷没四百二十二年，實桑維翰之創謀也。

宋徽宗宣和四年，金陷遼新、嬀等五州，以其地歸宋，築固疆城守之。六年，復陷於金。

金明昌六年，改嬀川縣。

高宗紹興三十二年六月，金詔居庸關稽契丹奸細，捕獲者加官賞。《金史・世宗紀》

寧宗嘉定二年（金大安元年），元攻金，至古北口。金兵保居庸，不得入。元主乃留可忒、薄察等屯兵扼守，而自以衆趨紫荆關，拔涿、易二州。轉自南口攻居庸，破之。出北口，與可忒、薄察軍合。《方輿紀要》

嘉定三年（金大安二年），元薄宣平，克縉山，遊兵至居庸關，守將棄關遁。同上

嘉定四年（金大安三年、元太祖六年）四月，元兵來征。九月，千家奴胡沙敗績於會河堡，居庸失守。《金史・衛紹王紀》

又，元師伐金。金恃居庸之塞，冶鐵錮關門，布鐵蒺藜百餘里（四〇），守以精鋭。札八兒使金還，太祖進師，距關百里不能前，召札八兒問計。對曰：「從此而北，黑樹林（四一）中有間道，騎行可一人，臣向嘗過之。若勒兵銜枚以出，終夕可至。」太祖乃令札八兒輕騎前導。日暮入谷，黎明，諸軍已在平地，疾趨南口，金鼓之聲自天下，金人猶睡未知也。比驚起，已莫能支吾，鋒鏑所及，流血被野。關既破，中都大震。《元史・札八兒火者傳》

嘉定五年（金崇慶元年），金尚書左丞完顔綱行省事於縉山（四二），徒單鎰使人謂綱曰：「高琪駐兵縉山甚得人心，士皆思奮，與其行省親（四三）往，不若益兵爲便。」綱不聽。徒單鎰復使人止之曰：「高琪措畫已定，彼之功即行省之功。」綱不從。至縉山，及元兵戰，

大敗。後胡沙虎反，誘綱殺之。《金史·完顏綱傳》

嘉定六年（元太祖八年）七月，元及金行省完顏綱、元帥高琪戰，敗之，追至北口，金兵保居庸。契丹訛魯不兒獻北口〔四四〕，遮別遂取居庸。《元史·太祖紀》

理宗景定元年（元世祖中統元年）十一月，命漢軍各萬户悉赴懷來、縉山川中屯駐。《元史·兵志》

景定二年（元世祖中統二年）十一月，怯烈門從麥肖出居庸口，駐德興府。是月，又詔漢軍屯懷來、縉山。《元史·世祖本紀》〔四五〕

元至元十七年五月辛丑朔，命樞密院調兵六百人守居庸南、北口。《元史·世祖紀》

成宗大德三年二月，詔縉山縣民爲勢家所蔽者，悉還縣定籍。《元史》

泰定帝致和元年〔一二〕八月，調諸衛軍守居庸關，梁王王禪等率兵自上都次榆林。九月，燕鐵木兒督師居庸關，遣撒墩以兵襲上都兵於榆林，擊敗之。《元史·文宗紀》

又燕鐵木兒奉懷王於大都，與上都相持。隆鎮衛將斡都蠻〔四六〕以兵襲上都諸王兵於陀羅臺，大敗之。《方輿紀要》

《紀要》：陀羅臺，或曰即州治古臺。

順帝至正十二年五月，命留守帖木哥與諸王(四七)朵兒只守口北(四八)龍慶州。《元史·順帝紀》

至正十九年(四九)三月辛巳，樞密副使朵兒只(五〇)以賊犯順寧，命鴉鶻(五一)由北口出，迎敵。同上

按：北口，即八達嶺。

明太祖洪武元年，元擴廓帖木兒將由保安逕居庸以攻北平，徐達遣精兵襲其營。因建居庸關城。《明史稿·擴廓帖木兒傳》及《四鎮三關志》

《四鎮三關志》：洪武元年，大將軍徐達建城。跨兩山，周十三里，高四丈二尺。

洪武二年，大將軍達壘石爲城，以壯幽燕門户。城，即今南口城。明年，徙山後諸州民於關内，於居庸關立守禦千户所。《方輿紀要》

惠帝建文元年秋七月，燕王棣舉兵反。居庸關都督宋忠退保懷來。己卯，陷居庸。四年，燕王置隆慶衛(五二)於居庸關。《明史》

按：《方輿紀略》：靖難兵起，燕王曰：居庸關路狹而險，北平之襟喉也。百人守之，萬夫莫窺，必據此，乃無北顧憂。永樂二年置衛，領千户所五，以爲京師北面之固。

成祖永樂二年，置隆慶左衛[五三]於居庸關，領千户所五；置隆慶右衛[五四]於居庸關北口。同上

永樂十三年春正月，塞居庸以北山隘。二十一年七月，帝親征阿魯台。戊申，次宣府，敕居庸關守將止諸司進奉，毋命出關。同上

宣宗宣德五年五月，增置口北緣邊諸堡。北邊[五五]自懷安西陽河，東至[五六]永寧四海冶山口，四十四處。《五邊典則》[一二]

英宗正統十四年秋七月，北邊入寇永寧。陷獨石、馬營，守備楊俊棄城遁，遂及雲州。永寧守備孫剛、谷春率兵來援，戰輒不利，因入城自經死。兵鋒鋭甚，邊報日至。太監王振勸上親征，命下二日即行，官軍五十餘萬人至龍虎臺駐營。方一鼓，衆軍訛相驚亂，皆以爲不祥。明日，出居庸關，由岔道過懷來，至宣府，連日風雨，回至土木，駕遂北狩。《明史》參《乾隆志》

正德十年秋，北邊入寇。由大白陽入，至八達嶺，大肆殺掠。明年秋，復至隆慶，永寧、保安悉被殘害，居庸震動。至已六日，總兵官潘浩始率兵至賈家灣，對陣失利。保安都指揮朱壽以兵赴援，稍卻，敵騎益至，眾寡不敵，壽戰死。同上

世宗嘉靖十六年秋，北部至，伏兵衛城東柳溝，而以數（五七）騎近城。參將張輔國新進，初任兵事，不審虛實，遽驅兵迫之。至柳溝，伏發，大敗（五八）。死者千餘人，輔國亦歿。《乾隆志》

嘉靖十七年秋，朵部寇隆慶州。參將（五九）丁璋禦之。《乾隆志》

按：《鎮志》原注：八月，朵顔潛師夜入隆慶。及廓門，參將丁璋聞之，倉卒出戰。時部兵未集，率家丁數十人，戰不利。城中大懼，會敵自解去，璋身被數創，猶（六〇）手斬八級。人以爲勇。

嘉靖二十七年九月十三日，北部擁眾入隆慶，攻州城。時守備、把總等官俱赴紅門防禦，城中兵盡去，人心惶惑。吏目遲諒與其子梃楷領民壯火甲乘城巡守，用神槍擊敵，敵乃退。州學正宋紹美顧謂訓導蘇琢、黃經、武德彰曰：「吾儕雖不嫻武事，然事亟，可坐視乎？」

乃登城與遲諒協力拒守。後所千户李夢淞及官紳、生監亦相率分布四面，持兵器捍禦。至十五日，敵出境，始解嚴。《府志》

按：《宣府鎮志》：九月，諜報敵窺鎮安，時總兵官趙卿駐兵雲州，去鎮安僅三十里，未發。又報敵攻獨石，卿悉軍走獨石，而敵遂由鎮安斜坡嶺南下，寇隆慶、永寧矣。隆、永久不被兵，至是遭荼毒特甚，卿師尚未至也。於是督府自以麾下合諸營老弱留城者馳而東，比至敵營，噪而鼓行，敵乃退，由滴水崖出。

嘉靖二十八年，諳達寇宣府滴水崖，在州境黄峪口北山後，屬赤城縣。把總江翰、指揮董暘戰死，全軍覆。遂犯永寧，總兵官周尚文力戰，敗之。《通鑑》[一三]

嘉靖三十三年八月，敵由雲州兩河口、静寧墩突入，寇雕鶚、永寧、懷來，攻毁尤甚。我軍時[六一]因年饑逃亡且半，將領亦畏敵不敢徑當其鋒，遥望數日引軍而歸，敵亦得志去。四十年，西邊犯岔道，攻八達嶺，官軍禦却之。《乾隆志》

按：《萬曆志》：嘉靖間，北邊屢興大舉入寇。至三十一年，受盟歸降。千餘口徙入華境，分四部於四海冶、周四溝、永寧衛、靖安堡臨邊隙地駐牧，每月給糧，每歲給賞，爲我外藩，居三十餘年，邊患始靖。至萬曆十八年六月，盡叛去，復爲邊患。參將解生率丁役三十六名問罪敵穴，大斬首級以歸，敵震懾氣沮。二十一年五月，續來效順，率男婦百七十餘在永寧城北黄峪口、燒窑峪、白草窊、古城等處寓居，與中華語言、俗尚略相彷佛。

莊烈帝崇禎七年七月，我大清兵略永寧。

崇禎十七年，李自成犯居庸，守將唐通、太監杜之秩以關降。《通鑑》

《乾隆志》：居庸爲京北之咽喉，岔道又居庸之門户，八達嶺雄峙盤回，誠天設之險也。若一夫當關，萬馬辟易。金人平遼，闖賊陷明，均非險不足守，守無固心也。若當闖賊叩關之時，堅壁清野，設伏於兩山之巔，多備藺石、火器以擊之，以奇兵由青龍橋出小張家口，躡賊之臀，延慶、永寧出鐵騎，斷賊歸路，則賊進退受敵，足可擒也。

國朝光緒二十六年五月初，義和團匪竄入州境，招聚黨徒。無賴子聞風附和，聲勢頗盛。二十五日，焚燒永寧天主教堂並教民房屋。時教民逃難者俱集孔化營。永寧城西南二里，明日，團匪往攻，焚殺教民七百餘人。二十七日，又焚州城耶穌堂。其時兩教教民避匿各村，悉被搜殺，總計教民先後遇害者一千二百餘人。非常之變，識者慘之。

二十六年十月，各國聯軍出居庸赴郡捕團匪，旋軍岔道。初七日，遣兵由州赴永寧，駐紮經宿，勒出保險費四千餘金。十一月，聯軍分道至州，一出居庸，駐紮州城；一出德勝口，於十一日至舊縣。十二日，由黑峪口至靖安堡，十三日，由靖安堡經金雞口至劉斌堡，十四日，至周四溝東鋪。該處鄉民聚眾設防自守，教民誤指爲匪黨（六二），被擊斃四十餘人。沿路燒毀黑漢嶺、四海冶民房甚多。十五日，自四海冶經永寧旋州去。十二月二十日，聯軍出居庸直抵永寧，焚團匪房屋，掠團匪親族三人去。

按：自聯軍入州境，團匪早已聞風遠颺。凡經過之地，民間之器具、衣服、牲畜、車輛被掠者，不計其數。議和後，由州捐賠教民財產十萬餘金。

耆舊

事業

金畢資倫，縉山人。以傭雇從軍，積功至都總領。僕散阿海南征，軍次梅林關，不得過，資倫引兵取之。還，復爲宋所據，資倫再奪之。論功第一，授遥領同知昌武軍節度使，尋命統本軍屯泗州。興定五年，宋將時青襲破泗州，資倫自投城下，不死。宋軍執以見青。青説之降，資倫極口罵。青知無降意，下盱眙獄。復囚於鎮江府獄，鈐以鐵繩，脇誘百方，凡十四年，終不屈。及聞蔡州破，歎曰：「吾無望矣，容我一祭乃降耳。」宋人信之，爲設祭鎮江南岸。資倫祭畢，伏地大哭，乘其不防，投江水死。宋人爲之立祠。《大清一統志》參《金史》

侯進，縉山人，世爲望族，代有名宦。貞佑初，元兵起，金主徙汴。其父仕温早卒，進隨母李氏寓宿州，任元帥府經歷，累遷保静軍節度副使，後戰殁。弟慶，仕萬夫長，與兄進俱死於陣。《乾隆志》

向通，隆慶左衛人。少知讀書。每見古名將所建立，輒欣慕之。長承父蔭，爲衛指揮同知，戍守永寧。孫剛雲州之役，通往從之。已而賊衆圍我師數重，勢不能敵，乃隨剛死，雲州亦陷。景泰元年，詔遣禮部郎中白璧諭祭，蔭其子。《宣鎮志》

聶友良，字益之。天順甲申進士，授陝西道監察御史。時見大明門下貨肆叢集，市易者俱南北相向倨坐，因奏設木柵限之。出監大同，儲蓄宿弊一清。還朝，疏陳《邊政十事》，皆切機宜，上命行之。再按南畿，剔抉奸蠹，興舉廢弛。所屬吏有克自樹立、惠政及民者

薦之，其不才或貪墨者，雖權勢子弟弗恕也。陞浙江按察司副使，卒。《乾隆志》參《宣鎮志》

李衍，字文盛，隆慶州人，景泰進士。成化初，歷官參議，督四川松潘糧儲。行部至彭索河，知生蠻擾邊，民不得耕，衍以計誅其渠帥，乃視要害、築亭障，墾荒田千餘頃。灌縣都江堰〔六三〕壞，衍修之。三遷，以户部左侍郎權尚書事。河北連歲饑，郡縣當輸粟塞下者，橐銀就糴，穀騰貴。衍請輸銀京師，以太倉米給邊，軍民便之。二十年，總督關陝，引渭水爲渠，溉民田。召爲户部尚書，以老告歸。《大清一統志》

胡忠，字藎臣，永寧人。以世次應襲父官，讓弗嗣。登弘治壬午賢書，尋判常州。地多盜，捕得輒杖斃之，餘盜悉遁他境。舉政績卓異，進階奉訓大夫。引疾歸，祀永寧鄉賢。《永寧縣志》參《胡氏家傳》

蘇乾，字體健，少遊庠序有名。弘治辛酉，登賢書。明年，對策擬元，因邊人改傳臚，拜兵部武庫主事，遷職方員外郎，旋遷郎中。時尚書華容劉大夏、靈寶許進每朝回，問乾兵機，乾對俱中機宜，即奏行之。逆瑾党孫司務者勢傾公卿，每誘致乾，乾不爲動。參議陝西時，流寇猖肆，乾躬擐〔六四〕甲胄，率官兵擒殲之，賊爲解散。歲饑，設法賑濟，多所全活。年四十三，乞致仕歸，七十七乃卒。乾博識經史、騷雅詩賦、篆籀楷隸，以及星

曆諸書，無不精妙，鄉人呼爲「小東坡」云。《乾隆志》

張勛，永寧衛人。以都指揮僉事充遊擊將軍。正德九年秋八月，北部由膳房堡入掠鎮城，南下至順聖東、西城及蔚、廣，勛率兵剿之。至千家營猝遇敵六七萬，與戰十餘合，敵少却。其酋長奮駡其眾，曰：「不勝，吾即〔六五〕自刃其頸，爾等取首獻南軍也。」乃復擁眾攻圍。勛勢寡不支，力戰而死。時同死者有遊擊將軍倪鎮、東城守備田琦、西城守備廉彪，合十餘人。記功御史汪賜獨奏云：「張勛之死，比眾甚慘，而勤王敵愾之忠，尤非諸臣可比，不有褒録，其何以慰忠魂、示後勸也。」疏入，不報。葬永寧城北十五里。《乾隆志》參《宣鎮志》

林旺，延慶衛後〔六六〕所百户。素負〔六七〕膽略，諸酋忌之。甲午〔一四〕，賊犯石槽峪，旺拒戰，斬其首級，奪其器械甚夥，屢建勳績。賊知其名，日夜切齒。丙午，大驅敵，北遇伏兵，亡於八仙洞口〔六八〕。奏聞，賜旺侄璽爲本衛指揮僉事，衈其家。《府志》

黄鍾，字伯魁，舉進士，入諫垣。時詔修乾清、坤寧二宫，當事計值甚鉅。鍾計之可減十之五，奏準行。統墓之變〔六九〕，帥臣神周恃逆彬黨，擁眾不出，鍾劾其罪，因置於理。兵部尚書彭澤節制川陜有功，權臣忌之，誣以法。鍾白其誣，澤得免。擢順天府丞，勳戚巨璫素多恣横，淩虐人至死，鍾緝其凶，斃之。遷都察院右副〔七〇〕都御史。嘉靖辛卯，巡撫山右。未久，稱治焉。年未六十，遂引退，杜門謝客，人罕得面。其端愨渾含，外晦中通，直不忤物〔七一〕，廉不要名，鄉評多之。《乾隆志》參《宣鎮志》

胡紹齡，字介年，永寧人。以拔萃〔一五〕選昌邑縣丞。邑故彫敝〔七二〕，賦常不及額。坐是左遷河南照磨。數月，上官才其爲，復原秩，補山西繁峙縣丞，上計最，擢五臺知縣。旋引疾歸。祀永寧鄉賢。《胡氏家傳》

李夢淞，後所〔七三〕掌印千户。嘉靖戊申九月、己酉二月〔七四〕，敵兩犯州境，淞晝夜巡城，厲衆保障，大有勞績。《府志》

萬繼先，任省祭官，居小河屯與大營堡。州民王祥保守州境，賊至，各斬賊首級。同上

盧綬，縉山人。天性孝友，言動不失規矱，令招遠，有循良風，東人爲立生祠，邑大夫趙譔其志銘云：「爲人沈静樸厚，不爲崖岸斬絶之行，余雅望之。飲於鄉，縫掖相望而型範焉。」蓋其實録也。所著有《盧氏文獻》，藏於家。《永寧縣志》

梁九疇，縉山人。爲延長令，多惠政，民建生祠祀之。《永寧縣志》

胡克廣，以貢倅裕州，治行超卓，升苑馬丞。在裕時均田清能，以廉能〔七五〕稱，兩視縣篆，所去見思。任遼東時，修學、築城、驅蝗、感雨，屢爲當道薦揚。以乞終養歸，居家事母，色養温清，必親醇厚以處鄉黨，爲一邑表率焉。祀永寧鄉賢祠。同上

黄堯臣，右衛[七六]指揮使，任周四溝操守。嘉靖庚申，賊寇赤城，堯臣憤激大呼，直犯前鋒[七七]，賊懼引去。尋探知堯臣無援兵，復合圍之，中流矢死。事聞，贈昭勇將軍。《宣鎮志》

張允，永寧庠生。嘉靖中，敵入寇，允被執不屈，勢窮自殺。《永寧縣志》

趙安，幼讀書以倫理[七八]爲學。父卒，哀毁過甚，廬墓三年，食蔬飲水，聊以存生。後爲夏津主簿，念母老，上書當道，求終養。歸一年，母病卒，安復廬墓。久之，鴉馴擾，聲鳴極悲，若助哀然，三年始旋。嘉靖辛卯，有司以事聞，旌其閭。《舊志》

孟周，幼穎悟。補州庠弟子員，與從弟言讀書州城。嘉靖戊申秋九月，聞賊圍八里店堡，二人俱有親在，亟挺身赴救，手擊一二賊，力不能勝。周被執，大罵而死。言亦死於賊。學官諸弟子列狀聞。監司歎曰：「此一死也，於國爲忠，於家爲孝，可以風世矣。」祀鄉賢祠。《府志》

孟暘、孟時，居八里莊。賊至，或曰：「盍避諸？」二人曰：「吾父母、宗族悉在此，吾盍忍去也！」皆死於賊。《府志》

段伯奎、段落哥[七九]，小店屯人。其父志卿被賊執，乃竭死力以脱父難，二人皆死焉。

同上

曹銧，州庠生。年二十，負忠孝大志。嘉靖戊午三月，賊圍曹官營。銧肄業學舍，突出救母，被賊執，令降之，銑嚼舌噴駡，曰：「我讀書學忠孝，肯〔八〇〕從爾苟生耶！」賊怒，刃之。賊退，家人收其尸，猶有忿色云〔八一〕。《乾隆志》

張良文，永寧人。以耆德蒙恩，例授壽官。居家孝悌，在鄉党有王彦方遺風。與其弟良武、良能和敬雍睦，白首無間言，俱以厚德稱。當事扁其門曰：「伯仲孝友。」母殁，良武〔八二〕廬墓三年，大冢宰以純孝旌之。《乾隆志》

張燦，四世同居，至燦兄弟六人孝友和睦。凡財帛出入，尤彼此不計多寡。其娣姒亦皆感化，相親愛，無間言。壽各六七十〔八三〕，杖履逍遥，爲鄉人所重焉。《乾隆志》

張汝翼，以醫術活計多人，兄弟同居，鄉評推重。

張九成，天性純篤，輕財，借貸不還者不取。

陳登科，素好善，施財不吝。同上

國朝賈士璋，延慶州人。順治初，以貢生授宜君知縣。流賊王永强攻陷宜君，士璋死之。贈按察司僉事。《大清一統志》城破〔八四〕，賊入縣署索印，子輔林不屈，同時縊死。後上其事，以縣令職蔭孫自立。康熙五年，銓奉天令。《乾隆志》

李之實，延慶州人。順治初，以貢生爲江南睢寧訓導。逆賊海時行〔八五〕倡亂，攻陷睢寧。

之實不屈被殺，贈國子監學録。同上

周貴，字榮吾，永寧衛人。康熙十五年，任台協副將，舊例軍中買穀、辦料及油、薪、茶（八六）、炭，無不取資民間，貴悉除去。申飭軍令，官兵强横，悉置之法。在台三載，捍衛封疆，海鯮遠遁，民賴以安。《乾隆志》

閻正陛，永寧人。雍正元年恩貢，與弟納陛皆失怙，事繼母能得歡心，兄弟友愛無間言。乾隆間，學使劉扁其門曰「士林楷模」。

李登雲，永寧衛武生。兄連雲，郡庠生。兄弟友愛，父遺産千金，恣兄所用，至囊橐竭，而登雲甘受饑寒，略無間言，鄉評賢之。

王之瑶，永寧人。少孤家貧，事孀母備極孝養，順意承顔，略無懈色，撫幼弟備盡友愛，士人稱之。

解元吉，貢生。父瑄，以明經司順義縣鐸，尚義好施，爲鄉人所推許。元吉天性孝友。父解組家居，寢疾十有八年，元吉侍膳進藥，晝夜弗違。迨父歿歸窆後，間日必往，拜如事生禮，拜畢泣而返，如是者三年。事孀母趙氏猶事父，色養承歡愈謹，人咸稱孝焉。以上見《乾隆志》

胡學思，字會遠。性沈静耿介，寡言笑，好施與〔八七〕，里黨中窘乏者、婚喪無力者咸周之。族人有因歲凶質其身及妻孥與豪門者，學思急爲代償其值而毁其券，計日給薪水，全家賴以存活。又有爲負所迫者，貧不能償，謀及鬻婦，學思聞其説，善爲安慰，資助之，復勸就營生計。平生接物誠恪，未嘗臧否人物〔八八〕，氣節高峻，不爲苟合，鄉人重之。

饒含采，好學敦行。家貧，以硯耕自給。一日，有偷兒入其室，已覺，被獲，因長跪乞哀，並言其爲饑寒所迫。含采出家所存斗粟分半與之，偷兒感泣而〔八九〕去。有質物誤取者，較己物十倍，因婉言，仍歸之質庫。他日，其人悟，踵門謝之。嘗拾路遺錢一橐，立候失主，被人詐取去。少頃，失主至，含采質己物償之。秉鐸唐山縣學，教化所及，多士興起。暮年嗜《易》，未嘗釋卷。精岐黄術，活人甚多而不受謝。鄉党莫不稱其盛德云。以上見《乾隆志》

劉克明，郡庠生。幼失恃，賴祖母鞠育之。及長，事繼母孟氏敬養維謹。家甚貧，孟病蠱，醫藥飲食，克明多方措置，略不聞於父。有幼弟，孟疾不能乳，其父命出爲人後。克明不忍，白母曰：「兒當竭力謀乳，以哺幼弟。陽爲出繼，暫令寄養可耳！」母亦感泣。母病蠱，得淡食可愈，克明遂同母淡食百日，母病瘉。年餘，攜幼弟歸，父始知之。《乾隆志》

劉克讓，貢生，克明異母弟也。克明事繼母以孝稱。克讓幼時，其父欲出之爲人後。

克明多方求全，權養於外。及長知之，銘感不忘，事之維謹。其兄晚年遘疾，克讓百計誠禱，幾無寧息。歿後，每造墓涕泣。同上

馬應科，團順屯[一六]人。家甚貧，又少孤，奉母維謹。母疾，醫藥罔效。應科素聞古有封股療疾者，因涕泣禱天，割股以進，母疾獲愈。逾年，母歿。應科哀毀，幾不欲生，又無力營葬，僅敝屋數椽，鬻之以治喪具云。同上

胡念祖，永寧人。乾隆五十二年，以舉人莅涇縣。寬厚廉靜，不事煩苛，而民安其業。收漕一事，尤爲地方累，念祖力矯其弊，耗羡[一七]之外，絲毫不取，邑人德之。《涇縣志》

李德淦，號梅岩。乾隆乙卯進士，題補涇縣，政簡刑清。縣試拔取潘某爲榜首，後官至河督。當時或謂其家殷實，恐滋物議。德淦曰：「余但論文，嫌疑罔卹也。」嘉慶乙丑、庚午，兩充同考官，所取皆知名士。致仕歸，僅攜書籍數簏。《舊志》

聶佩謹，號潤亭，庠生，永寧人。素饒，勤儉好施。族党無力婚葬及莫能舉火者，歲周濟之，並代納草差，動費制錢百餘緡。乾隆、嘉慶間，兩次遭水患，出粟千二百石賑饑，全活甚眾。大府[一八]獎以「任卹爲懷」，贈「惠字桑梓」匾額。他如興復文廟、捐立義學，靡不首先輸將，始終無倦。年八十歿於京師，以子時懋貴，贈如其官。

王化遠，號沛然，郡庠生。少穎悟好學，早歲食廩餼。天性孝友，忍讓寬恕。晚年與

異母弟析居，祇取薄田數畝，家道雖微而急公好義，自忘其貧。順治時，裁永寧縣，移縣學宫於署故址，歷年失修，率同人集資重新之。旋由明經授南宫縣訓導，備置祭器，講求祀典，時與諸生論文談道，士林悦之。致仕歸，壽八十五歲，無疾而終。《舊志》

胡先鳴，字鳳舉，永寧人。自幼恂恂，無子弟過失。年十二，罹其母之戚，癯然哀毁如成人。事繼母尤孝謹。及長，色養備至。與異母弟友愛甚篤，聞者以爲難。《胡氏家傳》

胡先瀛，號仙洲。少聰穎，博涉經史。弱冠補弟子員，遵例捐教職。道光辛巳舉賢書。先是，永寧文廟舊租大半被人侵蝕，因與同志逐加清釐，升斗皆歸，核實公舉，賴以不墜。永寧雖裁縣，《舊志》稿猶存，擬就原本增闕刊刻。乃享年不永，未竟其志。嘗設文，課以培人，村〔九〇〕修宗譜，以聯族姓。處鄉和睦，居家孝友，爲一方之典型焉。《舊志》

劉世綰，恩貢生。幼鞠育於其兄，及長，恭敬奉養，未嘗稍怠。其兄病，親嘗藥餌，不離左右，鄉黨稱之。《舊志》

周大用，州庠生，事父極孝。父病，必親嘗藥餌。父殁，事母如故。《舊志》

郝廷禄，武夫也。其父亡，事母無倦意。母疾，禱之於神，自誓茹素。後從事練軍，將追擊，嚴囑其妻善事母。人咸以孝稱焉。《舊志》

程丹桂，字筱聯，居庸關人。少有至性，潛心理學，食廩餼。父澤，咸豐辛亥舉人，官國子監助教，同治庚午卒。其時祖母在堂，臥病八年。丹桂服侍，晝夜不離左右，飲食便溺必躬親之。祖母以病時怒罵，惟愉色承受，至敬無違。祖母時有不懌，或歌曲，或道古，務博一笑，如是者始終無間。鄉黨稱之，公舉孝廉方正。祖母歿，哀毁盡禮。嗣官定陶知縣，釐剔税弊，倬有政聲。採訪

周慶延，字雨亭。年未冠失怙，寄柩居庸山下。時家貧母寡，仰事未足，服賈四十餘年，始訪得祖墓，先靈乃妥。鄉黨稱孝焉。採訪

聶國英，字六臣。由太學選授山西大同府豐鎮理刑廳。俄而不欲爲官，告歸養母。母早寡多病，國英飲食寢息不離側，四十餘年如一日，年逾六旬居母喪，哭泣之哀猶孺子焉。

張經，永寧旗人也。與弟紹、繹皆業農。父建禄，好善樂施，垂老而鰥。經兄弟三人迭侍其側，不離左右，鄉人稱雍睦焉。

胡鏞，字聽泉，永寧人，常州太守先達之子也。幼承庭訓，倜儻有大志，由舉人知善化縣事，卓有政聲，薦擢辰阮永靖兵備道。光緒十四年告歸。首以延永兩處城垣年久坍塌，建議捐修。躬先倡率，勞怨不辭，閲七寒暑始告竣。庚子之變，官民藉以保障，鄉人頌德焉。

李秉全，字葆生，永寧人。幼失怙，友愛兄弟，事母尤謹。以謄録遵例，官東强教諭，迎母至任。後兄秉忠、弟秉直相繼卒，決意告歸終養，母不允。自是，益極意承歡弗違，

以卓異擢陞知縣，旋以母命改官巡政。鄉人稱孝焉。

池光賓，字尋芳，永寧之世家子也。父玉龍，才學卓著，久困名場，改習武，竟以武生卒。兄弟七人，光賓最幼。及長，諸兄堅欲析居，獨能以財産讓諸兄，甘服賈自給。謙和穩練，鄉黨推重。光緒十四年，經州牧宜甫章公敦請督修城工，嗣經勸辦江浙、直順兩次賑捐，皆以誠信得集鉅款，以勞績保府經歷職銜。十九年，州境水災，州牧亟籌賑，蒙委赴鄉查辦，不遺餘力，秉公賑濟，俱稱平允。團匪入境，力勸解散，致匪怒，持刀入宅，夫婦均被傷，幸不死。亂平，教民歸里尋仇，時光賓傷甫痊，復力疾排解，鄉人得安。壬寅，州牧周公芸田持以學務委任，光賓力辭不獲。於是聘請袁君華林贊助，籌集鉅款，勞怨不辭，前後七年，州牧六易，而學款得不絀，學務益推廣，識者咸欽佩焉。

淩雲漢，字扶文，居庸關人。兄雲昇堅與析居，祖母在堂，漢獨奉養。歿後，哀毁備至，營葬盡禮。鄰有瞽者不能自給，漢爲出資請師授以音律、卜術，瞽者賴以謀生。方家莊之民人段明珠貧不能炊，欲賣妻，漢憫之，捐濟制錢四十餘吊爲贖地，以使力田，由是夫妻得團聚。居鄉，鯁直性成，平生不出一妄語，鄉鄰有口舌爭鬥事，片言立解，罔敢飾非。光緒十二年，監修居庸關溝道工，風雨奔馳，備嘗艱苦，七年如一日，一切車馬費不支公款，計自費制錢千餘吊，以勤廉受知宣郡太守汪，敦請監修響水鋪一帶路工。勞瘁閲二載，太守酬百金，辭不獲，盡數捐入居庸義學，鄉里頌之。

程涵，字星槎，居庸人，性篤厚。族兄漢官甘肅寶豐貳尹，漢母及子女在家，貧苦無以爲炊。涵請與同居，仰事俯畜，情誼備至。漢母歿，代爲營葬，子室女嫁，涵出貲甚厚，鄉党稱弟焉。

韓守經，字星垣，永寧人，少補弟子員。天性孝友，人無間言。有表弟被聯軍虜去，守經奔馳挽救，曾以二百金贖回，鄉閭鮮有知其事者。閱數年，其表弟時以守經救己事語人。急難之誼，鄉里嘆服。以上採訪

學問

秦王次仲，上谷郡人。性能窺測造化，變通無窮，隱居庸山中。因倉頡所制書，學者每苦其難，更爲隸法，簡便徑直，急速可成。時秦方燔書廢古訓，官獄多事。始皇得次仲書，大喜。遣使三召次仲，辭不至。始皇怒，令程邈增損之，名曰「隸書」。後世謂「隸書程邈所造」，實本於次仲云。《舊志》參《府志》

明羅論，永寧人。由國子生歷任延安太守。精兵法，爲居庸關贊畫。正統間，出奇策退也先兵。任鞏昌時，興利除害，民多德之。延慶衛祠祀。著有《棟庵詩集》。《永寧縣志》

盧綬，縉山人。天性孝友，言動不失規矱，令招遠，有循良風。東人爲立生祠，邑大夫趙譔其志銘云：「爲人沈静樸厚，不爲崖岸斬絶之行。佘雅望之歆於鄉，縫掖相望而型範焉。」蓋其實録也。所著有《盧氏文獻》，藏於家。《永寧舊志》

李德淦著《蜀道紀遊》二卷。事蹟見前。

胡先達，號彝軒，永寧人。由廪貢任東光訓導。道光壬午，第進士。歷署江蘇溧陽武進知縣，聽斷明決，案無留牘。尋補吴江，兩月引疾歸。嗣遵例捐陞知府，分發貴州，署松桃同知。創建書院，義舉多多。復引疾歸，家居。購本鎮巡政廢署，創立書院，地在縉雲山陽，顔曰「縉雲」。延師課士，一時俊秀，誦讀其中，文風丕振。又捐置義冢，以待外來之無葬地者。出其緒餘惠鄉里，以供草差、車差之用。先達剛毅自矢，事無留難。然不稍自貶折，以降其志，故再官而再歸。年六旬卒。著有《縉山草堂試帖》刻行。子三人，俱以科名顯。節梅曾亮《胡彝軒傳》

袁華林，字翰臣，舊縣人。幼失怙，恃伯父智訓誨有方，因以聰穎聞於時，年甫志學，侍祖父，疾便溺，躬親無少懈。童試即冠軍，由丁酉選士，尋登賢書。庚子之亂，有關南難民五十餘人至其村。鄉愚誤認爲白蓮教，欲殲之，四鄉聞風，麕集而前。華林力辯其誣，眾始悟，遂遣人送至岔道城，難民得無恙。時外來團匪勾串土棍，設壇聚眾頗猖獗。華林知其妄時，對村人演説列强大勢，勸勿入團。匪胥疾之，視如仇敵。聯軍入境，匪潛匿神仙院。地在舊縣西北，孤峰聳立，四山環抱，向南獨一羊腸徑。鄰境團匪之黠者俱集於此，約百餘人，久之乏食，乃思尋仇，遣其黨蜂擁至舊縣，掠華林並其堂兄茂林以去。至山下，華林憪然兄之同與其難也，言於匪黨曰：「吉凶自當之，願兄勿俱往。」匪難之，一再辯駁，兄得釋，獨與匪党上山。匪首列隊擎槍以俟，百般詰責，凶猛異常。華林素機警，無懼容，辭氣激昂，口若懸河，匪首語塞，尋以重賂紿之。甫下山，官軍遂合圍進剿，匪始平。壬寅冬，創辦學務，力任其難，管理合宜，校無囂風。數年以來，頗爲鄉党所信任，遣子入校者絡繹不絶，公舉爲教育會長。因曾教授算學課程，著有《幾何詳解輯要》待刊。

吴毓福，字鍾甫，永寧人。幼食廩餼，家素寒，力學不輟。秋時映月讀書，隆冬無燭，則獨居一室，吹火照字。執力役，懷挾《左傳》，且作且讀，偶有遺忘，竊展而視之。肩襆行路，猶懷一書，待四顧無人，則坐而讀之。雖室人之交謫，至顛沛流離，而行立坐卧，無一時忘學。光緒戊子，登賢書。嘗自謂生平志向，不專爲求名利計，以達物理人情爲務。故肆力於羣書，留心於世故。居恒鬱鬱不得志，憤激得耳疾。久之，中年病聾。就食硯田，至二十餘年，著作二十餘種，就中《評點四書》《評點周易》《七種語録》《婚禮臆説》《春蠶編》，校勘待梓。

附名宦祠祀

明

趙玨[九一]。傳見前。薛禄。傳見前。胡思伸。傳見前。陸震。傳録後。楊賓。傳録後。胡琏[九二]。傳見前。李鼐。傳録[九三]後。初賢。傳見前。馮宗龍。濮州人，無傳。陳其愚。傳見前。程應登。傳見前。王銑。靈丘人，無傳。趙爾守。傳見前。耿繼武。傳見前。姜一鳴。傳見前。宋雲霄。傳見前。黄明臣。傳見前。李時冬。傳録後。張琉。傳録後。楊昌祚。傳録後。桂逢春。傳録後。徐珏。傳見前。秦鈺。參將，無傳。

國朝

武登科。奉天人，無傳。宋永清。傳見前。李百奎。江南潁州人，無傳。李鍾俾。傳見前。趙屏晋。陝西潼關進士，無傳。芮泰元。雲南太和舉人，無傳。于時兆。無傳。張皇華。無傳。倪元寬。無傳。以上五人俱乾隆時名宦。

鄉賢祠祀

明

羅通。永樂壬辰進士，官至兵部尚書，無傳。李衍。傳見前。聶友良。傳見前。蘇乾。傳見前。蘇明。傳録後。黄鐘。傳見前。梁九疇。傳見前。魏廷臣。傳録後。馬化龍。傳録後。胡學思。傳見前。周貴。傳見前。汪昱。景泰舉人，無傳。辛禮。成化癸卯舉人，無傳。劉久澤。萬曆丁丑進士，無傳。李完。貢生，官縣丞，無傳。塗雲路。萬曆舉人，無傳。賈希顔。貢生，濕州知縣，無傳。馬漢珠。崇禎舉人，傳録〔九四〕後。劉文淇。貢生，海寧知縣，無傳。塗騰茂。貢生，鳳陽知府，無傳。賈之驥。貢生，萬泉知縣，無傳。

國朝

唐士魁。拔貢，任知府，無傳。吕爲章。拔貢，武昌知府，無傳。饒含采。傳見前。

忠義祠祀

金畢資倫。傳見前。

按《舊志》所載共四十人。以無姓氏及傳記可稽，闕之。

趙公祠，祀明知縣趙爾守。在永寧城東門外，傳見前。

黄公祠，祀明參將黄明臣。在永寧城西門外，傳見前。

于公祠，祀國朝直隸總督于成龍。在州城三義廟東（九五），無傳。

節孝祠，祀節婦共九十五人。擇録有事實者列後。

附録名宦傳

陸震，永樂間知州事。草舍行事，以安新集之民。建察院，州治規劃立焉。祀名宦。

楊賓，洪熙元年，來知州事。修州治，建學校，以才能陞蘇州府同知。祀名宦。

李鼒，成化初任。廉能節愛，除奸剔弊。興學勸農，創修州志。祈雨隨注，禱虎屏蹟。

修舉廢墜，民不知勞。

李時冬，汝州人。愛民作士，有詩集傳於世。祀名宦。

張琉，河南人，任學諭。成化初，按院展檄修學舍，琉建立章程，人文爲之大振。祀名宦。

楊昌祚，雲南人，由舉人署學政事。宏才博學，獲上得民，薦陞房山令。祀名宦。

桂逢春，延慶左衛官，才幹有爲。時值荒年，備嘗艱苦。後奉文委修南關等處工程，堅完稱事，不辭勞瘁焉。祀名宦。以上俱見《舊志》

附録鄉賢傳

蘇明，字視遠。性剛直，疾惡甚嚴，好善尤篤。四十餘始登進士，爲山東黄縣尹。政肅刑平，吏畏民服。莅官四閲月，聞母訃，即日奔喪去。服闋，補南陵，中道卒。常欲褒贈父母，未遂也。性友愛，教子義方，善於教人，講解詳悉，必悟而後已。卒後，羣弟子談及者，輒墮淚焉。

魏廷臣，永寧人。任參將，彊力有謀，多樹偉績。

馬化龍，永寧人。任都司，致政家居，義方教子，簪纓推轂焉。以上俱見《舊志》

馬漢珠，永寧人。明末，禹州遭兵燹，幾無遺類。順治二年，漢珠官斯邑，步行履任，事皆手創。至今父老尚述之。採訪

附録節孝傳

秦氏，年未笄，許婚於副使聶友良子，未行夫婦禮而夫卒。氏以柏舟自誓，事嫂如姑，撫幼侄若己出。明弘治十二年，有司奏聞，旌表其門。壽七十三。

王氏，州庠生焦希哲妻，年二十一而寡，誕子百餘日。親族有哀其少寡欲令改適者，氏以死自誓，甘其貧苦，以女紅養翁姑，撫育遺孤，其節愈久彌堅。年五十卒。

聶氏，州民盧茂妻，生子甫襁褓，茂卒。家計蕭然，乃以女紅自養。子弱冠業儒，亦先歿。氏守益堅，壽八十而卒。

黄氏，州國學生耿静妻，年二十九歲，静卒，誓不再適，節操凜然。比老而貧，弟侄迎養。信宿亦不肯留。寧甘其貧，不以衣食累親族。蓋其性貞而拙，故其動定以之。壽至八十。

段氏，州民趙資妻，生子國廉，甫周晬，資歿，段年十八，欲以死殉。舅姑以撫子承宗祧勸喻。段悟，從之。子既長，娶婦吴氏。寇至掠州，國廉遇害。吴氏引刀自殺，段氏救免。吴氏遺孕生子趙愚（九六）。未幾，其寇復入州境，挾污段氏。氏怒，摑其面，賊碎礫死。吴氏痛姑歿，絶食幾死，趙愚亦故。吴氏課孫趙廷麟、廷豸，俱入州庠。時年七十四，事申，按院奉旨旌表「一門雙節」。

宋氏，貢生劉九江妻，年二十三，江亡，志在從死。六日夜水漿不入口，親衆勸以「孀姑（九七）、幼子無依」，始飲食。乃剪髮刺面，矢節終身。侍姑壽終，教子源淳食廩餼（九八）。七十歲卒。

馬氏，進士劉九澤妻，隨任解州。年餘，澤以疾歸，行李蕭然。及疾卒，馬氏年二十八，貧不能殮，解衣脱珥爲治喪具。及葬，身投壙幾絶。里閭靡不感泣。馬與宋氏係娣姒，一門雙節，知州武申請旌表其門。

蔣氏，知縣馬維遷妻，遷卒，子恬方四歲，且有遺腹，姑年衰老。蔣堅志守節撫幼。遇火災，蔣負姑携幼，逃未幾，火滅。鄉人稱孝感。教子恬歲薦國學，内外稱其善成夫志。有司以其事聞於當道，旌其門。

賈氏，貢生焦得材妻，家貧，工女紅，相夫讀書。夫亡，撫棺慟哭，鄰里哀之。歷百苦，撫六子成立，長時沾增廣生。年九十歲，耳目聰明，猶能剪紙爲花，直指廉得實，旌表其門。

張氏，州後所百户閻世勳妻，年二十五，世勳故，張孀居，子富方八歲。志在殉夫，以俯仰（九九）無賴，乃堅志苦守。家業蕭然，事姑盡孝，蔬水承歡，撫孤兒雖慈愛不失訓誨。五十年甘貧如一日，閭黨稱賢。富襲父職，閑熟弓馬，且以孝順稱於鄉。蓋有所自也。有司以申直指，旌表其門。

張氏，州民張得智〔二〇〇〕妻，年十八喪夫。家貧撫孤兒，粗衣蔬食四十年，百苦備嘗。鄉里欲公舉旌節，氏曰：「未亡人方自痛其餘生，何敢以名顯也。」

吴氏，永寧縣生員王綸妻，綸〔二〇一〕早卒，氏年二十餘，苦志堅守，至老益厲。巡按御史夏時奏請表其門，壽八十七而卒。

羅氏，永寧縣生員王天爵妻〔二〇二〕。年十九歲，夫病卒，哀毁欲死，家人慎防之，不果死，遂侍寢吴氏，以貞自守，安静簡默。比老，足不及外户，親族罕見其面，雖弟侄懇請，未嘗一往。年七十餘，其子婦張氏亦孀居，二十年苦節似姑，「王門多貞婦」，蓋有所視傚云。

張氏，永寧縣人也。有容色，適庠生林景雍。嘉靖丁巳，大虜入寇，驅掠婦女甚多。得張，喜而欲逼污之，張忿厲，支禦百端，略不少屈。賊怒，亂刃交下而死。詔旌其門。

李氏，永寧人。少歸邑民閻澄。澄亡，李甫二十八歲。守節撫三子：俸、仁、雄，俱成立。李享壽百齡有四。明嘉靖乙卯，顧謂三子曰：「若敵入寇，人無所避，共〔二〇三〕捐資爲磚樓，何如？」三子從之。甫完，敵果至，里人多登樓避免，全活甚多。監司奏請旌其門，曰「節義」。

國氏，永寧廩生吴三畏妻。年十八，夫卒。誓死弗他適，生遺腹子士宏。氏鞠育教課，一身兼之。士宏明萬曆登賢書，仕至工部虞衡司員外郎。題請建坊，欽題「貞節並著」，享壽七十歲卒。

李氏，永寧人，明萬曆儒士吴三樂妻。年十七，夫卒。守節無子，與姒國氏同撫士宏。後士宏貴，題請建坊，欽題「雙璧齊名」。壽六十八卒。

江氏，明嘉靖延慶左衛指揮使黄堯臣妻，年三十六歲，堯臣死節。無子，撫襁褓侄爲子，命名元吉，氏以柏舟自誓，堅志靡他。元吉長，襲父指揮職。氏苦守四十年，七十五歲而卒。

黄氏，延慶右衛武舉徐夢臣妻。夫亡，家故貧，氏甘貧苦節，事祖姑與姑俱盡孝。教子元登舉明經，孫敏行亦遊泮。當道給扁表揚，曰「嫮節淩霄」。

李氏，永寧人，明參將吕淵之側室也。淵殁，氏水漿不入口者七日，跪棺下號泣，諸親屬援之不起，竟死於地。當道上其事，旨旌其門。

馬氏，永寧胡來賓妻，年方笄，夫即早卒。馬號哭不食，欲殉死，諸娣姒勸之，曰：「即死遂志，如撫孤何？」乃止。終身守節，不出閨閫，寡言笑，教子爲邑庠生。直指上其事，旌之。

胡氏，州庠生胡子學女，年十六，適本州趙連科。康熙十八年，連科病故，氏年二十八歲。家貧子幼，勤苦備至，堅貞弗渝。幼子成立，二孫入泮。壽八十六歲，事聞，建坊旌獎。

唐氏，州庠生賀文元之妻。康熙四十五年，文元病痢殁。氏年二十九歲，舅姑已逾六旬，子祚常甫四齡。家素貧，氏備嘗艱苦。舅姑念其年少，婉喻改適。氏正色垂泣曰：「親老子幼，背亡夫而他適，婦不忍爲也。」遂奉親益勤，教子益篤。子祚常入泮，舅姑俱壽八旬餘，諸孫成立。當道咸褒之，乾隆二年旌表。

張氏，州人劉琪妻。年三十，夫歿，復遭姑喪。家道寒甚，子甫七齡，兩櫬未葬。氏伶仃萬狀，堅志弗懈。迨子有年成立，兩棺得歸窀穸。苦節四十，享壽七十，孫克明、克聖俱賦採芹。乾隆四年旌其門。

夏氏，州人張宏佐妻，年十八歸宏佐。孀姑韓氏失明，氏事之惟謹，姑至七十病故。次年，宏佐亦亡，氏時年二十三，子魁元甫及周歲〔一〇四〕。家業蕩然，佃種地數畝，衣食艱窘。氏堅志苦節，凍餒教子。魁元年二十一入泮，後七年病卒，氏復撫幼孫亦成立。

康氏，州人李成龍妻。康熙四十五年，夫故，氏年二十四，子九如年六歲。氏苦節撫孤，竭力奉親。舅姑歿，俱葬之以禮，守貞五十一歲，節操凜凜。

張氏，州庠生解元兆妻。元兆歿，氏年二十七歲。氏父母以氏年少，欲奪之，氏知其意，慨然曰：「舍子弗育，不仁；背夫再醮〔一〇五〕，不義。不仁不義，何以爲人？有死無二。」父母喜曰：「如此，與有榮施也。」氏遂冰雪自矢，教子成立。乾隆五年，督學錢公旌其門，曰「志堅金石」。

曹氏，州人王滿倉妻，滿倉卒，氏年二十八，一子八歲。家極貧，堅志靡他，教子成立。

謝氏，州人塗坦妻，年三十，坦卒。上有孀姑，下有孤子及坦之幼弟。家極貧，食指維艱。氏勤女紅，以養姑送老、撫弟教子，俱得成立。卒年五十五歲，苦節二十六年。

王氏，李之坦妻。康熙二十年，之坦病故。氏年二十九，子貴和甫七歲。氏苦節自矢，以針指〔一〇六〕度日，撫貴和成立。壽八十一卒。

鄭氏，州人鄭之爵妻。年二十三，夫亡無子，矢志自守。立夫兄子起鳳爲後，鳳年三十亦亡，遺子甫七閱月，氏撫孤孫，家愈貧。姑亡，葬之成禮。伯亡，又葬之。氏甘受艱苦，克全鄭嗣。

侯氏，本州武生喬希程妻。希程亡，時氏年二十九歲，撫孤子喬琦，琦又故。撫孫喬文林，文林又歿。遂立外孫張姓者，更名喬繼宗，以承宗祧。

韓氏，庚午科武舉王錫衮妻。錫衮卒，韓氏年二十九。撫孤兒畨，苦節持家，後畨入泮。

張氏，州庠生王畨妻、韓氏子媳也。年二十，畨卒，孀居奉姑。家極貧，以甘旨進姑，自饜粗糲。舅棺猶未歸土，後姑亡，氏雙棺並舉，竭力營葬。畨卒時，子國政甫一歲，氏教育成立且入黌宫。

呂氏，州人王道昌妻，年二十一，守節。時有子自喜，三月後又生遺腹子自慶。康熙四十七年卒，壽八十八。守府給有「全節成嗣」扁額。

梅氏，州人王可權妻。可權，自慶子也。食糧車騎營，陣亡。氏矢志靡他，冰操凜然。現〔二〇七〕年七十八歲。

劉氏，本州生員王國垣妻。年二十二歲夫亡，無子。孀姑垂暮，家甚貧。氏矢志堅貞，奉姑盡禮。三閱月，生遺腹子懋耀。氏躬親稼穡，曉夜操持，懋耀成立。雍正五年，建坊旌表。

樊氏，劉之韋妻。夫亡，氏年三十二歲，家極貧。奉舅姑以孝聞，舅姑歿，有勸氏改適者，氏以死誓，堅矢不移。三子成立。

賀氏，州屬司家營鄉民張自儒之妻也。年三十而寡，遺孤方十二，氏撫育教養兼至。氏家又最貧，僅石田數畝，一不逢年，則數日始一舉火，如是者四十六年如一日焉。苦節能貞，氏其無忝乎！

賈氏，州人張成剛之妻。適張甫三年，夫歿，子二齡，遺腹生一女。備〔二〇八〕歷辛苦，教育子女成立。冰操六十餘年。學使者錢公錫「松柏貞操」四字旌其門。

胡氏，州廩生沈銓妻。銓於雍正三年病故。氏矢志孀居，苦勵節操。乾隆五年，學使者錢公給「盡孝全貞」四字扁，學博給「寒松晚翠」四字扁，並旌其門。

劉氏，永寧庠生宋天祥妻。年二十五，夫亡。苦節，撫子成龍入泮，督學錢公給「寒松蘊翠」一扁，旌其門。

范氏，永寧張其體妻。其體父秉鐸滿城，遂與范締姻盟。後其體父解組歸，范氏父有毁盟意，范氏堅志不允，從歸永寧。年三十，其體亡，子甫二齡。家甚貧，氏備歷艱苦，撫孤子成立，壽七十歲終。

楊氏，永寧庠生劉大用妻。年二十二，夫亡。苦節奉姑教子，備歷艱苦，子碩輔入泮，督學使者陳公給扁旌奬。

張氏，永寧庠生張顯奇妹，適韓某，家貧甚。康熙四十一年，雹災歲歉，牲軍逼租甚急，無以應，乃至凶頑無狀，辱及張氏。氏遂自刭死。

李氏，永寧庠生梁文會妻，年二十一，夫亡。苦節，奉孀姑以孝，撫幼子以嚴。子瑞生入泮。

韓氏，永寧廩生劉繼祥妻。年二十二，夫亡。守節，子純之入泮，督學錢公給「節勁貞松」扁旌奬。

瞿氏，永寧人梁國賓妻。年二十九，夫亡。苦節撫育二子，針指度日。

薛氏，州人陳登舉妻。年二十八歲，登舉病歿。家貧甚，舅姑皆老邁，三子俱在孩提。氏以傭瀚濯供薪水，備嘗艱苦。人或勸其改適，氏則厲言以拒。舅歿，竭蹶歸墓，撫育三子成立。

李氏，州人劉繼祖妻。年二十六，夫歿無子女。繼姑年少，不相能，數迫氏改適，氏誓死不從，堅志苦節，歿年五十歲。

宋氏，州武庠生宋鼎元之女。適杜明道次子文，家甚貧。氏奉舅姑至孝，相夫有禮。乾隆二年，文疾篤，氏事之晝夜惟勤，禱神延醫罔效。伺舅姑寢，乃禱天封股，姑覺起視，肉甫脱臂，相持而泣。遂煎以進夫，夫已彌留（二〇九），飲之而甦。閲二十日，乃故，時三月念九日也。氏矢死以殉，絶食三日，舅姑多方勸喻，始進粥飲。撫育孤子，洊歷饑寒，冰操愈堅。

李氏，李永年女也，州庠生葛如惠妻。年二十一歲，夫亡。矢志守貞，撫前子宗亮，鞠育教誨，備極艱苦。後宗亮入泮，事繼母亦能盡孝。乾隆六年，學博給「玉成甘節」四字扁以旌之。

成氏，生員劉浩澤之妻也。年二十九歲，夫亡。氏侍舅姑盡禮，子始襁褓，撫育倍至，甫成立，又殀。孫五齡，氏教養兼盡，入庠序有聲，苦節五十一歲（二一〇）。

劉氏，庠生丁淑妻。二十而寡，事盲姑孝敬不衰，遺腹生子繼庸，教之成立。家聲賴以不墜。

孫氏，永寧庠生胡豐亨妻。年十九于歸，越二載，豐亨亡。前室子及己子俱幼，撫之成立。備歷艱劬，苦節五十餘年。

閻氏，胡默齋妻。于歸三年而寡，無子，以夫同堂侄爲嗣。舅姑年老，時家已中落，歲入恒不給。乃鬻衣飾以佐瀡瀡，嗣子既入庠而夭，復撫遺孤應澤成立。

杜氏，陳連妻。歸連甫八月，生子起雲。連疑非己出，遣杜歸，令改嫁焉。杜傭紉撫子，絶無異志。子長謀生，頗有贏餘。連別娶崔氏，生二子，家道中落，居久之，益困乏，乃迎杜，舉家衣食皆取給焉，遂偕（二一）伉儷如初。

施氏，胡培祖繼室，年二十一而嫁。培祖宰繁昌，假歸，道出當塗，遘疾亡。氏倉猝遇變，輿櫬至家，哀毁欲絶。既而念姑老子幼，不敢言死。遂節衣縮食，支持門户。子先鳴夭，復撫夫侄先達成進士。後以子貴，膺旌典焉。

賈氏，縣丞胡先鳴妻、施氏子媳也。先鳴亡，遺孤在襁褓。賈哀號絶粒，誓不欲生。姑力勸，乃强進饘粥，持服終喪。未幾，子殤，以夫弟先達子鏞爲嗣。先達仕江蘇，賈奉姑偕之官，年七十卒。時稱姑婦雙節。

張氏，程垣妻。年二十五而寡，痛不欲生，戚黨喻以姑老子幼，煢獨無依，不得已稱未亡人。獨力撑持，守節至八十四而終。

劉氏，陳錫鵬妻。年二十而寡，養姑撫子，女紅自贍。每嚴冬，破屋風號，爐無宿火，十指皸裂，猶操作不少輟，終以節顯。卒年五十有六。

夏氏，監生胡先楙妻。事姑素稱賢孝。先楙卒，無子，以夫侄涵澤爲後。經畫家政，俱有程度。由是家稍裕，歲入有餘，則周卹親族之貧者，里黨皆德之。

馬氏，王肇起妻。肇起卒，氏年三十。舅姑待之嚴，稍不遂意，輙遭訶斥，氏委曲承順，卒得其歡。訓子震，督責不少寬，爲武庠生，存年六十有八。

謝氏，庠生申鳳翙妻。二十五歲守節，遺一子甫六歲，紡績課讀，其子弱冠即補博士弟子。後請旌建坊。

陳氏，王國興妻，年二十七歲守節，旌表。

鄭氏，貢生黄槐妻，事病夫恪盡婦道，不辭勞瘁。家業零替，終身以針黹、浣濯度日，七十八歲卒。

段氏，州城廩生劉法晏妻。同治十一年，法晏病故，子鳳元未及周齡，氏年二十九歲，幾以哀毁。既而念孀姑幼子，煢獨無依，不敢言死，遂堅志自守。奉盲姑，朝夕敬謹無違；撫孤子雖慈愛，然訓誨無少倦。課孫惠豐入泮，閭黨稱賢。光緒二十四年，遇例請旌，存年六十有六。

人類

本境於旗漢户口外，無他種人，姑闕之。

户口

旗户男二千五百五十六名，女一千一百六十三名。

漢户男四萬零三百三十六名，女三萬三千一百零八名。

民族

本境，明永樂時建州治。其先兵燹之餘，人烟寥落。至是，經尚書趙羾草創經營，勞來安輯，墾田之民漸次麇集。而衛戍之兵、商賈之子，亦多有家於此者，以故本境氏族鮮大姓焉。

宗教

回教，自咸豐九年由宣化縣回民玉萬年補授岔道把總，去官後，子孫遂家於此。嗣有回民李姓、金姓，先後寄居岔道，共男女五十一名。

天主教人共二百一十五名。

耶穌教人共五十人。

實業

士　二千零九十三名。

農　三萬二千三百四十三名。

工　二千零二十六名。

商　三千八百七十四名。

地理（見附圖七　延慶州全境總圖）

本州之方向：

州境在省城之東北方，距省垣五百三十里，在宣化府城之東南方，距府城二百里。

本境之四界：

州境東界懷柔縣，東南界昌平，東北界獨石口廳，北界赤城縣，西北界龍門縣，西南界懷來縣。

本境之分區：

州境共分四大區：曰中區，曰東區，曰西區，曰南區。

中區　附城内區内古蹟、祠廟、坊表、橋梁、市鎮、學堂，其各祠廟或載在祀典，或有功於民者録之。（見附圖八　中區分圖）

中區，居境之中央，州治在焉。南界，南區；東界，東區；西界，西區；北界，冠山，與赤城接壤。

本區古蹟

古長城。在州南二十里餘，即燕塞。燕昭王用秦開謀，置上谷塞。自上谷以北至遼西，秦始皇因其舊址而大築之。至今岔道以北，迤邐而至永寧一帶，遺蹟猶存。

古城。在州東北二十里，遼蕭后所建。

應夢寺。在州城北十八里。相傳遼蕭后應夢建寺於山巔，其山因名應夢山。

蓮花池。在州東南三里許。遼蕭后植荷之所，基址猶存。

東羊房。在州城北十里許。西羊房。在州城西北十五里。皆遼蕭后養羊之所。

杏園。在州城南七里。金時植杏於此。

岔道。城南二十五里。《宣化鎮圖説》[一九]：舊無城。嘉靖三十年，以寇警修卒。自八達嶺而北，地稍平，五里至岔道。有二路：一至懷來衛，歷榆林、土木、雞鳴三驛至宣府，爲西路；一至延慶州、永寧衛、四海冶爲北路。八達嶺爲居庸之襟喉，岔道又八達之藩籬也。

李尚書衍墓。在州城東北五里。《舊志》：明徐溥《户部尚書李公神道碑銘》。

神仙院。在古城之北半里許。羣山圍合，中有孤峰獨峙。相傳有仙人遺蹟，今澌滅殆盡，惟殘棋半局置山畔。路險不可下，俯視模糊，僅有破禪數楹在嶺之巔。

本區區内祠

文廟。在州治東南。明洪熙元年，知州楊賓創建大成殿，覆之以瓦，兩廡、堂齋皆構草爲之。正統九年，知州王銘重修，俱易以瓦。成化三年，知州李壽撤而新之。隆慶四年，知州王銑拓地重新，規制大備。萬曆三十一年，知州王大益，三十六年，知州楊惟相，前後重修。國朝順治初，知州遲日豫，康熙三十六年，知州武登科、學正蘇學晋，乾隆十六年，知州趙屏晋，嘉慶十二年，知州滑承芳、李鏡，各有修葺。同治四年，知州屠秉懿重修。

名宦、鄉賢、節孝附焉。

文昌廟。在州城東南隅，每歲春秋擇吉致祭。咸豐陞入中祀。

魁星閣。在州城東南隅。前文峰塔，乾隆二十四年建。

社稷壇。在州城西古堡牆内，舊在州城西北一里。知州高霖移建今地。每歲春秋仲月戊日致祭。

風雲雷雨山川壇。在州城南關外嬀河南岸。每歲春秋仲月，擇吉致祭。

先農壇。在州城西北隅。藉田四畝九分，坐落城牆根。舊在城隍廟東，雍正六年，知州李百奎建。每歲季春擇吉，知州率僚屬及農官致祭，行耕藉禮。

厲壇。在州城北一里。每歲清明、七月十五日、十月初一日，奉城隍主於壇正中，南向，設無祀鬼神位於壇下，左右祭之。

城隍廟。在州城東南育秀街。明永樂中，知州陸震建。知州李鼒撤而新之。正德間，知州張軏重修。

關帝廟。在州城東門内。康熙六十年，住持僧因臨募緣補修。每歲春秋擇吉並五月十三日致祭。咸豐六年，陞入中祀。

火神廟。在州治東懷仁街。雍正九年建。

土地祠。在州治儀門内，西向。明成化六年，知州李鼒建。

東嶽廟。在州治東北。舊所治東懷仁街。明正統八年，知州古節建。成化九年，知州李鼒重修。

三皇廟。在州治西南承化街。

真武廟。在州治西北。明宣德十年建，天順七年重修。

玉皇閣。在州城十字街。臺高數丈，下有四達門洞，左右有鐘鼓樓。明崇禎五年建，十五年工竣。

朝天宫。在州城東街。康熙三十九年建，内有萬壽亭，官屬拜牌於此。

靈照寺。原名觀音寺，在州城東南隅。金時建，明宣德五年重建。

安神寺。在州城東南靈照寺東。

顯化庵。在州城儒林街。

吕祖廟。在州城内，以舊察院改建。

子孫廟。在東嶽廟左，康熙六十年建。

三清廟。在州城樂善街。

藏經閣。在州城樂善街，内侍羅本賚俸道藏至州，建閣藏之。

財神廟。在州城待理街。

三義廟。在州城咸寧街。

三聖堂。在州城武寧街。

竈君廟。在州城内小西門北。

延慶寺。在州城内西城根。始建無考，昔爲尼所據。明成化四年，知州李鼒逐尼募僧居之。

泰山廟。在州城西南隅。明嘉靖四十年，賈綱等創建，以捍水患，節有修葺。

于公祠。在州城三清廟東院。

本區區内祠廟

天然寺。一處，在州城東關之北。

關帝廟。共二十七處。州城，東關、南關各一。在區東者，石河營、蓮花池、王泉營、曹官營、奚官營、老君堂各一。在區東北者，廣積屯、八里店、魏家營、下花園、前呂莊、後呂莊、常家營、果樹園各一。在區北者，王家莊、雙營、中羊房各一。在區南者，百眼泉、李四官莊、東杏園、岳家營、簸箕營、北紅門、東辛莊、大泥河各一。

八蠟廟。一處，在區東小營村北。

五道廟。共九處。在區東者，小營、後林河、阜高營各一。在區東北者，廣積屯、八里店各一。在區北者，上水磨一。在區南者，李家場、南辛堡、東杏園各一。

龍王廟。共五十三處。在城，北關、西關各一。在區東者，石河營、蓮花池、王泉營、蔣家臺、曹官營、前林河、後林河、陳家營、興隆莊、阜高營、老君堂、香孫營。在區東北者，廣積屯、前八里店、後八里店、沈家營、下花園、馬匹營、大百老、米糧屯、常家營、果樹園各一。在區北者〔一一二〕，三里河、雙營村、唐家堡、米家堡、屈家堡、老人莊、孟家莊、八里莊、趙家莊、曹家莊、陶家莊、中羊坊、黄覺寺、丁家堡、晏家堡各一。在區南者，西辛堡、百眼泉、李四官莊、西杏園、東杏園、南桑園、新保莊各一。在區東南者，司家營、高廟屯、北紅門、南紅門、裏張家口、大榆樹、東辛莊各一。

財神廟。共三處。在區東者，石河營一。在區東南者，高廟屯一。在區南者，司家營一。

土地廟。共二十一處。在區東者，石河營、蓮花池、王泉營、蔣家臺、奚官營、陳家營、興隆莊、艾高營〔一一三〕各一。在區東北者，沈家營、上花園、馬匹營、常家營各一。在區北者，上水磨、王家莊、三里河、老人莊、魯家莊各一。在區南者，李四官莊、東辛莊、西杏園各一。在區東南者裏張家口一。

觀音廟。共九處。在區東者，蓮花池一。在區東北者，沈家營、馬匹營、米糧屯、前八里店各一。在區北者，雙營村、蔣家堡、唐家堡各一。在區南者，新保莊一。

地藏庵。一處。在區南東辛莊。

泰山廟。共三處。在區東北者，前呂莊一。在區南者，大泥河一。在區北者，靳家堡一。

真武廟。共八處。州城，南關一。在區東者，前林河一。在區東北者，前八里店、後呂莊各一。在區南者，西辛堡、南辛堡、東杏園、大泥河各一。

佛爺廟。共十二處。在區東者，蔣家臺、後林河、艾高營各一。在區東北者，魏家營、後呂莊、大百老、米糧屯各一。在區北者，屈家堡、黄覺寺各一。在區南者，南紅門、大泥河各一。在區東南者，大榆樹一。

菩薩廟。共七處。在區東者，南老君堂、北老君堂各一。在區東南者，司家營一。在區南者，南辛堡、東杏園、西杏園、南桑園各一。

三聖祠。共二處。在區東者，南老君堂、曹官營各一。

狐突廟。共二處。在區東北者，大百老一。在區北者，孟家莊一。

河神廟。一處。在州城南關門外。

玉皇廟。一處。在區北辛家堡。

山神廟。二處。在區東南者，大榆樹一。在區北者，丁家堡一。

子孫廟。一處。在區南東杏園。

伏魔廟。一處。在區北孟家莊。

三官廟。二處。在區北屈家堡、雙營各一。

娘娘廟。一處。在區北八里莊。

本區内坊表 據《州志》：旌賢之坊三十，旌節之坊十八，表識之坊十三，今多湮没，僅就現存者録之。

旌賢坊。在州城阜成街，爲進士蘇明立。

旌節坊。一在州城俊秀街，係庠生解元兆妻張氏節孝，乾隆五年建。一在州城澄清街，係庠生申鳳翙妻謝氏節孝。

本區區内橋梁

普濟橋。在州城東門外。遺愛橋。在州城北門内。三里河橋。在州北三里。田宋營橋。在州北十五里。通濟橋。在州西北半里許。王家莊橋。在州西北三里。來遠橋。在州城奉宣門外。承恩橋。在州城南關門外。廣濟橋。在州城南半里許。小石橋。在州城南三里百眼泉村。岔道橋。在岔道城東門外，距州城二十五里。

本區之市鎮

市鎮。在州城内之四大街。東曰和睦街，西曰宣化街，南曰阜成街，北曰雍順街，每月逢雙日集市。

本區之學堂

高等小學堂。一處。在州城雍順街，東向至崇文街，因舊有冠山書院，改修講堂二。計内院講堂可容六十人，外院講堂可容三十人。齋舍十二間，教董住室、客廳（二一四）、飯廳（二一五），共十五間。常年進款紋銀八百二十二兩，制錢二千一百五十吊有奇。圖十八幅，書二百六十六種，器具一千四百七十四件。

勸學所。一處。在州城内宣化街，共房十八間。

教育會及模範小學堂。各一。附設勸學所内。

初等小學堂。共十二處。州城内共二處，一附設勸學所，一附設東嶽廟西院。在區東者，王泉營、前呂莊、大百老、米糧屯各一。在區北者（二一六），龍王廟一。區西，三屯村一。在區南者，大泥河、簸箕營、柳溝、岔道驛各一。

東區 附城内區内古蹟、祠廟、坊表、橋梁、市鎮、學堂各祠廟，或載在祀典，或有功於民者録之。（見附圖九 東區分圖）

東區，以永寧鎮爲中樞，即明永寧縣之故城也，距州城四十里。東界懷柔縣，東南界昌平州，東北界獨石口廳，北界赤城縣，西界中樞。

本區古蹟

真武廟。在舊縣西關，中有古柏，大數圍，黛色參天，相傳爲遼時物。

夜月寺。又名泰山頂，在舊縣南一里許。孤峰挺秀，有老松十餘株，大皆數圍。遼時建寺於其巔，今殿宇澌滅已盡，舊蹟猶存焉。

黄龍潭。在永寧西十里。水源深濬，下有水運碾磑四座，居人每資利焉。明兵備道萬[二〇]爲建黄龍廟。

暖泉。在永寧西十里。隆冬水温。

青龍潭。在永寧南十里西灰嶺村南。兩山對峙，中建龍神廟。崖上瀑布奔騰而下，聚而成潭。旁有石，大數圍，倘有所觸，輒摇動焉，俗名利金石。潭西崖上石刻大字，年久漫漶不能識。潭東有石嵯路，甚險。同治八年，崖上匿盜滋事，知州屠秉懿捕緝之，復令民鑿石開路，以通行人，勒碑於西灰嶺廟内，紀其事。又城北應夢寺山有一泉，亦名青龍潭。

白龍潭。在永寧南二十里。祈雨，取水有應，蓋猶囿於風氣云。

寶林寺。在永寧西南十五里。内有拱護樓。

遼梁王墓。在永寧西北八里石羊石虎上下。

永覺寺。在永寧西北十五里舊縣東關外，明萬曆時建。以磚石甃，城内無木植，又名無梁殿。洞豁宏麗，足壯觀瞻。

香營。在永寧北十里。金章宗誕生於此。

火燄山。在永寧東九十里。多奇峰峻嶺，與海子口、擦石口俱係極衝。東鄰大邊，山勢孤懸，爲南山第一要地。

龍安寺。在永寧北十五里縉雲山上。内供石佛，高丈餘，一名石佛廟。又縉陽觀在山下，遼統和三年建。

縉陽山。在永寧北十里。一名縉雲山，又名龍安山，山下有縉陽泉在焉。

孟浩然碑文。在寶林寺内。斷碣殘文不可識，惟旁有「浩然孟撰」字樣尚存，蓋爲一空門作也。

本區城内祠廟

文廟。在永寧城東北隅。本舊永寧縣學，明正德元年建。成化二年、嘉靖八年，均有修葺，後圮。萬曆十三年，知縣王玉汝重建；十四年，參將黄明臣修；十八年，知縣趙爾守移建原址之東；三十年，知縣李體嚴增修。國朝順治十六年，縣裁，改爲衛學。康熙三十二年，裁衛學，併入州學。永寧紳士議，移建舊縣署地，以便蒸嘗。雍正時，廪生胡向格相度經營。乾隆六年，工竣。捐置經費，每歲春秋，永寧紳士致祭焉。

玉皇閣。在永寧城之中央，左右有鐘鼓樓。

顯化寺。在永寧城西街。明宣德年間、正統年間修。《舊志》：凡迎佛像、設大齋，具現五色祥光，人共覩之。

火神廟。在永寧城西南隅。

城隍廟。在永寧城内西南隅。明宣德六年，知縣劉睿建。萬曆五年，知縣王元弼重修。

馬神廟。在永寧城西北隅。

文昌廟。在永寧城東南隅。

眼光廟。在永寧城東南。按《大藏經》：眼光菩薩有《眼光經》一卷傳於世。

龍王廟。在永寧城西北隅。未建城而已有廟，蓋古刹也。康熙三十八年，住持僧達福募捐。

東嶽廟。在永寧城内東南隅。

泰山廟。在永寧城内西北隅。
上帝廟。在永寧城内東北隅。
子孫廟。在永寧城内東南隅。
吕祖廟。在永寧城善政街。
藥王廟。在永寧城東南隅。明萬曆十三年建。
關帝廟。在永寧城西南隅。

本區區内祠廟

真武廟。共八處。永寧城南關一。在區東者，溝兒鋪、羅家臺、四海冶各一。東南東灰嶺、區北香營、西北閻家莊、區西舊縣各一。

龍王廟。共二十二處。永寧南關一。在區東北，炮兒灣、馬道梁各一。區北，左所屯、三里莊、孟官屯、香營、小堡（二一七）各一。區西北，舊縣二，閻家莊、北張莊各一。西南，小水屯、乾石河各一。在區南者，西灰嶺、三司、頭司、二司、四司、彭家窑、韓家川、太平莊各一。

山神廟。共八處。永寧城南關一。區東，二鋪、胡家坟、管頭各一。東南，麻地灣一。西南，乾石河一。西北，舊縣一。區北，左所屯一。

三官廟。共二處。永寧城西關一。區北，靖安堡一。

安安廟。一處。永寧西關。

狐神廟。共三處。永寧城西關一。在區北者，香營一。在區西北者，舊縣一。

八蜡廟。一處。在永寧城西關。

上帝廟。一處。在區東周四溝。

高山寺。一處。在區南二道河。

關帝廟。共十處。在區東者，羅家臺、劉斌堡、周四溝、黑漢嶺、四海冶各一。區北，靖安堡一。西北，舊縣二。區南，三司、頭司各一。

觀音廟。共六處。在區北，左所屯、小堡各一。西北，舊縣二。區南，三司、南張莊各一。

土地廟。共二處。區北，後所屯一。西北，舊縣一。

河神廟。一處。在區西北舊縣。

石佛寺。一處。在區北孟官屯。

文昌廟。一處。在區西北舊縣。

泰山廟。共三處。在區東，黑漢嶺一。區北，左所屯、靖安堡各一。

城隍廟。共五處。在區東者，劉斌堡、四海冶各一。區北，左所屯、靖安堡各一。西北，舊縣一。

東大寺。一處。在區北靖安堡。

廣生廟。一處。在區南東灰嶺。

菩薩廟。一處。在區東溝兒鋪。

火神廟。一處。在區東劉斌堡。

娘娘廟。一處。在區東四海冶。

佛爺廟。一處。在區東四海冶。

玉皇廟。一處。在區東四海冶。

老龍廟。一處。在區西北舊縣。

五龍廟。一處。在區東管頭。

本區坊表　據《州志》：旌賢之坊三十，旌節之坊十八，表識之坊十三，今多湮没，僅就現存者録之。

旌賢坊。高岡鳴鳳坊在永寧阜民街，爲戊午科舉人胡忠立。

旌節坊。一爲旌表聶明妻秦氏建，舊蹟猶存。一爲聶時敏之妻孫氏建。一爲胡培祖繼室妻施氏建。一爲胡先鳴妻賈氏建。一爲吴士宏孀母李氏建。一爲盧櫝妻張氏建。

本區橋梁

龍騰橋。在永寧城内善政街龍王廟前，俗名獨石橋。碧霞橋。在城内終食屯（一一八）泰山廟行宫前。威遠橋。在永寧城北門外。屠家營橋。在永寧城西三里。孤山橋。在永寧城西十里。

本區市鎮

市鎮。在永寧城四街。東曰善政，西曰廣武，南曰阜民，北曰拱極，每月單日集市。

本區學堂

單級學堂。一處。在永寧城阜民街東，舊爲縉山書院。光緒三十三年，改修單級學堂。講堂三間，宿舍三間，餘房二十餘間。

初等小學堂。共十四處。在永寧城内廣武街、善政街各一，區東劉斌堡一，區北左所屯、後所屯、東白廟各一。西北孟官屯、閻家莊、舊縣、團山屯各一，區西屠家營、黄龍潭各一，區南西灰嶺一，東南東灰嶺一。

西區　附區内古蹟、祠廟、橋梁、學堂、各祠廟，或載在祀典，或有功於民者録之。（見

（附圖十　西區分圖）

西區，村落棋布，民多務農，無大鎮，亦無集市。今就現時狀況，以康莊爲區所，距州城二十五里，京張鐵路車站在其北。近時商賈麕集，日趨繁盛，亦州境之要地焉。北界大翮山與龍門接壤，西與懷來縣犬牙相錯，西南接懷來之甘莊桃花河，東南界長城，東界中區。

本區古蹟

大翮山。在區西北三十里。《水經注》：陽溝水經大翮、小翮山南。高巒截雲，曾陵斷霧，雙阜共秀，競舉峰之上。郡人王次仲改倉頡舊文爲隸書，始皇奇而召之，三徵不至。始皇怒，令檻車送之。次仲化爲大鳥，翻飛而去，落二翮於斯山，故其峰巒有大翮山、小翮山之名。《魏土地記》曰：沮陽城東北六十里，有大翮山、小翮山。其山在縣西北二十里，峰舉四十里。上有廟，即次仲廟也。《隋·地志》[二]：懷戎縣有大小翮山。《明一統志》：大翮山在州北二十五里。相連者爲小翮山，差卑。州有佛峪山，蓋即此山也見。《大清一統志》

佛峪山。在區北三十里。下有温泉，即大翮山也。温泉流入嬀水。又曰：温泉河出口有大石，上刻佛像三，故曰佛峪。

全真洞。在區北三十里。其洞有四，皆人力所爲，鑿痕俱在，各有石床、石凳。

八仙洞。在區北佛峪口内偏東六里許。四圍山形，珠連壁合，中間松柏無算，萬株偏植。懸崖陡壁上，鬱鬱蔥蔥，蒼翠欲滴，上有八仙洞。饒有斐《遊八仙洞記》稱其「玲瓏剔透，天造地設」云。

湯泉觀。在八仙洞西南三里許佛峪山麓。殿宇清幽，後院有温泉池，浴之可以療疾。

養鵝池。在區北三里。遼蕭后置。近得石碑於土中，云「影娥池」。

鳳凰臺。在區南十里。金時建。

本區祠廟

龍王廟。一處。在本區康莊中街。

財神廟。一處。在本區康莊中街。

本區區内祠廟

龍王廟。共三十八處。在區北者，馬營、馬房營、許家營、前劉浩營、後劉浩營、屯軍營、常裏營、宗家營、大營、王化營、盧房營、卓家營、獅子營、大豐家營、小豐家營、傅餘屯、張山營各一。東北，郭家堡、劉家堡各一。區西，西石河、小王家莊、詹家堡各一。西北，大紙房屯、小紙房屯、大柳樹、東門營、姚家營、賈家堡、水峪、西胡家營各一。區南，東舊榆林、西舊榆林、炮兒上、裏帮水峪、董家莊、楊家莊、陳家莊、西南辛堡各一。

關帝廟。共十六處。在區北者，大營、馬房營、宗家營、傅餘屯、小河屯、卓家營、張老營、張山營、王化營各一，區西，小王家莊一，西北，大紙房屯、大柳樹、東門營各一，區南，西舊榆林、炮兒上、卞家鋪各一。

永安寺。一處。在區南裏帮水峪。

山神廟。共三處。在區南者陳家堡、楊家莊、董家莊各一。

真武廟。共十處。在區東北者，劉家堡一。區北，馬營、大豐家營、大營、下盧房營、張山營各一。西北，水浴一。區西，大紙坊屯一。區南，東舊榆林、西南，辛堡各一。

水母廟。一處。在區北大豐家營。

白塔寺。一處。在北區白塔寺村。

繙(二一九)陽寺。一處。在區北佛峪口東北。

興福寺。一處。在佛峪口東南。

泰山廟。共四處。在區北者，大營、高家堡、韓家堡各一。區南，西舊榆林一。

地藏廟。一處。在區北大營。

菩薩廟。共二處。在區北，大營一。區南，西南辛堡一。

三官廟。共四處。在區北者，大營、王化營、小河屯各一。區西，東門營一。

觀音廟。共三處。在區北，大營、卓家營、許家營各一。

佛爺廟。共三處。在區北，小河屯、郭家窑各一。西北，東門營一。

五聖廟。一處。在區北小豐家營。

靈祝廟。一處。在區北小河屯。

土地廟。一處。在區西西石河。

閻君廟。一處。在區北小河屯。

玉皇廟。一處。在區北張山營。

上帝廟。一處。在區東北屯軍營。

酒仙宮。一處。在區北劉家堡。

本區橋梁

常裏營橋。在區北二十里許。獅子營橋。在區北二十里許。下板橋。在區北二十三里許。善人橋。在區北二十里許。小河屯下流爲懷永北路通衢，近嬀河，泥陷難行。舊有小橋，張若仙創建。後州民焦允中募工重修。下盧房營橋。在區北二十五里。

本區學堂

初等小學堂。共六處。在區北者，馬營、小河屯、東紅寺各一。西北，張山營、東門營、姚家營各一。

南區 附鎮内區内古蹟、祠廟、橋梁、市鎮、學堂各祠廟，或載在祀典，或有功於民者録之。

（見附圖十一　南區分圖）

南區，北界長城，東、西、南俱界昌平州。以南口鎮爲中樞，魏人謂之下口。北行至八達嶺，有城，南北二門，元人所謂北口也。居庸關在其中。關口南北相距四十里，兩山夾峙，巨澗中流，懸崖峭壁，昔人稱爲絶險。今則汽車經過，履險若夷，雖形勢變遷，實古今異宜焉。

本區古蹟

居庸關。《中堂事記》：居庸關，世傳北築長城時，居庸徒於此，故名。兩山巉絶，中若鐵峽，控扼南北，實爲古今巨防。

過街塔。元時建。在區北十五里居庸關城内，横跨街中，大路經其下，門洞刻四大天王像。又刻古佛像共二千二百一十五尊，經咒番書，篆隸楷行各體石刻，鐫法備極工整。仙人枕。《長安客話》：居庸關内道旁一大石，其形似枕，俗呼仙人枕。

本區鎮内祠廟

關帝廟。二處。一在本鎮南門内，一在本鎮街西。
東大寺。一處。在本鎮街内正東。
觀音廟。一處。在鎮北。
龍王廟。一處。在鎮北口。
天仙廟。一處。在本鎮南門内。

本區區内祠廟

文廟。一處。在區北居庸關，本延慶衛學，明初建。天順七年重修，嘉靖時，增葺後漸傾圮。國朝康熙七年重建。乾隆二十六年，裁衛學，改爲延慶鄉學。同治八年，知州屠秉懿、訓導袁兆紳重修。

石佛寺。共二處。在區北，青龍橋、三鋪各一。

關帝廟。共三處。在區北者，居庸關東南隅、青龍橋各一。區南，北沙澗一。

城隍廟。一處。在區北居庸關内街西。

火神廟。一處。在區北居庸關南門外。

觀音廟。共二處。一在區北居庸關。一在區南北沙澗。

龍王廟。共三處。在區北，碓臼石、馮家廟、馬家莊各一。

高山寺。一處。在區南二道河。

山神廟。二處。在區北居庸關一，在關之西溝一，在關之東溝〔一二〇〕。

呂祖廟。一處。在區北居庸關東山上。

斗母宫。一處。在區北居庸關内街東。

三官廟。一處。在區北居庸關外西山麓下。

安安廟。一處。在區北居庸關外一里許西山麓下。

觀音閣。在區北三十七里五貴山崖。

魁星閣。在五貴山崖對面東山頂，與觀音閣東西相望。同治十三年，邑人杜詩監修。

本區橋梁

青龍橋。在區北三十五里。石橋已圮，今沿爲村名，京張鐵路在焉。

本區市鎮

市鎮。在南口鎮。南北大街，日日集市。

本區學堂

初等小學堂。共三處。一在本區天仙廟内，一在區北居庸關斗母宫内，一在青龍橋村内。

附中區村落　共八十七村

區東

東關、小營、石河營、王泉營、蓮花池、蔣家臺、曹官營、楊户莊、陳家營、前林河、後林河、奚官營、阜高營、興隆莊、老君堂、艾官營、香孫營、柳溝城。

東北

廣積屯、前八里店、後八里店、沈家營、魏家營、下花園、上花園、前吕莊、後吕莊、大百老、常家營、花園屯、米糧屯。

區北

北關、李家場、王家莊、三里河、雙營、蔣家堡、唐家堡、米家堡、屈家堡、老人莊、孟家莊、八里莊、曹家莊、陶家莊、趙家莊、田宋營、辛家堡、丁家堡、靳家堡、晏家堡、中羊房、黄覺寺。

西北

下水磨、上水磨、五里營。

區西

西河沿、西關、東小店屯、崇阜屯、西小店屯。

西南

軍營。

區南

南關、西辛堡、南辛堡、百眼泉、東杏園、西杏園、岳家營、新保莊、簸箕營、南桑園、小浮沱、大浮沱、程家窑、岔道城。

東南

司家營、高廟屯、大榆樹、大泥河、南紅門、北紅門、西紅山、東辛莊、張五堡、裏張家口、外張家口。

附東區村落　共一百二十九村

區東

北溝、張廟河灣、銀洞梁、溝兒鋪、王家堡、水連衝、松泉溝、管頭、小管頭、上虎窖、下虎窖、周四溝、小石槽、囤裏、小牛角峪、干石河、營城子、偏坡峪、羅家臺、周家坟、水口子、紅果寺、大牛角峪、桑樹峪、東鋪、大蕨菜衝、小蕨菜衝、樓上、前山、慢嶺子、黑漢嶺、王松溝、四海、南灣、大勝嶺、西溝、四海冶、天門關、椴樹溝、蔡石河、海子口、岔石口、永安堡、郭家灣、二樓子、落窊子。

東北

白馬石、劉斌堡、二郎廟、姚官嶺、辛莊堡、西溝、南溝、東溝、馬道梁、山神廟、營盤口、北坡。

區北

左所屯、王莊、後所屯、里仁堡、香營、小堡、東白廟、山底下、黑峪口、屈家窑、上下栅子、營盤口、梁石河、莊科、三道溝、高家窑、二道河、鴿子嵯、降棚山、魏家溝、靖安堡、北梁。

西北

孟官屯、車房、舊縣、閻家莊、李家窑、黄峪口、白羊峪、張莊、燒窑峪、盆窑。

區西

西關、屠家營、上磨、東龍灣、團山、西龍灣、小百老、馬匹營。

西南

盛史營、孔化營、吴房營、小營、小莊科、寶林寺、王木營、房老營、石河、三司。

區南

南關、西灰嶺、南張莊、東灰嶺、彭家窑、四司、頭司、太平莊、大莊科、小莊科、

里城溝（二二）。

東南

王家山、二鋪、五座山、麻地灣、虎平溝、東二道河、保子石、瓦窑溝、太平莊、韓家川、

楊樹溝。

附西區村落　共六十六村

東北

郭家堡、謝家堡、耿家營、大豐家營、小豐家營、谷家營、李四官莊。

區北

刁千户營、馬營、劉家堡、劉浩營、許家營、馬房、張老營、卓家營、大營、西紅寺、宗家營、王化營、傅餘屯、常裏營、下盧房營、上盧房營、獅子營、上板橋、下板橋、小河屯、西羊房、吴家莊、郎家莊、張山營、西白廟、東胡家營、苗家堡。

西北

姬家莊、屯軍營、王家堡、賈家堡、姚家營、東門營、前黑龍廟、後黑龍廟、大莊科、小紙房屯、大紙房屯、詹家堡、陳家崗、前集賢屯、後集賢屯、西胡家營。

區西

大柳樹、大王莊、七里橋、于家堡。

西南

東舊榆林、西舊榆林、卞家鋪、西桑園。

區南

西南辛堡、楊家莊、董家莊、陳家堡。

東南

石夾峪、裏幫水峪、外幫水峪、炮兒上。

附南區村落　共三十三村

區北

北關、華家園、臭泥坑、東園、南站、三橋、暖洞子、清水河、碓臼石、南麻地、北麻地、孟家窑子、黄粱、蓮花灘、馮家廟、老人莊、南二道河、東窑上、果樹園、大水泉。

西北

千馬山、居庸關、楊臺子、馬家莊、胡家莊、董老峪、三鋪、石佛寺、青龍橋、上關、陰凉崖、四橋。

區南

北沙澗。

山（見附圖十二　山志及水志）

團山，一名獨山。在州城之東北三十里，踞東區之西部，巍然獨立。明永樂時，帝駐蹕於此，顧瞻沃野，因復設州治。山之麓即溪河之源。其源一在山之北，一在山之西北。至山之西半里許，二水合流向西南流入龍灣河。又獨山夜月爲州之八景之一。

金牛山，一名暖泉山。在州城之東三十里，踞東區之西南部。山之北距龍灣河二里許，山下有百泉競發。相傳有神牛自山而下，浴身於泉中，故名金牛山，其泉曰暖泉，故又曰暖泉河，水向西南流入龍灣河。

縉陽山，一名縉雲山，又名縉山。在州城之東北四十里，踞東區之東北部。山下有縉陽泉，泉水向西流一里許，伏入沙中。

金雞山，一名金雞口梁。在州城之東北五十里，踞東區之北部。山之北距白河十里。

黑峪山，一名黑峪口。在州城之東北四十五里，踞東區之西北部梁下。南北俱有小水，至溝外伏入地中。

黄峪山，一名黄峪口。在州城東北四十里，踞東區西北部。

盤道山。在州城東北四十里，踞東區西北部黄峪口西、松樹窪東羊腸小徑（一二二），北通赤城滴水崖。

松樹窪山。在州城東北四十五里，踞東區之西北部。

神仙院山。在州城東北二十里，踞中區之東北部。下有深澗，源出大海陀山麓，南流至峽口，伏入地中。

古城山。在州城東北〔一二三〕二十五里，踞中區之東北部。

冠帽山。在州城北十五里，踞中區之北部。狀如襆頭，與大海陀東西相望。

應夢山。在州城北十八里，踞中區之北部、冠帽山之西。相傳遼蕭后應夢建寺於其巔。

香爐山。在州城北十五里，踞中區北部應夢山前，突出如香爐。

大翮山，一名佛峪山。在州城西北三十里，踞西區之西北部。相連爲小翮山，形勢差卑。州西北有佛峪山，蓋即此山也。温泉河自峽中發源，西南流，與嬀水會入懷來縣境。

大海陀山。在州城西北三十里，踞西區西北部。在大翮山西北。高聳百仞，上有龍潭。

黄樹嶺。在州城西北四十里佛峪口溝裏，踞西區之北部。滿山蒼松無數，每歲春秋二季，由內務府委員採取二株，以備冬至郊祀。

帮水峪山。在州城西南太行山脈。由懷來縣之南蜿蜒入州境，至西區西南部，名帮水峪山，東行即八達嶺。

八達嶺。在州城南三十里。踞南區北部，嶺巓有城，爲南北通衢。南麓有水泉，流經青龍橋南，入居庸關溝。

五龜山，一名五貴山。在州城南四十二里。踞南區北部青龍橋南七里許。有彈琴峽，水流石罅，聲若調琴。

香草山。在州城南六十里。踞南區北部居庸關北四里許，四橋村斜對。東山陳友亮溝產香柴，每歲内務府委員採取，自三月至九月，禁止關溝行人扶櫬以此。

青龍橋東山。在州城東南三十五里。踞南區北部八達嶺之東南，山峽下有小泉，南流入居庸關溝。又現時山麓，京張鐵路之三等站在焉。

横嶺。在州城東南四十七里。踞南區北部，當居庸西北，亦要路也。明時，設兵戍守。

小張家口山。在州城東南四十里。踞南區北部八達嶺之東，山峽小徑西南通青龍橋，峽之中間有小泉，西北流，至山口伏地。

西紅山。在州城東南二十里。踞中區南部，有墩臺敵樓。相傳明將軍劉綎守此時，射地得泉。今山麓村中祇一井，即劉公泉也。

紅門山。在西紅山東，去州城東南二十里。踞中區南部，高三里許，有大小紅門口。昔時爲戍守處，相近有蟒山，形如蟒頭。

紅龍山。在馬廠山西，去州城東南三十里。踞中區東南部，下有紅龍潭。

馬廠山。在州城四十五里。踞南區北部，西通小張家口，東南行，入德勝口。

西灰嶺。在州城東南五十里。踞東區南部。

東灰嶺。在州城東南五十五里。踞東區東南部。

王家山。在州城東南四十六里。踞東區東南部。與東灰嶺南北相望。

南山，一名天壽山。在州城東南六十里。踞東區南部。

火燄山。在州城東一百三十里。踞東區東部。多奇峰峻嶺，形如火燄，一〔一二四〕爲南山第一要地。

將軍嶺。在州城正東一百零二里。踞東區東部。

大勝嶺。在州城東九十里。踞東區東部。

黑漢嶺。在州城東八十里。踞東區之東部。

營盤梁。在州城東北七十里。踞東區東北部。

馬道梁。在州城東北六十里。踞東區東北部。

九里梁。在州城東北六十里。踞東區東北部。

小水口山。在州城東北七十里。踞東區北部。在靖安堡之東，昔時爲戍守處。

水（見附圖十二　山志及水志）

源委全在本境者

神樹屯河，一名屠家營河。源出縉陽山下，距州城東北四十五里。在區之北有縉陽山，其下有泉水，向西南流二里許伏入沙中，三里許至草場復出。曲折至左所屯之北，曰後河。再向西南流與永泉山之暖泉會，折而西南流至屠家營。東南有小河，源出孔化營，自東來會。西南至寶林寺入龍灣河，約二十五里。

溪河。源出團山北麓下，距州城東三十里。在東區西北，南流入龍灣河，約行十里餘。

神仙院河。源出海陀山下，距州城東北五十里。在中區東北，由山峽曲折出口，伏地至大百老之西北復出，東南流，入龍灣河，約行十里餘。

龍灣河。源出黃龍潭，距州城東三十二里。在東區之西，有黃龍潭湧出，曲折至西龍灣，有溪河自北來會。西南流至寶林寺，屠家營河自東來會。又東南行至臨河村之南，入中區界，稱臨河。曲折西行至州城之南，稱媯水焉，約行三十五里。

沽河。源出米家堡之南水泉，距州城北四里許。在中區之北，西南流一里許，稱三里河。南流經王家莊、李家場東折，分流環繞州城，至南關西南隅會合，西南行，入媯水河，約行七里餘。

蔡河。源出魯家莊，距州城五里許。在中區之北，西流，經晏家堡、靳家堡、郎家莊、下板橋西南，至常裏營，西流入嬀水河，約行二十里。

温泉河。源出佛峪口裏湯泉觀東山麓下，距州城西北四十里。在西區之北，西流三里許，有胡叫河來會，順峽蜿蜒南行出口，經張山營之西，東南流，經懷家堡至黑龍廟入嬀水河，約行三十里。

黑龍河。在州城西三十里，踞西區之西，本名馬蘭溪，河源出黑龍廟村，村西有清水泉，西南流入嬀水河。

源委均不在本境者

白河。發源於獨石口廳，自赤城縣入州境，距州城東北六十里。經東區之北，繞靖安堡西、南、東三面，東北至東口，仍出邊墻入獨石口廳界，約行境内十五里。

源在本境而委在他境者

嬀河。源出東區，即龍灣河也。西流至老君堂之南，入中區界。經連家營、曹家營、臨河、蓮花池至州城南，稱嬀川焉。西行里許，有沽水自北來會，西北行至大路村北入西區界。經王化營至常裏營西南，有蔡河自北來會，西南行至黑龍廟，有温泉河來會，西南經劉家堡、大小紙房屯、于家堡、七里橋出州界，入懷來縣境，約行八十里。

澗河。源出八達嶺西南山下。距州城東南三十里，在南區之北，經青龍橋入居庸關，至南口外出州界，入昌平州境，約行五十里。

道路

出州城之東門，逾普濟橋，十里，至八里店之東；又東行三里許，有舊縣支路來會。舊縣支路：自東北方赤城縣界來，一由黄峪梁南行十里，至黄峪口村；又南行十里，至舊縣。一由靖安堡西北起，渡白河，行十里，至黑峪山之北麓下；南行，逾黑峪口梁，十里至黑峪村；經黑峪口村，西南行，經閻家莊，十里，至舊縣；由舊縣西南行，逾大柏老河，經大柏老村，十里，至大柏老之西；又西南行十里，與本路會。又東行七里，至吕莊；又東行，逾龍灣河，十里，至龍灣村；又東行，逾屠家營河，十里，至永寧鎮；出永寧之東門，十里，至劉斌堡之東；又東北行十里，至小管頭村東；又東行十里，至周四溝村東；又東行十里，至東鋪之東；又東行十里，至南灣村；又東行十里，至四海冶村，有海子口支路來會。海子口支路：自南方昌平界來，逾南山，北行十里，至海子口村；又北行十里，至四海冶村，與本路會。由四海冶東行十里，至永安堡之西；再東南行，經永安堡，十里，至郭家灣村之東，再東行十里，爲懷柔縣界。

出州城之西門，向西行三里，經三里屯；又西行十里，至大豐家營；又西行，經王化營西南行十里，至陳家堡；又西行十里，至黑龍廟；又西行六里，至平房，有佛峪口支路自北來會。佛峪口：在平房之北，經平房，南通康莊。由平房西行四里許，至陳家崗；又西行，經于家堡，四里，入懷來縣境。

出州城之北門，逾惠濟橋分二支。一支向西北行，經張莊，十里，至辛莊；又西北行，經小橋村，十里，至張山營之東；又東北行，經張山營，十里，至佛峪口，有平房支路自南來會。平房支路：自康莊來，西北行，至大王莊；又西北行，至大紙房屯；又西北行，逾嬀水，經平房，十里，至西五里營之南；又北行，經西五里營，十里，至佛峪口，與本路會。由佛峪口西北行十里，至湯泉觀之西山溝；又西北行十里，至大莊科；又西北行十里許，至龍門縣境之閻家坪（一二五）。一支向東北行十里，至雙營；又東北行十里，至郝莊；又東北行十里，至古城；又東北行，逾松樹窪，十里許，入赤城縣境。

出州城之南門，逾廣濟橋，嬀水東來，經橋孔西流。分二大支。一支西南行五里，至谷家營，有劉浩營支路自西來會。劉浩營支路：由懷來縣境東行，經火燒營，十里，至劉浩營之西，東行經劉浩營，十里許，與本路會。由谷家營西南行五里，至蔣家堡；又西南行十里，至刁千户營；又西南行，經康莊，五里許，至懷來縣之榆林驛。榆林驛，由懷來東南行，經岔道赴京通衢。一支南行經李家場、百眼泉，十里，至簸箕營之北；又南行經大浮沱，十里許，至岔道，有懷來縣之榆林驛大路自西來會；自榆林驛東行十里，至炮兒；又東行十里許，至岔道，與本路會。由岔道西南行逾八達嶺，十里，至青龍橋之南，有小張家口徑路自東北來會。山路崎嶇，行人甚稀。南行經彈琴峽，十里，至上關之北；又南行經上關，十里，至居庸關；又南行十五里，至南口鎮，分二支。一支東南行五里許，至昌平州境之龍虎台。即赴京通衢。一支西南行三里許，至京張鐵路車站。

物産

動物天然産

禽類

鵠、鷹、鵰、鵝、鴨、鸛、雉。

獸類

馬、牛、羊、驢、騾、犬、豕、狐、山羊、黄鼠。

動物製造産

羊毛製造

氈、毯、帽、鞋。

馬牛革製造

僅鞭、繩二種，熟皮衹供補綴靴鞋之用，銷路不暢。

植物天然産

草類

葦、金鉤如意草、出金剛山，可治諸毒。菸葉。

木類

槐、榆、楊、柳、各村俱有。緑刺皮、出境内諸山，熬膏可染碧。橡樹、其實可染緇色。黄樹嶺之松柏、陳友亮溝之香柴，爲州境特産，每歲内務府委員採取。

穀類

稻、黍、粟、麥、菽、高粱、玉蜀麥、甘薯、洋薯。亦有本地種，形較小。

瓜果類

王瓜、西瓜、黄柏寺所産最佳。東瓜（一二六）、甜瓜、南瓜、梨、蘋果、檳、桃、杏、葡萄。杏仁爲州境特産。州境東南山所産最多。

蔬類

紅白萊菔、壺盧、蔥、韭、蒜、菘、舊縣所産最佳。茄、菠菜、茴香、蕨、黄花菜、龍牙菜。上三種係附近山産。

藥類

黨參、黄蓍（一二七）、黄芩、蒼術、芍藥、防風、五味子、升麻、荆芥。金剛山之黨參爲本境特産。其力不減東參，惜出産無多。

植物製造産

草木類製造

葦席、香麪、以榆皮制之，銷路甚旺。棉線布。原料由北京購之，州城工藝局監製。

穀類製造

麥粉、生酒、以高粱制之。麻油、以胡麻、菜子制之、自赤城縣及張家口購之，運至本境制油，銷路甚旺。粉條。以緑豆粉及高粱粉制之，銷行赤城縣者尤多。

礦物天然産

煤礦。大管頭村近山有煤苗發現。咸豐年間有開採者，以力絀中止。

商務

本境所産之物　所制之品

本境之動植物天然産及製造産類，多銷行本境。其大宗如穀類，銷售州城、永寧、南口者，每年約十餘萬石。至運銷境外者，摘要列左。

杏仁。産州境東南山中。每歲運銷天津千餘包，每包一百五十斤。陸運至牛狼山[二二]，改由水運經通州而至天津。

藥材。每歲運銷天津七萬五千斤，陸運至牛狼山，改由水運經通州而至天津。

香麪。每歲陸運銷售京城約二十餘萬斤。

生酒。每歲陸運銷售京北一帶約十五萬斤。

麻油。每歲陸運銷售京北一帶約十餘萬斤。

動植物之天然産及製造産，有自他境運銷本境者，兹擇其大宗録左。

胡麻菜子。每歲由赤城縣、張家口陸運銷售本境者四萬餘石。

青塩。每歲由赤城縣及獨石口陸運銷售本境者一百餘萬斤。

烟煤及無烟煤。每歲由州境東北獨石口廳谷子房煤礦及州西宣化縣煤礦，與州南之京西門頭溝煤礦等處，陸運銷售州境者三百餘萬斤。

煤油。每歲由通州陸運銷售本境者四千餘箱。

平機布。由保定府商販陸運銷售本境者三千餘疋。

洋布。每年由天津、北京陸運銷售本境三千餘疋。

棉花。每年由北京及保定陸運銷售本境者約六萬餘斤。

附州城工藝局製造品

寬面洋布。每年約織二百餘疋，花樣頗新，銷售本境及赤城、龍門、懷來諸處。

平機布。每年約織百餘疋，銷售本境及赤城、龍門、懷來諸處。

毛巾及各色花線帶。每年約織二千五百餘件〔一二八〕，銷售本境及赤城、龍門、懷來諸處。

各種花炮。每年約制三十餘萬件，銷售本境。

【校勘記】

〔一〕雁門：原作「燕」，據《戰國策》改。

〔二〕少：原闕。據《嘉靖宣府鎮志》補。

〔三〕儒州：《嘉靖宣府鎮志》作「嬀、儒州」。

〔四〕全活：原作「安全」。據《嘉靖宣府鎮志》改。

〔五〕雲翰：原作「漢雲」。據《嘉靖宣府鎮志》改。

〔六〕自：原闕。據《嘉靖宣府鎮志》補。

〔七〕田土：原作「土田」。據《嘉靖宣府鎮志》改。

〔八〕房屋：原作「屋舍」。據《正德宣府鎮志》改。按：《嘉靖宣府鎮志》作「居屋」。

〔九〕晋：《萬曆永寧縣志》作「進」。

〔一〇〕山川秀麗：《乾隆延慶州志》下有「婉一中州」四字。

〔一一〕皆所隸：原闕。據《乾隆延慶州志》補。

〔一二〕衛：《光緒延慶州志》作「城」。

〔一三〕璉：原作「連」，據《嘉靖隆慶志》改。

〔一四〕資：《光緒延慶州志》作「兹」。

〔一五〕相：原闕。據《嘉靖宣府鎮志》補。

〔一六〕孫剛：原作「孫顯」，據《宣化府志》改。按，《宣化府志》云：「正統己巳，寇犯雲州，隨守備孫剛赴援。遇戰，與澄及懷來百户陳顯共以身蔽剛，剛、敬、顯俱死。」可知「孫顯」爲「孫剛、陳顯」姓名相混之誤。

〔一七〕參政：原作「參正」，筆誤。

〔一八〕祀之：《嘉靖宣府鎮志》此下有「有碑記其事」五字。

〔一九〕辛住：原作「辛柱」。筆誤。據《兩鎮三關志》改。

〔二〇〕王姓：原作「悟性」。據《兩鎮三關志》改。按《光緒延慶州志·職官志》訛爲「五姓」；《光緒延慶州志·識餘》作「王姓」。疑《延慶州鄉土志要略》襲用《光緒延慶州志·職官志》之文，而疑「五姓」有誤，未考《兩鎮三關志》原文，徑改爲「悟性」，以其爲僧人法號也。

〔二一〕讓：原作「譴」。筆誤。據《乾隆延慶州志》改。

〔二二〕公：原闕。據《乾隆延慶州志》補。

〔二三〕俛首：原作「伏首」。據《乾隆延慶州志》改。

〔二四〕歸：原闕。據《嘉靖隆慶志》補。

〔二五〕委：原作「率」。據《萬曆永寧縣志》改。按《乾隆延慶州志》亦作「率」。

〔二六〕斬敵級四十二顆：原作「斬級四十顆」。據《萬曆永寧縣志》補。按《乾隆延慶州志》亦作「斬級四十顆」。

〔二七〕傷：原闕。據《萬曆永寧縣志》補。按《乾隆延慶州志》亦闕。

〔二八〕至今：原闕。據《萬曆永寧縣志》補。按《乾隆延慶州志》亦闕。

〔二九〕不蒙異志：原作「不敢萌異志」。據《萬曆永寧縣志》改。按《乾隆延慶州志》亦作「不敢蒙異志」。

〔三〇〕奉御祭：原作「奉諭祭」。據《萬曆永寧縣志》改。按《乾隆延慶州志》亦作「奉諭祭」。

〔三一〕入祀褒忠祠：《萬曆永寧縣志》作「入宣府褒忠祠」。

〔三二〕枉告：《乾隆延慶州志》作「網告」。

〔三三〕督：原作「筑」。據《乾隆延慶州志》改。

〔三四〕禄資：原作「掾資」，據《萬曆永寧縣志》《乾隆延慶州志》改。

〔三五〕渾都：原作「惲都」。據《史記・絳侯周勃世家》改。下同。

〔三六〕雲中：原作「上谷」。據《後漢書・安帝紀》改。

〔三七〕慕輿于：原作「慕容輿」，據《資治通鑑》卷九八改。

〔三八〕封真：原作「封值」，據《資治通鑑》卷九八改。

〔三九〕行周：原作「行珪」。據《資治柏》改。按：行周，爲行珪之弟。

〔四〇〕里：原闕。據《元史·札八兒火者傳》補。

〔四一〕林：原闕。據《元史·札八兒火者傳》補。

〔四二〕於縉山：原闕。據《金史·完顔綱傳》補。

〔四三〕親：原闕。據《金史·完顔綱傳》補。

〔四四〕契丹訛魯不兒等獻北口：原作「契丹説魯不兒獻北口」。據《金史·完顔綱傳》改。

〔四五〕《元史·世祖紀》：原作「同上」，指《元史·兵志》而言，誤。按，《元史·兵志》記此事在中統元年十一月，《世祖紀》則在二年。《要略》係此事於中統二年，蓋從《世祖紀》，故據改。

〔四六〕斡都蠻：原作「幹都蠻」。據《元史》改。

〔四七〕王：原闕。據《元史·順帝紀》補。

〔四八〕口北：原作「北口」。筆誤。據《元史》改。

〔四九〕至正十九年：原闕。據《元史·順帝紀》補。

〔五〇〕朵兒只：原作「多爾濟」，據《元史·順帝紀》改。

〔五一〕鴉鶻：原作「雅勒呼」，據《元史·順帝紀》改。

〔五二〕隆慶衛：原作「龍慶衛」，據《明史·地理志》改。

〔五三〕隆慶左衛：原作「龍慶左衛」。據《大明一統志》卷之五《隆慶州·公署》《明史·地理志》改。按：洪武二十年（1387），分大寧衛置大寧左衛、右衛於大寧衛城，屬北平行都司。二十八年（1395），更名營州左護衛、右護衛，屬寧王府。永樂二年（1404），更名隆慶左衛和隆慶右衛，隆慶左衛置於居庸關，隆慶右衛置於居庸北口。宣德五年（1430），徙隆慶左衛於永寧城，徙隆慶右衛於懷來衛城。

〔五四〕隆慶右衛：原作「龍慶右衛」，據《明史·地理志》改。

〔五五〕北邊：《五邊典則》卷五《宣大總》作「先自北邊」。

〔五六〕東至：《五邊典則》卷五《宣大總》作「至」。

〔五七〕數：原作「敵」，據《乾隆延慶州志》改。

〔五八〕大敗：《乾隆延慶州志》作「兵大敗」。

〔五九〕參將：《乾隆延慶州志》作「都指揮參將」。

〔六〇〕猶：原闕。據《乾隆延慶州志》補。

〔六一〕時：原闕。據《乾隆延慶州志》補。

〔六二〕黨：原作「當」。筆誤。

〔六三〕都江堰：原作「江都堰」，筆誤。

〔六四〕擐：原作「環」，據《乾隆延慶州志》改。
〔六五〕吾即：《乾隆延慶州志》作「即吾」。
〔六六〕後：原闕。據《乾隆延慶州志》補。
〔六七〕負：《乾隆延慶州志》作「賦」。
〔六八〕亡於八仙洞口：《光緒延慶州志》同，《萬曆永寧縣志》《乾隆延慶州志》《乾隆宣化府志》皆作「亡於八洞口」。
〔六九〕統墓之變：《光緒延慶州志》作「土木之變」。
〔七〇〕副：原闕。據《乾隆延慶州志》補。
〔七一〕物：原作「忽」，據《乾隆延慶州志》改。
〔七二〕彫敝：《光緒延慶州志》作「彫弊」。
〔七三〕後所：原作「後所屯」，據《宣化府志》删。
〔七四〕己酉二月：原闕。原闕。據《宣化府志》補。
〔七五〕廉能：《乾隆延慶州志》作「廉裕」。
〔七六〕衛：原闕。據《乾隆延慶州志》補。
〔七七〕直犯前鋒：《乾隆延慶州志》作「直犯賊前鋒」。

〔七八〕倫理：《乾隆延慶州志》作「敦倫」。

〔七九〕段落哥：《宣化府志》作「段樂格」。

〔八〇〕肯：《嘉靖宣府鎮志》作「乃」。

〔八一〕猶有忿色云：《乾隆延慶州志》作「猶見有忿色。時人謂死於綱常，死得其所矣」。

〔八二〕良武：原闕。據《乾隆延慶州志》補。

〔八三〕壽各六七十：原作「壽七十」。據《乾隆延慶州志》改。

〔八四〕城破：按，《乾隆延慶州志》於「城破」上多「賈□□，仕山西某縣令，時有山賊王强倡亂」十七字，且另起行。蓋《乾隆志》編者以賈□□與賈士璋爲兩人，而《光緒延慶州志》以爲係一人，故合爲一條，本書編者從《光緒延慶州志》之説。

〔八五〕逆賊海時行：原作「海賊時行」。據《乾隆延慶州志》改。

〔八六〕茶：原作「柴」。據《乾隆延慶州志》改。

〔八七〕施與：《乾隆延慶州志》《光緒延慶州志》皆作「施予」。

〔八八〕未嘗臧否人物：《乾隆延慶州志》作「未嘗臧否人」。

〔八九〕而：原闕。據《乾隆延慶州志》補。

〔九〇〕村：原作「材」，筆誤，據《光緒延慶州志》改。

〔九一〕趙玒：原作「趙肛」，筆誤。

〔九二〕胡璉：原作「胡連」。筆誤。據《嘉靖隆慶志》改。

〔九三〕録：原作「見」。筆誤。據上下文意改。

〔九四〕録：原作「補」。筆誤。據上下文意改。

〔九五〕在州城三義廟東：「東」後衍一「祀」字。據上下文意删。

〔九六〕趙愚：原作「趙遇」。筆誤。據《乾隆延慶州志》改。

〔九七〕孀姑：《乾隆延慶州志》同。《光緒延慶州志》作「孀孤」，筆誤。按：孀姑，指守寡的婆母。孀孤，指寡婦和孤兒。

〔九八〕侍姑壽終，教子源淳食廩餼：《乾隆延慶州志》同，《宣化府志》作「事姑孝，教子源淳成名」。

〔九九〕俯仰：《乾隆延慶州志》作「仰俯」。

〔一〇〇〕張得智：原作「張得志」，筆誤。據《乾隆延慶州志》改。

〔一〇一〕綸：原闕。據《乾隆延慶州志》補。

〔一〇二〕王天爵妻：《乾隆延慶州志》此下有「王綸妻吴節婦子婦、陳榮妻羅氏女侄也」十六字。

〔一〇三〕共：原作「其」，筆誤。據《宣化府志》改。按：《宣化府志》作「共捐貲建爲磚樓。」

〔一〇四〕歲：原闕。據《光緒延慶州志》補。

（一〇五）再醮：原作「再蘸」，筆誤。

（一〇六）針指：《乾隆延慶州志》作「針黹」。

（一〇七）現：原作「卒」，筆誤。據《乾隆延慶州志》改。

（一〇八）備：原作「畢」。據《乾隆延慶州志》改。

（一〇九）彌留：《乾隆延慶州志》作「迷留」。

（一一〇）五十一：原作「五十」，筆誤。據《乾隆延慶州志》改。

（一一一）偕：《光緒延慶州志》作「諧」。

（一一二）在區北者：原作「區北」，據前後文補「在」「者」二字。

（一一三）艾高營：今作「艾官營」，下同。

（一一四）客廳：原作「客庭」，筆誤。

（一一五）飯廳：原作「飯庭」，筆誤。

（一一六）在區北者：原作「區北高」，筆誤。

（一一七）小堡：原作「小營」。筆誤。據實況改。

（一一八）終食屯：原作「終所屯」。據《光緒延慶州志》改。

（一一九）縉：原作「近」。筆誤。據《嘉靖隆慶志》《萬曆永寧縣志》《乾隆延慶州志》《光緒延慶州志》改。按：縉陽寺，應屬東區，但東區《古蹟》只録縉陽山，《區内祠廟》未録縉陽寺。

〔一二〇〕在關之東溝：按上下文意，疑後闕「一」字。如懷疑成立，山神廟應爲三處。

〔一二一〕里城溝：今作「里長溝」。

〔一二二〕徑：原作「經」。筆誤。

〔一二三〕東北：原作「西北」。筆誤。

〔一二四〕一：據前後文意，疑衍「一」字。

〔一二五〕坪：原作「平」，筆誤。

〔一二六〕東瓜：今作「冬瓜」。

〔一二七〕黄著：今作「黄芪」。

〔一二八〕二千五百餘件：原作「二十五百餘件」，筆誤。

【注釋】

[一]《州志・沿革考》：即《光緒延慶州志・沿革考》。

[二]《永寧縣志》：即《萬曆永寧縣志》。

[三]《萬曆志》：即《萬曆延慶州志》。該書未見流傳，已佚。

［四］高帝：即明太祖高皇帝朱元璋。

［五］《州志·列傳》：即《光緒延慶州志·職官志·治績》所載《州牧宋公傳》。本書所言「州志」，多指《光緒延慶州志》。

［六］方伯：殷周時代對一方諸侯之長的稱呼。清代雅稱布政使爲「方伯」。

［七］丹陽：檢《舊唐書》本傳云：「桓彥範，潤州曲阿人也。」《新唐書》本傳云：「桓彥範，字士則，潤州丹陽人也。」唐天寶元年（742），始改潤州爲丹陽郡，曲阿縣爲丹陽縣，時彥範已去世多年，考其籍貫，當從《舊唐書》稱「曲阿人」爲是。

［八］《州志》參本傳：指《光緒延慶州志》及該書《職官志·治績》所載《州牧李公傳略》。

［九］蠮螉塞：居庸關的别名，又名軍都關。在今北京市昌平區西北。關上築土室以候望，如蠮螉之掇土爲房，故名。

［一〇］永隆元年：即公元680年。按，「突厥阿史德温傳、奉職二部俱反」事，《舊唐書·高宗紀》《新唐書·裴行儉傳》《資治通鑑》俱載於調露元年（679年）。

［一一］致和元年：元泰定帝致和元年，即元文宗天曆元年，公元1328年。按：該年二月，元泰定帝改元「致和」。同年九月，天順帝即位，改元「天順」；同月，文宗即位，改元「天曆」。

［一二］《五邊典則》：明徐日久編著，主要記載明朝的邊防、民族、外交政策與管理手段，以

及明朝與周邊各國各族交往的事例。記事時間上起洪武，下迄隆慶，達二百餘年。資料取材於《明實録》，輯有上起洪武、永樂，下至嘉靖、隆慶各代皇帝關於邊事的重要諭旨，大臣的籌邊奏疏和集議，以及邊防建設和諸邊所生變故的原委、處理結果等。

[一三]《通鑑》：指《明通鑑》，事見《明通鑑》卷五十九。下文「崇禎十七年」條所出之《通鑑》亦爲同書。

[一四] 甲午：據《宣化府志・李澄傳》，疑該年爲嘉靖甲午，即 1534 年。

[一五] 拔萃：清代用以代稱拔貢。

[一六] 團順屯：團山屯、順風屯總稱爲舊縣，又稱團順屯。據該村觀音寺明萬曆時所立《碑記》云：「團、順二屯，即古之縉山縣也。」

[一七] 耗羨：指賦税的加耗部分抵補實耗後的所餘。除一部分作爲地方經費外，其餘的或用來賄贈上司，或被地方官吏吞没。清雍正年間規定，耗羨的一部分歸地方官吏，叫「養廉」，另外的解繳布政使司，叫「羨餘」。

[一八] 大府：明清時，稱督撫爲「大府」。

[一九]《宣化鎮圖説》：疑即《宣大山西三鎮圖説》之宣鎮部分。

[二〇] 兵備道萬：疑即萬世德，尚待詳考。萬世德（1547–1603），字伯修，號丘澤，晚年更號

震澤，山西偏關人，隆慶進士，歷任懷隆兵備道、海防巡撫、經理朝鮮都御史、薊遼總督等職。

［二二一］《隋·地志》：據《嘉慶重修一統志》，即《隋書·地理志》之簡稱。

［二二二］牛狼山：疑即今順義區之牛欄山，待考。下同。

參考文獻

一、地方志

一、［明］王崇獻撰，《正德宣府鎮志》，刻本。
二、［明］謝庭桂纂，蘇乾續纂《嘉靖隆慶志》，《天一閣明代地方志選刊》本，據明嘉靖二十八年（1549）刻本影印，上海古籍書店，1962。
三、［明］孫世芳修，欒尚約輯《嘉靖宣府鎮志》。臺灣學生書局影印，1969。
四、［明］尹耕著，《兩鎮三關志》，美國國會圖書館藏本。
五、［明］王士翹著，《西關志》，北京古籍出版社，1990。
六、［明］李體嚴修，張士科纂《萬曆永寧縣志》，明萬曆三十年（1602）刻本，北京數字方志館藏。
七、［明］楊時寧撰，《宣大山西三鎮圖說》，《明代蒙古漢籍史料彙編》，內蒙古大學出版社，2015。
八、［清］遲日豫修，程光祖纂，袁捷，于嘉禎續補，《康熙延慶州志》，康熙十九年（1680）增刻本，《中國地方志集成——北京府縣志輯》，上海古籍出版社，2011。

九、[清] 李鍾俾修，穆元肇、方世熙纂，《乾隆延慶州志》，乾隆七年（1742）刻本，國家圖書館藏本。
一〇、[清] 李士宣修，周碩勛纂，《乾隆延慶衛志略》，乾隆十年（1745）修。中國書店，2008。
一一、[清] 何道增等修，張惇德纂，《光緒延慶州志》，光緒六年（1880）刻本。臺灣成文出版社印行，1967。
一二、[清] 何道增等修，張惇德纂，《光緒延慶州志》，民國七年（1918）鉛印本。
一三、[清] 王者輔等纂修，張表奇續，《乾隆宣化府志》，上海書店，2006。
一四、《嘉慶重修一統志》，《四部叢刊續編·史部》，上海書店出版社，2015。
一五、中共北京市委黨史研究室　北京市地方志編制委員會辦公室　編《北京舊志集成·延慶志輯》，國家圖書館出版社，2021。

二、古籍

一、[西漢] 孔安國傳，[唐] 孔穎達正義，《尚書正義》，上海古籍出版社，2007。
二、[春秋] 左丘明傳，[晋] 杜預集解，《春秋經傳集解》，上海古籍出版社，1988。
三、[西漢] 司馬遷撰，《史記》，中華書局，2013。

四、[東漢] 班固撰，《漢書》，中華書局，1962。
五、[南朝宋] 范曄撰，《後漢書》，中華書局，1965。
六、[唐] 房玄齡撰，《晋書》，中華書局，1974。
七、[唐] 姚思廉撰，《梁書》，中華書局，1973。
八、[唐] 魏徵撰，《隋書》，中華書局，1973。
九、[後晋] 劉昫等撰，《舊唐書》，中華書局，1975。
一〇、[宋] 歐陽修等撰，《新唐書》，中華書局，1975。
一一、[宋] 歐陽修撰，《新五代史》，中華書局，1986。
一二、[元] 脱脱等撰，《金史》，中華書局，1975。
一三、[元] 脱脱等撰，《遼史》，中華書局，1974。
一四、[明] 宋濂等撰，《元史》，中華書局，1974。
一五、[清] 張廷玉等撰，《明史》，中華書局，1974。
一六、[唐] 柳宗元著，《柳宗元集》，中華書局，1979。
一七、[宋] 司馬光等撰，《資治通鑑》，中華書局，1956。
一八、[宋元] 馬端臨著，《文獻通考》，中華書局，2011。

一九、[宋] 蘇軾著，《蘇軾文集》，中華書局，1975。
二〇、[宋] 程顥、程頤著，《二程集》，中華書局，1981。
二一、[明] 蔣一葵著，《長安客話》，北京古籍出版社，1980。
二二、[清] 顧炎武著，《昌平山水記》，北京古籍出版社，1980。
二三、[清] 顧祖禹著，《讀史方輿紀要》，中華書局，1981。
二四、[清] 嚴可均輯，《全梁文》，商務出版社，1999。
二五、[清] 王先謙撰，《莊子集解》，三秦出版社，1998。

三、近代以來論著論文

一、王國維著，《觀堂集林》，中華書局，1959。
二、吴闓生著，《詩義會通》，中華書局，1964。
三、[東漢] 王充撰，張宗祥校注，《論衡校注》，上海古籍出版社，2013。
四、[南朝宋] 劉義慶著，（南朝梁）劉孝標注，余嘉錫箋疏，《世説新語箋疏》。北京：中華書局，1983。
五、楊伯峻譯注，《論語譯注》，中華書局，1980。

六、楊伯峻譯注，《孟子譯注》，中華書局，1960。
七、[唐] 李泰撰，賀次君輯校，《括地志輯校》，中華書局，1980。
八、周振甫譯注，《周易譯注》，中華書局，2012。
九、[北魏] 酈道元撰，陳橋驛校證，《水經注校證》，中華書局，2007。
一〇、李零譯注，《孫子譯注》，中華書局，2007。
一一、陳鼓應譯注，《莊子今注今譯》，中華書局，1983。
一二、薛安勤、王連生譯注，《國語譯注》，吉林文史出版，1991。
一三、《二十五別史》，齊魯書社，2000。
一四、宋國熹著，《宋國熹文集》，九州出版社，2014。
一五、孫顯斌、金玲，《略論嘉靖〈隆慶志〉》，《中國地方誌》，2012年第8期
一六、[明] 劉效祖撰，彭勇、崔繼來校注《四鎮三關志校注》，中州古籍出版社，2018。
一七、方志遠等編，《大明一統志》，巴蜀書社，2018。

四、工具書

一、[東漢] 許慎撰，《説文解字》，中華書局，1981。